Collection SIRIUS

Programme 2010

Physique Chimie 2de

Sous la direction de
Valéry Prévost et Bernard Richoux

Claire Ameline
Lionel Bernard
Georges Chappuis
Maud Chareyron
Christelle Dosquet-Langrand
Anne Juillard-Condat
Nicolas Lévy
Guy Martin
Hélène Monin-Soyer
Michel Montangérand
Hélène Richoux
Christiane Salvetat

Nathan

SOMMAIRE

THÈME 1 La santé ... 10

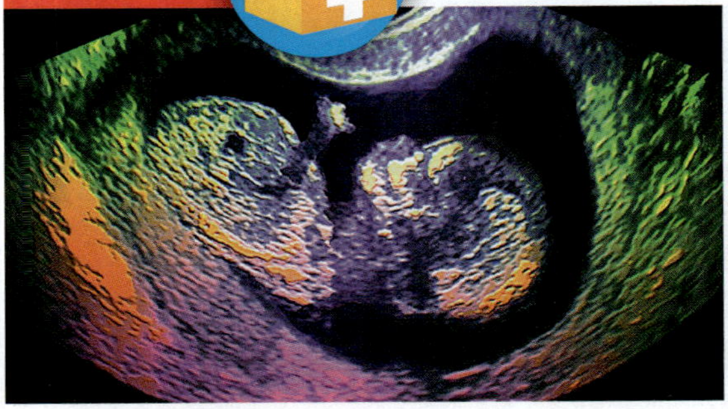

Les médicaments

Le diagnostic médical

THÈME 2 L'Univers . 102

Une première présentation de l'Univers

Les étoiles

Les éléments chimiques présents dans l'Univers

Le système solaire

© Nathan 2010 - ISBN : 978-2-09-172510-6

THÈME 3 La pratique du sport

L'étude du mouvement

Les besoins et les réponses de l'organisme lors d'une pratique sportive

Les matériaux et les molécules dans le sport

La pression

FICHES MÉTHODES

Rabats de la couverture

DÉCOUVREZ ET UTILISEZ VOTRE MANUEL

Les trois thèmes du programme

La santé

L'Univers

La pratique du sport

- Chaque thème est introduit par une double page qui présente la problématique générale.
- À chaque thème sont associés une couleur et un logo.

Structure d'un chapitre

Ouverture

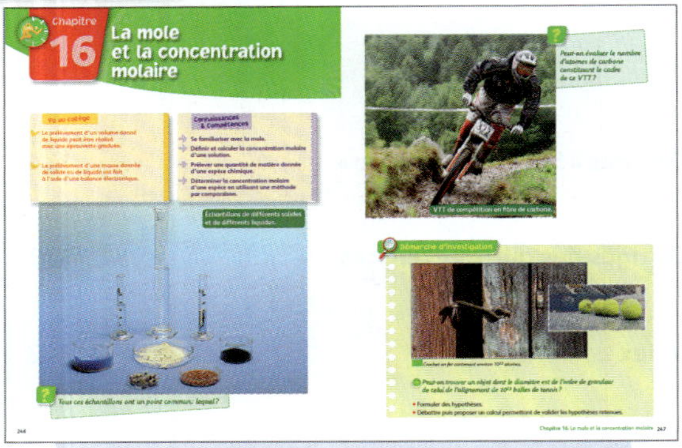

- Un rappel des acquis du collège et la liste des connaissances et compétences à acquérir.
- Des questions permettent de lancer la discussion.

Découvrir et réfléchir

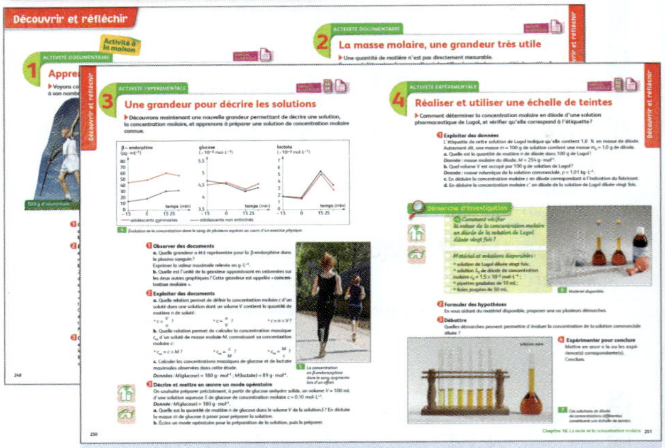

- Des activités «Découvrir et réfléchir » à faire à la maison ou en classe.
- Certaines activités utilisent une **démarche d'investigation**.

Cours

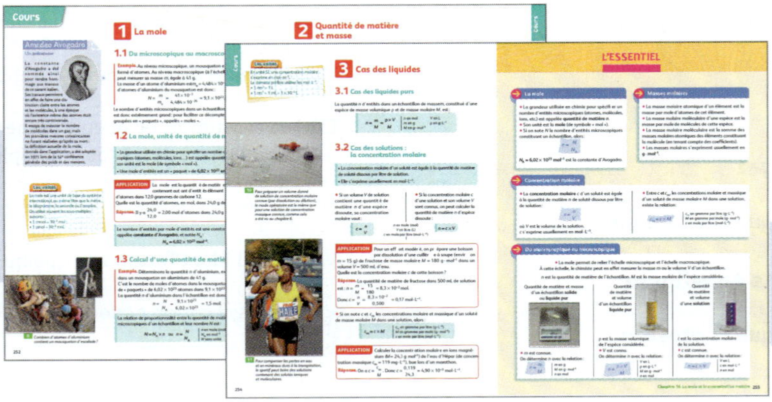

- Le cours est **illustré d'exemples et d'applications simples.**
- **L'essentiel,** sur une page, résume les résultats à retenir.

Exercices

Deux pages d'exercices d'application pour mobiliser ses connaissances et utiliser ses compétences.

Un test rapide pour **vérifier ses connaissances.**

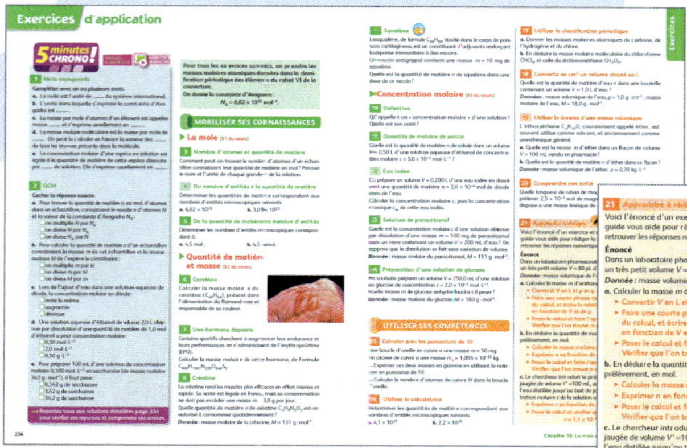

Certains exercices sont corrigés en fin de manuel, pour un travail en autonomie.
Ils sont indiqués par une boîte plus claire **19**.

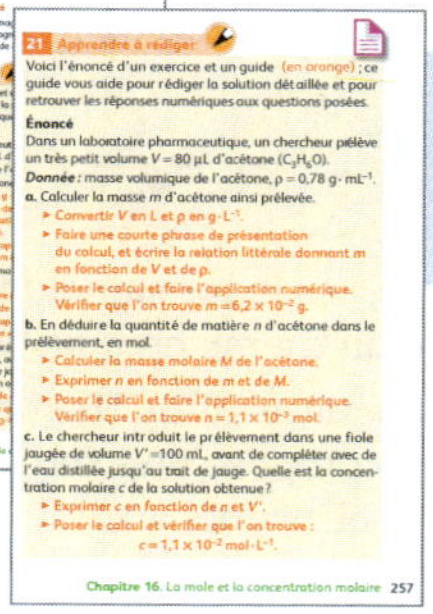

Un exercice « Apprendre à rédiger » propose une aide à la rédaction.

Deux pages d'exercices d'entraînement.

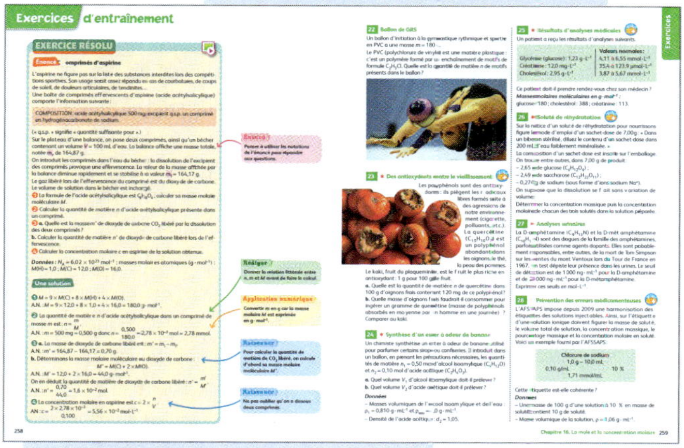

L'exercice résolu, avec ses commentaires, détaille les méthodes de résolution.

Dans certains chapitres, la page **« Pour aller plus loin »** propose des exercices plus difficiles.

Culture scientifique et citoyenne

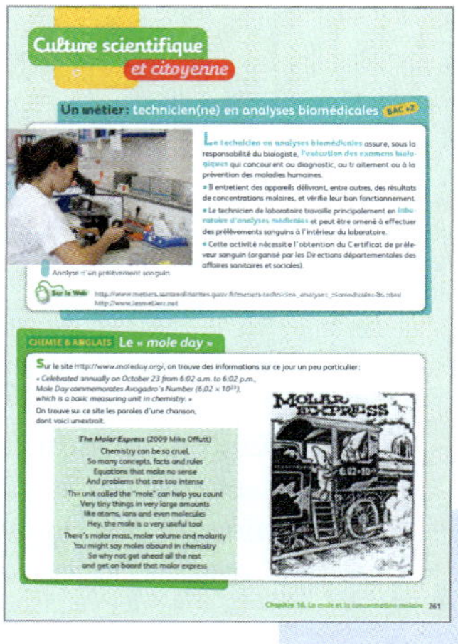

- Les pages « **Culture scientifique et citoyenne** » abordent des sujets d'actualité ou de société ; elles permettent d'élargir les horizons, notamment à travers l'histoire des sciences et des recherches personnelles.
- Un métier en lien avec les sciences est présenté.

LES LOGOS

Les logos des thèmes

- Un logo est associé à chaque thème du programme.

La santé

L'Univers

La pratique du sport

- Associés à un exercice, ces logos signalent que cet exercice est lié au thème en question.

Ainsi, cet exercice du chapitre 16 du thème « La pratique du Sport » propose un exercice appartenant au thème « La santé ».

25 ✶ **Résultats d'analyses médicales**

Un patient a reçu les résultats d'analyses suivants.

	Valeurs normales :
Glycémie (glucose) : 1,23 $g \cdot L^{-1}$	4,11 à 6,55 $mmol \cdot L^{-1}$
Créatinine : 12,0 $mg \cdot L^{-1}$	35,4 à 123,9 $\mu mol \cdot L^{-1}$
Cholestérol : 2,95 $g \cdot L^{-1}$	3,87 à 5,67 $mmol \cdot L^{-1}$

Ce patient doit-il prendre rendez-vous chez son médecin ?

Masses molaires moléculaires en $g \cdot mol^{-1}$ **:**

glucose : 180 ; cholestérol : 388 ; créatinine : 113.

Les logos en TP

Il est important de respecter les règles de sécurité au laboratoire.
Pour chaque expérience, des logos rappellent ce que vous devez porter.

Vous devez porter une blouse de laboratoire.

Vous devez porter des lunettes de sécurité.

Vous devez porter des gants de protection.

Les logos du manuel numérique enrichi

Manuel Numérique

Les médias du manuel numérique enrichi sont signalés par des logos.

Signale des vidéos documentaires et des vidéos d'expériences.

Signale des animations et des animations interactives.

EXERCICES INTERACTIFS Signale des exercices interactifs.

Signale des fichiers textes (Word, PDF) mais aussi des présentations Powerpoint, des fichiers Optgéo, etc.

De nombreux médias sont disponibles dans les pages « Culture scientifique et citoyenne ». Ils ne sont pas signalés par des logos.

PROGRAMME

D'après le B.O. spécial n° 4 du 29 avril 2010

LA SANTÉ

Notions et contenus	Chapitres du manuel
Le diagnostic médical : l'analyse de signaux périodiques, l'utilisation de l'imagerie et des analyses médicales permettent d'établir un diagnostic. Des exemples seront pris dans le domaine de la santé (électrocardiogramme, électroencéphalogramme, radiographie, échographie, fibroscopie…). L'observation de résultats d'analyses médicales permet d'introduire les notions de concentration et d'espèces chimiques ainsi que des considérations sur la constitution et la structure de la matière.	
Signaux périodiques : période, fréquence, tension maximale, tension minimale.	**La santé**, chapitre 4
Ondes sonores, ondes électromagnétiques. Domaines de fréquences. Propagation rectiligne de la lumière. Vitesse de la lumière dans le vide et dans l'air. Réfraction et réflexion totale.	**La santé**, chapitre 5
Espèces chimiques, corps purs et mélanges. Un modèle de l'atome. Noyau (protons et neutrons), électrons. Nombre de charges et numéro atomique Z. Nombre de nucléons A. Charge électrique élémentaire, charges des constituants de l'atome. Électroneutralité de l'atome.	**L'Univers**, chapitre 10
Éléments chimiques. Isotopes, ions monoatomiques. Caractérisation de l'élément par son numéro atomique et son symbole.	**L'Univers**, chapitre 11
Répartition des électrons en différentes couches, appelées K, L, M. Répartition des électrons pour les éléments de numéro atomique compris entre 1 et 18.	**L'Univers**, chapitre 10
Les règles du « duet » et de l'octet. Application aux ions monoatomiques usuels.	**L'Univers**, chapitre 11
Formules et modèles moléculaires. Formules développées et semi-développées. Isomérie.	**La pratique du sport**, chapitre 18
Classification périodique des éléments. Démarche de Mendeleïev pour établir sa classification. Critères actuels de la classification : numéro atomique et nombre d'électrons de la couche externe. Familles chimiques.	**L'Univers**, chapitre 12
Solution : solvant, soluté, dissolution d'une espèce moléculaire ou ionique. Analyses médicales ; concentrations massique et molaire* d'une espèce en solution non saturée. La quantité de matière. Son unité : la mole*. Constante d'Avogadro, N_A*. Masses molaires atomique et moléculaire : M ($g \cdot mol^{-1}$).	**La santé**, chapitre 6 et **La pratique du sport**, chapitre 16 * *On ne traite pas de la mole dans le chapitre 6. Seules les concentrations massiques sont abordées.*
Les médicaments : un médicament générique et un médicament « princeps » contiennent un même principe actif mais se différencient par leur formulation.	
Principe actif, excipient, formulation.	**La santé**, chapitre 2
Espèces chimiques naturelles et synthétiques.	**La santé**, chapitres 1 et 2 ; **La pratique du sport**, chapitre 18
Groupes caractéristiques.	**La pratique du sport**, chapitre 18
Solution : solvant, soluté, dissolution d'une espèce moléculaire ou ionique. Concentrations massique et molaire* d'une espèce en solution non saturée. Dilution d'une solution.	**La santé**, chapitre 6 et **La pratique du sport**, chapitre 16 * *On ne traite pas de la mole dans le chapitre 6. Seules les concentrations massiques sont abordées.*
Extraction, séparation et identification d'espèces chimiques.	**La santé**, chapitres 1 et 2
Aspect historique et techniques expérimentales. Caractéristiques physiques d'une espèce chimique : aspect, température de fusion, température d'ébullition, solubilité, densité, masse volumique.	**La santé**, chapitre 1
Chromatographie sur couche mince.	**La santé**, chapitre 2

Notions et contenus	Chapitres du manuel
Synthèse d'une espèce chimique. Densité, masse volumique.	**La santé**, chapitre 3
Système chimique. Réaction chimique. Écriture symbolique de la réaction chimique : équation de la réaction chimique.	**La pratique du sport**, chapitre 17

LA PRATIQUE DU SPORT

Notions et contenus	Chapitres du manuel
L'étude du mouvement : l'observation, l'analyse de mouvements et le chronométrage constituent une aide à l'activité sportive. Des lois de la physique permettent d'appréhender la nature des mouvements effectués dans ce cadre.	
Relativité du mouvement. Référentiel. Trajectoire. Mesure d'une durée ; chronométrage.	**La pratique du sport**, chapitre 15
Actions mécaniques, modélisation par une force. Effets d'une force sur le mouvement d'un corps : modification de la vitesse, modification de la trajectoire. Rôle de la masse du corps.	**L'Univers**, chapitre 13 et **La pratique du sport**, chapitre 15 *On voit les effets d'une force dans le chapitre 13. L'influence de la masse est abordée dans le chapitre 15.*
Principe d'inertie	**La pratique du sport**, chapitre 15
Les besoins et les réponses de l'organisme lors d'une pratique sportive : lors d'une activité physique, des transformations chimiques et physiques se produisent et s'accompagnent d'effets thermiques. Les apports alimentaires constitués d'espèces ioniques ou moléculaires permettent de compenser les pertes dues au métabolisme et à l'effort.	
Solution : solvant, soluté, dissolution d'une espèce moléculaire ou ionique. Concentrations massique et molaire* d'une espèce en solution non saturée. La quantité de matière. Son unité : la mole*. Constante d'Avogadro, N_A*. Masses molaires* atomique et moléculaire : M ($g \cdot mol^{-1}$). Dilution d'une solution.	**L'Univers**, chapitre 6 et **La pratique du sport**, chapitre 16 ** C'est dans le chapitre 16 que l'on aborde la quantité de matière et la mole.*
Système chimique. Réaction chimique. Écriture symbolique de la réaction chimique : équation de la réaction chimique.	**La pratique du sport**, chapitre 17
La pression : la pression est une grandeur physique qui permet de comprendre l'influence de l'altitude sur les performances sportives et les effets physiologiques ressentis en plongée subaquatique.	
Pression d'un gaz, pression dans un liquide. Force pressante exercée sur une surface, perpendiculairement à cette surface.	**La pratique du sport**, chapitres 19 et 20 * Dans le chapitre 19, on se limite aux gaz. Le chapitre 20 s'intéresse aux liquides.
Pression dans un liquide au repos, influence de la profondeur. Dissolution d'un gaz dans un liquide.	**La pratique du sport**, chapitre 20
Loi de Boyle-Mariotte, un modèle de comportement de gaz, ses limites.	**La pratique du sport**, chapitre 19
Les matériaux et les molécules dans le sport : la chimie permet d'améliorer le confort de la pratique et les performances par l'élaboration de nouveaux matériaux. Elle permet aussi de soigner et de procéder à des analyses de plus en plus précises pour lutter contre le dopage.	
Matériaux naturels et synthétiques. Molécules simples ou complexes : structures et groupes caractéristiques. Formules et modèles moléculaires. Formules développées et semi-développées. Isomérie.	**La pratique du sport**, chapitre 18
Extraction, séparation et identification d'espèces chimiques. Aspect historique et techniques expérimentales. Caractéristiques physiques d'une espèce chimique : aspect, température de fusion, température d'ébullition, solubilité, densité, masse volumique.	**La santé**, chapitres 1 et 2
Chromatographie sur couche mince.	**La santé**, chapitres 1 et 2

L'UNIVERS

Notions et contenus	Chapitres du manuel
Une première présentation de l'Univers : le remplissage de l'espace par la matière est essentiellement lacunaire aussi bien au niveau de l'atome qu'à l'échelle cosmique. Les dimensions de l'Univers sont telles que la distance parcourue par la lumière en une année est l'unité adaptée à leur mesure.	
Description de l'Univers : l'atome, la Terre, le système solaire, la Galaxie, les autres galaxies, exoplanètes et systèmes planétaires extrasolaires. Propagation rectiligne de la lumière. Vitesse de la lumière dans le vide et dans l'air. L'année de lumière.	**L'Univers**, chapitre 7
Les étoiles : l'analyse de la lumière provenant des étoiles donne des informations sur leur température et leur composition. Cette analyse nécessite l'utilisation de systèmes dispersifs.	
Les spectres d'émission et d'absorption : spectres continus d'origine thermique, spectres de raies. Raies d'émission ou d'absorption d'un atome ou d'un ion.	**L'Univers**, chapitre 9
Caractérisation d'une radiation par sa longueur d'onde. Dispersion de la lumière blanche par un prisme. Réfraction. Lois de Snell-Descartes.	**L'Univers**, chapitre 8
Les éléments chimiques présents dans l'Univers : au sein des étoiles se forment des éléments chimiques qui font partie des constituants de l'Univers. La matière qui nous entoure présente une unité structurale fondée sur l'universalité des éléments chimiques.	
Un modèle de l'atome. Noyau (protons et neutrons), électrons. Nombre de charges et numéro atomique *Z*. Nombre de nucléons *A*. Charge électrique élémentaire, charges des constituants de l'atome. Électroneutralité de l'atome. Masse des constituants de l'atome ; masse approchée d'un atome et de son noyau. Dimension : ordre de grandeur du rapport des dimensions respectives de l'atome et de son noyau.	**L'Univers**, chapitre 10
Éléments chimiques. Isotopes, ions monoatomiques. Caractérisation de l'élément par son numéro atomique et son symbole.	**L'Univers**, chapitre 11
Répartition des électrons en différentes couches, appelées K, L, M. Répartition des électrons pour les éléments de numéro atomique compris entre 1 et 18.	**L'Univers**, chapitre 10
Les règles du « duet » et de l'octet. Application aux ions monoatomiques usuels.	**L'Univers**, chapitre 11
Classification périodique des éléments. Démarche de Mendeleïev pour établir sa classification. Critères actuels de la classification : numéro atomique et nombre d'électrons de la couche externe.	**L'Univers**, chapitre 12
Le système solaire : l'attraction universelle (la gravitation universelle) assure la cohésion du système solaire. Les satellites et les sondes permettent l'observation de la Terre et des planètes.	
Relativité du mouvement. Référentiel. Trajectoire.	**L'Univers**, chapitre 13
La gravitation universelle. L'interaction gravitationnelle entre deux corps. La pesanteur terrestre.	**L'Univers**, chapitre 14
Actions mécaniques, modélisation par une force. Effets d'une force sur le mouvement d'un corps : modification de la vitesse, modification de la trajectoire. Rôle de la masse du corps.	**L'Univers**, chapitre 13 et **La pratique du sport**, chapitre 15 *On voit les effets d'une force dans le chapitre 13. L'influence de la masse est abordée dans le chapitre 15.*
Principe d'inertie.	**La pratique du sport**, chapitre 15
Observation de la Terre et des planètes.	**L'Univers**, chapitre 14

THÈME 1

La santé

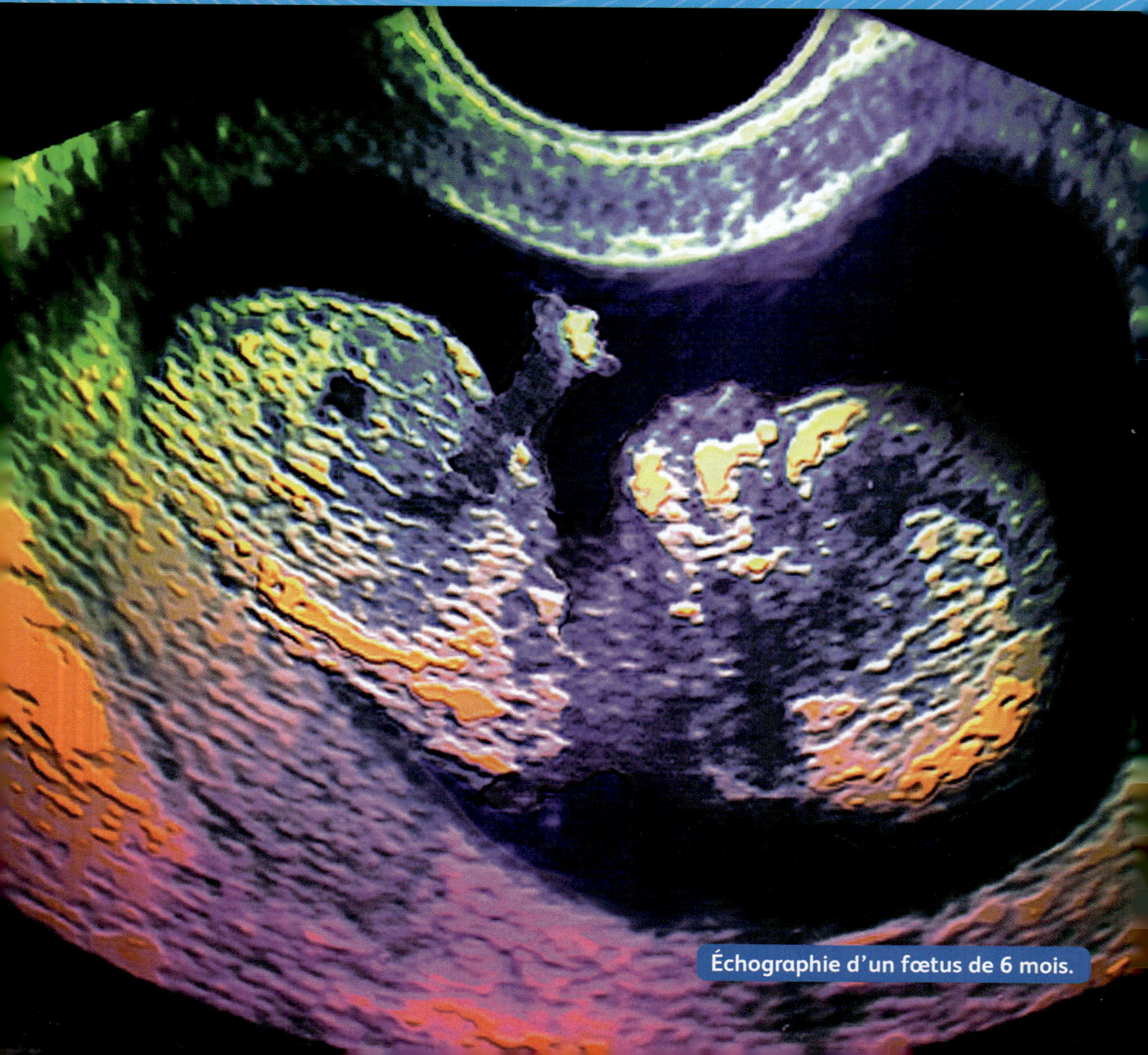

Échographie d'un fœtus de 6 mois.

En matière de santé, une culture scientifique de base est nécessaire pour poser un diagnostic ou pour guérir.

Comment utiliser l'interaction entre ondes et corps humain ? Quelles méthodes utiliser pour fabriquer des médicaments issus de la nature ou synthétisés au laboratoire ?

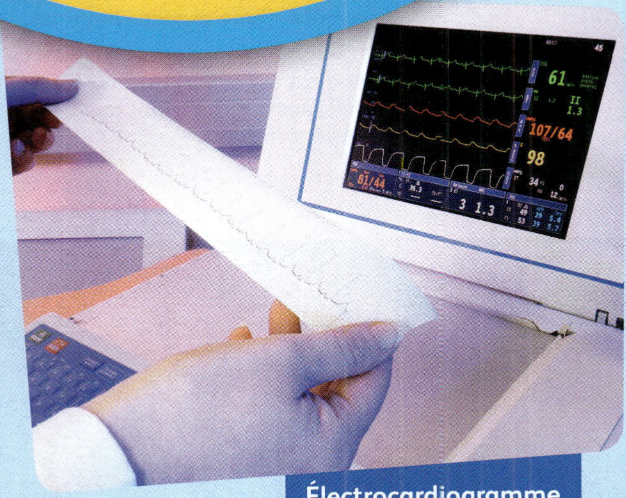

Électrocardiogramme.

Fabrication de médicaments.

Cachet d'aspirine effervescente.

Chapitre 1

Extraction et séparation d'espèces chimiques

Vu au collège

- Un liquide dont le mélange avec l'eau est hétérogène n'est pas miscible avec l'eau.
- Un liquide dont le mélange avec l'eau est homogène est miscible avec l'eau.
- L'eau distillée est un corps pur, l'eau minérale est un mélange.
- La masse peut s'exprimer en kg et le volume en m^3.
- Un litre d'eau a une masse de 1 kg.

Connaissances & Compétences

- Faire la différence entre espèce chimique, corps pur et mélange.
- Définir et utiliser les caractéristiques physiques d'une espèce chimique.
- Connaître et réaliser différentes techniques d'extraction et de séparation.

Pharmacie traditionnelle en Iran.

?

Les médicaments sont-ils des corps purs ou des mélanges ?

Thermomètre de Galilée

Comment fonctionne ce thermomètre ?

Pavot.

Comment récupérer l'espèce chimique à la vertu médicinale ?

Découvrir et réfléchir

Activité à la maison

ACTIVITÉ DOCUMENTAIRE

MANUEL NUMÉRIQUE

1 La nature inspire les hommes

▶ **Montrons, grâce à des exemples, que les hommes se sont inspirés de la nature pour mieux vivre.**

❶ Lapis-lazuli.

❷ Reine-des-prés.

❸ Gousses de vanille.

❹ Cachalot.

Ⓘ Ambre

Ⓘⓘ Lazurite

Ⓘⓘⓘ Acide salicylique

Ⓘⓥ Vanilline

ⓐ Glace.

ⓑ Parchemin représentant Saint Théodore affrontant des dragons.

ⓒ Bouteille de synthol.

ⓓ Rayon de la parfumerie Fragonard.

1 *Établir des liens.*

TICE

Citer toujours vos sources lors d'une recherche documentaire.

1 Exploiter le document

a. Pour chacun des objets ❶, ❷, ❸ et ❹, effectuer une recherche documentaire afin de lui associer l'espèce chimique Ⓘ, Ⓘⓘ, Ⓘⓘⓘ ou Ⓘⓥ et le produit fabriqué ⓐ, ⓑ, ⓒ ou ⓓ correspondants.

b. Dans quels buts étaient prélevées ces espèces chimiques dans la nature ? Avaient-elles des propriétés thérapeutiques ? culinaires ? esthétiques ?

2 Interpréter

a. Dès l'Antiquité, on utilisait la reine-des-prés pour soulager les maux de tête, mais on ne mangeait pas la plante. À votre avis, que faisait-on comme préparation ?

b. Pour soigner un grand nombre de personnes, il fallait utiliser beaucoup de plantes. Au fur et à mesure des évolutions scientifiques, qu'a fait le chimiste pour ne plus dépendre des ressources naturelles ?

3 Conclure

Parmi ces verbes, choisissez-en deux qui vous paraissent essentiels pour résumer l'activité : cueillir, extraire, presser, synthétiser, infuser, broyer.

ACTIVITÉ EXPÉRIMENTALE

MANUEL NUMÉRIQUE

2 Caractéristique physique

Démarche d'investigation

Pendant un TP, les élèves ont utilisé des erlenmeyers contenant de l'eau, de l'éthanol et du dichlorométhane.

Après le TP, on trouve deux erlenmeyers dont les étiquettes ont été décollées. Ils contiennent chacun un liquide incolore.

→ Comment identifier le contenu de chaque erlenmeyer ?

2 *Que contiennent ces deux erlenmeyers sans étiquette ?*

Matériel disponible :
- bécher de 50 mL,
- pipette,
- éprouvette graduée de 25 mL,
- balance.

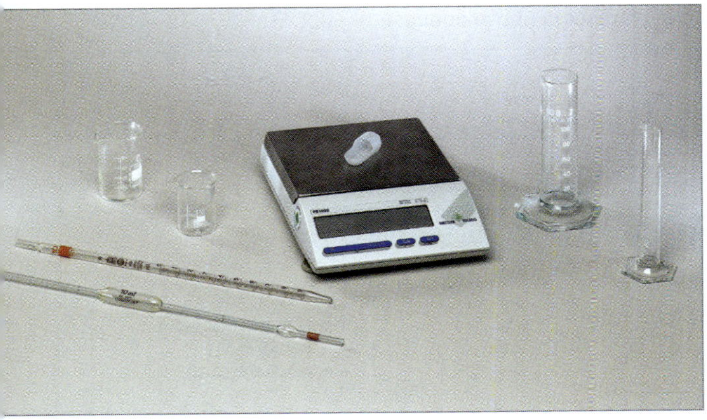

3 *Matériel disponible.*

Données
- **Eau :** formule chimique H_2O, liquide incolore, inodore, masse volumique 1,0 g · mL^{-1}.
- **Éthanol :** formule chimique C_2H_6O, liquide incolore, odeur caractéristique, masse volumique 0,79 g · mL^{-1}.
- **Dichlorométhane :** formule chimique CH_2Cl_2, liquide incolore, odeur caractéristique, masse volumique 1,33 g · mL^{-1}.

1 Formuler des hypothèses

Comment, à partir des données, identifier le contenu des erlenmeyers ? Si vous envisagez de faire une expérience, rédiger votre protocole.

2 Expérimenter pour conclure

a. Réaliser les expériences. Noter vos résultats.
b. Mettre en commun les résultats de la classe et conclure.

3 ACTIVITÉ EXPÉRIMENTALE

Extraction du diiode

▶ **Réalisons une extraction liquide-liquide.**

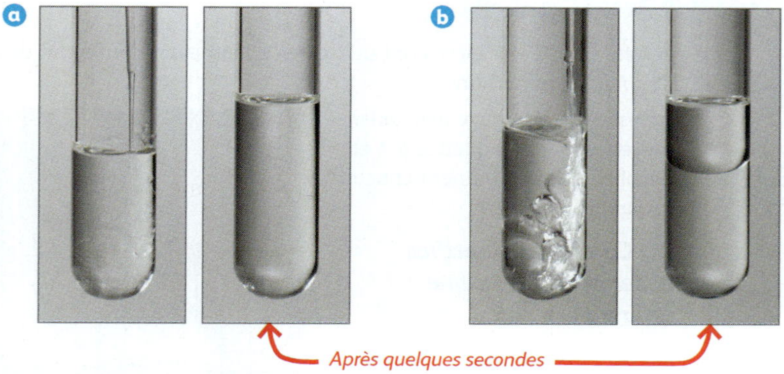

4 *Ajout d'eau dans des tubes à essais contenant de l'éthanol* **a** *ou du cyclohexane* **b**. *Densité de l'eau : 1,0 ; densité de l'éthanol : 0,79. Densité du cyclohexane : 0,78.*

Vocabulaire

Deux **phases** sont deux parties homogènes limitées par une surface de séparation.

1 Observer avant d'expérimenter

Combien de phases observe-t-on dans chaque tube à essais au bout de 30 s ?

2 Interpréter

a. Que peut-on dire de la miscibilité de l'eau avec l'éthanol ? avec le cyclohexane ?

b. Dans le cas où les liquides ne sont pas miscibles, identifier les différentes phases. Quelle expérience simple peut-on réaliser pour confirmer le résultat ?

Expérience

- Verser 40 mL d'une solution aqueuse de diiode dans une ampoule à décanter.
- Ajouter 20 mL de cyclohexane, puis boucher et agiter vigoureusement.
- Déboucher et laisser reposer. Éliminer la phase aqueuse.

3 Interpréter

Où se trouve le diiode en début d'expérience ? Où se trouve la majorité du diiode en fin d'expérience ?

4 Conclure

Quelles sont les deux propriétés que doit posséder un solvant extracteur ?

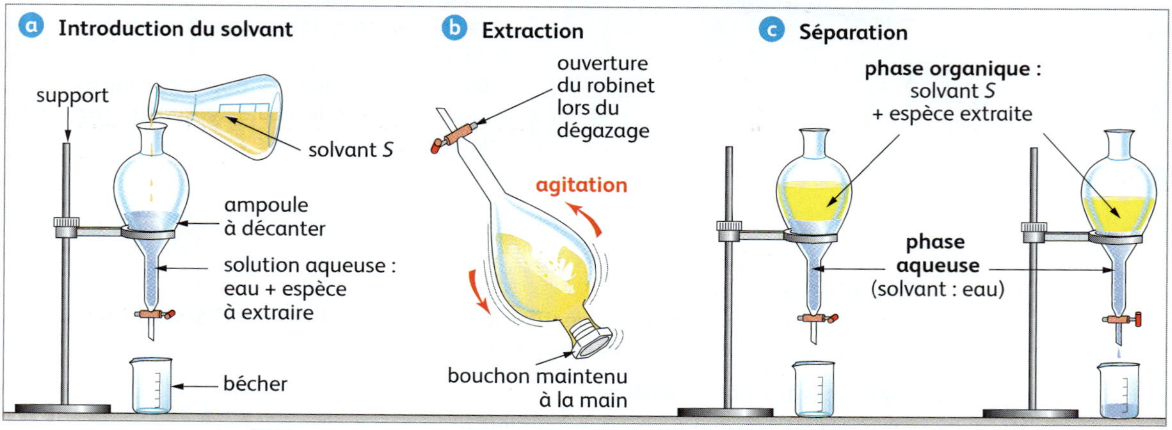

5 *Les étapes de l'extraction liquide-liquide. Dans ce cas, le solvant S est moins dense que l'eau.*

ACTIVITÉ EXPÉRIMENTALE

MANUEL NUMÉRIQUE

4 Extraction d'un acide gras

▶ **Extrayons un acide gras présent dans la noix de muscade : la trimyristine.**

6 *La noix de muscade contient un acide gras, la trimyristine. Les acides gras sont nécessaires à l'organisme. Certains d'entre eux ont un effet bénéfique sur les artères et l'appareil cardiovasculaire.*

Expérience

- Dans un ballon de 100 mL, introduire environ 15 g de noix de muscade en poudre et 20 mL de dichlorométhane.
- Porter le mélange à reflux pendant 10 min **(document 7)**.
- Filtrer la solution encore chaude dans un erlenmeyer.
- Évaporer le solvant à l'aide d'une trompe à vide **(figure 8)**.
- On obtient une huile. Pour obtenir le produit solide, ajouter 10 mL d'acétone au produit obtenu et laisser refroidir dans un bain eau-glace.
- Filtrer.

Données

– Solubilité de la trimyristine.

Eau	Dichlorométhane
Non soluble	Soluble

– Pictogramme de sécurité du flacon de dichlorométhane : ce produit est nocif par contact cutané, par ingestion et par inhalation.

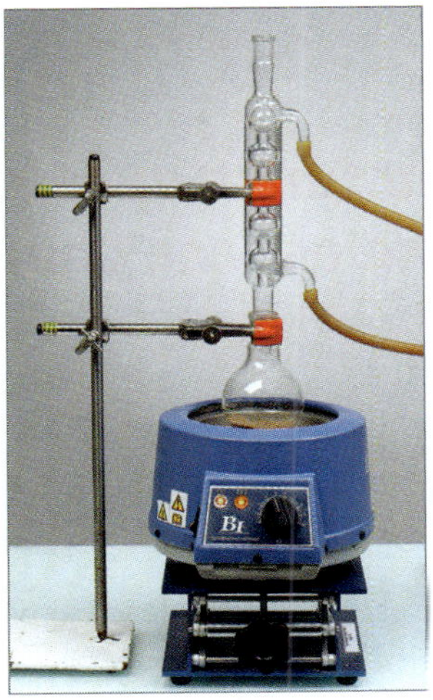

7 ▶ *Chauffage à reflux avec un chauffe-ballon.*

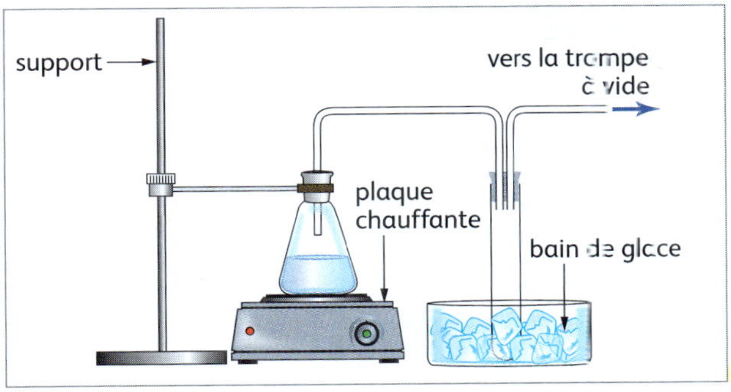

8 *Montage d'évaporation sous vide du solvant.*

1 Comprendre un protocole

a. Quelles précautions doit prendre l'expérimentateur pour manipuler le dichlorométhane ?

b. Pourquoi chauffe-t-on ?

c. Quelle(s) phrase(s) du protocole correspond(ent) à l'extraction de la trimyristine ?

d. Pourquoi utilise-t-on le dichlorométhane et non l'eau pour extraire la trimyristine ?

e. Quelle(s) phrase(s) du protocole correspond(ent) à la séparation ?

f. Après avoir évaporé le dichlorométhane, qu'obtient- on ?

2 Conclure

A-t-on réalisé une extraction liquide-liquide ou solide-liquide ?

1 Espèces chimiques, corps purs et mélanges

Une espèce chimique est caractérisée par son aspect (état physique, couleur), par son nom, sa formule chimique et par des grandeurs physiques (solubilité, masse volumique, densité, etc.).

Une substance constituée d'une seule espèce chimique est un corps pur.

Exemples. Le dioxygène, de formule chimique O_2 ; l'acide salicylique, de formule chimique $C_7H_6O_3$.

Certaines espèces chimiques sont présentes dans la nature : elles sont dites **naturelles**. D'autres sont fabriquées par l'homme : elles sont dites **synthétiques**.

Certaines espèces chimiques synthétiques sont identiques à des espèces naturelles (comme l'acide salicylique, $C_7H_6O_3$) **(document 9)** ; d'autres ont été inventées (comme l'acide acétylsalicylique ou aspirine, $C_9H_8O_4$) **(document 10)**.

Une substance constituée de plusieurs espèces chimiques est un mélange.

Exemples. L'air, composé de dioxygène O_2 (20 %) et de diazote N_2 (80 %) ; un comprimé d'aspirine effervescente.

9 *L'acide salicylique est présent dans la reine-des-prés.*

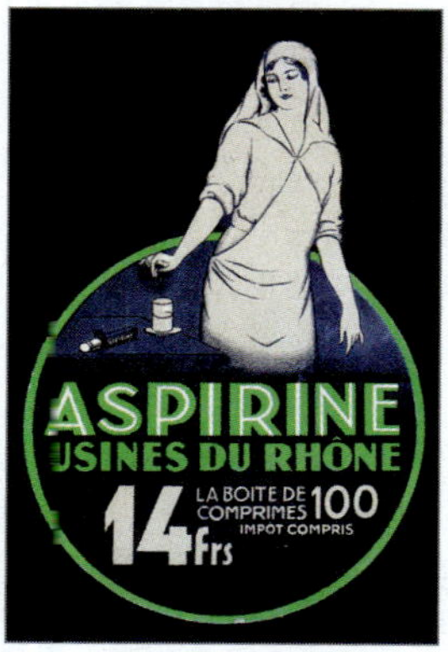

10 *L'acide acétylsalicylique ou aspirine, moins indigeste et plus efficace que l'acide salicylique, a été synthétisé en 1897 par Félix Hoffmann. L'aspirine est à ce jour un des médicaments les plus utilisés à travers le monde en raison de sa faible toxicité.*

2 Caractéristiques physiques d'une espèce chimique

2.1 Solubilité

La solubilité d'une espèce chimique dans un solvant est égale à la masse maximale de cette espèce que l'on peut dissoudre par litre de solution. Son unité usuelle est le $g \cdot L^{-1}$.

La solubilité d'une espèce dépend de la température, de la pression et du solvant **(tableau 11)**.

Température	20 °C	80 °C
Eau	2,0 $g \cdot L^{-1}$	22 $g \cdot L^{-1}$
Éthanol	349 $g \cdot L^{-1}$	–

11 *Solubilité de l'acide salicylique.*

2.2 Masse volumique

La masse volumique ρ d'une espèce chimique est le quotient de la masse m d'un échantillon de cette espèce chimique par son volume V :

$$\rho = \frac{m}{V}$$

- m en kilogramme (kg)
- V en mètre cube (m^3)
- ρ en kilogramme par mètre cube ($kg \cdot m^{-3}$)

Exemples. $\rho_{eau} = 1{,}0\ kg \cdot L^{-1} = 1{,}0 \times 10^3\ kg \cdot m^{-3}$;
$\rho_{éthanol} = 0{,}79\ kg \cdot L^{-1} = 0{,}79 \times 10^3\ kg \cdot m^{-3} = 7{,}9 \times 10^2\ kg \cdot m^{-3}$.

On détermine la masse m d'un échantillon d'une espèce chimique à partir de la masse volumique ρ de cette espèce et du volume V occupé par l'échantillon :

$$m = \rho \times V$$

m en kilogramme (kg)
V en mètre cube (m^3)
ρ en $kg \cdot m^{-3}$

APPLICATION Déterminer la masse m d'un volume $V = 2{,}0\ m^3$ d'éthanol.

Données : $\rho_{\text{éthanol}} = 0{,}79\ kg \cdot L^{-1} = 7{,}9 \times 10^2\ kg \cdot m^{-3}$

Réponse. $m = \rho_{\text{éthanol}} \times V$.

A.N. : $m = 7{,}9 \times 10^2 \times 2{,}0 = 1{,}6 \times 10^3$ kg.

2.3 Densité

- Pour les solides et les liquides, la densité d d'une espèce chimique est le quotient de la masse volumique de cette espèce par la masse volumique de l'eau.

$$d = \frac{\rho}{\rho_{eau}}$$

ρ et ρ_{eau} dans la même unité

- La densité n'a pas d'unité.

Exemples. $d_{eau} = 1{,}0$; $d_{\text{éthanol}} = 0{,}79$.

On détermine la masse m d'un échantillon d'une espèce chimique à partir de la densité d de cette espèce et du volume V occupé par l'échantillon :

$$m = d \times \rho_{eau} \times V$$

m en kilogramme (kg)
V en mètre cube (m^3)
$\rho_{eau} = 1{,}0 \times 10^3\ kg \cdot m^{-3}$

APPLICATION Déterminer la masse m d'un volume $V = 0{,}50\ m^3$ d'éthanol.

Données : $d_{\text{éthanol}} = 0{,}79$; $\rho_{eau} = 1{,}0 \times 10^3\ kg \cdot m^{-3}$.

Réponse. $m = d_{\text{éthanol}} \times \rho_{eau} \times V$.

A.N. : $m = 0{,}79 \times 1{,}0 \times 10^3 \times 0{,}50 = 4{,}0 \times 10^2$ kg.

3 Extraction et séparation

3.1 Historique

Dès l'Antiquité, les hommes ont broyé et pressé des substances végétales, animales ou minérales pour en extraire des colorants, des médicaments, etc. Au XIIIe siècle, sont venues du Moyen-Orient les techniques de distillation des plantes, très utilisées en parfumerie **(document 14)**.

Les unités

- $1\ kg = 1 \times 10^3\ g$
- $1\ m^3 = 1 \times 10^3\ L = 1 \times 10^6\ mL$
- $1\ L = 1\ dm^3$ • $1\ mL = 1\ cm^3$

12 *Le mercure est un liquide de densité 13,6 : 1 L de mercure a la même masse que 13,6 L d'eau. Attention, le mercure doit être manipulé sous surveillance.*

13 *Nappe de pétrole. Le pétrole surnage car la densité du pétrole est plus faible que celle de l'eau salée.*

14 *Fabrication de l'huile essentielle de rose par distillation.*

Puis, au XIXe siècle, l'industrie a développé de nouveaux composés, utilisés comme solvants. Ces derniers ont nettement amélioré les techniques d'extraction, permettant aux médecins d'isoler des espèces chimiques de certaines plantes : un anti-inflammatoire de la reine des prés (acide salicylique), un anticancéreux de l'if (taxol), etc.

15 *Préparation d'un thé à la menthe par décoction.*

3.2 Différentes techniques

De nos jours, nous continuons à extraire des composés venant de la nature. On choisit, suivant les cas, entre différentes techniques.

- L'**expression** (ou pressage) est l'obtention des produits par pression.
- La **macération** consiste à mettre une plante dans un solvant froid.
- L'**infusion** utilise de l'eau bouillante, versée sur la plante hachée. Le récipient est couvert 5 à 15 minutes, sans chauffage.
- La **décoction** est réalisée en faisant cuire la plante, au moins plusieurs minutes, dans de l'eau bouillante **(document 15)**.

3.3 Extraction par solvant puis séparation

A Principe

Une extraction par solvant est réalisée en solubilisant l'espèce chimique à extraire dans un solvant.

Cette technique repose sur le fait suivant : une espèce est transférée **spontanément** d'un solvant où elle est peu soluble à un solvant où elle est plus soluble.

Le solvant extracteur est choisi de telle sorte que l'espèce à extraire y soit la plus soluble possible.

Remarque. Le choix du solvant doit respecter les règles de sécurité et d'environnement.

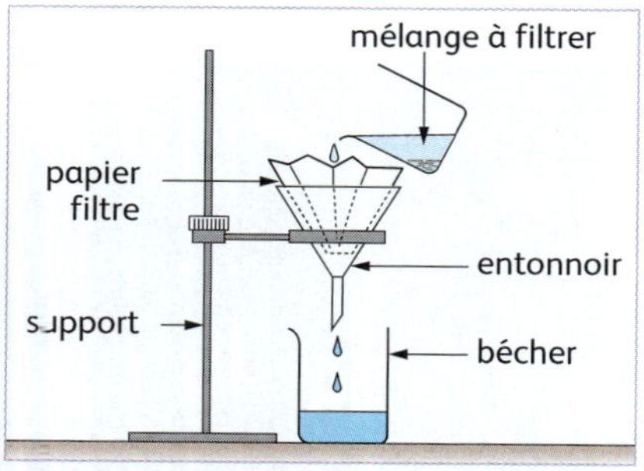

16 *Schématisation de la filtration simple.*

B Extraction solide-liquide

- Lorsque l'espèce à extraire est présente dans un solide, l'extraction est réalisée par macération, infusion ou décoction dans un solvant.
- La séparation est réalisée par **filtration (figure 16)** (→ **fiche méthode 8**, page 331).

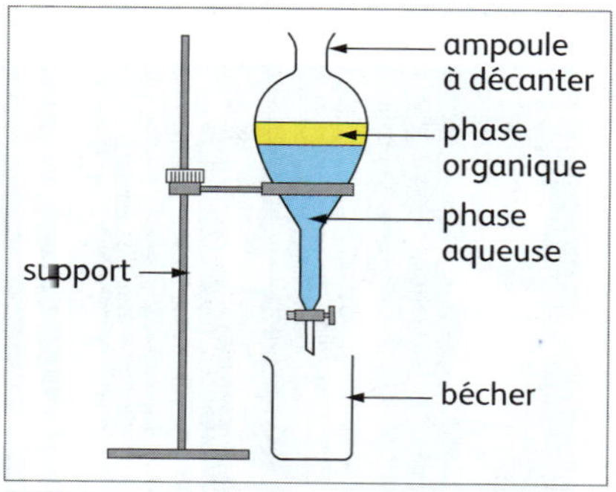

17 *Schématisation d'une extraction dans une ampoule à décanter, dans le cas où la densité du solvant extracteur est inférieure à celle de l'eau.*

C Extraction liquide-liquide

- Lorsque l'espèce à extraire est présente dans une solution aqueuse, l'extraction est réalisée dans une **ampoule à décanter**, grâce à un solvant organique non miscible avec l'eau.
- La séparation se fait dans l'ampoule à décanter, bouchon retiré.

On observe **deux phases** : une phase organique et une phase aqueuse. La phase inférieure est constituée principalement du solvant le plus dense **(figure 17)**.

On peut récupérer les phases séparément (→ **fiche méthode 8**, page 331).

L'ESSENTIEL

Corps purs et mélanges

- Une **espèce chimique** est caractérisée par son aspect (état physique, couleur), par son nom, sa formule chimique et par des grandeurs physiques (solubilité, masse volumique, densité, etc.).
- Une substance constituée d'une seule espèce chimique est un **corps pur**.
- Une substance constituée de plusieurs espèces chimiques est un **mélange**.

Naturel ou synthétique ?

- Certaines espèces chimiques sont présentes dans la nature : elles sont dites **naturelles**. D'autres sont fabriquées par l'homme : elles sont dites **synthétiques**.

Extraction et séparation

- Une **extraction par solvant** est réalisée en solubilisant dans un solvant l'espèce chimique à extraire.
- Le **solvant extracteur** est choisi de telle sorte que l'espèce à extraire y soit la plus soluble possible.

Masse volumique et densité

- La relation entre la masse volumique ρ d'une espèce chimique, sa masse *m* et son volume *V* s'exprime par :

$$\rho = \frac{m}{V}$$

m en kilogramme (kg)
V en mètre cube (m^3)
ρ en $kg \cdot m^{-3}$

- La relation entre la densité *d* d'une espèce chimique et sa masse volumique ρ est :

$$d = \frac{\rho}{\rho_{eau}}$$

avec $\rho_{eau} = 1{,}0\ kg \cdot L^{-1} = 1{,}0 \times 10^3\ kg \cdot m^{-3}$.
Les deux masses volumiques doivent être exprimées dans la même unité ; la densité n'a pas d'unité.

- On détermine la masse *m* d'une espèce chimique à partir de sa masse volumique ρ grâce à la relation :

$$m = \rho \times V$$

- On détermine la masse *m* d'une espèce chimique à partir de sa densité *d* grâce à la relation :

$$m = d \times \rho_{eau} \times V$$

Extraction liquide-liquide

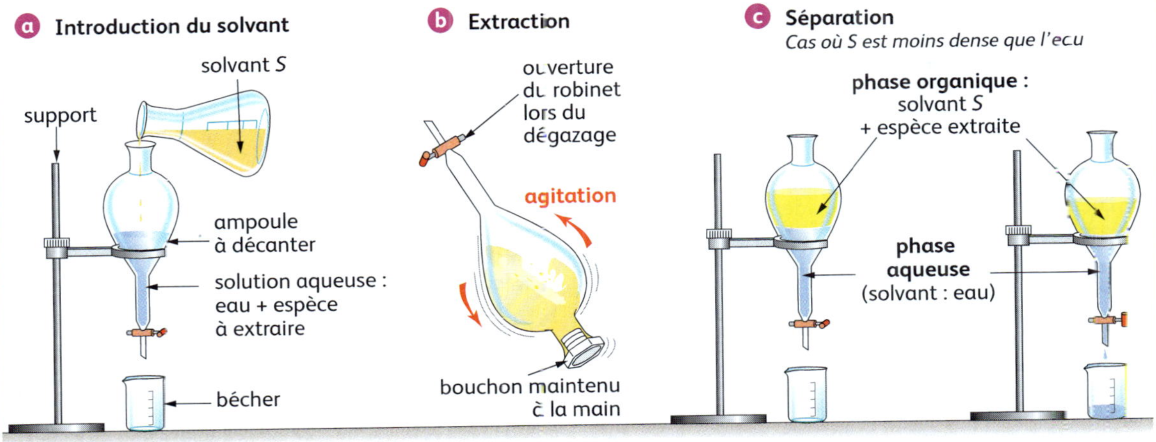

Exercices d'application

5 minutes CHRONO !

MANUEL NUMÉRIQUE — EXERCICES INTERACTIFS

1 Mots manquants

Compléter avec un ou plusieurs mots.

a. Une substance constituée d'une seule espèce chimique est un .... Une substance constituée de plusieurs espèces chimiques est un ....

b. Une espèce chimique présente dans la nature est une espèce chimique .... Une espèce chimique fabriquée par l'homme est une espèce chimique ....

c. Une espèce chimique est caractérisée par des grandeurs physiques : sa solubilité, sa .... ou sa densité.

d. Après extraction par macération, on sépare la solution du solide par ....

e. Une extraction liquide-liquide se pratique dans une ....

2 QCM

Cocher la réponse exacte.

a. Une espèce synthétique est :
- ☐ issue de la nature
- ☐ fabriquée par l'homme
- ☐ toujours la copie d'une espèce naturelle

b. L'eau iodée, constituée d'eau et de diiode, est :
☐ un corps pur ☐ un mélange ☐ une espèce chimique

c. L'expression de la masse volumique d'une espèce chimique est :
☐ $\frac{m}{V}$ ☐ $\frac{V}{m}$ ☐ $m \times V$

d. On sait que la masse volumique de l'eau est égale à $1{,}0 \times 10^3$ kg·m^{-3}.
Un volume $V = 10$ m^3 d'eau a une masse m égale à :
☐ $1{,}0 \times 10^3$ kg ☐ $1{,}0 \times 10^4$ kg ☐ $1{,}0 \times 10^2$ kg

e. L'unité de la densité d'une espèce chimique est :
☐ kg·L^{-1} ☐ L·kg^{-1} ☐ la densité n'a pas d'unité

f. Lorsque deux liquides ne sont pas miscibles, celui qui a la plus grande densité :
- ☐ constitue la phase supérieure
- ☐ constitue la phase inférieure
- ☐ les deux liquides ne forment qu'une seule phase

g. Lors d'une extraction liquide-liquide, l'espèce chimique à extraire doit :
- ☐ être plus soluble dans le solvant initial que dans le solvant extracteur
- ☐ être moins soluble dans le solvant initial que dans le solvant extracteur
- ☐ être insoluble dans le solvant extracteur

→ Reportez-vous aux solutions détaillées page 334 pour vérifier vos réponses et comprendre vos erreurs.

MOBILISER SES CONNAISSANCES

▶ Espèces chimiques, corps purs et mélanges [§1 du cours]

3 Corps pur ou mélange ?

Classer les exemples suivants en deux catégories, corps purs ou mélanges : l'eau minérale, le jus d'orange, la vitamine C, l'air, le dioxygène, le fer, l'acier.

4 Sérum physiologique

Sur l'étiquette d'un sérum physiologique préconisé pour le lavage oculaire, on peut lire : chlorure de sodium, eau purifiée.

a. Préciser si ce sérum est un mélange ou un corps pur.

b. Donner une espèce chimique présente dans le sérum.

5 Crème pour sportifs

Pour récupérer après l'effort, pour détendre les muscles, on peut appliquer une crème apaisante.
Sur un tube de crème apaisante, on peut lire : eau purifiée, alcool cétylique, alcool stéarylique.

a. Préciser si la crème est un mélange ou un corps pur.

b. Donner une espèce chimique présente dans la crème.

▶ Caractéristiques physiques d'une espèce chimique [§2 du cours]

6 Glucose

La solubilité du glucose dans l'eau à 20 °C est 700 g·L^{-1}.
Quelle est la masse maximale de glucose que l'on peut dissoudre dans 1 L de solution ? dans 2 L de solution ?

7 Masse volumique

Un volume $V = 40{,}0$ mL d'acétone a une masse $m = 31{,}6$ g.

a. Donner l'expression littérale de la masse volumique ρ de l'acétone.

b. Déterminer sa valeur grâce aux données de l'exercice en précisant son unité.

8 Densité

La masse volumique de l'eau est $\rho_{eau} = 1{,}0$ kg·L^{-1}.

a. Pour déterminer facilement la densité d d'une espèce chimique, faut-il exprimer la masse volumique de l'espèce chimique en g·L^{-1}, en kg·L^{-1} ou en kg·mL^{-1} ?

b. La masse volumique du toluène est $\rho = 0{,}87$ kg·L^{-1}.
Déterminer sa densité.

9 En haut ou en bas ?

L'eau et le cyclohexane sont deux liquides non miscibles.
On introduit ces deux liquides dans un tube à essais.

Données : $d_{eau} = 1{,}0$; $d_{cyclohexane} = 0{,}78$.

a. Combien de phases observe-t-on ?

b. Comment sont disposés ces liquides ?

c. Si on ne précise pas les densités, comment déterminer expérimentalement la position d'un des liquides ?

Extraction et séparation [§3 du cours]

10 Pictogrammes de sécurité

a. Quelle est la signification de ces pictogrammes ?

b. Quelle(s) précaution(s) doit-on prendre lorsque l'on manipule des produits comportant ces pictogrammes ?

11 Différence de solubilité

Dans une boisson « light », on trouve de l'acide benzoïque.

La solubilité de l'acide benzoïque est de $2{,}4\ g \cdot L^{-1}$ dans l'eau et de $23\ g \cdot L^{-1}$ dans l'éther.

L'eau et l'éther ne sont pas miscibles.

Peut-on choisir l'éther pour extraire l'acide benzoïque de la boisson ?

12 Choix du solvant

On souhaite extraire la menthone présente dans une solution aqueuse. Cette espèce est très soluble dans l'éthanol, très soluble dans le toluène et peu soluble dans l'eau.

L'eau est miscible avec l'éthanol mais non miscible avec le toluène.

Quel solvant extracteur le chimiste doit-il choisir ?

13 Manipulation de l'ampoule à décanter

a. Pourquoi faut-il agiter l'ampoule à décanter ?

b. Pourquoi faut-il laisser reposer après agitation de l'ampoule à décanter ?

c. Pourquoi faut-il enlever le bouchon pour séparer et récupérer une des phases de l'ampoule à décanter ?

UTILISER SES COMPÉTENCES

14 Lire un texte

Dès l'Antiquité, on combattait la fièvre avec l'acide salicylique extrait de l'écorce de saule. Cette espèce chimique a aussi été produite en laboratoire à partir de 1860 par Hermann Kolbe.

Puis, en 1897, Félix Hoffmann synthétisa une nouvelle espèce chimique, encore plus efficace : l'aspirine.

a. Donner un exemple d'espèce chimique naturelle.

b. Donner deux exemples d'espèces chimiques synthétiques.

15 Changer d'unité

La masse volumique de l'éthanol est $\rho = 0{,}79\ kg \cdot L^{-1}$.

Exprimer ρ en $g \cdot L^{-1}$, puis en $g \cdot mL^{-1}$ et en $g \cdot cm^{-3}$.

16 Utiliser une expression littérale

a. Le dichlorométhane a une densité $d = 1{,}33$.

Déterminer sa masse volumique ρ.

Donnée : $\rho_{eau} = 1{,}0\ kg \cdot L^{-1}$.

b. L'acide acétique a une masse volumique $\rho = 1{,}05\ g \cdot mL^{-1}$.

Déterminer, en g, la masse m d'un litre d'acide acétique.

17 Réaliser un schéma

Les fleurs de bruyère contiennent une espèce qui agit contre l'acné. Cette espèce est soluble dans les graisses. On peut réaliser une lotion anti-acné à base d'huile d'olive et de fleurs de bruyère, par macération puis filtration.

Réaliser un schéma légendé de la filtration.

18 Réaliser un schéma

Dans une ampoule à décanter, on place de l'eau et de l'heptane.

L'eau et l'heptane ne sont pas miscibles.

Données : $d_{eau} = 1{,}0$; $d_{heptane} = 0{,}68$.

Schématiser l'ampoule à décanter. Vous indiquerez sur votre schéma la phase aqueuse et la phase organique.

19 Apprendre à rédiger

Voici l'énoncé d'un exercice et un guide (en orange) ; ce guide vous aide pour rédiger la solution détaillée et pour retrouver les réponses numériques aux questions posées.

Énoncé

Dans une ampoule à décanter, on place une solution aqueuse de diiode, puis on ajoute du cyclohexane.

Après agitation, on observe deux phases.

Données

– L'eau et le cyclohexane ne sont pas miscibles.

– Densités : $d_{eau} = 1{,}0$; $d_{cyclohexane} = 0{,}78$.

– Solubilité du diiode dans l'eau : assez faible.

– Solubilité du diiode dans le cyclohexane : importante.

a. Dans quel solvant se trouve le diiode après agitation de l'ampoule à décanter ?

- **Comparer la solubilité du diiode dans les deux solvants.**
- **Conclure par une phrase en justifiant.**

b. Réaliser un schéma légendé de l'ampoule à décanter lors de la séparation.

- **Comparer la densité des deux solvants ($d_{eau} > d_{cyclohexane}$) afin de déterminer la place des deux phases.**
- **Schématiser l'ampoule à décanter avec robinet et support.**
- **Légender le schéma.**

EXERCICE RÉSOLU

Énoncé **Extraction de l'eugénol**

L'eugénol est une espèce chimique présente dans l'essence de clou de girofle ou dans les feuilles de laurier de Californie. Il est très utilisé pour ses propriétés analgésiques et antiseptiques. On souhaite extraire l'eugénol d'une solution aqueuse.

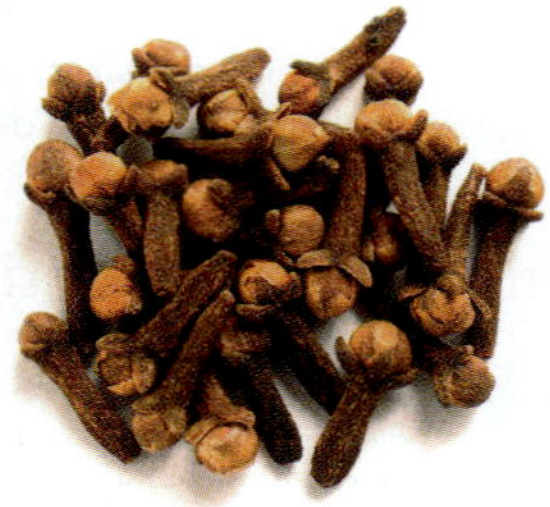

Données

- Solubilités

	Eau	Éthanol	Éther
Solubilité de l'eugénol	Peu soluble	Soluble	Soluble
Densité	1,0	0,79	0,71

- Miscibilité avec l'eau

Éthanol	Éther
Miscible	Non miscible

- Pictogramme observé sur la bouteille d'éther

Énoncé
Repérer les données sur la solubilité de l'espèce, la densité et la miscibilité des solvants.

1. Donner deux critères à prendre en compte dans le choix du solvant extracteur.
2. Quel solvant sera utilisé ?
3. Quelle précaution doit-on prendre pour manipuler le solvant choisi ?
4. Rédiger le protocole expérimental de l'opération.
5. Réaliser un schéma légendé de l'ampoule à décanter lors de la séparation.

Une solution

1. Les deux critères pour le choix du solvant extracteur sont :
– l'espèce à extraire doit être plus soluble dans le solvant extracteur que dans le solvant initial ;
– le solvant extracteur et le solvant initial ne doivent pas être miscibles.

2. Le premier critère ne permet pas de choisir entre l'éthanol et l'éther, car l'eugénol est très soluble dans ces deux solvants.
Mais le deuxième critère permet d'exclure l'éthanol qui est miscible avec l'eau.
On choisit donc l'éther.

Raisonner
Utiliser les deux tableaux de données :
- solubilité de l'espèce ;
- miscibilité des solvants avec l'eau.

3. L'éther est extrêmement inflammable et volatil, il faut donc le manipuler loin de toute source de chaleur.

4. Protocole expérimental
– Verser la solution dans une ampoule à décanter. Ajouter de l'éther. Boucher.
– Agiter et dégazer plusieurs fois pour extraire l'eugénol de la phase aqueuse.
– Déboucher, laisser décanter. La phase organique (l'éther et l'eugénol) se place au-dessus car la densité de l'éther est plus faible que celle de l'eau.
– Éliminer la phase aqueuse, en la laissant couler. Recueillir la phase organique qui contient l'eugénol.

Connaissances
Le solvant qui a la densité la plus grande constitue la phase inférieure $d_{eau} > d_{éther}$.

5.

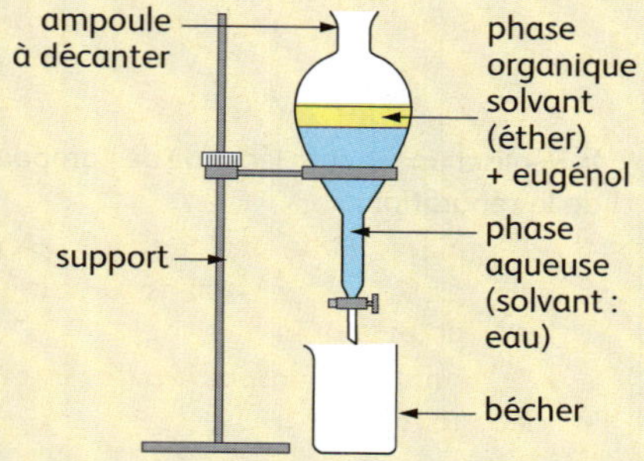

Schématiser
- Veiller à produire un schéma soigné.
- Ne jamais oublier de mettre les légendes.

20 Arôme

On trouve dans l'essence d'amande amère, extraite du noyau de fruits comme l'abricot, un arôme très particulier : le benzaldéhyde. On l'utilise souvent dans des boissons ou en pâtisserie.
Le produit naturel a un prix de revient élevé. Pour cette raison, on utilise souvent un produit de synthèse.
On veut comparer les constituants d'un flacon d'arômes, annoncé à « l'arôme d'amande », avec l'essence naturelle et le benzaldéhyde de synthèse. Pour cela, il faut d'abord extraire de la solution aqueuse le benzaldéhyde.

a. Le benzaldéhyde est-il une espèce chimique naturelle ? une espèce chimique synthétique ?

b. On dispose de quatre solvants dans lesquels les solubilités du benzaldéhyde sont décrites ainsi :

Eau ($d = 1{,}0$)	Légèrement soluble
Éthanol ($d = 0{,}786$)	Très soluble
Acétone ($d = 0{,}789$)	Très soluble
Éther ($d = 0{,}713$)	Très soluble

Quels solvants paraissent envisageables au regard du critère de solubilité de l'espèce à extraire ?

c. L'éthanol et l'acétone sont miscibles avec l'eau. L'éther est non miscible avec l'eau. Quel solvant va-t-on utiliser ?

d. Réaliser un schéma légendé de l'ampoule à décanter lors de la séparation.

e. Comment récupérer le benzaldéhyde ?

21 ✶ Caféine

La caféine est présente dans les graines, les fruits et les feuilles de différentes plantes. On souhaite extraire la caféine présente dans une solution aqueuse.
On dispose de deux solvants non miscibles avec l'eau : l'éther et le dichlorométhane.

Solubilité de la caféine

Eau ($d = 1{,}0$)	Éther ($d = 0{,}71$)	Dichlorométhane ($d = 1{,}33$)
Peu soluble	Très peu soluble	Très soluble

a. Quel solvant utiliser pour extraire la caféine ?

b. Comparer la densité de ce solvant avec celle de l'eau.

c. Réaliser un schéma légendé de l'ampoule à décanter lors de la séparation.

d. Comment récupérer la caféine ?

22 Le limonène

Le limonène est, à température ambiante, un liquide incolore, à odeur d'orange. Sa formule chimique est $C_{10}H_{16}$. Il est utilisé dans l'industrie agroalimentaire et dans l'industrie pharmaceutique pour parfumer les médicaments.
Sa solubilité dans l'eau est nulle, sa solubilité dans le cyclohexane est importante.
On souhaite extraire les espèces odorantes, dont le limonène, contenues dans l'écorce d'orange.
Pour cela, on pèle finement quelques oranges et on broie les fragments, ou zestes, ainsi obtenus.
On place cette purée de zestes dans un erlenmeyer.
On y ajoute du cyclohexane et on laisse macérer pendant 30 minutes en agitant de temps en temps.
On filtre le mélange ; le filtrat contient les composants odorants extraits du zeste d'orange.

a. Le limonène est-il un corps pur ?

b. L'extraction réalisée est-elle une extraction liquide-liquide ou solide-liquide ?

c. Justifier le choix du solvant extracteur.

d. Quelle étape constitue l'extraction ?

e. Quelle étape constitue la séparation ?

f. Réaliser un schéma légendé de cette dernière opération.

23 ✶✶ Le sirop de menthe

On introduit dans une ampoule à décanter du sirop de menthe contenant en grande quantité de l'eau et du sucre.
On ajoute de l'acétone, liquide incolore. On bouche, on agite et on dégaze plusieurs fois.
On débouche et on laisse reposer.
On observe deux phases, la phase inférieure vert clair et la phase supérieure bleue.
Si l'on ajoute un peu d'acétone, le volume de la phase supérieure augmente.

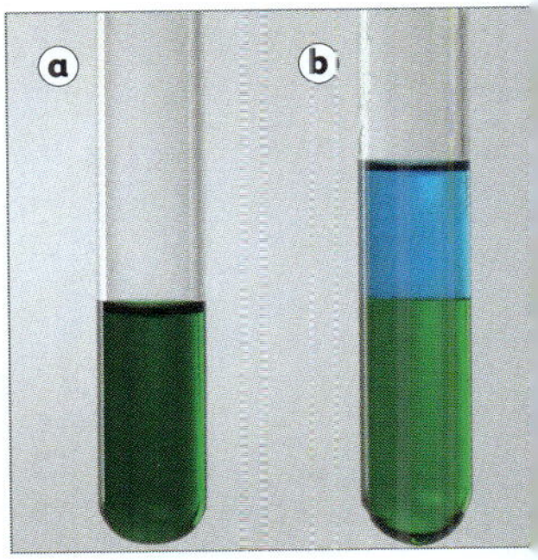

(a) Tube à essais témoin contenant du sirop de menthe
(b) Tube à essais après séparation des deux phases.

a. L'extraction réalisée est-elle une extraction liquide-liquide ou solide-liquide ?

b. Quelle étape constitue l'extraction ?

c. Quelle étape constitue la séparation ?

d. La densité de l'acétone est-elle plus élevée ou plus faible que la densité de l'eau sucrée ?

e. Réaliser un schéma légendé de cette dernière opération.

f. Combien de colorants, au moins, contient le sirop ?

g. Que peut-on en conclure sur la solubilité dans l'eau et dans l'acétone de chacun de ces colorants ?

Culture scientifique et citoyenne

Histoire des Sciences — Une histoire du pastel

Le pastel est une plante utilisée depuis l'Antiquité pour teinter des tissus ou aider à cicatriser des plaies. Les feuilles sont récoltées puis broyées sous une meule pour obtenir une pâte bleue qu'on laisse fermenter. Les mouleurs confectionnent ensuite des boules, appelées **cocagnes**, qui sont mises à sécher pendant plusieurs mois.

- Entre le XVe siècle et le XVIIe siècle, le pastel fait la fortune de la région située dans le triangle Toulouse-Albi-Carcassonne, surnommée « pays de Cocagne ».
- Puis, au XVIIe siècle, la découverte en Inde de l'indigo, moins cher et plus efficace, fait tomber le pastel dans l'oubli.

Au XIXe siècle, Napoléon Ier veut offrir à sa grande armée des uniformes bleus. Privé d'**indigo** à cause du blocus qu'il a organisé contre l'Angleterre, il relance ainsi la production du pastel.

De nos jours, l'utilisation du pastel et de l'indigo a été supplantée par les **colorants de synthèse**.

De la cocagne au pigment bleu, utilisé autrefois pour colorer les textiles.

Sur le Web http://www.bleu-de-lectoure.com

Faire une recherche

Huiles parfumées obtenues par macération.

Voici la préparation d'une huile pimentée.

- **Temps de préparation :** variable suivant les ingrédients choisis.
- **Cuisson :** pas.
- **Ingrédients** (pour 20 cL d'huile d'olive)

– 3 piments (1 jaune, 1 rouge, 1 vert),

– autres épices suivant convenance (herbes de Provence, 5 baies, poivre en grain).

- **Préparation**

Mettre l'huile dans une bouteille fermant avec un bouchon. Couper les piments en très fines lamelles, incorporer dans la bouteille, ainsi que d'autres épices choisies. Laisser macérer au minimum une semaine.

?? **Trouver d'autres techniques d'extraction utilisées en cuisine.**

Cette aromaticienne prépare des arômes « produits de la mer » (arôme de surimi, de crabe, etc.).

Un métier : aromaticien(ne)

BAC +2 à BAC +5

Un **aromaticien** est un professionnel du goût et de l'odorat. Il travaille principalement dans le **secteur agroalimentaire et dans les cosmétiques**.

- Scientifique formé aux techniques modernes de la chimie, il doit aussi faire preuve de sensibilité et de créativité pour réaliser les meilleurs assemblages **des substances naturelles et synthétiques**.
- Il est amené à travailler seul, en laboratoire, mais aussi en équipe avec les services de production et de marketing de son entreprise.
- Le respect de règles d'hygiène strictes dans sa vie professionnelle et personnelle est impératif. Par exemple, il est interdit à un aromaticien de fumer.
- Perspectives : diriger une équipe de recherche, créer sa propre entreprise.

Sur le Web http://www.cidj.com/metier.aspx?docid=2272&catid=1

Sciences & Société

Un solvant propre : le CO_2 supercritique

Le dioxyde de carbone, ou CO_2, existe sous un état intermédiaire entre le gaz et le liquide : **l'état supercritique** (température supérieure à 31 °C, pression supérieure à 73 bar). Son utilisation comme solvant, pour extraire des arômes ou des composés de plantes, s'est développée depuis les années 1980.

- Le dioxyde de carbone supercritique présente de nombreux avantages : **non toxique, peu onéreux, il ne génère aucun déchet**.
- Ses propriétés justifient le nom de **solvant propre**. Il est très apprécié dans le cadre de la **chimie verte**, qui a pour but de concevoir des produits et des procédés chimiques permettant de réduire ou d'éliminer l'utilisation et la production de substances dangereuses pour l'homme et l'environnement.

Un traitement préalable du liège par le dioxyde de carbone supercritique permet d'extraire les espèces chimiques responsables du goût de bouchon dans le vin.

Sur le Web http://culturesciences.chimie.ens.fr/dossiers-chimie-societe-article-Chimie_Verte_Demirdjian.html
http://www.larecherche.fr/content/recherche/article?id=17787

Chapitre 2

Principe actif, formulation, identification

Vu au collège

- Des tests de reconnaissance permettent d'identifier certaines espèces.
- La lecture d'un chromatogramme permet de distinguer mélanges et corps purs.

Connaissances & Compétences

- Savoir lire la notice d'un médicament.
- Analyser la formulation d'un médicament : principe actif et excipients.
- Réaliser et interpréter une chromatographie sur couche mince.
- Identifier une espèce chimique solide grâce à sa température de fusion.

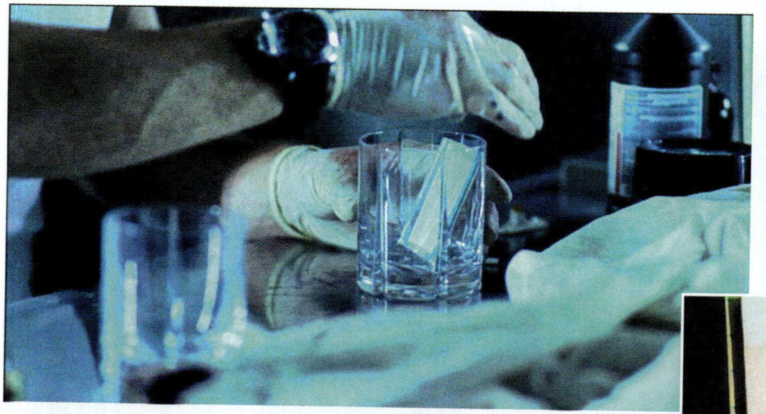

L'inspecteur Danny Messer réalisant une chromatographie sur couche mince (*Les experts : Manhattan*).

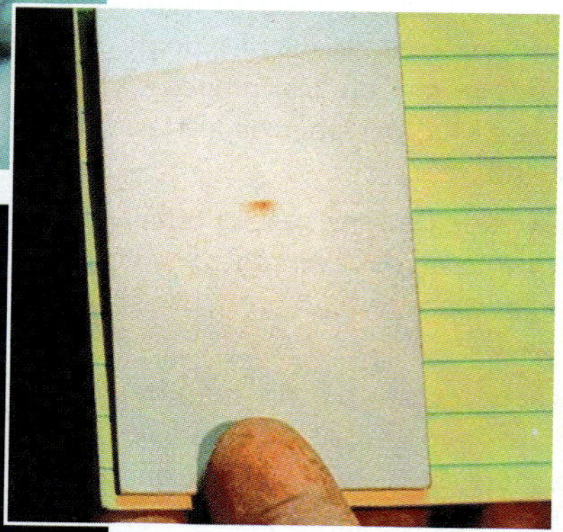

? *Que permet de faire une chromatographie sur couche mince ?*

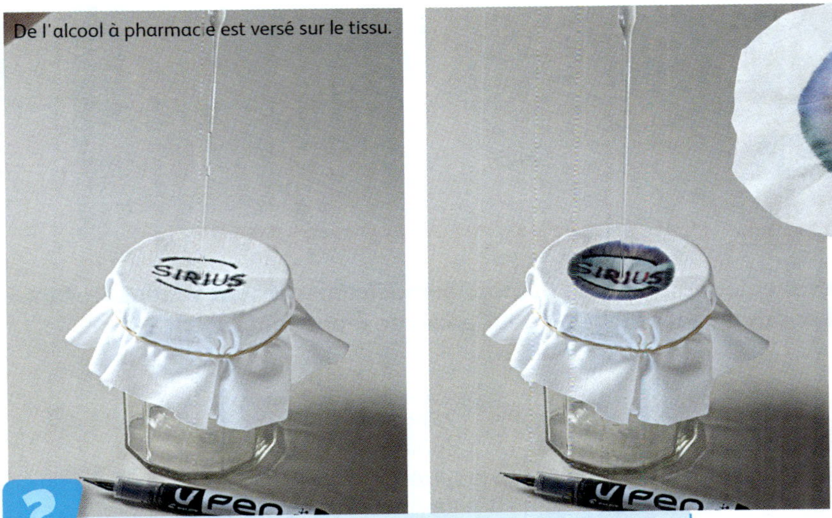

De l'alcool à pharmacie est versé sur le tissu.

Inscription noire sur tissu blanc.

MANUEL NUMÉRIQUE

Vidéo de l'expérience

Pourquoi peut-on être sûr que deux feutres noirs différents ont été utilisés ?

Pourquoi existe-t-il tant de formes différentes de médicaments antidouleurs ?

Médicaments contre les douleurs et la fièvre.

Activité à la maison

1 ACTIVITÉ DOCUMENTAIRE

MANUEL NUMÉRIQUE

Un symptôme, plusieurs médicaments

▶ **Pour soigner la fièvre et les douleurs, de nombreux médicaments sont vendus en pharmacie. Quel antalgique un médecin peut prescrire à une femme enceinte ?**

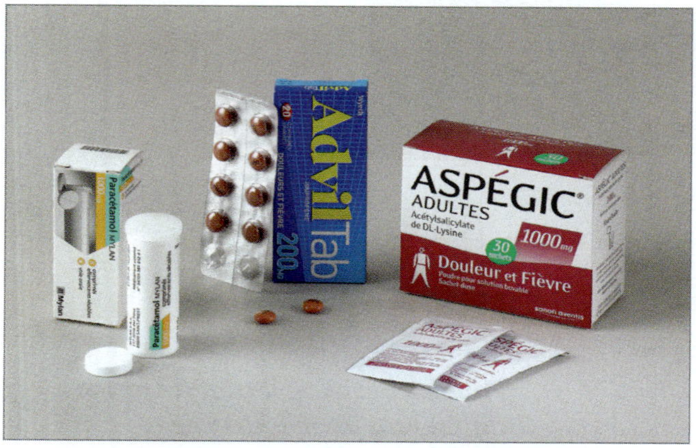

1 *Exemples de médicaments pour combattre fièvre et douleurs.*
(a) *Advil® 200 mg ;*
(b) *Aspégic® 1 000 mg ;*
(c) *Paracétamol Mylan 1 000 mg.*

(a) *Advil® 200 mg*

> **La substance active est :**
> Ibuprofène : 200 mg pour un comprimé enrobé.
> **Les autres composants sont :**
> Amidon de maïs, amidon prégélatinisé, silice colloïdale anhydre, acide stéarique.
>
> De 2,5 à 5 mois de grossesse révolus (12 à 24 semaines d'aménorrhée), ce médicament ne sera utilisé que sur les conseils de votre médecin et en prise brève. L'utilisation prolongée de ce médicament est fortement déconseillée.

> **Composition**
> Acétylsalicylate de DL-Lysine .... 1800 mg
> Quantité correspondante en acide acétylsalicylique ... 1000 mg
> Excipients : glycine, arôme mandarine (contient du lactose), glycyrrhizate d'ammonium pour un sachet-dose de 2046 mg.
>
> EN AUCUN CAS prendre ce médicament au cours du troisième trimestre de la grossesse car ses effets sur votre enfant peuvent avoir des conséquences graves, notamment sur un plan cardio-pulmonaire et rénal, et cela même avec une seule prise.

(b) *Aspégic® 1 000 mg*

> **La substance active est :** paracétamol (1000 mg).
> **Les autres composants sont :** bicarbonate de sodium, acide citrique anhydre, povidone K30, laurilsulfate de sodium, sorbitol, saccharine sodique, carbonate de sodium anhydre, benzoate de sodium, leucine.
>
> **Grossesse - Allaitement**
> Le paracétamol, dans les conditions normales d'utilisation, peut être utilisé pendant la grossesse ainsi qu'en cas d'allaitement.

(c) *Paracétamol Mylan 1 000 mg*

2 *Extraits de la notice de chaque médicament.*

1 Observer les documents

a. En quoi les médicaments présentés ici sont-ils similaires ? différents ?
b. Comparer les notices complètes de deux antalgiques. Quelles rubriques retrouve-t-on ?

2 Exercer son esprit critique

a. Avant de prendre un médicament, quels sont les éléments à prendre en compte (contre-indications, mode de vie, etc.) ?
b. Parmi les médicaments présentés ici, lesquels peuvent être prescrits à une femme enceinte ?

3 Conclure

Que doit-on toujours faire avant de prendre un médicament, même prescrit par un médecin ?

Vocabulaire

Antalgique : qui supprime ou atténue la sensibilité à la douleur.

ACTIVITÉ EXPÉRIMENTALE

MANUEL NUMÉRIQUE

2 Que deviennent les médicaments absorbés ?

▶ Sur les notices des médicaments, il y a toujours une rubrique « Mode et voie d'administration ». En effet, l'espèce active doit être administrée sous la forme la mieux adaptée pour atteindre sa « cible » dans l'organisme.

Prenons l'exemple de deux médicaments que l'on absorbe par voie orale : l'Aspégic® (une formulation d'aspirine) et le bicarbonate de sodium.

Après absorption, le médicament se retrouve dans l'estomac, un environnement très acide (de pH égal à 2 environ).

L'aspirine, pour atteindre sa cible, doit passer dans la circulation sanguine. Pour cela, il lui faut traverser la paroi de l'estomac et/ou de l'intestin qui est constituée de membranes lipoprotéiniques.

Le bicarbonate de sodium est préconisé pour le traitement des ulcères à l'estomac. Un ulcère correspond à une diminution du pH du bol gastrique qui est susceptible de créer des lésions dans la paroi de l'estomac.

3 *Deux médicaments absorbés par voie orale.*

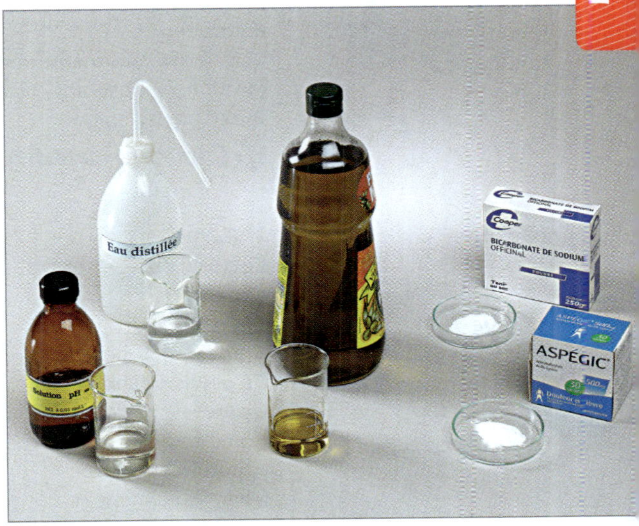

4 *Matériel disponible pour l'expérience.*

Expérience

- Verser séparément une petite quantité d'Aspégic® (A) et de bicarbonate de sodium (B) :
  1. dans de l'eau du robinet ;
  2. dans une solution acide de pH = 2 ;
  3. dans de l'huile d'olive.
- Agiter.

1 Observer

Noter toutes les observations afin de compléter le tableau ci-dessous.

	Eau de robinet		Solution acide		Huile	
	A	B	A	B	A	B
Soluble ?						
pH initial					X	X
pH obtenu					X	X
Autres observations						

2 Exploiter les résultats

a. Une fois dans l'estomac, sous quelle forme se retrouvent ces médicaments ?

b. L'aspirine pourra-t-elle passer dans la circulation sanguine ?

3 Conclure

a. Les deux médicaments se comportent-ils de la même façon selon le milieu dans lequel ils se trouvent ?

b. Expliquer le mode d'action du bicarbonate de sodium pour lutter contre un ulcère.

Vocabulaire

Lipoprotéinique : composé de lipides et de protéines.

ACTIVITÉ EXPÉRIMENTALE

MANUEL NUMÉRIQUE

3 Comment identifier différentes espèces ?

Démarche d'investigation

Dans une pharmacie, on a retrouvé six flacons sans leur étiquette. Les étiquettes se sont détachées.
Voici la liste des médicaments correspondants :
alcool à 70°, aspirine, bicarbonate de sodium, éosine, permanganate de potassium, sérum physiologique.

→ ***Comment identifier les différents médicaments au laboratoire ?***

Matériel disponible :

- béchers, éprouvettes graduées, tubes à essais, ballons, verres de montre, pipettes ;
- spatules, balance ;
- barreau aimanté, agitateur magnétique chauffant, chauffe-ballon, thermomètre, banc Köfler.

5 *Six échantillons à identifier.*

Nom	Aspirine	Bicarbonate de sodium	Eau	Éosine	Éthanol	Permanganate de potassium
Aspect	X	X	X	Rouge	X	Violet
Densité	X	X	1,0	1,0	0,70	X
T_f	142 °C	270 °C	X	X	X	240 °C

6 *Caractéristiques physiques des espèces à identifier. T_f désigne la température de fusion.*

1 Formuler des hypothèses

a. Quel(s) critère(s) peut-on utiliser pour classer les flacons en deux catégories ? Expliquer.

b. Proposer des manipulations avec le matériel à disposition afin d'identifier les flacons encore inconnus.

c. Rédiger un protocole expérimental.

2 Expérimenter pour conclure

a. Après validation du protocole, réaliser les manipulations. Noter les grandeurs mesurées.

b. Identifier chaque échantillon. Expliquer par écrit la démarche.

c. Confronter les résultats obtenus avec ceux de la classe.

MANUEL NUMÉRIQUE

Identification de principes actifs

▶ **Le Pabasun® est un médicament permettant de lutter contre les effets allergisants du soleil sur la peau. On désire identifier son principe actif par comparaison avec deux principes actifs dont on possède des échantillons de référence.**

Expérience

- Préparer dans des erlenmeyers :
  – une solution peu concentrée dans l'éthanol d'acide *para*aminobenzoïque, notée *A* ;
  – une solution peu concentrée dans l'éthanol de benzocaïne, notée *B*.
- Dans un erlenmeyer, placer un comprimé de Pabasun® et 50 mL d'éthanol. Placer sous vive agitation pendant environ 20 minutes afin d'obtenir une solution trouble, notée *C*.
- Réaliser une chromatographie sur couche mince sur une plaque de silice avec indicateur de fluorescence (→ **fiche méthode 9**, page 332). L'éluant est l'acétate d'éthyle.
- Déposer sur la plaque un échantillon de chacune des trois solutions *A*, *B* et *C*.
- Éluer puis révéler le chromatogramme grâce à la lampe UV.

COMPOSITION
ACIDE PARA-AMINOBENZOIQUE ....500,00 mg
Excipients : Amidon de maïs anhydre, Stéarate de magnésium, Carboxyméthylamidon sodique, Colophane, Gomme laque, Carbonate de calcium, Talc, Saccharose, Gomme arabique, Dioxyde de titane, Gélatine, Cire d'abeille blanche, Cire de cachalot, Cire de carnauba.... ....q.s pour un comprimé de 950 mg

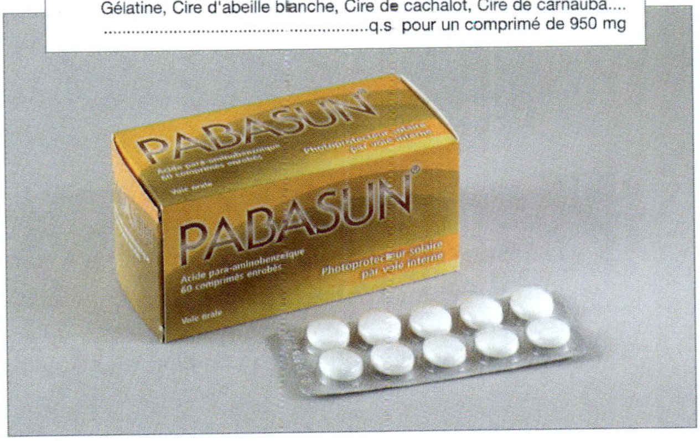

7 *Le Pabasun® est un médicament antiphotosensibilisant.*

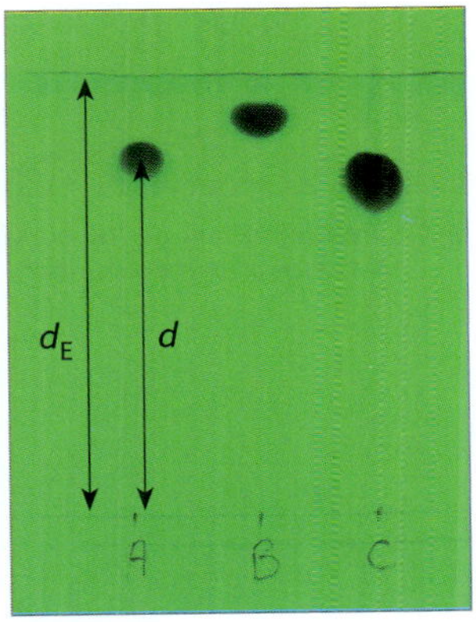

8 *Révélation du chromatogramme grâce à la lampe UV.*

1 Observer
Combien de taches observe-t-on pour chaque dépôt ?

2 Exploiter
Calculer le rapport frontal $R_f = \frac{d}{d_E}$ pour chaque tache (avec un seul chiffre significatif).
Compléter le tableau ci-contre.

Dépôt	*A*	*B*	*C*
Nombre de taches			
R_f pour chaque tache			

3 Conclure
a. Les solutions *A* et *B* contiennent-elles des espèces chimiques pures ? Justifier.
b. Quel est le nom du principe actif identifié dans le médicament grâce au chromatogramme ?
c. D'après la notice, le médicament est-il constitué d'une espèce chimique pure ou d'un mélange ? Citer deux excipients contenus dans le médicament.
d. Pourquoi n'observe-t-on pas les excipients sur le chromatogramme ?

1 Médicaments

La définition du mot médicament est fixée par une loi du 26/02/07.

> « On entend par médicament toute substance ou composition présentée comme possédant des propriétés curatives ou préventives à l'égard des maladies humaines ou animales […] »

Vocabulaire

Brevet : document qui accorde une exclusivité. Le brevet protège le laboratoire pour une exploitation commerciale éventuelle.

1.1 Principe actif et excipients

> Un médicament contient au moins une **substance active**, connue pour prévenir ou guérir une maladie. C'est le **principe actif** du médicament.

- Le principe actif est désigné par sa dénomination commune internationale (DCI) : c'est le nom utilisé dans tous les pays du monde. C'est souvent son nom scientifique.

Exemples. L'ibuprofène, l'amoxicilline, le paracétamol, l'acide acétylsalycilique sont des principes actifs.

- Le médicament est un **mélange de substances chimiques** dont une au moins est active.

> La liste des autres constituants d'un médicament est donnée sur sa notice sous le nom d'**excipients.**

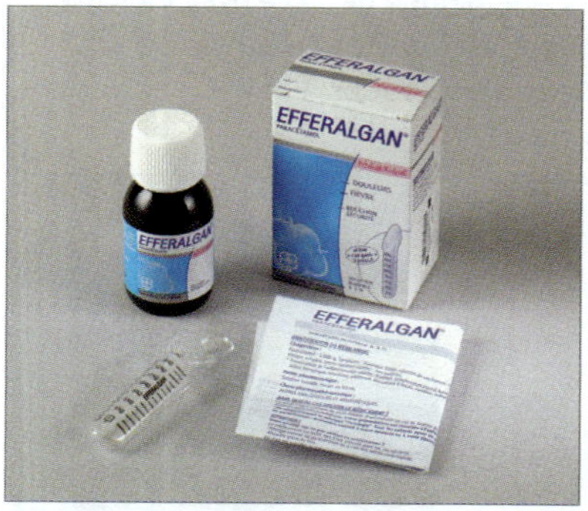

9 *Il est important de toujours lire la notice d'un médicament.*

Les excipients permettent de présenter le médicament sous une forme donnée. Sur la notice, on trouve par exemple : excipients q.s.p. un comprimé (q.s.p. signifie « quantité suffisante pour »).

- Il est important de **lire cette notice** car la présence de certains excipients (saccharose, lactose par exemple) peut avoir un impact, notamment sur des patients allergiques. On parle alors d'**excipients à effets notoires.**

1.2 Princeps et génériques

- Lorsqu'une substance active est susceptible d'aboutir à un médicament commercialisable, un brevet est déposé par un laboratoire pharmaceutique. Des recherches sont menées pour étudier l'effet de la substance active sur des organismes vivants (cellules, animaux). Des études cliniques doivent être réalisées avant une **autorisation de mise sur le marché (AMM)** délivrée par un organisme d'état : **l'Agence française de sécurité sanitaire des produits de santé (Afssaps).** Jusqu'à expiration du brevet, le laboratoire garde l'exclusivité de la commercialisation du médicament original, appelé **princeps** (environ 10 ans d'exploitation).
- Une copie du produit original peut ensuite être développée et commercialisée par d'autres laboratoires : c'est le **médicament générique.**

> Un médicament générique contient la même substance active que le médicament original (princeps).

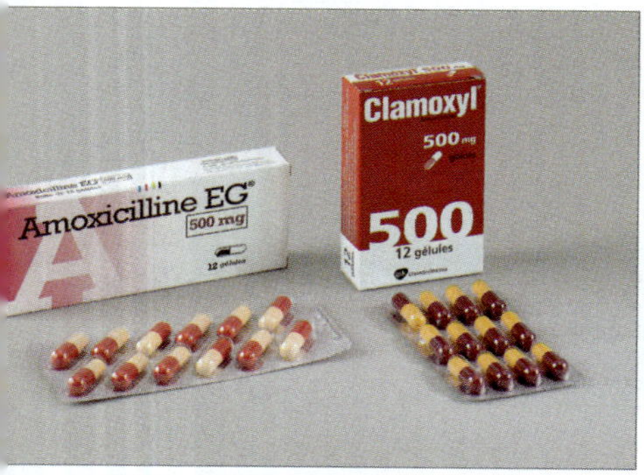

10 *Princeps (Clamoxyl®) et générique (Amoxicilline EG®).*
Depuis 1999, les pharmaciens ont le droit de substituer un médicament générique à un médicament princeps prescrit par un médecin.

- Le médicament générique est souvent commercialisé sous sa dénomination commune internationale (DCI), suivie du nom du laboratoire. Il est contrôlé de la même façon que tous les médicaments (une AMM est obligatoirement délivrée par l'Afssaps). Son aspect ou sa présentation peuvent changer : les excipients peuvent être différents. Il faut donc faire attention à la présence d'excipients à effets notoires.
- **Un médicament générique est moins cher qu'un princeps** car les coûts de recherche et de développement n'entrent pas dans le prix.

1.3 Formulation des médicaments

- Pour un même principe actif, sont disponibles en pharmacie **différentes formes possibles d'administration** (document 11).
- Lorsqu'on absorbe un médicament, les substances actives sont libérées dans l'organisme. Elles doivent rejoindre leur « site d'action », dont la localisation dépend de la pathologie considérée.

Pour une efficacité maximale, il est nécessaire de présenter (ou « formuler ») la substance active sous la forme la mieux adaptée à la voie d'administration souhaitée, à la cible et à la vitesse de libération dans l'organisme.

La formulation (ou mise en forme) du principe actif est choisie en vue d'une meilleure assimilation de la molécule active. Ce sont les excipients qui permettent cette mise en forme.

Exemples. Les comprimés secs contiennent souvent de la cellulose et/ou de l'amidon, qui permettent au cachet de se déliter.
L'hydrogénocarbonate de sodium (ou bicarbonate de sodium) est présent dans les comprimés effervescents : en présence d'eau, du dioxyde de carbone se dégage et permet une meilleure dispersion du principe actif avant administration.

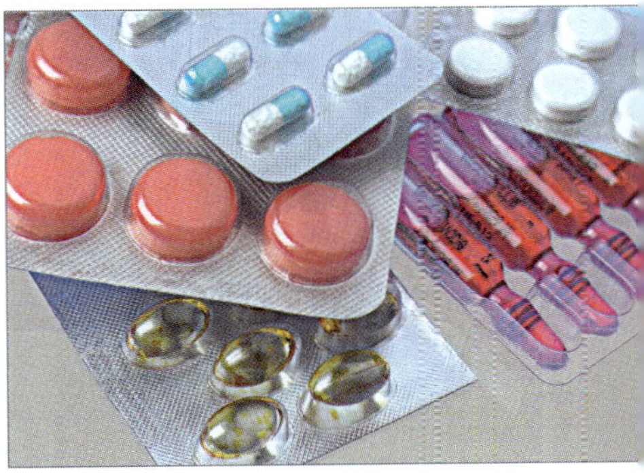

11 *Exemples de formes d'administration de médicaments.*

Vocabulaire

Affinité : tendance d'une espèce à se combiner avec une autre.

Se déliter : se désagréger en absorbant l'humidité.

2 Identification d'espèces chimiques

Les espèces chimiques contenues dans les médicaments sont issues soit de la nature, soit de la synthèse. Pour les identifier de façon certaine, il existe différentes techniques expérimentales d'analyse.

2.1 La chromatographie sur couche mince

Cette technique aussi désignée par C.C.M. et couramment utilisée au laboratoire, permet de séparer et d'identifier les espèces chimiques d'un mélange.

A Principe d'une C.C.M.

La chromatographie est une méthode physique de séparation, basée sur les différences d'affinité des espèces chimiques étudiées pour deux phases, la phase fixe et la phase mobile (éluant).

L'éluant (solvant pur ou mélange de solvants) entraîne les espèces à analyser, alors que la phase fixe (matériau de la plaque) les retient.

12 *La chromatographie : une compétition entre un éluant mobile et le matériau de la plaque fixe.*
Son enjeu ? La séparation des espèces chimiques d'un mélange.

B Réalisation d'une C.C.M. (→ fiche méthode 9, page 332)

- Chaque échantillon à analyser est dissous dans un solvant très volatil et est déposé sur la **ligne de dépôt**. Le solvant s'évapore rapidement.
- Après introduction de la plaque dans une cuve contenant l'éluant, celui-ci migre lentement le long de la plaque, en entraînant les différentes espèces chimiques des échantillons. Chaque espèce se déplace à sa propre vitesse derrière le **front de l'éluant**.
- La plaque est retirée de la cuve et le front de l'éluant est noté au crayon. On fait sécher la plaque afin de vaporiser l'éluant.

C Révélation d'une C.C.M.

- Si les espèces sont colorées, on observe directement des taches.
- Dans le cas contraire, il faut rendre visible (c'est-à-dire révéler) la position des espèces chimiques sur la plaque.

Différentes méthodes de révélation existent :
– exposer la plaque à une lampe UV **(activité 4)** ;
– faire réagir les espèces chimiques à révéler avec une autre espèce pour former un composé coloré **(document 13)**.

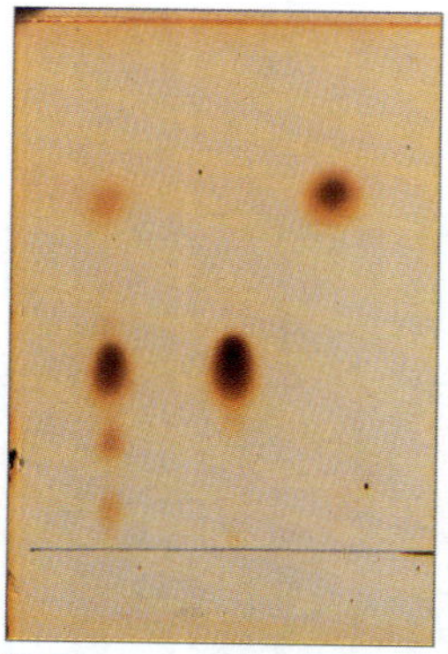

13 *Révélation d'un chromatogramme grâce à du diiode.*

D Exploitation d'une C.C.M.

- La **distance parcourue** entre la ligne de dépôt et le centre de la tache dans des conditions données (phase fixe et éluant connus) est **caractéristique de l'espèce chimique** : elle est identique que l'espèce soit pure ou dans un mélange.
- Pour identifier une espèce d'un mélange, on peut donc comparer la distance parcourue pour une tache d'un mélange avec celle obtenue pour l'espèce chimique pure.

On peut aussi calculer le **rapport frontal** (noté R_f) pour chaque tache observée :

$$R_f = \frac{d}{d_E}$$

d est la distance entre la ligne de dépôt et le centre de la tache
d_E est la distance parcourue par l'éluant dans le même temps
d et d_E doivent être exprimées dans la même unité
R_f est sans unité

2.2 Températures de changement d'état

- La **température d'ébullition** d'une espèce chimique, notée $T_{éb}$, est la température à laquelle l'espèce passe de l'état liquide à l'état gazeux, à une pression donnée.
- La **température de fusion** d'une espèce chimique, notée T_f, est la température à laquelle l'espèce passe de l'état solide à l'état liquide, à une pression donnée.

Les températures de changement d'état sont caractéristiques d'une espèce chimique **(tableau 14)**.

Espèce	T_f (en °C)	$T_{éb}$ (en °C)
Eau	0	100
Acétone	−95	56
Menthol	38	234
Fer	1 535	2 750
Plomb	328	1 740
Mercure	−39	357

14 *Températures de changements d'état de quelques espèces chimiques pures à pression atmosphérique.*

La mesure de la température de fusion d'un solide est simple et rapide à mettre en œuvre, grâce à un appareil appelé **banc Köfler (document 15)** (→ **fiche méthode 10**, page 333).

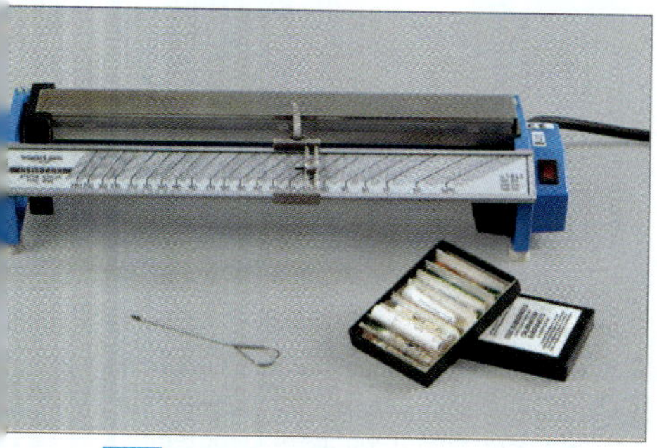

15 *Le banc Köfler permet de mesurer la température de fusion d'une espèce chimique.*

L'ESSENTIEL

Médicaments

- Un médicament contient au moins une substance active, le **principe actif** et des **excipients**.
- Les excipients permettent d'obtenir la **formulation** (ou mise en forme) souhaitée (comprimé, sirop, suppositoire, etc.).
- La notice fait apparaître en particulier la liste des excipients à effets notoires.
- Un **médicament générique** contient la même substance active que le médicament original (ou princeps).

Températures de changements d'état

- La **température d'ébullition** d'une espèce chimique, notée $T_{éb}$, est la température à laquelle l'espèce passe de l'état liquide à l'état gazeux, à une pression donnée.
- La **température de fusion** d'une espèce chimique, notée T_f, est la température à laquelle l'espèce passe de l'état solide à l'état liquide, à une pression donnée.
- Les températures de changement d'état sont des **grandeurs caractéristiques** d'une espèce chimique pure, à pression donnée.

Chromatographie sur couche mince (C.C.M.)

- La **chromatographie** est une méthode de séparation et d'identification des espèces chimiques d'un mélange. Elle est basée sur les **différences d'affinité** des espèces chimiques étudiées pour deux phases la **phase fixe** et l'**éluant** (la phase mobile).
- Le **rapport frontal** R_f est caractéristique de l'espèce chimique présente dans le mélange :

$$R_f = \frac{d}{d_E}$$

d et d_E doivent être exprimées dans la même unité ; R_f est sans unité.

- Réalisation d'une C.C.M.

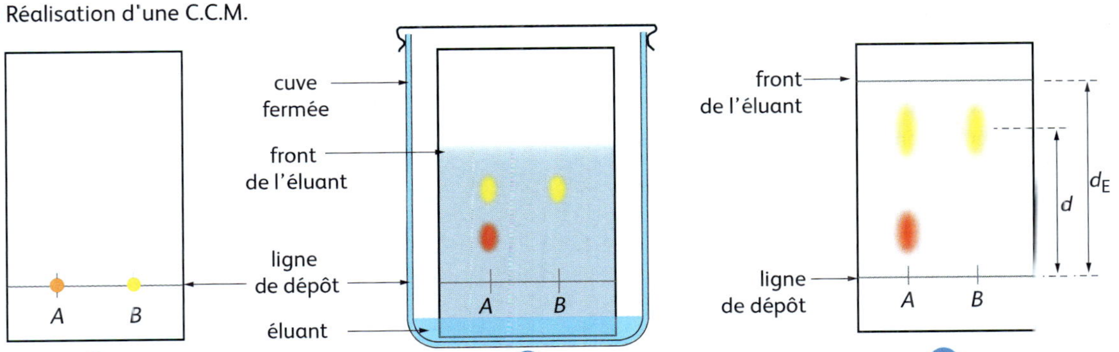

1 Le mélange est déposé sur la phase fixe.

2 L'étape d'élution permet de séparer les différentes espèces chimiques : la phase fixe retient les espèces alors que l'éluant mobile les entraîne.

3 Si des espèces chimiques ne sont pas colorées, la plaque est ensuite révélée pour faire apparaître les taches.

- L'identification des espèces chimiques se fait par comparaison avec des espèces chimiques pures.

Exercices d'application

5 minutes CHRONO !

MANUEL NUMÉRIQUE — EXERCICES INTERACTIFS

1 Mots manquants

Compléter avec un ou plusieurs mots.

a. Un médicament contient une substance .... et des ....

b. La mise en forme d'un principe actif se fait grâce aux .... C'est la ....

c. Un médicament .... contient le même .... que le médicament princeps.

d. La chromatographie permet de .... et d'.......... des espèces chimiques.

e. La phase .... retient les espèces alors que l'.......... les entraîne.

f. Le passage de l'état liquide à l'état gazeux d'une espèce chimique pure se fait à température constante, la température ....

2 QCM

Cocher la réponse exacte.

a. Par rapport à un médicament princeps, un médicament générique est :
- ☐ plus cher
- ☐ moins cher
- ☐ de même prix

b. Dans un médicament, l'espèce chimique responsable de l'action thérapeutique est :
- ☐ toujours une espèce chimique naturelle
- ☐ un excipient
- ☐ un principe actif

c. Lors d'une chromatographie, l'éluant permet de :
- ☐ déposer le mélange
- ☐ séparer les espèces chimiques du mélange
- ☐ révéler le chromatogramme

d. Lors de la réalisation d'une chromatographie, la ligne de dépôt doit être :
- ☐ plus basse que le niveau de l'éluant dans la cuve
- ☐ plus haute que le niveau de l'éluant dans la cuve
- ☐ à la même hauteur que le niveau de l'éluant dans la cuve

e. Le rapport frontal s'exprime en :
- ☐ mètre
- ☐ centimètre
- ☐ n'a pas d'unité

f. À sa température de fusion, une espèce chimique passe de :
- ☐ l'état liquide à l'état gazeux
- ☐ l'état solide à l'état gazeux
- ☐ l'état solide à l'état liquide

→ Reportez-vous aux solutions détaillées page 334 pour vérifier vos réponses et comprendre vos erreurs.

MOBILISER SES CONNAISSANCES

▶ Médicament [§1 du cours]

3 Composition d'un médicament

Sur la notice d'un antiseptique local, on peut lire :

> COMPOSITION
> – éosine disodique 2,00 g ;
> – eau purifiée q.s.p. 100 mL.

Quel est le principe actif ? Quel est l'excipient ?

4 Médicament générique et princeps

Sur la notice du médicament antibiotique Augmentin®, on peut lire :

> COMPOSITION
> Amoxicilline, acide clavulanique, excipients.

Quel médicament générique le pharmacien peut-il proposer en remplacement du princeps parmi les médicaments suivants : l'Amoxicilline Gé ? l'Amoxicilline-acide clavulanique Ratio© ? Pourquoi ?

5 Douleurs et fièvre

Pour traiter les douleurs et fièvre, on dispose de trois médicaments : l'Advil®, l'Aspégic® et l'Efferalgan®.
Chaque médicament contient un principe actif différent.
Où trouver cette information ?

6 Formulation

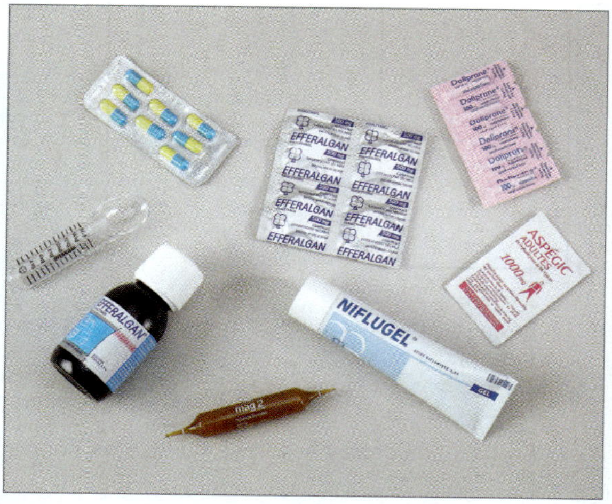

Nommer toutes les formulations représentées ci-dessus.

▸ Identification d'espèces chimiques [§2 du cours]

7 Schéma de l'élution d'une plaque C.C.M.

Reproduire ce schéma, correspondant à l'élution d'une plaque C.C.M., et compléter la légende.

EXERCICE INTERACTIF

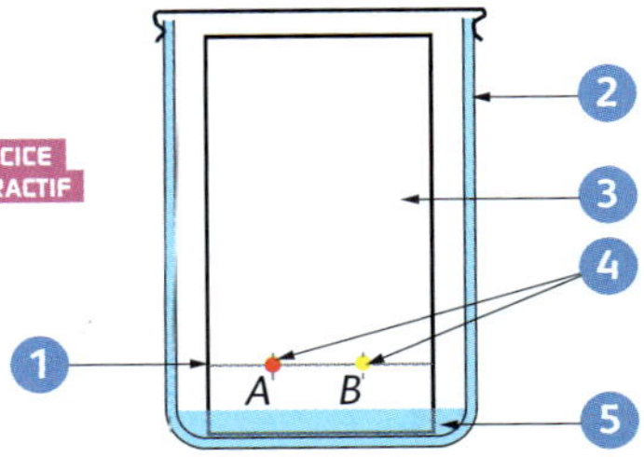

8 Colorants alimentaires

Sur l'emballage d'un colorant alimentaire Vahiné®, on peut lire les indications suivantes :

> jaune : E102 ;
> vert : E102 et E131.

On réalise une chromatographie sur couche mince avec les deux colorants. Le chromatogramme obtenu est représenté ci-contre.

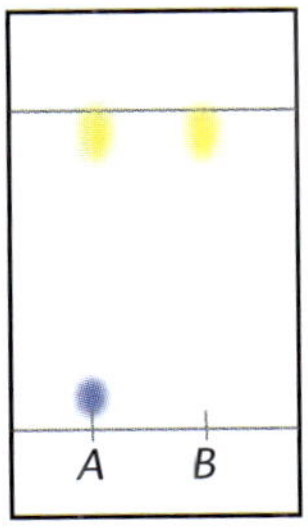

a. Quel colorant alimentaire a été déposé en *A* ? en *B* ?

b. Quelle est la couleur du colorant E131 ? du colorant E102 ?

9 État physique d'une espèce chimique

L'éther diéthylique est un solvant utilisé pour réaliser des extractions liquide-liquide.

Ses températures de changement d'état sont données à la pression atmosphérique :

$$T_f = -116\ °C ;\ T_{éb} = 34\ °C.$$

a. Sous quel état physique se trouve l'éther diéthylique à 25 °C ?

b. Peut-on utiliser l'éther diéthylique pour une extraction s'il fait 40 °C dans le laboratoire ?

10 Identification d'un solide

Lors d'un TP, un solide blanc a été extrait de la noix de muscade. Pour identifier ce solide, on réalise une mesure de température de fusion :

$$T_{f\ mesurée} = 56\ °C.$$

a. Avec quel appareil réalise-t-on une telle mesure ?

b. Le but du TP était d'extraire la trimyristine de la noix de muscade.

À la pression atmosphérique, la température de fusion de la trimyristine est 57 °C.

Le but du TP est-il atteint ?

UTILISER SES COMPÉTENCES

11 Lire une notice

Sur la notice d'un collyre en récipient unidose, on peut lire :

> Bromure de céthexonium 0,1 mg
> Chlorure de sodium, eau pour préparations injectables q.s.p. un récipient unidose de 0,4 mL.

a. Quel est le principe actif ? Nommer un excipient.

b. Que signifie le sigle q.s.p. ?

12 Exploiter un chromatogramme

Les pépins du pamplemousse contiennent un principe actif appelé naringine. Cette espèce permet de ralentir la multiplication des cellules cancéreuses.

Le principe actif des pépins est extrait avec de l'eau.

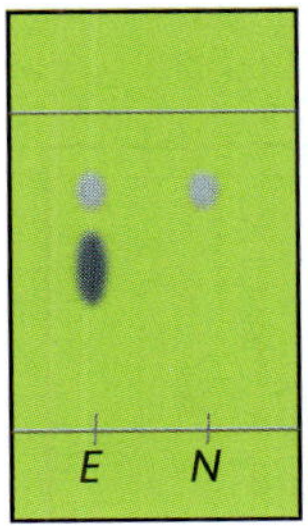

Une chromatographie sur couche mince est réalisée : on dépose l'extrait (*E*) et la naringine pure (*N*).

Le résultat du chromatogramme est schématisé ci-contre.

a. L'extrait de pépins de pamplemousse est-il une espèce chimique pure ou un mélange ?

b. Dans l'extrait *E*, y a-t-il de la naringine ?

c. Calculer le rapport frontal de cette espèce.

13 Apprendre à rédiger

Voici l'énoncé d'un exercice et un guide (en orange) ; ce guide vous aide pour rédiger la solution détaillée et pour retrouver les réponses numériques aux questions posées.

Énoncé

Le propane et le butane sont tous deux utilisés comme gaz combustible pour le camping.

On donne leur température d'ébullition à la pression atmosphérique : $T_{éb}$(propane) = –42 °C ; $T_{éb}$(butane) = 0 °C.

a. Sous quel état physique se trouve chaque espèce à 25 °C ? à –10 °C ?

- ▸ **Rappeler la définition de la température d'ébullition.**
- ▸ **Pour chaque espèce chimique, comparer sa température d'ébullition et la température demandée, puis préciser les quatre états physiques :**
  – propane à 25 °C : gazeux ; à –10 °C : gazeux ;
  – butane à 25 °C : gazeux ; à –10 °C : liquide.

b. Quelle espèce ne faut-il pas utiliser pour le camping par temps très froid ? Justifier.

- ▸ **Préciser à quoi servent ici ces espèces chimiques et conclure.**

EXERCICE RÉSOLU

Énoncé **Identification d'une espèce chimique dans un comprimé et une pommade**

On dispose d'un comprimé d'Actron® (médicament antalgique), d'un tube de Percutaféine (pommade pour un traitement local à visée amincissante) et de caféine.

Afin de vérifier la présence de caféine dans ces deux médicaments, on réalise une chromatographie sur couche mince.

Les dépôts réalisés sont :

C : une solution de caféine dans l'acétate d'éthyle ;

A : le comprimé d'Actron® mis en solution dans de l'acétate d'éthyle ;

P : une solution de pommade dans l'acétate d'éthyle.

Après élution et séchage, la plaque est révélée à la lampe UV.

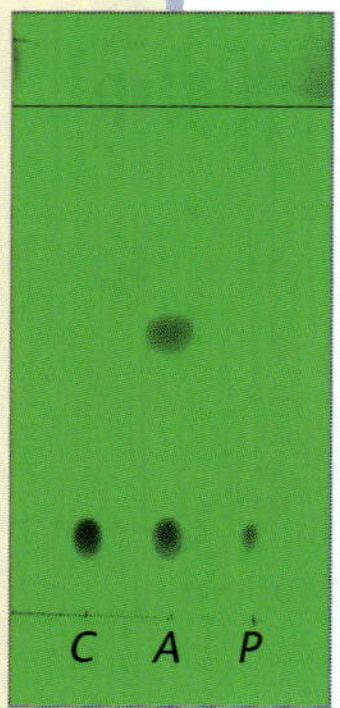

1. Réaliser un schéma légendé du chromatogramme obtenu.
2. Calculer le rapport frontal de la caféine.
3. Le comprimé et la pommade contiennent-ils de la caféine ? Justifier. Où peut-on trouver cette information ?
4. Le comprimé et la pommade sont-ils des espèces chimiques pures ou des mélanges ? Justifier.

Une solution

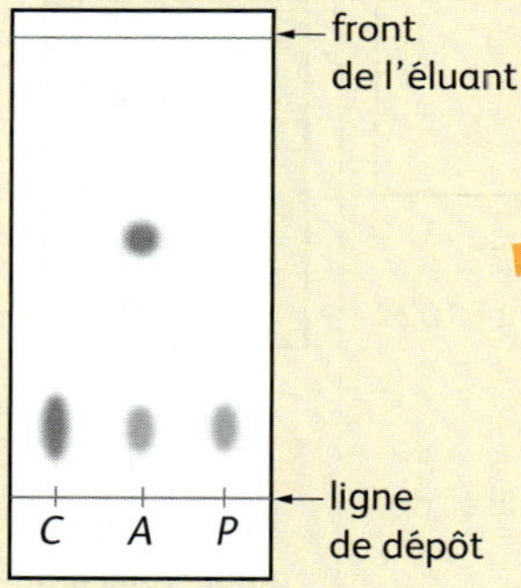

1. Trois dépôts ont été réalisés :
– *C* solution de caféine ;
– *A* solution d'Actron® ;
– *P* solution de pommade.

2. La caféine est une espèce chimique pure. Le rapport frontal de la caféine s'obtient à partir de la seule tache correspondant au dépôt *C* :

$$R_f = \frac{d}{d_E}.$$

d est la distance de la ligne de dépôt au centre de la tache.
On mesure $d = 0{,}6$ cm.
d_E est la distance entre la ligne de dépôt et le front de l'éluant.
On mesure $d_E = 4{,}0$ cm.
Le rapport frontal pour la caféine vaut donc : $R_f = \frac{0{,}6}{4{,}0} = 0{,}15$.

3. Pour les dépôts *A* et *P*, on observe une tache ayant le même rapport frontal que la caféine, seule espèce présente pour le dépôt *C*.
Le comprimé d'Actron® et la pommade contiennent tous les deux de la caféine.
On peut trouver cette information sur la notice des deux médicaments.

4. Pour le dépôt *A*, le chromatogramme révèle la présence de plusieurs taches. Le comprimé d'Actron® contient au moins une autre espèce. C'est donc un mélange.
Pour la pommade, seule la tache correspondant à la caféine est révélée. Mais toute substance active est mise en forme grâce à des excipients. La pommade est donc certainement un mélange.

Schématiser
- Ne pas oublier de légender, en particulier d'identifier la nature des dépôts. Bien faire apparaître les taches révélées.
- Noter la ligne de dépôt et le front de l'éluant.
- Respecter les distances mesurées sur la photographie.

Rédiger
Rappeler l'expression littérale du rapport frontal. Le rapport frontal est sans unité.

Connaissances
La distance parcourue entre la ligne de dépôt et le centre de la tache est caractéristique de l'espèce chimique.
On identifie ici la caféine par comparaison.

Raisonner
La présence de plusieurs taches assure que le dépôt correspond à un mélange. Mais la présence d'une seule tache n'assure pas que le dépôt correspond à une espèce chimique pure.
Des constituants du mélange peuvent par exemple ne pas être solubles dans le solvant de dépôt.

14 ✱ Un médicament : le Fervex®

Voici ce que l'on peut lire sur la boîte du médicament Fervex®.

COMPOSITION : Paracétamol : 0,500 g. Acide ascorbique (vitamine C) : 0,200 g. Maléate de phéniramine : 0,025 g, pour un sachet. Excipients q.s.p. un sachet.
FORME PHARMACEUTIQUE ET CONTENU
Granulés pour solution buvable. Boîte de 8 sachets.
LISTE DES EXCIPIENTS AYANT UN EFFET NOTOIRE
Aspartam (source de phénylalanine) (E 951).
CONDITIONS DE PRESCRIPTION ET DE DÉLIVRANCE
Médicament non soumis à prescription médicale.
INDICATIONS THÉRAPEUTIQUES : Ce médicament est indiqué dans le traitement au cours des rhumes, rhinites, rhinopharyngites et des états grippaux de l'adulte (à partir de 15 ans) : de l'écoulement nasal clair et des larmoiements, des éternuements, des maux de tête et/ou fièvre.

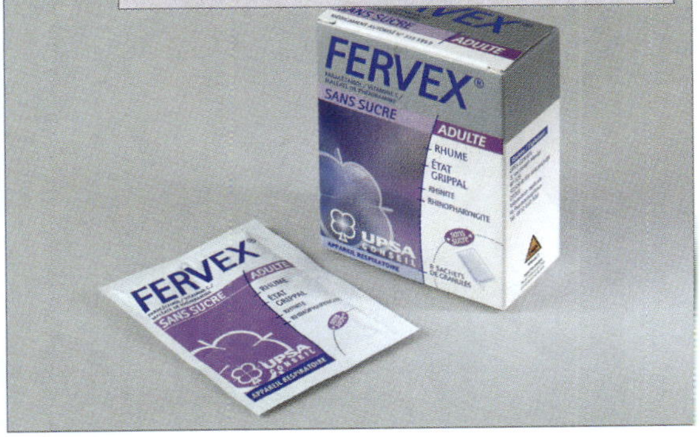

On trouve aussi le sigle ci-contre.

a. Combien de substances actives ce médicament contient-il ? Les nommer.

b. Nommer un excipient. Y en a-t-il d'autres ? Où trouver cette information ?

c. Quelle formulation du médicament est présentée ici ?

d. Pour quel type de maladie est préconisé ce médicament ?

e. Quelles sont les précautions à prendre lorsque l'on prend ce médicament ?

15 ✱ Attention à l'automédication !

Patricia a des courbatures. Dans sa pharmacie, elle trouve deux médicaments qui pourraient la soulager : du Paracétamol Ge® 500 mg et de l'Ibuprofène Biogaran® 400 mg. Ils se trouvent tous les deux sous forme de comprimés à avaler.

a. Quel est le principe actif de chacun de ces médicaments ? À quoi la masse indiquée correspond-elle ?

b. Patricia souhaite absorber le moins de substance active possible. Elle choisit donc le comprimé d'ibuprofène 400 mg. Mais en regardant attentivement la boîte, elle voit ces deux sigles :

Que signifient ces sigles ?

c. Patricia peut-elle prendre ce médicament ?

d. Ce médicament aurait-il dû se trouver dans sa pharmacie ? Que doit-on faire de tels médicaments une fois le traitement terminé ?

16 ✱✱ Menthol

On a réalisé la chromatographie sur couche mince de deux échantillons et d'une référence. L'exploitation du chromatogramme fournit les résultats suivants :

– front de l'éluant : $d_E = 8{,}0$ cm ;

– échantillon *A* : deux taches situées à $d_1 = 3{,}0$ cm et $d_2 = 4{,}0$ cm de la ligne de dépôt ;

– échantillon *B* : une tache située à $d_3 = 5{,}0$ cm de la ligne de dépôt ;

– référence (menthol) : rapport frontal, $R_f = 0{,}5$.

a. Réaliser un schéma du chromatogramme.

b. La chromatographie a-t-elle mis en évidence des espèces chimiques pures ?

c. Les échantillons *A* et *B* contiennent-ils du menthol ?

17 ✱✱ Analyse d'une huile essentielle

L'huile essentielle de lavande est obtenue à partir de fleurs de lavande grâce à une technique d'extraction, appelée hydrodistillation. L'espèce odorante contenue dans l'huile essentielle est l'acétate de linalyle.

Cette espèce peut être synthétisée à partir du linalol commercial.

Afin d'analyser l'huile essentielle de lavande, on réalise une chromatographie sur couche mince.

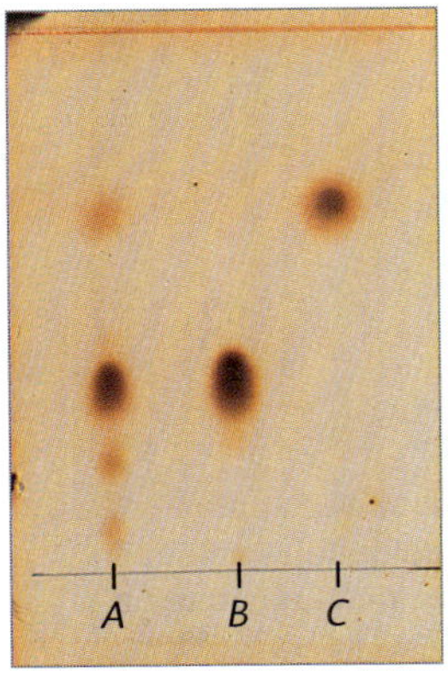

Les dépôts réalisés sont :

A : huile essentielle de lavande ;

B : linalol commercial ;

C : acétate de linalyle de synthèse.

Après élution et séchage, la plaque est révélée à l'aide de diiode. Le chromatogramme est donné ci-contre (échelle 2/3).

a. Parmi les échantillons déposés, quels sont ceux qui contiennent une espèce chimique pure ? La synthèse effectuée est-elle satisfaisante ?

b. D'après ce chromatogramme, combien y a-t-il de constituants dans l'huile essentielle de lavande ?

c. Calculer le rapport frontal du linalol et de l'acétate de linalyne.

d. Citer les espèces que vous pouvez identifier. Justifier.

Culture scientifique et citoyenne

Sciences & Société

Des princeps pour l'Afrique

Un médicament générique est moins cher qu'un princeps, car les coûts de recherche et de développement n'entrent pas dans son prix. Cependant, un tel médicament ne peut être commercialisé **qu'après des accords commerciaux ou l'expiration du brevet d'invention**. Le laboratoire ayant inventé le médicament princeps bénéficie ainsi pendant quelques années des profits générés par son invention ; il peut alors développer de nouveaux princeps.

- Dans les années 1990, un combat s'est engagé entre les pays en voie de développement et les laboratoires pharmaceutiques. Ces pays n'avaient en effet pas les moyens d'acheter des traitements contre certaines maladies, comme le sida.
- Ces pays **bénéficient aujourd'hui de l'accord TRIPS** (*Trade-related aspects of intellectual property rights*), qui permet de déroger à la protection des brevets dans des **situations d'urgence sanitaire**, comme par exemple celle de l'épidémie de sida. Ces pays peuvent alors se procurer à moindre coût des médicaments innovants.

Manifestation en Afrique du Sud, en 2001, pour une loi facilitant l'accès aux médicaments contre le sida.

Sur le Web http://www.un.org/fr/

CHIMIE & SVT

Mode d'action de l'aspirine

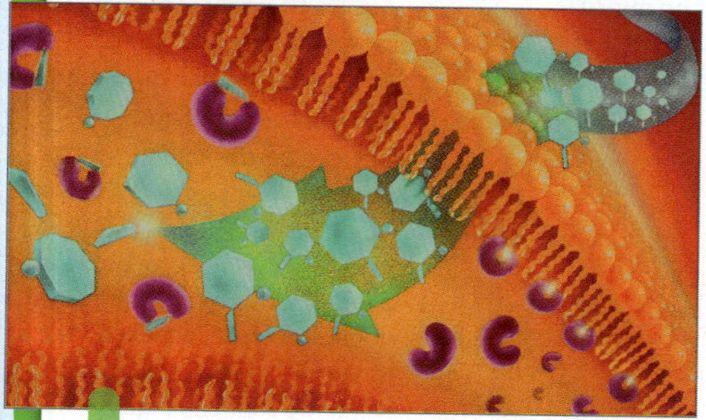

La production de prostaglandines a lieu lorsque des enzymes (en violet) se fixent sur la paroi cellulaire (orange). Les molécules d'aspirine (en bleu) rompent ces liaisons et bloquent ainsi cette production.

Sur le Web http://www.medico.lu/

- **La douleur**

Les terminaisons nerveuses réparties dans tout le corps sont des récepteurs de la douleur. Lors d'une blessure, les cellules atteintes produisent des substances qui viennent se fixer sur ces terminaisons nerveuses. Si le traumatisme est prolongé, ces mêmes cellules produisent des molécules particulières, **les prostaglandines**, qui **provoquent une sensation de douleur**.

- **La fièvre**

La température corporelle est **régulée par un thermostat** qui se situe dans le cerveau (l'hypothalamus). Lors d'une infection, les cellules proches du thermostat **produisent des prostaglandines**, ce qui génère un dérèglement de la température corporelle et donc l'apparition de fièvre.

- **Action de l'aspirine**

L'aspirine réduit la sensation de douleur ou fait baisser la fièvre **en empêchant la production de prostaglandines**. La quantité de prostaglandines diminuant, la sensation de douleur disparaît et la température corporelle diminue.

Un métier : délégué(e) médical(e) BAC +3

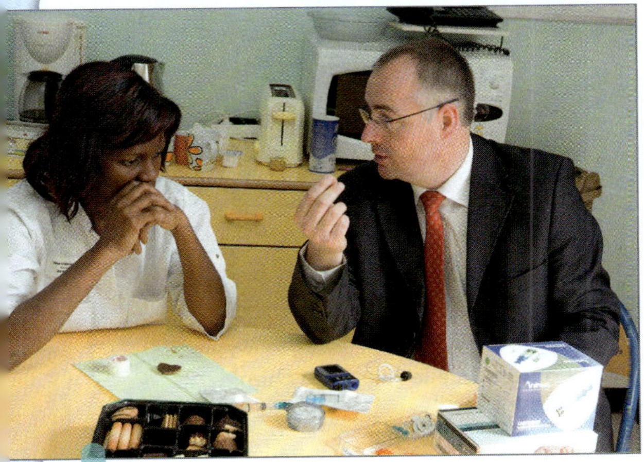

Délégué médical présentant dans un hôpital les produits commercialisés par son laboratoire.

Sur le Web www.cpnvm.com
www.leem.org www.lesmetiers.net

Le délégué médical (ou visiteur médical) est le représentant d'un laboratoire pharmaceutique auprès des médecins et des hôpitaux. Sa mission consiste à **transmettre des informations et démontrer l'efficacité des médicaments** que commercialise son entreprise. Il doit connaître les produits que son laboratoire vend (composition, contre-indications, effets secondaires...) tout en étant un bon commercial, qui maîtrise les techniques de communication.

- Le délégué médical est **très souvent en déplacement** pour rendre visite aux praticiens dépendant de sa zone géographique.
- Il peut devenir responsable d'équipes ou chef de produits, ou encore travailler dans un service marketing.
- Le diplôme nécessaire se prépare après une formation initiale bac + 2 dans le domaine du commerce, des sciences, de la santé ou des sciences humaines.

Sciences & Société

Le réflexe Cyclamed

Depuis le 1er janvier 2009, la loi prévoit que les **médicaments non utilisés (MNU)** doivent être systématiquement détruits dans le cadre de l'association Cyclamed, et leur emballage recyclé. Les MNU ne sont plus triés pour être redistribués dans le cadre d'actions humanitaires.

- Les MNU contiennent des **espèces chimiques actives** qui, si elles sont rejetées dans la nature, peuvent être **dangereuses pour l'environnement**, car elles se retrouvent dans les eaux souterraines ou de surface qui deviennent très difficiles à retraiter.
- Les MNU qui sont stockés au domicile peuvent être **cause d'intoxications** par confusion ou ingestion accidentelle. Plus d'une intoxication sur deux chez les enfants de 1 à 5 ans est due aux médicaments mal utilisés.

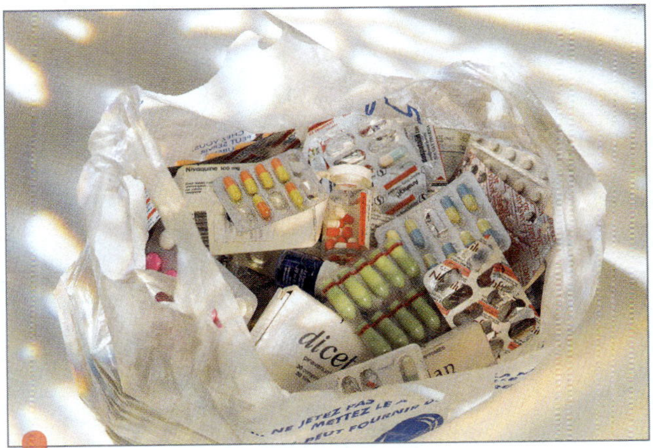

Sac de médicaments prêt à être rapporté à la pharmacie.

- Les MNU, périmés ou non, doivent être **rapportés à la pharmacie**. En 2008, 12 530 tonnes de MNU ont été collectées. L'organisme Cyclamed est en charge de les détruire par incinération (comme 43 % des déchets ménagers en France). L'énergie libérée est récupérée sous forme d'énergie thermique et/ou d'énergie électrique.

Sur le Web www.cyclamed.fr

Chapitre 3

Synthèse d'espèces chimiques

Vu au collège

- Des espèces chimiques existant ou non dans la nature peuvent être synthétisées.
- Une synthèse est réalisée en suivant un protocole.
- Lors d'une synthèse, des règles de sécurité doivent être respectées.

Connaissances & Compétences

- Comprendre le rôle de la chimie de synthèse.
- Réaliser la synthèse d'une molécule.

Le bleu du jean est dû à l'indigo.

Fleur d'indigotier.

? *Serait-il possible de teindre tous les jeans en extrayant l'indigo naturel ?*

Le laboratoire du chimiste au XVIIIe siècle.

Avec quel matériel une synthèse est-elle réalisée aujourd'hui ?

L'acide salicylique est extrait de l'écorce du saule.

L'acide salicylique était utilisé pour soulager la douleur, mais provoquait aussi des troubles gastriques. Qu'a pu faire le chimiste pour limiter cet effet secondaire ?

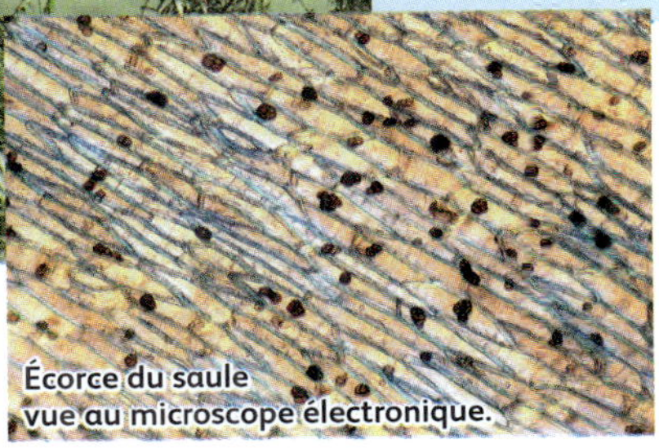
Écorce du saule vue au microscope électronique.

Activité à la maison

ACTIVITÉ DOCUMENTAIRE

MANUEL NUMÉRIQUE

1 La synthèse chimique au secours de la nature !

Malgré une opinion fort répandue, les chimistes ne travaillent pas contre la nature. Certaines espèces chimiques naturelles d'origine végétale ou animale sont connues pour leurs propriétés médicinales. Cependant, il est nécessaire de les synthétiser afin de préserver l'environnement. Le Taxotère® en est un exemple.

Depuis le début des années 1960, l'if du Pacifique a fait couler beaucoup d'encre. Des botanistes et des chimistes avaient alors prouvé que son écorce contenait du taxol, une espèce chimique qui détruit les cellules cancéreuses.

Dans les années 1960, il fallait couper six ifs centenaires pour en extraire 2 g de taxol… et la seule demande américaine annuelle se chiffrait à 25 kg !

Il fallait donc trouver une parade ; le défi entre équipes de chercheurs était lancé, comme le raconte Pierre Potier dans *Le Magasin du Bon Dieu* :

« Prenez un chimiste normalement constitué. Présentez-lui sur un plateau une molécule active, dénichée dans la nature, assurément compliquée. Voyez son œil s'allumer de convoitise. Il lui faut trouver une suite de réactions chimiques pour recréer cette molécule de toute pièce à partir de briques plus simples. »

Ainsi, entre 1983 et 1993, plus de trente équipes à travers le monde ont travaillé sans relâche sur la synthèse du taxol. Ce fut l'équipe française de l'ICSN (Institut de chimie des substances naturelles, situé à Gif-sur-Yvette) qui remporta la course en synthétisant le Taxotère®, apparenté au taxol, et deux fois plus efficace dans le traitement des cancers. Le médicament générique Paclitaxel Teva® est aujourd'hui utilisé pour lutter contre plusieurs cancers.

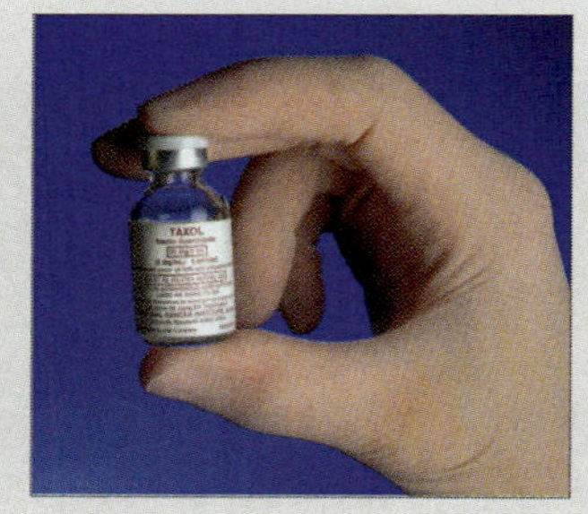

1 *De l'if au traitement anticancéreux… via l'industrie chimique.*

1 Comprendre le texte

a. Qu'est-ce qui a poussé les équipes de chercheurs à travailler sur la synthèse du taxol ?

b. Classer le Paclitaxel Teva®, le Taxotère® et le taxol suivant :
– leur efficacité ;
– leur impact sur l'environnement ;
– leur coût.

Taxol 100 mg	100 €
Taxotère 80 mg	679 €
Paclitaxel Teva 100 mg	100 €

2 *Prix de trois médicaments.*

2 Rechercher

Le taxol est une espèce chimique contenue dans l'écorce d'if.
Citer deux autres espèces chimiques naturelles aux propriétés médicinales connues.

3 Conclure

Citer trois objectifs d'une synthèse chimique.

ACTIVITÉ EXPÉRIMENTALE

2 D'un parfum vers l'aspirine

**▶ Le salicylate de méthyle est utilisé en parfumerie. Il permet la synthèse de l'acide salicylique à l'origine de la synthèse de l'aspirine.
Réalisons la synthèse de cet acide à partir du salicylate de méthyle.**

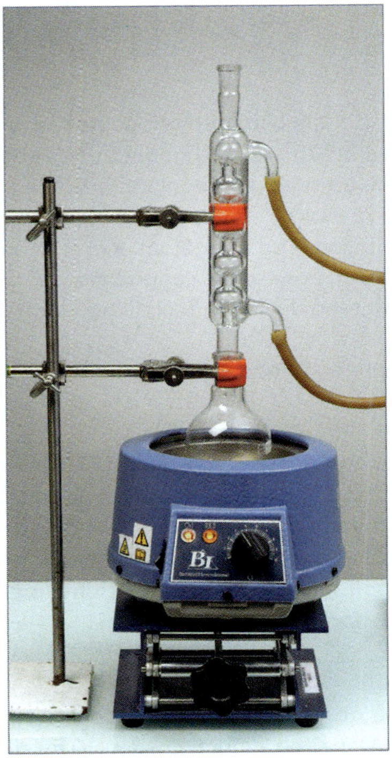

3 *Dispositif utilisé pour la synthèse de l'acide salicylique.*

Expérience

Sécurité *Attention ! Les solutions de base et d'acide doivent être manipulées avec des gants.*

Transformation

- Dans un ballon, introduire 2,0 mL de salicylate de méthyle. Y ajouter en deux fois 20 mL de la solution aqueuse d'hydroxyde de sodium. Introduire quelques grains de pierre ponce.
- Équiper le ballon d'un réfrigérant. Placer le ballon dans un chauffe-ballon posé sur un support élévateur.
- Porter le contenu du ballon à ébullition douce pendant 15 minutes. Observer le réfrigérant à eau.

Traitement

- Retirer le chauffe-ballon et laisser refroidir le ballon à l'air pendant quelques minutes. Plonger le ballon dans un bain d'eau froide.
- Transvaser le contenu du ballon dans un bécher placé dans un bain glace-eau. Y ajouter petit à petit 70 mL de la solution d'acide sulfurique. Agiter avec une baguette de verre entre chaque ajout. Vérifier que le pH de la solution est inférieur à 2.
- Filtrer sur büchner (→ **fiche méthode 8**, page 331). Laver le solide à l'eau. L'essorer.

Identification (sous hotte)

- Réaliser une C.C.M. (→ **fiche méthode 9**, page 332) d'une solution commerciale d'acide salicylique et d'une solution du produit de la synthèse.

Brûlure de la peau et lésions oculaires graves.	Nocif par contact cutané, par ingestion, par inhalation.	Inflammable ou facilement inflammable.
Hydroxyde de sodium à 6 $mol \cdot L^{-1}$; acide sulfurique à 2 $mol \cdot L^{-1}$.	Chloroforme contenu dans l'éluant.	Éthanol contenu dans l'éluant.

4 *Pictogrammes de sécurité des espèces chimiques utilisées.*

1 Observer

a. Réaliser un schéma légendé du dispositif de chauffage à reflux.
b. De quoi sont constituées les gouttes issues de la condensation des vapeurs dans le réfrigérant ?
c. Comparer les aspects des contenus du ballon puis du bécher au cours de la synthèse.
d. Expliquer pourquoi il a fallu respecter certaines consignes de sécurité.

2 Interpréter et conclure

a. Dessiner le chromatogramme obtenu puis l'interpréter.
b. Est-ce bien de l'acide salicylique qui a été synthétisé ?

ACTIVITÉ EXPÉRIMENTALE

3 De l'huile au savon

Une bonne santé passe par une bonne hygiène. Le savon est depuis toujours le produit-phare de l'hygiène. En faisant réagir de l'huile alimentaire avec une solution d'hydroxyde de sodium, on synthétise un savon.

Expérience

Sécurité *Attention ! La solution d'hydroxyde de sodium est très concentrée et doit être manipulée avec des gants.*

Transformation

- Dans un ballon, verser environ 20 mL d'huile alimentaire. Ajouter environ 20 mL de solution d'hydroxyde de sodium, environ 20 mL d'éthanol et une petite spatule de chlorure de tétrabutylammonium. Introduire quelques grains de pierre ponce.
- Équiper le ballon d'un réfrigérant. Placer le ballon dans un chauffe-ballon posé sur un support élévateur.
- Porter le contenu du ballon à ébullition douce pendant 15 minutes.
- Observer le réfrigérant à eau.

Traitement

- Enlever le chauffe-ballon et laisser refroidir le contenu du ballon à température ambiante pendant quelques minutes.
- Verser le contenu du ballon dans environ 50 mL d'une solution de chlorure de sodium saturée.
- Filtrer le solide sur büchner (→ **fiche méthode 8**, page 331). Le rincer à l'eau.

Identification

- On dispose de deux erlenmeyers contenant environ 20 mL d'eau. Dans l'un, ajouter environ 10 mL d'huile puis agiter ; dans le second, ajouter une spatule du solide obtenu et agiter.

5 *Dispositif de filtration sous pression réduite.*

6 *Mise en évidence du pouvoir moussant de l'espèce synthétisée.*

1 Observer

a. Réaliser un schéma légendé du dispositif de chauffage à reflux.

b. De quoi sont constituées les gouttes issues de la condensation des vapeurs dans le réfrigérant ?

c. Expliquer pourquoi il a fallu mettre des gants lors de l'ajout de la solution d'hydroxyde de sodium.

2 Interpréter et conclure

a. Comparer les contenus des deux erlenmeyers. Pourquoi la dernière étape de cette expérience permet-elle d'identifier l'espèce chimique obtenue ?

b. L'espèce chimique obtenue pourrait-elle être utilisée comme savon sans traitement préalable ?

1 Rôles de la chimie de synthèse

1.1 Définition

On appelle synthèse la préparation d'une espèce chimique à partir d'autres espèces chimiques.

Certaines espèces chimiques synthétiques sont identiques à des espèces naturelles ; d'autres ont été inventées par l'homme.

1.2 Pourquoi synthétiser ce qui est naturel ?

Les espèces chimiques naturelles sont synthétisées pour des raisons écologiques et économiques. Les chimistes innovent en créant des espèces chimiques synthétiques aux propriétés qu'ils ont ciblées.

Environ 30 % des principes actifs des médicaments sont issus de la nature. Ils sont d'origine animale ou végétale **(documents 7 et 8)**. Il est possible de les extraire, mais ce procédé est trop coûteux et conduirait à la disparition d'espèces animales et végétales.
Ainsi, pour répondre à la demande croissante en médicaments, il est impératif de synthétiser ces principes actifs ainsi que les excipients.

Exemple. Il faudrait abattre près de 2 000 saules par heure pour répondre aux besoins en aspirine.

1.3 Pourquoi synthétiser ce qui n'est pas naturel ?

- Certaines molécules naturelles présentent des inconvénients (des effets secondaires indésirables par exemple). Le chimiste essaie alors de synthétiser une espèce ayant les propriétés recherchées mais ne présentant pas ces désavantages.

- En outre, dans le cas où aucune espèce chimique ne répond à un besoin précis, il est parfois nécessaire que le chimiste essaie d'inventer une nouvelle espèce ayant la propriété demandée.

- L'industrie chimique française est très développée **(document 9)**. La synthèse des médicaments fait partie des secteurs de la chimie fine et de la pharmacie **(tableau 10)**.

Secteur	Exemples
Chimie de base	Ammoniac, méthanol, éthylène (ou éthène)
Chimie fine	Principes actifs des médicaments.
Pharmacie	Médicaments.
Chimie de spécialité	Peintures, détergents, colles…

10 *La chimie de synthèse aujourd'hui.*

7 *Les Indiens d'Amérique du Sud savaient depuis longtemps que l'on pouvait lutter contre les fièvres paludiques avec de l'écorce de quinquina. Il ont transmis leur savoir aux Occidentaux.*

8 *Cette grenouille équatorienne synthétise un analgésique très puissant.*

9 *Quelques chiffres sur l'industrie chimique française en 2009.*
(Source : www.uic.fr)
Photographie : Unité de production de dioxygène (Pyrénées-Atlantiques).

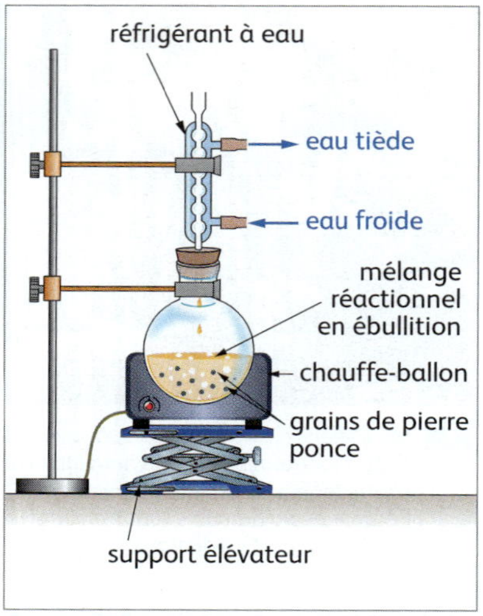

11 *Montage d'un chauffage à reflux. Un support élévateur doit toujours être placé sous le chauffe-ballon ou le bain-marie au cas où le chauffage devrait être rapidement arrêté.*

Vocabulaire

Reflux : mouvement en arrière qui succède à un mouvement en avant.

12 *Le bain-marie est aussi utilisé en cuisine pour chauffer dans des conditions douces… Du chocolat par exemple.*

2 Étapes d'une synthèse

La synthèse d'une molécule se déroule généralement en trois étapes : **transformation, traitement et identification**.

2.1 La transformation

Certaines transformations se déroulent à froid ou à température ambiante ; d'autres nécessitent une température plus élevée. Dans ce cas, on utilise un chauffage à reflux **(document 11)**.

Chauffer à reflux permet d'accélérer une transformation chimique. Le mélange réactionnel est maintenu à ébullition ; les vapeurs qui se forment sont condensées grâce à un réfrigérant, sans perte de matière.

Le ballon contient le mélange réactionnel. C'est là qu'a lieu la transformation.

2.2 Le traitement

- À la suite de la transformation, un traitement est généralement nécessaire. Dans certains cas, c'est une acidification.
- Lorsque l'espèce chimique est solide, il est nécessaire de la récupérer par **filtration sur büchner** (→ **fiche méthode 8**, page 331).
- Lorsqu'elle est liquide ou dissoute, il faut l'isoler par extraction.

Exemples

- L'acide salicylique **(activité 2)** précipite lorsque la solution est acidifiée ; il est ensuite récupéré par filtration.
- Lors de sa synthèse, la menthone – espèce chimique liquide utilisée pour aromatiser des produits alimentaires – est extraite grâce à du cyclohexane.

2.3 L'identification de l'espèce chimique synthétisée

- Après la transformation et le traitement, il est nécessaire de vérifier s'ils ont conduit au produit recherché.
- L'identification de l'espèce obtenue peut se faire par une ou plusieurs caractéristiques :
  - son aspect ;
  - sa température de fusion dans le cas d'un solide ou sa température d'ébullition dans le cas d'un liquide ;
  - sa densité ou sa masse volumique ;
  - sa solubilité ;
  - son élution sur une plaque de chromatographie sur couche mince (en comparant avec une référence).

Exemple. L'acide salicylique est un solide blanc, fondant à 159 °C et identifié par chromatographie sur couche mince.

L'ESSENTIEL

Synthétiser

- On appelle **synthèse** la préparation d'une espèce chimique à partir d'autres espèces chimiques.
- La chimie de synthèse a trois rôles :
– répondre aux besoins des hommes en inventant des espèces chimiques aux propriétés spécifiques ;
– préserver l'environnement qui serait détruit par l'extraction intensive d'espèces chimiques naturelles ;
– abaisser le coût d'obtention d'espèces chimiques qui existent par ailleurs dans la nature.

Étapes d'une synthèse

- Une synthèse se déroule en trois étapes.

1 La transformation

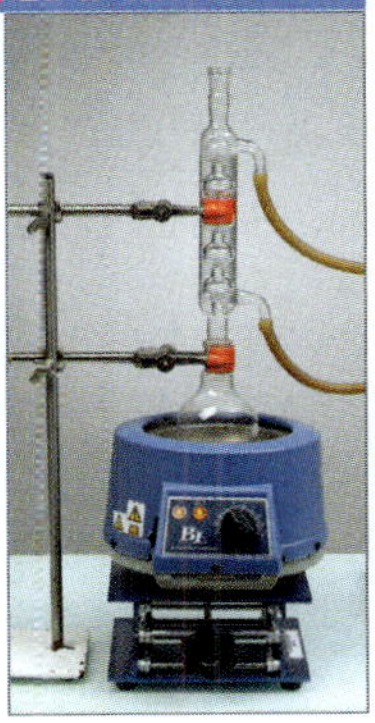

2 Le traitement

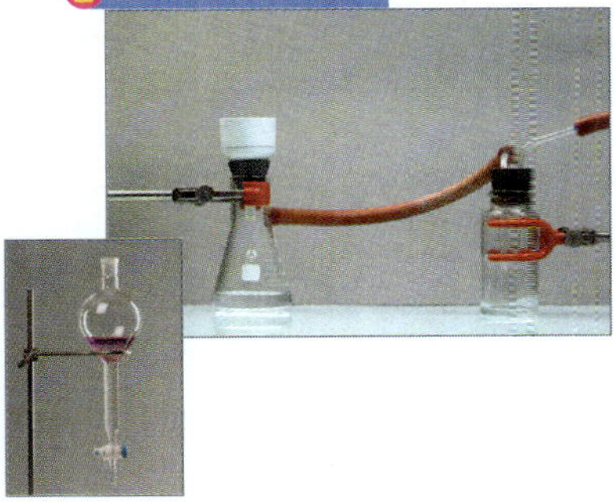

3 L'identification

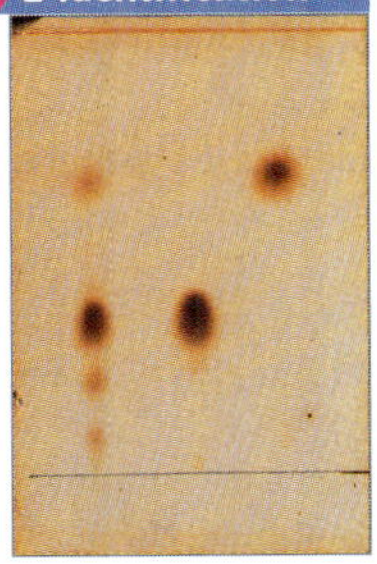

Le chauffage à reflux

- **Chauffer à reflux** permet d'accélérer une transformation chimique.
- Le **mélange réactionnel** est maintenu à ébullition ; les vapeurs qui se forment sont condensées grâce à un **réfrigérant**, sans perte de matière.

a

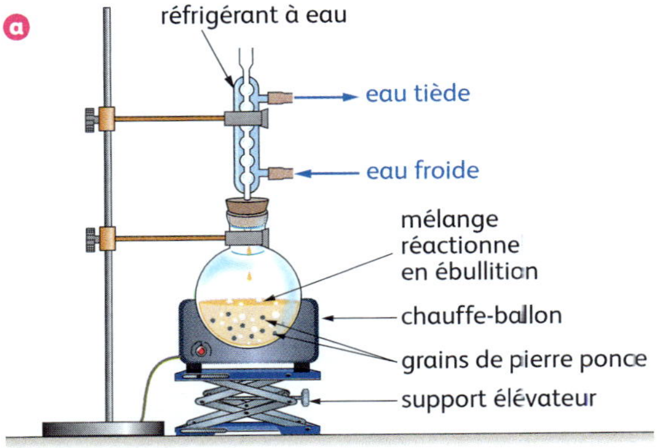

b

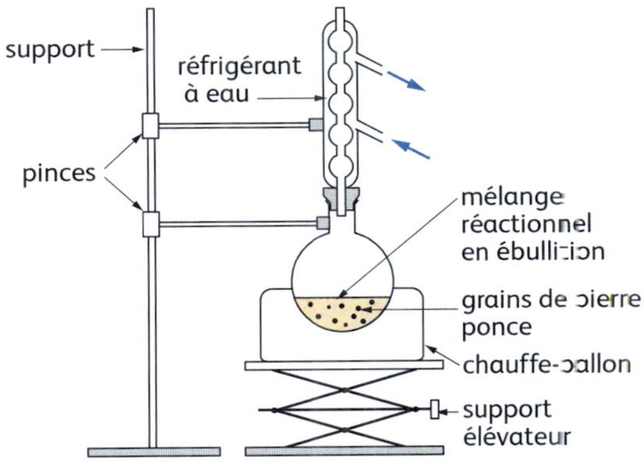

Schémas d'un montage de chauffage au reflux : a dans un livre ; b ce qui est attendu d'un élève.

Exercices d'application

5 minutes CHRONO !

MANUEL NUMÉRIQUE — EXERCICES INTERACTIFS

1 Mots manquants

Compléter avec un ou plusieurs mots.

a. Une .... désigne la préparation d'une espèce chimique à partir d'autres espèces chimiques.

b. Les chimistes synthétisent des espèces chimiques naturelles pour des raisons .... et pour préserver l' ....

c. Pour effectuer un chauffage à ...., on utilise un réfrigérant afin d'éviter toute .... de ....

d. Une synthèse chimique se réalise en trois étapes : la ...., le .... et l'.......... .

2 QCM

Cocher la réponse exacte.

a. Lors d'une synthèse, on peut utiliser un chauffage à reflux pour :
- ☐ rendre possible la transformation
- ☐ accélérer la transformation
- ☐ évaporer le solvant

b. Une espèce chimique synthétisée :
- ☐ est toujours identique à une espèce chimique naturelle
- ☐ peut être identique à une espèce chimique naturelle
- ☐ ne peut pas être identique à une espèce chimique naturelle

c. Dans un montage de chauffage à reflux, il faut placer sous l'appareil de chauffage :
- ☐ un réfrigérant
- ☐ un support élévateur
- ☐ un ballon

d. Lors d'un chauffage à reflux, il n'y a pas perte de matière grâce :
- ☐ au chauffe-ballon
- ☐ au support élévateur
- ☐ au réfrigérant

e. Dans l'étape de traitement, on pourrait utiliser :
- ☐ une ampoule à décanter
- ☐ un chauffage à reflux
- ☐ un éluant

f. Pour identifier un produit de synthèse, on peut effectuer :
- ☐ une extraction
- ☐ une filtration
- ☐ une chromatographie sur couche mince

g. Lorsque l'ébullition d'un mélange porté à reflux est trop violente, il faut :
- ☐ abaisser le support élévateur
- ☐ augmenter le débit d'eau dans le réfrigérant
- ☐ ajouter de l'eau froide au mélange

→ Reportez-vous aux solutions détaillées page 334 pour vérifier vos réponses et comprendre vos erreurs.

MOBILISER SES CONNAISSANCES

▶ Rôles de la chimie de synthèse

[§1 du cours]

3 Synthèse

a. Définir une synthèse.

b. Les chimistes peuvent-ils synthétiser des espèces chimiques qui n'existent pas dans la nature ?

4 Pourquoi synthétiser des espèces chimiques ?

a. Pourquoi des espèces chimiques naturelles sont-elles synthétisées ?

b. Pourquoi est-il nécessaire de synthétiser des espèces chimiques qui n'existent pas dans la nature ?

c. Rappeler les trois rôles de la synthèse chimique.

5 Naturel ou de synthèse ?

Les espèces chimiques suivantes sont-elles naturelles ou synthétiques ?

a. Aspirine **b.** Extrait naturel de vanille **c.** Malachite
d. Aspartame **e.** Nylon **f.** Acétate de linalyle

▶ Étapes d'une synthèse [§2 du cours]

6 Les trois étapes

Rappeler les trois étapes d'une synthèse chimique.

7 Schématisation

Schématiser un montage à reflux et nommer les différentes parties qui le constituent.

8 Matériel

a. Schématiser et nommer la verrerie présentée ci-dessous.

b. Qu'est-ce qui n'est pas utilisé lors d'un chauffage à reflux ?

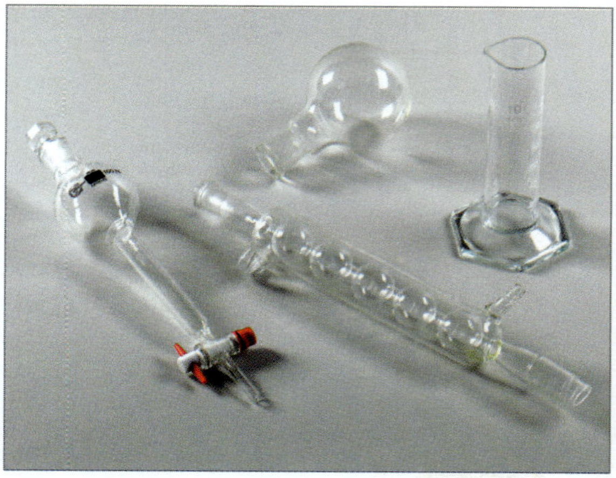

9 Le reflux

Pierre regarde, inquiet, son montage à reflux. Il interpelle son professeur : « Monsieur, c'est bizarre, un liquide tombe dans le ballon par le réfrigérant. »
Formuler la réponse apportée par le professeur.

10 Montage à reflux

Parmi les montages suivants, lequel peut être retenu pour un chauffage à reflux ? Justifier la réponse.

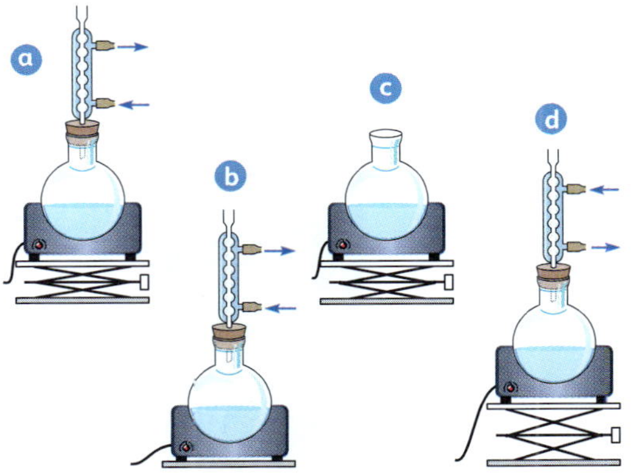

UTILISER SES COMPÉTENCES

11 Utiliser la proportionnalité

L'aspirine est un dérivé de l'acide salicylique produit naturellement par les saules. Sa consommation mondiale (4 560 kg par heure) en fait l'une des plus importantes. Le traitement de 50 g d'écorce de saule conduit à 5 g d'aspirine. D'un saule, on extrait en moyenne 23 kg d'écorce.

Combien de saules faudrait-il abattre par heure pour satisfaire la demande mondiale ? Conclure sur la nécessité de synthétiser industriellement l'acide salicylique.

12 Utiliser les pourcentages

1. La production mondiale annuelle de vanilline s'élève à 12 000 tonnes de vanilline, dont seulement 1 400 sont d'origine naturelle.

a. Quelle est la masse de vanilline produite par synthèse chimique ?

b. Quel est le pourcentage de la vanilline synthétique ?

2. En 2009, le prix de vente de la vanille de Madagascar a été fixé à 20 euros le kilogramme.

La synthèse chimique permet en revanche d'obtenir de la vanilline qui se vend à 15 euros le kilogramme. Les gousses de vanille de Madagascar contiennent 2,0 % en masse de vanilline.

a. Quelle masse de vanilline est contenue dans 1 kg de gousses de vanille ?

b. Quel est le prix de revient d'un kilogramme de vanilline naturelle, sans compter le coût de son extraction des gousses de vanille ? Commenter.

13 Lire un graphique

Le graphique ci-dessous présente l'évolution du nombre d'espèces chimiques connues et répertoriées au cours du XXe siècle.

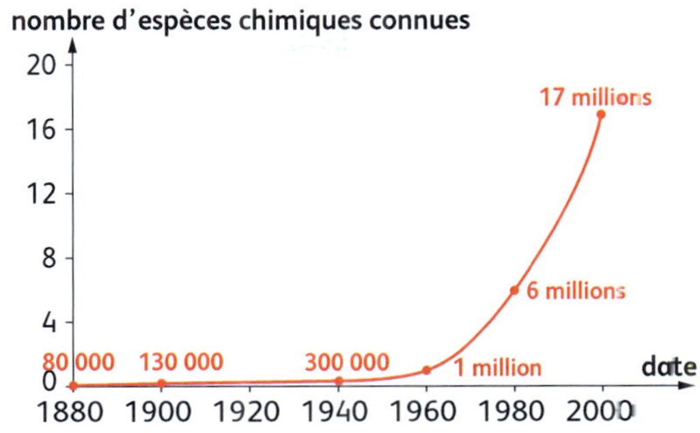

1. En quelle année a-t-on passé le cap du million d'espèces chimiques connues ?

2. a. Au cours du XXe siècle, par combien le nombre d'espèces chimiques connues a-t-il été multiplié ?

b. Entre 1980 et 2000, combien d'espèces chimiques ont été nouvellement répertoriées ?

c. Comment qualifier cette évolution au cours du XXe siècle ?

14 Apprendre à rédiger

Voici l'énoncé d'un exercice et un guide (en orange) ; ce guide vous aide pour rédiger la solution détaillée et pour retrouver les réponses numériques aux questions posées

Énoncé

1. Dans un ballon, on introduit de l'acide salicylique, de l'anhydride acétique, quelques gouttes d'acide sulfurique et quelques grains de pierre ponce. On chauffe le mélange à reflux pendant 20 minutes.

Schématiser le montage utilisé en nommant les différentes parties.

- **Construire le schéma du bas vers le haut ; y faire figurer et légender le support élévateur, le chauffe-ballon, le ballon et son contenu, le réfrigérant et la mise en sécurité par les pinces.**

2. Après traitement, un solide est isolé. Pour identifier l'espèce chimique obtenue, on réalise une C.C.M. avec trois dépôts : une solution *A* d'aspirine du commerce, une solution *B* du solide synthétisé, une solution *C* d'acide salicylique. Après élution et révélation, on obtient le chromatogramme ci-contre.

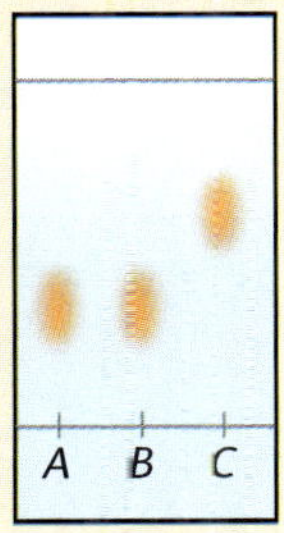

Est-ce bien de l'aspirine qui a été synthétisée ?

- **Comparer les hauteurs des taches obtenues pour chacun des dépôts.**
- **Vérifier que le dépôt *B* ne contient pas d'acide salicylique (espèce chimique de départ) mais contient de l'aspirine (dépôt *A* servant de référence).**

Exercices d'entraînement

EXERCICE RÉSOLU

Énoncé **Synthèse de la benzocaïne**

La benzocaïne est une molécule utilisée comme un anesthésique local. Elle peut être synthétisée à partir de l'acide 4-aminobenzoïque et de l'éthanol.

Dans un ballon placé dans un bain d'eau glacée, on introduit 1,3 g d'acide 4-aminobenzoïque et 20 mL d'éthanol. Après agitation, on ajoute 1 mL d'acide sulfurique concentré, quelques grains de pierre ponce. On adapte un réfrigérant à eau au ballon dont le contenu est chauffé à reflux pendant une heure. Le contenu du ballon est ensuite refroidi à température ambiante.

La solution est ensuite transvasée dans une ampoule à décanter ; l'espèce chimique synthétisée est extraite en utilisant de l'éther diéthylique. Après évaporation du solvant, on recueille un solide identifié par sa température de fusion (88 °C) et par une C.C.M. (ci-contre).

Données

- Benzocaïne :
  – température de fusion $T_f = 90$ °C ;
  – peu soluble dans l'eau ;
  – très soluble dans l'éthanol et dans l'éther diéthylique.
- Éther diéthylique : insoluble avec l'eau ; densité, $d = 0,7$.

1 Cette synthèse comporte plusieurs étapes. Les décrire.

2 Schématiser le montage de chauffage à reflux et légender le schéma.

3 Le solide obtenu est-il bien de la benzocaïne ?

Énoncé
L'énoncé décrit précisément les trois étapes de cette synthèse.

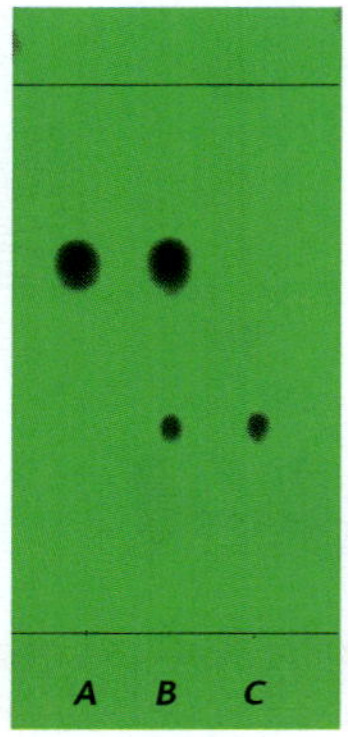

A. Benzocaïne commerciale
B. Benzocaïne du milieu réactionnel
C. Acide 4-aminobenzoïque

Une solution

1 La transformation chimique est réalisée grâce à un dispositif de chauffage à reflux.
Le traitement est constitué du refroidissement du contenu du ballon, puis d'une extraction et, enfin, d'une filtration sur büchner.
L'espèce chimique obtenue est ensuite identifiée par la mesure de sa température de fusion et par chromatographie sur couche mince.

Connaissances
Distinguer les trois étapes d'une synthèse :
– transformation,
– traitement,
– identification.

2

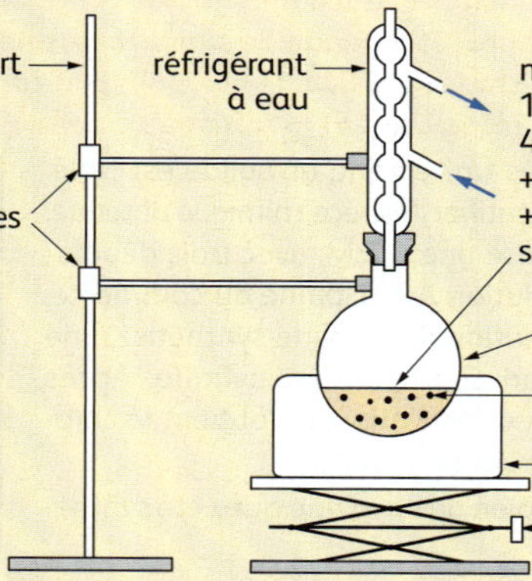

Schématiser
- S'aider de l'énoncé pour schématiser le montage.
- Préciser les masses et les volumes.
- Ne pas oublier d'indiquer la circulation d'eau dans le réfrigérant.

3 La température de fusion du produit est inférieure à celle de la benzocaïne pure. On compare les taches du chromatogramme obtenues après élution. On remarque sur le chromatogramme que le produit contient de la benzocaïne, mais aussi de l'acide 4-aminobenzoïque. Donc le solide obtenu contient bien de la benzocaïne, mais il n'est pas pur.

Rédiger
Toujours justifier sa réponse à l'aide des données de l'énoncé.

15 Aspartame contre saccharose ?

Le diabète est une maladie de plus en plus courante. Les édulcorants synthétiques, comme l'aspartame, sont alors préconisés dans le cadre de régimes hypocaloriques et sans sucre. Le sucre blanc n'est constitué que de saccharose ; ce produit naturel est obtenu à partir de canne à sucre ou de betterave à sucre.

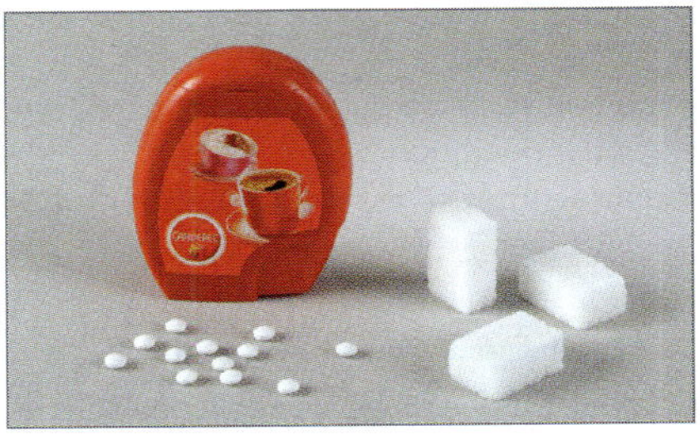

À partir des caractéristiques de l'aspartame et du saccharose regroupées dans le tableau ci-dessous, expliquer pourquoi il est préférable qu'un diabétique consomme de l'aspartame plutôt que du saccharose.

Substance	Pouvoir sucrant	Apport calorique	Influence sur la glycémie
Aspartame	200	17 kJ·g^{-1}	Aucune
Saccharose	1	19 kJ·g^{-1}	Augmente

16 ✶ Synthèse de l'acétate de linalyle

L'acétate de linalyle est un constituant de l'huile essentielle de lavande. Il est synthétisé à partir de linalo et d'anhydride acétique.

1. Afin de synthétiser l'acétate de linalyle, utilisé en parfumerie, on introduit **5 mL de linalol** dans un **ballon** et **10 mL d'anhydride acétique** puis quelques grains de **pierre ponce**. On y adapte un **réfrigérant à eau** et on le place sur un **chauffe-ballon** posé sur un **support élévateur**. On porte le mélange à reflux pendant 30 min.

a. Schématiser le montage du chauffage à reflux en précisant le sens de circulation de l'eau. Le légender en utilisant les mots ci-dessus écrits en gras.

b. À quoi servent les grains de pierre ponce ?

2. Après refroidissement, on verse le contenu du ballon dans une ampoule à décanter contenant 50 mL d'eau froide ; l'anhydride acétique qui n'a pas réagi est ainsi transformé en acide acétique miscible avec l'eau. On sépare les deux phases, en laissant la phase organique dans l'ampoule.

Cette phase organique est ensuite lavée avec une solution aqueuse basique, puis avec de l'eau. On la recueille dans un erlenmeyer.

a. Schématiser l'ampoule à décanter et expliquer le principe de son utilisation.

b. Les lavages de la phase organique permettent d'en extraire un composé ; lequel ?

3. On réalise une chromatographie sur couche mince avec les quatre substances suivantes :

– le linalol *A* ;

– l'acétate de linalyle commercial *B* ;

– l'acétate de linalyle synthétisé *C* ;

– l'huile essentielle de lavande *D*.

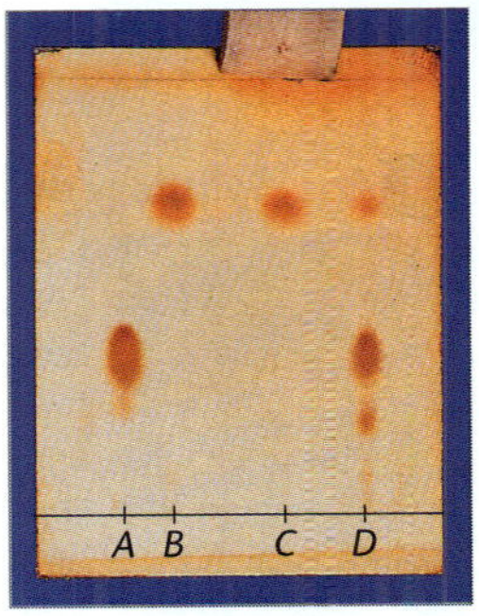

Le résultat se trouve ci-contre, après élution par le dichlorométhane et révélation au diiode.

a. A-t-on réalisé des dépôts d'espèces pures ?

b. La synthèse a-t-elle été satisfaisante ?

c. Citer deux espèces présentes dans l'huile essentielle de lavande.

17 ✶✶ Synthèse du paracétamol

Le paracétamol est un médicament qui se rapproche de l'aspirine par ses propriétés analgésique et antipyrétique. Il est dépourvu d'actions anti-inflammatoires, mais ne présente pas les contre-indications de l'aspirine. On l'obtient par réaction entre le *para*aminophénol et l'anhydride éthanoïque en milieu aqueux.

Protocole de la synthèse du paracétamol

- Dans un ballon, introduire $m_1 = 10{,}0$ g de *para*aminophénol et ajouter quelques grains de pierre ponce. Sous vive agitation, introduire 30 mL d'eau puis, lentement, un volume $V_2 = 12{,}0$ mL d'anhydride éthanoïque. Munir le ballon d'un réfrigérant.
- Porter l'ensemble à reflux pendant environ 20 min.
- Refroidir puis transvaser dans un bécher.
- Refroidir alors dans un bain de glace : le paracétamol cristallise.
- Filtrer sur büchner et laver à l'eau glacée.
- Essorer et sécher sur papier filtre.
- Placer le produit humide obtenu à l'étuve à 80 °C. On obtient alors une masse de produit sec : $m = 13{,}2$ g.

Données physico-chimiques

Espèce	T_{fusion}	Solubilité dans 100 mL d'eau
*Para*aminophénol	187 °C	1,1 g à 0 °C ; 8,5 g à 100 °C
Paracétamol	170 °C	1 g à 0 °C ; 25 g à 100 °C

1. Décrire les deux premières étapes de cette synthèse.

2. À partir des données physico-chimiques :

a. Préciser l'état physique du *para*aminophénol avant d'être versé dans le ballon ;

b. justifier l'apparition du précipité de paracétamol lors du refroidissement dans le bain de glace.

3. Le rendement de cette synthèse serait égal à 100 % si la masse de paracétamol était de 13,8 g.

Quel est alors le rendement de la synthèse ?

Pour aller plus loin

18 ✶✶ Synthèse de l'acide benzoïque

L'acide benzoïque est utilisé comme conservateur alimentaire dans des boissons. Le benjoin, une résine végétale, en contient. L'acide benzoïque est également obtenu par réaction de l'alcool benzylique avec des ions permanganate en milieu basique.

Voici le protocole, malheureusement dans le désordre...

ⓐ Ce solide blanc est filtré sur büchner, lavé avec un peu d'eau glacée puis essoré et mis à l'étuve.

ⓑ Sa température de fusion est $T_f = 121$ °C. Une C.C.M. permet de compléter son identification.

ⓒ Un chauffage à reflux est maintenu pendant 30 minutes.

ⓓ Le chauffage est arrêté et le contenu du ballon est refroidi à température ambiante.

ⓔ Le solide marron formé lors de cette transformation est séparé par filtration sur büchner. Le filtrat est transvasé dans un bécher. On y ajoute de l'acide chlorhydrique : un solide blanc précipite.

ⓕ Dans un ballon, on introduit 100 mL de solution de permanganate de potassium, 2,5 mL d'acide benzylique, 2 g de carbonate de sodium et quelques grains de pierre ponce.

ⓖ On y adapte un réfrigérant à eau et on le place dans un chauffe-ballon posé sur un support élévateur.

Données

- Acide benzoïque :
  - solide blanc ;
  - température de fusion $T_f = 122$ °C ;
  - très peu soluble dans l'eau glacée.
- Permanganate de potassium : solide violet.
- Dioxyde de manganèse : solide marron.

Chromatogramme obtenu

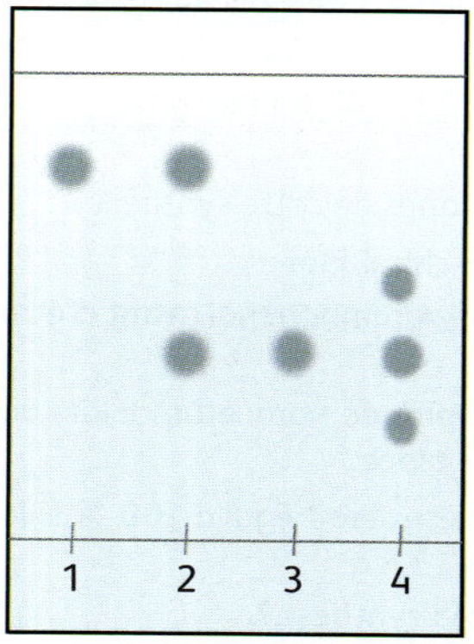

1 : alcool benzylique

2 : milieu réactionnel

3 : acide benzoïque commercial

4 : extrait de benjoin

1. Remettre les phrases du protocole dans le bon ordre et préciser les trois étapes de cette synthèse.

2. Schématiser le montage du chauffage à reflux en précisant le sens de circulation de l'eau dans le réfrigérant. Le légender.

3. a. Combien de filtrations sont nécessaires lors de cette synthèse ?

b. Est-ce toujours le solide qui intéresse l'expérimentateur ? Si non, expliquer pourquoi.

4. Le produit synthétisé est-il pur ? Contient-il de l'acide benzoïque ? Justifier.

19 ✶✶ Synthèse d'une phéromone

Une phéromone est une molécule impliquée dans la communication entre individus de la même espèce.

Dans le cadre de leur TPE, Bénédicte et Hannah souhaitent synthétiser la phéromone d'alarme des abeilles : l'éthanoate d'isobutyle. Elles trouvent les informations suivantes.

- **Schéma du montage**

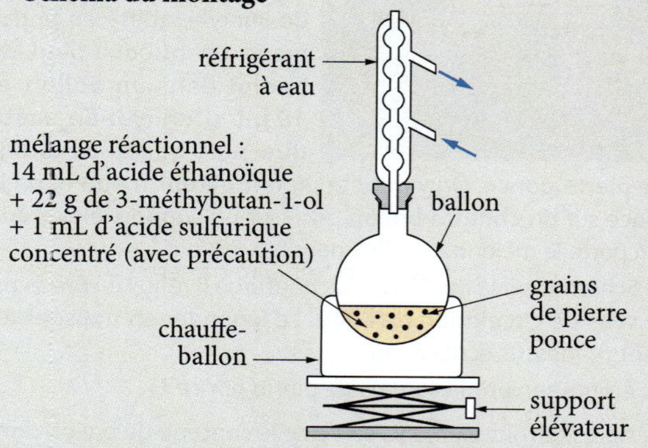

- Caractéristiques de l'éthanoate d'isobutyle synthétisé :
  - liquide incolore, d'odeur fruitée agréable ;
  - $T_{fusion} = -99$ °C ; $T_{ébullition} = 118$ °C ;
  - densité, $d = 0{,}9$;
  - solubilité à 20 °C : faible dans l'eau ; importante dans l'éther diéthylique.
- Caractéristique de l'éther diéthylique : densité, $d_{éther} = 0{,}7$.

À partir de ces informations, rédiger un protocole qui peut être suivi par Bénédicte et Hannah. Ne pas oublier de préciser la liste du matériel nécessaire.

Culture scientifique et citoyenne

Un métier : technicien(ne) chimiste BAC +2

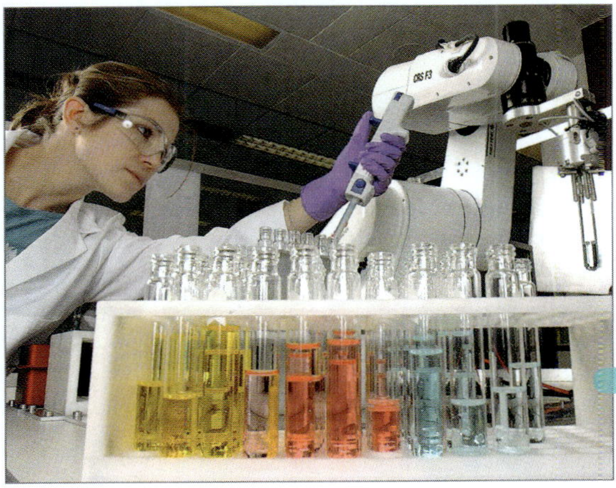

L'industrie chimique est très automatisée. Cependant, des **techniciens chimistes** vérifient le bon fonctionnement des machines ainsi que la qualité des espèces chimiques obtenues. Ils sont donc habilités à travailler sur les unités de production comme dans les laboratoires de recherche et de développement, en partenariat avec les ingénieurs chimistes.

- **Leur travail est très diversifié :** dosages, essais de synthèse, participation à la mise en place de nouveaux matériels par exemple.

Une technicienne prépare des tubes à essais dans un laboratoire pharmaceutique de recherche et développement.

Sur le Web http://www.cidj.com/metier.aspx?docid=473&catid=1 http://www.lesmetiers.net

Histoire des Sciences — Les hasards en recherche

À la fin du XIXe siècle, deux jeunes médecins de l'université de Strasbourg menèrent des recherches sur l'activité du naphtalène pour lutter contre des parasites intestinaux. Ils furent surpris de découvrir que **la température de leurs malades baissait**. Leur pharmacien leur avait en fait livré par erreur **de l'acétanilide** !

- À partir de cette espèce chimique, ils élaborèrent un médicament, l'antifébrine, qui fut longtemps commercialisé malgré sa toxicité. Afin d'en diminuer les effets indésirables, des dérivés de l'acétanilide sont synthétisés puis testés. Parmi eux, **le paracétamol** est classé à tort comme très toxique et délaissé des chercheurs pendant plus de 50 ans.
- En 1946, d'autres chercheurs montrèrent que l'acétanilide n'est en réalité pas actif contre la douleur : il se transforme dans l'organisme en paracétamol qui, lui, est actif ! Les recherches reprirent alors et démontrèrent que le paracétamol n'était pas nocif.
- Le paracétamol est aujourd'hui le médicament le plus prescrit en France.

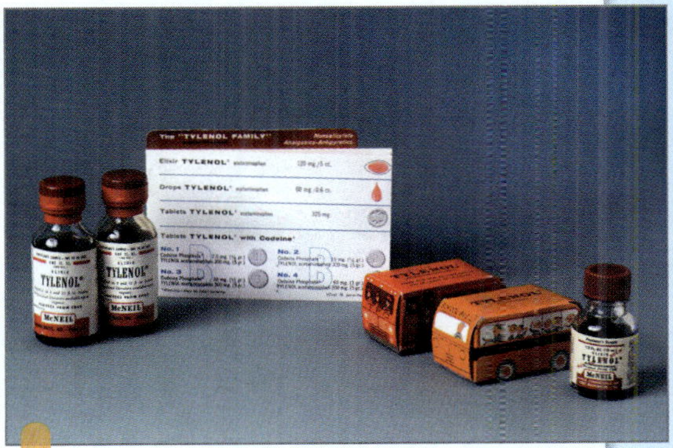

En 1955, aux États-Unis, le paracétamol est commercialisé pour la première fois dans le Tylenol Children's Elixir. Ce sirop pour enfant contre la fièvre et la douleur était présenté dans une boîte rouge en forme de camion de pompier !

Chapitre 4

Signaux périodiques

Vu au collège

- Une tension alternative périodique est caractérisée par sa période, sa fréquence, sa tension maximale.
- On mesure ces grandeurs en utilisant un oscilloscope.
- La fréquence est l'inverse de la période.
- La fréquence d'une tension périodique se mesure en hertz (Hz) dans le système international.

Connaissances & Compétences

→ Identifier le caractère périodique d'un signal et déterminer ses caractéristiques.

→ Connaître et utiliser les définitions de la période et de la fréquence.

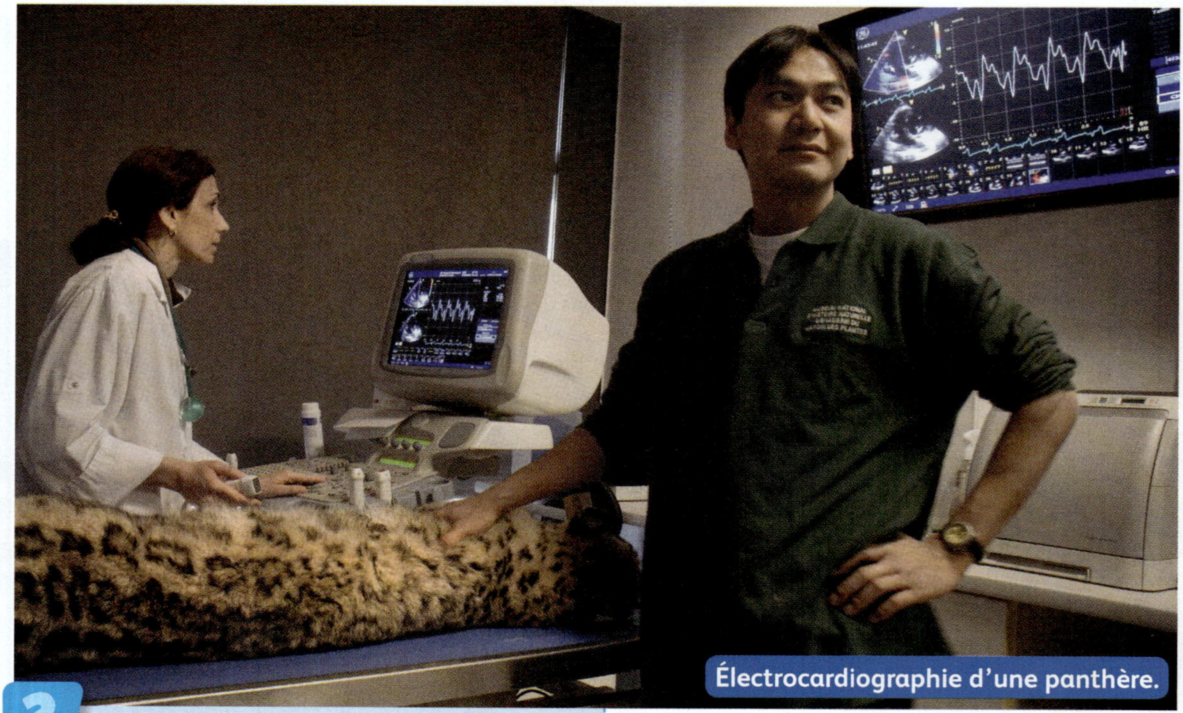

Électrocardiographie d'une panthère.

? *Quelle particularité présente le signal qui apparaît à l'écran?*

Que signifie le nombre « 49 » en haut à droite de l'écran ?

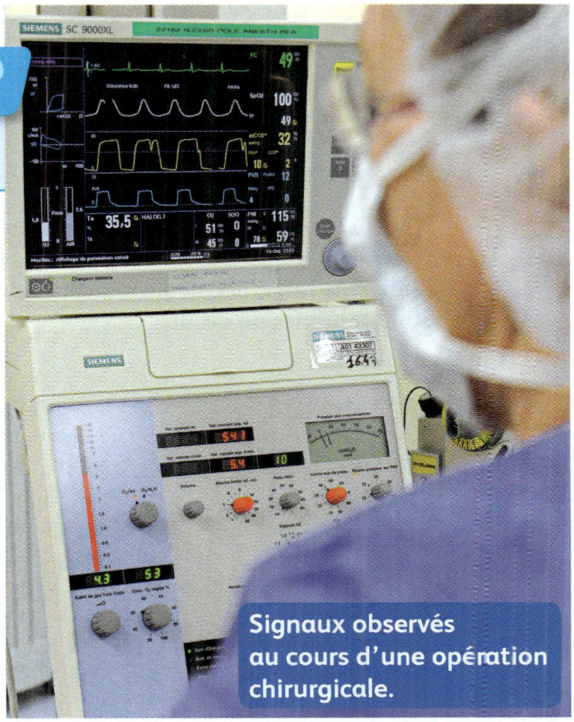

Signaux observés au cours d'une opération chirurgicale.

Oscillogramme et table de mixage.

Quelles caractéristiques du signal observé peut-on modifier lors du mixage ?

Découvrir et réfléchir

Activité à la maison

ACTIVITÉ DOCUMENTAIRE

MANUEL NUMÉRIQUE

1 Observer un phénomène périodique

▶ **Analysons un électrocardiogramme afin de déterminer la période et la fréquence des battements du cœur.**

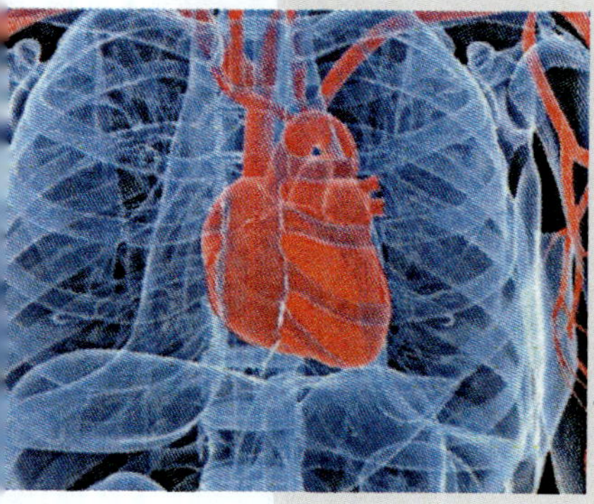

L'électrocardiogramme (ECG) est un examen fondamental en cardiologie. Il permet en effet de diagnostiquer des troubles du rythme cardiaque, des infarctus, etc. Il s'agit d'un examen indolore, réalisé en quelques minutes, en plaçant des électrodes sur le thorax, les bras et les jambes. Les signaux électriques provenant du muscle cardiaque sont recueillis, amplifiés et transcrits sous forme de courbes.

Cinq points particuliers, correspondant à ce que les médecins appellent les « ondes » P, QRS et T, peuvent être identifiés sur un ECG.

La courbe au niveau de P indique les contractions des oreillettes et « l'onde » associé à QRS, celle des ventricules. C'est au cours de la contraction des ventricules (systole) que le sang est expulsé vers le système artériel. « L'onde » T indique le moment où les ventricules reviennent au repos (diastole) et se remplissent de sang.

1 *L'électrocardiogramme.*

2 ▼ *Cœur humain.*

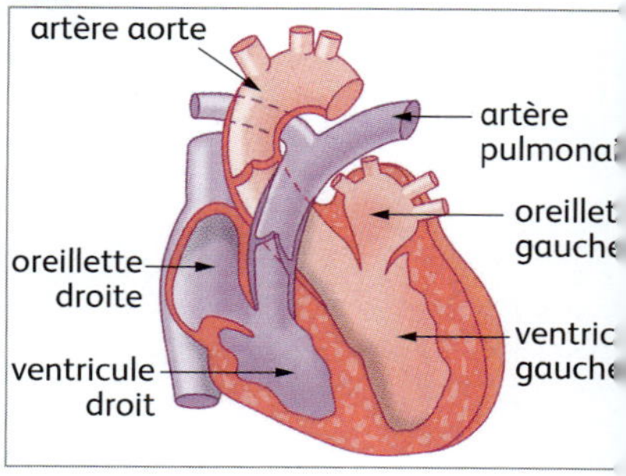

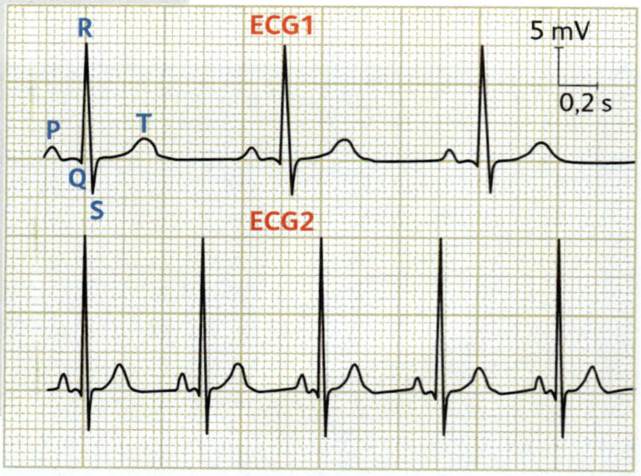

3 *Extrait d'un ECG réalisé au cours d'un test à l'effort.*

1 Analyser les documents

a. Entre Q et S, on observe des « pics » **(document 3)**. Expliquer comment varie la tension au cours d'un « pic ».

b. Un électrocardiogramme est une succession de motifs qui se répètent. Un motif élémentaire est la partie du tracé la plus courte possible qui se répète identique à elle-même au cours du temps. Repérer, sur le **document 3**, deux motifs élémentaires : celui commençant en P, et celui commençant en R.

2 Interpréter

a. La période T est la durée entre deux pulsations consécutives ressenties lors de la prise du pouls. Elle correspond à la durée d'un motif élémentaire. Quelle est sa valeur sur l'ECG1 ?

b. Pour estimer le rythme cardiaque, on compte généralement le nombre de périodes qui peuvent s'inscrire pendant une durée d'une minute. La « fréquence cardiaque » ainsi obtenue s'exprime en pulsations par minute.

Donner la « fréquence cardiaque » du patient au cours de l'ECG1.

c. Lequel des deux ECG a la plus grande période ? Quel est celui qui a la plus grande fréquence ? L'un de ces deux enregistrements a été réalisé avec un patient au repos. Lequel ?

2 Étude d'un signal périodique

▶ **Utilisons un oscilloscope afin de déterminer la période, la fréquence, les valeurs maximale et minimale d'une tension.**

DISPOSITIF Mettre un oscilloscope sous tension. Repérer les boutons de réglage des sensibilités verticale et horizontale (→ **fiche méthode 6**, page 329).

Expérience 1

- Régler l'oscilloscope pour obtenir un déplacement du spot lumineux le plus lent possible au centre de l'écran.
- Chronométrer la durée Δt_0 du déplacement du spot d'un bord à l'autre de l'écran **(document 4)**.

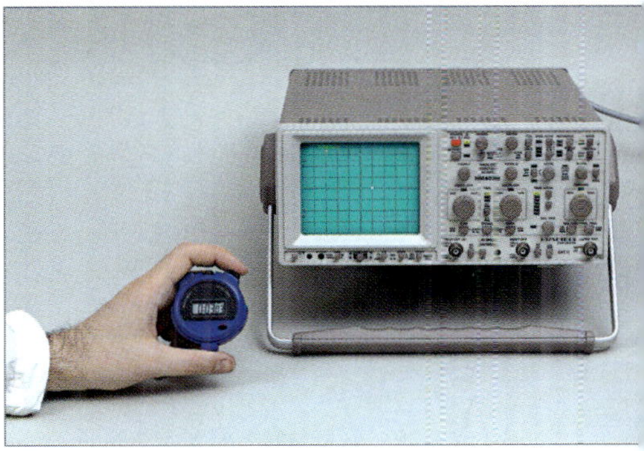

4 *Chronométrage du trajet du spot.*

1 Observer

a. Le mouvement du spot est rectiligne. Justifier cette affirmation.

b. Sans faire de mesure, dire si la vitesse du spot diminue, augmente ou reste constante.

2 Exploiter la mesure

À partir de la mesure effectuée, déterminer la durée Δt_1 nécessaire pour que le spot parcoure une division. Comparer cette valeur avec celle donnée par la sensibilité horizontale.

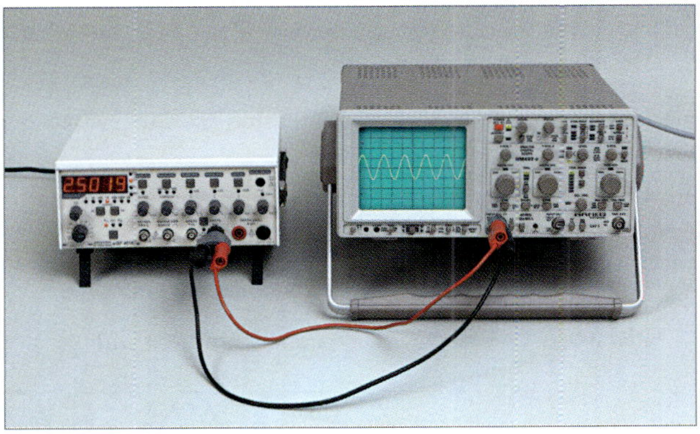

5 *Dispositif permettant d'étudier un signal délivré par un GBF.*

Expérience 2

- Brancher un générateur de tension périodique basses fréquences (GBF) sur la voie 1 de l'oscilloscope en tenant compte des masses des deux appareils.
- Régler l'oscilloscope de façon à visualiser convenablement plusieurs motifs élémentaires sur l'écran.
- Régler ensuite les sensibilités verticale et horizontale de telle sorte qu'un motif élémentaire occupe le plus d'espace possible sur l'écran.

Coup de pouce

Relever la valeur de la sensibilité verticale k_V et le nombre de divisions verticales n_V correspondant à U_{max}. Faire de même pour U_{min}.

3 Exploiter l'oscillogramme

a. Qualifier la tension en utilisant les termes suivants : *constante, périodique, non périodique, sinusoïdale, triangulaire, rectangulaire, alternative*. Justifier le choix de chaque terme.

b. Relever la valeur de la sensibilité horizontale (ou balayage) b et le nombre de divisions horizontales n_H correspondant à une période.
En déduire la valeur de la période T de la tension $u(t)$ étudiée.

c. En déduire la valeur de la fréquence f de la tension $u(t)$ étudiée. La comparer à la valeur affichée par le GBF.

d. Déterminer les valeurs maximale U_{max} et minimale U_{min} de la tension $u(t)$.

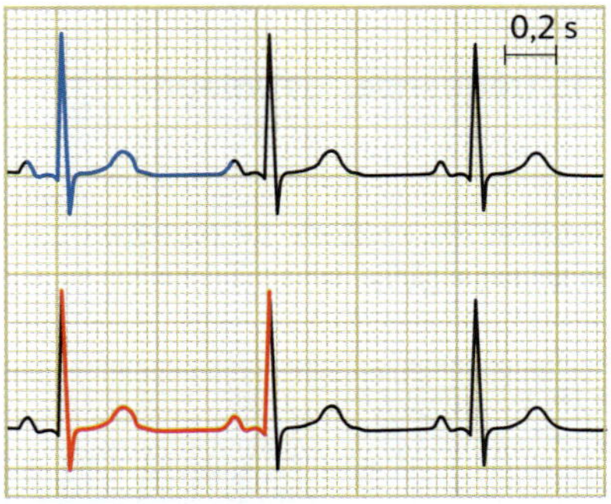

6 *Deux motifs élémentaires d'un électrocardiogramme (ECG).*

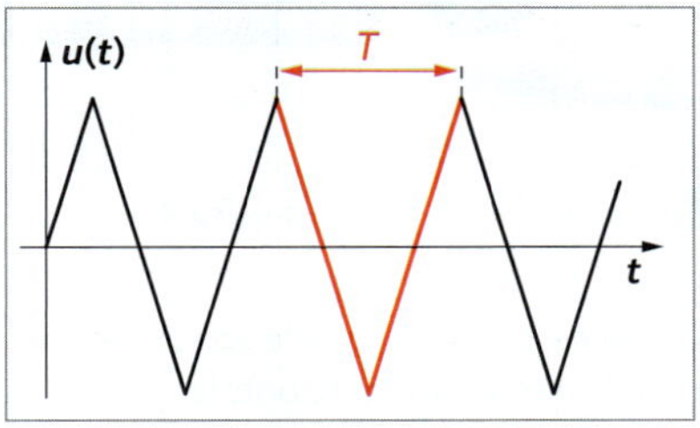

7 *La période T est la durée d'un motif élémentaire.*

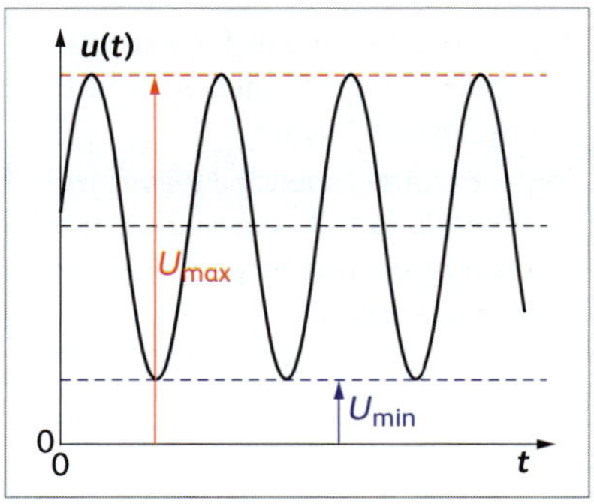

8 *Lecture des valeurs U_{max} et U_{min} de $u(t)$.*

1 Phénomène périodique

Un phénomène périodique est un phénomène qui se reproduit identique à lui-même à intervalles de temps égaux.

Exemple. Le muscle cardiaque d'un patient au repos pompe et expulse régulièrement le sang dans l'organisme. Sur un ECG **(document 6)**, on peut identifier un motif élémentaire qui se répète quasiment identique à lui-même au cours du temps, traduisant ainsi le caractère périodique des battements du cœur.

2 Caractéristiques d'un signal périodique

2.1 Période T, fréquence f

- La période T d'un signal périodique est la plus petite durée au bout de laquelle le signal se reproduit identique à lui-même.
- La fréquence f correspond au nombre de périodes par unité de temps :

$$f = \frac{1}{T}$$

f s'exprime en hertz (Hz) si T s'exprime en seconde (s)

2.2 Tension maximale, tension minimale

Pour une tension périodique $u(t)$, la tension maximale U_{max} désigne la valeur la plus élevée prise par $u(t)$ au cours du temps. La tension minimale U_{min} est sa valeur la plus faible.

Remarque. Lorsque $U_{min} = -U_{max}$, la tension est dite symétrique : c'est un cas particulier fréquent.

APPLICATION Déterminer les valeurs de la période T, de la fréquence f et des tensions maximale U_{max} et minimale U_{min} dans le cas suivant.

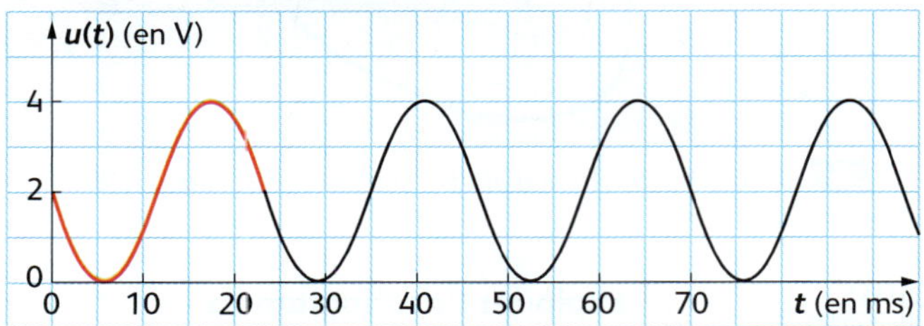

Réponse. De $t_0 = 0$ s à $t_1 = 70$ ms, on dénombre trois motifs élémentaires correspondant chacun à une période (un motif est indiqué en rouge). Ainsi, $3T = 70$ ms. On en déduit :

$$T = \frac{70 \times 10^{-3}}{3} = 23 \times 10^{-3} \text{ s, soit } f = \frac{1}{T} = \frac{1}{23 \times 10^{-3}} = 43 \text{ Hz.}$$

On constate que la tension $u(t)$ varie entre $U_{min} = 0$ V et $U_{max} = 4$ V.

L'ESSENTIEL

Phénomène périodique

- Un phénomène périodique est un phénomène qui se reproduit identique à lui-même à intervalles de temps égaux.

Tension maximale, tension minimale

- Pour une tension périodique $u(t)$, la tension maximale U_{max} désigne la valeur la plus élevée prise par $u(t)$ au cours du temps. La tension minimale U_{min} est sa valeur la plus faible.

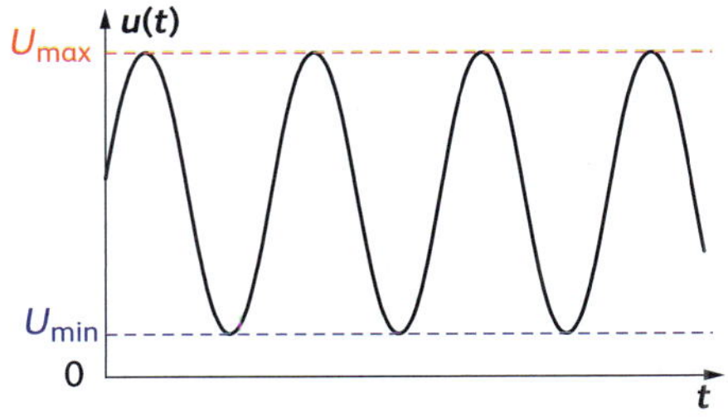

- Si $U_{min} = -U_{max}$, la tension est dite symétrique.

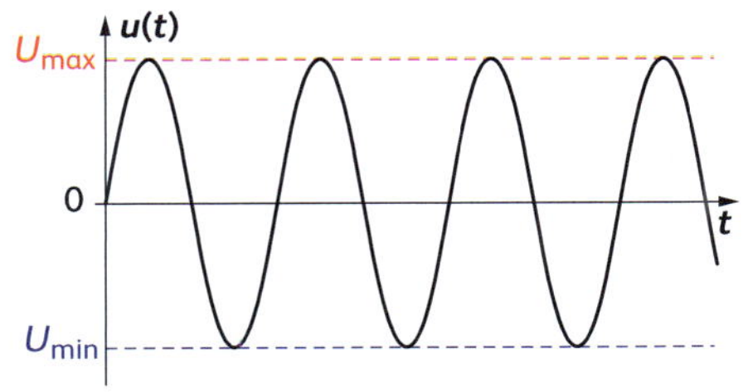

Période

- La **période *T*** d'un signal périodique est la plus petite durée au bout de laquelle le signal se reproduit identique à lui-même.

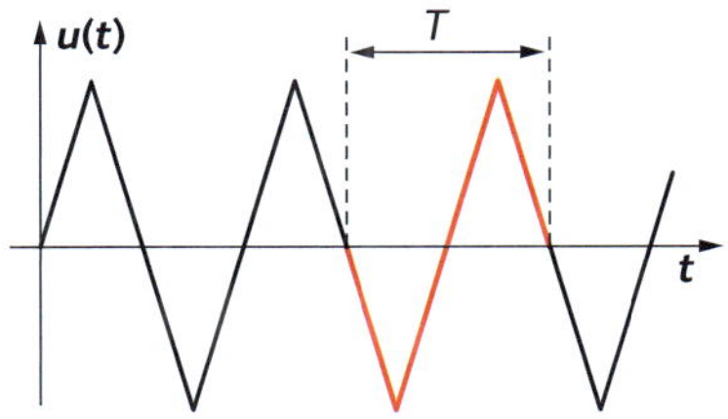

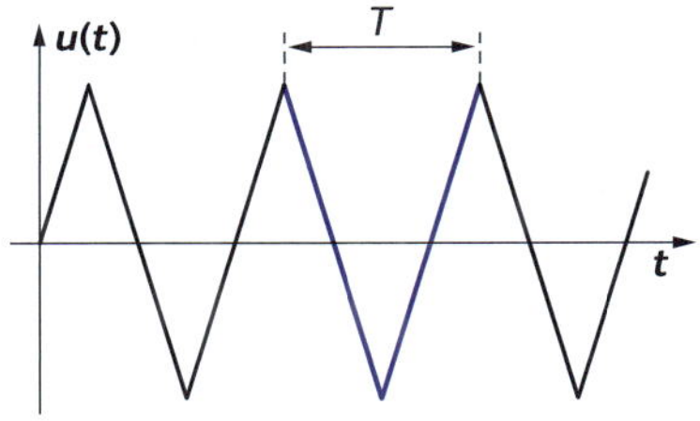

- Pour un même signal périodique, on observe une répétition d'un motif élémentaire.
- Un motif élémentaire peut être repéré de différentes manières.
- La période T est la durée d'un motif élémentaire.

Fréquence

- La **fréquence *f*** correspond au nombre de périodes par unité de temps :

$$f = \frac{1}{T} \quad \text{ou} \quad T = \frac{1}{f}.$$

- f s'exprime en hertz (Hz) si T s'exprime en seconde (s) et inversement.

Exercices d'application

5 minutes CHRONO !

MANUEL NUMÉRIQUE — EXERCICES INTERACTIFS

1 Mots manquants

Compléter avec un ou plusieurs mots.

a. L'électrocardiogramme d'un patient se présente sous la forme de pics de tension régulièrement espacés. Ceci résulte du caractère .... des battements de son cœur.

b. Un phénomène est dit périodique s'il se reproduit .... à lui-même à intervalles de temps ....

c. La .... est la .... durée au bout de laquelle le phénomène périodique se répète.

d. La .... d'un phénomène périodique est le nombre de périodes que l'on peut inscrire dans une durée d'une unité de temps.

e. La fréquence se mesure en .... de symbole .... si la période se mesure en seconde.

f. Si la « fréquence des pulsations cardiaques » est égale à 60, cela signifie que l'on décompte 60 pulsations par ....

2 QCM

Cocher la réponse exacte.

a. Toute tension périodique :
- ☐ est positive puis négative
- ☐ est continue
- ☐ subit des variations qui se répètent

b. Dans quel cas la partie de la tension triangulaire $u(t)$ surlignée en rouge est-elle un motif élémentaire ?

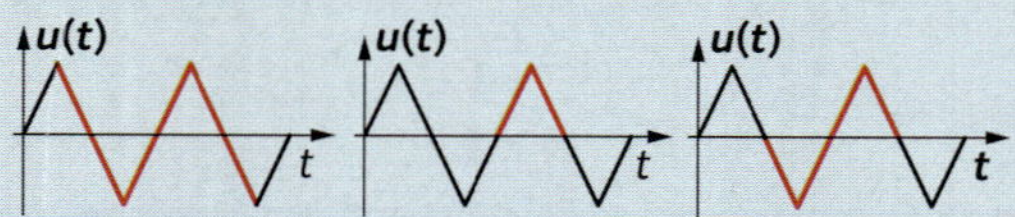

☐ ☐ ☐

c. La mesure d'une durée à l'aide d'un oscilloscope :
- ☐ est impossible pour une tension périodique
- ☐ est possible en utilisant l'axe horizontal
- ☐ est possible en utilisant l'axe vertical

d. Si la période d'un phénomène périodique est de 50 ms, sa fréquence est de :
☐ 50 Hz ☐ 50 mHz ☐ 20 Hz

e. Si la fréquence d'un phénomène périodique est de 400 Hz, sa période est de :
☐ 2,5 s ☐ 2,5 ms ☐ 0,040 s

→ Reportez-vous aux solutions détaillées page 334 pour vérifier vos réponses et comprendre vos erreurs.

MOBILISER SES CONNAISSANCES

▶ Phénomène périodique [§1 du cours]

3 Éclairage périodique

Le phare maritime des Barges, au large des Sables-d'Olonne, produit deux feux rouges identiques et rapprochés, qui s'allument toutes les dix secondes.

Expliquer pourquoi on peut qualifier l'éclairage du phare de périodique.

4 Motif élémentaire

L'oscillogramme suivant est celui de la tension aux bornes d'un microphone captant le son émis par un instrument de musique.

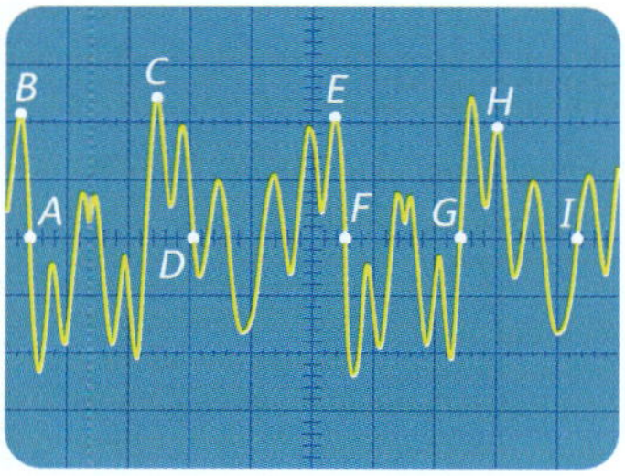

En quel point se termine le motif élémentaire commençant en A ? Même question en partant de B.

▶ Caractéristiques d'un signal périodique [§2 du cours]

5 Quelle grandeur mesurer ?

Une tension $u(t)$ suit l'évolution ci-dessous.

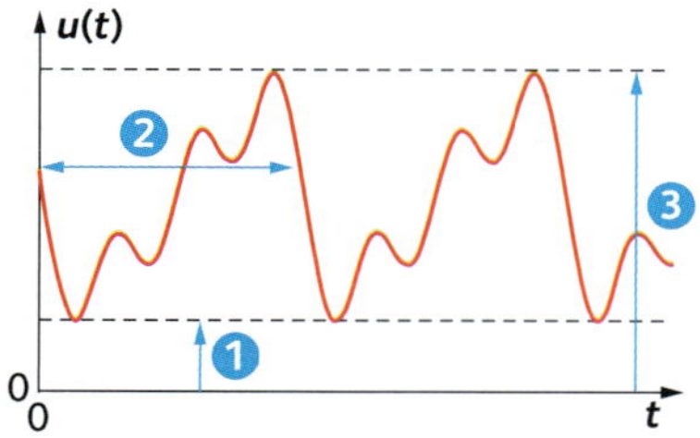

a. Associer au numéro de chaque flèche, la grandeur correspondante parmi les suivantes :
– période T ;
– valeur maximale U_{max} ;
– valeur minimale U_{min}.

b. Quelle relation permet de calculer la fréquence f à partir d'une des grandeurs citée précédemment ?

UTILISER SES COMPÉTENCES

6 Calculer avec les puissances de 10

Pour chacune des valeurs de périodes données ci-dessous, calculer la valeur de la fréquence correspondante.

a. 0,25 s **b.** 0,050 s **c.** 8,00 ms **d.** 40 µs

7 Utiliser les unités SI

Pour chacune des valeurs de fréquences données ci-dessous, calculer la valeur de la période correspondante. Donner le résultat en utilisant la notation scientifique et l'unité du système international.

a. 0,5 Hz **b.** 200 Hz **c.** 1 kHz **d.** 40 kHz

8 Adapter une unité

Exprimer les valeurs suivantes en choisissant le multiple ou le sous-multiple de l'unité le mieux approprié.

a. 27×10^3 Hz **b.** 0,430 s **c.** 2 500 000 Hz

9 Exploiter un enregistrement

Grâce à un logiciel de traitement de données et à un ordinateur muni d'une interface d'acquisition, il est possible de tracer l'évolution au cours du temps d'une tension rectangulaire délivrée par un GBF. On obtient la courbe ci-dessous.

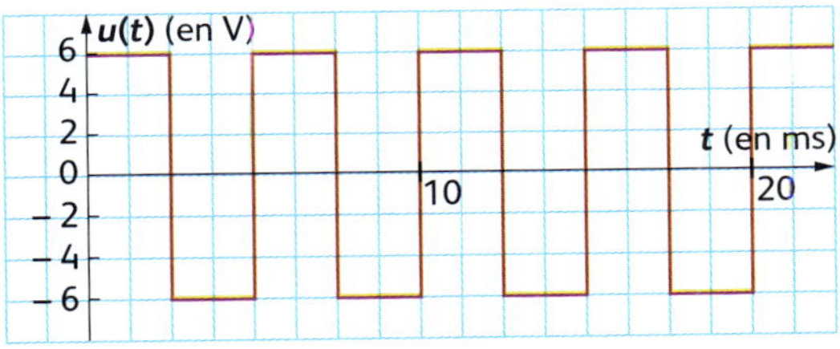

a. Mesurer la durée Δt correspondant à quatre motifs élémentaires.

b. En déduire la valeur de la période T de la tension $u(t)$.

c. Pourquoi est-il préférable de mesurer la durée de quatre motifs plutôt que la durée d'un seul ?

10 Utiliser une échelle

L'électrocardiogramme d'un patient est donné sur la figure ci-dessous. Déterminer graphiquement la période des pulsations cardiaques.

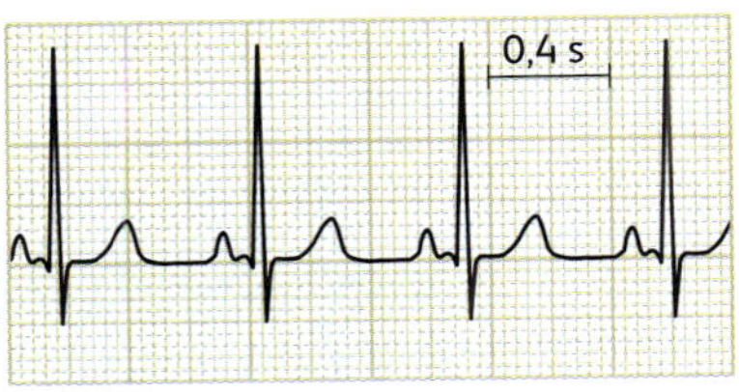

11 Adapter l'unité d'une « fréquence cardiaque »

Grâce à l'électrocardiogramme d'un patient, on détermine une durée $T = 0{,}70$ s entre deux pulsations consécutives

a. En déduire la fréquence en hertz (Hz).

b. Combien de pulsations cela représente-t-il par seconde ?

c. En déduire la valeur de f en pulsations par minute.

12 Exploiter un oscillogramme

Pendant la phase de réglage d'un GBF, on visualise successivement les oscillogrammes ①, ② et ③ ci-dessous, sans modifier les réglages des sensibilités.

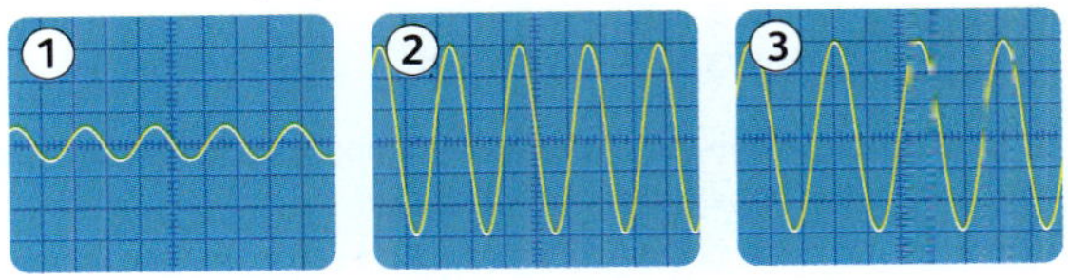

a. Une grandeur caractéristique (période T, fréquence f, tension maximale U_{max}) est modifiée lorsqu'on passe d'un oscillogramme à l'autre. Laquelle ?

b. Comment varie-t-elle lorsque l'on passe :
– de l'oscillogramme ① à l'oscillogramme ② ?
– de l'oscillogramme ② à l'oscillogramme ③ ?

c. Quels points communs et quelles différences y a-t-il entre la tension observée sur l'oscillogramme ③ et celle de l'oscillogramme ④ ci-contre (les réglages de l'oscilloscope restant inchangés) ?

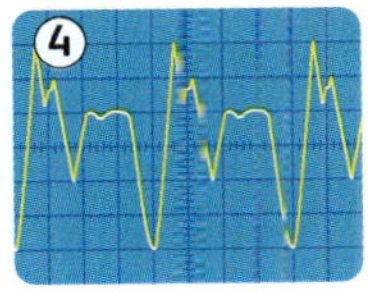

13 Apprendre à rédiger

Voici l'énoncé d'un exercice et un guide (en orange) ; ce guide vous aide pour rédiger la solution détaillée et pour retrouver les réponses numériques aux questions posées.

Énoncé

L'oscillogramme d'une tension, donné ci-contre, a été obtenu avec une sensibilité verticale k_V égale à 2 V/div et une sensibilité horizontale (ou balayage) b égale à 50 µs/div.

Déterminer la période T et la fréquence f de cette tension.

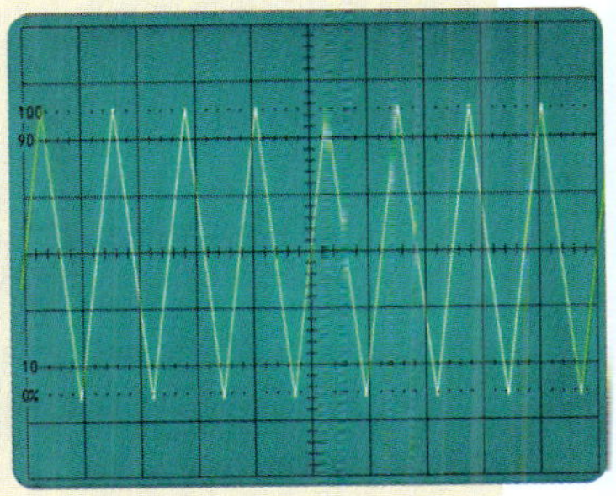

- Rechercher un point d'intersection de la courbe qui coïncide avec une division de l'axe central. En partant de ce point, décrire un ou plusieurs motifs élémentaires afin de calculer, avec précision, le nombre de divisions horizontales correspondant à un seul motif élémentaire.
- Recopier et compléter la proposition suivante : « T correspond à n_H = ... div ».
- Exprimer littéralement la période T en fonction de n_H et de la sensibilité adaptée à l'axe utilisé pour la mesure.
- Indiquer le calcul de la valeur de T et vérifier que T = 63 µs.
- Exprimer littéralement f en fonction de T, puis écrire l'application numérique de f. Vérifier que f = 16 kHz.

EXERCICE RÉSOLU

Énoncé Analyse d'un signal

L'écran d'un téléviseur est tapissé de pixels, cellules qui produisent de la lumière et composent les « grains » de l'image.

On place, en deux points différents d'un écran, deux capteurs de lumière. Chaque capteur est relié à un circuit qui délivre un signal analysé à l'oscilloscope. Plus un capteur est éclairé, plus la tension mesurée est élevée. L'écran affiche la même image pendant toute la durée de l'expérience.

L'oscillogramme obtenu, donné ci-contre, comporte deux tracés : un pour le signal observé sur la voie ① – qui correspond au capteur placé le plus haut sur l'écran de télévision – et un autre pour le signal de la voie ②.

Le tracé de la voie ② a été volontairement décalé de trois divisions vers le bas par rapport à l'axe central pour faciliter la lecture.

Les réglages de l'oscilloscope sont les suivants :

– sensibilité verticale : $k_V = 50$ mV/div ;

– sensibilité horizontale : $b = 5{,}0$ ms/div.

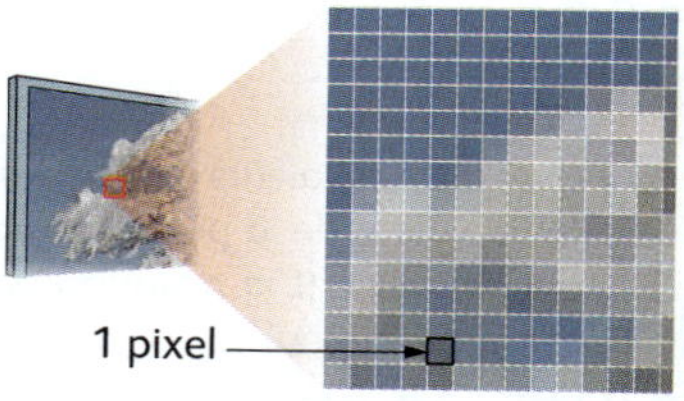

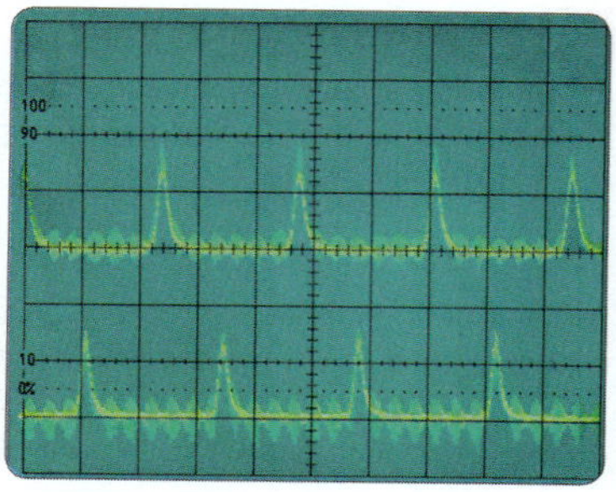

1 Un pixel produit-il de la lumière en permanence ?

2 Tous les pixels sont-ils éclairés en même temps ?

3 L'éclairage d'un pixel est-il périodique ?

4 La période des deux signaux est-elle la même ? Justifier la réponse sans calcul.

5 Déterminer la période et la fréquence du signal délivré sur la voie ①.

6 Déterminer la valeur de la tension maximale U_{max} du signal $u(t)$ délivré sur la voie ②.

Énoncé
Repérer les données utiles aux calculs.

Une solution

1 Un pixel ne produit pas tout le temps de la lumière. Le signal analysé sur la voie ①, par exemple, a parfois une valeur nulle.

2 Tous les pixels ne sont pas éclairés en même temps, sinon les signaux atteindraient leur maximum au même instant.

3 L'éclairage est périodique puisque la tension prend des valeurs identiques à intervalles de temps égaux.

4 On constate que le motif élémentaire de chaque signal occupe le même nombre de divisions horizontales, soit environ 2,5. La période des signaux est donc la même.

5 Sur l'écran, 4 motifs élémentaires occupent 9,5 divisions horizontales. Comme b est égale à 5,0 ms/div, cela représente $9{,}5 \times 5{,}0$ ms, soit 47,5 ms.

Ainsi, $T = \frac{47{,}5}{4} = 12$ ms.

La fréquence est : $f = \frac{1}{T}$.

A.N. : $f = \frac{1}{11{,}875 \times 10^{-3}} = 84$ Hz.

6 U_{max} correspond à un nombre n_V de divisions sur l'écran égal à 1,6 div.

Ainsi, $U_{max} = k_V \times n_V$.

A.N. : $k_V = 50$ mV/div, donc $U_{max} = 50 \times 1{,}6 = 80$ mV.

Rédiger
Penser à justifier la réponse.

Connaissances
La période est la durée d'un motif élémentaire. Il faut savoir repérer graphiquement ce motif.

Raisonner
Pour calculer la période T à partir d'un graphique, mesurer la durée de plusieurs motifs pour diminuer l'incertitude.

Application numérique
- La valeur donnée par la calculatrice est 11,875, que l'on arrondit à 12 pour conserver deux chiffres significatifs, comme les données.
- Penser à convertir T en seconde pour avoir f en hertz. Utiliser la valeur non arrondie de T pour ne pas ajouter d'erreur au résultat.

14 Caractéristiques d'une tension sinusoïdale

Compléter l'affirmation suivante : « La tension étudiée a une période de …, une fréquence de … et une tension maximale de … . »

Les valeurs numériques nécessaires sont à déterminer sur l'oscillogramme ci-dessous.

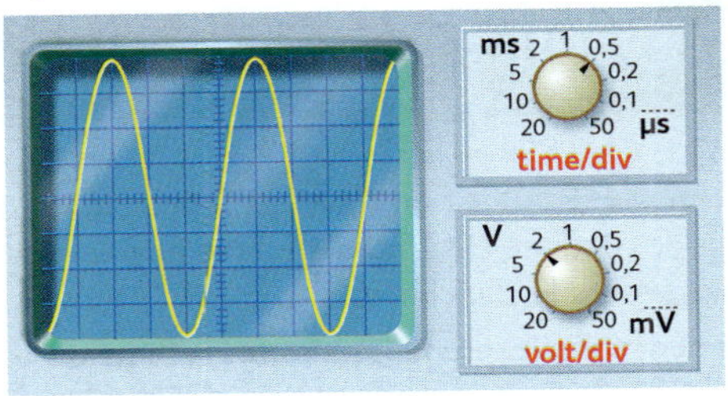

15 En musique

Lorsqu'un musicien joue une note avec son instrument, cela produit une vibration de l'air et engendre un son musical périodique, contrairement à un bruit, qui n'a aucun caractère périodique. À chaque note de l'instrument peut être associée une fréquence, comme l'indique le tableau ci-dessous.

Note	Mi_3	La_3	$Ré_4$	Sol_4	Mi_5
Fréquence (Hz)	330	440	587	784	1 318

Le signal délivré par un microphone captant un son est proportionnel à la vibration sonore auquel il est soumis.

À l'aide d'un oscilloscope à mémoire, on a effectué deux enregistrements de signaux délivrés par un microphone.

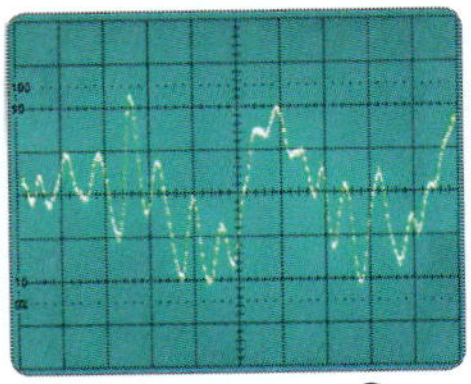

Oscillogramme ①

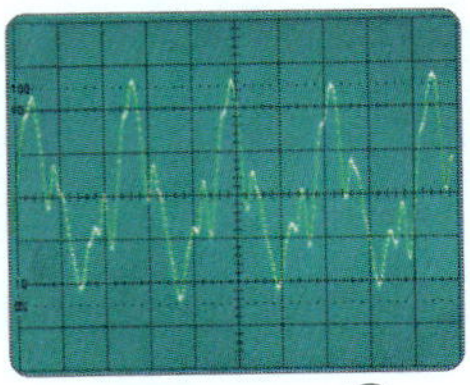

Oscillogramme ②

La sensibilité horizontale b est égale à 1 ms/div.

La sensibilité verticale k_V est égale à 200 mV/div.

L'un de ces enregistrements correspond au bruit dû au froissement d'une feuille de papier, l'autre au son musical produit par un violon.

a. Quel oscillogramme représente le signal correspondant au son de l'instrument ? Justifier.

b. Déterminer la valeur de la période, puis celle de la fréquence de ce signal.

c. Quelle note le musicien a-t-il jouée lors de l'enregistrement ?

d. Déterminer la valeur de la tension maximale de ce signal.

16 Le cœur en observation

La figure ci-dessous présente des extraits d'électrocardiogrammes de deux patients obtenus avec la même échelle. Le patient 1 ne présente aucun problème cardiaque. Le patient 2 souffre d'arythmie : au repos, son cœur ne bat pas toujours régulièrement.

a. Identifier l'ECG du patient 2. Justifier.

b. Déterminer la fréquence cardiaque du patient 1 en hertz.

c. En déduire le nombre N de pulsations cardiaques que peut ressentir le patient 1 s'il prend son pouls pendant 1 minute.

d. *A priori*, subit-il un effort ou est-il au repos ?

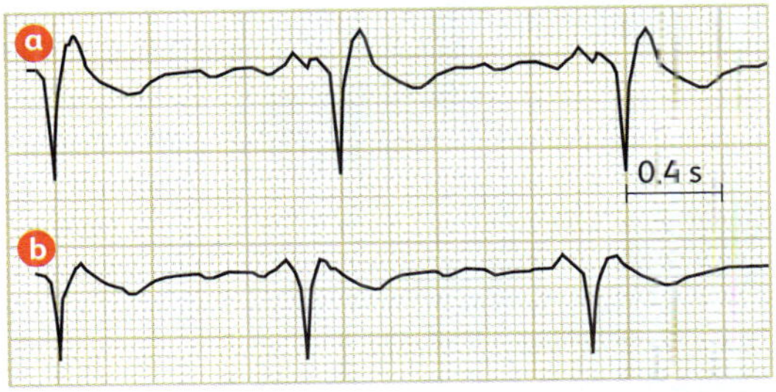

e. Le patient effectue une course rapide sur un tapis roulant. Comment est modifié son ECG en terme de nombre de motifs élémentaires observés sur un extrait de même longueur ?

17 Ondulations

Les oscillogrammes ci-dessous sont ceux de trois tensions périodiques notées $u_1(t)$, $u_2(t)$ et $u_3(t)$, de périodes respectives T_1, T_2 et T_3.

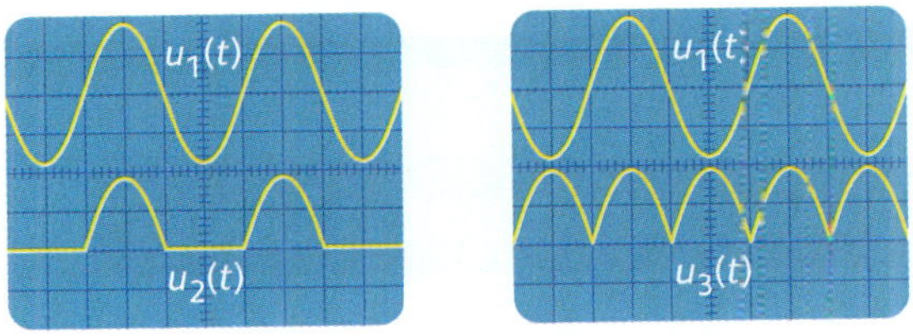

a. Pourquoi peut-on dire que ces trois tensions sont périodiques ?

b. Parmi les relations suivantes, choisir et recopier celles qui sont correctes.

- $T_1 = T_2$
- $T_1 = 2T_2$
- $T_1 = \frac{1}{2}T_2$
- $T_1 = T_3$
- $T_1 = 2T_3$
- $T_1 = \frac{1}{2}T_3$.

c. $u_1(t)$ est observé sur la voie ① de l'oscilloscope avec les réglages suivants :

– la sensibilité horizontale b est égale à 0,50 ms/div ;

– la sensibilité verticale k_V est égale à 200 mV/div ;

– en l'absence de tension, le spot décrit l'axe central de l'écran.

Déterminer les valeurs de la période et de la fréquence de $u_1(t)$, puis celle de la tension maximale $U_{1\ max}$.

d. En utilisant les relations sélectionnés au **b.**, calculer les périodes et les fréquences des tensions $u_2(t)$ et $u_3(t)$.

Culture scientifique et citoyenne

PHYSIQUE & SVT Percer les mystères du cerveau

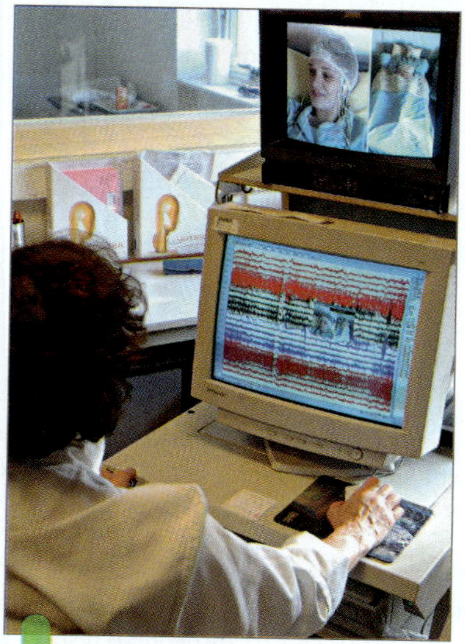

L'EEG peut permettre de diagnostiquer l'épilepsie.

L'électroencéphalogramme (EEG) est un tracé qui rend compte de la mesure au cours du temps de l'activité électrique du cerveau. Il est obtenu grâce à des électrodes placées sur le cuir chevelu.

- Les signaux enregistrés sont complexes, mais plusieurs rythmes peuvent néanmoins être identifiés. **Les rythmes alpha** ($8 \text{ Hz} \leqslant f \leqslant 13 \text{ Hz}$), par exemple, sont associés à l'état d'éveil calme. **Les rythmes bêta,** eux, sont plus rapides ($14 \text{ Hz} \leqslant f \leqslant 30 \text{ Hz}$) : ils indiquent une activité plus intense du cortex.
- Utilisé le plus souvent en médecine, l'EEG fut employé, dans les années 1960, pour **comparer deux types de médias :** les magazines et la télévision. D'après cette étude, l'activité cérébrale d'une personne lisant un magazine se caractérise par un rythme bêta : la lecture demande donc une concentration élevée. En revanche, l'activité cérébrale d'une personne regardant la télévision se caractérise par un rythme alpha : la télévision est donc un média qui demande une faible participation du téléspectateur, et qui provoque un état de somnolence proche de l'hypnose !

Sur le Web http://132.203.53.11/bio90192/chap6/eegirm.htm
http://www.daphilda.org/tube/tube2.html

Exercer son esprit critique

La fréquence cardiaque de repos (FCR) est un paramètre cardiovasculaire simple à mesurer. Chez les mammifères, c'est un indicateur d'espérance de vie. Ainsi, les petits mammifères, qui ont une FCR plus élevée que les grands, ont une durée de vie plus courte. Le nombre moyen de battements cardiaques par vie est en effet pratiquement constant chez les mammifères : il est environ égal à 8×10^8.

?! **Calculer, pour un humain, le nombre moyen de battements cardiaques dans une vie et conclure sur la pertinence de la FCR comme indicateur d'espérance de vie chez l'homme. Avancer une explication pour votre conclusion.**

Le nombre de battements cardiaques par vie chez les mammifères est constant… Même pour deux mammifères de tailles très différentes comme la musaraigne et la baleine.

Un métier : ingénieur(e) du son

BAC +2 à BAC +5

Deux ingénieurs du son en plein travail.
En haut, séance de mixage pour un film vidéo.
En bas, régie-son lors d'un événement en plein air.

L'**ingénieur du son**, assure la **gestion du son** dans différents secteurs d'activité : le cinéma, la télévision, la radio, la musique, le spectacle vivant…

Selon sa spécialité et son domaine d'activité, il peut s'occuper de la qualité de l'enregistrement du son, du mixage de différents sons entre eux ou encore de la sonorisation lors d'un concert.

- Pour l'élaboration des albums de musique par exemple, il enregistre chaque musicien. Puis, lors du mixage et du mastering, il **mélange et retravaille les sons** de fréquences différentes (les aigus et les graves). Il donne ainsi à l'album une tonalité particulière.
- À la fois **artiste et technicien,** il allie pratique musicale et maîtrise des hautes technologies. Il doit avoir une bonne oreille.
- Résistant au stress et aux longues journées de travail, il doit posséder une très bonne culture artistique et de solides bases en acoustique, en électricité, en électronique et en informatique.

Sur le Web
www.cidj.com/metier.aspx?docid=443&catid=1
www.lesmetiers.net

PHYSIQUE & INFORMATIQUE « Que la force soit avec toi ! »

Écrire sur un écran d'ordinateur ou déplacer des objets virtuels par la seule force de la pensée est désormais possible grâce à OpenVibe, étonnante innovation scientifique. […]

L'interface permet, grâce à des électrodes positionnées sur la tête, **d'envoyer des « ordres » à un ordinateur […] uniquement par la pensée.**

« Les signaux cérébraux sont captés par des électrodes. L'activité cérébrale est identifiée et interprétée par l'interface », explique Anatole Lecuyer, chercheur à l'Inria. […]

Les applications de ce projet […] sont multiples. Outre l'utilisation pour des jeux vidéo, cette nouvelle technologie offre une **aide à la communication pour les personnes handicapées** […].

Rédaction © 2010, nouvelobs.com, mai 2009

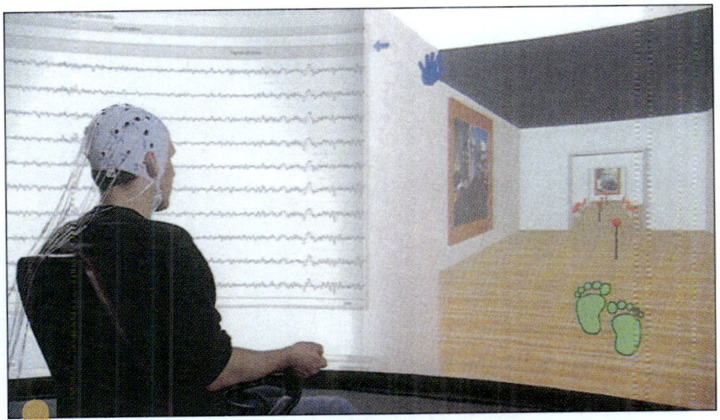

Navigation dans un musée virtuel par la pensée.

Sur le Web http://www.dailymotion.com/video/xbj26n_openvibe-le-premier-logiciel-frança_news
http://www.dailymotion.com/video/xblj8p_openvibe-agir-par-la-pensée_news

Chapitre 5 Ondes et imagerie médicale

Vu au collège

- La lumière se propage de façon rectiligne à la vitesse de 300 000 $km \cdot s^{-1}$.
- Le trajet rectiligne de la lumière est modélisé par le rayon de lumière.
- La distance parcourue par la lumière est égale au produit de sa vitesse par la durée du parcours.

Connaissances & Compétences

- Étudier les ondes que l'on utilise en imagerie médicale.
- Connaître une valeur approchée de la vitesse du son dans l'air.
- Connaître la valeur de la vitesse de la lumière dans le vide (ou dans l'air).
- Observer les phénomènes de réfraction et la réflexion totale.

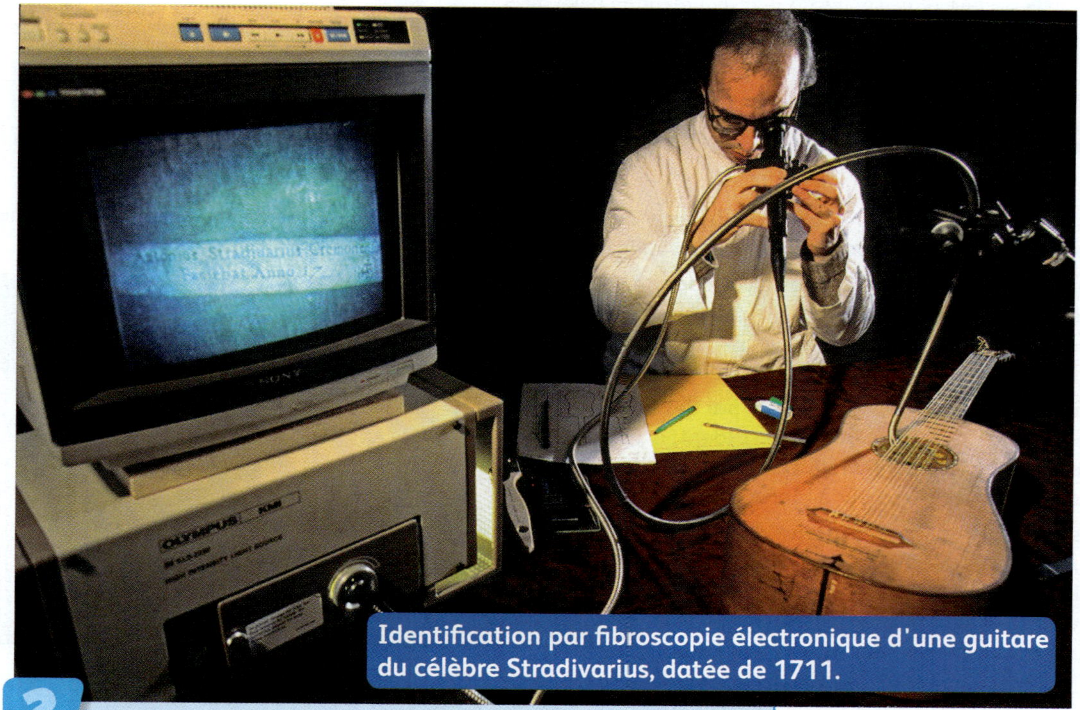

Identification par fibroscopie électronique d'une guitare du célèbre Stradivarius, datée de 1711.

? *Comment la lumière circule-t-elle dans ce « tuyau », pourtant souple, appelé fibre optique ?*

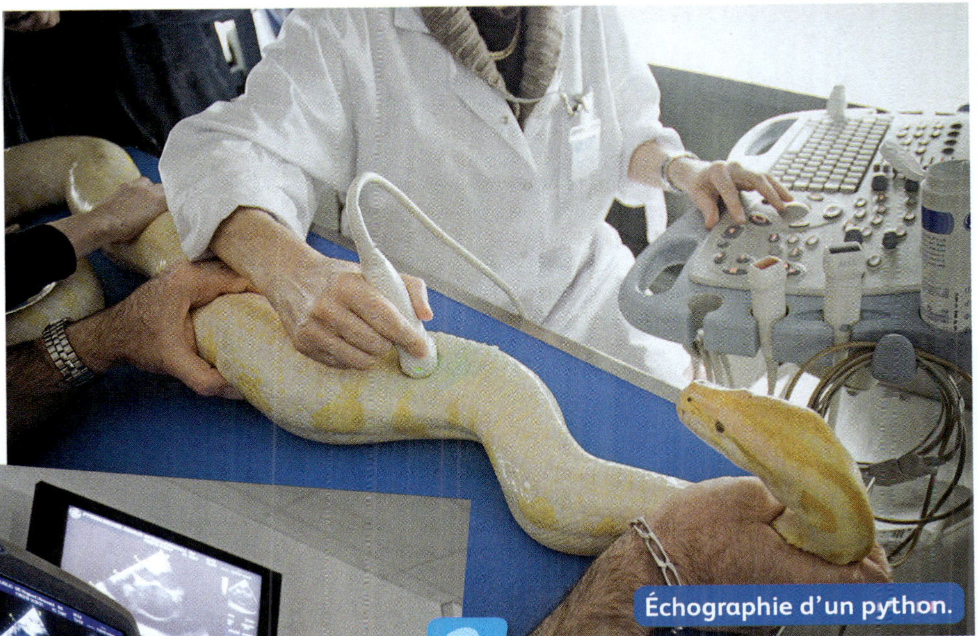

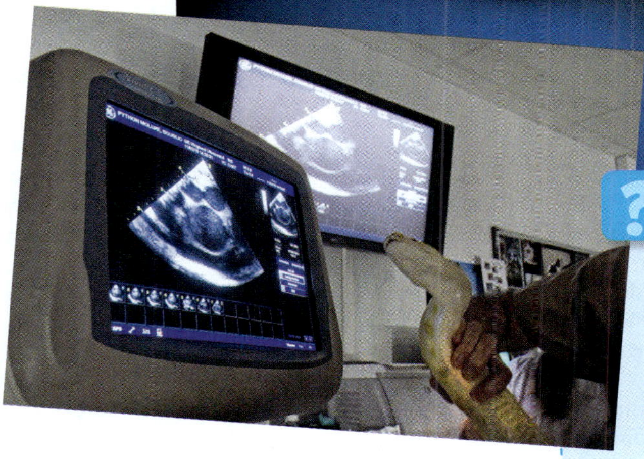

Échographie d'un python.

Comment obtenir une image de l'intérieur de l'organisme en utilisant des ultrasons ?

Pourquoi voit-on l'intérieur du corps sur la photo de gauche et pas sur celle de droite ?

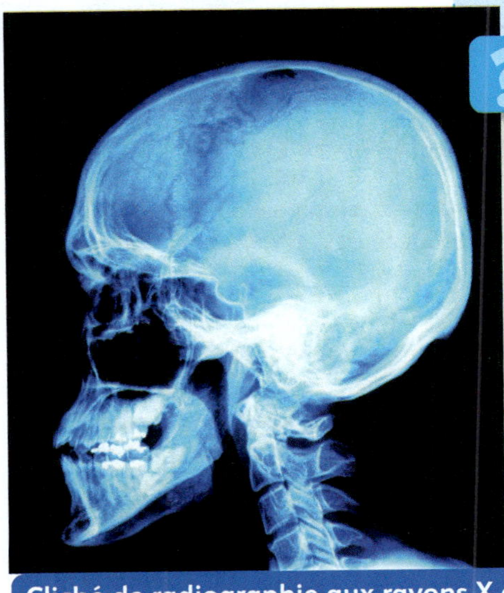

Cliché de radiographie aux rayons X et ombre.

Découvrir et réfléchir

Activité à la maison

ACTIVITÉ DOCUMENTAIRE

MANUEL NUMÉRIQUE

1 Ondes sonores et ondes électromagnétiques

▶ De nombreuses techniques d'imagerie médicale reposent sur les ondes. Partons à la découverte de ces ondes.

Nous évoluons dans un « bain d'ondes ».

Écoutez un morceau de musique. En vibrant, l'émetteur (une corde de guitare par exemple) comprime périodiquement la matière environnante et crée ainsi une onde sonore dont vos oreilles perçoivent les effets.

Regardez autour de vous. Les objets que vous voyez sont autant de sources d'ondes lumineuses, auxquelles vos yeux sont sensibles.

Cependant, un simple écart de fréquence peut nous rendre « insensibles » à ces ondes. Les ultrasons, par exemple, ont une fréquence trop élevée pour que nous les entendions. Les ondes produites par les appareils wifi ou les téléphones portables, les ondes radio ou radar font partie des ondes électromagnétiques comme la lumière, mais leur fréquence les rend invisibles pour nous.

Toutes ces ondes nous entourent, nous percutent et peuvent nous traverser de part en part. Un même milieu, vide ou matériel, peut en effet être opaque à certaines ondes et transparent à d'autres. Enfermons par exemple un téléphone portable sous une cloche en verre. Aspirons l'air à l'intérieur de la cloche et faisons sonner le téléphone. La sonnerie est pratiquement inaudible alors que nous voyons bel et bien le cadran du téléphone s'illuminer.

1 *Un « bain d'ondes ».*

1 Comprendre le texte

a. Quelles sont les ondes détectées par notre oreille ? Quelles sont celles détectées par nos yeux ?

b. Qu'entend-on par « milieu opaque à certaines ondes et transparent à d'autres » ?

c. Donner un exemple de milieu opaque aux ondes lumineuses et transparent (au moins en partie) aux ondes sonores.

2 Exploiter les documents

a. Les ondes électromagnétiques se propagent-elles dans le vide ? Justifier.

b. Les ondes sonores se propagent-elles dans le vide ? Justifier.

c. Le soleil produit des ondes lumineuses. Il émet aussi des ondes électromagnétiques non visibles. En donner un exemple et indiquer ce qui, d'après le texte, les rend invisibles.

d. Un téléphone portable est une source de différentes ondes : onde électromagnétique qui permet de communiquer avec un autre appareil, onde sonore qui permet de l'entendre sonner, ou encore onde électromagnétique lumineuse qui permet de le voir.
Le mur d'une chambre constitue-t-il un milieu plutôt « opaque » ou plutôt « transparent » à chacune de ces ondes ?

ACTIVITÉ EXPÉRIMENTALE

MANUEL NUMÉRIQUE

2 Comprendre le principe de l'échographie

L'échographie utilise les ultrasons. Afin de comprendre son principe, utilisons un émetteur-récepteur à ultrason et un oscilloscope.

DISPOSITIF Alimenter un émetteur d'ultrason *E* et le mettre en marche. Mettre un oscilloscope sous tension (→ **fiche méthode 6**, page 329). Le récepteur d'ultrason *R* transforme les vibrations de l'air engendrées par l'onde ultrasonore issue de *E* en signal électrique : connecter les bornes de *R* à la voie 1 de l'oscilloscope **(document 2)**.

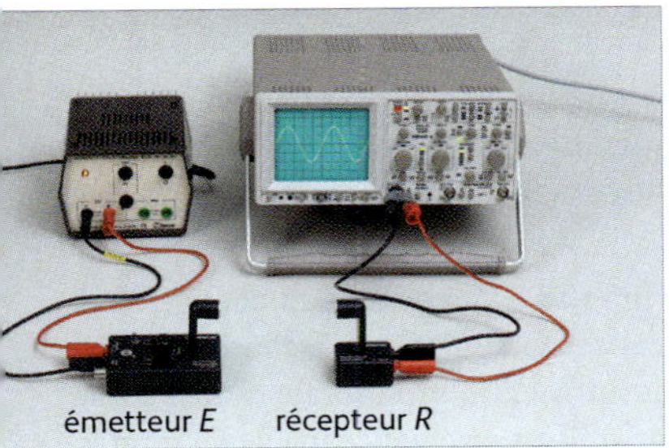

2 *Détection de l'onde ultrasonore. Choisir sur l'oscilloscope les sensibilités suivantes :* $b = 5\ \mu s/div$; $k_{v_1} = 0{,}2\ V/div$.

Expérience 1

- Placer *E* en mode continu et disposer *R* à une dizaine de centimètres face à *E*.
- Si cela est possible, régler la fréquence de *E* afin d'obtenir une tension maximale aux bornes de *R* la plus élevée possible.
- Intercaler un morceau de polystyrène entre les deux.

1 Observer

La fréquence et la valeur maximale de la tension visualisée à l'oscilloscope varient-elles lorsque l'onde traverse le morceau de polystyrène ? Sans calcul, préciser le sens de variation.

2 Interpréter

Lorsqu'une onde rencontre l'interface séparant deux milieux, une partie de l'onde est transmise dans le second milieu mais une partie est renvoyée dans le premier milieu : on dit qu'elle est **réfléchie**.

En déduire une interprétation des observations précédentes.

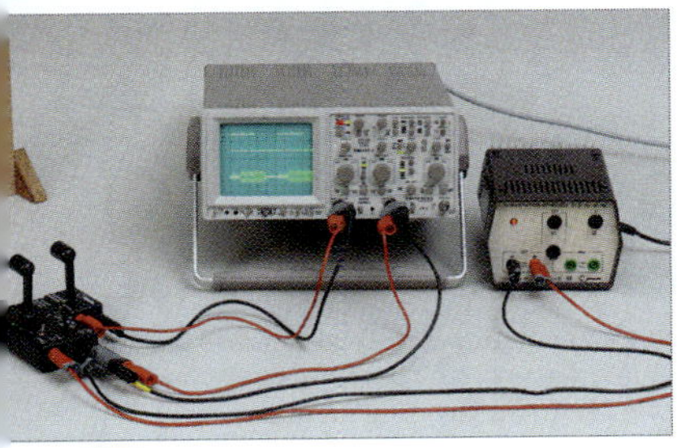

3 *En mode salve, l'émetteur délivre des impulsions d'ultrason de fréquence f, suivies de silences.*

Expérience 2

- Connecter les bornes « sortie » de *E* à la voie 2 de l'oscilloscope et choisir $b = 1$ ms/div. Disposer *E* et *R* côte à côte face à une planche en bois, à une vingtaine de centimètres de celle-ci **(document 3)**.
- Placer *E* en mode salve. Sur l'écran de l'oscilloscope, le décalage entre les débuts de chaque impulsion est dû à la propagation de l'onde ultrasonore entre *E* et *R*.
- Tout en maintenant *E* et *R* côte à côte, déplacer la plaque de bois de telle sorte que le début de l'émission soit séparé du début de la réception par deux divisions horizontales.

3 Exploiter les résultats

Déterminer la valeur de la durée Δt qui sépare le début de l'émission de l'impulsion d'ultrason du début de sa réception. En déduire la valeur de la distance *D* entre la sonde (émetteur-récepteur) et la plaque, sachant qu'à 20 °C, la vitesse *v* de propagation des ultrasons dans l'air est proche de 340 $m \cdot s^{-1}$.

4 Conclure

En quoi ces deux expériences permettent-elles de « comprendre » le principe de l'échographie ?

Vocabulaire

Salve : série d'impulsions successives.

ACTIVITÉ DOCUMENTAIRE

MANUEL NUMÉRIQUE

3 Échographie et imagerie médicale

▶ **Étudions une méthode de construction d'image à partir d'une onde ultrasonore.**

Détecter un sous-marin en recueillant l'écho d'un signal ultrasonore envoyé dans l'eau est une idée qui remonte à la Première Guerre mondiale ; elle mènera au sonar. Mais c'est dans les années 1970 que l'échographie trouve dans l'obstétrique son usage le plus connu. Les appareils de l'époque fonctionnaient sur un principe assez simple, mais toujours d'actualité : la transmission et la réflexion d'un faisceau d'ultrason.

Les ultrasons ont l'avantage, par rapport aux rayons X utilisés en radiographie, d'être sans danger pour le patient. Ils ne sont rien d'autre que des ondes sonores, des ondes élastiques capables de se propager dans tout milieu matériel (gaz, liquide, solide). En échographie, les fréquences utilisées s'échelonnent de 1 à 20 MHz en fonction de l'organe observé.

Dans notre corps, chaque fois qu'un faisceau d'ultrason rencontre une interface, c'est-à-dire un changement de milieu (par exemple un passage de tissus musculaires à des tissus graisseux), une partie des ultrasons est réfléchie. À chaque nouvelle interface, une nouvelle réflexion a lieu, jusqu'à extinction totale du faisceau. Précisons qu'en échographie, cette extinction intervient rapidement : l'appareil est rarement capable de sonder notre organisme à plus d'une vingtaine de centimètres.

Pour former une image, l'appareil fonctionne comme un radar : il émet une brève salve d'ultrason, puis il mesure la durée qui sépare l'émission de la réception de chaque écho réfléchi. Le corps est pour l'essentiel un milieu souple et fluide où domine l'eau ; les ultrasons s'y propagent à la vitesse de 1 460 mètres par seconde. La mesure précédente permet de calculer les distances et de construire l'image (celle qui correspond à la direction du faisceau d'ultrason). Pour avoir une image complète, il faut balayer la zone étudiée. Le traitement est aujourd'hui numérique. Un micro-ordinateur interprète les échos pour « calculer » l'image.

Le balayage est automatique et, surtout, assez rapide pour permettre de suivre les mouvements en temps réel : battements du cœur, pulsations des artères, etc.

La résolution de l'image est d'autant plus fine que la fréquence des ultrasons est élevée.

D'après un article du site www.larecherche.fr

4 *Principe de l'échographie.*

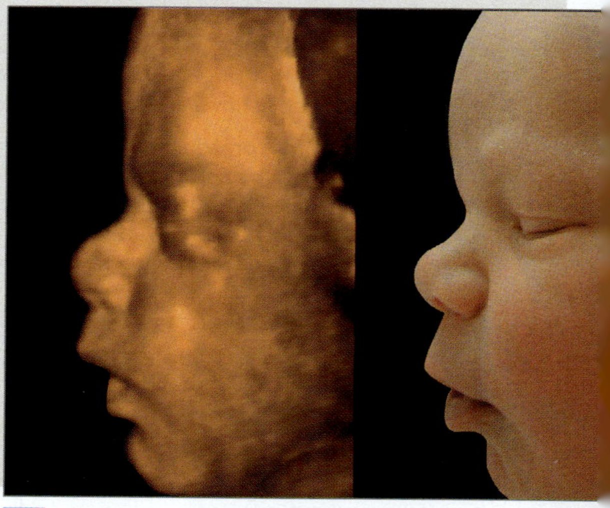

5 *Les clichés obtenus en échographie 3D sont d'une grande précision, comme le montre cette comparaison entre une échographie et une photo du visage d'un nouveau-né.*

1 Analyser le texte

a. Quelle grandeur caractéristique citée dans le texte différencie les sons des ultrasons ?

b. Quel est l'intérêt d'utiliser des fréquences élevées ?

c. Quel intérêt présente l'échographie par rapport à la radiographie ?

2 Exploiter les informations

Dans une direction du faisceau d'ultrason, on détecte un écho 52 μs après l'émission d'une salve d'ultrason.

En utilisant la vitesse de propagation des ultrasons citée dans le texte, déterminer la distance à laquelle se situe l'interface responsable de cet écho ultrasonore.

3 Conclure

Quelle propriété des ondes est à la base du principe de l'échographie ?

Vocabulaire

Obstétrique : spécialité médicale liée à l'accouchement.

ACTIVITÉ EXPÉRIMENTALE

MANUEL NUMÉRIQUE

4 Expérience de réfraction/réflexion totale

▶ Réalisons une expérience de réfraction de la lumière et observons le phénomène de réflexion totale utilisée en fibroscopie.

DISPOSITIF Allumer la lanterne et disposer le plateau tournant faisant office de rapporteur afin que le faisceau lumineux passe sur l'axe (0° - 0°) du rapporteur.

Expérience 1

- Installer le bloc de plexiglas demi-cylindrique *D*, comme l'indique la **figure 6**, afin d'étudier le passage air-plexiglas sur la surface de séparation plane de *D*.
- Faire tourner le plateau de 30° environ.

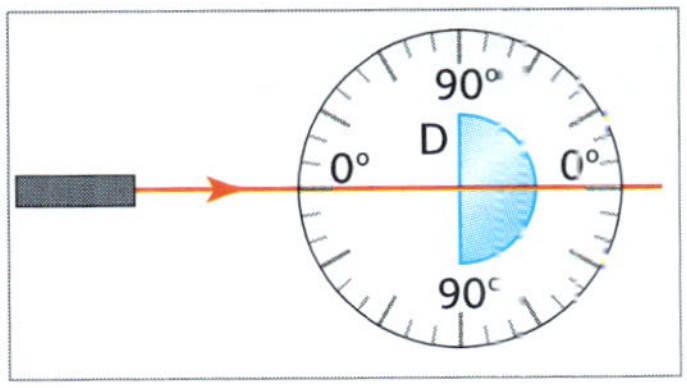

6 *Installation de « D » pour l'expérience 1.*

1 Observer

Que devient le faisceau lumineux après avoir atteint l'interface air-plexiglas ?

2 Interpréter

a. Reproduire la **figure 7** et, sans faire usage de rapporteur, la compléter en traçant :
– en pointillés, la droite, appelée **normale** (*N*), orthogonale en I à l'interface air-plexiglas,
– les rayons de lumière observés.

b. L'un d'eux est appelé **rayon réfléchi** et l'autre **rayon réfracté**. Identifier ces rayons sur le schéma.

c. L'**angle d'incidence** est l'angle *i* entre le rayon incident et la normale (*N*). Indiquer *i* sur le schéma. À quelle condition un rayon est-il transmis sans être dévié ?

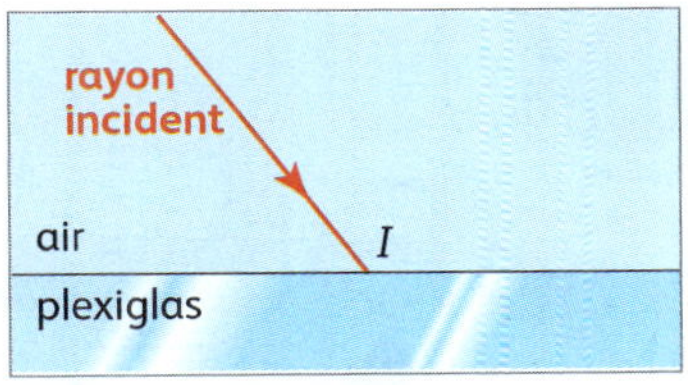

7 *Schéma d'exploitation de l'expérience 1.*

Expérience 2

- Tourner le plateau de manière à être dans la situation de la **figure 8**, afin d'étudier le passage plexiglas-air sur la surface de séparation plane de D.
- Augmenter lentement l'angle d'incidence *i* en faisant tourner le plateau.

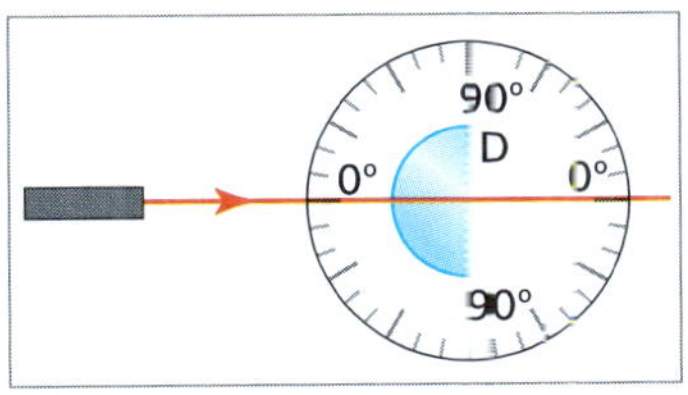

8 *Installation de « D » pour l'expérience 2.*

3 Observer

a. Pour un angle d'incidence petit, que devient le faisceau lumineux après avoir atteint la surface plane séparant le plexiglas et l'air ? Quelle différence observe-t-on par rapport à l'expérience 1 ?

b. Pour un angle d'incidence plus grand, le rayon réfracté existe-t-il pour n'importe quel angle *i* ? Même question pour le rayon réfléchi.

c. Représenter à l'aide de schémas les deux situations observées en **a.** et **b.**

4 Conclure

a. Dans l'une des deux situations précédentes, on dit qu'il y a « réflexion totale ». Justifier.

b. Que dire de l'intensité de la lumière réfléchie dans ce cas ? Pourquoi ce phénomène est-il utilisée en fibroscopie ?

Vocabulaire

Fibroscopie : technique médicale utilisée pour observer l'intérieur de l'organisme par vision directe.

1 Ondes sonores et ondes électromagnétiques

Une onde est un phénomène de propagation d'une perturbation sans transport de matière. Dans de nombreux cas, la perturbation est une vibration à caractère périodique.

9 *Onde à la surface de l'eau.*
En pénétrant dans l'eau, le doigt de la petite fille génère une vaguelette qui modifie temporairement le niveau de l'eau. Cette perturbation se propage sans que l'eau se déplace dans son ensemble.

1.1 Source et fréquence

• Lorsqu'un haut-parleur est soumis à une tension périodique, sa membrane vibre avec une fréquence f. Cela crée une **vibration de l'air** qui se propage de proche en proche sans transport de matière : c'est une **onde sonore.** L'analyse du signal délivré par un microphone qui capte cette onde montre que les vibrations captées par le récepteur ont la même fréquence f **(document 10)**.

• De même, un générateur de signal électrique variable relié à une antenne constitue une source d'**onde électromagnétique** (O.E.M.). La perturbation se propage et engendre dans une antenne réceptrice un signal électrique de même fréquence **(document 11)**. Au cœur de la matière, des vibrations génèrent également des O.E.M. qui, pour certaines fréquences, peuvent être décelés par l'œil : ce sont des **ondes lumineuses.**

> Lorsqu'une source crée une onde périodique, tout point atteint par l'onde est le siège d'un phénomène périodique de même fréquence que la source.

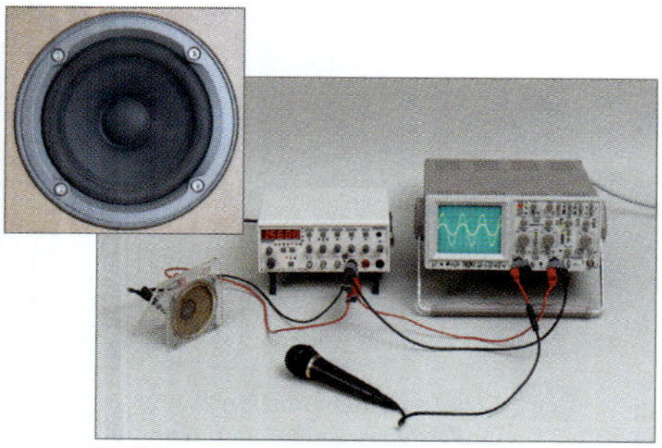

10 *Montage d'étude d'une onde sonore. Un point du milieu (ici l'air) vibre avec la même fréquence que la source.*

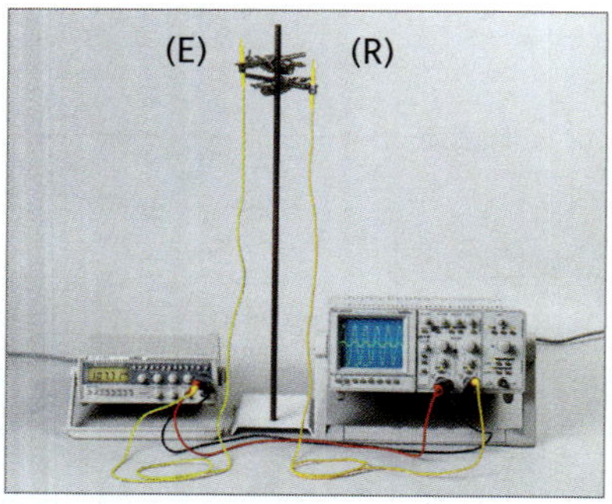

11 *Ondes électromagnétiques. Les vibrations électriques dans l'antenne émettrice (E) et dans l'antenne réceptrice (R) ont la même fréquence.*

1.2 Domaine de fréquences

Une onde est mise en évidence par un **récepteur**. Chaque récepteur n'est sensible que dans un domaine de fréquence plus ou moins étendu.

> **L'oreille humaine est un récepteur sensible à des ondes sonores** dont la fréquence est comprise entre environ 20 Hz et 20 kHz, domaine situé entre celui des infrasons et celui des ultrasons.

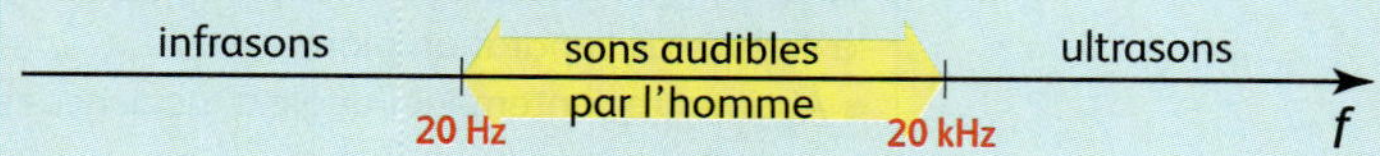

> **L'œil humain est un récepteur de lumière**, onde électromagnétique dont la fréquence appartient à un domaine très restreint compris entre celui des infrarouges (IR) et celui des ultraviolets (UV).

12 *Ondes électromagnétiques : différentes fréquences pour différentes applications.* ▶

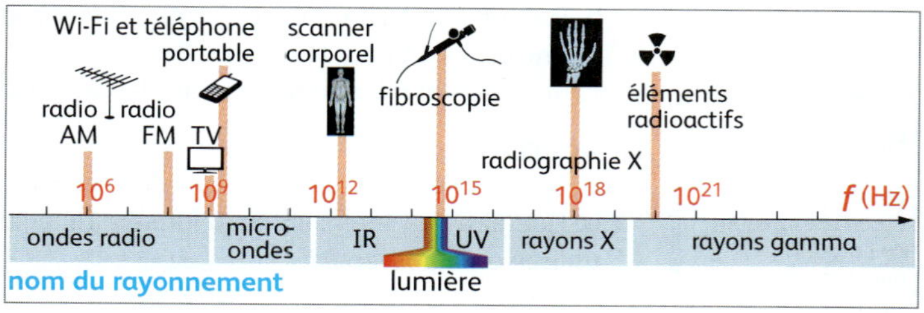

1.3 Milieu de propagation

- Une **onde sonore** se propage dans l'air, dans l'eau ou à travers un mur. En vibrant, l'émetteur comprime et dilate le milieu matériel avec lequel il est en contact. La vibration peut se transmettre de proche en proche dans la matière environnante.

> Une onde sonore se propage dans un **milieu matériel solide, liquide ou gazeux** mais ne peut pas se propager dans le vide.

- Une onde électromagnétique se propage dans l'air, l'eau, différents matériaux, mais aussi dans le vide. Ainsi, la lumière du soleil, ou une onde radio provenant d'un satellite, peuvent traverser l'espace interplanétaire pour atteindre la Terre.
- La lumière se propage surtout dans les milieux matériels transparents. Si le milieu est homogène (comme c'est le cas de l'air en général), cette propagation s'effectue en ligne droite **(document 13)** : c'est le principe de **propagation rectiligne de la lumière**.

> Dans le vide ou dans les milieux transparents et homogènes, la lumière se propage en ligne droite.

13 *Faisceaux de lumière dans la forêt. Ils sont rendus visibles par les fines particules en suspension dans l'air. Le trajet de la lumière entre deux points est modélisé par un segment de droite, orienté dans le sens de la propagation, qui est appelé rayon de lumière, et représenté en rouge.*

1.4 Vitesse de propagation

- La vitesse de propagation peut se déterminer par la relation :

$$v = \frac{d}{\Delta t}$$

v, vitesse de propagation, en $m \cdot s^{-1}$
d, distance parcourue par l'onde, en mètre (m)
Δt, durée du parcours, en seconde (s)

- Les vitesses de propagation dépendent du milieu et du type d'onde.

> Une valeur approchée de la vitesse de propagation d'une onde sonore dans l'air aux températures usuelles est :
> $$v = 340 \ m \cdot s^{-1}.$$

La lumière se propage dans le vide à la vitesse notée c de valeur exacte $c = 2{,}997\ 924\ 58 \times 10^8 \ m \cdot s^{-1}$. Nous retiendrons sa valeur approchée, $3{,}00 \times 10^8 \ m \cdot s^{-1}$.

> Dans le vide ou dans l'air, la vitesse de propagation de la lumière, comme pour toute onde électromagnétique, est :
> $$c = 3{,}00 \times 10^8 \ m \cdot s^{-1}.$$

À quoi ça sert ?

Le laser

Les maçons utilisent des niveaux laser pour matérialiser des lignes droites, les géomètres des émetteurs-récepteurs d'ultrason pour mesurer les dimensions de locaux.

2 Ondes et imagerie médicale

2.1 Absorption

- Au cours de la propagation, les ondes sont atténuées à cause de l'interaction entre l'onde et le milieu de propagation. Cet affaiblissement dépend du milieu et de la fréquence de l'onde.
- Ce phénomène, appelé **absorption**, permet d'explorer la matière comme le corps humain à l'aide de rayons X **(document 14)**.

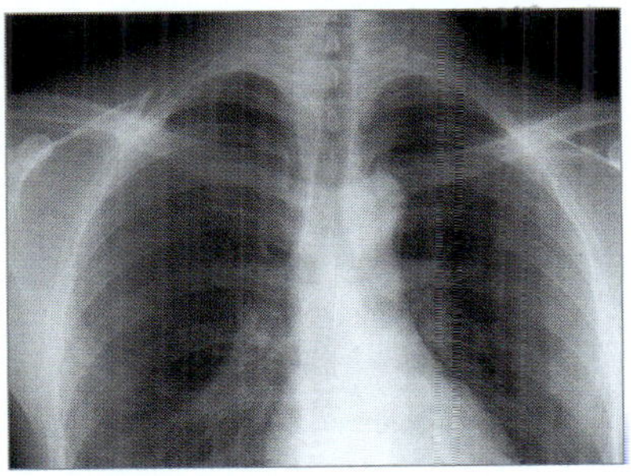

14 *Cliché de radiographie. Les rayons X, qui traversent le patient, noircissent la plaque photo. Les os, qui absorbent davantage les rayons X, apparaissent blancs et les chairs grises.*

2.2 Réfraction et réflexion

• Lorsqu'une onde atteint la surface séparant deux milieux, une partie de l'onde est renvoyée vers le milieu d'origine : c'est le phénomène de **réflexion**. Une autre partie peut traverser la surface de séparation et subir un phénomène de **réfraction**.

La réfraction est le changement que subit la direction de propagation d'une onde lorsqu'elle traverse la surface de séparation entre deux milieux.

• L'**échographie** (document 15) est une technique d'imagerie médicale qui utilise les phénomènes de réflexion et de réfraction d'ultrasons.

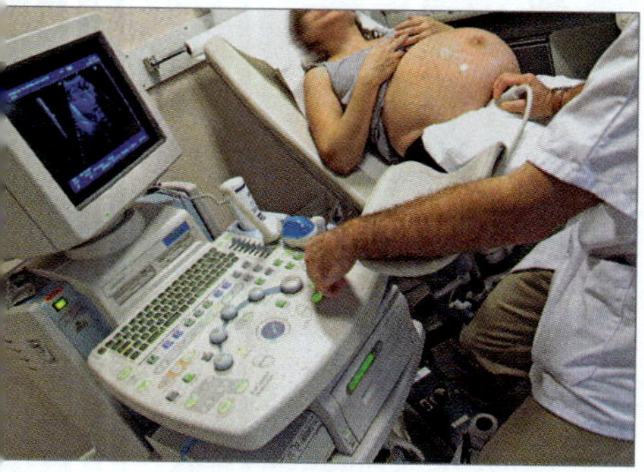

15 *Échographie d'un fœtus. La mesure de la durée du trajet aller-retour effectué par une impulsion d'ultrason permet de repérer la position de chaque interface rencontrée dans l'organisme.*

2.3 Réflexion totale

• Dans le cas de la lumière, on observe dans certaines conditions un phénomène appelé **réflexion totale** ; ce phénomène ne se produit que dans des conditions très particulières.

Cas ⓐ : le rayon réfracté se rapproche de la normale (*N*) :

$r < i$.

Cas ⓑ : le rayon réfracté s'écarte de la normale (*N*) :

$r > i$.

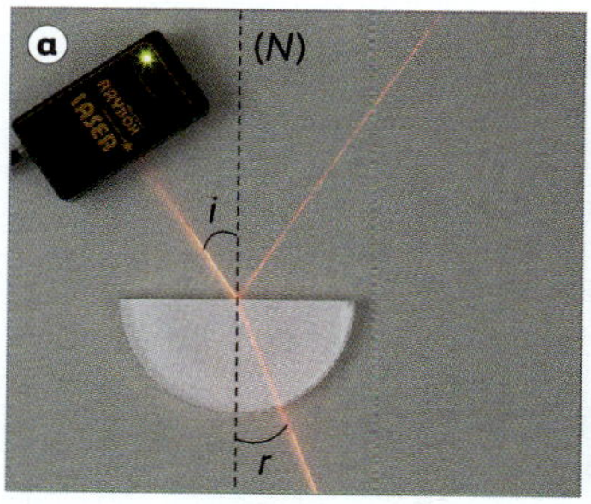

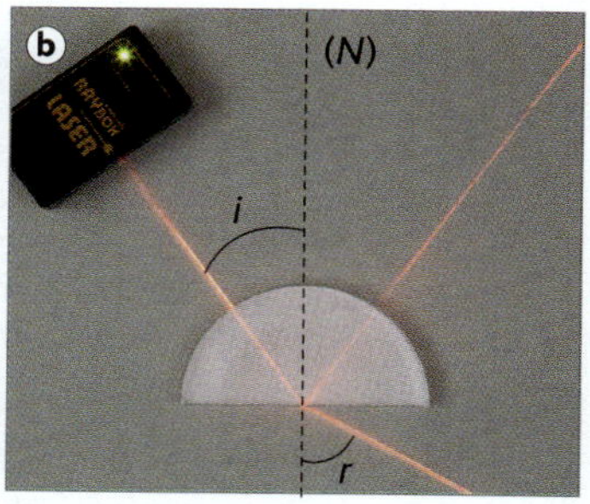

• Dans le cas ⓐ, si on augmente l'angle i de 0 à 90°, r augmente aussi de 0 à $r_{max} < 90°$ puisque $r < i$. Le rayon réfracté coexiste avec le rayon réfléchi pour n'importe quelle valeur de i.

• Dans le cas ⓑ, si on augmente i de 0 à 90°, r augmente ; la valeur $r = 90°$ sera atteinte pour une valeur de $i < 90°$ puisque $i < r$. Si on augmente encore i, le rayon réfracté n'existe plus ⓒ. Il y a réflexion totale.

Lorsqu'une onde atteint la surface séparant deux milieux transparents et qu'elle ne peut plus être réfractée, on dit qu'il y a réflexion totale.

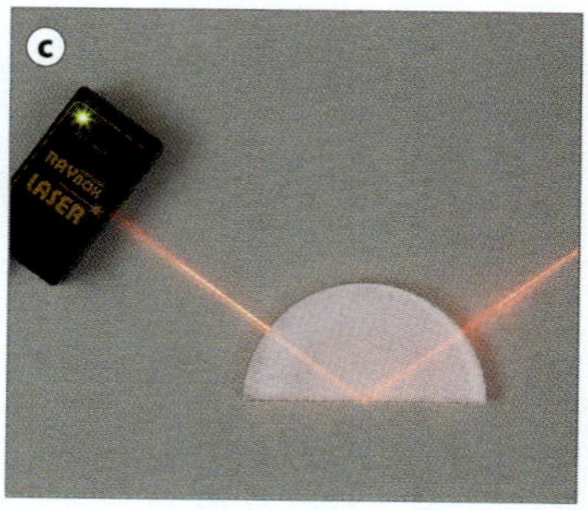

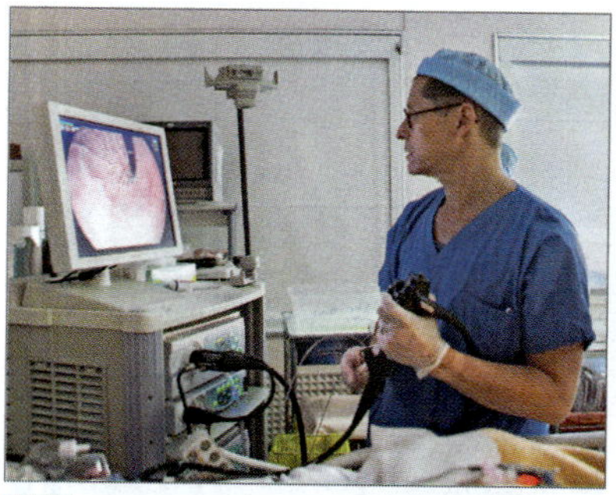

16 *Fibroscopie. Même lorsqu'une fibre optique est courbe, la lumière est guidée dans le cœur de la fibre par une succession de réflexions totales sur les parois. On peut ainsi voir l'intérieur de l'organisme.*

• La **fibroscopie** et l'**endoscopie** sont des techniques d'exploration médicales utilisant des fibres optiques (document 16). Le fonctionnement des fibres optiques est basé sur la réflexion totale.

L'ESSENTIEL

Source et fréquence

- Lorsqu'une source crée une onde périodique, tout point atteint par l'onde est le siège d'un phénomène périodique de même fréquence que la source.

Ondes électromagnétiques (O.E.M.)

- **L'œil humain est un récepteur de lumière**, onde électromagnétique dont la fréquence appartient à un domaine très restreint, compris entre celui des infrarouges (IR) et celui des ultraviolets (UV).
- Dans le vide ou dans les milieux transparents et homogènes, la lumière se propage en **ligne droite**.
- Dans le vide ou dans l'air, la vitesse de propagation de la lumière, comme pour toute onde électromagnétique, est :

$$c = 3{,}00 \times 10^8\ \text{m}\cdot\text{s}^{-1}$$

Ondes sonores

- Une onde sonore se propage dans un milieu matériel solide, liquide ou gazeux mais ne se propage pas **dans le vide**.
- Une valeur approchée de la vitesse de propagation d'une onde sonore dans l'air aux températures usuelles est :

$$v = 340\ \text{m}\cdot\text{s}^{-1}$$

- **L'oreille humaine est un récepteur sensible à des ondes sonores** dont la fréquence est comprise entre environ 20 Hz et 20 kHz, domaine situé entre celui des infrasons et celui des ultrasons.

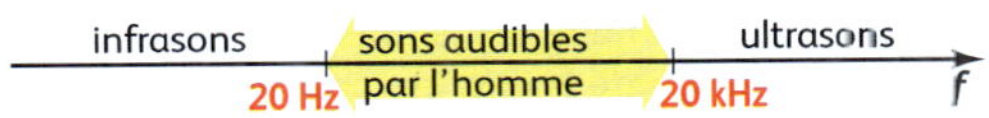

Fréquences et applications des O.E.M.

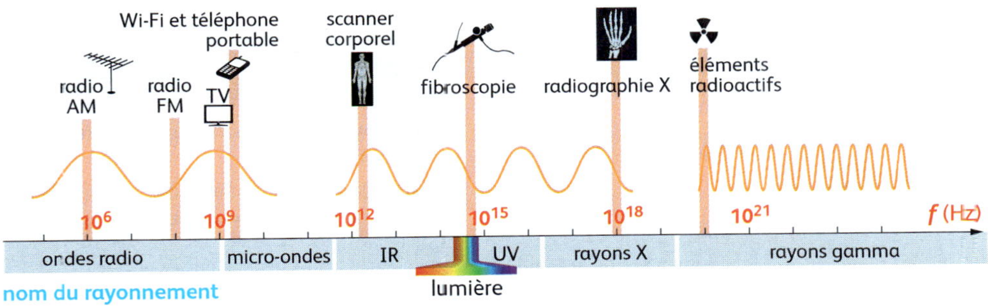

Réfraction

- La **réfraction** est le changement que subit la direction de propagation d'une onde lorsqu'elle traverse la surface de séparation entre deux milieux transparents.

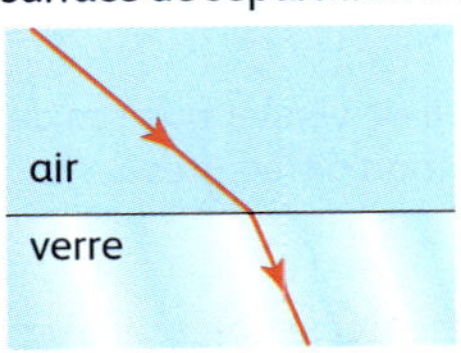

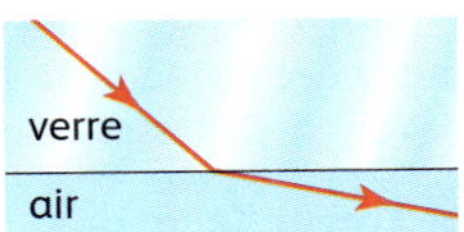

Réflexion totale

- Lorsqu'une onde atteint la surface séparant deux milieux transparents et qu'elle ne peut plus être réfractée, on dit qu'il y a **réflexion totale**.

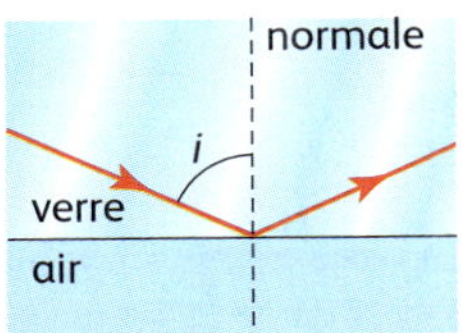

Angle *i* suffisamment grand

Exercices d'application

5 minutes CHRONO !

MANUEL NUMÉRIQUE — EXERCICES INTERACTIFS

1 Mots manquants

Compléter avec un ou plusieurs mots.

a. Lorsqu'une source crée une .... périodique, tout point du milieu atteint par l'onde vibre avec une fréquence .... à celle de la source.

b. Une onde sonore périodique est .... par l'homme si sa fréquence est comprise entre 20 Hz et 20 kHz.

c. Une onde sonore .... dans un milieu matériel solide, liquide ou gazeux mais elle .... dans le vide.

d. La lumière fait partie des ondes .... dont la fréquence est comprise entre celle des UV et celle des IR.

e. La lumière se propage en ligne droite dans un milieu transparent et ....

f. La .... de la lumière est le phénomène qu'elle subit lorsqu'elle change de milieu de propagation en étant déviée.

2 QCM

Cocher la réponse exacte.

a. La vitesse du son dans l'air est proche de :
☐ 3×10^2 m·s^{-1} ☐ 3×10^5 m·s^{-1} ☐ 3×10^8 m·s^{-1}

b. La vitesse de la lumière dans l'air est proche de :
☐ 3×10^2 m·s^{-1} ☐ 3×10^5 m·s^{-1} ☐ 3×10^8 m·s^{-1}

c. Parmi les situations suivantes, quelle est celle qui correspond au trajet impossible d'un rayon lumineux ?

☐ 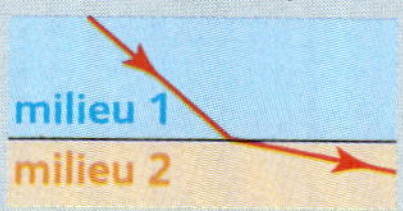

☐ 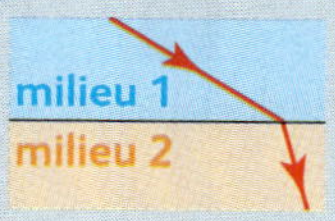

☐ 

d. En modifiant l'inclinaison du rayon se propageant dans le milieu 1, dans quel cas est-il possible d'observer une réflexion totale ?

☐ 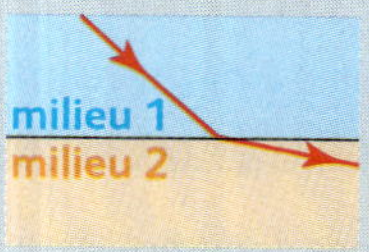

☐ 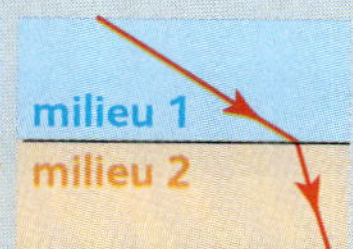

☐ 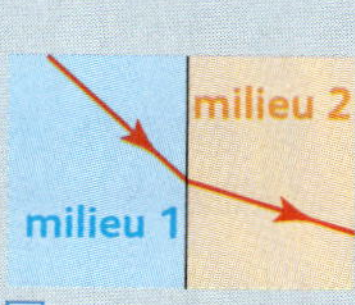

e. Une onde sonore de fréquence 30 kHz est :
☐ audible ☐ un ultrason ☐ un infrason

f. Une onde ultraviolette est :
☐ une onde électromagnétique
☐ une onde sonore
☐ une onde radio

→ Reportez-vous aux solutions détaillées page 334 pour vérifier vos réponses et comprendre vos erreurs.

MOBILISER SES CONNAISSANCES

Ondes sonores et ondes électromagnétiques [§1 du cours]

3 Explosion dans l'espace

De nombreux films de science fiction ou jeux vidéo mettent en scène des explosions de vaisseaux ou de planètes dans l'espace.

Dans la réalité, serait-il possible de les voir ou de les entendre ?

Deep Impact

4 Thermographie infrarouge

La thermographie infrarouge permet de mesurer à distance la température d'un corps à partir de ses émissions infrarouges.

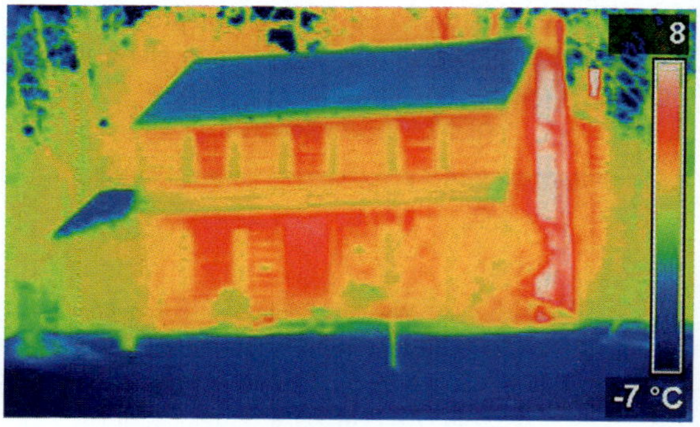

a. Le rayonnement infrarouge fait-il partie des ondes électromagnétiques ?

b. Quelle grandeur caractéristique différencie une onde infrarouge d'une onde ultraviolette ?

5 Ondes en compétition

Dans l'air, quelle onde est la plus rapide :

a. entre une onde lumineuse et une onde sonore ?

b. entre une onde infrarouge et une onde ultrasonore ?

c. entre une onde infrarouge et une onde ultraviolette ?

6 Valeur de vitesses

a. Donner une valeur approchée des vitesses de propagation dans l'air de chacune des ondes citée dans l'exercice 5.

b. Citer un phénomène générant en même temps une onde sonore et une onde lumineuse.

Comment ce phénomène permet-il de vérifier que ces deux ondes ont des vitesses de propagation différentes ?

7 Tracés de rayons

Pourquoi peut-on en général représenter le trajet suivi par la lumière dans l'eau ou dans l'air, par des segments de droite ?

▶ Ondes et imagerie médicale

[§2 du cours]

8 Visions dans l'eau

Une surface d'eau, comme celle d'un lac, modifie le trajet des rayons de lumière. En regardant à travers celle-ci, un observateur peut voir en même temps l'image d'un avion dans le ciel et celle d'un caillou situé au fond du lac.

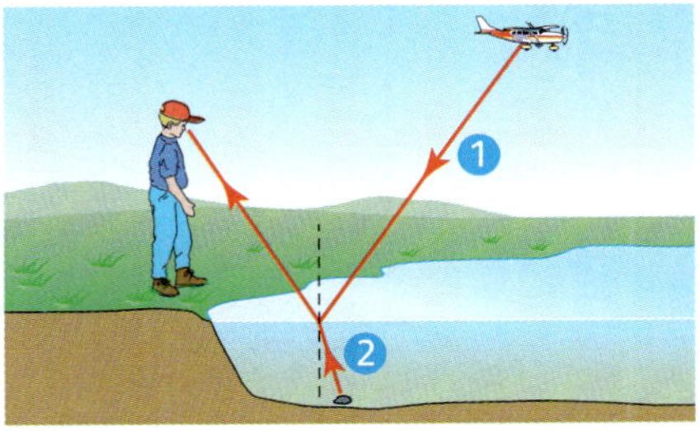

Quel nom portent les phénomènes observés pour les rayons ① et ② à l'interface air-eau ?

9 Une vision étonnante

Bertrand observe la surface de l'eau d'un aquarium, par-dessous, comme l'indique le schéma ci-contre.

Il a la surprise d'observer le poisson pourtant caché derrière le rocher.

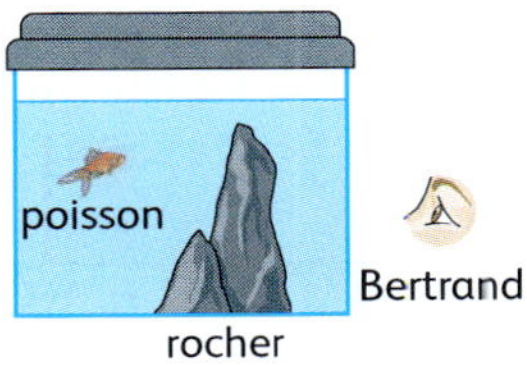

Décrire le phénomène qui explique ce mystère.

UTILISER SES COMPÉTENCES

10 Calculer sans calculatrice

« Hé ho… ho… ho… » L'écho, en montagne, est dû à la réflexion des ondes sonores sur les parois des falaises. Mais pour entendre l'écho distinctement, celui-ci doit être reçu au moins 0,10 s après l'émission du son.

En déduire une valeur approchée de la distance minimale à laquelle doit se trouver une falaise pour percevoir un écho distinctement.

11 Utiliser des données

C'est la fin de l'été, il fait lourd et chaud. Toby le chien et Cocot la poule conversent.

Toby : « Le temps est à l'orage. J'entends le tonnerre au loin.

Cocot : Le tonnerre ? Je n'entends rien. Tu vas bien Toby ?

Toby : Je l'entends te dis-je ! »

Quelques instants plus tard, l'orage s'étant rapproché, les deux animaux entendent le tonnerre gronder.

Cocot : « Nom d'un chien. Comment as-tu su ?

Toby : Vois-tu, lorsque le tonnerre gronde, des sons de toutes fréquences sont émis. Dans l'air, les sons s'atténuent d'autant plus que leur fréquence est élevée ; les sons de basse fréquence sont perçus à des distances bien supérieures à ceux de fréquence plus importante. »

En s'aidant des données, dire pourquoi Toby peut entendre le tonnerre gronder au loin alors que Cocot ne le peut pas.

Données

– Plus la fréquence d'un son est élevée, plus le son est aigu.

– Les fréquences des ondes audibles par la poule et le chien sont précisées ci-dessous.

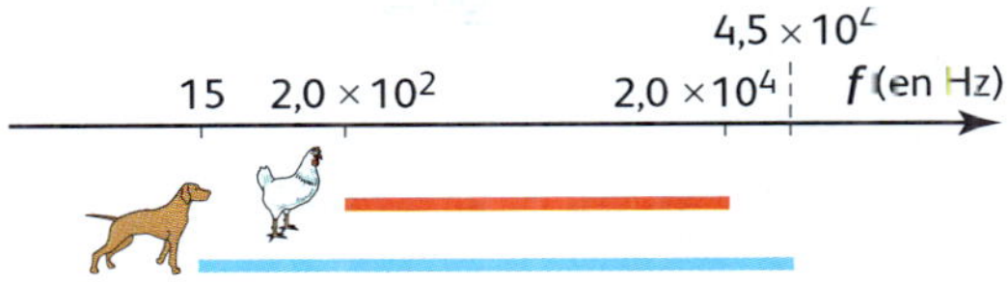

12 Utiliser les unités SI

Le signal délivré par microphone est observé sur un oscilloscope.

La sensibilité horizontale est égale à 500 μs/div.

La fréquence de l'onde captée par le microphone appartient-elle au domaine audible ?

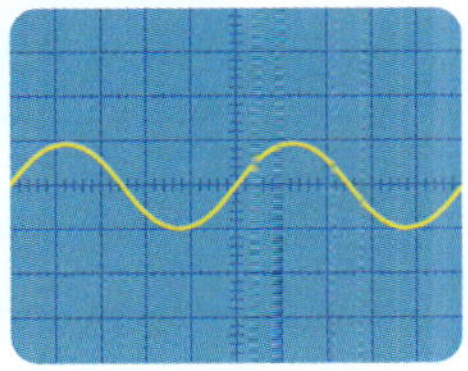

13 Calculer avec les puissances de 10

La sonde Voyager II est arrivée à proximité de Neptune en juin 1979. Sachant que Neptune se trouve à environ $4{,}5 \times 10^9$ km de la Terre, combien de temps mettaient les images envoyées par Voyager II par signaux radio pour atteindre la Terre ?

14 Apprendre à rédiger

Voici l'énoncé d'un exercice et un guide (en orange) ; ce guide vous aide pour rédiger la solution détaillée et pour retrouver les réponses numériques aux questions posées.

Énoncé

Pour déterminer avec précision l'altitude d'un satellite, on émet depuis le sol des impulsions laser quand le satellite passe à la verticale de la station émettrice. Un réflecteur disposé sur le satellite réfléchit ces impulsions. On mesure la durée qui sépare l'émission et la réception d'une impulsion au niveau de la station.

On a mesuré une durée de $\Delta t = 8{,}87 \times 10^{-3}$ s.

En utilisant la valeur approchée de la vitesse de la lumière, calculer une valeur approchée de la distance H du satellite à la station.

- ▸ **Réaliser un schéma de la situation où figure un point O pour l'émetteur-récepteur et un point S pour le satellite.**
- ▸ **Faire apparaître la distance H et les rayons émis et réfléchis.**
- ▸ **Analyser la situation. En déduire l'expression en fonction de H de la distance d parcourue par une impulsion laser pendant Δt.**
- ▸ **Appliquer la relation $d = c \times \Delta t$ afin d'aboutir à l'expression littérale de H en fonction c et Δt.**
- ▸ **Poser le calcul et vérifier que $H = 1{,}33 \times 10^6$ m.**

Exercices d'entraînement

EXERCICE RÉSOLU

Énoncé **Échogramme du cerveau**

Une sonde, jouant le rôle d'émetteur et de récepteur, envoie une impulsion ultrasonore de faible durée en direction du crâne d'un patient. L'onde pénètre dans le crâne, s'y propage à la vitesse $v = 1\,500\ \text{m} \cdot \text{s}^{-1}$ et s'y réfléchit chaque fois qu'elle change de milieu. Les signaux réfléchis génèrent des échos qui, au retour sur la sonde, y engendrent une tension électrique très brève.

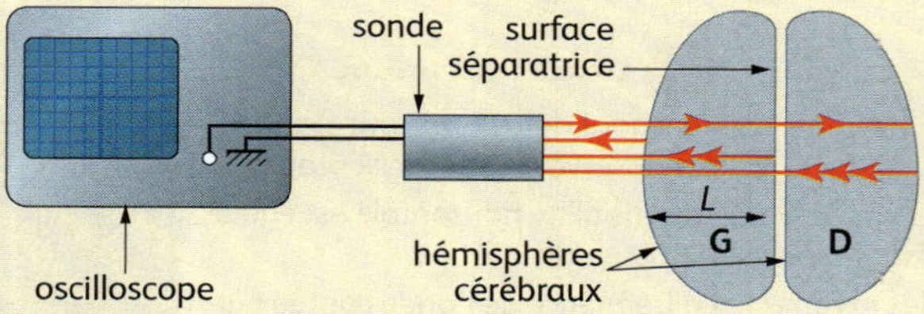

L'oscillogramme obtenu sur un patient permet de tracer l'échogramme ci-contre. Le pic P_0 correspond à l'émission à l'instant de date $t_0 = 0$ s de l'impulsion ; P_1 à l'écho dû à la réflexion sur la surface externe de l'hémisphère gauche (G sur le schéma) ; P_2 à l'écho sur la surface de séparation des deux hémisphères ; P_3 à l'écho sur la surface interne de l'hémisphère droit (D sur le schéma).

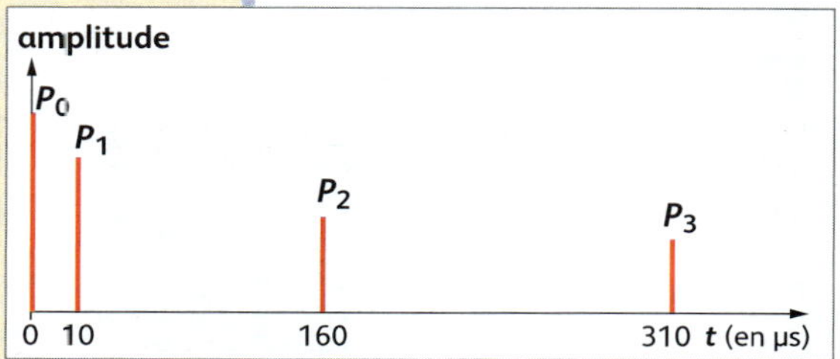

1. Quelle est la durée du parcours de l'onde ultrasonore dans l'hémisphère gauche ?
2. Quelle est la durée du parcours de l'onde ultrasonore dans l'hémisphère droit ?
3. En déduire la largeur de chaque hémisphère.
4. L'examen du cerveau s'effectue également par scanographie X. Quelle est alors la nature des ondes utilisées ?

Énoncé — Repérer les données utiles aux calculs.

Rédiger — Penser à justifier la réponse.

Une solution

1. Le pic P_1 correspond à l'écho sur le côté gauche du crâne alors que le pic P_2 correspond à l'écho sur la surface de séparation des deux hémisphères : la durée du parcours de l'onde dans l'hémisphère gauche est donc la durée séparant la réception de ces deux échos : $\Delta t_1 = 160 - 10 = 150\ \mu\text{s}$.

2. La durée du parcours de l'onde dans l'hémisphère droit est la durée séparant la réception des échos correspondant à P_2 et P_3 : $\Delta t_2 = 310 - 160 = 150\ \mu\text{s}$.

3. Dans chaque hémisphère, l'onde effectue le trajet aller, se réfléchit (partiellement) puis effectue le trajet retour.
L_1 étant la largeur de l'hémisphère gauche, la distance qu'elle parcourt pendant Δt_1 est donc $2\,L_1$: $2\,L_1 = v \times \Delta t_1$, soit : $L_1 = \dfrac{v \times \Delta t_1}{2}$.
A.N. : $L_1 = \dfrac{1\,500 \times 150 \times 10^{-6}}{2} = 1{,}13 \times 10^{-1}\ \text{m} = 11{,}3\ \text{cm}$.
Comme $\Delta t_1 = \Delta t_2$, la largeur de l'hémisphère droit est $L_2 = L_1 = 11{,}3$ cm.

4. La scanographie utilise les rayons X, qui sont des ondes électromagnétiques.

Exploiter des données — L'échogramme fournit les dates de chaque pic, ainsi que l'unité de la mesure.

Raisonner — Attention : l'onde se réfléchit et les durées correspondent à l'aller et au retour.

Application numérique — Utiliser les unités SI : il faut convertir les durées en seconde ; la distance obtenue est en mètre.

15 Une « épine » dans le pied

Lors d'une radiographie, le patient est placé entre un émetteur de rayon X et une plaque photographique. Les rayons X traversent la partie du corps du patient étudiée et viennent noircir la plaque.

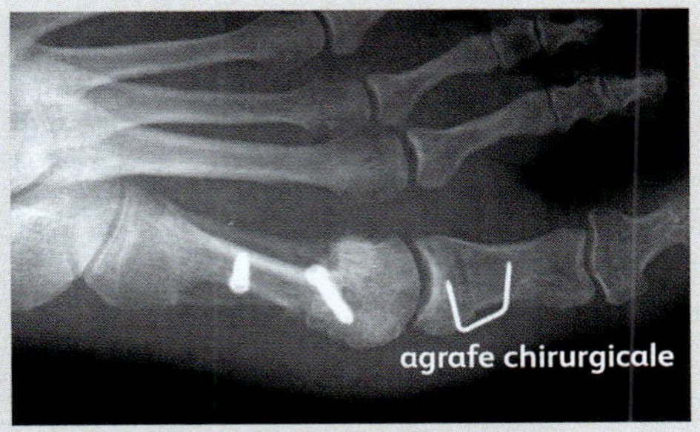

Mais une partie des rayons X est absorbée au cours de leur traversée. Cette absorption dépend du milieu de propagation. Par exemple, une assemblée d'atomes a d'autant plus d'effet sur un faisceau de rayons X, de fréquence donnée, que les atomes qui la composent sont lourds. Les os et les chairs n'ont ainsi pas la même influence sur le faisceau de rayons X, ce qui explique les différences de teintes sur un cliché de radiographie. Et les agrafes chirurgicales sont constituées d'atomes visiblement plus lourds que les os.

a. Les rayons X sont-ils des ondes électromagnétiques ou sonores ?

b. Quelle grandeur caractéristique différencie les rayons X des ondes lumineuses ?

c. Les agrafes chirurgicales sont en nitinol, alliage d'atomes de nickel et d'atomes de titane.

Justifier la dernière phrase du texte.

16 Cartographie du fond marin

À l'aide d'un sonar, un navire sonde un fond marin. Pour cela, il se déplace suivant un axe horizontal (Ox) en émettant verticalement des salves d'ultrason. Ils se propagent dans l'eau à la vitesse de $v = 1\,500\ \text{m}\cdot\text{s}^{-1}$.

Le graphique ci-dessous donne les variations de la durée Δt entre l'émission d'une salve et la réception de l'écho.

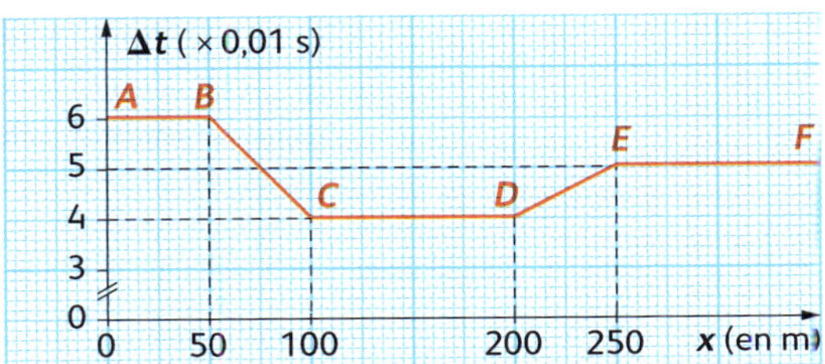

a. Exprimer la profondeur h de la mer en fonction de Δt et de v.

b. Calculer h pour les points A, B, C, D, E et F.

c. Tracer le profil du fond marin en représentant h en ordonnée et x en abscisse.

17 Vitesse des ultrasons

On place deux récepteurs R_1 et R_2 face à un émetteur E de salves d'ultrasons. R_1 est situé à $d_1 = 13$ cm de E. R_2 est disposé dans la même direction que R_1, mais derrière lui, à $d_2 = 81$ cm de E. Un oscilloscope enregistre les signaux délivrés par R_1 et R_2.

L'oscillogramme obtenu est donné ci-contre, avec :

$$b = 2\text{ms/div}.$$

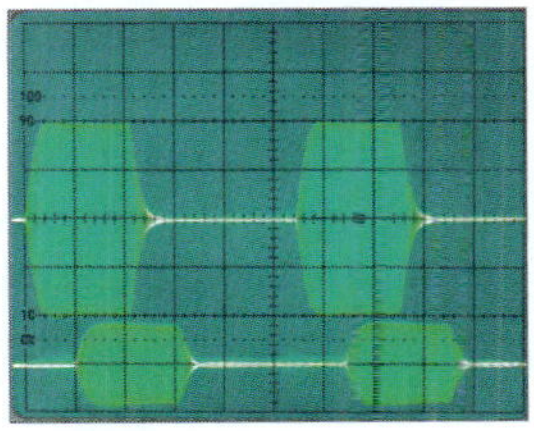

a. Réaliser un schéma de l'expérience.

b. Pourquoi R_2 détecte-t-il chaque salve avec un retard, noté Δt, par rapport à R_1 ?

c. Déterminer une valeur approchée de Δt.

d. Δt correspond à la durée que met l'ultrason à parcourir la distance entre R_1 et R_2. En déduire une valeur approchée de la vitesse v des ultrasons dans les conditions de l'expérience.

18 Vitesse du son

Les premières expériences de détermination de la vitesse du son datent du XVIIIe siècle. Les observations avaient lieu pendant la nuit. Un coup de canon était tiré d'un point A. Les observateurs situés en un point B mesuraient la durée Δt entre le moment où était perçue la lumière de l'explosion de la poudre, supposé coïncider avec l'instant d'émission du son, et celui où était entendue la détonation. On renouvelait l'expérience en tirant de B.

a. Calculer la vitesse du son dans l'air si, pour une distance d entre A et B égale à 18,6 km, la moyenne des résultats donne : $\Delta t = 54{,}6$ s.

b. Pourquoi alterner les tirs ?

c. Quelle durée $\Delta t'$ met la lumière pour parcourir la distance d ? Cette durée est-elle négligeable devant Δt ?

19 Illusion due à la réfraction

Un chaton tente d'attraper un poisson dans son bocal.

En jetant sa patte là où il voit le poisson, il échoue dans sa tentative.

a. Schématiser la situation ci-contre.

Pour cela, tracer l'interface eau-air et représenter un point P pour le poisson et un point O pour l'œil du chaton.

b. Quel phénomène subit la lumière lors du changement de milieu ? En tenant compte de ce phénomène, tracer un rayon qui permet au chaton de voir le poisson.

c. Le chaton réagit comme si la lumière se propageait en ligne droite. Indiquer sur le schéma dans quelle direction le chaton voit le poisson et expliquer pourquoi le chaton a échoué dans sa tentative.

d. Pourquoi le principe de propagation rectiligne de la lumière ne s'applique-t-il pas ici ?

e. En restant toujours au-dessus de l'eau, où doit se placer le chaton pour pouvoir lancer sa patte dans la bonne direction ?

Culture scientifique et citoyenne

Histoire des Sciences — La découverte des rayons X

En 1895, le physicien **Wilhelm Roentgen** oriente ses recherches sur « les rayons cathodiques ». L'effet de leur passage dans un gaz raréfié est déjà bien connu : une lumière verte fascinante. Mais leur nature (faisceau d'électrons) est, à l'époque, indéterminée.

- Alors qu'il manipule le dispositif qui produit ces rayons, Roentgen constate qu'un écran fluorescent s'illumine. Cette lueur ne peut être due aux rayons cathodiques car ceux-ci sont absorbés par le verre ou l'air.
Il interpose du papier, du bois, ... : le phénomène persiste. **Il intercale alors sa main et voit bouger les os de ses doigts.**
- Il vient de découvrir des rayons inconnus, qu'il nomme donc **rayons X**, capables de traverser la matière et d'impressionner les plaques photographiques. Leur utilisation pour réaliser des images médicales se répand dans le monde entier dès 1896.
- Pour les « services extraordinaires rendus possibles par sa découverte des rayons X », Roentgen se voit attribuer le **premier prix Nobel de physique en 1901.**

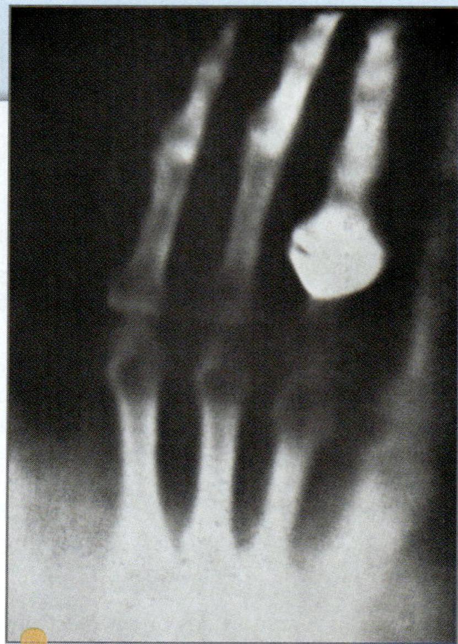

Première radiographie réalisée par Wilhelm Roentgen en 1895 : la main de sa femme.

PHYSIQUE & SVT — Effets des UV sur l'organisme et filtres protecteurs

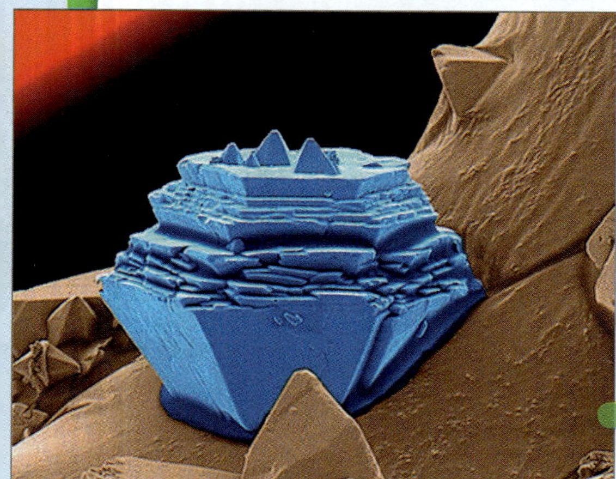

Les UV transportent assez d'énergie pour induire la rupture de liaisons chimiques à la base des tissus biologiques. Il est facile d'imaginer l'ampleur des dégâts occasionnés par les UV sur les êtres humains : mutations génétiques, cancer de la peau, phénomène d'apoptose (une mort cellulaire programmée)...

- Dans le cas d'exposition directe au rayonnement solaire, **l'utilisation de filtres est indispensable**. Mais une forte aptitude à absorber les UV induit une coloration. L'obtention de filtres incolores impose de trouver un compromis entre une protection efficace et un rendu esthétique satisfaisant.

D'après un article du CNRS.

Nanocristal d'oxyde de zinc, filtre « anti-UV » intégrés à des crèmes solaires.

Sur le Web
http://www.cnrs.fr/cw/dossiers/doschim/decouv/peau/loupe_anti_uv.html
http://therapiegenique.free.fr/partie3/ra-muta.htm
http://www.debatpublic-nano.org/informer/dossier-maitre-ouvrage.html?id_document=21&pointer=3

Un métier : manipulateur(trice) en électroradiologie médicale BAC +3

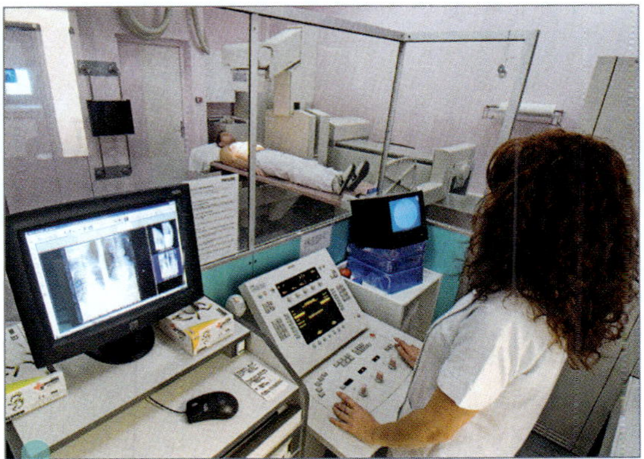

Manipulatrice en électroradiologie médicale : elle est protégée par la vitre pendant que le patient est radiographié.

Le manipulateur en électroradiologie médicale effectue des examens d'imagerie : scanners, radiographie, échographies. Ces investigations servent à repérer une fracture, observer un fœtus, détecter une maladie à des fins de traitement…

- Il travaille sur prescription médicale et sous le contrôle d'un médecin spécialiste en radiologie.
- **Maîtrise technique et rigueur sont requises.** Les prescriptions des médecins doivent être suivies à la lettre, les appareils réglés au millimètre près.
- Les **qualités humaines sont aussi primordiales** pour s'occuper de malades.
- Enfin, le manipulateur se doit de **respecter scrupuleusement les protocoles techniques et les règles de radioprotection** afin d'éviter toute irradiation.

Sur le Web http://www.cidj.com/metier.aspx?docid=819&catid=1 http://www.lesmetiers.net

Sciences & Société

Scanners corporels

Parfois nommées rayons T, les **ondes térahertz** sont, comme la lumière, des ondes électromagnétiques. Non ionisantes, à l'instar des infrarouges voisins, elles sont *a priori* inoffensives pour les êtres vivants. Et comme les micro-ondes, elles peuvent traverser des matériaux minces, tels les vêtements, ou une planche en bois ou en plastique.

- Pour les spécialistes de la sécurité, c'est une aubaine. Les rayons T **peuvent dévoiler des armes ou explosifs** sans risque d'effets indésirables pour l'organisme comme avec les rayons X.
- En février 2009, la loi Loppsi 2 a entériné la phase d'expérimentation de trois ans du scanner corporel à rayons T dans les aéroports français. **Le débat a été vif et l'est encore.** Pour ses *supporters*, il permet de vérifier que les passagers ne transportent aucun objet dangereux sans les palper. Pour ses détracteurs, il est une atteinte à l'intégrité de l'individu.

D'après *Pour la science*, mars 2010, n° 389.

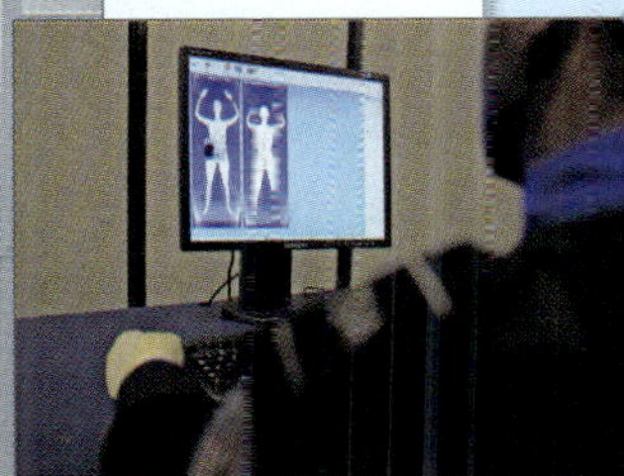

Dans les aéroports, le scanner corporel à ondes T peut révéler la présence d'objets cachés

Sur le Web http://www.pourlascience.fr/ewb_pages/f/fiche-article-le-nouveau-monde-des-ondes-terahertz-24435.php
http://www.lesgeniesdelascience.fr/ewb_pages/f/fiche-article-pas-de-pudeur-avec-les-rayons-t-20524.php

Chapitre 6

Solutions et concentration massique

Vu au collège

- Une solution peut être obtenue par dissolution d'un solide dans un liquide ou par mélange de deux liquides.
- Une espèce qui se dissout dans un liquide est dite soluble dans ce liquide ; une espèce qui ne se dissout pas dans un liquide est dite insoluble dans ce liquide.
- Une espèce, une fois dissoute dans un liquide, est appelée soluté ; le liquide est appelé solvant, et le mélange obtenu une solution.

Connaissances & Compétences

- Savoir qu'une solution est composée d'un solvant et d'un ou plusieurs solutés.
- Définir et calculer la concentration massique d'une solution.
- Préparer une solution par dissolution ou par dilution.
- Déterminer la concentration massique d'une espèce en utilisant une méthode par comparaison.

Dissolution d'un morceau de sucre dans de l'eau.

?

Que deviennent les molécules de saccharose constituant le morceau de sucre lors de sa dissolution dans l'eau ?

Que doit faire cet enfant pour que son médicament ait un goût moins prononcé ?

Prise d'un médicament.

Que déterminent ces analyses de sang ? Pourquoi ?

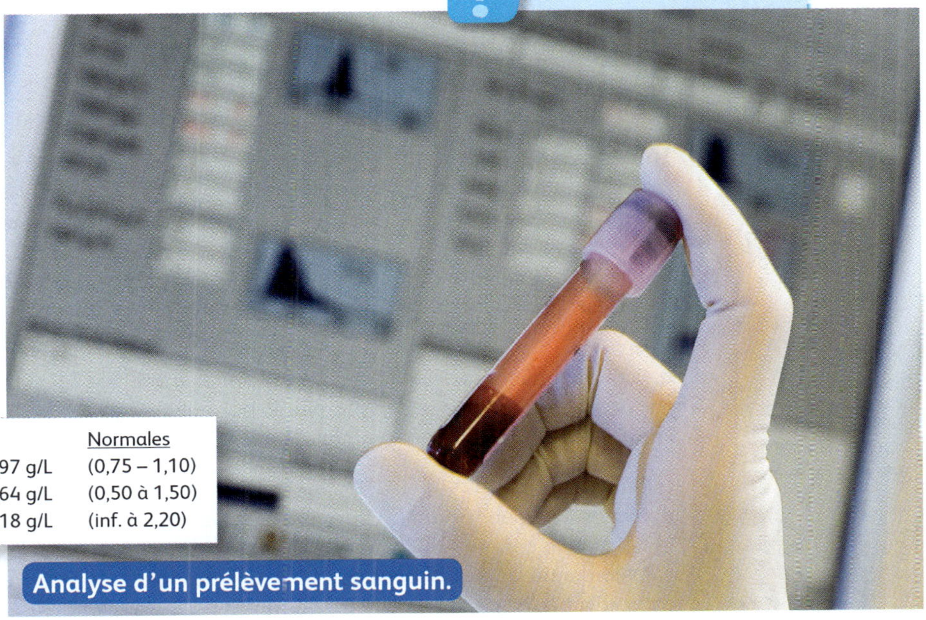

		Normales
Glycémie à jeun	0,97 g/L	(0,75 – 1,10)
Triglycérides	0,64 g/L	(0,50 à 1,50)
Cholestérol total	2,18 g/L	(inf. à 2,20)

Analyse d'un prélèvement sanguin.

Activité à la maison

ACTIVITÉ EXPÉRIMENTALE

MANUEL NUMÉRIQUE

1 Des solutions en cas de déshydratation

▶ Pour prévenir ou traiter la déshydratation en cas de diarrhée du nourrisson, les solutés de réhydratation orale (SRO) sont recommandés par l'OMS. Un médecin peut cependant conseiller, en cas d'urgence, de l'eau sucrée et salée (document 1 ⓐ).

Expérience

- Préparer les trois mélanges indiqués ci-dessous (document 1) en respectant le protocole suivant : remplir la bouteille d'eau, puis introduire le sucre et le sel.
- Boucher et agiter vigoureusement. Goûter.

Sécurité *Si la préparation a été faite en cuisine, elle peut être goûtée, mais c'est exclu si elle a été réalisée avec du matériel de chimie.*

ⓐ $V = 50$ cL

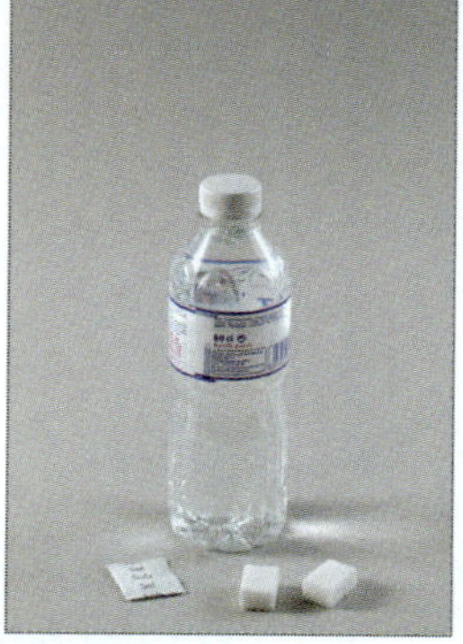

ⓑ $V = 1{,}0$ L

ⓒ $V = 1{,}5$ L

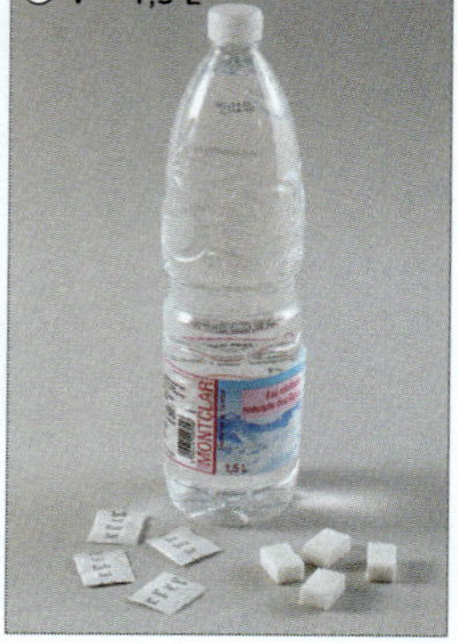

1 *Quelle préparation est la plus sucrée ? la plus salée ? Un morceau de sucre (constitué de saccharose) utilisé ici pèse 6,0 g, et une dosette de sel contient 0,80 g de chlorure de sodium NaCl.*

1 Observer

a. Pourquoi agite-t-on chaque préparation ?

b. Qu'appelle-t-on « mélange homogène » ? Est-ce le cas des mélanges obtenus ici ?

2 Interpréter

a. Dans chaque solution obtenue, quel est le solvant ? Quels sont les solutés ?

b. On s'intéresse d'abord au saccharose : on note m la masse de saccharose dissous et V le volume de solution.

- Quelle est l'influence de m sur le goût sucré de la préparation obtenue, si V ne change pas ?
- Quelle est l'influence de V sur le goût sucré de la préparation obtenue, si m ne change pas ?

3 Conclure

a. Pour quantifier ces deux influences, on définit la concentration massique c_m de la solution en saccharose : plus elle est élevée, plus la boisson a un goût sucré.

Parmi ces relations, laquelle pourrait définir c_m ?

- $c_m = \dfrac{V}{m}$
- $c_m = \dfrac{m}{V}$
- $c_m = m \times V$

b. Proposer une unité pour la concentration massique.

c. Calculer la concentration massique en saccharose dissous et la concentration massique en chlorure de sodium dissous dans chacune des solutions préparées. Les résultats obtenus concordent-ils avec vos perceptions des goûts des trois solutions ?

Vocabulaire

Quantifier : attribuer une grandeur mesurable à un phénomène.

ACTIVITÉ EXPÉRIMENTALE

MANUEL NUMÉRIQUE

2 Préparation d'une solution à perfuser

▶ Voyons à présent comment préparer une solution de concentration donnée par dissolution d'un solide.

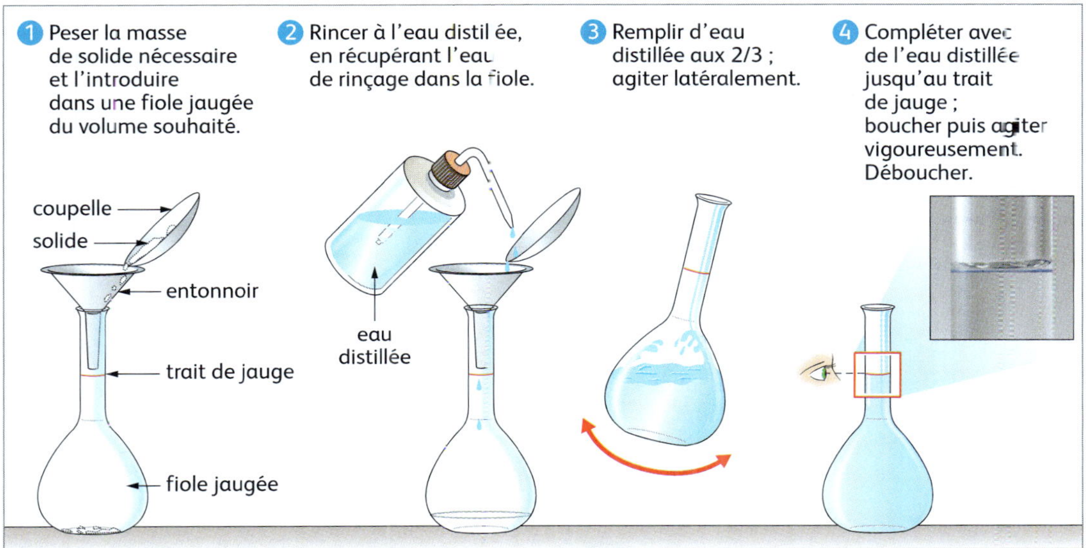

2 *Les différentes étapes pour réaliser une dissolution.*

Expérience

■ À l'aide du mode opératoire du **document 2**, préparer les solutions de glucose suivantes :

	Masse de solide à dissoudre	Volume de la solution
Solution 1	2,5 g	25,0 mL
Solution 2	7,5 g	50,0 mL
Solution 3	5,0 g	100,0 mL

■ Introduire quelques millilitres de la solution 1 dans un tube à essais, quelques millilitres de la solution 2 dans un deuxième tube, et quelques millilitres de la solution 3 dans un troisième tube.

1 Observer

a. Par simple observation à l'œil nu, peut-on dire si ces trois solutions ont la même concentration ?

b. Pour qu'une fiole jaugée contienne le volume indiqué, le bas du ménisque doit être tangent au trait de jauge. Où placer l'œil pour ajuster le volume de liquide ?

2 Interpréter

a. Si le trait de jauge est dépassé, un prélèvement à la pipette du liquide excédentaire permet-il de rectifier l'erreur et de préparer avec précision la solution souhaitée ? Justifier.

b. Pourquoi récupère-t-on l'eau de rinçage de la coupelle lors de la préparation ?

3 Conclure

Les trois solutions préparées sont-elles les mêmes ? Pour répondre, calculer la concentration massique en glucose de chacune d'elles.

ACTIVITÉ EXPÉRIMENTALE

MANUEL NUMÉRIQUE

3 Préparation d'une solution antiseptique

Démarche d'investigation

Vocabulaire

Diluer : ajouter du solvant à une solution pour obtenir une solution moins concentrée.

En solution aqueuse diluée, le permanganate de potassium peut être utilisé comme antiseptique local, pour des plaies superficielles : la posologie usuelle est de 0,25 g à 1,00 g de permanganate de potassium par litre.

Un préparateur en pharmacie a réalisé une solution S_0 de permanganate de potassium de concentration massique $c_{m,0} = 1{,}0\ g \cdot L^{-1}$. Pour répondre à la demande d'un client, il souhaite à présent préparer un volume de 100 mL d'une solution de concentration massique $c_m = 0{,}25\ g \cdot L^{-1}$.

➔ ***Comment aider le préparateur à réaliser cette solution ?***

Matériel disponible :

- pipettes jaugées de 10, 20 et 25 mL ;
- poires à pipeter ;
- fioles jaugées de 50 et 100 mL ;
- béchers.

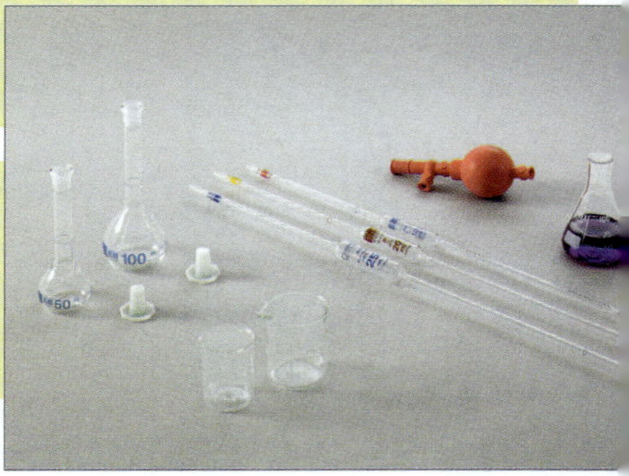

3 *Matériel disponible pour aider le préparateur.*

1 Formuler des hypothèses

En vous aidant du matériel disponible **(document 3)** et du mode opératoire ci-dessous **(document 4)**, proposer une ou plusieurs démarches.

2 Débattre

Quelle(s) démarche(s) semble(nt) adaptée(s) ? Pourquoi ?

3 Expérimenter pour conclure

Mettre en œuvre la ou les manipulation(s) correspondante(s). Conclure en rédigeant le protocole suivi pour préparer cette solution.

4 ▼ *Les différentes étapes pour réaliser une dilution.*

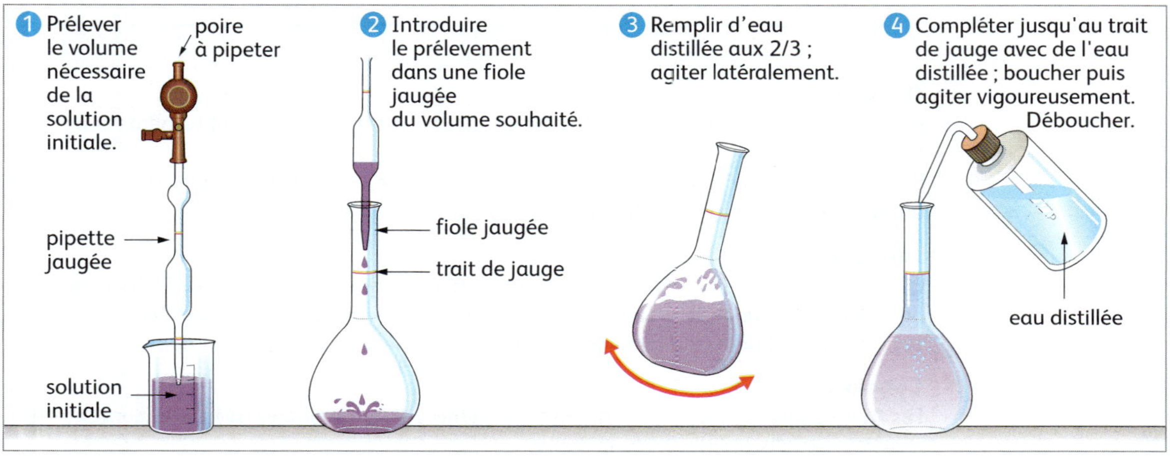

ACTIVITÉ EXPÉRIMENTALE

MANUEL NUMÉRIQUE

4 Utiliser une échelle de teintes

Démarche d'investigation

Le bleu patenté V (E131) est un colorant alimentaire très utilisé. Certaines solutions pour bains de bouche, colorées en bleu, en contiennent, comme l'Alodont®.

→ ***Comment évaluer la concentration massique en bleu patenté V dans la solution d'Alodont® ?***

Matériel et solutions disponibles :

- bécher contenant la solution commerciale d'Alodont® ;
- tubes à essais de diamètres différents ;
- échelle de teintes constituée par des solutions aqueuses de bleu patenté V de concentrations massiques différentes.

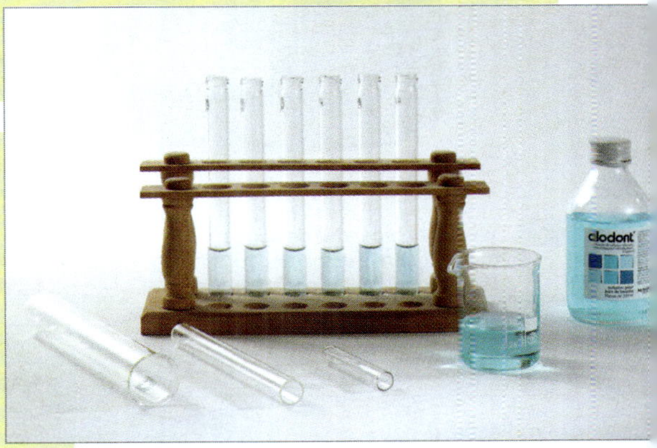

5 *Matériel disponible.*

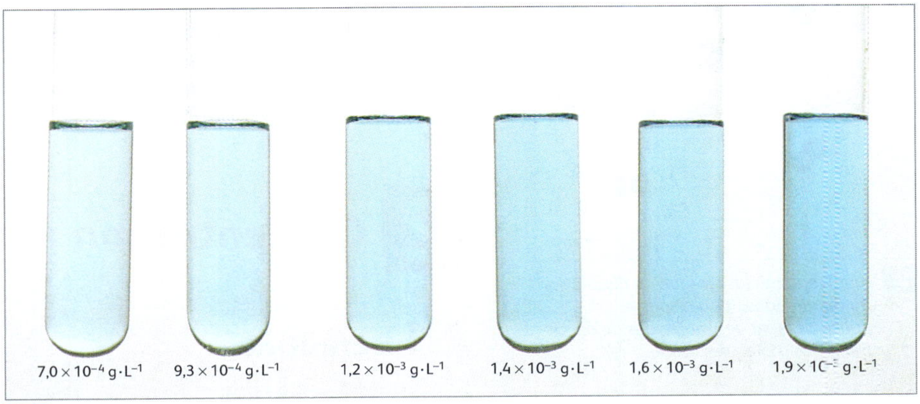

6 *Ces solutions de bleu patenté V de concentrations différentes constituent une échelle de teintes.*

1 Formuler des hypothèses
En vous aidant du matériel disponible, proposer une ou plusieurs démarches.

2 Débattre
Quelle(s) démarche(s) peut (peuvent) permettre d'évaluer rapidement la concentration de la solution commerciale ?

3 Expérimenter pour conclure
Mettre en œuvre la ou les manipulation(s) correspondante(s), puis conclure en donnant un résultat numérique.

Cours

1 Que contient une solution ?

1.1 Qu'est-ce qu'une solution ?

Quand une ou plusieurs espèces chimiques (solides, liquides ou gazeuses) se dissolvent dans un liquide, on obtient un mélange homogène appelé **solution**. Les espèces dissoutes, minoritaires, sont appelées **solutés**. Le liquide, majoritaire, dans lequel elles sont dissoutes, est le **solvant**.

Si le solvant utilisé est l'eau, on obtient une **solution aqueuse**.

Remarques

- Pour accélérer la dissolution et obtenir un liquide homogène (c'est-à-dire une solution), il est souvent préconisé d'agiter le liquide. C'est ce que l'on fait en agitant du café sucré avec une cuillère.
- À partir d'une certaine quantité d'espèce introduite, sa dissolution n'est plus possible. On dit alors que la solution est **saturée** : le solvant a dissous la quantité maximale d'espèce qu'il pouvait dissoudre.

7 *La solution aqueuse de diiode est homogène : on ne peut pas distinguer plusieurs constituants à l'œil nu.*

1.2 Solutés moléculaires et ioniques

Dans une solution, les entités chimiques constituant le soluté sont **dispersées uniformément** parmi les molécules de solvant : ces entités sont soit des molécules, soit des ions.

- **Si une espèce (solide ou liquide) est moléculaire** (comme le diiode, le glucose...), sa dissolution disperse uniformément ses molécules au sein du solvant **(documents 7 et 8)**.
- **Si un solide est ionique**, sa dissolution sépare et disperse ses cations et ses anions. La dissolution dans l'eau du chlorure de sodium solide NaCl(s) disperse ainsi ses ions sodium Na^+ et chlorure Cl^- : ces ions, dits solvatés, sont notés $Na^+(aq)$ et $Cl^-(aq)$.

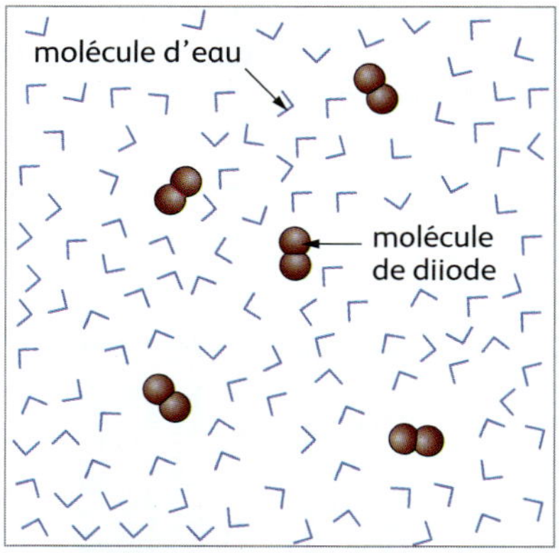

8 *Au niveau microscopique, la dissolution du diiode dans l'eau disperse uniformément les molécules de diiode parmi les molécules d'eau.*

Éviter des erreurs

Attention à ne pas confondre masse volumique et concentration massique d'une solution, qui s'expriment dans la même unité. La masse volumique est égale à la **masse de solution** par litre de solution, tandis que la concentration massique est égale à la **masse de soluté** par litre de solution.

2 Concentration massique

2.1 Définition

Les propriétés (goût, couleur...) d'une solution dépendent de la masse de soluté qui s'y trouve, mais aussi du volume de la solution.

La concentration massique c_m d'un soluté est égale à la masse de soluté dissous par litre de solution. Elle s'exprime usuellement en $g \cdot L^{-1}$.

Si un volume V de solution contient une masse m d'une espèce dissoute, sa concentration massique vaut :

$$c_m = \frac{m}{V}$$

V en litre (L)
m en gramme (g)
c_m en gramme par litre ($g \cdot L^{-1}$)

Exemple. Lors d'analyses sanguines, la concentration massique d'espèces ioniques et moléculaires présentes dans le sang (glucose, cholestérol, anticorps...) ou dans les urines (glucose, albumine...) est déterminée et comparée aux **valeurs dites normales**.

APPLICATION Un volume $V = 2{,}00$ mL de plasma sanguin contient une masse $m = 0{,}200$ mg d'ions calcium.
Quelle est la concentration massique c_m en ions calcium ?
La comparer aux valeurs dites normales pour l'adulte, qui se situent entre 0,090 et 0,105 $g \cdot L^{-1}$.

Réponse. La concentration massique en ions calcium vaut : $c_m = \frac{m}{V}$.

A.N. : $c_m = \frac{0{,}200 \times 10^{-3}}{2{,}00 \times 10^{-3}} = 0{,}100\ g \cdot L^{-1}$, ce qui est une valeur normale.

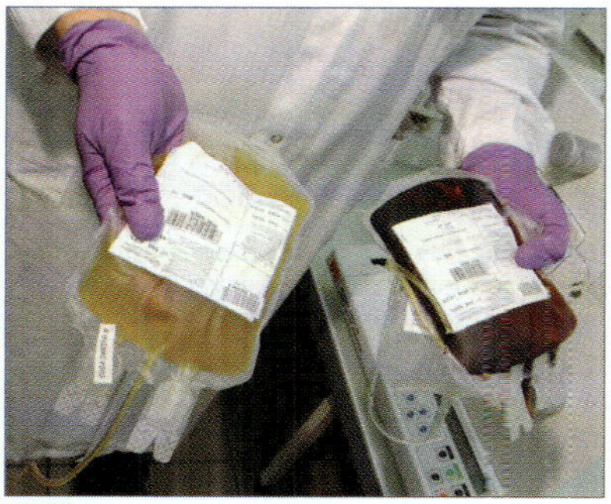

9 *La poche de gauche contient du plasma sanguin, c'est-à-dire du sang « débarrassé » de ses cellules (globules blancs et rouges, plaquettes).*

2.2 Comment lire l'étiquette d'un médicament ?

Sur les emballages des produits pharmaceutiques courants, la composition est donnée en **pourcentage massique** plutôt qu'en concentration massique.

Exemple. Pour le sérum physiologique **(document 10)**, on lit : « 0,90 % en chlorure de sodium », ce qui signifie qu'une masse de 100 g (soit un volume d'environ 100 mL) de cette solution contient 0,90 g de chlorure de sodium. La concentration massique c_m en chlorure de sodium dissous dans cette solution est égale à la masse m de chlorure de sodium sur le volume V de la solution.

Donc $c_m = \frac{m}{V}$, c'est-à-dire $c_m = \frac{0{,}90}{0{,}100} = 9{,}0\ g \cdot L^{-1}$.

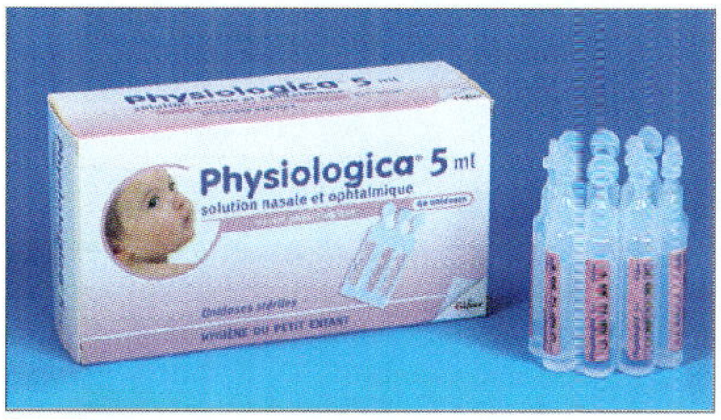

10 *Le sérum physiologique, utilisé pour nettoyer le nez, les oreilles ou les yeux, est une solution aqueuse de chlorure de sodium.*

2.3 Préparation d'une solution par dissolution

- On souhaite préparer un volume V d'une solution de concentration massique c_m par dissolution d'une espèce.

La masse d'espèce à dissoudre est égale à :

$$m = c_m \times V$$

- c_m en gramme par litre ($g \cdot L^{-1}$)
- V en litre (L)
- m en gramme (g)

- Le mode opératoire à suivre est donné page 89 **(figure 2)** : la solution est préparée dans une fiole jaugée **(document 11)**, qui peut contenir un volume de liquide précis. C'est l'étroitesse du col de la fiole, sur lequel est tracé le trait de jauge, qui en fait une verrerie de précision.

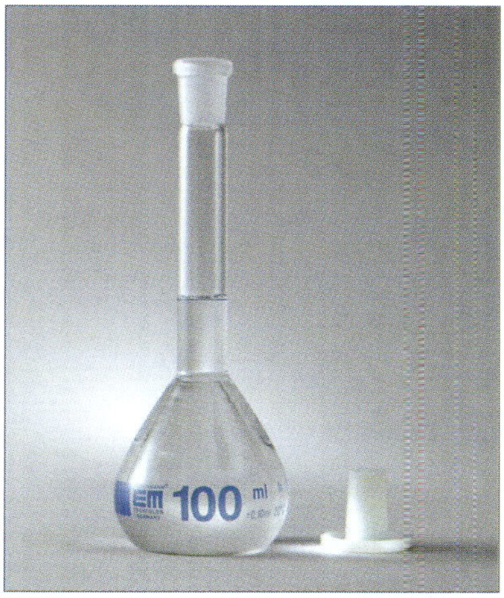

11 *Lorsque le bas du ménisque du liquide est tangent au trait de jauge, la fiole jaugée contient précisément le volume indiqué.*

APPLICATION Un préparateur veut obtenir un volume $V = 100$ mL d'une solution d'alcool à 70° de concentration $c_m = 5{,}5 \times 10^2\ g \cdot L^{-1}$.
Quelle masse m d'alcool (éthanol) doit-il peser ?

Réponse. La masse d'alcool à peser est : $m = c_m \times V$.
A.N. : $m = 5{,}5 \times 10^2 \times 0{,}100 = 55$ g.

3 Préparation d'une solution par dilution

On dispose d'une solution mère, **de concentration connue**, à partir de laquelle on prépare une solution fille, moins concentrée.

> Diluer une solution aqueuse consiste, en lui ajoutant de l'eau distillée, à obtenir une solution moins concentrée.

Vocabulaire

Diluer 10 fois une solution revient à diviser sa concentration par 10, la diluer 100 fois revient à diviser sa concentration par 100.

On parle aussi de dilution au dixième, au centième.

3.1 Verrerie utilisée

- La **fiole jaugée** est adaptée pour contenir précisément le volume de la solution préparée.
- Pour le prélèvement de la solution mère, on utilise soit une pipette jaugée, soit une pipette graduée (moins précise mais permettant de choisir plus librement le volume prélevé) **(document 12)**.

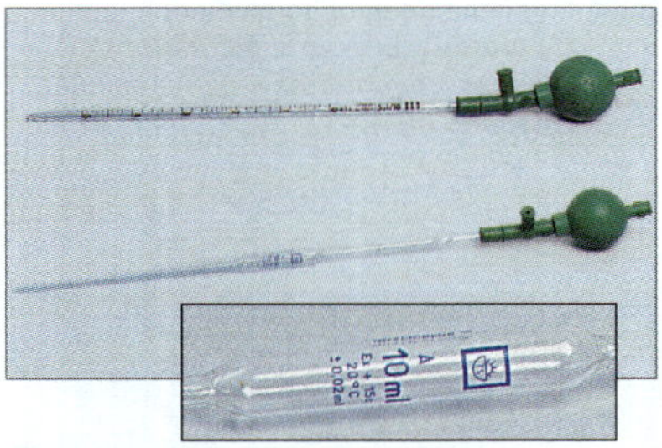

12 *Verrerie de précision utilisée pour le prélèvement d'un volume donné de solution : pipette graduée et pipette jaugée (avec poires à pipeter).*

3.2 Volume de solution mère à prélever

- On souhaite préparer un volume V d'une solution fille de concentration massique c_m à partir d'une solution mère de concentration massique $c_{m,0}$. On calcule d'abord le volume V_0 de solution mère à prélever.

> Lorsqu'on dilue une solution, son volume augmente, mais la masse de soluté présent ne change pas.

La masse de soluté dans la solution fille sera égale à $c_m \times V$. Or, la masse de soluté dans le prélèvement d'un volume V_0 de solution mère est égale à $c_{m,0} \times V_0$.

On a donc la relation :

$$\underbrace{c_m \times V}_{\text{masse de soluté dans la solution fille}} = \underbrace{c_{m,0} \times V_0}_{\text{masse de soluté dans le prélèvement de solution mère}}$$

Le volume V_0 de solution mère à prélever est donc tel que :

$$V_0 = \frac{c_m}{c_{m,0}} \times V$$

c_m et $c_{m,0}$ dans la même unité, par exemple en gramme par litre ($g \cdot L^{-1}$)

V et V_0 dans la même unité : en litre (L) ou millilitre (mL)

13 *Le principe d'une dilution.*

- Le mode opératoire à suivre est donné page 90 **(figure 4)**.

APPLICATION On dispose d'une solution mère de diiode de concentration $c_{m,0} = 2{,}0 \times 10^{-2}\ g \cdot L^{-1}$.

Quel volume de solution mère doit-on prélever pour préparer un volume $V = 100$ mL de solution fille de concentration :

$$c_m = 4{,}0 \times 10^{-3}\ g \cdot L^{-1}\ ?$$

Réponse. Le volume V_0 de solution mère à prélever est tel que :

$$V_0 = \frac{c_m}{c_{m,0}} \times V = \frac{4{,}0 \times 10^{-3}}{2{,}0 \times 10^{-2}} \times 0{,}100 = 0{,}020\ L = 20\ mL.$$

Éviter des erreurs

Il faut convertir les deux concentrations dans la même unité : par exemple, en $g \cdot L^{-1}$.

L'ESSENTIEL

Solution

- Une **solution** est un mélange liquide homogène obtenu par dissolution dans un liquide d'une ou plusieurs espèces chimiques (solides, liquides ou gazeuses).
- Les espèces dissoutes sont appelées **solutés**. Le liquide dans lequel elles ont été dissoutes est le **solvant**.
- Si le solvant est l'eau, la solution est dite **aqueuse**.
- La **dissolution** a pour effet de disperser les entités chimiques (molécules ou ions) constituant l'espèce dissoute dans le solvant.

Concentration massique

- La **concentration massique** d'un soluté est égale à la masse de soluté dissous par litre de solution.
Si un volume V de solution a été obtenu par dissolution d'une masse m d'une espèce, sa concentration massique vaut donc :

$$c_m = \frac{m}{V}$$

V en litre (L)
m en gramme (g)
c_m en gramme par litre ($g \cdot L^{-1}$)

- Pour **préparer par dissolution** un volume V de solution de concentration massique c_m, la masse m d'espèce à dissoudre est :

$$m = c_m \times V$$

c_m en gramme par litre ($g \cdot L^{-1}$)
V en litre (L)
m en gramme (g)

Préparation d'une solution par dilution

- **Diluer une solution aqueuse** consiste, en lui ajoutant de l'eau distillée, à obtenir une solution moins concentrée.
- Pour préparer un volume V d'une solution fille de concentration c_m à partir d'une solution mère de concentration $c_{m,0}$, il faut prélever un volume V_0 de solution mère :

$$V_0 = \frac{c_m}{c_{m,0}} \times V$$

c_m et $c_{m,0}$ en gramme par litre ($g \cdot L^{-1}$) par exemple
V et V_0 dans la même unité : litre (L) ou millilitre (mL)

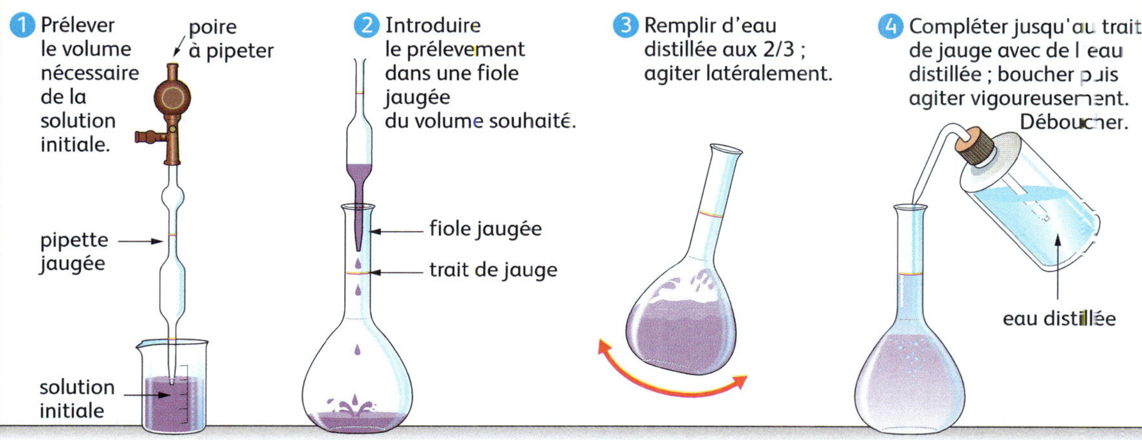

Exercices d'application

5 minutes CHRONO !

MANUEL NUMÉRIQUE — EXERCICES INTERACTIFS

1 Mots manquants

Compléter avec un ou plusieurs mots.

a. Une solution dans laquelle le solvant est l'eau est appelée solution ....

b. L'eau iodée est une .... de diiode dans l'eau. Le diiode est le ...., et l'eau est le solvant.

c. La concentration massique d'une espèce en solution est égale à la masse de cette espèce dissoute par .... de solution.

d. L'unité couramment utilisée en chimie pour exprimer la concentration massique est ....

e. Diluer une solution aqueuse revient à .... sa concentration en lui ajoutant ....

f. Quand on prépare une solution fille par dilution d'une solution mère, le prélèvement de solution mère se fait à l'aide d'une ...., et la solution fille est préparée dans une ....

2 QCM

Cocher la réponse exacte.

a. La masse m de soluté dissous dans un volume V de solution de concentration massique c_m est égale à :

- ☐ $m = c_m \times V$
- ☐ $m = \dfrac{c_m}{V}$
- ☐ $m = \dfrac{V}{c_m}$

b. Lors de l'ajout d'eau dans une solution aqueuse de diiode, la concentration massique en diiode :

- ☐ reste la même
- ☐ augmente
- ☐ diminue

c. Une solution d'éthanol de volume 2,0 L obtenue par dissolution d'une masse de 10 g d'éthanol a pour concentration massique :

- ☐ $0{,}20\ g \cdot L^{-1}$
- ☐ $20\ g \cdot L^{-1}$
- ☐ $5{,}0\ g \cdot L^{-1}$

d. Pour préparer 100 mL d'une solution de concentration massique $1{,}80\ g \cdot L^{-1}$ en glucose, il faut peser :

- ☐ 0,180 g de glucose
- ☐ 1,80 g de glucose
- ☐ 18,0 g de glucose

→ Reportez-vous aux solutions détaillées page 334 pour vérifier vos réponses et comprendre vos erreurs.

MOBILISER SES CONNAISSANCES

▶ Concentration d'une solution

[§2 du cours]

3 Définition

Qu'appelle-t-on « concentration massique » d'une solution ? Quelle est son unité ?

4 Collyre antibiotique

Un volume $V = 100$ mL d'un collyre en solution, utilisé dans le traitement de conjonctivites, contient une masse $m = 0{,}3$ g d'un antibiotique. Calculer la concentration massique c_m en antibiotique de ce collyre. L'exprimer en $g \cdot L^{-1}$.

5 Alcool à 70°

Quelle est la masse m de soluté dans un volume $V = 0{,}250$ L d'une solution d'alcool à 70° (utilisée comme désinfectant) de concentration massique $c_m = 5{,}5 \times 10^2\ g \cdot L^{-1}$?

6 Analyses sanguines

Un volume $V = 2{,}0$ mL de plasma sanguin contient une masse $m = 5{,}0 \times 10^{-4}$ g d'urée. Calculer la concentration massique en urée de ce plasma sanguin. L'exprimer en $g \cdot L^{-1}$ et conclure, les valeurs dites normales étant comprises entre 0,18 et $0{,}45\ g \cdot L^{-1}$ pour un homme.

7 Des ions dans le sang

Le plasma du sang d'un individu a une concentration massique en ions pyruvate $c_m = 5{,}0 \times 10^{-3}\ g \cdot L^{-1}$.
Quelle est la masse m de ces ions dans le volume $V = 3{,}0$ L de ce plasma sanguin ?

8 Dilution ou dissolution ?

Un homme s'est fait arracher une dent. Il prépare une solution pour un bain de bouche en versant 5,0 mL d'une solution aqueuse pharmaceutique dans un verre, qu'il remplit ensuite d'eau jusqu'à la moitié environ. Puis, pour soulager la douleur, il introduit le contenu d'un sachet de masse $m = 500$ mg de paracétamol $C_8H_9NO_2$ dans un autre verre contenant un volume $V' = 200$ mL d'eau.

a. Quelle est la concentration massique c_m de la solution aqueuse de paracétamol obtenue après agitation ? On suppose que le mélange se fait sans variation de volume.

b. Dans quel cas l'homme a-t-il effectué une dissolution ? Dans quel cas a-t-il effectué une dilution ?

▶ Préparation d'une solution par dilution [§3 du cours]

9 Verrerie de précision

Nommer et schématiser la verrerie utilisée pour prélever précisément un volume $V = 10{,}0$ mL d'une solution.

10 Dilution d'une solution

On souhaite préparer un volume $V = 50{,}0$ mL d'une solution d'iodure de potassium de concentration massique $c_m = 5{,}00 \times 10^{-1}$ g·L^{-1} à partir d'une solution mère de concentration massique $c_{m,0} = 2{,}50$ g·L^{-1}.

Quel est le volume V_0 de solution mère à prélever ?

11 Mode opératoire

Décrire le mode opératoire à suivre pour la préparation d'un volume $V = 250$ mL d'une solution fille par dilution dans de l'eau d'un volume $V_0 = 5{,}0$ mL de vinaigre.

12 Utilisation d'un sirop de sucre

Un pâtissier dispose d'un sirop de sucre commercial dont la concentration en saccharose est $c_m = 17{,}1$ g·L^{-1}.

Il mélange 200 mL de sirop commercial et le volume suffisant d'eau pour obtenir 1,0 L de sirop léger.

Calculer sa concentration massique en saccharose.

UTILISER SES COMPÉTENCES

13 Calculer des concentrations

Le Guronsan® est un médicament indiqué dans le traitement d'appoint de la fatigue aiguë. Il se présente sous la forme de comprimés effervescents. Chaque comprimé contient, entre autres, une masse $m_a = 500$ mg d'acide ascorbique (ou vitamine C) et une masse $m = 50$ mg de caféine.

a. Calculer la concentration massique c_m en caféine de la solution obtenue lorsqu'un comprimé est dissous dans un verre contenant un volume $V = 200$ mL d'eau. On suppose que la dissolution a lieu sans variation de volume.

b. Comparer c_m avec la concentration massique en caféine dans un expresso : une portion de volume $V' = 30$ mL contient environ une masse $m' = 40$ mg de caféine.

14 Calculer une masse d'espèce à dissoudre

On souhaite préparer un volume $V = 250{,}0$ mL d'une solution physiologique de concentration massique en chlorure de sodium $c_m = 9{,}0$ g·L^{-1}. Quelle masse m de chlorure de sodium (solide) faudra-t-il peser ?

15 Écrire un mode opératoire

Décrire le mode opératoire à suivre si l'on veut préparer un volume $V = 100$ mL d'une solution aqueuse de saccharose contenant une masse $m = 500$ mg de saccharose.

16 Utiliser la fiole jaugée

Un élève veut préparer avec précision une solution par dilution. La fin de la manipulation, avant agitation, est illustrée ci-contre.

Quels sont les points à corriger ?

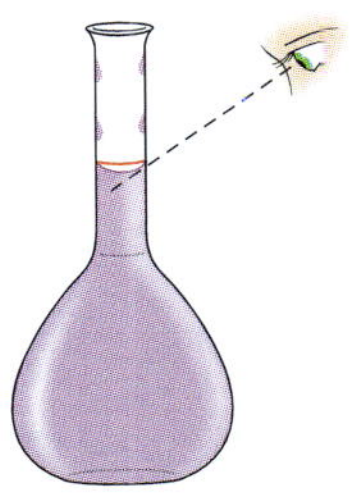

17 Calculer avec les puissances de 10

Un volume $V = 100$ mL de lait contient une masse $m = 60$ mg de vitamine A.

a. Exprimer le volume étudié en L et en utilisant les puissances de 10.

b. Exprimer la masse de vitamine A dans 100 mL de lait en g et en utilisant les puissances de 10.

c. Donner la concentration massique c_m du lait étudié en vitamine A, en utilisant les puissances de 10.

18 Manipuler les unités

a. Exprimer en g·L^{-1} la concentration massique c_m d'une solution de volume $V = 100$ mL contenant une masse $m = 0{,}10$ g de soluté.

b. Exprimer en g·L^{-1} la concentration massique c_m d'une solution de volume $V = 200$ mL contenant une masse $m = 2{,}0$ mg de soluté.

19 S'adapter aux notations de l'énoncé

À partir d'une solution mère de diiode de concentration massique, notée $c_{m,1}$, égale à $1{,}0 \times 10^{-1}$ g·L^{-1}, on prépare un volume $V_2 = 100{,}0$ mL d'une solution pour laquelle la concentration massique en diiode est $c_{m,2} = 5{,}0 \times 10^{-3}$ g·L^{-1}.

Calculer le volume V_1 de solution mère à prélever.

20 Apprendre à rédiger

Voici l'énoncé d'un exercice et un guide (en orange) ; ce guide vous aide pour rédiger la solution détaillée et pour retrouver les réponses numériques aux questions posées.

Énoncé

D'abord dénommé taxol, le paclitaxel est une molécule utilisée dans le traitement des cancers par chimiothérapie. Identifié en 1971, le paclitaxel est extrait de l'écorce d'un if. Depuis 1994, on sait le produire par synthèse. D'après la notice disponible sur le site Internet de l'AFSSAPS (Agence française de sécurité sanitaire des produits de santé), le taxol 6,0 g·L^{-1} doit être dilué avant d'être perfusé. Le diluant doit être ajouté en quantité suffisante pour obtenir une concentration de taxol de 0,30 à 1,2 mg·mL^{-1}.

Une infirmière dispose d'un flacon de volume $V = 25$ mL de taxol commercial de concentration $c_m = 6{,}0$ g·L^{-1}.

a. Calculer la masse m de paclitaxel dans ce flacon.

- **Convertir le volume en litre.**
- **Faire une courte phrase de présentation du calcul, et écrire la relation littérale donnant m en fonction de c_m et V.**
- **Poser le calcul, et vérifier que l'on trouve une masse de 0,15 g (avec deux chiffres significatifs).**

b. Quel volume maximal V' de solution diluée à $c'_m = 0{,}30$ mg·mL^{-1} l'infirmière peut-elle préparer à partir du flacon ?

- **Convertir en g·L^{-1} la concentration massique c'_m.**
- **Exprimer le volume V' de solution préparée en fonction de c'_m et m.**
- **Poser le calcul, et vérifier que l'on trouve un volume V' de 0,50 L (avec deux chiffres significatifs).**

Exercices d'entraînement

EXERCICE RÉSOLU

Énoncé **Un médicament pour la toux**

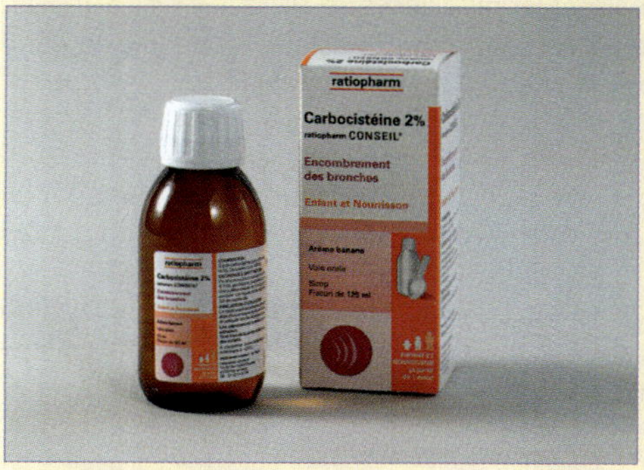

Sur la notice d'une solution buvable préconisée en cas de bronchite, il est indiqué qu'on trouve une masse m_0 = 2,00 g de carbocistéine dans un volume V_0 = 100 mL de solution.

Énoncé Penser à utiliser les notations de l'énoncé pour répondre aux questions.

1 Calculer la concentration massique c_m en substance active de la solution commerciale.

2 Le laboratoire pharmaceutique fabriquant ce médicament fournit une cuillère-mesure de volume V = 5,0 mL. Exprimer la masse m de carbocistéine prélevée par une cuillère-mesure en fonction de V et c_m, puis la calculer.

3 Pour effectuer des analyses sur ce sirop, un chimiste en prélève un volume V' = 2,0 mL, qu'il introduit dans une fiole jaugée de volume V'' = 25,0 mL.

a. Quelle verrerie le chimiste doit-il utiliser pour effectuer ce prélèvement avec précision ?

b. Calculer la concentration massique c'_m en carbocistéine de la solution diluée obtenue.

Une solution

1 La concentration massique de la solution commerciale est égale à :

$$c_m = \frac{m_0}{V_0}.$$

A.N. : m_0 = 2,00 g et V_0 = 100 mL = 0,100 L.

Donc $c_m = \frac{2,00}{0,100} = 20,0 \text{ g}\cdot\text{L}^{-1}$.

Rédiger Donner la relation littérale entre c_m, m_0 et V_0.

Application numérique
- Convertir le volume V en L pour obtenir une concentration en $\text{g}\cdot\text{L}^{-1}$.
- Donner le résultat avec trois chiffres significatifs (comme les données).

2 La masse m de carbocistéine prélevée par une cuillère-mesure est :

$$m = c_m \times V.$$

A.N. : $c_m = 20,0 \text{ g}\cdot\text{L}^{-1}$ et $V = 5,0 \text{ mL} = 5,0 \times 10^{-3}$ L.

Donc $m = 20,0 \times 5,0 \times 10^{-3} = 0,10$ g.

Rédiger Donner la relation littérale entre m, c_m et V.

3 **a.** Le prélèvement doit être effectué avec une pipette jaugée de 2 mL.

b. La masse m' de carbocistéine dans le prélèvement de volume V' est $m' = c_m \times V'$. On en déduit la concentration massique de la solution diluée :

$$c'_m = \frac{m'}{V''} = \frac{c_m \times V'}{V''}.$$

A.N. : $c'_m = \frac{20,0 \times 2,0}{25,0} = 1,6 \text{ g}\cdot\text{L}^{-1}$.

Raisonner Se rappeler que, lors de la dilution d'une solution, la masse de soluté reste inchangée.

Application numérique V' et V'' figurant l'un au numérateur, l'autre au dénominateur, on peut les exprimer tous les deux en mL.

21 ✶ Suspension buvable à l'ibuprofène

L'Advil® « enfants et nourrissons » est une suspension buvable utilisée dans le traitement de la fièvre et/ou de douleurs. La concentration de la substance active, l'ibuprofène, est : $c_m = 20$ mg/mL. La dose à ingérer dépend du poids de l'enfant et la posologie usuelle est de 30 mg/kg/jour, en quatre prises. Le fabricant fournit une seringue dont les graduations correspondent aux poids possibles de l'enfant.

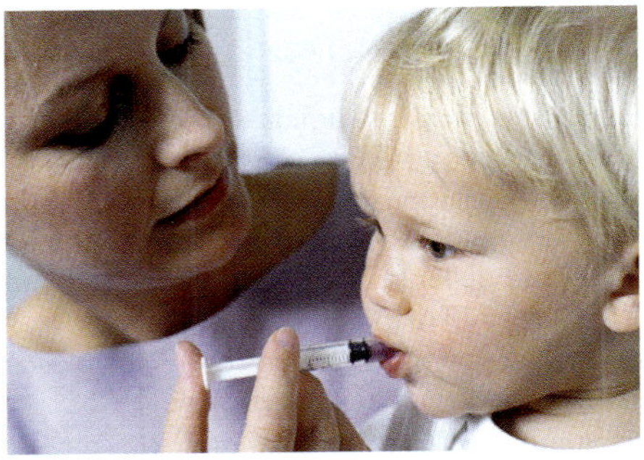

a. Exprimer en $g \cdot L^{-1}$ la concentration massique c_m en ibuprofène de ce médicament.

b. Que signifie l'unité : « mg/kg/jour » ?

c. À quelle masse *m* d'ibuprofène correspond une graduation « 1 kg » sur la seringue ?

d. Exprimer le volume *V* de solution correspondant à une graduation « 1 kg » sur la seringue en fonction de c_m et *m*. Le calculer ensuite.

22 ✶ Perfusion intraveineuse

Après une intervention chirurgicale, une solution aqueuse de glucose ($C_6H_{12}O_6$) peut être administrée à un patient par perfusion intraveineuse. Le personnel médical dispose alors de solutions de teneurs différentes en glucose, par exemple à 5,0 % ou à 10,0 % en masse.

Calculer la concentration massique de chaque solution.

Données

– 100 g d'une solution à 5,0 % en masse de glucose contiennent 5,0 g de glucose.

– Masse volumique de ces solutions : $\rho = 1{,}0\ g \cdot mL^{-1}$.

23 ✶ Degré d'un vinaigre

L'étiquette d'un vinaigre commercial donne son degré (ou pourcentage d'acidité).

Quelle est la concentration massique en acide éthanoïque d'un vinaigre balsamique à 6,0° ?

Données

– Le degré d'un vinaigre correspond à la masse d'acide éthanoïque $C_2H_4O_2$, exprimée en g, dans 100 g de vinaigre.

– Masse volumique du vinaigre : $\rho = 1{,}0\ g \cdot mL^{-1}$.

24 ✶ Solution non aqueuse pour les oreilles

Pour dissoudre les bouchons de cérumen dans les oreilles, une solution huileuse (Cérulyse®) peut être prescrite. Une masse $m' = 100$ g de cette solution huileuse contient une masse $m = 5{,}0$ g de xylène.

Quelle est la concentration massique c_m en xylène de ce médicament ?

Donnée : masse volumique de la solution, $\rho = 0{,}90\ g \cdot mL^{-1}$.

25 ✶ Vitamine D

La vitamine D est synthétisée dans l'organisme humain à partir d'un dérivé du cholestérol sous l'action de rayonnements UV. Pour prévenir une éventuelle carence, due à l'exposition insuffisante au soleil, les médecins prescrivent une solution buvable d'ergocalciférol (ou vitamine D_2).

Sur le flacon figure l'indication : « 1 500 UI/mL ». Les UI (Unités Internationales) sont d'anciennes unités encore utilisées dans le cas des vitamines.

La notice précise : 1 UI = 0,025 µg de vitamine D.

La seringue fournie par le fabricant permet de délivrer plusieurs doses : la « dose n° 1 » contient un volume $V = 0{,}67$ mL de solution.

a. Calculer la concentration massique c_m de la solution pharmaceutique en ergocalciférol.

b. Quelle masse *m* de substance active est contenue dans la « dose n° 1 » ?

26 ✶ Solution hydroalcoolique

Les solutions hydroalcooliques permettent de lutter contre les bactéries, les champignons et les virus, et sont employées afin d'assurer l'hygiène des mains lors des soins médicaux. Leur usage se généralise dans la vie quotidienne.

Sur le flacon d'une telle solution, on peut lire :

– éthanol (C_2H_6O) : 52,4 % ;

– propan-1-ol (C_3H_8O) : 21,0 %.

Cela signifie que, pour préparer un volume $V = 100$ mL de solution, on dissout un volume d'éthanol $V_{ét} = 52{,}4$ mL et un volume de propan-1-ol $V_{pr} = 21{,}0$ mL dans la quantité nécessaire d'eau.

a. Calculer la masse d'éthanol $m_{ét}$ et celle de propan-1-ol m_{pr} qui doivent être dissoutes pour préparer un volume $V = 100$ mL de solution.

b. En déduire les concentrations massiques $c_{m,ét}$ en éthanol et $c_{m,pr}$ en propan-1-ol dans cette solution.

c. Quel volume V_0 de cette solution hydroalcoolique faut-il prélever pour préparer un volume $V' = 2{,}0$ L d'une solution cinq fois plus diluée en éthanol et en propan-1-ol ?

Données

– Masse volumique de l'éthanol : $\rho_{ét} = 0{,}789\ g \cdot cm^{-3}$.

– Masse volumique du propan-1-ol : $\rho_{pr} = 0{,}803\ g \cdot cm^{-3}$.

27 ✶ Traitement de l'asthme

Le Célestène® à 0,050 % est utilisé pour ses propriétés anti-inflammatoires, pour traiter certaines maladies respiratoires (crise d'asthme, sinusite…). Selon la notice de ce médicament, un volume de 100 mL de solution buvable contient 0,050 g de bétaméthasone ($C_{22}H_{29}FO_5$), et un flacon de 30 mL équivaut à 1 200 gouttes.

Sur une ordonnance, un médecin a écrit : « Célestène : prendre 40 gouttes 3 fois par jour. »

a. Quelle est la concentration massique c_m, exprimée en $g \cdot L^{-1}$, de cette solution en bétaméthasone ?

b. Quelle masse *m* de substance active contient une goutte de Célestène® à 0,050 % ?

c. Quelle masse de bétaméthasone est délivrée à chacune des prises prescrites par le médecin ?

Pour aller plus loin

28 ✶ Course à pied

En 100 ans de recherches, l'acide lactique est presque devenu un mythe. Montré comme responsable puis témoin de la fatigue, il est de plus en plus un indicateur utilisé pour évaluer l'impact d'un entraînement. […] Nous appelons progressif un exercice au cours duquel l'intensité de l'effort est graduellement augmentée. En course à pied, l'épreuve type est le test progressif de course. Pendant un tel exercice, la concentration de lactate dans le sang (lactatémie) augmente de manière marquée.

Au début de l'exercice progressif, lorsque l'intensité est faible, la concentration sanguine de lactate s'accroît très légèrement tout en restant proche des valeurs de repos (0,2 g/L). Avec l'augmentation d'intensité, la lactatémie augmente tout d'abord modérément, puis de manière exponentielle. […] La courbe de lactatémie de l'athlète entraîné est déviée vers la droite. Cette adaptation à l'entraînement a participé à la croyance selon laquelle l'acide lactique est responsable de la fatigue.

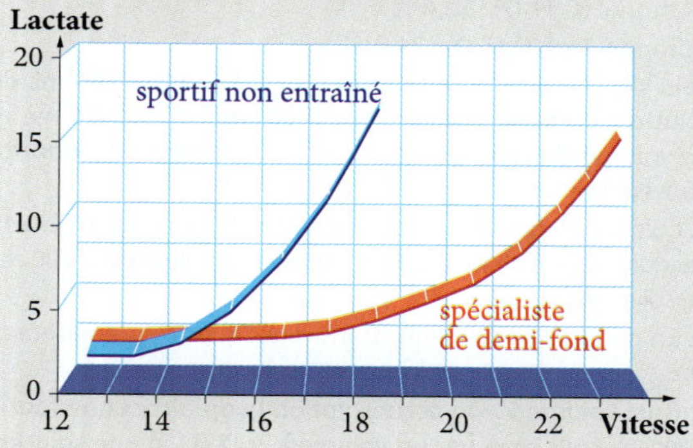

www.volodalen.com

Les courbes ci-dessus représentent l'évolution de la lactatémie sanguine en fonction de la vitesse de course d'un spécialiste de demi-fond et d'un sportif non entraîné.

a. Qu'appelle-t-on « lactatémie » ?

b. Que représente l'axe des ordonnées de ce graphique ? Le graduer en g/L.

c. À quelle grandeur correspond l'axe des abscisses de ce graphique ? Quelle peut être son unité ?

d. Qu'entend l'auteur de cet article par « augmentation d'intensité » ? Comment peut-on faire réaliser cette « augmentation d'intensité » au sportif ?

e. Que signifie la phrase : « La courbe de lactatémie de l'athlète entraîné est déviée vers la droite » ?

29 ✶✶ Dosage d'une solution pharmaceutique

Un étudiant en médecine vérifie l'étiquette d'une solution aqueuse de glucose vendue en pharmacie : « solution pour perfusion à 10 % ».

Il prépare une gamme de solutions de glucose de concentrations différentes et mesure leurs masses volumiques. Ses résultats figurent ci-dessous.

Concentration massique ($g \cdot L^{-1}$)	68	90	135	180	225
Masse volumique ($g \cdot L^{-1}$)	1 016	1 032	1 042	1 064	1 072

Il mesure aussi la masse volumique de la solution commerciale pour perfusion : $\rho = 1\,035\ g \cdot L^{-1}$.

a. Représenter l'évolution de la masse volumique d'une solution aqueuse de glucose en fonction de sa concentration massique, sans oublier le point correspondant à l'eau sans glucose ($\rho_{eau} = 1\,000\ g \cdot L^{-1}$).

b. En déduire la concentration massique c_m en glucose de la solution pharmaceutique pour perfusion.

c. Quel volume V occupe la masse $m_c = 100$ g de solution commerciale ?

d. En utilisant les réponses aux questions **b.** et **c.**, en déduire la masse m de glucose dissoute dans la masse $m_c = 100$ g de la solution commerciale. Ce résultat correspond-il à l'indication de l'emballage ?

30 ✶✶ Analyses sanguines d'un sportif

Un sportif a effectué des analyses sanguines dans le cadre d'un contrôle anti-dopage.

		Normales
Hématies	5,29 M/mm³	4,1-5,1 M/mm³
Hémoglobine	14,9 g/dL	12,0-16,0 g/dL
Hématocrite	56,20 %	40-52 %
VGM	… fL	78-102 fL
TCMH	… pg	25-35 pg

La ligne « Hématies » donne le nombre d'hématies (plus communément appelées globules rouges), exprimé en millions (M) par mm³ de sang.

La ligne « Hémoglobine » donne la concentration massique en hémoglobine du sang.

L'hématocrite est le rapport du volume des globules rouges sur le volume du sang contenant ces globules rouges.

1. Le VGM (volume globulaire moyen) est le volume moyen d'un globule rouge.

a. Quel est le volume occupé par les globules rouges dans un volume $V = 100$ mL de ce sang ?

b. Quel est le nombre de globules rouges dans un volume $V = 100$ mL de sang ?

c. En déduire le VGM dans ce sang, exprimé en femtolitres fL (10^{-15} L).

2. La TCMH (teneur corpusculaire moyenne en hémoglobine) est la masse moyenne d'hémoglobine dans un globule rouge.

a. Quelle est la masse d'hémoglobine dans un volume $V = 100$ mL de ce sang ?

b. En utilisant les réponses aux questions **1. b.** et **2. a.**, calculer la TCMH de ce sang, exprimée en picogrammes pg (10^{-12} g).

3. Que pensez-vous de ces résultats d'analyses ?

Culture scientifique et citoyenne

Un métier : préparateur (trice) en pharmacie hospitalière

BAC +2

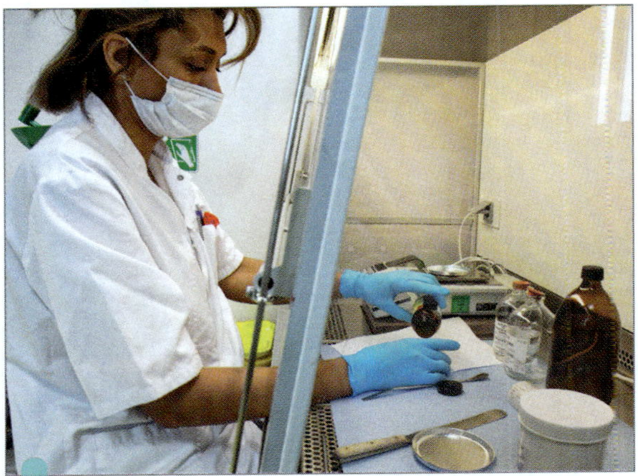

Préparatrice en pharmacie, en milieu hospitalier.

Le préparateur en pharmacie hospitalière possède une large palette d'activités au sein des pharmacies à usage intérieur des centres hospitaliers.

- Sous la responsabilité du pharmacien, il participe à la gestion, l'approvisionnement des médicaments et des dispositifs médicaux stériles, à la réalisation des préparations pharmaceutiques.
- Son activité peut s'étendre à la préparation et la stérilisation des dispositifs médicaux, ainsi qu'à la préparation des médicaments radiopharmaceutiques et anticancéreux. Il est soumis au secret professionnel.

Sur le Web www.metiers.santesolidarites.gouv.fr/metiers-preparateur_pharmacie_hospitaliere-70.html

Exercer son esprit critique

Le bisphénol A ou BPA est utilisé comme additif dans la fabrication de matières plastiques. Il se trouve dans certains biberons, dans les canettes de boisson, etc.

- L'Organisation mondiale de la santé (OMS) fixe, pour tous les additifs alimentaires, des valeurs de **dose journalière admissible (DJA)**. En avril 2008, le Canada a été le premier pays à classer le BPA au rang des toxiques, et a établi que la dose journalière admissible de **25 µg par kg de masse corporelle par jour** constitue une limite prudente quant à la présence de BPA dans les aliments.
- D'après une enquête effectuée en mars 2009 par Santé Canada (le ministère canadien de la santé), la concentration en BPA dans une canette **varie entre 0,045 et 4,5 µg/L**.

La fabrication et la commercialisation de biberons contenant du bisphénol A sont officiellement interdites en France depuis juin 2010.

?! **Quelle a été la conclusion de l'enquête menée par Santé Canada ?**

Sur le Web www.hc-sc.gc.ca/fn-an/securit/packag-emball/bpa/bpa_survey-enquete-can-fra.php

THÈME 2

L'Univers

Nébuleuse Trifide.

L'Univers est une pouponnière d'atomes qui naissent dans les étoiles au sein de milliards de galaxies. La gravitation assure la cohésion de l'ensemble, des galaxies au système solaire, jusqu'au plus petit objet sur Terre.

Quels sont les « yeux » qui nous permettent de voir cet Univers immense, en remontant dans son passé pour déchiffrer son avenir ?

Éclipse de Soleil.

Spectre de la lumière blanche.

La classification des éléments de Mendéleïev.

Chapitre 7 Description de l'Univers

Vu au collège

- La lumière se propage de façon rectiligne à la vitesse de 300 000 $km \cdot s^{-1}$.
- Le trajet rectiligne de la lumière est modélisé par le rayon de lumière.
- La distance parcourue par la lumière est égale au produit de sa vitesse par la durée du parcours.
- L'atome est constitué d'un noyau et d'électrons. La matière a une structure lacunaire.
- Le système solaire se compose d'une étoile, le Soleil, autour duquel tournent huit planètes.

Connaissances & Compétences

- Savoir que l'espace est essentiellement occupé par du vide.
- Connaître la valeur de la vitesse de la lumière dans le vide (ou dans l'air).
- Connaître la définition de l'année de lumière et son intérêt.
- Savoir expliquer que « voir loin, c'est voir dans le passé ».
- Utiliser les puissances de 10 pour évaluer des ordres de grandeur.

La Lune dans le ciel.

Quels sont les objets célestes qui composent l'Univers ?

Bételgeuse, supergéante rouge de la constellation d'Orion.

?

Peut-on être sûr que Bételgeuse, observée aujourd'hui depuis la Terre, existe toujours ?

Une souris dans un trou de gruyère.

?

Au niveau de l'atome ou à l'échelle cosmique, le vide occupe-t-il plus d'espace que la matière ?

Activité à la maison

ACTIVITÉ DOCUMENTAIRE

MANUEL NUMÉRIQUE

1 Balade dans l'Univers

▶ **Identifions quelques objets qui composent l'Univers et classons-les des plus grands aux plus petits.**

1 *Différents objets présents dans l'Univers.*

1 Observer les documents

Attribuer à chaque document la légende qui lui correspond parmi les propositions suivantes, puis compléter les légendes si besoin.

❶ Une fleur : le crocus
❷ Une constellation : …
❸ Une représentation d'atomes
❹ Une étoile : …
❺ Une planète : …
❻ Des cellules
❼ Un insecte : un pou
❽ …
❾ Une représentation d'un morceau d'une molécule d'ADN

2 Exploiter les documents

Classer les objets du **document 1** dans l'ordre décroissant de leur taille.

ACTIVITÉ DOCUMENTAIRE

MANUEL NUMÉRIQUE

2 Appréhender les longueurs dans l'Univers

▶ **Apprenons à donner des ordres de grandeur et à représenter des objets ramenés à une échelle humaine.**

Problème 1 *Comment déterminer l'ordre de grandeur d'une longueur, pour se faire simplement une idée de sa valeur ?*

2 *La Terre vue de la Lune.*

1 Estimer des longueurs

a. Tenter d'attribuer, sans aide, une valeur approximative aux longueurs suivantes :

ⓐ rayon de la Terre ; ⓑ distance Terre-Lune ;
ⓒ distance Terre-Soleil ;
ⓓ distance de la Terre à la galaxie la plus proche de la nôtre ;
ⓔ longueur d'une cellule végétale ; ⓕ rayon d'un atome d'hydrogène.

b. Rechercher ensuite les valeurs correctes en utilisant toutes les ressources disponibles.

c. Voici les réponses données à la question **a.** par un élève :

ⓐ 6 000 km ⓑ 30 000 km ⓒ 20 millions de km
ⓓ 5×10^{19} km ⓔ 100 µm ⓕ 2×10^{-10} m

L'ordre de grandeur d'un nombre est la puissance de 10 qui en est « la plus proche ».
Pour savoir si une réponse donnée par l'élève est une estimation acceptable, on remplace cette réponse et la réponse exacte par leur ordre de grandeur : si les deux ordres de grandeur sont égaux, la réponse est une estimation acceptable.

• Juger de cette façon chacune des réponses données par cet élève.

Problème 2 *Comment représenter des objets très petits ou très grands à l'échelle humaine, pour les visualiser plus facilement ?*

2 Raisonner

a. Le rayon d'un noyau de l'atome d'hydrogène est $r_n = 1{,}0 \times 10^{-15}$ m. Son électron se trouve le plus souvent à la distance $r_a = 5{,}3 \times 10^{-11}$ m du noyau. Le rayon d'une balle de ping-pong est $R = 2{,}0$ cm.

Calculer à quelle distance de la balle il faudrait placer une bille représentant l'électron pour répondre à la question du **document 3**.

b. On peut aussi ramener à notre échelle des objets de grande taille.

Si la balle de ping-pong devait représenter la Terre, à quelle distance faudrait-il placer une bille représentant la Lune ?

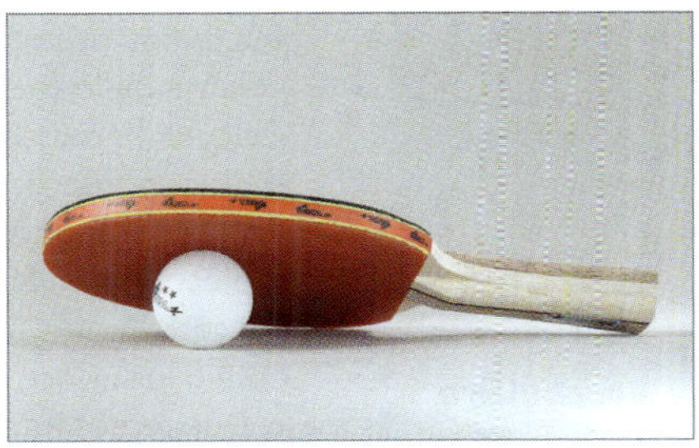

3 *Si une balle de ping-pong représentait le noyau de l'atome d'hydrogène, l'atome entier, représenté à la même échelle, tiendrait-il dans un gymnase ?*

3 Conclure

Pourquoi peut-on dire que le remplissage de l'Univers par la matière est lacunaire, tant à l'échelle de l'atome qu'à l'échelle cosmique ?

Vocabulaire

Cosmique : vient du grec *kosmus*, « univers ».

ACTIVITÉ EXPÉRIMENTALE

MANUEL NUMÉRIQUE

3 Taille d'une molécule d'huile

▶ Suivons la démarche de Benjamin Franklin (XVIIIe siècle) pour déterminer l'ordre de grandeur de la taille de certaines molécules.

DISPOSITIF Poser un plat à tarte plat, propre et sec sur une mire, de telle sorte que le centre des cercles concentriques de la mire corresponde au centre du plat.

Expérience

- Remplir le plat à tarte à mi-hauteur avec de l'eau. Saupoudrer la partie centrale du plat d'une très fine couche de talc, en tenant le tamis à au moins 30 cm de l'eau.
- Tremper un fil métallique dans de l'huile d'olive sur plusieurs centimètres.
- En frottant si besoin le fil sur le bord d'un tube à essais, ne conserver qu'une goutte d'huile. En particulier, éliminer la première goutte, qui est généralement plus grosse que les autres.
- Plonger le fil au centre de la mire, jusqu'à ce que la goutte touche la surface de l'eau.

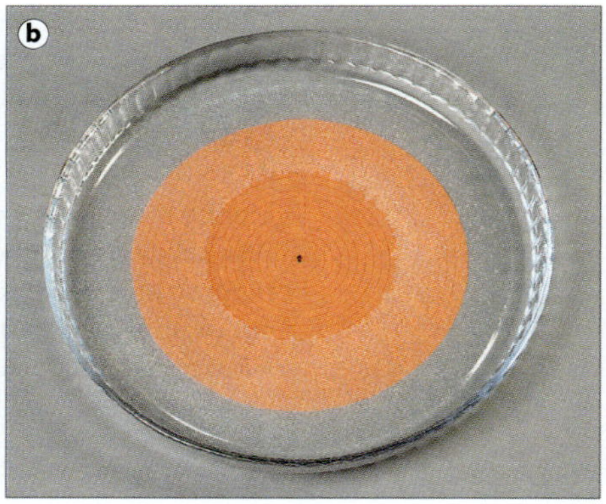

4 (a) *La couleur de la mire permet de voir le talc, même si la couche est très fine.* (b) *La tache obtenue est circulaire.*

1 Observer

a. Noter immédiatement le diamètre de la tache obtenue. Si cette tache n'est pas circulaire, c'est que la couche de talc est trop épaisse. Recommencer alors l'expérience après avoir nettoyé le plat avec du détergent.

b. Prendre connaissance de la valeur approchée du volume d'une goutte déterminée au préalable par le professeur.

Coup de pouce

Le volume d'un cylindre de rayon R et d'épaisseur e est : $V = \pi R^2 e$.

2 Interpréter

a. Les liquides étant incompressibles, le volume de la goutte et le volume de la tache d'huile à la surface de l'eau sont identiques. Calculer l'épaisseur e de la tache d'huile.

b. On suppose, pour simplifier, que toutes les molécules constituant l'huile ont la même longueur. Comme l'indique la **figure 5**, une molécule d'huile possède deux parties. En les dessinant comme sur cette figure, représenter les molécules d'huile disposées côte à côte à la surface de l'eau.

c. Que représente l'épaisseur de la tache d'huile sur l'eau ?

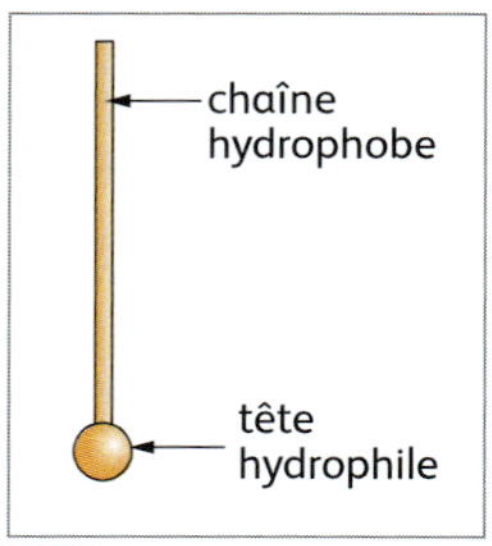

5 *Une molécule d'huile possède une partie hydrophile et une partie hydrophobe.*

3 Conclure

Déduire du 2 l'ordre de grandeur de la taille d'une molécule d'huile.

Vocabulaire

Hydrophile : qui « aime » l'eau. Son contraire est **hydrophobe**.

4 ACTIVITÉ DOCUMENTAIRE

MANUEL NUMÉRIQUE

Regarder loin, c'est regarder tôt

▶ La lumière met énormément de temps pour nous parvenir des étoiles. Hubert Reeves nous explique pourquoi cela présente plutôt un avantage.

Nous savons aujourd'hui que, comme le son, la lumière se propage à une vitesse bien déterminée. En 1675, étudiant le mouvement des satellites de Jupiter, l'astronome danois Römer a mis en évidence certains comportements bizarres. Ces comportements s'expliquent si on admet que la lumière met quelques dizaines de minutes pour nous arriver de Jupiter. Cela équivaut à une vitesse d'environ trois cent mille kilomètres par seconde […].

Il faut bien reconnaître que, par rapport aux dimensions dont nous parlons maintenant, cette vitesse est plutôt faible. À l'échelle astronomique, la lumière progresse à pas de tortue. Les nouvelles qu'elle nous apporte ne sont plus fraîches du tout !

Pour nous, c'est plutôt un avantage. Nous avons trouvé la machine à remonter le temps ! En regardant « loin », nous regardons « tôt ». La nébuleuse d'Orion nous apparaît telle qu'elle était à la fin de l'Empire romain, et la galaxie d'Andromède telle qu'elle était au moment de l'apparition des premiers hommes, il y a deux millions d'années. […]

Certains quasars sont situés à douze milliards d'années lumière. La lumière qui nous en arrive a voyagé pendant douze milliards d'années, c'est-à-dire quatre-vingts pour cent de l'âge de l'Univers… C'est la jeunesse du monde que leur lumière nous donne à voir au terme de cet incroyable voyage.

Hubert Reeves, *Patience dans l'azur. L'Évolution cosmique*, © Éditions du Seuil, 1981, coll. Science ouverte, 1988.

6 *Le voyage de la lumière.*

7 *La nébuleuse d'Orion, telle qu'elle était à la fin de l'Empire romain.*

8 *La galaxie d'Andromède, telle qu'elle était au moment de l'apparition des premiers hommes.*

1 Comprendre le texte

a. « La nébuleuse d'Orion, visible à l'œil nu comme une petite tache floue par une nuit sans Lune, est distante de 1 500 années de lumière de la Terre. » Relever une phrase du texte qui traduit la même idée.

b. En utilisant le texte, donner la valeur de la distance entre la Terre et la galaxie d'Andromède.

Vocabulaire

Quasar : galaxie très lointaine dont le noyau émet une quantité d'énergie fantastique. Un quasar paraît ponctuel, comme une étoile, d'où son nom, contraction de « quasi star ».

2 Interpréter

a. Commenter la dernière phrase du texte en expliquant pourquoi la faible vitesse de la lumière à l'échelle astronomique est « plutôt un avantage ».

b. En 1974, un message radio a été envoyé depuis le radiotélescope d'Arecibo (île de Porto Rico) vers l'amas d'Hercule, groupe d'étoiles situé à 25 000 années de lumière de la Terre. Les ondes radio se déplacent à la même vitesse que la lumière. En admettant que les hypothétiques habitants de cet amas d'étoiles répondent dès réception du message, dans combien de temps peut-on espérer avoir des nouvelles ? Pour Hubert Reeves, la lenteur de la lumière à l'échelle astronomique est « plutôt un avantage ». N'est-elle pas aussi un inconvénient majeur ?

1 Description de l'Univers

1.1 Vers l'infiniment petit

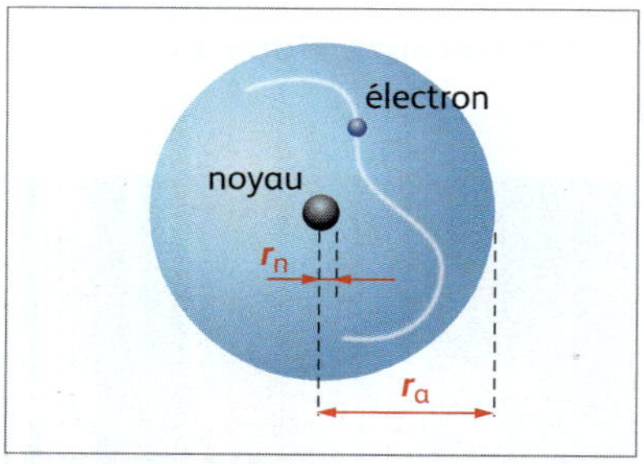

9 *Un modèle de l'atome d'hydrogène.*

- La matière que nous observons autour de nous, qu'elle soit vivante ou inerte, est toujours constituée à partir d'**atomes**. Chaque atome est constitué d'un **noyau**, autour duquel circulent un ou plusieurs **électrons**.
- Ces atomes peuvent s'assembler pour former des **molécules**, elles-mêmes pouvant constituer des **cellules**.
- L'atome le plus simple est l'atome d'hydrogène **(figure 9)**. Le rayon de son noyau est $r_n = 1{,}0 \times 10^{-15}$ m. Son électron se situe souvent à une distance du noyau $r_a = 5{,}3 \times 10^{-11}$ m.

1.2 Vers l'infiniment grand

10 *Vue d'artiste représentant notre Galaxie vue de côté et de face. La flèche rouge indique où se trouve le Soleil.*

- Le **système solaire** est constitué d'une étoile, le Soleil, boule de gaz très chaud autour de laquelle tournent huit planètes (Mercure, Vénus, Terre, Mars, Jupiter, Saturne, Uranus et Neptune).
- Le Soleil n'est qu'une étoile moyenne parmi un groupe contenant environ 100 milliards d'étoiles, appelé la **Galaxie** (noter la majuscule) **(document 10)**.
- Il existe, dans la Galaxie, des **systèmes planétaires extrasolaires** : ils sont constitués de planètes gravitant autour d'une étoile autre que le Soleil. Ces planètes sont appelées **exoplanètes** (en grec, *exô* signifie « au-dehors »).
La première exoplanète, 51 Pegasi b, n'a été détectée que dans les années 1990.
- La Galaxie n'est qu'une des nombreuses galaxies (une centaine de milliards peut-être) qui peuplent l'Univers.

1.3 Structure lacunaire de l'Univers

11 *Si le Soleil avait la taille d'un pamplemousse, la Terre serait de la taille d'une tête d'épingle située à 10 m de lui.*

- Si on représentait le Soleil par un pamplemousse de diamètre 10 cm, la Terre devrait être représentée par une tête d'épingle de 1 mm de diamètre, placée à environ 10 m de lui pour respecter les proportions **(document 11)**. Proxima du Centaure, l'étoile la plus proche du système solaire, devrait être représentée à 3 000 km. Les distances entre le Soleil et les planètes dans le système solaire, entre les étoiles dans la Galaxie et entre les galaxies sont très grandes : la plus grande partie de l'espace est donc **occupée par du vide**.
- Si le noyau de l'atome d'hydrogène était représenté par une balle de ping-pong, l'électron devrait être représenté à environ 1 km de cette balle pour respecter la même échelle, avec du vide entre les deux. La plus grande partie d'un atome est donc **constituée de vide**.

> Au niveau de l'atome et jusqu'à l'échelle cosmique, la matière a une structure lacunaire : l'espace est essentiellement occupé par du vide.

2 Longueurs dans l'Univers

2.1 Unité de longueur

Le mètre, de symbole m, est l'unité de longueur dans le système international.

On utilise aussi ses multiples ou ses sous-multiples, dont les plus courants sont rassemblés dans le **tableau 12**.

Remarque. La distance moyenne de la Terre au Soleil, une autre unité de longueur appelée **unité astronomique** (ua), est fréquemment utilisée pour les distances dans le système solaire.

mégamètre	Mm	10^6 m
kilomètre	km	10^3 m
mètre	m	10^0 m ou 1 m
centimètre	cm	10^{-2} m
millimètre	mm	10^{-3} m
micromètre	µm	10^{-6} m
nanomètre	nm	10^{-9} m
picomètre	pm	10^{-12} m

12 *Multiples et sous-multiples du mètre.*

2.2 Les puissances de 10 ; l'écriture scientifique

Pour la clarté des calculs, les scientifiques notent les nombres avec l'écriture scientifique.

L'écriture scientifique d'un nombre est l'écriture de la forme $a \times 10^n$ pour laquelle a est un nombre décimal tel que $1 \leqslant a < 10$ et n est un entier positif ou négatif.

APPLICATION Donner l'écriture scientifique en km du rayon de la Terre à l'équateur : $R_T = 6\,378$ km.

Réponse. On exprime 6 378 en fonction de 6,378 car 6,378 est tel que $1 \leqslant 6{,}378 < 10$.
Pour passer de 6,378 à 6 378, on doit multiplier par 1 000, soit 10^3.
Ainsi, $R_T = 6{,}378 \times 10^3$ km.

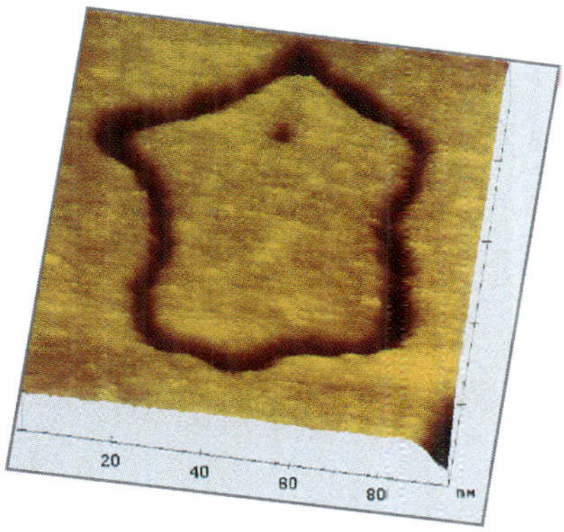

13 *Dès 1994, des chercheurs ont réalisé une nanolithographie, à l'échelle de $1/10^{13}$ e : cette photo prise au microscope à effet tunnel représente une carte de France composée en enlevant 32 000 atomes d'or.*

2.3 Ordres de grandeur

L'ordre de grandeur d'une valeur est la puissance de 10 la plus proche de cette valeur.

APPLICATION Donner l'ordre de grandeur de la distance Terre-Soleil $d_{TS} = 150 \times 10^9$ m.

Réponse. On note d'abord la valeur de d_{TS} en écriture scientifique :
$d_{TS} = 150 \times 10^9 \text{ m} = 1{,}50 \times 10^2 \times 10^9 = 1{,}50 \times 10^{11}$ m.
La puissance de 10 la plus proche de 1,50 est 1 (car $0 \leqslant 1{,}50 < 5$).
L'ordre de grandeur de $d_{TS} = 150 \times 10^9$ m est donc 10^{11} m.

L'ordre de grandeur permet d'informer sur l'importance d'une grandeur sans souci de précision.

Exemple. L'ordre de grandeur du rayon du Soleil est égal à 10^9 m. Celui de la Terre est de 10^7 m, soit 100 fois plus petit. C'est le même rapport d'échelle que l'ordre de grandeur du diamètre d'un ballon de football comparé à celui de la taille d'une fourmi.

Les règles de calcul

Les règles de base des calculs avec les puissances de 10 sont :
- $10^0 = 1$
- $10^a \times 10^b = 10^{a+b}$
- $\dfrac{10^a}{10^b} = 10^{a-b}$

3 L'année de lumière

3.1 Une unité de longueur adaptée à l'échelle cosmique

Vocabulaire
On dit souvent « année-lumière » à la place de « année de lumière ».

- La lumière se propage à une **vitesse finie**.

> Dans le vide ou dans l'air, la vitesse de propagation de la lumière est :
> $c = 3{,}00 \times 10^8\ \text{m}\cdot\text{s}^{-1}$.

- Les distances qui séparent les étoiles ou les galaxies les unes des autres sont considérables (§ 1). Le mètre, unité de base du système international (§ 2), est une unité beaucoup trop petite.
En astronomie, on préfère utiliser l'**année de lumière**.

> L'année de lumière (a.l.) est la distance parcourue par la lumière, dans le vide, en une année.

- La valeur de l'année de lumière se détermine de la manière suivante :

$$d = c \times \Delta t \text{ donc } 1 \text{ a.l.} = 3{,}00 \times 10^8 \times \underbrace{(365{,}25 \times 24 \times 3\,600)}_{\text{un an exprimé en secondes}} = \mathbf{9{,}47 \times 10^{15}\ m}.$$

Attention : **l'année de lumière est une unité de longueur**, pas une unité de temps. L'ordre de grandeur d'une année de lumière est **10^{16} m**.

14 *Proxima du Centaure, l'étoile la plus proche du Soleil, se situe à un peu plus de 4 a.l. de la Terre : la lumière met plus de 4 ans à nous parvenir.*

APPLICATION L'étoile polaire se situe à $4{,}2 \times 10^6$ milliards de km de la Terre.
Exprimer cette distance x en années de lumière.
Donnée : 1 a.l. = $9{,}47 \times 10^{15}$ m.

Réponse. D'après ce tableau de proportionnalité, on a :

1 a.l.	$9{,}47 \times 10^{15}$ m
x a.l.	$4{,}2 \times 10^6 \times 10^9 \times 10^3$ m

$$x = \frac{4{,}2 \times 10^6 \times 10^9 \times 10^3}{9{,}47 \times 10^{15}} = 4{,}4 \times 10^2 \text{ a.l.}$$

Éviter des erreurs
- Ne pas laisser la distance en km dans le tableau de proportionnalité.

3.2 Voir loin, c'est voir dans le passé

- Les objets qui nous entourent sont visibles parce qu'ils émettent de la lumière qui parvient jusqu'à nos yeux. Celle-ci met du temps à parcourir la distance qui nous sépare de l'objet observé.

> - La lumière nous apporte des renseignements (couleur, forme…) sur un objet tel qu'il était au moment de l'émission de lumière.
> - Plus il est éloigné, plus la durée du trajet parcouru par la lumière est longue, et plus nous observons dans le passé.

- Pour les objets à proximité de la Terre, l'instant de l'émission coïncide pratiquement avec celui de la réception : nous voyons les objets tels qu'ils sont dans le présent.
- En revanche, pour les étoiles ou les galaxies, la lumière voyage pendant des années. Ainsi, en observant les galaxies les plus éloignées, nous les voyons telles qu'elles étaient il y a plus de 12 milliards d'années, c'est-à-dire presque à l'origine de l'Univers.

15 *Le 23 février 1987, les astronomes ont observé l'explosion d'une étoile dans le grand nuage de Magellan situé à $1{,}7 \times 10^5$ a.l. de la Terre. Cet événement s'est en réalité produit il y a 170 000 ans environ.*

L'ESSENTIEL

Description de l'univers

- **Vers l'infiniment petit**

La matière est constituée à partir d'**atomes**, chacun d'eux étant constitué d'un **noyau** autour duquel se déplacent un ou plusieurs **électrons**.

- **Vers l'infiniment grand**

La **Galaxie** est constituée de milliards d'étoiles. Le Soleil est l'une de ces étoiles. C'est une boule de gaz très chaud. Le Soleil et les huit planètes qui l'entourent constituent le **système solaire**.

Il existe des **systèmes planétaires extrasolaires** constitués d'étoiles autour desquelles tournent des **exoplanètes**.

Les étoiles sont groupées en galaxies, comportant des centaines de milliards d'étoiles.

- **Structure lacunaire de la matière**

Que ce soit au niveau de l'atome ou à l'échelle cosmique, la matière a une **structure lacunaire**, c'est-à-dire que l'espace est essentiellement occupé par le vide.

Le mètre, unité de longueur SI

- Le **mètre**, de symbole m, est l'unité de longueur dans le système international.
- Multiples et sous-multiples du mètre :

mégamètre	Mm	10^6 m
kilomètre	km	10^3 m
mètre	m	10^0 m ou 1 m
centimètre	cm	10^{-2} m
millimètre	mm	10^{-3} m
micromètre	µm	10^{-6} m
nanomètre	nm	10^{-9} m
picomètre	pm	10^{-12} m

Ordres de grandeur

- L'**écriture scientifique** d'un nombre est l'écriture de la forme :

$$a \times 10^n$$

n est un entier positif ou négatif

a est un nombre décimal tel que $1 \leqslant a < 10$

- L'**ordre de grandeur** d'un nombre est la puissance de 10 la plus proche de ce nombre. Il permet d'informer sur l'importance d'une grandeur sans souci de précision.

L'année de lumière

- Dans le vide et dans l'air, la vitesse de propagation de la lumière est $c = 3{,}00 \times 10^8\ \text{m} \cdot \text{s}^{-1}$.
- L'**année de lumière** est la distance parcourue par la lumière dans le vide en un an. C'est une unité de longueur.
- Avec Δt égale à une année, la relation $d = c \times \Delta t$ conduit à 1 a.l. = $9{,}47 \times 10^{15}$ m.
- L'ordre de grandeur d'une année de lumière est : 10^{16} m.

Voir loin, c'est voir dans le passé

- La lumière nous apporte des renseignements (couleur, forme…) sur un objet tel qu'il était au moment de l'émission de lumière.
- Plus l'objet est éloigné, plus la durée du trajet parcouru par la lumière est longue, et plus nous observons dans le passé.

Exercices d'application

5 minutes CHRONO ! MANUEL NUMÉRIQUE — EXERCICES INTERACTIFS

1 Mots manquants

Compléter avec un ou plusieurs mots.

a. Le Soleil est une des nombreuses .... de notre ....

b. L'.......... de .... de la distance de la Terre au Soleil est de 10^8 km.

c. Il existe des systèmes planétaires .... constitués d'une étoile autre que le Soleil, autour de laquelle tourne des planètes qualifiées d'.......... .

d. La matière est constituée à partir d'.......... . Ceux-ci sont souvent regroupés en petits ensembles électriquement neutres appelés ....

e. L'.......... de .... du rayon du noyau de l'.......... d'hydrogène est de 10^{-15} m.

f. Au niveau de l'atome, aussi bien qu'à l'échelle cosmique, le .... occupe la plus grande partie de l'espace. On dit que la matière a une structure ....

g. L'.......... de .... est la distance que la lumière parcourt dans le .... pendant une année. C'est une unité de ....

h. À cause de la durée nécessaire à la .... de la lumière, regarder loin, c'est aussi regarder dans le ....

2 QCM

Cocher la réponse exacte.

a. Le rayon de l'atome d'hydrogène est 0,053 nm. L'ordre de grandeur correspondant est :
☐ 10^{-6} m ☐ 10^{-10} m ☐ 10^{-15} m

b. La distance Terre-Soleil est de 150 millions de kilomètres. L'ordre de grandeur correspondant est :
☐ 10^4 km ☐ 10^8 km ☐ 10^{12} km

c. Le nombre d'étoiles de la Galaxie est d'environ :
☐ un million ☐ un milliard ☐ 100 millliards

d. 1 mégamètre représente :
☐ 10^3 km ☐ 10^6 km ☐ 10^{-3} m

e. 1 mètre représente :
☐ 10^6 µm ☐ 10^{-3} mm ☐ 10^3 km

f. Si une étoile située à 100 a.l. de nous explosait aujourd'hui, nous le saurions :
☐ aujourd'hui ☐ demain ☐ dans cent ans

g. La valeur approchée de la vitesse de la lumière dans l'air est de :
☐ $3{,}0 \times 10^8$ m·s^{-1} ☐ 340 m·s^{-1} ☐ 100 km·s^{-1}

h. L'ordre de grandeur de l'année de lumière est de :
☐ 10^6 m ☐ 10^{13} m ☐ 10^{16} m

→ **Reportez-vous aux solutions détaillées page 334 pour vérifier vos réponses et comprendre vos erreurs.**

MOBILISER SES CONNAISSANCES

▶ Description de l'univers [§1 du cours]

3 Structure lacunaire

Expliquer pourquoi, aussi bien au niveau de l'atome qu'à l'échelle cosmique, le remplissage de l'Univers par la matière est lacunaire.

4 Le bon mot

Cocher à chaque fois la proposition correcte.

a. L'eau pure est constituée :
☐ d'atomes d'eau ☐ de molécules d'eau ☐ de cellules d'eau

b. Un morceau de fer est constitué :
☐ d'atomes de fer ☐ d'ions de fer ☐ de cellules de fer

▶ Longueurs dans l'Univers [§2 du cours]

5 Multiples et sous-multiples du mètre

Associer les multiples ou sous-multiples du mètre suivants à la valeur en mètre correspondante, écrite sous la forme d'une puissance de 10 :

• 1 Mm • 1 mm • 1 cm • 1 km • 1 µm • 1 pm

6 Est-ce une écriture scientifique ?

Les données suivantes sont-elles exprimées en écriture scientifique ?

a. Vitesse de la lumière dans le vide : 300 000 km·s^{-1}.

b. Hauteur d'un arbre : 3,5 m.

c. Longueur d'une feuille A4 : 29,7 mm.

d. Masse d'un écureuil : $1{,}1 \times 10^2$ g.

7 Ordres de grandeur pour un lycéen

a. Donner l'ordre de grandeur en mètre de la taille d'un lycéen.

b. Donner l'ordre de grandeur de l'âge d'un lycéen.

▶ L'année de lumière [§3 du cours]

8 Durée ou longueur

Définir l'année de lumière, puis reformuler correctement l'affirmation suivante : « Pour parvenir jusqu'à nous, la lumière issue de Proxima du Centaure effectue un trajet d'un peu plus de 4 ans de longueur pendant un peu plus de 4 années de lumière. »

UTILISER SES COMPÉTENCES

9 Convertir en utilisant les puissances de 10

a. Convertir les longueurs suivantes en utilisant les puissances de 10.

- 1,7 cm en mètre
- 0,48 km en mètre
- 49 mm en mètre
- 35 m en centimètre
- 63 km en mètre
- 568 Mm en kilomètre

b. Écrire les longueurs ainsi converties en utilisant la notation scientifique.

10 Calculer un ordre de grandeur

Donner les ordres de grandeurs des masses suivantes.

a. Masse du Soleil : $2{,}0 \times 10^{30}$ kg.

b. Masse d'un éléphant : 850 kg.

c. Masse d'un chien : 25 kg.

d. Masse d'un électron : $9{,}1 \times 10^{-31}$ kg.

e. Masse d'un grain de sable : trois milliardièmes de kg.

f. Masse de la fusée Ariane 5 : 710 000 kg.

11 Utiliser l'écriture scientifique

Exprimer, en utilisant l'écriture scientifique, les valeurs des longueurs suivantes, sans modifier l'unité.

a. Rayon d'un globule rouge : 0,012 mm.

b. Rayon de Jupiter : 71 490 km.

c. Distance du Soleil à l'étoile la plus proche : 41 000 milliards de kilomètres.

12 Donner un ordre de grandeur en mètre

Reprendre les valeurs de longueurs données dans l'exercice **11** et déterminer leur ordre de grandeur en mètre.

13 Attribuer une unité appropriée

Réécrire les longueurs suivantes en utilisant le multiple ou le sous-multiple du mètre le mieux approprié.

- $1{,}7 \times 10^{6}$ m
- $1{,}2 \times 10^{-5}$ m
- $1{,}7 \times 10^{11}$ m
- $1{,}2 \times 10^{-15}$ m
- $5{,}40 \times 10^{-4}$ m
- $1{,}4 \times 10^{-10}$ m

14 Appliquer une relation de proportionnalité

Si le Soleil avait la taille d'un pamplemousse (diamètre $D_P = 10$ cm), quel serait la valeur du rayon r que l'on pourrait attribuer à l'orbite, supposée circulaire, de Vénus ?

Données

– Rayon actuel du Soleil : $R_S = 7{,}0 \times 10^{8}$ m.

– Distance Soleil – Vénus : $d_{S-V} = 1{,}08 \times 10^{11}$ m.

15 Calculer avec des puissances de 10

Les atomes de carbone ont un rayon estimé à 10^{-1} nm. En déduire l'ordre de grandeur du nombre d'atomes de carbone qui peuvent être placés côte à côte pour occuper une longueur de 1 mm.

16 Déterminer la durée d'un trajet

Si une explosion brutale se produisait à la surface du Soleil, au bout de combien de temps en serions-nous informés ?

Donnée : distance Terre – Soleil, $d_{T-S} = 1{,}5 \times 10^{8}$ km.

17 Effectuer une recherche

Le dessin ci-dessus est une vue d'artiste du système solaire. À partir des données concernant le système solaire indiquées dans les rabats de couverture, expliquer pourquoi aucun astronaute ne pourra jamais voir les planètes et le Soleil tels qu'ils apparaissent sur le dessin.

18 Passer des années de lumière à des kilomètres

Le 1er janvier 2010, Yoda, un extraterrestre, regarde la Terre depuis sa lointaine exoplanète. Il voit alors des dinosaures, qui vivaient sur Terre il y a 130 millions d'années.

a. Quelle est la distance entre l'exoplanète où vit Yoda et la Terre, en année de lumière ?

b. En déduire sa valeur en kilomètre.

19 Apprendre à rédiger

Voici l'énoncé d'un exercice et un guide (en orange) ; ce guide vous aide pour rédiger la solution détaillée et pour retrouver les réponses numériques aux questions posées.

Énoncé

L'étoile polaire est située à $d = 4 \times 10^{18}$ m de la Terre.

Exprimer d en années de lumière, puis donner une valeur approchée de la durée qu'il faut à la lumière pour parvenir jusqu'à nous depuis cette étoile.

- ▸ Rappeler la définition d'une année de lumière.
- ▸ Expliquer comment convertir une année de lumière en mètre, puis vérifier que 1,00 a.l. = $9{,}47 \times 10^{15}$ m.
- ▸ Effectuer alors le rapport qui permet de convertir d en année de lumière, et vérifier que $d = 4 \times 10^{2}$ a.l.
- ▸ En utilisant la définition d'une année de lumière, vérifier que la durée demandée est d'environ 400 ans. Attention à l'unité : il ne faut pas exprimer la durée en années de lumière, car cela représente une distance.

Exercices d'entraînement

EXERCICE RÉSOLU

Énoncé **La sonde Pionner 10 aux confins de l'Univers**

Lu dans un magazine : « En 1997, la salle de contrôle de la sonde Pionner 10, lancée en 1972, a été définitivement fermée. Pionner 10 se trouvait alors à 10 milliards de kilomètres de la Terre et fonçait à 12,5 km·s^{-1}. Il fallait alors 18 h 10 min aux opérateurs pour lui transmettre un ordre et attendre confirmation en retour. »

Données

– 1 a.l. = $9{,}5 \times 10^{15}$ m.

– Ordre de grandeur du diamètre de la Terre : 10^4 km.

> **Énoncé** Repérer les données éventuellement utiles aux calculs.

1 Réaliser un schéma en représentant la Terre par son centre *T*, et en plaçant un point *S* figurant la sonde à une distance de l'ordre de 10 cm du centre de la Terre.

2 Si on désire représenter la Terre par un cercle en respectant l'échelle du schéma, quel doit être l'ordre de grandeur *d* du diamètre du cercle ?

Le comparer à celui de l'épaisseur d'un cheveu ($e = 10^{-2}$ cm), et conclure : la sphère terrestre peut-elle être représentée sur le schéma ?

3 La vitesse de propagation des signaux radio dans le vide est identique à celle de la lumière. Quelle est la valeur de cette vitesse ?

4 En utilisant l'indication de durée indiquée dans le texte, calculer, en mètre, la distance *D* de la sonde à la Terre en 1997.

La réponse est-elle en accord avec l'ordre de grandeur de cette distance fournie par l'auteur ?

Une solution

1

2 On utilise un tableau de proportionnalité.

Distance réelle	Distance réduite sur le schéma
10×10^9 km	10 cm
10^4 km	$d = ?$

> **Raisonner** Construire un tableau de proportionnalité. Les distances réelles doivent être exprimées dans la même unité (ici en km). De même, les distances réduites doivent être exprimées dans la même unité (ici en cm).

A.N. : $\dfrac{d}{10} = \dfrac{10^4}{10 \times 10^9} = 10^{-6}$, donc $d = 10^{-5}$ cm.

Ainsi, $\dfrac{e}{d} = \dfrac{10^{-2}}{10^{-5}} = 10^3$.

> **Raisonner** Pour comparer deux grandeurs, calculer leur rapport.

Un cheveu est près de mille fois plus épais que la Terre représentée à l'échelle du schéma.

La sphère terrestre ne peut donc pas être représentée sur ce schéma.

3 Les signaux radio se propagent à une vitesse *c* identique à celle de la lumière dans le vide. Donc $c = 3{,}00 \times 10^8$ m·s^{-1}.

4 *D* est la distance Terre-sonde. Pendant la durée Δt, égale à 18 heures et 10 minutes, le signal émis puis renvoyé par la sonde parcourt la distance 2*D*. Ainsi : $2D = c \times \Delta t$. Donc $D = \dfrac{c \times \Delta t}{2}$.

A.N. : $D = \dfrac{3{,}00 \times 10^8 \times (18 \times 3600 + 10 \times 60)}{2}$; $D = 9{,}81 \times 10^{12}$ m.

> **Application numérique** Pour obtenir **D** en m, il faut exprimer la vitesse **c** en m · s^{-1} et donc convertir en secondes la durée exprimée en heures et en minutes.

L'ordre de grandeur de *D* est de 10×10^{12}, soit 10^{13} m, ce qui correspond à celui du texte.

En effet, 10 milliards de kilomètre correspondent à $10 \times 10^9 \times 10^3$, soit 10^{13} m.

> **Raisonner** Ne pas confondre la vitesse *V* de la sonde et la vitesse *c* des signaux radio utilisés pour communiquer.

20 ✶ Pixel et cheveu

La longueur d'un écran 10" d'ordinateur portable « *netbook* » est d'environ 22 cm. Celui-ci comporte 1 024 pixels par ligne (1 024 points lumineux par ligne). Un cheveu peut avoir une épaisseur de 80 µm.

La longueur d'un pixel est-elle du même ordre de grandeur que l'épaisseur d'un cheveu ?

21 ✶✶ Un atome dans un stade

Trouver un objet pouvant représenter le noyau de l'atome de sodium pour que, en conservant les rapports d'échelle, le modèle de l'atome occupe à peu près la totalité de la longueur du terrain, soit environ 100 m.

Données

– Rayon du noyau de l'atome de sodium : $r_n = 3{,}4 \times 10^{-15}$ m.

– Rayon de l'atome de sodium : $r_a = 1{,}8 \times 10^{-10}$ m.

22 ✶ Vénus au radar

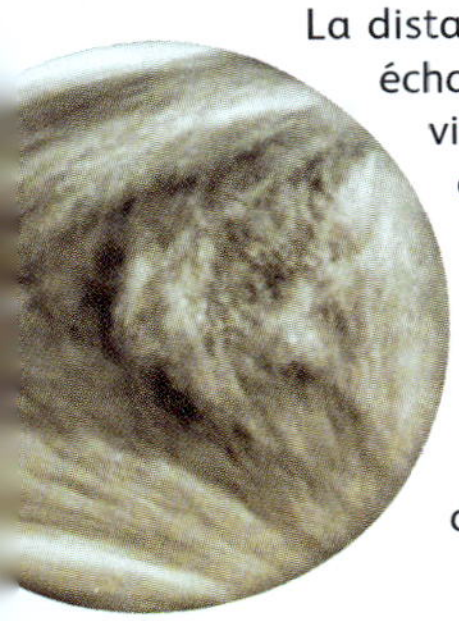

La distance Terre – Vénus a été mesurée par écho radar pour la première fois en 1961. La vitesse de propagation de l'onde utilisée est la même que celle de la lumière dans le vide.

La durée séparant l'émission du signal radar et la réception de l'écho était $\Delta t = 2{,}76 \times 10^2$ s.

Calculer la distance Terre – Vénus lors de cette mesure.

23 ✶ Coup de foudre

Pendant un orage, un coup de foudre se traduit par un phénomène lumineux, l'éclair, et un phénomène sonore, le tonnerre. Par temps orageux, Mickaël observe le ciel depuis la fenêtre de sa chambre. Il voit s'abattre un éclair sur le village voisin, situé à une distance $d = 4$ km de lui.

a. Donner une valeur approchée de la vitesse c de propagation de la lumière dans le vide ou dans l'air.

b. En déduire l'ordre de grandeur de la durée t_1 que met la lumière de l'éclair pour parcourir la distance d.

c. En considérant que le son se propage à environ $350 \text{ m} \cdot \text{s}^{-1}$, calculer l'ordre de grandeur de la durée t_2 que met le son pour parcourir la distance d.

d. Lors du coup de foudre, peut-on considérer que Mickaël a perçu l'éclair quasi instantanément ? Même question pour le tonnerre.

24 ✶ Exercer son esprit critique

Dans le film de science-fiction *Contact*, les terriens reçoivent un message provenant d'une civilisation extraterrestre qui a détecté la présence humaine en captant une émission de télévision datant de 1935.

a. Si la scène se produit en l'an 2000, quelle distance maximale sépare la Terre de la planète abritant cette civilisation extraterrestre ? Exprimer cette distance en a.l et en km.

b. Un scientifique de 40 ans souhaite poser quelques questions à cette civilisation. Peut-il espérer une réponse ?

c. Même question pour un enfant de 15 ans.

25 ✶ Une explosion d'étoile

La source lumineuse très brillante visible en bas à droite de la photo est apparue le 23 février 1987.

Il s'agit de l'explosion d'une étoile située dans le Grand Nuage de Magellan, une petite galaxie satellite de la nôtre, à $1{,}7 \times 10^5$ a.l de la Terre.

a. Connaissant la vitesse de la lumière dans le vide, retrouver la valeur de l'année de lumière exprimée en km.

b. Exprimer en km la distance de la Terre au lieu où s'est produite l'explosion visible sur le document.

c. Depuis combien de temps s'était produite cette explosion lorsqu'elle a été observée ?

d. À quelle date s'est produit cet événement ?

26 ✶ Explosion dans d'Orion

Le document ci-dessous présente l'aspect visuel et la distribution spatiale des sept principales étoiles d'Orion.

De haut en bas, on visualise les étoiles ❶ située à environ 427 a.l. de la Terre, ❷ à 243 a.l., ❸ à environ 900 a.l., ❹ à 1300 a.l., ❺ à 820 a.l, ❻ à 800 a.l. et ❼ à 720 a.l.

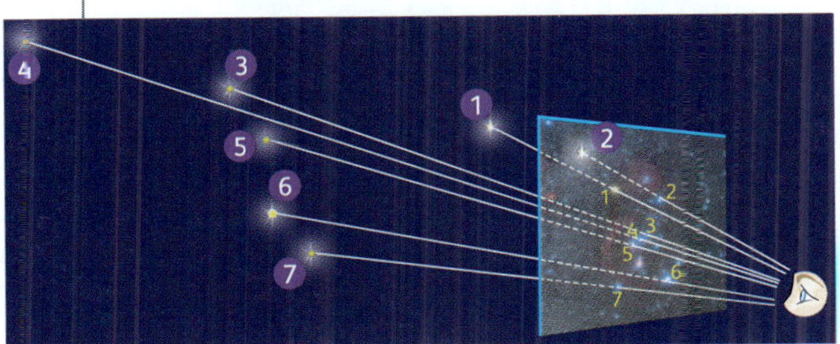

Un auteur de science-fiction écrit, dans un scénario, que les étoiles d'Orion ❶ (Bételgeuse) et ❷ (Bellatrix) ont explosé le même jour, un soir de l'année fatidique 1500.

a. Dessiner l'aspect que devait avoir pour un Terrien la constellation d'Orion en 1600, en 1789 et en 2010.

b. Quelles sont les étoiles que l'auteur aurait pu faire exploser en 1500, et qui ne disparaîtraient du ciel pour les Terriens qu'à partir de l'année 2200 ?

Pour aller plus loin

27 ✶ De la Terre à la Lune

Un soir de pleine lune, Eva et Marion tentent de mesurer le rayon de la Lune.

Eva suspend à un support une bille de rayon $r = 1$ cm. Elle dispose la bille devant le disque lunaire de telle sorte que la Lune soit tout juste cachée par la bille.

Marion mesure alors la distance d entre l'œil d'Eva et le centre de la bille.

a. Schématiser la Lune et l'œil d'Eva, puis tracer deux rayons qui, issus des extrémités du disque lunaire, pénètrent dans l'œil.

b. Représenter la bille lors de la mesure en alignant les centres de la Lune, de la bille et de l'œil d'Eva.

c. Sur le schéma, faire figurer d, r, le rayon R_L de la Lune et la distance D entre Eva et le centre de la Lune.

d. Déterminer la relation qui lie ces longueurs.

e. Marion a mesuré $d = 2$ m.

Calculer R_L pour $D = 3{,}8 \times 10^8$ m.

f. Eva recherche la valeur de R_L dans un livre d'astronomie. Elle trouve $1{,}74 \times 10^3$ km.

Le résultat de son expérience et la valeur donnée dans ce livre sont-il du même ordre de grandeur ?

28 ✶ Plus vite que son ombre ?

a. En observant l'ombre de la main de Lucky Luke, peut-on dire que cette ombre nous permet de voir dans le proche passé de Lucky Luke ?

b. Cependant, l'impact de balle dessiné « dans l'ombre » contredit les lois de la physique. Pourquoi ?

29 ✶ À la rencontre des étoiles

Lu dans la presse : « Les sondes Pionner et Voyager, qui quittent actuellement le système solaire, mettront plus de trente mille ans pour s'éloigner de quatre années de lumière, distance à l'étoile la plus proche. »

a. D'après les indications du texte, trouver la valeur approchée de la vitesse avec laquelle la sonde s'éloigne du système solaire en mètre par seconde.

b. Si, dans trente mille ans, la sonde pouvait encore émettre des signaux radio, combien de temps mettraient-ils pour atteindre la Terre ?

30 ✶✶ Taille d'un atome

1. On considère un cube de cuivre de 1 mm de côté (de la taille d'une tête d'épingle environ).

On fait l'hypothèse que, dans le cuivre, les atomes sont empilés régulièrement, comme le montre le schéma ci-dessus.

Donnée : l'atome de cuivre a un diamètre de 0,25 nm.

a. Calculer le nombre d'atomes contenus dans le cube.

b. En déduire la longueur de la file obtenue en plaçant ces atomes bout à bout.

2. Une plage de sable fin a une longueur de 500 m et une largeur de 200 m. On suppose que l'épaisseur de sable est de l'ordre de 10 m.

a. Calculer l'ordre de grandeur du nombre de grains de sable de la plage sachant qu'on dénombre 100 grains par mm^3.

b. Comparer au nombre d'atomes de cuivre contenus dans le cube de la question **1**.

c. Que vous inspire cette comparaison ?

31 ✶✶ Serrez-vous un peu !

a. L'ordre de grandeur du volume du noyau de l'atome d'hydrogène est : $V = 10^{-44}$ m^3.

Celui de sa masse est : $m = 10^{-27}$ kg.

La masse volumique d'un objet de masse m et de volume V est $\rho = \dfrac{m}{V}$.

Donner l'ordre de grandeur de la masse volumique ρ du noyau de l'atome d'hydrogène.

b. En supposant que la masse moyenne d'un être humain est $m = 40$ kg, calculer l'ordre de grandeur de la masse de tous les êtres humains (environ 6 milliards d'individus).

c. Si on pouvait supprimer l'espace vide contenu dans la matière et coller ainsi les noyaux les uns contre les autres, l'ordre de grandeur de la masse volumique de la matière obtenue serait le même que celui de la masse volumique du noyau de l'atome d'hydrogène. Déduire des résultats précédents l'ordre de grandeur du volume qu'occuperait toute l'humanité si l'on pouvait réaliser l'opération précédente.

d. Comparer le résultat obtenu à la question **c.** avec l'ordre de grandeur du volume d'un dé à coudre.

Culture scientifique et citoyenne

Un métier : chercheur(se) en nanotechnologie BAC +8

Le chercheur en nanotechnologie est un scientifique de haut niveau. Ses travaux se situent au cœur de la recherche fondamentale : **observer et manipuler l'infiniment petit**, et **comprendre les propriétés de la matière**, afin de créer des objets de la taille de molécules et de mettre au point de nouvelles technologies.

- Les domaines d'applications sont variés : sciences de la Terre, télécommunications, environnement, médecine…
- Outre ses compétences en physique et en informatique, et son intérêt pour travailler dans un secteur des plus prometteurs, les qualités du chercheur en nanotechnologie résident dans **sa ténacité, sa motivation et sa créativité.**

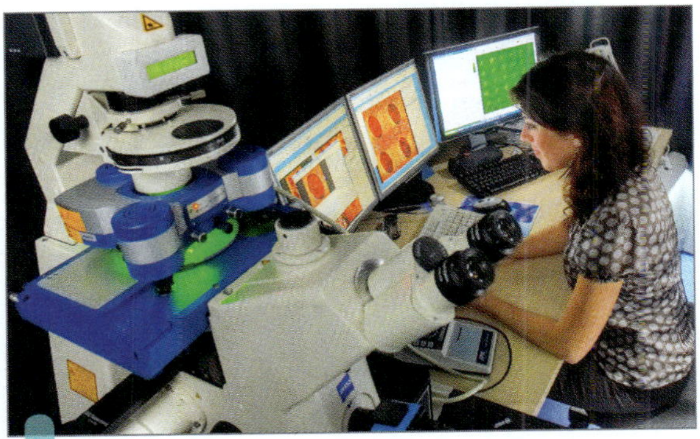

Développement d'un nano-dispositif : la «cancéropuce» (LAAS/CNRS à Toulouse).

L'étude de l'infiniment petit nécessite des dispositifs extrêmement perfectionnés, comme ce rotor moléculaire (CNRS à Toulouse).

Sur le Web http://www.cea.fr/jeunes/metiers/physique/chercheur_en_nanosciences

Exercer son esprit critique

**Dans le film *E.T.*, de Steven Spielberg, le petit extraterrestre E.T. a été accidentellement abandonné sur Terre par une mission extraterrestre.

- Protégé par de jeunes enfants, il réussit à bricoler un dispositif pour envoyer un signal radio à ses parents, habitants d'un système planétaire dont l'étoile est visible dans le ciel.
- La fin du film relate les adieux déchirants de E.T. et de ses tout jeunes amis au moment d'embarquer à bord du vaisseau spatial envoyé à sa rescousse.

?! **Ce scénario respecte-t-il les lois de la physique ?**

E.T. et son ami Terrien, Elliott.

Chapitre 8

Dispersion et réfraction de la lumière

Vu au collège

- Dans un milieu homogène et transparent, la lumière se propage de façon rectiligne.
- Pour voir un objet, il faut que l'œil reçoive de la lumière de cet objet.
- Un prisme ou un réseau permet de décomposer la lumière blanche.

Connaissances & Compétences

- Réaliser et interpréter la dispersion de la lumière blanche par un prisme.
- Savoir associer une longueur d'onde à une radiation.
- Connaître les lois de Snell-Descartes.
- Déterminer un indice de réfraction.

CD-Rom éclairé par la lumière solaire.

? *Quelle est l'origine de ces lumières colorées ?*

Démarche d'investigation

La même tasse photographiée sans eau ou avec de l'eau.

➔ *Comment expliquer que la pièce soit devenue visible ?*

- Formuler des hypothèses.
- Débattre puis proposer des expériences permettant de les valider.

MANUEL NUMÉRIQUE
Vidéo de l'expérience

Lasers dans la nuit.

? ***Peut-on associer une grandeur numérique à chacune de ces lumières colorées ?***

Activité à la maison

ACTIVITÉ DOCUMENTAIRE

MANUEL NUMÉRIQUE

1 L'expérience de Newton

▶ Essayons de comprendre comment, à la fin du XVIIe siècle, Newton a pu donner une interprétation de la composition de la lumière blanche.

À cette époque, on sait depuis longtemps qu'un prisme de verre « donne des couleurs » à un rayon de soleil qui le traverse. [...] Mais l'explication de ces couleurs repose encore sur les très vieilles idées d'Aristote : la lumière est blanche, et les couleurs naissent progressivement de son affaiblissement. [...]

Comme le rayon blanc, en traversant le prisme se colore de rouge du côté de l'arête et de bleu du côté de la base, on explique cette différence par l'épaisseur de verre traversée [...]

Newton réfléchit à tout cela [...] et trouve l'explication : la lumière « blanche » est un mélange de lumières de toutes les couleurs...

[...] Voici comment il racontera lui-même, quelques années plus tard, dans une lettre, la naissance de cette idée :

« Au début de l'année 1666, je me procurai un prisme de verre pour réaliser la célèbre expérience des couleurs. Ayant à cet effet obscurci ma chambre, et fait un petit trou dans les volets, pour laisser entrer une quantité convenable de rayons de soleil, je plaçai mon prisme contre ce trou, pour réfracter les rayons sur le mur opposé. Ce fut d'abord très plaisant de contempler les couleurs vives et intenses ainsi produites. Mais au bout d'un moment, je me mis à les examiner plus soigneusement... »

[...] De fil en aiguille, Newton arrive bientôt à ce qu'il appelle l'expérience cruciale : à l'aide d'un trou dans une planchette, il isole la partie bleue de la tache produite par le prisme et il envoie cette lumière sur un second prisme. Elle est déviée certes mais pas étalée, ni colorée autrement !

Cette fois Newton est sûr d'avoir trouvé : la lumière « blanche » du soleil est un mélange de lumières de toutes les couleurs et le prisme dévie différemment ces diverses lumières. Dès lors, Newton multiplie les expériences, montrant en particulier que l'on peut refaire de la lumière « blanche » en mélangeant des lumières de couleur ! »

1 ◀ *J.-P. Maury,* Newton et la mécanique céleste. *© Éditions Gallimard. www.gallimard.fr*

2 ▼ *Document colorisé illustrant l'expérience de Newton.*

1 Comprendre le texte

a. Avant Newton, savait-on qu'un prisme pouvait donner différentes lumières colorées à partir de la lumière blanche ?

b. Quelle est la source de lumière utilisée par Newton ?

c. Schématiser l'expérience réalisée en 1666 par Newton.

2 Interpréter

a. En s'aidant des phrases surlignées, préciser si c'est le prisme qui fabrique les lumières colorées, ou bien si elles sont déjà présentes dans la lumière blanche :
– d'après Aristote ; – d'après Newton.

b. Quel phénomène naturel produit aussi les faits observés par Newton ?

3 Conclure

Faire une phrase pour expliquer ce qu'est la lumière blanche, d'après Newton.

Vocabulaire

Crucial : important, fondamental.

ACTIVITÉ EXPÉRIMENTALE

MANUEL NUMÉRIQUE

2 Prisme et lumières

▶ Étudions l'effet d'un prisme sur la lumière blanche et sur une lumière colorée avec le matériel disponible au laboratoire.

DISPOSITIF Éclairer une fente avec une source de lumière blanche et former son image sur un écran.

3 *Dispositif expérimental.*

Expérience 1

■ Interposer un prisme sur le trajet de la lumière.

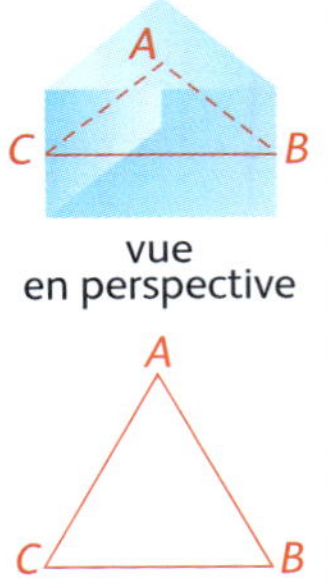

4 *Prisme.*

1 Observer

a. Qu'observe-t-on sur l'écran :
– avant l'introduction du prisme sur le trajet de la lumière ?
– après l'introduction du prisme ?

b. Réaliser un schéma du dispositif vu de dessus en utilisant une schématisation du prisme **(figure 4)**.

c. Indiquer clairement sur le schéma où se trouvent :
– la lumière rouge ;
– la lumière violette.

2 Interpréter

Dans cette expérience, quel est l'effet du prisme sur la lumière blanche ?

Expérience 2

■ Enlever le prisme et remplacer la source de lumière blanche par un laser.
■ Interposer de nouveau le prisme.

Sécurité : *Attention, danger pour les yeux ! Ne pas placer l'œil dans l'axe du faisceau de lumière émis par le laser.*

3 Observer

Qu'observe-t-on sur l'écran :
– avant l'introduction du prisme sur le trajet de la lumière ?
– après l'introduction du prisme ?

4 Interpréter

Dans cette expérience, quel est l'effet du prisme sur la lumière du laser ?

Expérience 3

■ Refaire l'expérience précédente, mais en utilisant la source de lumière blanche et en plaçant un filtre jaune sur le trajet de la lumière.
Dans cette dernière expérience, quel est l'effet du prisme sur la lumière jaune ?

Vocabulaire

Mono : préfixe qui signifie « un seul ».
Poly : préfixe qui signifie « plusieurs ».
Chromatique : relatif à la couleur.

5 Conclure

De ces deux mots, « monochromatique » et « polychromatique », lequel convient le mieux pour décrire :
– la lumière blanche ?
– la lumière émise par le laser ?
– la lumière jaune obtenue en utilisant le filtre ?

ACTIVITÉ EXPÉRIMENTALE

MANUEL NUMÉRIQUE

3 Changement de milieu de propagation

▶ **Pour comprendre le rôle du prisme, étudions la propagation d'une lumière monochromatique lors d'un changement de milieu de propagation.**

DISPOSITIF Une cuve aux parois transparentes contient de l'eau et quelques gouttes de lait pour visualiser les faisceaux de lumière. Des fils à plomb, fixés sur une baguette, matérialisent un plan vertical.

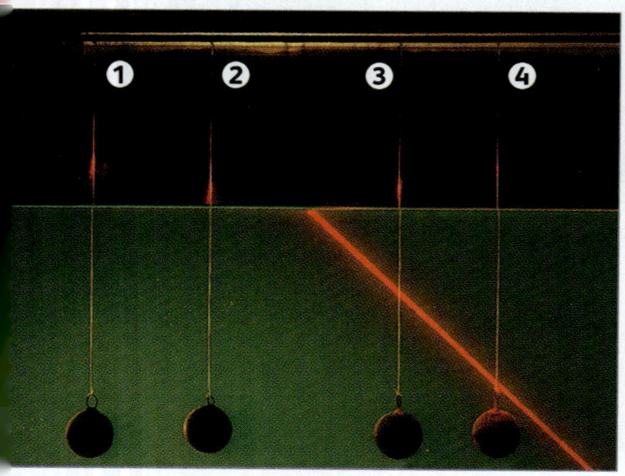

5 *Dispositif expérimental.*

Expérience 1

Attention, danger pour les yeux ! Ne pas placer l'œil dans l'axe du faisceau de lumière émis par le laser. (Sécurité)

■ Utiliser un laser et diriger le faisceau de lumière, appelé **faisceau incident**, vers la surface de l'eau.

■ Positionner le laser pour que le faisceau incident soit dans le plan des fils à plomb : on doit observer des points lumineux sur les fils 1 et 2 situés sur le trajet du faisceau incident.

1 Observer

a. Quels sont les deux milieux de propagation de la lumière dans cette expérience ?

b. La couleur de la lumière est-elle modifiée lors du changement de milieu de propagation ?

c. Observe-t-on des points lumineux sur les fils 3 et 4 dans l'eau ?

d. Décrire le trajet du faisceau de lumière lors du changement de milieu de propagation.

2 Modéliser

a. On emploie le terme de **réfraction** lorsque la lumière change de milieu de propagation et subit un brusque changement de direction. Identifier le faisceau incident et le faisceau réfracté en précisant dans quels milieux ils se trouvent.

b. Pour un rayon du faisceau incident :

• le **point d'incidence**, noté I, est le point de la surface de séparation où arrive le rayon incident ;

• la **normale** au point d'incidence est la droite orthogonale en I à la surface de séparation des deux milieux ;

• l'**angle d'incidence**, noté i_1, est l'angle entre le rayon incident et la normale ;

• l'**angle de réfraction**, noté i_2, est l'angle entre le rayon réfracté et la normale.

Reproduire le schéma de la **figure 6**. Le compléter en indiquant les deux milieux de propagation, le rayon incident, le rayon réfracté, le point d'incidence, les angles i_1 et i_2.

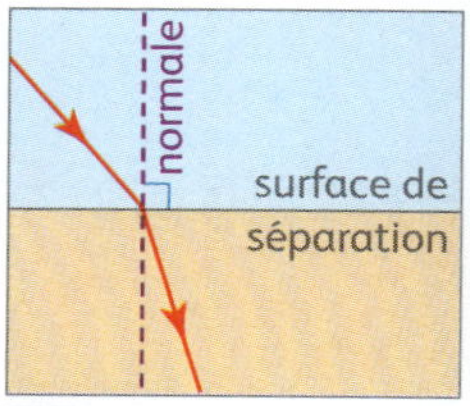

6 *Schéma de la réfraction.*

Expérience 2

■ Ôter les fils à plomb. Modifier l'angle d'incidence et rechercher la position pour laquelle le faisceau n'est pas dévié en traversant la surface de séparation entre l'air et l'eau.

Vocabulaire

Matérialiser : représenter de façon concrète.

3 Conclure

Pour quelle valeur de l'angle i_1 le faisceau n'est-il pas dévié ? Quelle est alors la valeur de l'angle i_2 ?

ACTIVITÉ EXPÉRIMENTALE

4 Mesure des angles d'incidence et de réfraction

▶ **Essayons de rechercher un modèle mathématique reliant les angles d'incidence et de réfraction.**

DISPOSITIF ■ Utiliser un laser (ou une lanterne munie d'un cache et d'un filtre permettant d'isoler un fin faisceau de lumière monochromatique).

Sécurité *Attention, danger pour les yeux ! Ne pas placer l'œil dans l'axe du faisceau de lumière émis par le laser.*

■ Placer un hémicylindre en plexiglas sur le disque gradué en angles (rapporteur) comme l'indique le **document 7**.

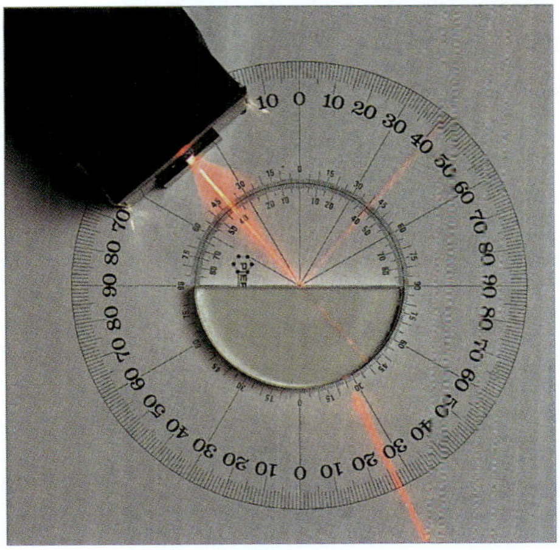

7 *Dispositif expérimental. Le fin faisceau de lumière pénètre dans l'hémicylindre de plexiglas en passant par le milieu de sa face plane.*

Expérience ■ Modifier l'angle d'incidence i_1 en lui donnant des valeurs comprises entre 0° et 85°. Noter dans un tableau les valeurs de i_1 et de l'angle de réfraction i_2.

1 Observer

Le faisceau de lumière traverse deux surfaces de séparation. Lesquelles ?

2 Exploiter les résultats

a. Pourquoi le faisceau de lumière ne subit-il pas de réfraction sur la face arrondie du bloc de plexiglas ?

b. Faire un schéma du changement de milieu sur la face plane en indiquant les angles i_1 et i_2. Orienter les rayons lumineux

Coup de pouce
Repérer la normale à la surface plane traversée, le point d'incidence *I*, l'angle d'incidence.

c. Dans le passé, plusieurs savants ont proposé une relation mathématique entre les angles d'incidence i_1 et de réfraction i_2. Le tableau ci-dessous en présente trois.

Grosseteste (XIIIe siècle)	**Kepler** (XVIIe siècle)	**Snell puis Descartes** (XVIIe siècle)
i_2 est égal à la moitié de i_1 : $i_2 = \frac{i_1}{2}$	i_1 est proportionnel à i_2 mais seulement pour de faibles valeurs d'angles : $i_1 = k \times i_2$	$\sin i_1$ est proportionnel à $\sin i_2$: $\sin i_1 = n \times \sin i_2$

TICE Avec un tableur ou une calculatrice graphique, faire les représentations graphiques qui permettent de tester la validité de chaque relation proposée.

3 Conclure

a. En tenant compte des incertitudes sur les mesures :
– la relation proposée par Grosseteste est-elle acceptable ?
– jusqu'à quelle valeur de l'angle i_1 la relation proposée par Kepler est-elle correcte ?
– la relation de Snell-Descartes est-elle valable pour l'ensemble des valeurs des angles ?

b. Dans la relation de Snell-Descartes, le nombre *n* représente, dans le cas étudié ici, l'indice de réfraction du plexiglas. Déterminer sa valeur.

Vocabulaire
Incertitude : ce qui ne peut être établi avec exactitude.
Voir la fiche méthode 1, page 324.

8 *Dispersion de la lumière blanche par un prisme.*

9 *Laser : exemple de lumière colorée monochromatique.*

10 *Spectre de la lumière émise par une DEL verte : exemple de lumière colorée polychromatique.*

12 *L'émission infrarouge de la télécommande, invisible à l'œil, est détectée par un appareil photographique numérique.*

1 Dispersion, lumières et radiations

1.1 Dispersion de la lumière blanche

Un faisceau de lumière blanche est décomposé par un prisme **(document 8)** ; le faisceau émergent est étalé et présente toutes les couleurs de l'arc-en-ciel (du rouge au violet).

Ce phénomène s'appelle la **dispersion de la lumière**.

La figure colorée obtenue est le **spectre de la lumière blanche**.

La lumière blanche est composée de toutes les lumières colorées visibles.

En les déviant différemment, le prisme les sépare.

1.2 Lumières monochromatiques et polychromatiques

Un faisceau de lumière émise par un laser n'est pas décomposé par le prisme, il est simplement dévié **(document 9)**.

- Une lumière qui ne peut pas être décomposée par un prisme est appelée lumière monochromatique. Elle correspond à une radiation.
- Une lumière qui peut être décomposée par un prisme est appelée lumière polychromatique. C'est un ensemble de plusieurs radiations.

Exemples. La lumière blanche est polychromatique. Les lumières colorées peuvent être monochromatiques ou polychromatiques **(documents 9 et 10)**.

1.3 Longueur d'onde associée à une radiation monochromatique

- On associe à chaque radiation une grandeur appelée longueur d'onde dans le vide.
- On la note λ et elle s'exprime en mètre.

L'œil n'est sensible qu'aux radiations dont la longueur d'onde est comprise entre 400 nm et 800 nm (1 nm = 10^{-9} m).

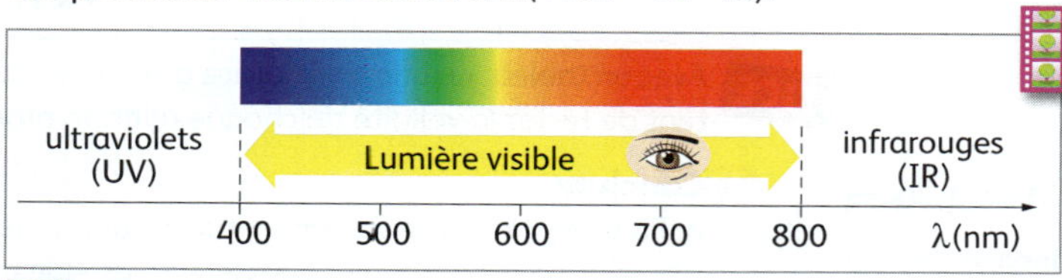

11 *Radiations visibles et invisibles.*

Exemple. La longueur d'onde de la radiation délivrée par le laser (lumière rouge) utilisé au lycée est λ = 632,8 nm.

2 Réfraction de la lumière

Une onde lumineuse, comme toutes les ondes vues au chapitre 4, peut subir une réfraction lorsqu'elle change de milieu de propagation.

2.1 Définition de la réfraction

La réfraction est le changement de direction que subit un rayon de lumière lorsqu'il traverse la surface de séparation entre deux milieux transparents.

Exemple. Un rayon de lumière qui passe de l'air vers l'eau subit une réfraction **(document 13)**.

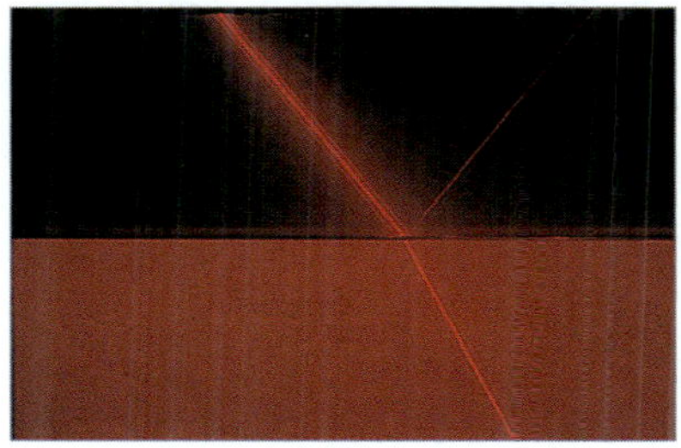

13 *Réfraction à la surface de l'eau.*

2.2 Indice de réfraction d'un milieu

- La vitesse de propagation de la lumière dépend du milieu dans lequel elle se propage.

On appelle indice de réfraction d'un milieu homogène transparent le rapport des vitesses de propagation de la lumière dans le vide (c) et dans le milieu considéré (v). C'est un nombre sans unité et il est noté n.

$$n = \frac{c}{v} \quad \left| \begin{array}{l} c \text{ en m·s}^{-1} \\ v \text{ en m·s}^{-1} \end{array} \right. \qquad c = 3{,}00 \times 10^{8}\ \text{m·s}^{-1}$$

- L'indice d'un milieu matériel est toujours supérieur à 1.

Dans les conditions habituelles de température et de pression, $n_{air} = 1{,}000\,3$.
Donc, avec trois chiffres significatifs :

n_{air} = **1,00** **(tableau 14)**.

Milieu	Indice
Air	1,00
Plexiglas	1,50
Eau	1,33

14 *Indices de quelques milieux transparents.*

2.3 Lois de Snell-Descartes

A Première loi

- Le rayon incident, le rayon réfracté et la normale à la surface de séparation au point d'incidence sont dans le même plan.
- Ce plan est appelé **plan d'incidence**.

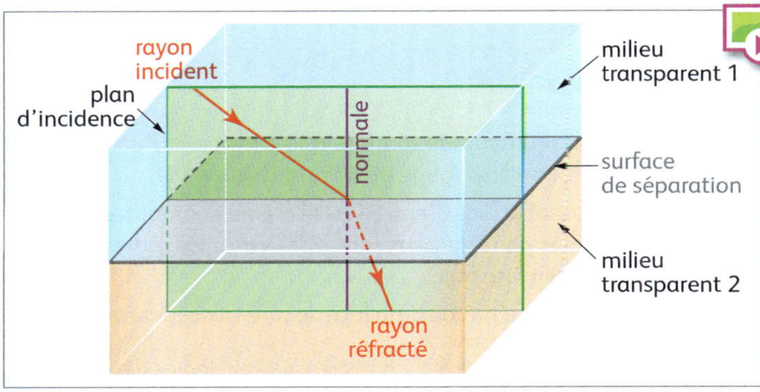

16 *Schéma de la réfraction.*

15 *À cause de la réfraction de la lumière, le corps de l'ours paraît cisaillé.*

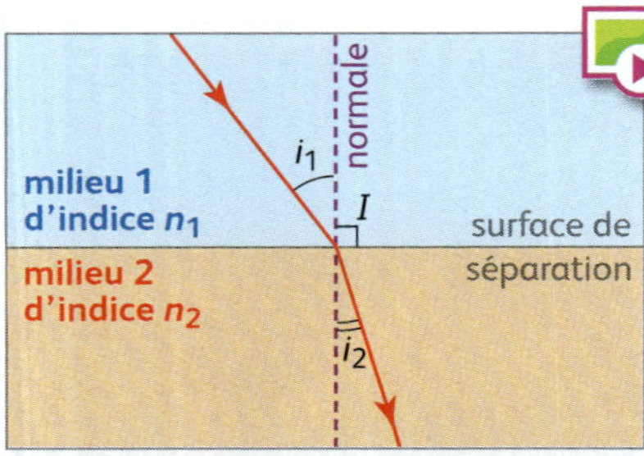

17 *Les angles i_1 et i_2 vérifient la relation : $n_1 \sin i_1 = n_2 \sin i_2$.*

Éviter des erreurs

- Il faut toujours repérer les angles par rapport à la normale et non par rapport à la surface de séparation.
- i_1 est l'angle entre le rayon incident et la normale.
- i_2 est l'angle entre le rayon réfracté et la normale.

B Deuxième loi

Lorsqu'un rayon de lumière passe d'un milieu transparent 1, d'indice n_1, à un milieu transparent 2, d'indice n_2, l'angle d'incidence i_1 et l'angle de réfraction i_2 vérifient la relation suivante :

$$n_1 \sin i_1 = n_2 \sin i_2$$

C Cas particulier où le milieu 1 est l'air ou le vide

Lorsque le milieu 1 est l'air ou le vide, $n_1 = 1{,}00$. Alors la deuxième loi de Snell-Descartes s'écrit :

$$\sin i_1 = n_2 \sin i_2$$

APPLICATION Un rayon de lumière se propage dans l'air et atteint la surface de l'eau avec un angle d'incidence de 34°.
Calculer la valeur de l'angle de réfraction.

Donnée : indice de l'eau, $n_2 = 1{,}33$.

Réponse. D'après la deuxième loi de Snell-Descartes : $\sin i_1 = n_2 \sin i_2$.

Donc $\sin i_2 = \dfrac{\sin i_1}{n_2}$; $\sin i_2 = \dfrac{1{,}00 \times \sin 34}{1{,}33} = 0{,}420$.

La calculatrice donne $i_2 = 25°$.

3 Le prisme, un milieu dispersif

3.1 Indice de réfraction et longueur d'onde

Sur le **document 8**, on observe que les angles de réfraction sont différents pour les radiations qui composent la lumière blanche.

On doit donc admettre que l'indice du verre dépend de la longueur d'onde de la lumière **(tableau 18)**. On dit alors que ce milieu (le verre) est **dispersif**.

Radiation	Longueur d'onde (nm)	Indice
Rouge	768	1,618
Orange	589	1,629
Violette	412	1,661

18 *Indice d'une variété de verre pour différentes radiations.*

3.2 Cas du prisme

Suivons le trajet d'un rayon de lumière à la traversée d'un prisme et raisonnons avec les lumières rouge et violette **(figure 19)**.

L'angle d'incidence sur la face d'entrée est le même pour toutes les radiations mais les angles de réfraction sont différents : les radiations sont séparées après la première face.

La deuxième réfraction au niveau de la face de sortie les sépare encore plus.

Le prisme disperse la lumière blanche parce que son indice dépend de la longueur d'onde dans le vide des radiations qui la composent.

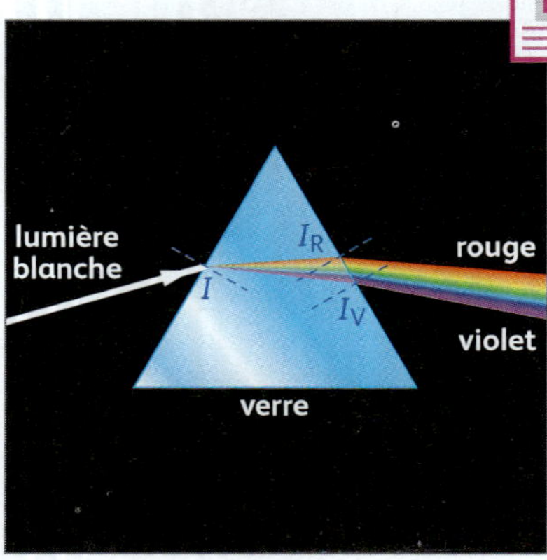

19 *Dispersion de la lumière blanche par un prisme.*

L'ESSENTIEL

Lumière monochromatique

- Une **lumière monochromatique** est une lumière colorée qui n'est pas décomposée par un prisme.

Lumière polychromatique

- Une **lumière polychromatique** est une lumière qui est décomposée par un prisme.
- La lumière blanche est polychromatique.

Lois de Snell-Descartes

- **Première loi**

Le rayon incident, le rayon réfracté et la normale à la surface de séparation au point d'incidence sont dans le même plan : c'est le **plan d'incidence**.

- **Deuxième loi**

Les angles d'incidence et de réfraction vérifient la relation :

$$n_1 \sin i_1 = n_2 \sin i_2$$

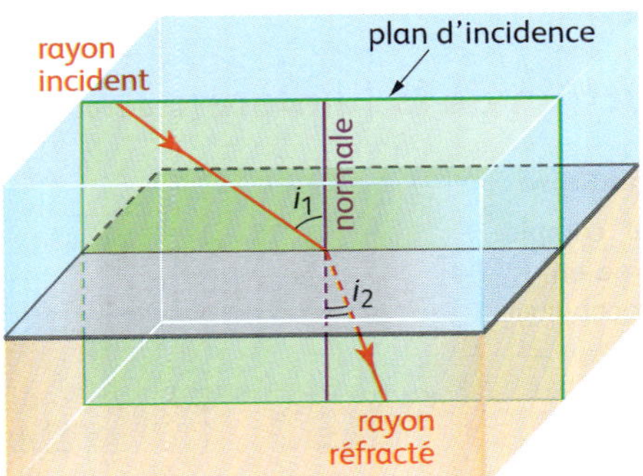

- Les indices de réfraction n_1 et n_2 caractérisent les milieux 1 et 2 pour une radiation donnée. Ce sont des nombres sans unité.

Par exemple : $n_{air} = 1,00$; $n_{eau} = 1,33$.

Radiations et longueur d'onde

- À chaque radiation, on associe une grandeur appelée **longueur d'onde dans le vide**, notée λ.
- L'œil est sensible aux radiations de longueurs d'onde comprises entre 400 et 800 nm.

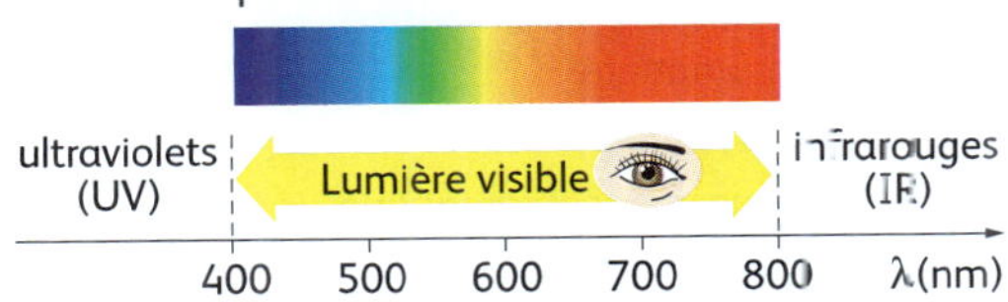

Le prisme, un milieu dispersif

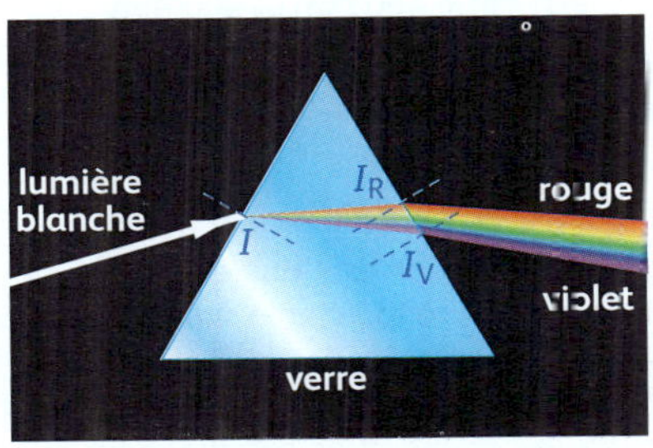

- Le verre est un milieu dispersif : son indice varie avec la longueur d'onde des radiations.

Un prisme en verre peut donc séparer les radiations qui composent une lumière polychromatique.

Exercices d'application

5 minutes CHRONO !

MANUEL NUMÉRIQUE — EXERCICES INTERACTIFS

1 Mots manquants

Compléter avec un ou plusieurs mots.

a. Une lumière .... ne peut pas être décomposée par un prisme.

b. Une lumière .... est un ensemble de plusieurs radiations.

c. À chaque radiation, on associe une grandeur appelée ....

d. Les radiations infrarouges .... visibles par l'œil.

e. Le changement de direction que subit la lumière lorsqu'elle change de milieu de propagation est appelé ....

f. Pour une radiation donnée, un milieu transparent est caractérisé par un nombre appelé ....

g. L'angle d'incidence est l'angle entre le rayon incident et la ....

h. C'est parce que le verre est un milieu .... que le prisme décompose la lumière blanche.

2 QCM

Cocher la réponse exacte.

a. La lumière blanche est :
- ☐ polychromatique
- ☐ indécomposable par un prisme
- ☐ monochromatique

b. Une lumière colorée :
- ☐ est toujours monochromatique
- ☐ est toujours polychromatique
- ☐ peut être l'une ou l'autre selon les cas

c. Les radiations visibles ont une longueur d'onde :
- ☐ comprise entre 400 μm et 800 μm
- ☐ comprise entre 400 nm et 800 nm
- ☐ comprise entre 400 mm et 800 mm

d. L'indice de réfraction d'un milieu :
- ☐ peut être inférieur à 1
- ☐ a comme unité le $m \cdot s^{-1}$
- ☐ peut être supérieur à 1

e. L'angle de réfraction est l'angle :
- ☐ entre le rayon réfracté et la surface de séparation entre les deux milieux
- ☐ entre le rayon réfracté et la normale à la surface de séparation entre les deux milieux
- ☐ entre le rayon réfracté et le rayon incident

→ Reportez-vous aux solutions détaillées page 334 pour vérifier vos réponses et comprendre vos erreurs.

MOBILISER SES CONNAISSANCES

▶ Dispersion, lumières et radiations

[§1 du cours]

3 Couleur et longueur d'onde

a. Quelles sont les valeurs limites des longueurs d'onde des radiations visibles ?

b. Quelles sont les couleurs qui correspondent à ces longueurs d'onde limites ?

4 Longueurs d'onde et unités

Une radiation a une longueur d'onde de 552 nm.

a. Cette lumière est-elle visible ?

b. Si oui, quelle est la couleur correspondante ?

5 Longueur d'onde laser

Le tableau ci-dessous donne les longueurs d'onde et les applications médicales de deux lasers.

Laser	λ (nm)	Utilisation
(1) CO_2	10 600	Chirurgie
(2) Argon	473	Traitement des verrues

Les radiations émises par ces lasers appartiennent-elles au domaine visible ? Si oui, préciser leur couleur.

6 Radiations visibles et invisibles

Quel est le nom des radiations :

a. dont la longueur d'onde est supérieure à 800 nm ?

b. dont la longueur d'onde est inférieure à 400 nm ?

7 Dispersion de la lumière

Qu'est-ce que la dispersion de la lumière ?

▶ Réfraction de la lumière [§2 du cours]

8 Vocabulaire

Recopier et compléter le schéma en utilisant le vocabulaire qui convient.

EXERCICE INTERACTIF

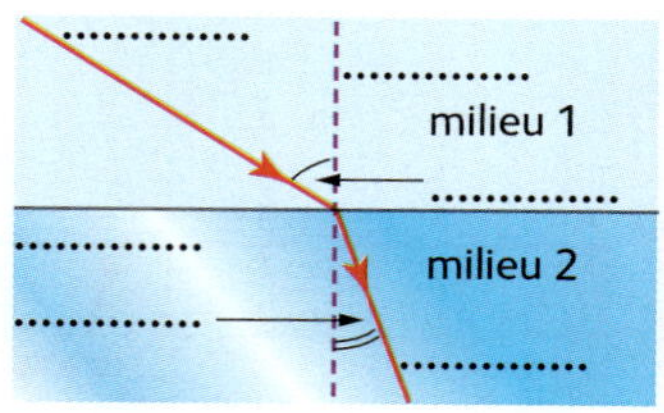

9 Vitesse de propagation de la lumière

a. Quelle est la valeur de la vitesse de propagation de la lumière dans le vide ?

b. Calculer la vitesse de propagation de la lumière dans le plexiglas, d'indice de réfraction $n = 1,5$.

10 Deuxième loi de Snell-Descartes

Écrire correctement la deuxième loi de Snell-Descartes dans le cas du schéma ci-contre.

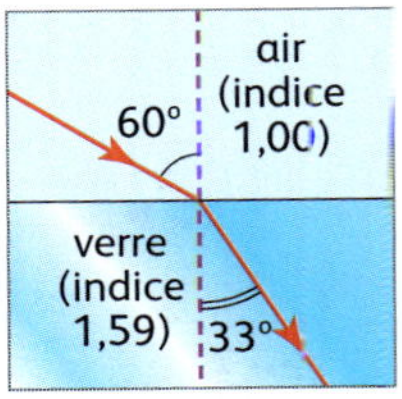

▶ Le prisme, un milieu dispersif

[§3 du cours]

11 Verres et indices

Le tableau ci-après donne l'indice d'un verre pour trois radiations notées *A*, *B* et *C*. Les longueurs d'onde sont :

λ_A = 656 nm ; λ_B = 589 nm ; λ_C = 486 nm.

	n_A	n_B	n_C
Verre Crown	1,514	1,517	1,522

a. Associer une couleur à chacune des radiations.

b. Le verre est dit dispersif. Que signifie ce terme ?

UTILISER SES COMPÉTENCES

12 Schématiser

On fait arriver un faisceau de lumière sur un prisme. Recopier et compléter le schéma en représentant le faisceau de lumière sortant du prisme :

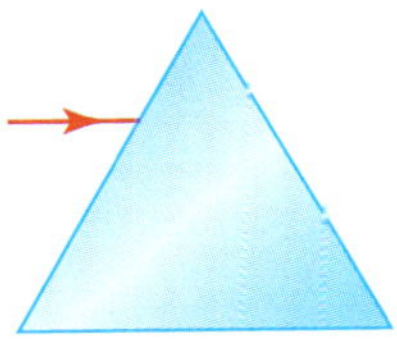

a. dans le cas d'une lumière blanche ;

b. dans le cas d'une lumière rouge émise par un laser ;

c. dans le cas d'une lumière polychromatique jaune composée de deux radiations, rouge et verte.

13 Utiliser les puissances de 10

Compléter le tableau.

Radiation	Longueur d'onde (m)	Longueur d'onde (nm)	Longueur d'onde (µm)
Rouge			0,782
Orange		593	
Bleue	$4{,}43 \times 10^{-7}$		

14 Repérer ses erreurs

Bernard a calculé l'indice de réfraction d'un milieu et a trouvé n = 0,85. Pourquoi ce résultat est-il visiblement faux ?

15 Utiliser une relation littérale

Comment évolue la vitesse de propagation de la lumière dans un milieu si l'indice de réfraction de ce milieu augmente ?

16 Utiliser la calculatrice

Un rayon de lumière arrive avec un angle d'incidence i_1 = 45° à la surface de l'eau. Il passe de l'air (indice n_1 = 1,0) dans l'eau (indice n_2 = 1,3).

Calculer la valeur de l'angle de réfraction i_2.

17 Utiliser un graphique

Un rayon de lumière se propage dans l'air. Il arrive avec un angle d'incidence i_1 à la surface d'un liquide d'indice inconnu *n*. On a mesuré pour différentes valeurs de l'angle i_1 les valeurs correspondantes de l'angle de réfraction i_2. On a ainsi pu obtenir la représentation graphique de sin i_1 en fonction de sin i_2.

En utilisant le graphique, déterminer le coefficient directeur de la droite, et en déduire l'indice de réfraction du liquide.

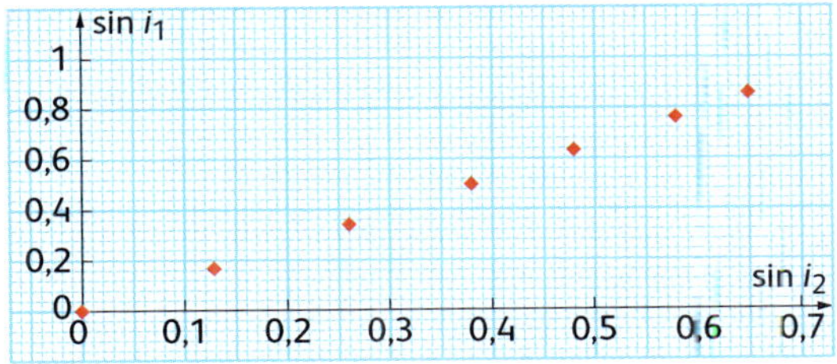

18 Exploiter les informations d'un texte

> Un filtre lumineux transmet les radiations dont les longueurs d'onde dans le vide sont comprises entre 700 nm et 750 nm.
>
> Il arrête complètement les autres radiations.

a. Déterminer approximativement les couleurs correspondant aux radiations transmises par le filtre.

b. Quelle est la couleur de la lumière transmise lorsque l'on éclaire le filtre avec de la lumière blanche ?

c. Que se passe-t-il si on éclaire le filtre avec de la lumière verte monochromatique ?

19 Apprendre à rédiger

Voici l'énoncé d'un exercice et un guide (en orange) ; ce guide vous aide pour rédiger la solution détaillée et pour retrouver les réponses numériques aux questions posées.

Énoncé

Un rayon de lumière passe de l'air dans un diamant. L'angle d'incidence vaut i_1 = 30° et l'angle de réfraction i_2 = 12°.

a. Faire un schéma.

- ▶ Dessiner la normale à la surface de séparation.
- ▶ Numéroter les milieux (air : 1 et diamant : 2).
- ▶ Repérer l'angle d'incidence i_1 et l'angle de réfraction i_2.

b. Calculer l'indice de réfraction du diamant.

- ▶ Faire une phrase de présentation de la loi utilisée.
- ▶ Écrire la formule littérale de cette loi
- ▶ Faire le calcul littéral qui permet de trouver l'indice de réfraction demandé.
- ▶ Rappeler la valeur de l'indice de réfraction de l'air.
- ▶ Utiliser la calculatrice pour faire le calcul numérique.
- ▶ Arrondir le résultat avec le nombre de chiffres significatifs qui convient. Résultat : n_2 = 2,4.

Exercices d'entraînement

EXERCICE RÉSOLU

Énoncé **Réfraction et dispersion de la lumière**

Un rayon de lumière blanche se propageant dans l'air, arrive à une surface de séparation air - verre sous un angle d'incidence de 30,0°.

1 Faire un schéma en identifiant les milieux de propagation et l'angle d'incidence.

2 Déterminer la valeur de l'angle de réfraction pour les radiations de lumières rouge et violette.
Justifier le nombre de chiffres significatifs.

3 L'angle de déviation est l'angle formé par le prolongement du rayon incident et le rayon réfracté. Compléter le schéma pour le rayon de lumière rouge et déterminer l'angle D de déviation correspondant.
Faire le même calcul pour la lumière violette.
Quelle est la radiation la plus déviée ?

4 Pour une lumière verte, on mesure un angle de réfraction de 17,8°.
Calculer l'indice de réfraction du verre utilisé pour cette radiation.

Données
- Indice de l'air : 1,000.
- Indices du verre : pour la lumière rouge : 1,618 ; pour la lumière violette : 1,652.

Énoncé
Rechercher les valeurs numériques à la fin de l'énoncé.

Énoncé
Lire avec attention cette définition de l'angle de déviation.

Une solution

1 L'angle d'incidence est l'angle que fait le rayon incident avec la normale au point d'incidence.

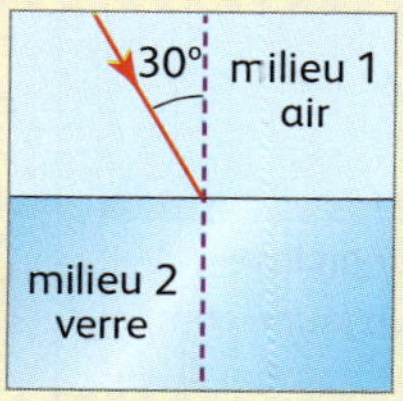

2 Appliquons la deuxième loi de Snell-Descartes :
$$n_1 \sin i_1 = n_2 \sin i_2.$$
On en déduit : $\sin i_2 = \dfrac{n_1 \sin i_1}{n_2}$.
- $n_1 = 1{,}000$ est l'indice de l'air, qui est le milieu 1 ; $i_1 = 30{,}0°$ est l'angle d'incidence ;
- n_2 est l'indice du verre, qui est le milieu 2 ; i_2 est l'angle de réfraction.

Pour le rouge : $n_{2,\,\text{rouge}} = 1{,}618$ donc $\sin i_{2,\,\text{rouge}} = \dfrac{1{,}000 \times \sin 30{,}0}{1{,}618}$.
La calculatrice donne : $i_{2,\,\text{rouge}} = 18{,}0°$.
Pour le violet : $n_{2,\,\text{violet}} = 1{,}652$ donc $\sin i_{2,\,\text{violet}} = \dfrac{1{,}000 \times \sin 30{,}0}{1{,}652}$.
La calculatrice donne : $i_{2,\,\text{violet}} = 17{,}6°$.
Les résultats sont donnés avec 3 chiffres significatifs car l'angle d'incidence n'a que 3 chiffres significatifs.

3 D'après la définition et le schéma : $D = i_1 - i_2$.
A.N. : $D_{\text{rouge}} = 30{,}0° - 18{,}0° = 12{,}0°$.
On calcule de même : $D_{\text{violet}} = 30{,}0° - 17{,}6° = 12{,}4°$.
Le violet est plus dévié que le rouge.

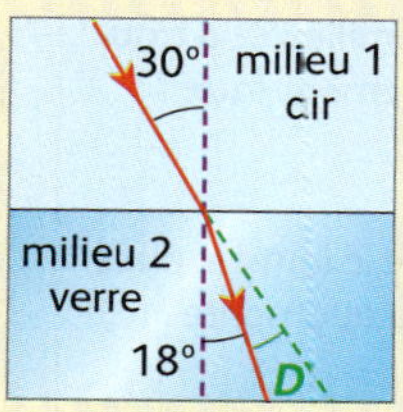

4 Appliquons la deuxième loi de Snell-Descartes :
$$n_1 \sin i_1 = n_2 \sin i_2.$$
Donc $n_2 = \dfrac{n_1 \sin i_1}{\sin i_2}$.
$n_{2,\,\text{vert}} = \dfrac{1{,}000 \times \sin 30{,}0}{\sin 17{,}8}$ d'où : $n_{2,\,\text{vert}} = 1{,}64$.

Schématiser
Tracer la normale au point d'incidence, c'est-à-dire une droite orthogonale à la surface de séparation entre l'air et le verre.
Numéroter les deux milieux.
Indiquer l'angle d'incidence.

Rédiger
Faire une phrase pour introduire la formule littérale qui traduit la loi, puis faire l'application numérique.

Utiliser la calculatrice
Vérifier que la calculatrice utilisée est en mode degré.
Pour obtenir l'angle à partir du sinus, utiliser les touches SHIFT sin (Asin) ou 2nde sin (Arcsin).

Application numérique
Pour trouver le nombre de chiffres significatifs du résultat, il faut examiner les données de l'énoncé : il y a 4 chiffres significatifs pour les indices mais seulement 3 chiffres pour 30,0°.

20 Utiliser une relation littérale

Un rayon de lumière passe du verre dans l'air. L'indice de réfraction du verre est n = 1,50. L'angle d'incidence vaut 30°.

a. Faire un schéma.

b. Calculer la valeur de l'angle de réfraction.

21 Indice de réfraction et critère de pureté

Après une hydrodistillation des clous de girofle, on sépare le liquide huileux obtenu. On mesure son indice de réfraction pour la radiation jaune de longueur d'onde 589 nm pour le comparer à celui de l'eugénol pur.

Un mince faisceau de cette lumière arrive dans l'air sur la surface du liquide huileux étudié avec un angle d'incidence de 40,0°. L'angle de réfraction vaut alors 25,5°

a. Faire un schéma, puis calculer l'indice du liquide.

b. Le liquide huileux est-il de l'eugénol pur ?

Donnée : indice de l'eugénol pur, n_E = 1,54.

22 La paille brisée

Une partie de la paille est dans l'eau. Essayons de comprendre pourquoi elle paraît brisée.

On trace sur la paille deux points très voisins, A et B.

On plonge la paille dans un récipient aux parois verticales transparentes, de telle sorte que la surface de séparation air-eau passe entre A et B.

L'œil O de l'observateur est situé dans le plan horizontal de la surface de séparation air-eau, comme sur le schéma ci-dessous.

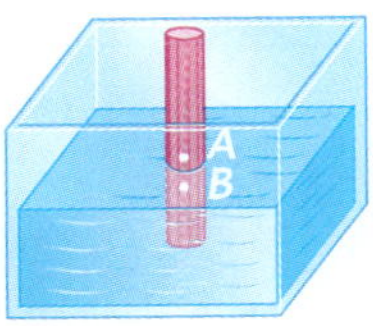

vue de dessus

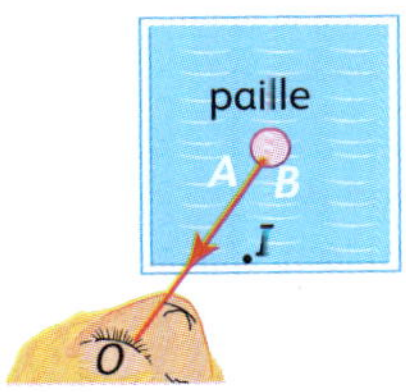

Le rayon de lumière AO parvient à l'œil de l'observateur en restant dans l'air. Le trajet du rayon de lumière issu de B et parvenant à l'œil traverse l'eau, puis l'air. On admet que la vitre ne joue aucun rôle sur le trajet de la lumière ici.

a. Le rayon BI se propage dans l'eau et arrive avec un angle d'incidence de 35° au point I. L'indice de l'eau est voisin de 1,3. Calculer l'angle de réfraction dans l'air et tracer le rayon réfracté correspondant.

b. Ce rayon réfracté atteint l'œil O de l'observateur. Préciser sur le schéma la direction dans laquelle cet observateur voit la paille au-dessous de B.

c. Préciser sur le schéma la direction dans laquelle l'observateur voit la paille au-dessus de A.

d. Représenter l'aspect de la paille entière vue par l'observateur, et comparer avec la photographie de l'énoncé.

23 ★★ Dispersion par un prisme

Un rayon de lumière blanche arrive orthogonalement sur une face d'un prisme en verre, d'angle au sommet A = 35° comme l'indique le schéma. Il passe de l'air dans le verre.

Les indices du prisme sont :

$$n_{\text{rouge}} = 1{,}62 \text{ et } n_{\text{bleu}} = 1{,}65.$$

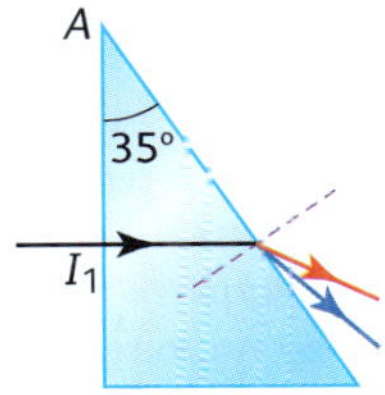

a. Pourquoi le rayon n'est-il pas dévié au passage air-verre au point I_1 ?

b. Montrer que l'angle d'incidence lors du passage verre-air vaut 35°.

c. Déterminer les valeurs de l'angle de réfraction pour les lumières bleue et rouge.

d. De la lumière rouge ou de la bleue, laquelle est la plus déviée ? Le schéma est-il en accord avec la réponse ?

24 ★★ Fibre optique

Les fibres optiques permettent de transmettre des radiations parfois sur de longues distances.

Elles sont utilisées dans les télécommunications pour la réalisation de réseaux haut-débit, ou en médecine dans les fibroscopes pour observer et traiter certaines parties internes du corps, comme l'estomac.

On considère une fibre optique constituée d'un cœur cylindrique transparent d'indice n_C = 1,52 entourée d'une gaine transparente d'indice n_G = 1,48.

Un mince faisceau de lumière se propage dans le cœur et atteint la surface de séparation cœur-gaine au point I avec un angle d'incidence i_C.

a. Calculer la valeur de l'angle d'incidence i_C pour laquelle l'angle de réfraction i_G dans la gaine vaut 90°.

b. Si i_C est supérieur à cette valeur, il n'y a plus de réfraction : la surface de séparation entre les deux milieux se comporte comme un miroir, et le rayon incident subit une réflexion totale tel que $i_C = i'_C$.

Dans ce cas, recopier et compléter le schéma ci-dessous en imaginant le trajet que peut suivre la lumière au-delà du point I.

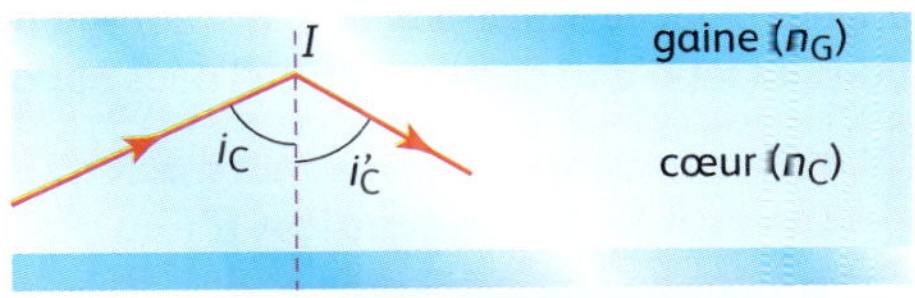

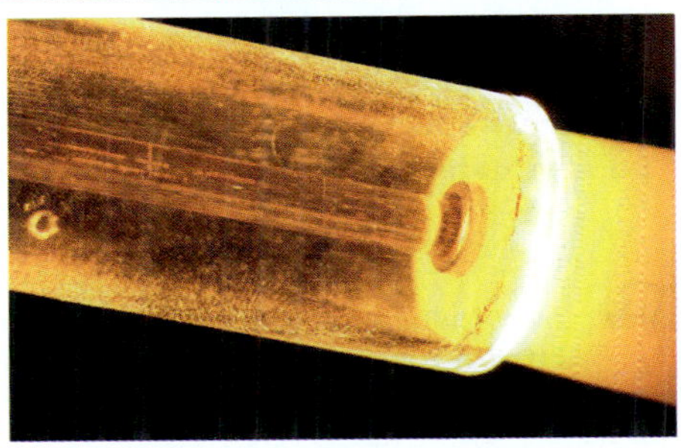

Culture scientifique et citoyenne

PHYSIQUE & NATURE Les mirages

En été, sur les routes chauffées par le soleil, on peut avoir l'impression de voir des flaques d'eau au loin. Mais lorsque l'on se rapproche, ces « flaques » disparaissent. Cette illusion d'optique est un **mirage**.

- Au niveau du sol qui a été chauffé par le soleil, la température de l'air est plus élevée. Or l'indice de réfraction de l'air diminue si sa température augmente.

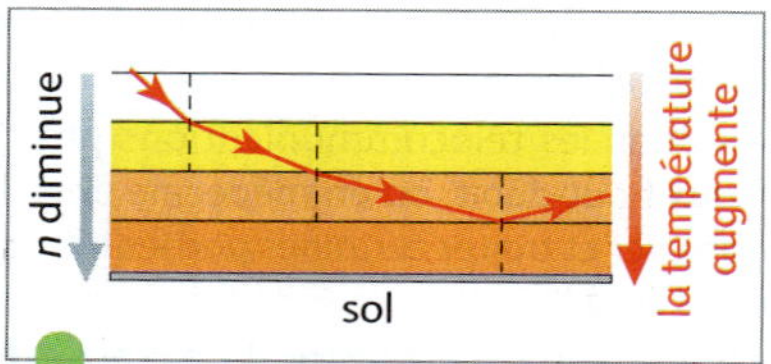

Trajet simplifié d'un rayon de lumière dans l'air.

Mirage sur une route en Australie.

- Les rayons de lumière provenant d'un objet rencontrent des **couches d'air d'indices différents** et subissent des **réfractions successives**, jusqu'à un angle limite au-delà duquel ils subissent une réflexion totale.

Un observateur aura l'impression de voir l'objet dans la direction des rayons qui atteignent son œil.

Sur le Web http://lycees.ac-rouen.fr/galilee/iesp27/optique/Mirages.htm
http://clg-maraispoitevin-85.ac-nantes.fr/web/IMG/pdf/Dossier_lumiere.pdf
http://h0.web.u-psud.fr/phenomenesoptiques/mirages.php

Faire une recherche

L'arc-en-ciel est une manifestation naturelle de la décomposition de la lumière blanche. C'est par exemple dans la pluie qui tombe au loin ou dans un jet d'eau que l'arc-en-ciel nous apparaît.

Utiliser Internet pour répondre aux questions suivantes.
- **Quel est le rôle des gouttes d'eau dans la formation d'un arc-en-ciel ?**
- **Où doit se trouver le Soleil par rapport à l'observateur pour que celui-ci puisse voir l'arc-en-ciel ?**
- **Comment peut-on expliquer qu'un arc-en-ciel circulaire puisse s'observer en avion, et pas au niveau du sol ?**

Un phénomène rare : un arc-en-ciel circulaire vu d'avion.

Aide http://culturesciencesphysique.ens-lyon.fr/XML/db/csphysique/metadata/LOM_CSP_arcenciel.xml
http://www.udppc.asso.fr/auvergne/spip.php?article45
http://fr.wikipedia.org/wiki/Arc-en-ciel

Un métier : technicien(ne) en optique de précision BAC +2

Technicien en travail : contrôle d'un objectif d'appareil photographique. Une mire est projetée à travers l'objectif pour vérifier la qualité du contraste.

Lentilles, miroirs, prismes, sont les principaux composants optiques destinés à être intégrés à des instruments tels que les télescopes, les lasers, les objectifs d'appareils de prise de vue, etc.

- Le **technicien en optique de précision** façonne le verre et assemble les éléments.

Il peut travailler dans une entreprise de production, ou dans les laboratoires de recherche pour participer à la conception de nouveaux systèmes optiques.

- Le travail est à la fois manuel et technique. Il faut être **patient, minutieux, méthodique, rigoureux.**

Sur le Web http://ufe.obspm.fr/article1.html http://www.lesmetiers.net
http://www.e-orientations.com/metiers/technicien-en-optique-de-precision

PHYSIQUE & TECHNIQUE La fibre optique embobine la Terre

Les informations que nous échangeons, le son de nos téléphones, le texte de nos fax ou de nos courriers électroniques, nos photos ou nos vidéos, transitent **sous forme de lumière** dans une fibre optique […]

- Une fibre optique est formée de deux couches de verre concentriques, appelées gaine et cœur […] **L'indice de réfraction du cœur est plus grand que celui de la gaine.** Ainsi le cœur piège et « guide » toute lumière injectée dans la fibre.
- La lumière se propage dans la fibre optique à environ 200 000 kilomètres par seconde, vitesse équivalente à celle des ondes électroniques dans un câble électrique. L'intérêt de la fibre optique réside donc non pas dans sa « vitesse », mais dans la possibilité d'y **propager des données sans distorsion** à un débit, c'est-à-dire un nombre de bits par seconde, largement supérieur à celui accessible dans les autres matériaux connus.

S. Bigo, J.-P. Hamaide, « La fibre optique embobine la Terre », *Dossier Pour la Science* n° 53, oct.-déc. 2006.

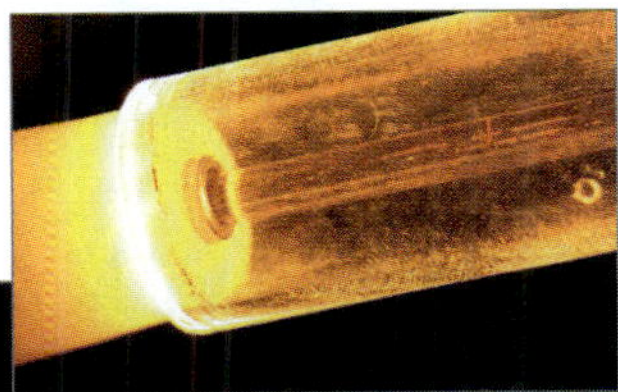

Fibres optiques : vue d'ensemble et agrandissement au microscope.

Sur le Web http://www.youtube.com/watch?v=RWNhW6lwOiY
http://www.sciences.univ-nantes.fr/physique/perso/gtulloue/optiqueGeo/dioptres/fibre_optique.html

Chapitre 9

Les spectres lumineux

Vu au collège

- Un prisme ou un réseau permet de décomposer la lumière blanche.
- La superposition de lumières colorées donne une nouvelle lumière colorée ou blanche.
- Un filtre coloré absorbe certaines lumières.

Connaissances & Compétences

- Distinguer un spectre d'émission d'un spectre d'absorption.
- Distinguer un spectre continu d'un spectre de raies.
- Connaître les liens entre spectres et température ou composition chimique.
- Savoir interpréter les spectres des étoiles.

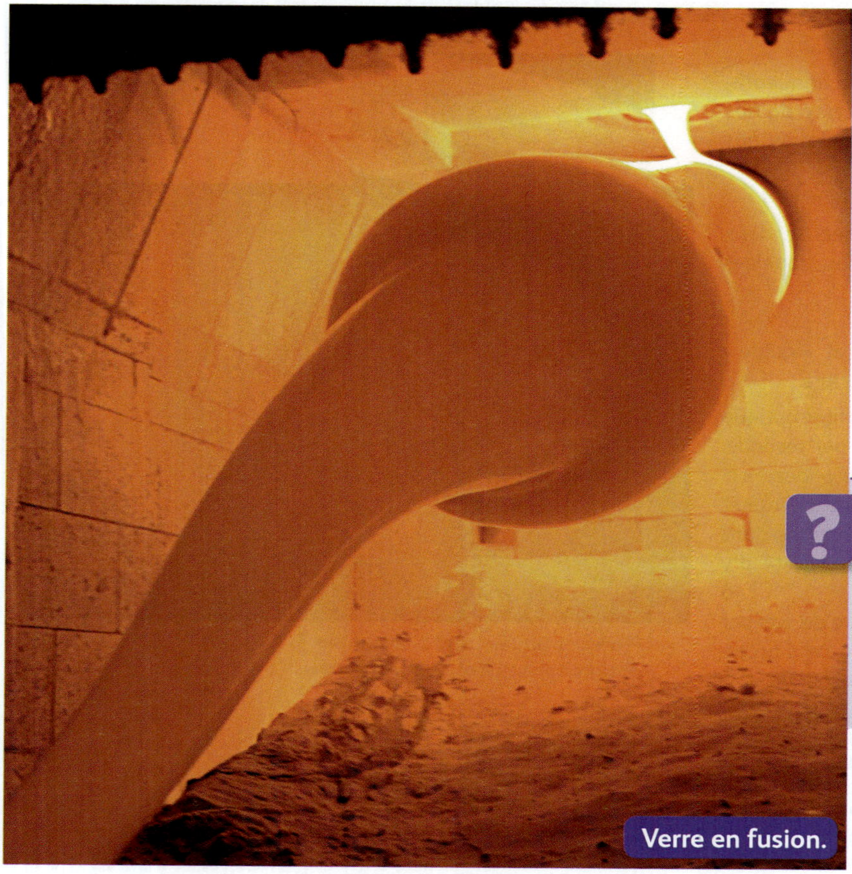
Verre en fusion.

?

Comment estimer la température du verre par une simple observation ?

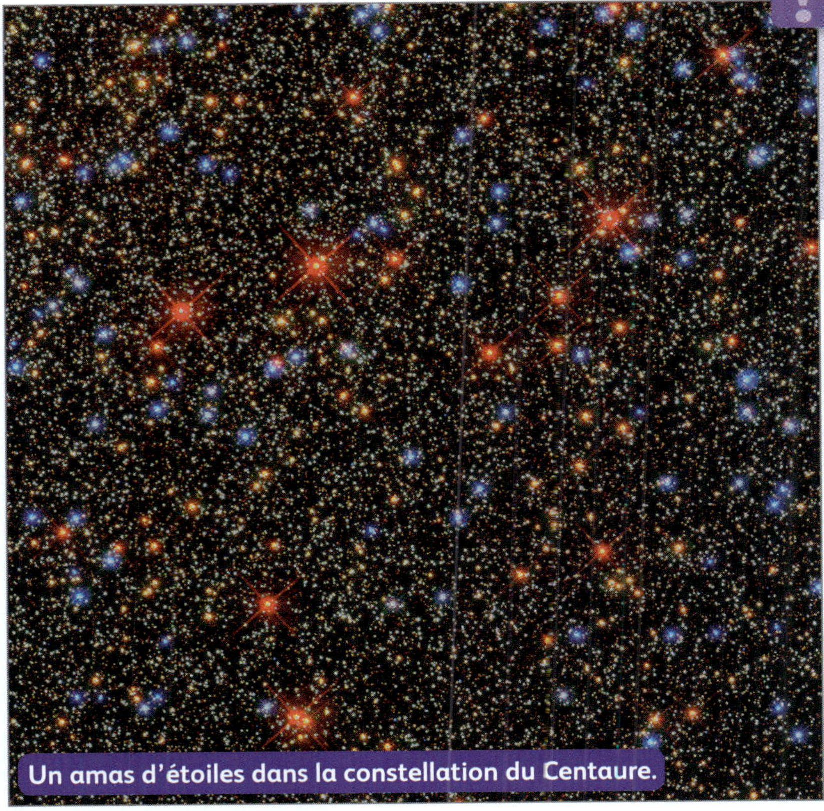

Un amas d'étoiles dans la constellation du Centaure.

Les étoiles ne sont pas toutes de la même couleur. D'où provient cette diversité ?

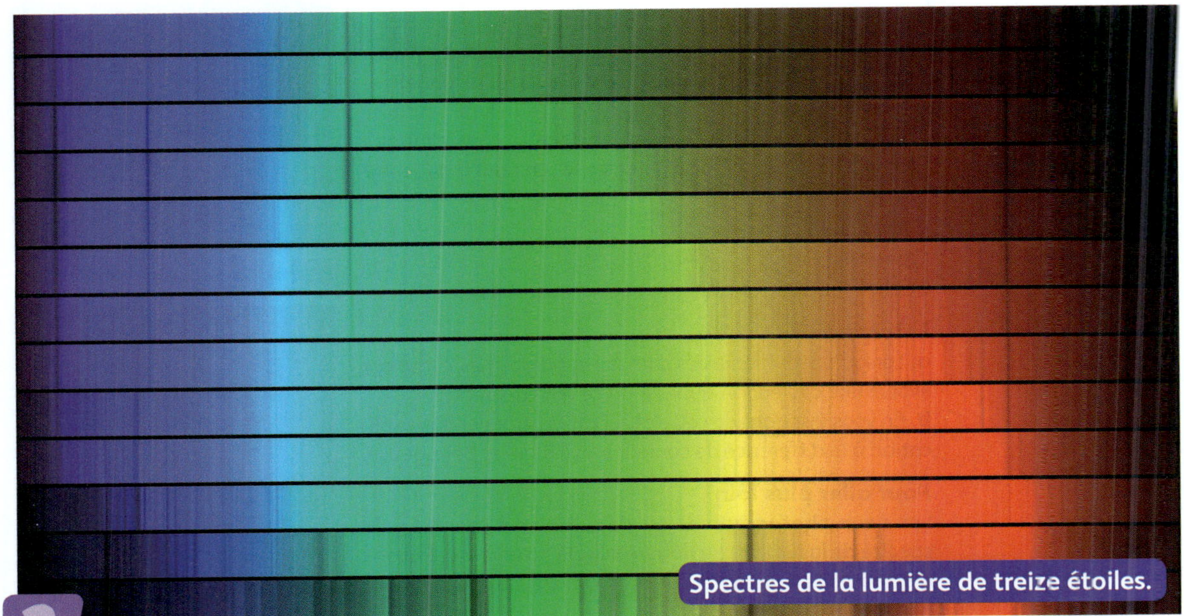

Spectres de la lumière de treize étoiles.

Comment décrypter les informations contenues dans ces spectres ?

Activité à la maison

ACTIVITÉ EXPÉRIMENTALE

MANUEL NUMÉRIQUE

1 La lumière des étoiles

▶ On dit que la lumière est la messagère des étoiles. Avec quels signes ces messages sont-ils codés ?

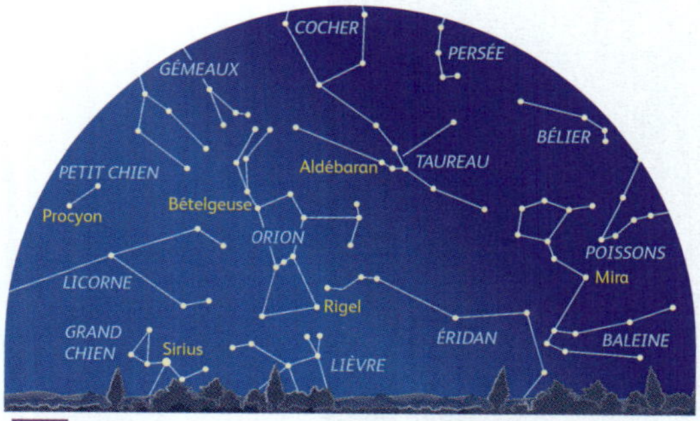

1 *Carte du ciel aux environs du 15 janvier à 22 heures (heure légale).*

DISPOSITIF

On pourra utiliser le **document 2** mais, si les conditions d'observation du ciel le permettent, se procurer :
- une carte du ciel ou utiliser celle qui est donnée ci-contre ;
- une lampe de poche munie d'un cache rouge ou bleu (pour ne pas être ébloui) ;
- si possible, une paire de jumelles peu grossissantes.

Expérience

■ Un soir de fin d'automne ou d'hiver, sans lune, observer le ciel en se mettant le mieux possible à l'abri des lumières artificielles environnantes. Attendre quelques minutes pour s'habituer à l'obscurité.

■ La grande constellation d'Orion se détache nettement. Utiliser la **carte 1** et le **document 2** pour la reconnaître.

■ Observer plus particulièrement, à la jumelle si possible, les deux étoiles les plus brillantes de cette constellation : Rigel (en bas à droite) et Bételgeuse (en haut à gauche).

2 *La constellation d'Orion.*

1 Observer

Quelles sont les couleurs de Rigel et de Bételgeuse ?

2 Interpréter

a. Lorsqu'on souffle sur des braises incandescentes, comment évolue leur couleur ? À quoi est dû ce changement ?

b. En vous inspirant de cette observation, trouver une explication à la différence de couleur entre Rigel et Bételgeuse.

3 Pour aller plus loin

Les deux photographies du **document 3** montrent le spectre de la lumière de notre étoile, le Soleil. Nous l'avons déjà tous observé à l'occasion d'un arc-en-ciel mais, sur la photographie du bas, ce spectre a été obtenu avec un dispositif assez performant pour en observer les détails.

a. Quelle particularité observe-t-on sur le spectre détaillé de la lumière du Soleil ?

b. Répondre à la question d'introduction de l'activité.

3 *Spectre de la lumière solaire.*

ACTIVITÉ EXPÉRIMENTALE

MANUEL NUMÉRIQUE

2 Observer des spectres lumineux

▶ La décomposition de la lumière peut apporter de nombreux renseignements sur sa source ou sur l'espace traversé. Observons différents spectres lumineux.

Le spectroscope de poche permet d'observer un spectre identique à celui-ci.

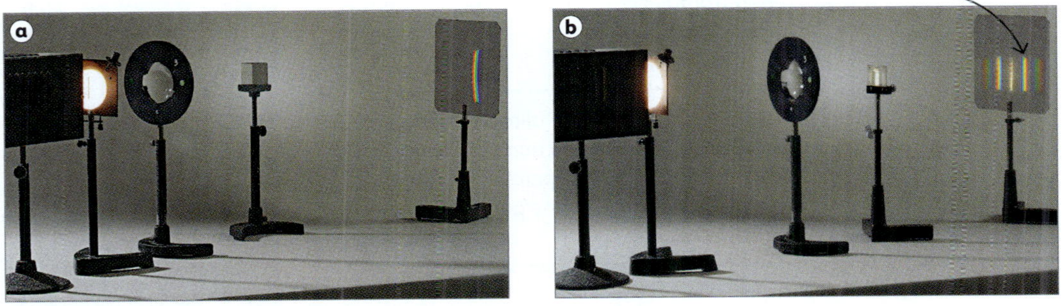

4 *Deux montages connus pour décomposer la lumière blanche : (a) grâce à un prisme, (b) grâce à un réseau. Avec un réseau, on obtient plusieurs spectres symétriques par rapport à l'image centrale blanche de la fente.*

DISPOSITIF On utilise un spectroscope de poche formé d'un tube ou d'une boîte portant une fente à une extrémité et un réseau à l'autre. On place l'œil du côté du réseau et on dirige la fente vers la source de lumière.

Expériences

A Observer les spectres de différentes sources lumineuses : écran blanc éclairé par le Soleil ; lampe à incandescence ; lampes spectrales dont une lampe à vapeur de sodium ; lampes fluocompactes ou tubes fluorescents.

! Sécurité *Ne jamais viser directement le Soleil.*

B Interposer une cuve parallélépipédique en verre contenant une solution diluée de permanganate de potassium entre une lampe à incandescence et le spectroscope.

- Observer le spectre obtenu.
- Recommencer avec une solution de sirop de menthe.

1 Observer

a. On peut classer les spectres observés en trois groupes appelés : spectres continus, spectres de bandes, spectres de raies.
Pour chaque spectre observé au cours de l'expérience **A**, attribuer le qualificatif qui lui convient le mieux.

b. Observer et décrire les spectres obtenus au cours de l'expérience **B**.

5 *Spectre d'absorption d'une solution de permanganate de potassium (a) et de sirop de menthe (b).*

2 Interpréter

Les spectres observés dans l'expérience **A** sont appelés des spectres d'émission, ceux de l'expérience **B** des spectres d'absorption. Justifier ces qualificatifs.

ACTIVITÉ EXPÉRIMENTALE 3

MANUEL NUMÉRIQUE

Température et couleur

▶ **Un solide incandescent émet une lumière dont la couleur change selon la température. Examinons cette propriété dans le cas d'un filament de lampe à incandescence.**

DISPOSITIF On éclaire un écran blanc avec un rétroprojecteur alimenté par l'intermédiaire d'un variateur.

Expérience

- Diminuer la tension d'alimentation du rétroprojecteur jusqu'à extinction complète.
- Recommencer cette opération en projetant le spectre de la lumière émise par le rétroprojecteur **(document 6)**.

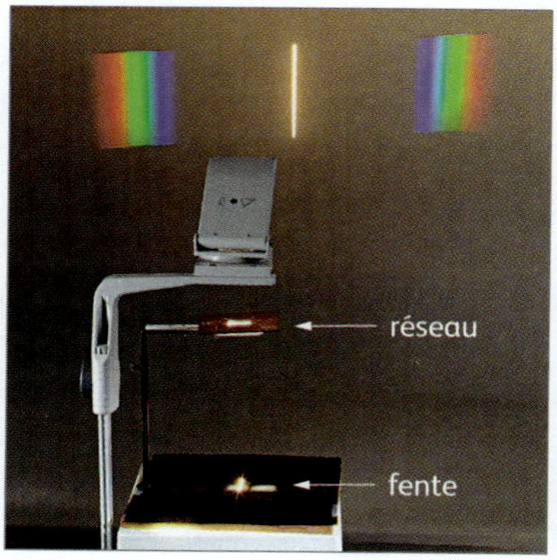

6 *Réalisation du spectre de la lampe d'un rétroprojecteur.*

1 Observer

a. La température du filament varie dans le même sens que la tension d'alimentation. Comment évolue la couleur de la lumière émise lorsque la température diminue ?

b. Les couleurs du spectre sont-elles toutes conservées lorsque la température du filament diminue ? Sinon, lesquelles disparaissent en premier ?

ACTIVITÉ EXPÉRIMENTALE 4

MANUEL NUMÉRIQUE

Interpréter des raies des spectres

▶ **Quelles informations peut-on tirer de l'observation des raies d'un spectre ?**

DISPOSITIF On dispose d'une lampe à vapeur de sodium, de différents solides cristallisés (chlorure de sodium, de calcium, de strontium, etc.), d'un bec Bunsen.

Expérience

- Pendant qu'un camarade introduit quelques cristaux dans la flamme bleu pâle, observer celle-ci à l'œil nu, puis à travers un spectroscope de poche.
- Dans le cas du chlorure de sodium, comparer le spectre obtenu avec celui de la lampe à vapeur de sodium.

7 *Observation d'un spectre de flamme.*

1 Observer

a. Quelle est l'influence de la composition du solide introduit sur la lumière émise ?

b. Quelles ressemblances peut-on noter dans le cas du chlorure de sodium et de la lampe à vapeur de sodium ? Comment peut-on les expliquer ?

2 Conclure

Quel type de renseignement peut fournir l'analyse des raies d'un spectre ?

MANUEL NUMÉRIQUE

5 Étudier le spectre d'une étoile

▶ **Les astrophysiciens savent analyser la composition chimique des objets les plus lointains de l'Univers. Réalisons nous-mêmes une analyse élémentaire de l'atmosphère d'une étoile.**

1 Analyser le document

Rigel, étoile brillante de la constellation d'Orion, est une supergéante bleue.

Le **document 8** montre le spectre de la lumière de Rigel encadré par un double exemplaire du spectre de l'argon.

a. À quoi sont dues les raies sombres présentes dans le spectre de Rigel ?

b. Le spectre de l'argon fourni sur le document est-il un spectre d'émission ou d'absorption ?

c. Quelle est l'utilité du spectre de l'argon sur le document ? Que représentent les valeurs numériques qui l'accompagnent ?

2 Tracer une courbe d'étalonnage

a. On choisit pour origine la raie de l'argon, de longueur d'onde 420 nm.

Mesurer les abscisses x des raies dont la longueur d'onde λ est indiquée sur le document. Reporter dans un tableau les valeurs de λ et de x correspondantes.

TICE **b.** Avec un tableur, obtenir la représentation de λ en fonction de x. Vérifier que les points sont répartis au voisinage d'une droite tracée en utilisant les fonctions de modélisation du tableur (→ **fiche méthode 4**, page 327).

3 Exploiter les résultats

a. Mesurer les abscisses x des raies du spectre de Rigel numérotées sur le document et les reporter dans un tableau.

b. Compléter ce tableau avec les valeurs des longueurs d'onde de ces raies obtenues avec la droite d'étalonnage.

c. Identifier grâce aux raies précédentes les atomes présents dans l'atmosphère de l'étoile.

d. Rechercher parmi les raies non numérotées celle dont la longueur d'onde est 587,6 nm.

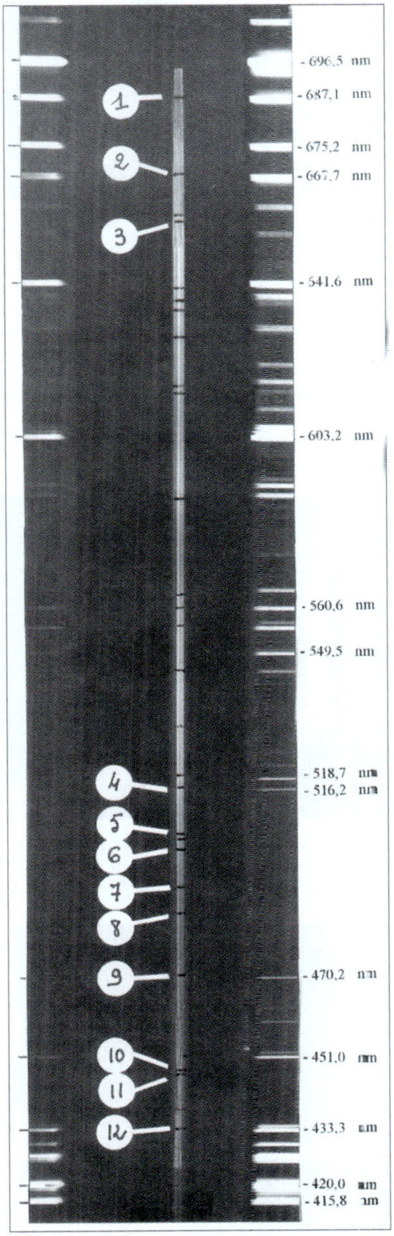

8 *Spectre de l'étoile Rigel.*

Atome ou ion	Longueurs d'ondes de quelques radiations			
Hydrogène (H)	656,3	486,1	434,2	397,1
Hélium (He)	667,8 492,5	587,6 471,3	504,8 447,1	501,6 414,4
Magnésium (Mg)	518,4	517,3	516,7	
Magnésium (ion Mg^+)	448,1	280,3	279,5	

9 *Longueurs d'ondes de quelques raies présentes dans le spectre de raies de certains atomes ou ions.*

1 Spectres d'émission

Joseph von Fraunhofer

Pionnier de la spectroscopie

Opticien et physicien allemand, **Joseph von Fraunhofer** (1787-1826) inventa le spectroscope et étudia les raies du spectre solaire. Il repéra les raies sombres de ce spectre, que l'on nomme aujourd'hui raies de Fraunhofer.

Vocabulaire

Continu : composé de parties non séparées.

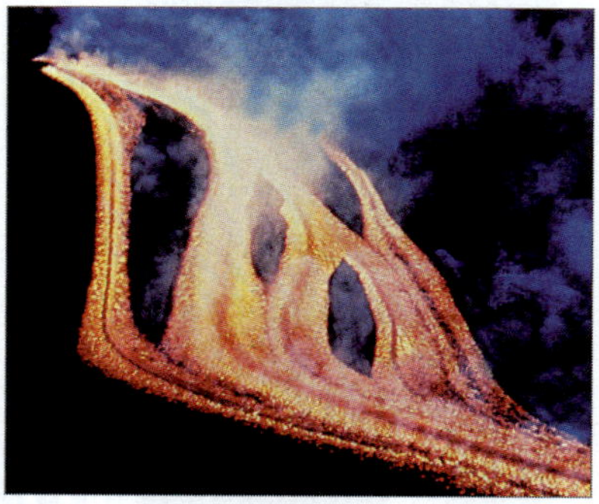

10 *La lave en fusion est un liquide chaud émettant un rayonnement thermique visible.*

Le spectre d'une lumière est l'image que l'on obtient en décomposant cette lumière avec un prisme ou un réseau. L'appareil utilisé pour observer un spectre est un **spectroscope**.

On appelle **spectre d'émission** le spectre de la lumière directement émise par une source.

1.1 Spectres continus et température

- Un **spectre continu** se présente sous forme d'une bande colorée unique constituée d'une infinité de radiations.
- Un corps dense (solide, liquide ou gaz sous forte pression) porté à haute température émet de la lumière, appelée dans ce cas « rayonnement thermique ».

Exemples. Filament incandescent d'une lampe ; lave d'un volcan **(document 10)** ; surface gazeuse d'une étoile.

Le spectre de la lumière émise par un corps dense et chaud est un **spectre continu.**

- À partir de 500 °C environ, le rayonnement émis devient visible, mais toutes les radiations de la lumière blanche ne sont pas présentes avec des intensités comparables. Ce phénomène conduit à une sensation colorée : la couleur perçue dépend de la température.

La couleur de la lumière émise par un corps dense passe du rouge sombre au blanc brillant quand sa température augmente.

- Elle peut même atteindre la couleur bleue pour des températures extrêmes rencontrées sur des étoiles très chaudes.

Le spectre de la lumière émise par un corps dense et chaud s'enrichit progressivement vers le violet lorsque la température augmente.

11 *Évolution du spectre de la lumière émise par le filament d'une lampe à incandescence lorsque sa température augmente de gauche à droite.*

1.2 Spectres de raies et signatures des atomes

- Un **spectre d'émission de raies** présente une suite de raies colorées distinctes : la lumière émise n'est composée que d'un nombre limité de radiations monochromatiques bien distinctes **(document 12)**.
- Les gaz sous faibles pressions peuvent émettre de la lumière dans certaines conditions (gaz à température élevée ou traversé par une décharge électrique en particulier).

Nous ne nous intéressons ici qu'à des gaz constitués d'atomes séparés les uns des autres (donc non groupés en molécules) ou d'ions simples (atomes ayant perdu ou gagné des électrons).

> Le spectre de la lumière émise par un gaz sous faible pression constitué d'atomes ou d'ions simples indépendants est un **spectre de raies**.

> Chaque type d'atome ou d'ion possède un spectre de raies bien déterminé qui permet de l'identifier.

12 *Spectres d'émission de raies. De haut en bas : isotope de l'hydrogène, hélium, hydrogène, krypton, mercure, néon, xénon.*

2 Spectres d'absorption de raies

> Le **spectre d'absorption** d'une substance est le spectre de la lumière obtenue après traversée de cette substance par la lumière blanche.

Un spectre d'absorption de raies présente une suite de raies noires distinctes dans le fond coloré dû au spectre de la lumière blanche.

> Un gaz constitué d'atomes ou d'ions simples produit un **spectre d'absorption de raies.**

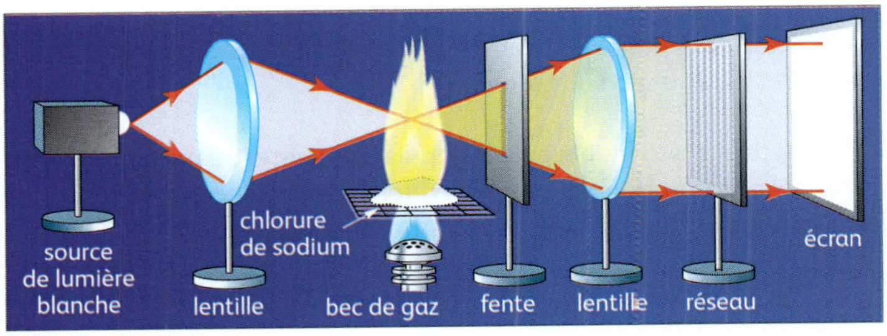

13 *Schéma d'une expérience permettant de réaliser le spectre d'absorption du sodium.*

> Les raies du spectre associé à un atome ou un ion sont à la même place (c'est-à-dire ont les mêmes longueurs d'onde) dans le spectre d'émission et dans le spectre d'absorption : un atome ou un ion ne peut absorber que les radiations qu'il est susceptible d'émettre.

À quoi ça sert ?

La spectroscopie est un outil d'analyse très précis utilisé par les ingénieurs dans les industries chimique, agroalimentaire ou pharmaceutique, par les contrôleurs de la qualité de l'eau ou de l'air, les policiers scientifiques, les archéologues…

Par exemple, un archéologue peut déterminer l'origine d'un objet en n'en prélevant qu'un minuscule fragment.

14 *Spectres d'absorption (a) et d'émission (b) du sodium obtenus avec les mêmes réglages pour le spectroscope.*

15 *Spectre du Soleil.*

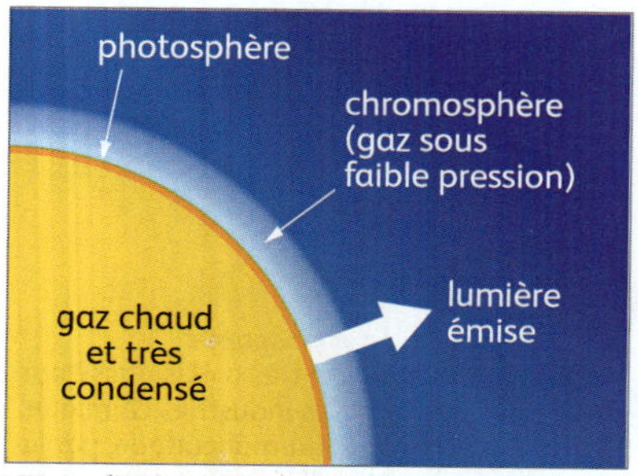

16 *Coupe schématique d'une étoile.*

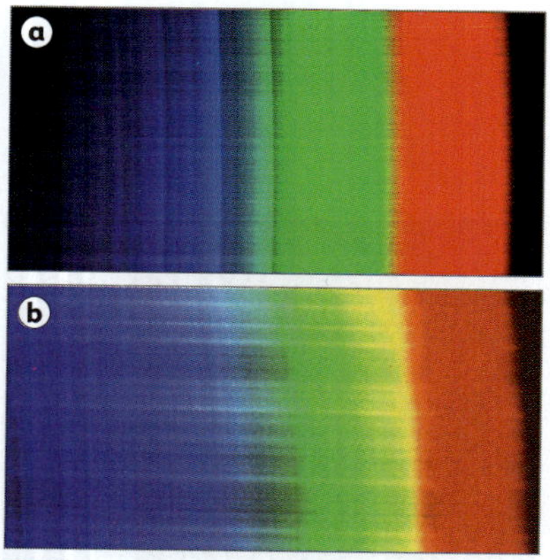

17 *Spectres de deux étoiles.*
ⓐ Bételgeuse d'Orion (3 000 °C).
ⓑ Capella du Cocher (5 200 °C).

3 La lumière, messagère des étoiles

- Le spectre d'une étoile contient le spectre de la lumière blanche : celui-ci constitue le **fond continu** du spectre de l'étoile. Mais il s'y superpose de très nombreuses raies sombres : environ 20 000 pour le Soleil.
- D'une étoile à l'autre, le spectre diffère par l'étalement du fond continu du côté du violet et par la position ou l'intensité des raies sombres.

3.1 Fond continu et température

Une étoile est une énorme boule de gaz très chaud et très condensé. La lumière qui nous parvient est issue de la surface de l'étoile appelée **photosphère** : c'est la partie visible de l'étoile. La couleur de l'étoile dépend de sa température.

Exemples

	Bételgeuse	Soleil	Sirius	Rigel
Couleur	Rouge	Jaune	Blanche	Bleue
Température de surface (°C)	3 000	5 500	11 000	20 000

Le spectre de la lumière émise par la photosphère constitue le fond continu. L'étendue du spectre vers le violet renseigne sur la température de surface de l'étoile.

3.2 Spectre de raies et composition chimique

- Avant de nous parvenir, la lumière issue de la photosphère traverse une mince couche de gaz faiblement comprimé qui constitue **l'atmosphère de l'étoile**. Les raies sombres du spectre sont dues à l'absorption de certaines radiations par les atomes ou les ions présents dans l'atmosphère de l'étoile.

Les raies d'absorption du spectre d'une étoile renseignent sur la composition chimique de son atmosphère.

- Les spectres d'étoiles observées depuis le sol terrestre présentent aussi quelques raies ou bandes sombres dues à des molécules absentes de l'étoile, mais présentes dans notre atmosphère terrestre.

3.3 Composition chimique des étoiles

L'analyse chimique des étoiles réalisée à partir de leurs spectres montre qu'elles sont constituées presque exclusivement **d'hydrogène et d'hélium**. En nombre d'atomes, le Soleil est constitué de 92 % d'hydrogène et de 7,8 % d'hélium ; on trouve aussi tous les autres atomes présents sur la Terre mais en très petites quantités.

L'ESSENTIEL

Spectres d'émission

- Un spectre d'émission est le spectre de la lumière directement issue de la source.

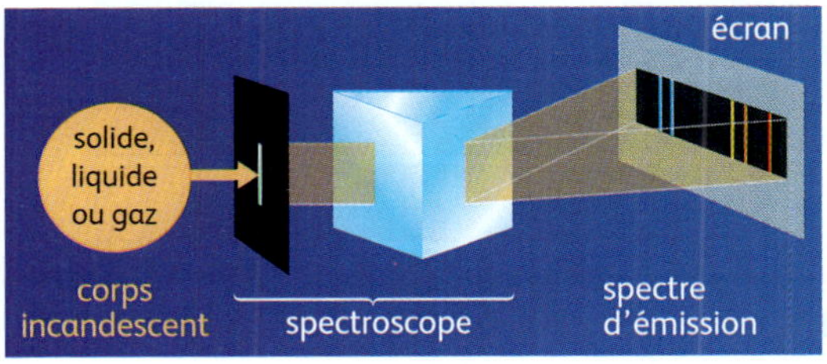

- Le spectre de la lumière émise par un corps condensé et chaud (solide, liquide, gaz très fortement comprimé) est un **spectre continu**.

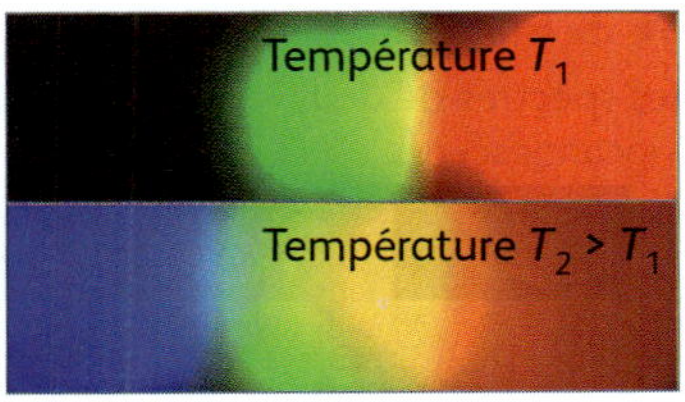

Ce spectre s'enrichit vers le violet lorsque la température de la source augmente.

- Le spectre de la lumière émise par un gaz sous faible pression, porté à haute température et formé d'atomes ou d'ions simples indépendants, est un **spectre de raies**.

Spectres d'absorption

- Le spectre d'absorption d'une substance est le spectre de la lumière obtenue après traversée de cette substance par la lumière blanche.

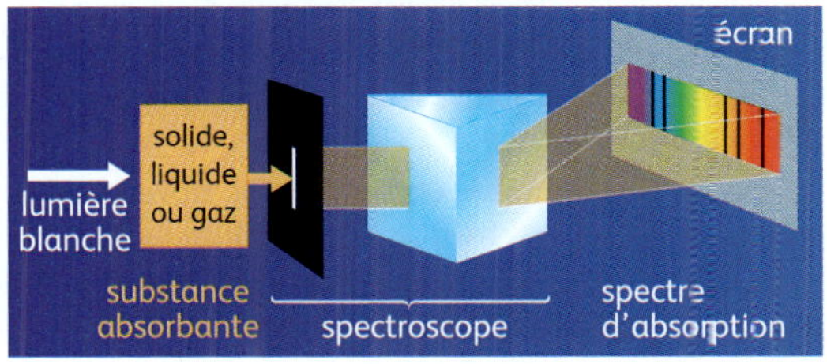

- Le spectre d'absorption d'un gaz sous faible pression et formé d'atomes ou d'ions simples indépendants, est un **spectre d'absorption de raies**.

Identifier des entités chimiques

- Pour des atomes ou des ions identiques, les raies occupent les mêmes places (c'est-à-dire ont les mêmes longueurs d'onde) dans le spectre d'émission et dans le spectre d'absorption : un atome ou un ion ne peut absorber que les radiations qu'il est susceptible d'émettre.
- Les raies d'un spectre permettent d'identifier les atomes (ou les ions) contenus dans la source de lumière.

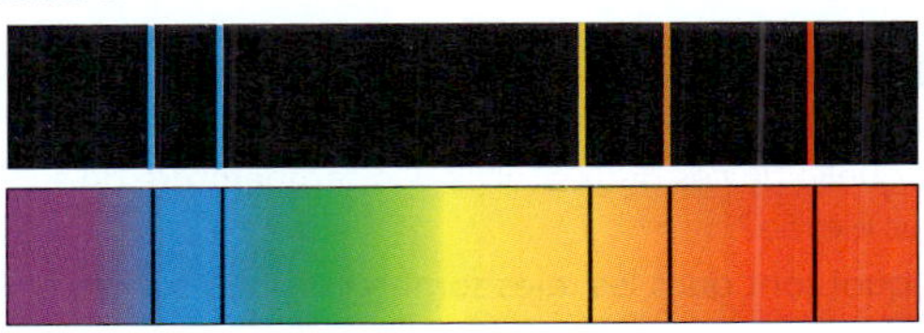

Connaître les étoiles

- La couleur d'une étoile et le fond continu de son spectre renseignent sur sa température de surface. Les raies d'absorption de ce spectre renseignent sur les atomes ou les ions présents dans son atmosphère.

- Les étoiles sont constituées majoritairement d'atomes et d'ions d'hydrogène et d'hélium.

Exercices d'application

5 minutes CHRONO !

MANUEL NUMÉRIQUE — EXERCICES INTERACTIFS

1 Mots manquants

Compléter avec un ou plusieurs mots.

a. Le spectre de la lumière émise par un corps dense et chaud est un spectre .... ; le spectre de la lumière émise par un gaz sous faible pression est un spectre de ....

b. Le spectre de la lumière directement émise par une source est un spectre d'.......... .

Le spectre de la lumière obtenue après traversée d'une substance est un spectre d'.......... .

c. Un gaz ne peut absorber que les radiations qu'il est aussi susceptible d'.......... .

d. Le spectre de la lumière émise par la photosphère d'une étoile constitue le ....

2 QCM

Cocher la réponse exacte.

a. Le spectre représenté ci-dessous est un spectre :
- ☐ de raies d'émission
- ☐ de raies d'absorption
- ☐ continu

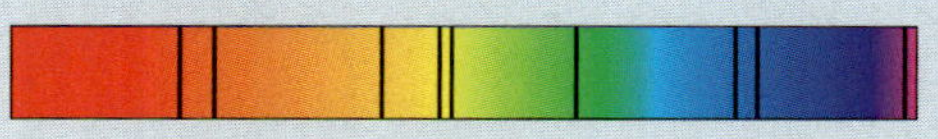

b. Lorsque la température augmente, le spectre de la lumière émise par un corps condensé et chaud :
- ☐ s'enrichit vers le violet
- ☐ s'enrichit vers le rouge
- ☐ devient un spectre de raies

c. Le fond continu du spectre d'une étoile donne des renseignements sur :
- ☐ la composition chimique de son atmosphère
- ☐ la température de sa surface
- ☐ la température de son atmosphère

d. Les raies du spectre d'absorption d'un gaz, associées à un même atome :
- ☐ ont les mêmes places que dans le spectre d'émission
- ☐ sont plus nombreuses que dans le spectre d'émission
- ☐ changent de place suivant la température du gaz

e. Les raies sombres du spectre d'une étoile sont dues à :
- ☐ la présence de certains gaz dans son atmosphère
- ☐ l'absence de certains gaz dans son atmosphère
- ☐ l'absence de certains gaz dans sa photosphère

→ Reportez-vous aux solutions détaillées page 334 pour vérifier vos réponses et comprendre vos erreurs.

MOBILISER SES CONNAISSANCES

▶ Spectres d'émission et d'absorption [§1 et 2 du cours]

3 Nommer des spectres

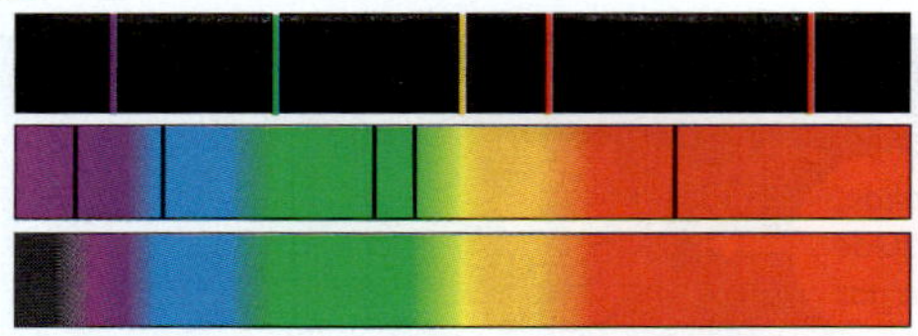

1, 2, 3

Associer à chaque type de spectre la figure qui lui correspond.

(A) spectre d'émission continu

(B) spectre d'émission de raies

(C) spectre d'absorption

4 Lumière de braises

On observe les spectres de deux morceaux de charbon de bois portés à incandescence.

1 — 2

a. Quel spectre a été obtenu avec le charbon le plus chaud ?

b. Comment évoluent ces spectres si on active la combustion en soufflant sur la braise ?

▶ La lumière des étoiles [§3 du cours]

5 Couleurs d'étoiles

L'Épi (constellation de la Vierge) est une étoile bleue.
Arcturus (constellation du Bouvier) est une étoile rouge.
Le Soleil est une étoile jaune.

Classer ces trois étoiles par température croissante de leur surface.

6 Spectres d'étoiles

On donne ci-dessous les spectres de deux étoiles, Bételgeuse (constellation d'Orion) et Véga (constellation de la Lyre).

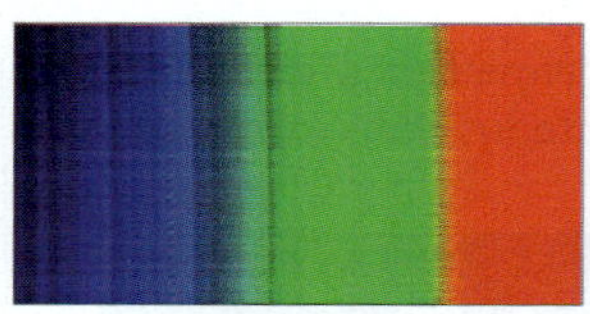

Bételgeuse

Véga

a. Laquelle de ces deux étoiles a la température de surface la plus élevée ?

b. À quoi sont dues les raies sombres visibles sur ces photographies ?

7 Spectre d'absorption d'une étoile

La figure suivante représente le spectre simplifié de la lumière d'une étoile.

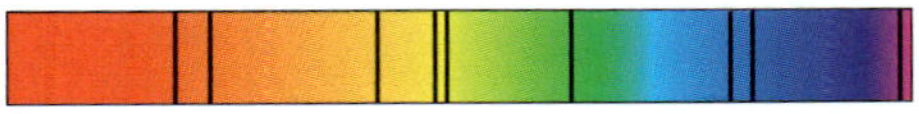

Parmi les trois gaz A, B et C, dont les spectres sont schématisés ci-dessous, lesquels sont présents avec certitude dans l'atmosphère de l'étoile ?

UTILISER SES COMPÉTENCES

8 Schématiser une expérience

Schématiser un montage permettant d'observer sur un écran le spectre d'absorption d'une solution de sirop de menthe.

9 Utiliser les puissances de 10

Sur un document, un spectre a été dessiné avec l'échelle : 1 cm correspond à un écart de longueurs d'onde de 10 nm.

À quel écart de longueurs d'onde, exprimé en m, correspond une distance de 1 mm entre deux raies ?

10 Exploiter un graphique

Le graphique suivant est la courbe d'étalonnage d'un spectroscope à prisme. Il a été obtenu en reportant en abscisses la position, sur un axe (Ox), de différentes raies connues et, en ordonnées, les longueurs d'onde λ correspondantes.

a. Déterminer la longueur d'onde de la radiation verte d'abscisse 3,2 cm.

b. Déterminer l'abscisse d'une raie de longueur d'onde 485 nm obtenue avec les mêmes réglages.

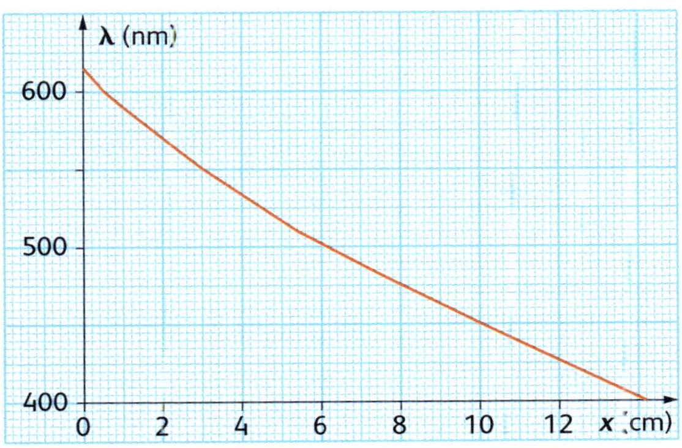

11 Reconnaître une relation de proportionnalité

Avec un spectroscope à réseau, les distances séparant deux raies du spectre sont proportionnelles aux différences entre leurs longueurs d'ondes. Ce n'est plus vrai pour un prisme.

Le spectre suivant a-t-il été obtenu avec un prisme ou un réseau ?

12 Apprendre à rédiger

Voici l'énoncé d'un exercice et un guide (en orange) ; ce guide vous aide pour rédiger la solution détaillée et pour retrouver les réponses numériques aux questions posées.

Énoncé

Le spectre suivant est celui d'une lampe spectrale à hydrogène. Il a été obtenu avec un spectroscope à réseau : dans ce cas, la distance d séparant deux raies est proportionnelle à la différence δ entre leurs longueurs d'onde.

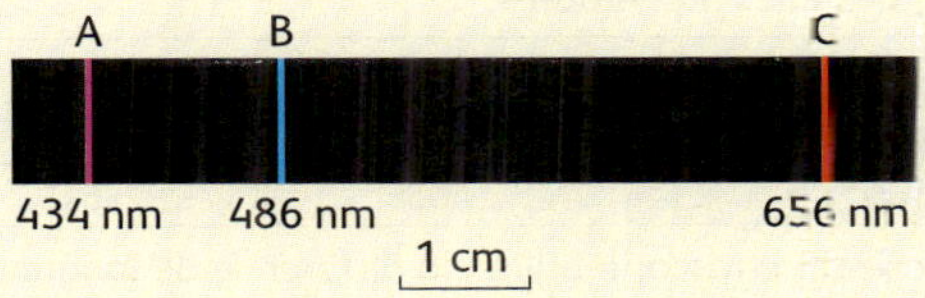

1. a. Calculer le rapport $k = \frac{\delta}{d}$ en utilisant les raies A et C d'une part, puis B et C d'autre part.

- ▸ **Présenter les mesures et les calculs sous forme d'un tableau. Bien préciser les unités.**
- ▸ **En arrondissant les mesures au millimètre, les résultats sont obtenus avec deux chiffres significatifs. C'est ce nombre de chiffres qu'il faut utiliser. Avec δ en nm et d en cm, on trouve pour k les valeurs 39 et 40 ; avec δ en nm et d en mm, on trouve 3,9 et 4,0.**

b. Vérifier que le spectre a pu effectivement être obtenu avec un réseau.

- ▸ **Rappeler que dans ce cas, l'énoncé indique que δ et d sont proportionnelles et dire quelle propriété doit vérifier k.**
- ▸ **Expliquer que l'écart entre les deux résultats est suffisamment petit pour pouvoir être attribué aux erreurs expérimentales.**

2. En lumière visible, l'hydrogène émet une raie de longueur d'onde $\lambda = 410$ nm qui n'est pas représentée sur le document.

Quelle position devrait-elle occuper sur celui-ci ?

- ▸ **Faire une courte phrase d'introduction.**
- ▸ **Présenter un calcul littéral.**
- ▸ **On trouve $d \approx 6$ mm à partir de la raie A. Il faut aussi préciser que cette raie se trouve à gauche de A.**

EXERCICE RÉSOLU

Énoncé **Spectre d'une étoile**

On a photographié, dans les mêmes conditions de prise de vue, le spectre d'une étoile et celui d'une lampe à vapeur de mercure. La figure ci-dessous donne la position de quelques-unes des raies observées sur les deux clichés.

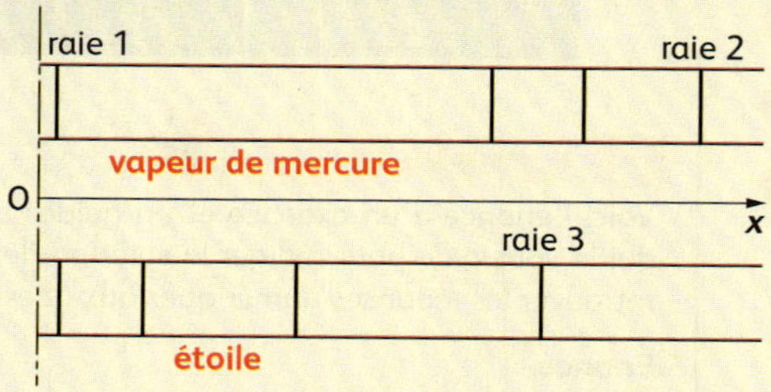

1 Sur la figure, les deux spectres sont représentés de la même façon. Quelles différences verrait-on sur les deux photographies réelles ?

2 Le tableau suivant donne les longueurs d'onde λ et les positions sur l'axe (Ox) des raies numérotées.

Numéro de raie	1	2	3
x (cm)	0,4	17,9	15,6
λ (nm)	405	615	?

Avec le spectroscope utilisé, la différence de longueurs d'ondes de deux raies est proportionnelle à la distance qui les sépare.
Calculer la constante de proportionnalité.

3 Trouver la valeur manquante.

4 En consultant le tableau de données fourni avec l'activité 5, quel renseignement la raie 3 apporte-t-elle ?

Énoncé Attention à la confusion possible entre les deux unités de longueur utilisées ici : nm et cm.

Une solution

1 Le spectre de la lumière émise par la lampe est un spectre d'émission. Les raies seraient donc brillantes sur fond sombre. Les raies du spectre de l'étoile sont des raies d'absorption ; elles apparaîtraient sombres sur une bande colorée.

Rédiger Justifier toutes les affirmations. Ici, on doit nommer les deux types de spectres concernés.

2 La distance entre les raies 1 et 2 est : $x_2 - x_1 = 17{,}9 - 0{,}4 = 17{,}5$ cm.
La différence de longueurs d'onde correspondante est :

$$\lambda_2 - \lambda_1 = 615 - 405 = 210 \text{ nm.}$$

La constante de proportionnalité est $k = \dfrac{\lambda_2 - \lambda_1}{x_2 - x_1} = \dfrac{210}{17{,}5} = 12{,}0$, avec λ en nm et x en cm.

Application numérique Les données au millimètre près permettent de calculer les différences avec 3 chiffres significatifs. Donner les résultats avec le même nombre de chiffres significatifs.
La valeur de k dépend des unités. Ne pas oublier de les préciser avec le résultat.

3 Puisqu'il y a proportionnalité, on peut écrire :

$$\frac{\lambda_3 - \lambda_1}{x_3 - x_1} = k \quad \text{soit} \quad \lambda_3 - \lambda_1 = k\,(x_3 - x_1)$$

$\lambda_3 - \lambda_1 = 12 \times (15{,}6 - 0{,}4) = 182$ nm.
On obtient : $\lambda_3 = 405 + 182 = 587$ nm.

Raisonner Présenter un calcul littéral.

4 Cette valeur est proche de la valeur 587,6 nm pour la longueur d'onde d'une raie de l'hélium. L'atmosphère de l'étoile contient donc probablement cet atome. Toutefois, compte tenu de la précision des mesures, une seule raie ne permet pas une identification certaine.

Exercer son esprit critique Savoir analyser les résultats et tenir compte des incertitudes expérimentales.

13 ✶ Analyse du spectre d'une étoile

Lors d'une séance de travaux pratiques, on dispose d'une photographie du spectre du Soleil et du spectre d'émission de l'argon superposés sur un même cliché comme l'indique la figure suivante.

Une raie est repérée par son abscisse x sur un axe (Ox) tracé comme indiqué sur la figure.

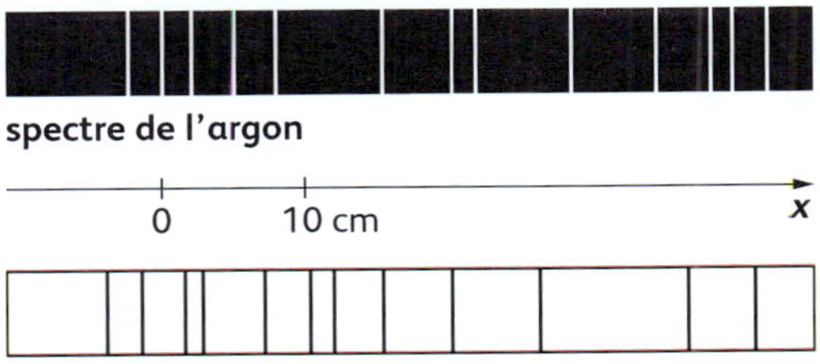

spectre du Soleil

Le tableau suivant donne les abscisses de quelques raies du spectre de l'argon, ainsi que leur longueur d'onde λ.

x (cm)	0	7,9	15,7	22,2	28,9	35,0	42,2
λ (cm)	420	470	519	561	603	642	688

a. Expliquer la différence de nature des deux spectres représentés.

b. Tracer une courbe d'étalonnage en portant sur un graphique :

- en abscisse, les positions x des raies de l'argon du tableau ;
- en ordonnée, les longueurs d'onde correspondantes.

c. Le tableau suivant donne les abscisses de quelques raies bien visibles du spectre du Soleil.

Raie	A	B	C	D	E	F	G
x (cm)	2,2	7,3	12,3	15,3	15,5	26,7	37,4

Donner les longueurs d'onde de ces raies.

d. Associer à chacune des raies précédentes l'atome présent dans l'atmosphère du Soleil qui en est l'origine.

On donne les longueurs d'onde (en nm) de quelques raies :

- Hydrogène (H) : 656,3 ; 486,1 ; 434,0 ; 410,0
- Sodium (Na) : 589,0 ; 589,6
- Magnésium (Mg) : 470,3 ; 516,6 ; 517,3 ; 518,4
- Titane : 466,8 ; 469,1 ; 498,2

e. Trouver les abscisses des raies de l'hydrogène qui n'apparaissent pas dans le tableau de la question **c**. Indiquer leur position approximative sur la figure.

14 ✶ Mesure de la température de surface d'une étoile

L'intensité de la lumière émise par un corps condensé et chaud est différente pour chaque radiation. Elle est maximale pour une radiation de longueur d'onde λ_m telle que :

$$\lambda_m \times (\theta + 273) = 2{,}9 \times 10^6,$$

où θ est la température du corps exprimée en °C ;

λ_m est exprimée en nm.

Dans un livre d'astronomie, on indique que la température de surface de Bételgeuse est 2 900 °C.

a. Pour quelle longueur d'onde le rayonnement émis par Bételgeuse est-il le plus intense ?

b. Cette longueur d'onde correspond-elle à la lumière visible ? Si non, quelle est la couleur des radiations visibles les plus proches ?

c. En déduire la couleur de Bételgeuse.

15 ✶ Spectres du Soleil

La figure suivante représente le fond continu du spectre du Soleil à deux moments de la journée : milieu du jour et coucher du soleil. Les raies d'absorption n'ont pas été représentées.

a. Associer à chaque spectre le moment de la journée qui convient.

b. La température de surface du Soleil change-t-elle au cours de la journée ? Si non, comment justifier alors la modification du spectre au cours de la journée ?

16 ✶ Étudier un texte

La découverte de l'hélium

Pendant l'observation de l'éclipse totale de Soleil du 18 août 1868, plusieurs observateurs, réalisant l'étude spectroscopique des protubérances, constatent la présence, dans le jaune, d'une raie très brillante. Facile à confondre avec celles du sodium, cette raie jaune traduit la présence d'une substance inconnue que Lockyer proposera d'appeler « hélium ». Ce n'est qu'en 1895 que le chimiste William Ramsay parviendra à trouver des traces d'hélium sur Terre dans des minerais uranifères.

D'après *La Recherche*, Juin 99.

1. Faire une recherche documentaire sur l'hélium pour répondre aux questions suivantes.

a. Quelle est l'étymologie du mot « hélium » ? Justifiez le choix de ce nom.

b. Comment expliquer que l'hélium ait été plus facile à découvrir dans le Soleil que sur la Terre ?

2. Rechercher ce que sont les « protubérances ». Pourquoi fallait-il attendre une éclipse totale pour les observer ?

3. Quelle indication du texte montre que la raie du spectre de l'hélium mentionnée est une raie d'émission ? Pourquoi ne pouvait-on pas observer une raie d'absorption dans les conditions décrites ?

4. Quelle indication du texte explique que cette raie ait été tardivement détectée ?

Protubérance solaire

Culture scientifique et citoyenne

Un métier : éclairagiste concepteur(trice) BAC +2 à BAC +5

Éclairagiste contrôlant les effets lumineux qu'il a mis en place.

Intervenant dans les domaines du cinéma, de la télévision, du spectacle vivant, des concerts, **l'éclairagiste** met en œuvre l'éclairage ou l'alimentation électrique d'un spectacle.

- Il intervient dès le début des répétitions pour faire des propositions de lumières au metteur en scène à partir des volumes créés par le décorateur-scénographe. Il apporte une profondeur à la scène et permet au spectateur de suivre le déroulement du spectacle.
- Ce métier requiert de **solides connaissances** techniques et artistiques et **une grande créativité.**

Sur le Web http://ww.onisep.fr http://ww.lesmetiers.net

Histoire des Sciences — Les débuts de la spectroscopie

Découvertes au début du XIXe siècle, la présence de raies fines dans le spectre solaire trouva son explication en 1859 grâce à l'étroite collaboration de deux savants allemands, **Gustav Kirchhoff** et **Robert Bunsen**.

- Ils énoncèrent d'abord clairement l'idée pressentie avant eux que chaque corps simple a ses raies caractéristiques. On savait que le spectre de la lumière émise par le sodium chauffé dans une flamme présente **deux raies jaunes très voisines** qui se trouvent aux mêmes positions que deux raies sombres du spectre solaire. En faisant passer la lumière du Soleil à travers la vapeur de sodium, ils constatèrent que ces raies apparaissaient encore plus sombres. Ils découvrirent ainsi qu'un corps simple **absorbe les radiations qu'il est capable d'émettre.** Ils purent expliquer en outre la présence des raies sombres dans le spectre solaire comme nous l'avons vu dans ce chapitre.
- **L'analyse spectrale** était née. Elle devait rendre d'énormes services à la chimie, à la connaissance de l'atome et de l'Univers.

Sur le Web http://web.cala.asso.fr/Historique-de-la-spectroscopie.html
http://www.cosmovisions.com/Kirchhoff.htm

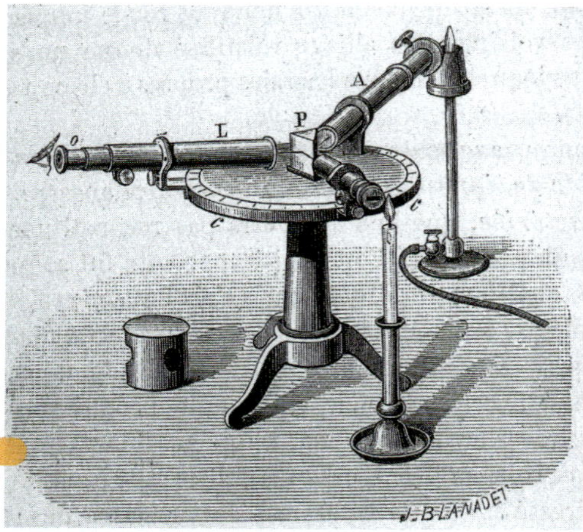

Gravure représentant le spectroscope de Bunsen et Kirchhoff.

PHYSIQUE & SVT Soleil et vision

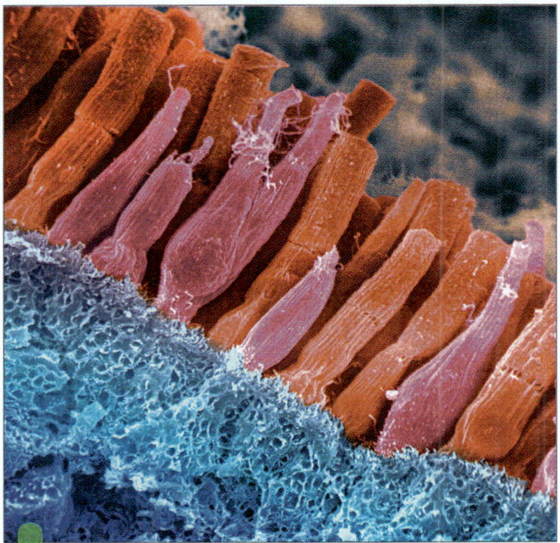

Des cellules sensibles à la lumière, en forme de cônes et de bâtonnets, tapissent le fond de l'œil.

Parmi les ondes électromagnétiques, les longueurs d'onde de la lumière visible par l'homme n'occupent qu'un tout petit intervalle, de 400 nm à 800 nm.

- Il s'agit là d'un **exemple d'adaptation** au milieu naturel car c'est précisément dans cet intervalle que le rayonnement solaire a une **intensité maximale :** notre sensibilité à la lumière nous permet de profiter au mieux de la lumière du Soleil. On peut imaginer que, si notre étoile était plus froide, notre domaine de vision serait situé dans l'infrarouge.
- La possibilité de distinguer les couleurs a perfectionné encore cette adaptation au milieu. Elle est bien utile entre autres pour repérer la nourriture.

Sur le Web http://site.voila.fr/lavisiondesanimaux/retine.htm
http://www.cepheides.fr/article-16900133.html

Physique & Société

Comprendre l'effet de serre

La lumière du Soleil est partiellement absorbée par le sol, ce qui le réchauffe. Le sol réémet à son tour un rayonnement d'origine thermique situé dans l'infrarouge, ce qui produit l'effet inverse.

- Dans une serre, les plantes sont protégées par un vitrage ou un voile de matière plastique qui laissent bien passer la lumière visible, mais réfléchissent en grande partie les infrarouges. La lumière est ainsi piégée, **ce qui entretient une température élevée.**
- Un phénomène analogue se produit dans l'atmosphère. Le rôle du vitrage est tenu par certains gaz, surtout le dioxyde de carbone, la vapeur d'eau, le méthane et les oxydes d'azote. Ce phénomène naturel maintient sur Terre une température propice à la vie. Mais la grande majorité des scientifiques admet que les rejets dus à l'activité humaine l'intensifie dangereusement, contribuant à une augmentation de la température du globe aux conséquences pouvant s'avérer catastrophiques.

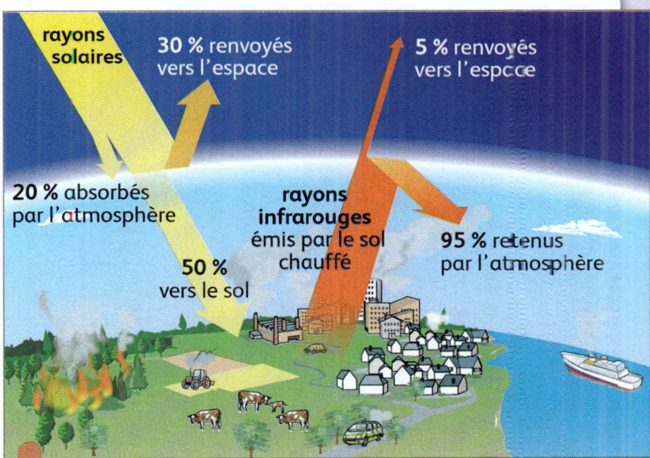

L'effet de serre est un phénomène naturel amplifié par l'homme.

Sur le Web http://www.notre-planete.info/geographie/climatologie_meteo/
http://www.edf.com/html/panorama/transversal/media_durable/dur_anim_02.html

Chapitre 10

Un modèle de l'atome

Vu au collège

- L'atome est constitué d'un noyau et d'électrons.
- Les atomes sont électriquement neutres.
- Le noyau et l'atome ont des dimensions très différentes.

Connaissances & Compétences

- Connaître la constitution d'un atome et de son noyau.
- Connaître et utiliser la notation symbolique d'un atome.
- Comparer les dimensions et les masses d'un noyau et d'un atome.
- Répartir les électrons dans différentes couches électroniques.

Nébuleuse de la Fourrure de renard située à 2 600 a.l. de la Terre.

?

Les atomes constituants la nébuleuse sont-ils identiques à ceux constituants votre corps ?

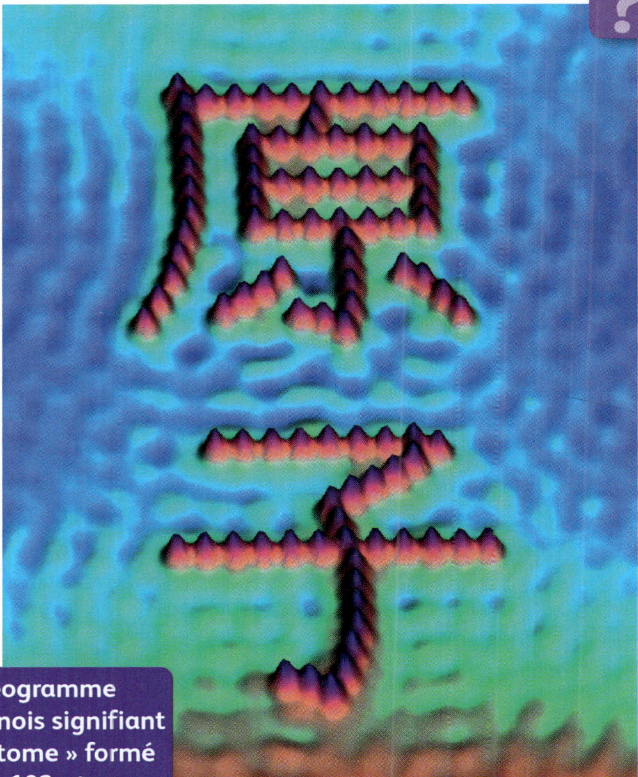

Idéogramme chinois signifiant « atome » formé par 103 atomes de fer.

Quel est l'ordre de grandeur du grossissement de cette photo ?

Comment se répartissent les électrons autour du noyau de l'atome ?

Poupées russes.

Activité à la maison

ACTIVITÉ DOCUMENTAIRE

MANUEL NUMÉRIQUE

1 L'expérience de Rutherford

▶ Au début du XXe siècle, Ernest Rutherford cherche à savoir comment les charges positives et négatives, récemment découvertes, sont organisées dans un atome.

Afin d'étudier la structure de l'atome, E. Rutherford propose en 1909 de bombarder une feuille d'or avec des particules α, en plaçant un écran de détection tout autour de la feuille d'or. Une particule α est un noyau d'hélium chargé positivement, dont la taille est bien plus petite que celle des atomes d'or.

A contrario des théories récentes de l'époque sur l'atome, E. Rutherford et ses collaborateurs observent que l'essentiel des particules α traversent la feuille d'or sans déviation. À peine une particule sur 100 000 rebondit au contact de la feuille d'or !

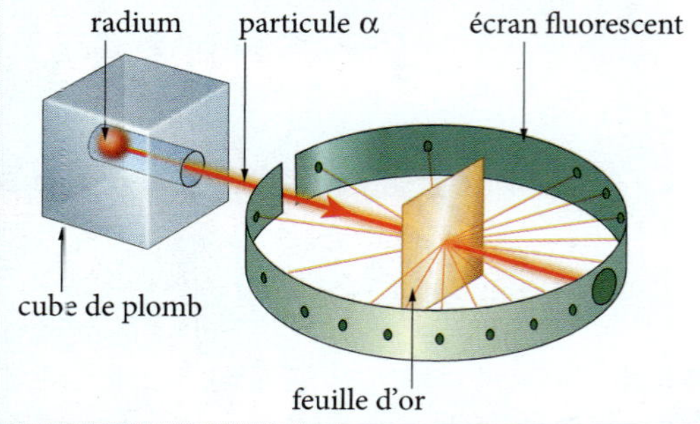

Quelques particules sont déviées, comme en témoignent les taches fluorescentes sur l'écran de détection.

À partir de ces observations, E. Rutherford propose un nouveau modèle pour décrire la structure de l'atome : le modèle planétaire.

1 *Expérience de Rutherford.*

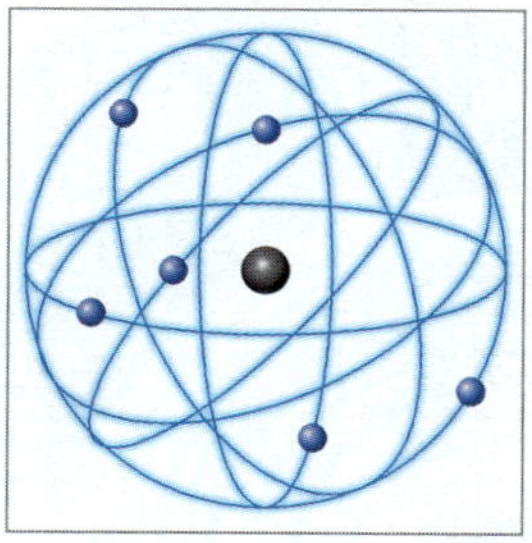

2 *Le modèle planétaire de Rutherford : l'atome est constitué d'un noyau central entouré d'électrons en orbite quelconque.*

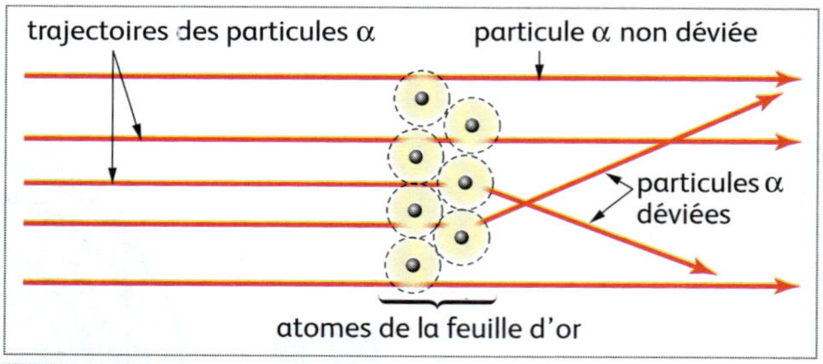

3 *Modélisation des atomes de la feuille d'or bombardée par les particules α.*

1 Comprendre le texte

a. À l'échelle microscopique, de quoi est constituée une feuille d'or ?

b. Avant E. Rutherford, les scientifiques modélisaient l'atome par une sphère pleine de matière. Qu'aurait été le résultat de l'expérience si tel était le cas ?

2 Interpréter

a. Expliquer pourquoi certaines particules α sont déviées.

b. En analysant les trajectoires de la **figure 3** et le **texte 1**, déduire le signe de la charge électrique du noyau des atomes d'or.

3 Conclure

On dit que le remplissage de l'espace par la matière est lacunaire. Que signifie cette expression ? L'expérience de Rutherford est-elle en accord avec cette conclusion ?

ACTIVITÉ DOCUMENTAIRE

2 Évolution du modèle de l'atome

▶ Dès l'Antiquité, la constitution de la matière a été un sujet d'étude des philosophes. Mais c'est à la fin du XIXe siècle que le modèle de l'atome, constituant de la matière, s'est considérablement développé.

Joseph John Thomson découvre l'électron et contredit le modèle de l'atome de John Dalton proposé au début du XIXe siècle. J. J. Thomson suggère le modèle de l'atome dit du « plum-pudding ».

Dans un atome sphérique neutre, des électrons seraient enclos dans cette sphère, leur charge totale étant égale numériquement à la charge positive de la sphère.

Se penchant sur l'interprétation du spectre de raies de l'hydrogène, le physicien danois **Niels Bohr** corrige le modèle planétaire proposé par E. Rutherford : l'électron de l'atome d'hydrogène ne gravite autour du noyau que selon des orbites circulaires particulières, nommées couches électroniques.

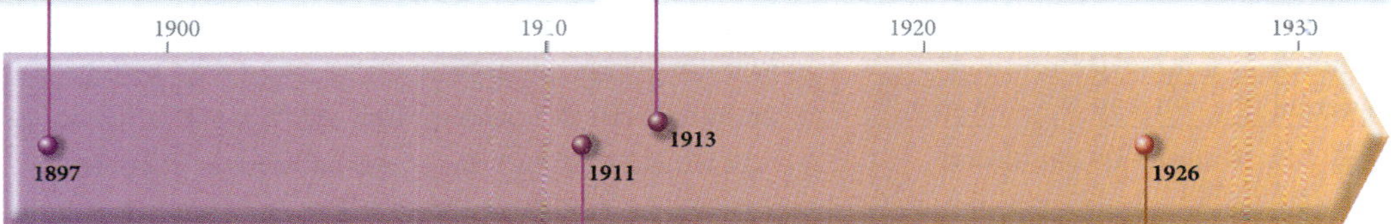

Ernest Rutherford observe que la charge positive de l'atome est concentrée dans un très petit volume situé au centre de l'atome. Il contredit le modèle de J. J. Thomson et propose un modèle planétaire : l'atome est constitué d'un noyau central entouré d'électrons en mouvement sur des orbites quelconques.

Erwin Schrödinger propose un modèle totalement novateur de l'atome.

Les électrons ne sont plus des particules localisées, mais sont décrits comme une onde à l'aide de fonctions mathématiques. L'électron peut alors être modélisé par un « nuage électronique ».

4 *Évolution du modèle de l'atome.*

1 Comprendre le document

a. Quelle est la charge électrique totale de l'atome dans le modèle de J. J. Thomson ?
b. Proposer un schéma du modèle de l'atome de J. J. Thomson.
c. Proposer un schéma du modèle de l'atome de E. Rutherford.
d. Quelle correction apporte N. Bohr au modèle planétaire de E. Rutherford ?
e. Comment N. Bohr appelle-t-il les orbites particulières des électrons ?

2 Recherche personnelle

J. J. Thomson porte le titre de « Sir ». Pourquoi a-t-il reçu cette distinction ?

3 Conclure sur l'évolution des idées scientifiques

a. Dans le modèle de l'atome de E. Schrödinger, les électrons ne sont pas des particules « localisées ». Que signifie cette affirmation ?
b. À la lumière des évolutions du XXe siècle, pensez-vous que le modèle de l'atome sera différent à la fin du XXIe siècle ?

Vocabulaire

Localiser : repérer l'emplacement exact de quelque chose.

1 Un modèle de l'atome

1.1 Constitution de l'atome

Un atome est constitué d'un **noyau chargé positivement**, entouré d'**électrons chargés négativement**.

Le noyau est constitué de particules élémentaires, appelées **nucléons**. Les nucléons sont soit des **neutrons**, soit des **protons**.

Vocabulaire

Élémentaire : en physique, se dit d'une particule dont on considère que toute matière est formée.

1.2 Caractéristiques des constituants de l'atome

• Les **électrons** sont des particules élémentaires chargées négativement. Leur charge électrique est l'opposé de la charge élémentaire, soit $-e$.

• Les **protons** sont des particules élémentaires chargées positivement. Leur charge est égale à la charge élémentaire, soit $+e$.

• Les **neutrons** sont des particules élémentaires électriquement neutres (ils ne sont pas chargés).

Remarque. La charge du proton est l'opposé de la charge de l'électron.

- Les masses des protons et des neutrons sont égales.
- La masse de l'électron est environ deux mille fois plus petite que celle du proton **(tableau 5)**.

	Masse (kg)	Charge électrique (C)
Proton	$1{,}7 \times 10^{-27}$	$+1{,}6 \times 10^{-19}$
Neutron	$1{,}7 \times 10^{-27}$	0
Électron	$9{,}1 \times 10^{-31}$	$-1{,}6 \times 10^{-19}$

5 *Caractéristiques des constituants de l'atome.*
Valeur de la charge élémentaire :
$+e = +1{,}6 \times 10^{-19}$ C.

1.3 Notation symbolique du noyau

Le noyau atomique est représenté symboliquement par la notation :

$${}^{A}_{Z}X$$

où X correspond au symbole de l'atome considéré,

A est le **nombre de nucléons**, c'est-à-dire la somme du nombre de protons et du nombre de neutrons,

Z est le **numéro atomique**, c'est-à-dire le nombre de protons.

Exemples. La notation symbolique du noyau atomique de carbone est ${}^{12}_{6}C$, celle du noyau atomique de cuivre est ${}^{63}_{29}Cu$.

Le nombre de neutrons N d'un atome est donné par la relation :

$$N = A - Z$$

Hydrogène	H
Carbone	C
Azote	N
Oxygène	O
Chlore	Cl
Fer	Fe

6 *Exemples de symboles d'atomes.*

APPLICATION Donner le nombre et la nature des particules élémentaires du noyau d'un atome de cuivre, dont le symbole du noyau est ${}^{63}_{29}Cu$.

Réponse. D'après le symbole du noyau, le nombre de nucléon (A) est égal à 63 et le numéro atomique (Z) est égal à 29. Le noyau de l'atome de cuivre contient 63 nucléons, 29 protons et $63 - 29 = 34$ neutrons.

7 *L'hydrogène est le principal constituant du Soleil et de la plupart des étoiles.*

2 Les caractéristiques de l'atome

2.1 Modélisation de l'atome

- Le noyau est assimilé à une boule dense constituée des nucléons et dont le rayon est de l'ordre de **1 fm = 10^{-15} m**.
- L'atome est assimilé à une sphère dont le rayon est voisin de celui des orbites décrites par les électrons en mouvement. Son rayon est de l'ordre de **0,1 nm = 10^{-10} m**.
- L'espace entre le noyau et les électrons est constitué de vide.

Les unités

1 nm = 10^{-9} m
1 pm = 10^{-12} m
1 fm = 10^{-15} m

2.2 Structure lacunaire de l'atome

Le rapport du rayon de l'atome au rayon du noyau est :

$$\frac{r_{atome}}{r_{noyau}} \approx \frac{10^{-10}}{10^{-15}} \approx 10^5.$$

L'atome est essentiellement constitué de vide. Sa structure est lacunaire.

Le diamètre de l'atome est 100 000 fois plus grand que celui du noyau. Le noyau est donc de taille négligeable devant celle de l'atome.

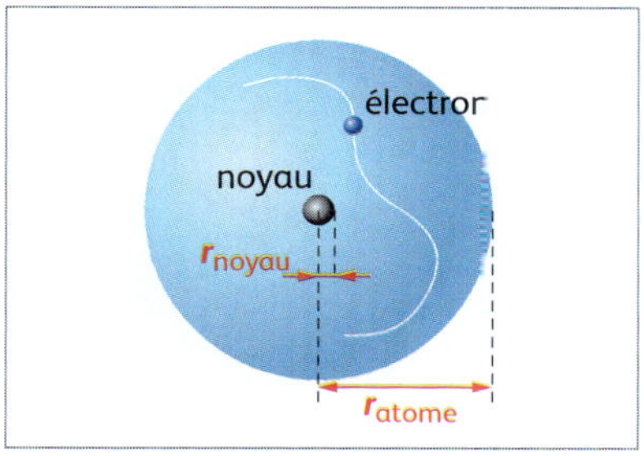

8 *L'espace vide entre les électrons et le noyau est 100 000 fois plus grand que la taille du noyau.*

2.3 Électroneutralité de l'atome

Un atome est un édifice électriquement neutre (de charge nulle).

Seuls les électrons et les protons sont des particules chargées électriquement. La charge due aux électrons doit compenser exactement la charge due aux protons. L'atome possède donc autant d'électrons que de protons présents dans le noyau.

APPLICATION Donner le nombre d'électrons de l'atome de cuivre dont le symbole du noyau est $^{63}_{29}Cu$.

Réponse. L'atome de cuivre possède 29 protons. Comme l'atome de cuivre est électriquement neutre, le nombre d'électrons est égal au nombre de protons ; soit 29 électrons.

9 *Si l'on supprimait tout l'espace vide contenu dans le corps humain, l'humanité tout entière tiendrait dans un dé à coudre.*

2.4 Masse de l'atome

La masse d'un électron est environ deux mille fois plus petite que celle d'un nucléon.

La masse *m* d'un atome est pratiquement égale à celle de son noyau.

Le noyau comportant *A* nucléons de masse m_n chacun :

$$m = A \times m_n$$

m : masse de l'atome en kilogramme (kg)
A : nombre de nucléons
m_n : masse d'un nucléon en kilogramme (kg)

10 *Galaxie NGC 5128 (constellation du Centaure). Les astronomes travaillent selon l'hypothèse que les atomes présents dans les autres galaxies ont les mêmes caractéristiques que ceux étudiés sur Terre.*

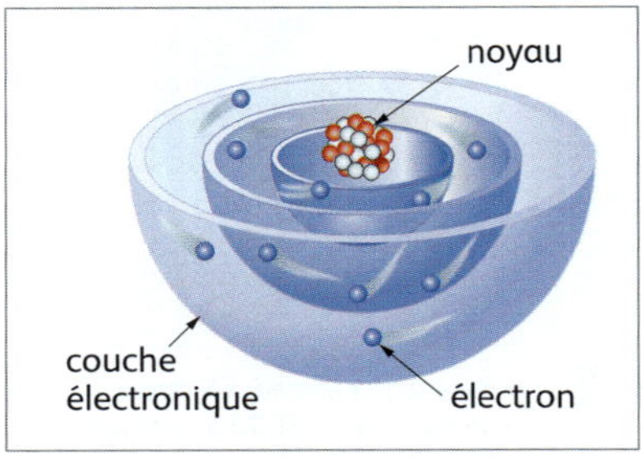

11 *Le modèle de l'atome. Les couches électroniques sont autour du noyau, placé au centre. Les électrons sont positionnés sur les couches.*

Niels Bohr

Un physicien précoce

C'est à l'âge de 28 ans que Niels Bohr (1885-1962) améliore le modèle de l'atome connu jusque-là. Il suppose que les électrons se situent dans des zones particulières, appelées désormais couches électroniques. Il reçoit le prix Nobel de physique à l'âge de 37 ans.

3 Répartition des électrons en couches

3.1 Les couches électroniques

Les électrons d'un atome se répartissent dans des **couches électroniques.**

Chaque couche électronique est **repérée par une lettre**. Pour tous les atomes dont le nombre de protons est tel que $1 \leqslant Z \leqslant 18$, les couches électroniques sont nommées **K**, **L** et **M**.

3.2 Remplissage des couches électroniques

Les électrons se répartissent sur les différentes couches électroniques selon des règles de remplissage précises.

- Une couche électronique ne peut contenir qu'un nombre limité d'électrons.

  - La couche K contient jusqu'à 2 électrons.
  - La couche L contient jusqu'à 8 électrons.
  - La couche M contient jusqu'à 18 électrons.

- Une couche électronique est **saturée** si elle contient le nombre maximum d'électrons qu'elle peut contenir.
- Les électrons remplissent progressivement les couches électroniques jusqu'à saturation de chaque couche. On remplit ainsi d'abord la couche K, puis la couche L, et enfin la couche M.

3.3 Structure électronique de l'atome

La répartition des électrons se nomme la **structure électronique de l'atome**. La dernière couche de la structure électronique contenant des électrons est appelée la **couche externe**.

Les autres couches occupées par des électrons sont nommées couches internes.

Exemple. La structure électronique de l'atome de sodium Na (qui contient onze électrons) est $(K)^2(L)^8(M)^1$.

APPLICATION Donner la structure électronique de l'atome d'oxygène qui possède 8 électrons.
Dénombrer les électrons de la couche externe.

Réponse. D'après les règles de remplissage, on commence par remplir la couche K, qui est saturée avec 2 électrons.
Il reste $8 - 2 = 6$ électrons à répartir. La couche suivante, L, accueille alors ces 6 électrons (puisqu'elle peut en contenir 8 au maximum). La dernière couche, M, est donc vide.
La structure électronique est $(K)^2(L)^6$.
La couche externe est la dernière couche occupée par des électrons : c'est ici la couche L. Il y a donc 6 électrons sur la couche externe.

L'ESSENTIEL

Modèle de l'atome

- L'atome est une entité électriquement neutre qui possède un **noyau** placé en son centre.
- Le noyau est constitué de **neutrons**, particules non chargées, et de **protons**, particules chargées positivement ; ces particules sont appelées les **nucléons**.
- Des **électrons**, particules chargées négativement, se déplacent autour du noyau.

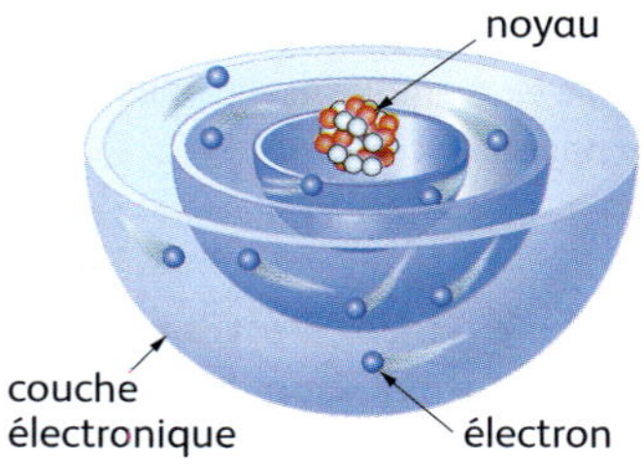

La structure lacunaire de l'atome

- L'atome est essentiellement constitué de vide. Sa structure est **lacunaire**.
- Le rapport du rayon de l'atome au rayon du noyau est :

$$\frac{r_{atome}}{r_{noyau}} \approx \frac{10^{-10}}{10^{-15}} \approx 10^5$$

- La masse d'un atome est pratiquement égale à celle de son noyau.
- Le noyau comportant A nucléons de masse m_n chacun a une masse m de :

$$m = A \times m_n$$

m : masse de l'atome en kilogramme (kg)
A : nombre de nucléons
m_n : masse d'un nucléon en kilogramme (kg)

Notation symbolique du noyau

- ${}^{A}_{Z}X$ est le symbole d'un noyau atomique.

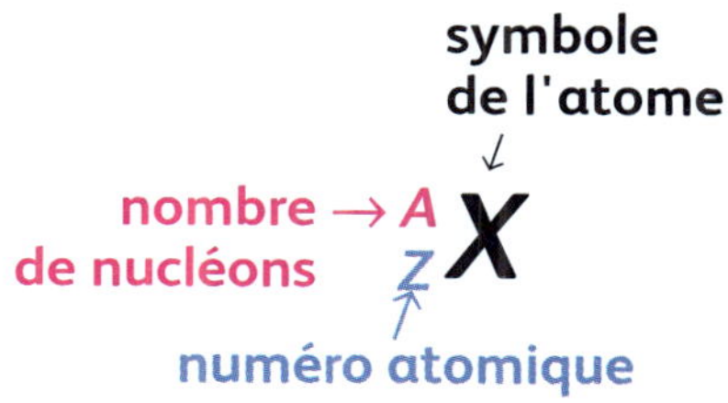

- Z est aussi égal au nombre de protons.
- $N = A - Z$ est le nombre de neutrons.

Répartition des électrons en couches

- Les électrons sont situés sur des **couches électroniques**, repérées par une lettre et ne pouvant contenir qu'un nombre maximum d'électrons.
- La couche K contient jusqu'à 2 électrons.
La couche L contient jusqu'à 8 électrons.
La couche M contient jusqu'à 18 électrons.

- **Règles de remplissage**
Les électrons se répartissent d'abord sur la couche K, puis s'il reste des électrons, ils remplissent la couche suivante, la couche L, puis la couche M.
- La répartition des électrons se nomme la **structure électronique** de l'atome.
- La dernière couche de la structure électronique contenant des électrons est appelée la **couche externe**.

Exercices d'application

5 minutes CHRONO !

MANUEL NUMÉRIQUE — EXERCICES INTERACTIFS

1 Mots manquants

Compléter avec un ou plusieurs mots.

a. Les protons et les neutrons sont appelés ....

b. Le numéro atomique noté .... est par définition le nombre de ....

c. Les électrons se déplacent autour du .... et sont positionnés sur des ....

d. L'atome est une entité chimique électriquement ....

e. La masse de l'atome est pratiquement égale à celle de son ....

f. L'atome est essentiellement constitué de .... Sa structure est ....

g. La dernière couche de la structure électronique contenant des électrons est appelée la ....

2 QCM

Cocher la réponse exacte.

a. Un atome possédant 10 protons et 10 neutrons :
- ☐ peut avoir entre 8 et 12 électrons
- ☐ doit avoir exactement 10 électrons
- ☐ doit avoir exactement 20 électrons

b. Il n'est pas possible d'avoir :
- ☐ $A = 12$ et $Z = 6$
- ☐ $A = 4$ et $Z = 2$
- ☐ $A = 17$ et $Z = 35$

c. Le noyau d'azote de notation symbolique $^{14}_{7}\text{N}$ possède :
- ☐ 7 neutrons, 7 protons et 7 électrons
- ☐ 14 neutrons, 7 protons et 7 électrons
- ☐ 7 neutrons, 14 protons et 14 électrons

d. Par rapport au rayon du noyau, le rayon d'un atome est :
- ☐ 10^5 fois plus grand
- ☐ 10 fois plus grand
- ☐ 10^{-5} fois plus grand

e. Combien d'électrons la couche L contient-elle au maximum ?
- ☐ 2
- ☐ 8
- ☐ 18

f. Le noyau d'un atome contient 12 protons. La structure électronique de cet atome est :
- ☐ $(K)^2(L)^{10}$
- ☐ $(K)^2(L)^8(M)^2$
- ☐ $(K)^2(L)^4(M)^4$

→ Reportez-vous aux solutions détaillées page 334 pour vérifier vos réponses et comprendre vos erreurs.

MOBILISER SES CONNAISSANCES

▶ Un modèle de l'atome [§1 du cours]

3 Qui suis-je ?

a. Ma charge est négative et je suis en mouvement autour du noyau.

b. Ma masse est la même que celle d'un proton, mais je suis différent.

c. Je me situe dans le noyau et je suis chargé.

4 Un noyau chargé

On détermine la charge d'un noyau : $Q = 8{,}0 \times 10^{-19}$ C.

a. Quelle particule élémentaire est responsable de la charge ?

b. Combien ce noyau en contient-il ?

Donnée : valeur de la charge élémentaire, $+e = +1{,}6 \times 10^{-19}$ C.

5 Les électrons du carbone

Autour d'un noyau de carbone, on mesure une charge $Q = -9{,}6 \times 10^{-19}$ C.

a. De quelle particule élémentaire provient cette charge ?

b. Combien y en a-t-il autour du noyau ?

Donnée : valeur de la charge élémentaire, $+e = +1{,}6 \times 10^{-19}$ C.

6 Composition du noyau

Voici la notation symbolique de différents noyaux. Donner le nom et la composition de chacun d'eux.

a. $^{12}_{6}\text{C}$ **b.** $^{16}_{8}\text{O}$ **c.** $^{35}_{17}\text{Cl}$

7 Notation symbolique d'un noyau atomique

Le noyau atomique de phosphore, noté P, est constitué de 31 nucléons et de 15 protons.

a. Donner sa représentation symbolique.

b. Quel est le nombre de neutrons contenus dans ce noyau ?

8 *A* et *Z*

Le noyau atomique d'aluminium, noté Al, est constitué de 27 nucléons et 14 neutrons.

a. Que valent *A* et *Z* pour ce noyau ?

b. Donner sa représentation symbolique.

9 Un tableau nucléaire

Compléter le tableau suivant.

Nom	Symbole	Nucléons	Protons	Neutrons
Lithium	Li		3	4
Sodium	Na	23		12
Soufre	S	32	16	

▶ Les caractéristiques de l'atome [§2 du cours]

10 Dimension de l'hydrogène

L'atome d'hydrogène est le plus petit atome. Son rayon est 52,9 pm et le rayon de son noyau est 1,2 fm.

a. Donner l'ordre de grandeur de ces deux rayons.

b. Calculer le rapport de ces deux rayons. Interpréter.

croûte terrestre est composée
6 % (en masse) de silicium.

11 Composition de l'atome de silicium

Les caractéristiques d'un noyau de silicium sont $A = 28$ et $Z = 14$.

a. Déterminer la composition de l'atome de silicium.

b. Calculer la masse de son noyau.

Donnée : masse d'un nucléon, $m_n = 1{,}7 \times 10^{-27}$ kg.

▶ Répartition des électrons en couches [§3 du cours]

12 Le magnésium

La structure électronique de l'atome de magnésium est $(K)^2(L)^8(M)^2$.
Combien d'électrons l'atome de magnésium possède-t-il sur sa couche externe ?

13 Le carbone

L'atome de carbone possède 2 électrons sur sa couche K et 4 sur sa couche L.
Écrire sa structure électronique.

14 Couche externe

Les atomes d'hydrogène, de lithium et de sodium ont respectivement 1, 3 et 11 électrons.

a. Écrire la structure électronique de chacun de ces atomes.

b. Combien possèdent-ils d'électrons sur leur couche externe ?

15 Comparer des couches externes

Les notations symboliques du noyau de fluor et de chlore sont respectivement $^{19}_{9}F$ et $^{35}_{17}Cl$.

a. Donner la composition de chacun des deux atomes.

b. En déduire leur structure électronique.

c. Qu'observe-t-on concernant leur couche externe ?

UTILISER SES COMPÉTENCES

16 Mettre à l'échelle

L'atome d'hydrogène est le plus abondant dans l'Univers. On assimile le rayon du noyau atomique de l'atome d'hydrogène à celui d'une tête d'épingle ($r = 1{,}0$ mm).
Calculer alors le rayon de l'atome d'hydrogène à cette échelle.

Données
– Rayon de l'atome d'hydrogène : $5{,}3 \times 10^{-11}$ m.
– Rayon du noyau de l'atome d'hydrogène : $1{,}2 \times 10^{-15}$ m.

17 Déterminer une structure électronique

Le numéro atomique du noyau de sodium, de symbole Na, est 11, et le nombre de nucléons est 23.

a. Représenter symboliquement ce noyau atomique.

b. Donner la composition de l'atome de sodium.

c. En déduire sa structure électronique. Dénombrer alors le nombre d'électrons de la couche externe.

18 Déterminer une masse volumique

Le rayon de l'atome de bore est $r = 82$ pm. Son noyau atomique a pour rayon $r_n = 2{,}7$ fm. Il possède $A = 11$ nucléons et a pour numéro atomique $Z = 5$.

a. Calculer la masse m du noyau de bore.

b. Calculer le volume V du noyau de bore.

c. Déterminer la masse volumique ρ du noyau de bore.

d. Calculer la masse volumique de l'atome de bore. Conclure.

Données
– Volume d'une sphère de rayon r, $V = \frac{4}{3}\pi r^3$.
– Masse d'un nucléon (proton ou neutron), $m_n = 1{,}7 \times 10^{-27}$ kg.

19 Calculer avec les puissances de 10

L'ordre de grandeur du rayon d'un atome de cuivre est de $r = 10^{-10}$ m.

a. Sachant que le rayon du noyau de l'atome de cuivre est 100 000 fois plus petit, donner son ordre de grandeur.

b. Que peut-on en conclure ?

20 Apprendre à rédiger

Voici l'énoncé d'un exercice et un guide (en orange) ; ce guide vous aide pour rédiger la solution détaillée et pour retrouver les réponses numériques aux questions posées.

Énoncé

Le nombre de nucléons de l'atome de fluor de symbole F est 19, et il a 9 électrons autour de son noyau.

Donnée : masse d'un nucléon, $m_n = 1{,}7 \times 10^{-27}$ kg.

a. Donner la notation symbolique du noyau de fluor.
- ▸ **Rappeler les définitions de *A* et *Z*.**
- ▸ **Rappeler qu'un atome est électriquement neutre.**
- ▸ **Déduire le nombre de protons à partir du nombre d'électrons de l'atome fluor.**
- ▸ **Faire une phrase pour conclure que le symbole de ce noyau est $^{19}_{9}F$.**

b. Calculer la masse m d'un atome de fluor.
- ▸ **Rappeler que la masse de l'atome est pratiquement égale à celle de ses nucléons.**
- ▸ **Écrire la formule littérale de la masse d'un atome.**
- ▸ **Ne pas oublier l'unité dans l'application numérique afin de répondre $m = 3{,}2 \times 10^{-26}$ kg.**

c. Donner la structure électronique de l'atome de fluor.
- ▸ **Rappeler qu'on remplit successivement les couches K, L puis M afin de répondre $(K)^2(L)^7$.**

Exercices d'entraînement

EXERCICE RÉSOLU

Énoncé **Étude de l'atome de magnésium**

Le magnésium a des utilisations diverses et variées. Par exemple, il est un constituant de la chlorophylle ; on le trouve également comme composant du chocolat, dans certains alliages pour la construction des avions ainsi que dans les jantes de voitures de compétition.

Le symbole du magnésium est Mg.

La notation symbolique de son noyau est $^{24}_{12}\text{Mg}$.

1 Quelle est la composition du noyau atomique de magnésium ?

2 Donner la structure électronique de l'atome en le justifiant. Déterminer le nombre d'électrons de la couche externe.

3 Calculer la masse m du noyau puis la masse m_a de l'atome en tenant compte de la masse des électrons. Comparer ces deux valeurs numériques et commenter.

Données

– Masse d'un nucléon, $m_n = 1,7 \times 10^{-27}$ kg.

– Masse de l'électron, $m_e = 9,1 \times 10^{-31}$ kg.

Énoncé Penser à utiliser les notations de l'énoncé.

Une solution

1 D'après la notation symbolique du noyau $^{24}_{12}\text{Mg}$, le numéro atomique a pour valeur $Z = 12$. Le nombre de protons est donc égal à 12.

Le chiffre 24 correspond au nombre de nucléons.

Sachant que les nucléons sont les protons et les neutrons, on peut en déduire le nombre de neutrons : $A - Z = 24 - 12 = 12$ neutrons.

Rédiger Pour donner la composition d'un noyau, toujours justifier le raisonnement à l'aide des connaissances du cours. Ne jamais donner les résultats numériques sans explication.

2 L'atome est une entité chimique électriquement neutre. Le nombre de protons est égal au nombre d'électrons. Or, il y a $Z = 12$ protons. Par conséquent, il y a 12 électrons.

Raisonner Un atome est neutre, donc il possède autant d'électrons que de protons.

Ces 12 électrons se répartissent sur les couches électroniques :

– 1re couche, K : 2 électrons (couche saturée) ;

– 2e couche, L : 8 électrons (couche saturée).

Il reste à répartir $12 - (2 + 8) = 2$ électrons.

Ils se positionnent sur la couche M.

La structure électronique de l'atome de magnésium est : $(K)^2(L)^8(M)^2$.

Les électrons de la couche externe sont ceux de la dernière couche, c'est-à-dire la couche M : il y a 2 électrons sur la couche externe.

Rédiger Donner le résultat en rappelant la définition de la couche externe.

3 D'après la composition du noyau, la masse est donnée par :

$$m = A \times m_n.$$

A. N. : $m = 24 \times 1,7 \times 10^{-27} = 4,1 \times 10^{-26}$ kg.

L'atome est constitué du noyau et de ses électrons :

$$m_a = A \times m_n + Z \times m_e.$$

A. N. : $m_a = 4,1 \times 10^{-26} + 12 \times 9,1 \times 10^{-31} = 4,1 \times 10^{-26}$ kg.

Avec le nombre de chiffres significatifs que l'on a ici, 2, la masse du noyau est égale à celle de l'atome. La masse de l'atome est en quasi-totalité dans le noyau.

Rédiger Donner la formule littérale, puis faire l'application numérique.

Application numérique Les données ont deux chiffres significatifs, donc le résultat numérique doit aussi avoir deux chiffres significatifs.

21 ✶ Qui suis-je ?

À la suite d'expériences, un chercheur mesure la masse d'un atome et la charge de son noyau.
Il obtient $m = 3{,}2 \times 10^{-26}$ kg et $q = 1{,}4 \times 10^{-18}$ C.

a. Déterminer A et Z.

b. Donner le symbole de son noyau sachant que l'atome correspondant a pour symbole F.

c. Déterminer la structure électronique de cet atome.

Données
– Masse d'un nucléon, $m_n = 1{,}7 \times 10^{-27}$ kg.
– Valeur de la charge élémentaire, $+e = +1{,}6 \times 10^{-19}$ C.

22 ✶ L'étain médical

Du XVIIe au XIXe siècle, l'étain est utilisé dans la fabrication de matériels d'hôpital tels la palette à saigner, la seringue ou le crachoir. La notation symbolique du noyau atomique d'étain est $^{120}_{50}Sn$.

a. Donner la composition du noyau, puis celle de l'atome d'étain.

b. Calculer la charge électrique du noyau, puis la charge totale de ses électrons.

c. Calculer la masse d'un atome d'étain.

d. Combien d'atomes d'étain contient une seringue de masse $m = 43$ g ? Que penser de ce nombre ?

Données
– Masse d'un nucléon, $m_n = 1{,}7 \times 10^{-27}$ kg.
– Valeur de la charge élémentaire : $+e = +1{,}6 \times 10^{-19}$ C.

Matériel à usage médical en étain.

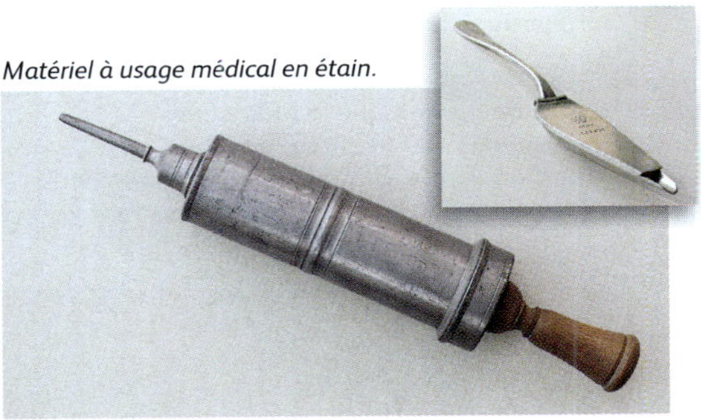

23 ✶ Le tétanos et le clou en fer

Une simple piqûre par un clou en fer peut se compliquer et conduire à développer le tétanos en cas de vaccins non à jour. Le clou en fer a une masse $m' = 4{,}2$ g. Il est constitué d'atomes de fer dont le noyau est de symbole $^{56}_{26}Fe$.

a. Donner la composition d'un noyau de fer, puis, le nombre d'électrons d'un atome de fer.

b. Calculer la masse m d'un atome de fer.

c. Exprimer la masse volumique ρ d'un atome de fer et calculer sa valeur numérique.

Données
– Rayon de l'atome de fer, $r = 140$ pm.
– Volume d'une sphère de rayon r, $V = \frac{4}{3}\pi r^3$.
– Masse d'un nucléon, $m_n = 1{,}7 \times 10^{-27}$ kg.

24 ✶ Autour du volume d'un atome de bismuth

L'atome de bismuth possède 209 nucléons. Son rayon atomique est $r = 146$ pm.

a. Calculer le volume d'un atome de bismuth.

b. Sachant que le rayon du noyau est 100 000 fois plus petit que celui de l'atome, calculer le rayon du noyau de bismuth.

c. En déduire le volume du noyau de bismuth.

d. Comparer au précédent volume calculé et conclure.

Donnée : volume d'une sphère de rayon r, $V = \frac{4}{3}\pi r^3$.

25 ✶✶ L'or

Un atome d'or, de symbole Au, possède $A = 197$ nucléons. La charge de son noyau est $q = 1{,}26 \times 10^{-17}$ C.

a. Quel est son numéro atomique Z ?

b. Donner le symbole du noyau de l'atome d'or.

c. Calculer la masse m de l'atome d'or.

d. Calculer le nombre d'atomes présents dans un lingot d'or de masse $m' = 1{,}0$ kg.

Données
– Masse d'un nucléon, $m_n = 1{,}7 \times 10^{-27}$ kg.
– Valeur de la charge élémentaire, $+e = +1{,}6 \times 10^{-19}$ C.

Or natif.

26 ✶✶ Les éléments qui constituent l'aspirine

L'aspirine est employé en tant qu'analgésique, antipyrétique et anti-inflammatoire. Sa formule est $C_9H_8O_4$.

a. Chercher la signification des termes : analgésique, antipyrétique et anti-inflammatoire. Quels sont alors les effets de l'aspirine sur un organisme malade ?

b. Indiquer la nature et le nombre des différents atomes qui composent l'aspirine. Donner la constitution de ces différents atomes.

c. Donner alors la structure électronique de chacun des atomes constituant l'aspirine. Dénombrer le nombre d'électrons de la couche externe pour chacun d'eux.

d. Calculer la masse de chacun des atomes, puis calculer celle d'une molécule d'aspirine.

Données
– Noyaux de carbone : $^{12}_{6}C$, d'oxygène : $^{16}_{8}O$ et d'hydrogène : $^{1}_{1}H$.
– Masse d'un nucléon, $m_n = 1{,}7 \times 10^{-27}$ kg.

27 ✶✶ Étoile à neutron

Certaines étoiles finissent leur vie en n'étant constituées que de neutrons.

a. Calculer la masse volumique ρ d'un neutron.

b. Quelle est la masse d'un volume $V' = 1{,}0$ L d'étoile à neutron, dans l'hypothèse où les neutrons sont en contact et sans aucun espace vide ? Conclure.

Données
– Rayon d'un nucléon, assimilé à une boule, $r_n = 1{,}0$ fm.
– Masse d'un nucléon, $m_n = 1{,}7 \times 10^{-27}$ kg.
– Volume d'une sphère de rayon r, $V = \frac{4}{3}\pi r^3$.

Culture scientifique et citoyenne

Sciences & Société

La mode du « radioactif »

Le radium, de symbole Ra, fut **découvert par Marie Curie et son mari Pierre** en 1898 par son extraction de la pechblende, un minerai d'uranium.

- En raison de ses propriétés radioactives, le commerce de nombreux produits à base de radium s'est étendu à une époque où les conséquences des radiations sur la santé étaient mal connues.
- Parmi ces produits, on trouve des crèmes cosmétiques ou encore les aiguilles luminescentes des montres. Ce n'est que bien plus tard que l'interdiction à la vente de produits à base de radium fut prononcée, lorsqu'on comprit les effets des radiations sur la santé. Marie Curie a succombé quant à elle à une leucémie en 1934, en raison de ses trop nombreuses expositions aux radiations.

Sur le Web http://www.laradioactivite.com/fr/site/pages/usagesduradium.htm

Au début du XXe siècle, on pensait que la radioactivité avait des vertus médicinales. De nombreux produits, comme la crème Tho-Radia, revendiquaient leur radioactivité.

Exercer son esprit critique

Dans un article de vulgarisation scientifique, on peut lire :

> « La phase de fusion […] de l'hydrogène est la plus longue de la vie des étoiles. La fusion de deux noyaux d'hydrogène produit un noyau de deutérium qui capture un autre noyau d'hydrogène et forme un noyau d'hélium 3. Finalement, deux noyaux d'hélium 3 fusionnent en un noyau d'hélium 4.
> L'ensemble de ces réactions constitue la première des réactions en chaînes, la plus importante dans le cas du Soleil. »

On donne les notations symboliques des noyaux suivants :

Hydrogène	Deutérium	Hélium 3	Hélium 4
$^{1}_{1}H$	$^{2}_{1}H$	$^{3}_{2}He$	$^{4}_{2}He$

Éruption solaire.

?! Que penser des lois de conservation de la matière à la lecture de la phrase : « La fusion de deux noyaux d'hydrogène produit un noyau de deutérium » ?
Quelle précision devrait donner l'auteur de cet article de vulgarisation scientifique ?

Un métier : technicien(ne) nucléaire

BAC +2 à BAC +4

Manipulation de déchets hautement radioactifs : le technicien utilise un bras télémanipulateur. Il est muni en permanence d'un dosimètre.

Le technicien nucléaire surveille et contrôle en permanence l'ensemble du matériel de la centrale nucléaire, des tableaux électriques, des circuits d'eau, pour **détecter toute anomalie de fonctionnement**.

- Il manipule le combustible dans de bonnes conditions de sécurité. Ce **métier à risques** exige de **respecter des consignes de sécurité draconiennes**, de porter des tenues spéciales et de se soumettre à des contrôles fréquents.

- De nombreuses centrales devant être démantelées pour cause de vieillissement, le besoin en techniciens nucléaires est amené à augmenter.

Sur le Web http://www.curiosphere.tv/dicodesmetiers/metier-technicien-nucleaire-1004.html

Histoire des Sciences — Les petites Curie

Pendant la première guerre mondiale, Marie Curie est à l'origine de la création d'un **service de radiologie aux armées** dont elle prend la direction. Elle dispose de 18 camions qu'elle fera équiper d'appareils radiologiques.

- Ces véhicules, nommés **« Les petites Curie »**, permettent de monter au front pour traiter les blessés que l'on ne pouvait pas rapatrier à l'arrière.

- Plus d'un million d'examens radiologiques seront réalisés pendant la guerre, évitant ainsi les complications et sauvant sans doute la vie de milliers d'hommes.

Marie Curie au volant d'une « petite Curie ».

Sur le Web http://culturesciences.chimie.ens.fr/
http://www.curie.fr

Chapitre 11

L'élément chimique

Vu au collège

- Les ions sont symbolisés par une formule portant des charges.
- Certains ions peuvent être détectés par des tests de reconnaissance.

Connaissances & Compétences

- Définir et caractériser un élément chimique.
- Savoir qu'un élément se conserve lors d'une transformation chimique.
- Connaître et appliquer les règles du « duet » et de l'octet.
- Mettre en œuvre des tests d'identification d'ions.

La fluorite est une forme cristalline du fluorure de calcium.

?

Sous quelles formes chimiques le fluor et le calcium sont-ils présents dans la fluorite ?

Le rêve des alchimistes : transformer le plomb en or !

? *Le rêve des alchimistes est-il réalisable ?*

Salar ou désert de sel en Bolivie.

? *Comment expliquer les écritures des ions Cl^- et Na^+ contenus dans le chlorure de sodium NaCl ?*

Activité à la maison

ACTIVITÉ DOCUMENTAIRE

MANUEL NUMÉRIQUE

1 Où sont les éléments chimiques ?

▶ Les éléments chimiques sont au cœur du vivant, de notre environnement et de l'actualité. Qu'entend-on par « éléments chimiques » ? Où les trouve-t-on ?

1 Tester ses connaissances

Sans consulter de document, cocher chaque fois toutes les réponses qui vous semblent correctes.

a. Les premiers éléments chimiques sont apparus :

☐ juste après le big bang ☐ à l'âge de bronze
☐ lors des expériences des alchimistes
☐ lors de l'explosion de la première bombe atomique

b. L'eau :

☐ est un élément chimique ☐ est constituée d'éléments chimiques
☐ n'est pas une espèce chimique

c. On trouve des éléments chimiques :

☐ dans l'environnement ☐ seulement dans des usines chimiques et des centrales nucléaires
☐ dans notre organisme ☐ dans les matériaux biodégradables
☐ dans les aliments bio ☐ seulement dans les fruits et légumes traités

d. L'élément cuivre se présente :

☐ uniquement sous forme métallique
☐ sous forme métallique ou ionique
☐ combiné à d'autres éléments ☐ sous forme de fer

e. Un élément chimique est défini par son nombre :

☐ de nucléons ☐ de protons ☐ d'électrons ☐ d'ions

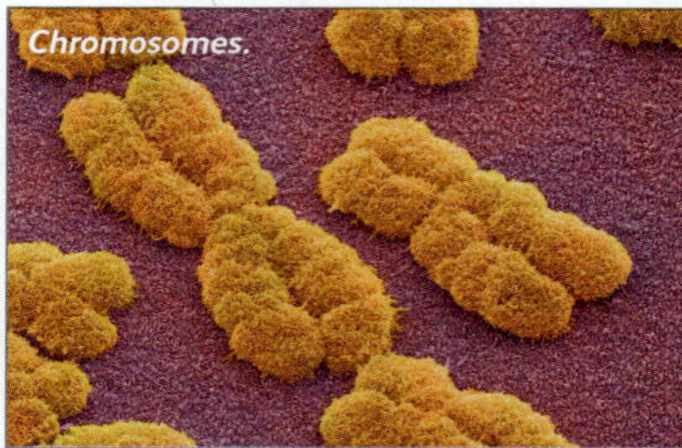

Chromosomes.

Nébuleuse.

1 ▶ *De l'infiniment grand à l'infiniment petit, tout est constitué d'éléments chimiques.*

2 Conclure

a. Utiliser les pistes proposées ci-dessous pour valider ou corriger vos réponses.
b. En quelques lignes, répondre succinctement aux deux questions de l'introduction.

Quelques pistes pour chercher

- Encyclopédies et dictionnaires
- Manuels de sciences physiques
- Sites Internet

http://www.cnrs.fr/cnrs-images/chimieaulycee/THEMES/matiere/element.htm
http://fr.wikipedia.org/wiki/ % C3 % 89l % C3 % A9ment_chimique
http://www.iter.org/default.aspx

ACTIVITÉ DOCUMENTAIRE

MANUEL NUMÉRIQUE

2 Comment déterminer la charge des ions ?

Démarche d'investigation

Comme l'indiquent les étiquettes, plusieurs produits de consommation courante contiennent des ions. La charge de la plupart des ions obéit à une règle…

→ ***Mais quelle est cette règle ?***

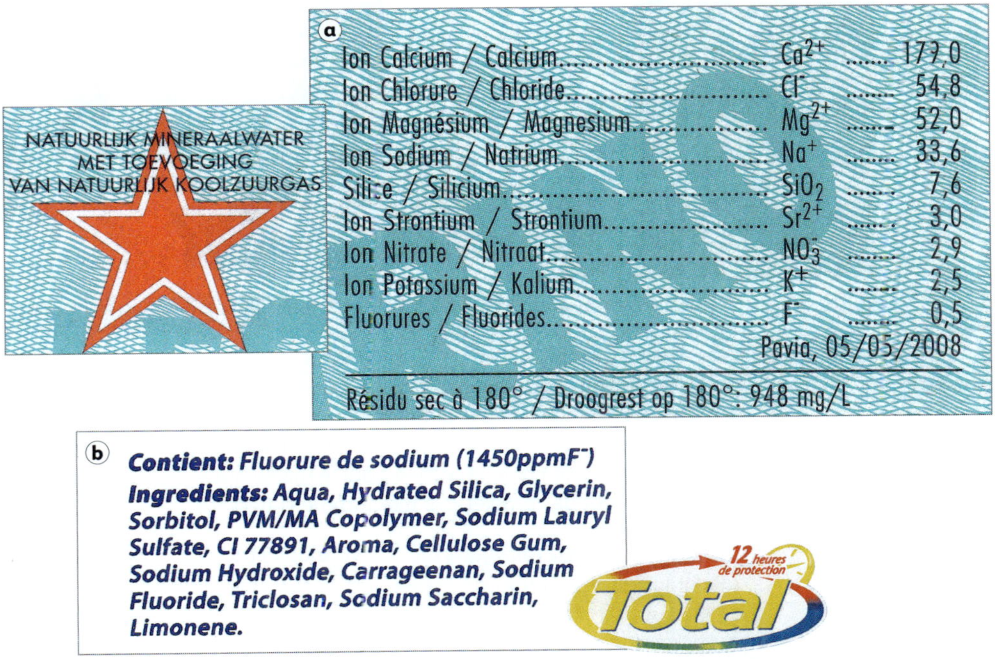

2 *Compositions d'une eau minérale (a) et d'un dentifrice (b).*

1 Formuler des hypothèses

a. Utiliser le **document 2** pour écrire les formules des ions sodium, magnésium, fluorure et chlorure.

b. Utiliser le **tableau 3** pour écrire les structures électroniques des atomes de sodium, magnésium, fluor et chlore.

Atome	Sodium	Magnésium	Fluor	Chlore
Symbole chimique	Na	Mg	F	Cl
Numéro atomique	11	12	9	17

3 *La structure électronique des ions se construit comme la structure électronique des atomes ayant le même nombre d'électrons.*

c. Utiliser le **tableau 3** et des recherches éventuelles afin d'établir la structure électronique des quatre ions.

d. Mettre en commun les résultats afin de trouver le point commun entre tous ces ions.

2 Conclure

Énoncer la règle – dite de l'octet – à laquelle obéissent ces ions.

Vocabulaire

Oct- : préfixe venant du latin *octo*, « huit ».

ACTIVITÉ EXPÉRIMENTALE

MANUEL NUMÉRIQUE

3 Transformation ou disparition ?

▶ Beaucoup d'objets qui nous entourent sont constitués de fer métallique. L'élément fer se trouve également en nous : en effet, le centre actif de notre hémoglobine est un ion fer (II) (noté Fe^{2+}). Utilisons cet élément pour illustrer la propriété fondamentale d'une transformation chimique.

4 *Quelques objets contenant l'élément fer dans différents états : le fer métal Fe(s) ⓐ et ⓑ, l'ion Fe^{2+} ⓒ, l'ion Fe^{3+} ⓓ.*

1 Observer et interpréter

Pour chacune des étapes suivantes, il est demandé :

a. d'observer le milieu avant et après transformation ;

b. de décrire les observations sous forme de schémas légendés : le premier pour le milieu avant transformation chimique, le second pour le milieu après transformation chimique ;

c. de recopier et de compléter le diagramme ci-dessous :

Espèces chimiques présentes avant la transformation —Titre de l'étape→ Espèces chimiques présentes après la transformation

Étape 1 Disparition du fer ?

- Dans un tube à essais, verser une petite spatule de poudre de fer.
- Y ajouter environ 10 mL de solution de sulfate de cuivre. Boucher puis agiter pendant une minute environ.
- Filtrer en utilisant un tube à essais comme récipient collecteur.

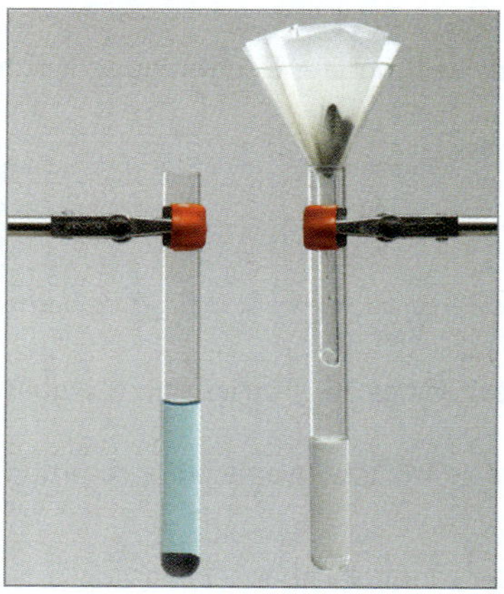

5 ▶ *À gauche, on verse de la poudre de fer et 10 mL de la solution de sulfate de cuivre. À droite, on observe un filtrat très légèrement vert.*

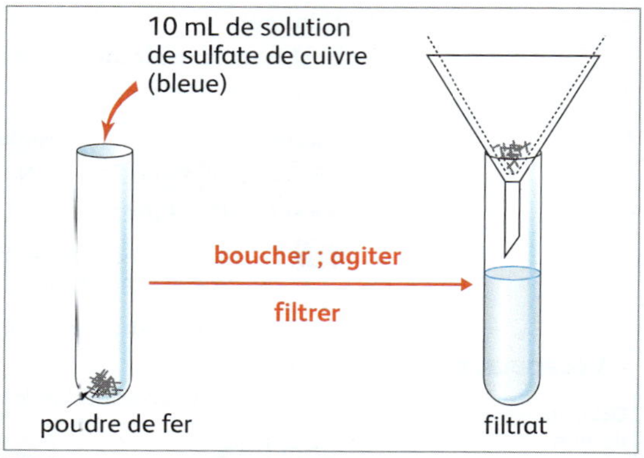

6 *Schéma légendé résumant cette étape.*

Étape 2 **Des ions $Fe^{2+}(aq)$ au précipité d'hydroxyde de fer (II), $Fe(OH)_2$**

- Verser environ la moitié du filtrat dans un bécher.
- Dans le tube à essais, ajouter quelques gouttes de la solution d'hydroxyde de sodium **(document 7)**.

Étape 3 **Des ions $Fe^{2+}(aq)$ aux ions $Fe^{3+}(aq)$**

- Prélever une dizaine de gouttes de filtrat contenu dans le bécher et les déposer sur une boîte de pétri.
- Laisser à l'air libre pendant une dizaine de minutes **(document 8)**.

Étape 4 **Des ions $Fe^{3+}(aq)$ au précipité d'hydroxyde de fer III, $Fe(OH)_3$**

- Ajouter quelques gouttes de la solution d'hydroxyde de sodium au contenu de la boîte de pétri **(document 9)**.

7 *Solution d'ion Fe^{2+} (a) ; ajout d'hydroxyde de sodium (b).*

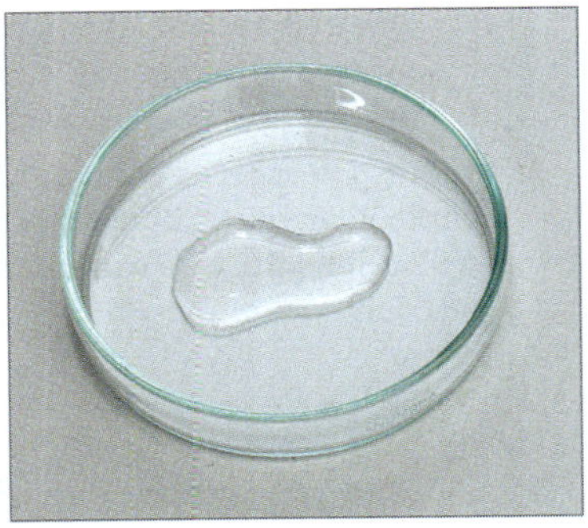

8 *Quelques gouttes du filtrat sont laissées à l'air libre.*

9 *Le test d'identification des ions $Fe^{3+}(aq)$ se révèle positif.*

10 *À gauche, lame de zinc et filtrat.*
À droite, on observe un dépôt foncé sur la lame.

Étape 5

Des ions $Fe^{2+}(aq)$ et $Fe^{3+}(aq)$ au fer métallique $Fe(s)$

- Dans le bécher, déposer une lame de zinc bien décapée.
- Laisser réagir pendant quelques minutes **(document 10)**.

2 Conclure

a. Recopier et compléter le cycle de transformations ci-dessous **(figure 11)**.

b. Qu'est-ce qui est commun à tous les cadres de ce cycle ?

c. À la lumière de toutes les observations expérimentales, compléter la phrase suivante :
« Lors d'une transformation chimique, les éléments se .... »

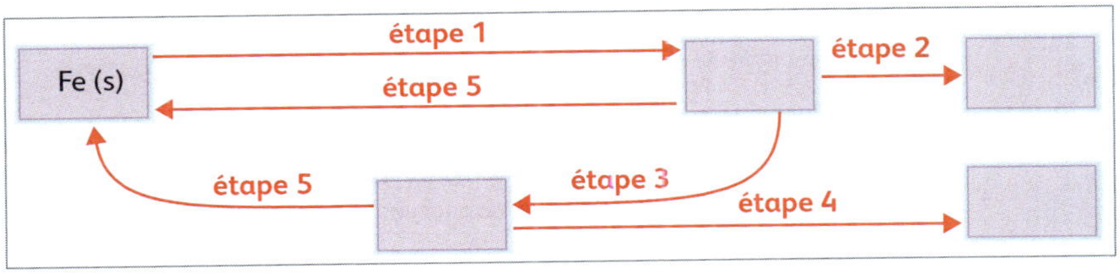

11 *Cycle des transformations où intervient l'élément fer*

1 L'élément chimique

1.1 Définition de l'élément chimique

12 *L'élément fer sous différentes formes : (a) métallique Fe(s), (b) ionique Fe^{2+}(aq) et (c) ionique Fe^{3+}(aq).*

- Toutes les entités chimiques (atome, ion) possédant le même numéro atomique Z appartiennent au même élément chimique.
- Tout élément chimique est représenté par un symbole qui permet de l'identifier.

Exemples

- L'élément fer a pour numéro atomique $Z = 26$; son symbole est Fe. Les écritures Fe, Fe^{2-} et Fe^{3+} désignent un atome de fer et des ions fer ; ils appartiennent à l'élément fer **(document 12)**.
- $^{54}_{26}Fe$ et $^{56}_{26}Fe$ sont les noyaux de deux atomes de fer différents, contenant respectivement 28 et 30 neutrons, et 26 protons ; les atomes et ions ayant ces noyaux appartiennent à l'élément fer.

Toutes les espèces chimiques naturelles sont constituées d'un ou de plusieurs éléments dont les numéros atomiques varient de 1 (hydrogène) à 92 (uranium). Une exception : le technétium ($Z = 43$), qui ne se trouve pas dans la nature.

1.2 Conservation des éléments chimiques

Lors d'une transformation chimique, il y a conservation de tous les éléments chimiques mis en jeu.

- Ainsi, tout élément chimique présent au début de la transformation chimique se retrouve en fin de transformation. Il peut en revanche apparaître sous des formes différentes. Toute espèce chimique qui n'a pas été transformée est qualifiée de « spectatrice ».
- Par conséquent, lors d'une succession de transformations chimiques **(figure 13)**, il y a toujours conservation des éléments chimiques : aucun élément ne disparaît ou n'apparaît au cours de l'une des transformations.

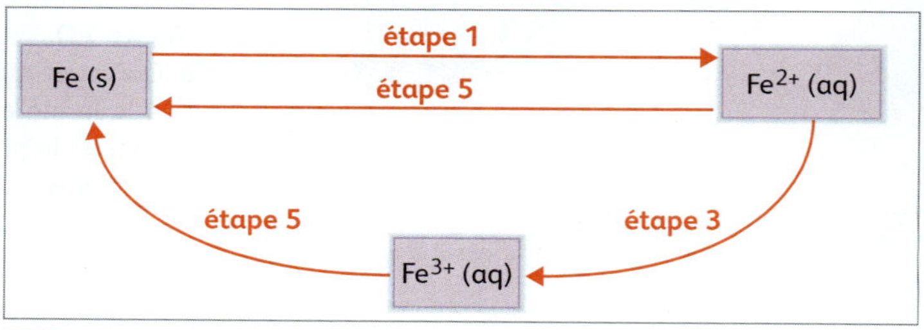

13 *L'élément fer se conserve au cours de toutes les transformations chimiques.*

Exemple. Lors de l'étape 1 de l'activité 3, le fer Fe(s) réagit avec les ions cuivre Cu^{2+}(aq), il se forme des ions fer (II) Fe^{2+}(aq) et du cuivre Cu(s). Les éléments fer et cuivre sont conservés lors de cette transformation chimique.

Antoine Laurent Lavoisier

Le père de la chimie moderne

En tant que fermier général, **Lavoisier** était habitué à manier les bilans financiers. L'esprit scientifique qu'il développa fut mis à profit dans l'étude quantitative des réactions chimiques. Après des années d'expérimentation, il énonça sa phrase si célèbre : lors d'une réaction chimique, « rien ne se crée, rien ne se perd, tout se transforme ». Il est depuis considéré comme le père de la chimie moderne. Malgré tous ses travaux scientifiques, à cause de sa charge de fermier général, il sera guillotiné le 8 mai 1794.

2 Différentes formes d'un élément

2.1 Les cations et anions monoatomiques

- Un cation monoatomique est un atome qui a perdu au moins un électron de sa couche externe ; c'est un ion chargé positivement.
- Un anion monoatomique est un atome qui a gagné au moins un électron dans sa couche externe ; c'est un ion chargé négativement.

Vocabulaire

Mono : préfixe signifiant « un seul ».
Une espèce chimique monoatomique n'est constituée que d'un seul atome.

Isotope : mot venant du grec *iso* (« même ») et *tope* (« lieu »).

- Certains ions sont identifiés grâce à des **tests caractéristiques**.

Exemple. L'ion chlorure Cl^- est obtenu lorsqu'un électron a été gagné par un atome de chlore. Cet ion est un anion.
Il est identifié grâce au test au nitrate d'argent : ce test est positif si un précipité blanc noircissant à la lumière est formé.

Cations	Anions
Sodium Na^+	Bromure Br^-
Calcium Ca^{2+}	Sulfure S^{2-}
Fer (III) Fe^{3+}	Nitrure N^{3-}

14 *Exemples d'ions monoatomiques.*

APPLICATION L'ion cuivre II est obtenu lorsque deux électrons de la couche externe sont perdus par un atome de cuivre (de symbole Cu).
Quelles sont la nature et la formule de cet ion ?

Réponse. Comme deux électrons ont été perdus, l'ion cuivre est un cation portant deux charges. Il est donc noté Cu^{2+}.

Remarque. L'ion Cu^{2+} forme un précipité bleu clair en présence d'ions hydroxyde HO^- ; ceci constitue le test d'identification des ions Cu^{2+}.

2.2 Les isotopes

L'élément uranium est caractérisé par le numéro atomique 92. Le **tableau 16** rassemble quelques caractéristiques des trois sortes de noyaux d'uranium qui existent dans la nature. On note que ces noyaux diffèrent par leur nombre de nucléons et donc de neutrons. Ils ne sont pas présents sur Terre en même quantité : l'uranium 238 est le plus abondant.

15 *L'industrie nucléaire utilise l'uranium 235.*

Des noyaux qui appartiennent au même élément chimique mais qui diffèrent par leur nombre de neutrons sont appelés **noyaux isotopes**.

APPLICATION Écrire les notations symboliques des noyaux isotopes de l'oxygène ($Z = 8$) sachant que leur nombre de neutrons varie de 8 à 10.

Réponse. Le noyau d'oxygène se présente sous la forme de trois isotopes.

	Oxygène O ($Z = 8$)		
N	8	9	10
$A = N + Z$	16	17	18
Notation	$^{16}_{8}O$	$^{17}_{8}O$	$^{18}_{8}O$

Élément / *Z*	Uranium / 92		
A	234	235	238
N = *A* − *Z*	142	143	146
Symbole	$^{234}_{92}U$	$^{235}_{92}U$	$^{238}_{92}U$
Abondance %	0,006	0,720	99,274

16 *Les isotopes de l'uranium.*
L'abondance est la proportion de chaque isotope de l'élément dans la nature.
Rappels : A désigne le nombre de nucléons et N le nombre de neutrons.

17 *Ces ballons, lâchés dans le ciel, ne présentent pas de danger d'explosion car ils sont gonflés à l'hélium, gaz inerte.*

Vocabulaire

Inertie : en chimie, aptitude d'une espèce chimique à ne pas réagir dans des conditions données.

18 *Le sodium s'enflamme au contact d'une goutte d'eau (alors que l'ion sodium se dissous dans l'eau).*

19 *L'émeraude est notamment constituée d'ions oxyde O^{2-}.*

3 Règles du « duet » et de l'octet

3.1 Cas particulier des gaz nobles

L'hélium He ($Z = 2$), le néon Ne ($Z = 10$) et l'argon Ar ($Z = 18$) sont des éléments qui n'existent sur Terre que sous la forme d'atomes isolés. Ce sont des gaz qui ne réagissent pas **(document 17)** ; ils sont qualifiés de « nobles ». Leur inertie chimique est due au fait que leur couche externe contient un nombre particulier d'électrons.

– La structure électronique de l'hélium est $(K)^2$: la couche externe contient 2 électrons (un duet d'électrons).

– La structure électronique du néon est $(K)^2(L)^8$ et celle de l'argon $(K)^2(L)^8(M)^8$: la couche externe contient chaque fois 8 électrons (un octet d'électrons).

3.2 Énoncé des règles

Dans des conditions chimiques données, les atomes et ions autres que les gaz « nobles » se transforment en espèces chimiques de plus grande inertie. Ils obéissent à deux règles.

> Au cours de leurs transformations chimiques, les atomes et les ions évoluent de manière à avoir :
> – deux électrons sur la couche externe pour les atomes de numéro atomique inférieur ou égal à 4 ; c'est la **règle du « duet »** ;
> – huit électrons sur la couche externe pour les atomes de numéro atomique Z supérieur à 4 ; c'est la **règle de l'octet**.

3.3 Application aux ions monoatomiques

Afin de satisfaire les règles du « duet » et de l'octet, les atomes peuvent perdre des électrons et devenir des cations ou bien gagner des électrons et devenir des anions.

Exemple. La structure électronique de l'atome de sodium ($Z = 11$) est $(K)^2(L)^8(M)^1$. Afin de satisfaire à la règle de l'octet, le sodium perd un électron et se transforme en ion Na^+, de configuration électronique $(K)^2(L)^8$: sa couche externe (L) contient un octet d'électrons. L'élément sodium a alors acquis une inertie chimique **(document 18)**.
Remarquons que la transformation en ion Na^{7-} suit aussi la règle de l'octet avec la configuration électronique $(K)^2(L)^8(M)^8$, mais un ajout de sept électrons est beaucoup plus difficile qu'un retrait d'un électron.

APPLICATION Quelle est la formule de l'ion oxyde, sachant que le numéro atomique de l'élément oxygène est $Z = 8$?

Réponse. La structure électronique de l'atome d'oxygène s'écrit $(K)^2(L)^6$. $Z > 4$, donc on applique la règle de l'octet : il faut ajouter deux électrons pour avoir huit électrons. L'ion oxyde est donc l'anion de formule O^{2-}.

L'ESSENTIEL

L'élément chimique

- Toutes les entités chimiques (atome, ion) possédant le même numéro atomique Z appartiennent au même élément chimique.
- Tout élément chimique est représenté par un symbole qui permet de l'identifier.

Exemple : Fe(s), Fe^{2+}(aq) et Fe^{3+}(aq) désignent l'élément fer sous différentes formes.

Isotopes

Des noyaux qui appartiennent au même élément chimique mais qui diffèrent par leur nombre de neutrons sont appelés **noyaux isotopes**.

Exemple

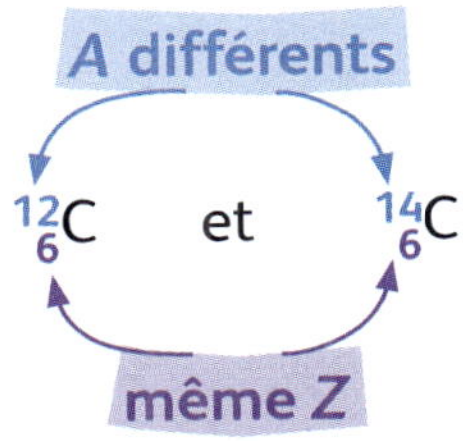

Conservation des éléments

Lors d'une transformation chimique, il y a conservation des éléments mis en jeu.

Exemple : cycle de conservation de l'élément fer.

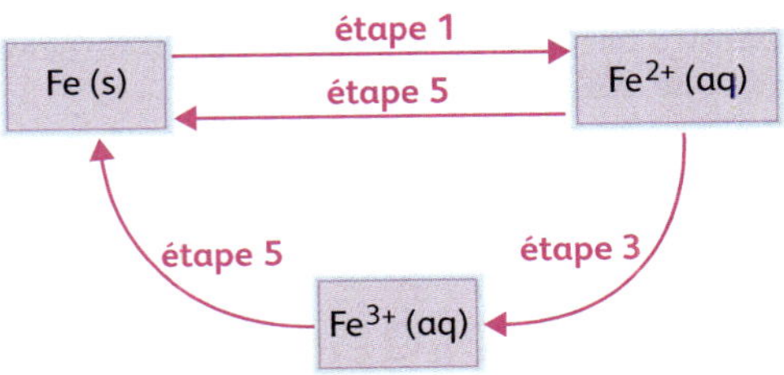

Ions monoatomiques

- Un cation monoatomique est un atome qui a perdu au moins un électron de sa couche externe ; c'est un ion chargé positivement.
Exemples : Na^+ ; Mg^{2+}.
- Un anion monoatomique est un atome qui a gagné au moins un électron dans sa couche externe ; c'est un ion chargé négativement.
Exemples : Cl^- ; O^{2-}.

Règles du « duet » et de l'octet

Au cours de leurs transformations chimiques, les atomes et les ions évoluent de manière à avoir :
– deux électrons sur la couche externe pour les atomes de numéro atomique inférieur ou égal à 4 ; c'est la **règle du « duet »** ;
– huit électrons sur la couche externe pour les atomes de numéro atomique Z supérieur à 4 ; c'est la **règle de l'octet**.

Exemples

Dans certaines conditions, l'ion Li^+ et l'ion O^{2-} sont plus inertes que l'atome Li (lithium) et l'atome O (oxygène).

Exercices d'application

5 minutes CHRONO ! MANUEL NUMÉRIQUE — EXERCICES INTERACTIFS

1 Mots manquants

Compléter avec un ou plusieurs mots.

a. Un .... est caractérisé par son ....

b. Au cours d'une transformation chimique, il y a .... des .... mis en jeu.

c. Deux noyaux isotopes ont le même .... et n'ont pas le même ....

d. Pour devenir plus inerte, un élément chimique doit satisfaire soit à la règle .... (si $Z \leqslant 4$), soit à la règle .... (si $Z > 4$).

e. Un .... est chargé positivement.

f. Un .... est issu du gain d'au moins un électron par un atome.

2 QCM

Cocher la réponse exacte.

a. L'atome de brome Br est devenu l'ion bromure Br^- :
- ☐ par perte d'un électron de sa couche externe
- ☐ par gain d'un électron sur sa couche externe
- ☐ par perte d'un proton de son noyau

b. Les noyaux notés $^{127}_{53}I$ et $^{129}_{53}I$:
- ☐ sont des noyaux isotopes
- ☐ ont le même nombre de neutrons
- ☐ n'appartiennent pas au même élément chimique

c. Le noyau de chlore $^{35}_{17}Cl$ peut avoir un isotope ayant :
- ☐ 35 protons et 18 neutrons
- ☐ 17 protons et 36 nucléons
- ☐ 18 protons et 18 neutrons

d. Le néon ($Z = 10$) est un gaz noble. Sa forme la plus inerte est :
- ☐ l'atome de néon
- ☐ l'ion Ne^+
- ☐ l'ion Ne^-

e. La forme la plus inerte de l'élément magnésium Mg ($Z = 12$) est :
- ☐ l'ion Mg^{2+}
- ☐ l'ion Mg^{2-}
- ☐ l'ion Mg^{6-}

f. La forme la plus inerte de l'élément fluor F ($Z = 9$) est :
- ☐ l'ion F^{7+}
- ☐ l'ion F^+
- ☐ l'ion F^-

g. Le chlorure de sodium contient un ion Na^+ et un ion Cl^- qui sont :
- ☐ des anions
- ☐ respectivement un anion et un cation
- ☐ respectivement un cation et un anion

→ Reportez-vous aux solutions détaillées page 334 pour vérifier vos réponses et comprendre vos erreurs.

MOBILISER SES CONNAISSANCES

▶ L'élément chimique [§1 du cours]

3 Symboles

Si besoin, corriger les symboles suivants de quelques éléments.

• nA • Cu • FE • N • ag

4 Transformation chimique ?

Dans chacun des cas, préciser s'il s'agit d'une transformation chimique.

a. Transformation du plomb (Pb) en or (Au).

b. Transformation du fer Fe(s) en ions fer (III) Fe^{3+}.

c. Fusion de la glace $H_2O(s)$ en eau liquide $H_2O(\ell)$.

d. Transformation du dibrome Br_2 en deux ions bromure Br^-.

5 Quel gaz ?

On fait réagir un gaz diatomique avec le cuivre : on obtient de l'oxyde de cuivre CuO.

En tenant compte de la loi de conservation des éléments, quel est forcément ce gaz ?

6 Quel produit ?

En présence d'une flamme, le mélange gazeux de dihydrogène H_2 et de dioxygène O_2 forme de l'eau.

Y a-t-il eu conservation des éléments lors de cette transformation chimique ? Justifier en rappelant la formule de la molécule d'eau.

▶ Différentes formes d'un élément [§2 du cours]

7 À qui perd gagne

Recopier et compléter le tableau suivant :

Atome	Mg	I	S	Fe
Perd / Gagne des électrons	Perd			
Nombre d'électrons perdus ou gagnés	2		2	3
Formule de l'ion		I^-		
Nature			Anion	Cation

8 L'ion sodium et l'ion oxyde

À l'état naturel, l'élément sodium peut se trouver sous forme d'oxyde de formule Na_2O.

L'atome d'oxygène a gagné deux électrons pour devenir un ion oxyde ; l'atome de sodium a perdu un électron pour donner un ion sodium.

Quelles sont la formule et la nature de ces deux ions ?

9 **Isotopes ?**

On donne la notation symbolique de plusieurs noyaux. Regrouper ceux qui sont isotopes. Justifier.

- $^{12}_{6}C$ • $^{13}_{7}N$ • $^{13}_{6}C$ • $^{12}_{5}B$ • $^{14}_{6}C$ • $^{14}_{7}N$

10 **Noyaux isotopes du magnésium**

Recopier et compléter si besoin les notations symboliques suivantes, qui représentent des noyaux isotopes du magnésium $^{24}_{12}Mg$.

$^{25}_{...}...$ $\quad$ $^{...}_{...}Mg$ (ce noyau contient 14 neutrons)

11 **Noyaux isotopes du silicium**

Le noyau de silicium contient 14 protons. Son nombre de neutrons peut varier de 14 à 17.

Écrire la notation symbolique de tous les noyaux isotopes du silicium Si.

Les règles du « duet » et de l'octet [§3 du cours]

12 **À la recherche du gaz noble le plus proche**

Dans certaines conditions, un atome se transforme de manière à ce que son nombre d'électrons devienne égal au nombre d'électrons du gaz noble le plus proche.

a. Rappeler les règles du « duet » et de l'octet.

b. Recopier et compléter le tableau suivant.

EXERCICE INTERACTIF

Symbole de l'élément	Li	Al	O	Br
Numéro atomique Z	3	13	8	35
Gaz noble le plus proche				
Nombre d'électrons gagnés ou perdus par l'atome				
Formule de l'ion				

Données : symboles et numéros atomiques de certains gaz nobles : Z(He) = 2, Z(Ne) = 10, Z(Ar) = 18, Z(Kr) = 36.

13 **Formule d'un ion**

EXERCICE INTERACTIF

a. Rappeler les règles du « duet » et de l'octet.

b. Recopier et compléter le tableau suivant.

Notation de l'élément	Na		Cl
Numéro atomique	11	12	
Structure électronique de l'atome			$(K)^2(L)^8(M)^7$
Formule de l'ion		Mg^{2+}	

14 **Pierres précieuse et semi-précieuse**

Une émeraude et une aigue-marine ont en communs des ions issus des atomes d'oxygène (O, Z = 8), d'aluminium (Al, Z = 13) et de béryllium (Be, Z = 4). Écrire la formule de ces ions.

UTILISER SES COMPÉTENCES

15 **Faire une recherche documentaire**

En recherchant dans un dictionnaire ou sur Internet, trouver l'étymologie et le symbole de l'hydrogène, de l'hélium, du carbone, de l'azote, de l'oxygène, de l'argon, du brome et du plomb. Présenter les réponses dans un tableau.

16 **Lire une étiquette**

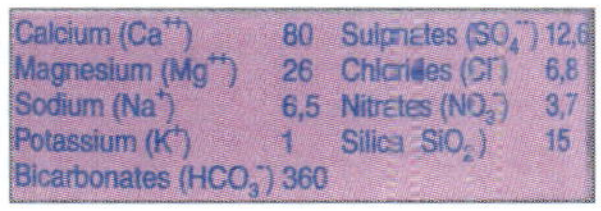

Lire l'étiquette de cette eau minérale. Classer les ions qu'elle contient suivant leur nature (cations ; anions) et souligner les formules des ions monoatomiques.

17 **Interpréter les données d'un tableau**

Le tableau ci-dessous indique l'abondance naturelle isotopique de quelques éléments chimiques.

A / Z (X)	19	20	21	22	23	24
9 (F)	100 %					
10 (Ne)		90,5 %	0,3 %	9,2 %		
11 (Na)					100 %	
12 (Mg)						79 %

a. Quels éléments ne présentent pas d'isotopes ?

b. Donner les notations symboliques des noyaux qui contiennent 10 protons.

c. Il existe trois isotopes du magnésium : $^{24}_{12}Mg$, $^{25}_{12}Mg$ et $^{26}_{12}Mg$. Les abondances du magnésium 25 et du magnésium 26 sont quasiment égales. Calculer leur valeur.

18 **Apprendre à rédiger**

Voici l'énoncé d'un exercice et un guide (en orange) ; ce guide vous aide pour rédiger la solution détaillée et pour retrouver les réponses numériques aux questions posées.

Énoncé

Le numéro atomique du chlore est égal à 17.

a. Le lait contient des ions chlorure. Quelle est la formule de cet ion ?

- **Rappeler qu'un atome contient autant de protons que d'électrons.**
- **Écrire la structure électronique de l'atome de chlore.**
- **Appliquer la règle de l'octet à l'élément chlore et vérifier que l'ion chlorure a pour formule Cl^-.**

b. Le test au nitrate d'argent (de formule $AgNO_3$) permet de mettre en évidence la présence d'ions chlorure. Un précipité blanc de chlorure d'argent (AgCl) est formé sans que les ions nitrate interviennent. Y a-t-il conservation en éléments chimiques lors de cette transformation ?

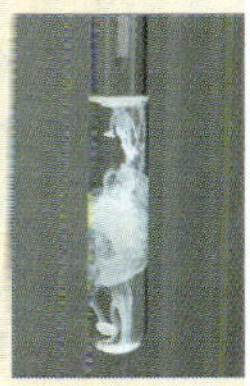

- **Lister les éléments avant et après transformation et vérifier qu'il y a bien conservation en éléments.**

Exercices d'entraînement

EXERCICE RÉSOLU

Énoncé L'élément oxygène

L'oxygène existe sous la forme de trois isotopes. Le tableau ci-contre fournit les proportions des isotopes de l'élément oxygène.

Z \ A	16	17	18
8	99,759 %	0,037 %	0,204 %

1 Écrire la notation symbolique générale d'un noyau d'oxygène, puis celle de ces trois noyaux isotopiques. Quelle est la composition du noyau atomique de chacun d'eux ?

2 Quel est l'isotope le plus abondant ? Calculer le rapport des pourcentages entre l'isotope le plus abondant et le moins abondant ; en donner un ordre de grandeur.

Vocabulaire Un rapport est un quotient : il faudra faire une division.

3 L'élément oxygène, sous la forme de dioxygène, intervient dans une transformation chimique mettant en jeu le carbone. Le seul produit de cette transformation chimique est le dioxyde de carbone CO_2.
Y a-t-il conservation de tous les éléments mis en jeu dans cette transformation chimique ? Pourquoi ?

4 L'élément oxygène se trouve également dans bon nombre de minerais comme la ferrite (Fe_3O_4) par exemple. Dans ce cas, l'oxygène est sous forme ionique.

a. Écrire la structure électronique de l'oxygène.

b. Comment l'élément oxygène peut-il satisfaire à la règle de l'octet ?
En déduire la structure électronique de l'ion oxygène ainsi que sa formule et sa nature.

Une solution

1 La notation symbolique du noyau d'oxygène est ${}^{A}_{8}O$; les valeurs de A sont 16, 17 et 18. Par conséquent, on peut écrire ${}^{16}_{8}O$, ${}^{17}_{8}O$ et ${}^{18}_{8}O$.
Le numéro atomique a pour valeur 8. Le nombre de protons est donc égal à 8. Les nombres de nucléons sont 16, 17 et 18. On peut en déduire le nombre de neutrons : $16 - 8 = 8$; $17 - 8 = 9$ et $18 - 8 = 10$.

Connaissances L'élément oxygène est défini par la valeur du numéro atomique, $Z = 8$.

2 D'après le tableau, l'isotope d'oxygène le plus abondant est l'oxygène 16.
L'isotope le moins abondant est l'oxygène 17.
Calculons le rapport :

$$\frac{99{,}759}{0{,}037} = 2\,696 = 2{,}7 \times 10^3.$$

L'ordre de grandeur est $1 \times 10^3 = 10^3$.

Application numérique On utilise 2 chiffres significatifs, car 0,037 a deux chiffres significatifs.

Connaissances L'ordre de grandeur est soit 1×10^3, soit 10×10^3. Comme 2,7 est plus proche de 1 que de 10, l'ordre de grandeur est 1×10^3.

3 Cette transformation chimique peut être schématisée ainsi :

Éléments en début de réaction	→	Éléments en fin de réaction
C, O		C, O

On en conclut qu'il y a eu conservation en éléments lors de cette transformation chimique.

Raisonner Établir un bilan d'éléments au début et à la fin de la réaction, puis conclure.

4 a. La structure électronique de l'atome d'oxygène s'écrit $(K)^2(L)^6$.
b. Pour satisfaire la règle de l'octet, cet atome capte deux électrons ; sa couche externe contient alors huit électrons.
La structure électronique de l'ion oxyde s'écrit donc $(K)^2(L)^8$. L'ion oxyde a donc pour formule O^{2-} et c'est un anion.

Connaissances La couche K est saturée avec 2 électrons, la couche L avec 8.

19 Des minéraux pour notre santé

Les ions métalliques sont indispensables au bon fonctionnement de notre organisme, qui ne peut pas les synthétiser. Ils doivent donc être apportés par une alimentation équilibrée en ions lithium (Li^+), en ions magnésium (Mg^{2+}) et calcium, en ions fer Fe^{2+} et Fe^{3+}, en ions iodure (I^-).

1. a. En appliquant la règle de l'octet, écrire la formule des ions calcium ($Z = 20$, symbole Ca).

b. En appliquant la règle du « duet », expliquer pourquoi la formule de l'ion lithium (Li, $Z = 3$) s'écrit Li^+.

2. a. Rechercher dans quels aliments les ions cités ci-dessus sont présents.

b. Rechercher quels sont les rôles de ces ions au sein de l'organisme humain. Préciser les besoins journaliers d'un adolescent pesant 50 kg en chacun de ces ions.

3. On considère que l'apport en calcium n'est assuré que par du lait. Quel volume de lait cet adolescent doit-il boire afin que son organisme fonctionne correctement ?

Donnée : un litre de lait contient 1,2 g de calcium.

20 ✶✶ Un cycle de l'élément cuivre

Le cuivre (Cu) réagit vivement avec de l'acide nitrique incolore (HNO_3) pour donner des ions cuivre (II) Cu^{2+} et du monoxyde d'azote NO. La solution devient bleue et un gaz roux se dégage.

En présence d'ions hydroxyde (HO^-), les ions Cu^{2+} ainsi formés, donnent un précipité bleu d'hydroxyde de cuivre de formule $Cu(OH)_2$.

Ce précipité est ensuite chauffé ; de l'oxyde de cuivre CuO noir est formé, ainsi qu'un gaz contenant l'élément hydrogène H.

Lorsqu'un mélange de poudres noires d'oxyde de cuivre et de carbone est chauffé, du cuivre et du dioxyde de carbone sont formés. Le dioxyde de carbone est mis en évidence grâce au test à l'eau de chaux.

De nombreux matériels de cuisine étaient autrefois fabriqués en cuivre.

a. À l'aide de schémas annotés, décrire ces quatre étapes.

b. Construire le cycle complet effectué par l'élément cuivre dans toutes ces étapes.

c. Y a-t-il conservation en éléments chimiques lors de toutes ces transformations ? Justifier.

d. Le cuivre ($Z = 29$) se présente sous la forme de deux isotopes : le cuivre 63 et le cuivre 65.

Préciser la composition de ces deux noyaux

21 ✶✶ Les isotopes de l'hydrogène

L'hydrogène est l'élément le plus abondant dans l'Univers. L'élément hydrogène a trois isotopes : l'hydrogène ^1_1H, majoritaire, le deutérium ^2_1H, aussi noté ^2_1D, et le tritium ^3_1H.

a. Décrire la composition de chacun de ces noyaux.

Comment les qualifier ?

b. Pourquoi les molécules HDO et D_2O sont-elles respectivement nommées « eau semi-lourde » et « eau lourde » ?

c. Lorsque du dihydrogène et du dioxygène sont mélangés, ils réagissent en présence d'une étincelle ; de l'eau est alors formée.

Justifier qu'il y a conservation en éléments chimiques lors de cette transformation chimique.

d. À l'intérieur d'une étoile, des noyaux d'hydrogène peuvent fusionner pour donner un noyau d'hélium He ($Z = 2$). Cette transformation est particulière : c'est une transformation nucléaire.

Y a-t-il conservation en éléments chimiques lors de cette transformation nucléaire ?

22 ✶✶ Les isotopes de l'uranium

Trois noyaux isotopes d'uranium existent naturellement ; leurs abondances sont données dans le tableau ci-dessous.

Isotope	$^{234}_{92}U$	$^{235}_{92}U$	$^{238}_{92}U$
Pourcentage massique	$5{,}4 \times 10^{-3}$	0,71	99,28

1. a. On estime qu'il y a 4,5 milliards de tonnes d'uranium dissous dans les océans.

Calculer la masse de chacun des isotopes dissous dans les océans.

b. L'oxyde d'uranium, U_3O_8, est un combustible nucléaire. Il est stocké sous forme de pastilles ; chacune en contient environ 9 g. Un réacteur nucléaire consomme 5 millions de pastilles par an.

Pendant combien d'années 1 000 réacteurs nucléaires pourraient-ils fonctionner si tout l'uranium 235 des océans était transformé en oxyde ?

2. Lors de la réaction de fission, un noyau d'uranium $^{235}_{92}U$ est percuté par un neutron, noté ^1_0n ; il en résulte la formation d'un noyau de krypton $^{93}_{36}Kr$, d'un noyau de baryum $^{140}_{56}Ba$ et de trois neutrons.

Cette transformation est particulière : c'est une transformation nucléaire.

a. Y a-t-il conservation en éléments chimiques lors de cette transformation nucléaire ?

b. Essayer de deviner les règles de conservations valables pour une transformation nucléaire.

Culture scientifique et citoyenne

CHIMIE & LITTÉRATURE Le cycle du carbone vu par Primo Levi

C'est vers le carbone, élément de la vie, que se tournait mon premier rêve littéraire, un rêve insistant, à une heure et en un lieu où ma vie ne valait pas grand-chose : oui je voulais raconter l'histoire d'un atome de carbone.

Notre personnage gît donc depuis des centaines de millions d'années, combiné avec trois atomes d'oxygène et un atome de calcium, sous forme de roche calcaire ; il a déjà derrière lui une très longue histoire cosmique mais nous l'ignorerons. À un moment quelconque que moi, le narrateur, je décide être un moment de 1840, un coup de pic le détacha et lui fit prendre le chemin du four à chaux, le précipitant dans le monde des choses qui changent. On le chauffa afin de le séparer du calcium [...] toujours solidement accroché à deux des trois atomes d'oxygène, ses anciens compagnons, sortit par la cheminée et prit la voie des airs. Il fut saisi par le vent, rabattu au sol [...] fut respiré par un faucon, descendit dans ses poumons haletants, mais il ne pénétra pas dans son sang riche et fut expulsé [...] eut la chance de frôler une feuille, d'y pénétrer et d'y être fixé par un rayon de soleil. [...] Il fait maintenant partie d'une molécule de glucose. Il voyagea donc, au pas lent des sucs végétaux [...] et descendit jusque dans une grappe presque mûre. La suite est de la compétence des marchands de vin : ce qu'il importe de préciser, c'est qu'il échappa à la fermentation alcoolique et arriva au vin sans changer de nature. [...] celui qui le but le garda dans son foie pendant plus d'une semaine, bien pelotonné et tranquille [...] franchit le seuil intestinal et pénètre dans le torrent sanguin ; il voyage, frappe à la porte d'une cellule nerveuse, entre et supplante un autre carbone qui en faisait partie. Cette cellule appartient à un cerveau, et ce cerveau est le mien, à moi qui suis en train d'écrire, et la cellule en question, est à l'œuvre dans mon acte d'écrire [...] fait que ma main court sur le papier suivant un certain chemin, y trace des traits et des boucles qui sont des signes [...] guide cette main, la mienne, pour imprimer sur le papier : quoi ? Ce point.

***Le système périodique*, Primo Lévi, © Éditions Albin Michel, 1987**

Histoire des Sciences Un élément « eau » ?

Jusqu'au XVIIIe siècle, on considérait, comme Aristote, que tout était issu de **quatre éléments premiers : l'eau, l'air, la terre et le feu.**

- En 1776, Macquer et Sigaud de Lafond font réagir du dihydrogène et du dioxygène en présence d'une flamme. Ils constatent l'apparition de gouttelettes d'eau. Ainsi, **l'eau peut être synthétisée** : elle n'est donc pas un élément. Cette expérience sera améliorée par Lavoisier, sept ans plus tard.
- Ce dernier, « père de la chimie moderne », a également prouvé que l'air n'était pas un élément, contredisant ainsi définitivement la théorie des quatre éléments d'Aristote.

Dans son film *Le cinquième élément*, Luc Besson reprend la théorie des quatre éléments. Mais quel est le cinquième élément ?

Sur le Web www.sigauddelafond.fr

Un métier : technicien(ne) des bâtiments de France BAC +2

Le technicien des bâtiments de France gère les travaux d'entretien et de rénovation des monuments historiques (bâtiments classés ou inscrits sur la liste des monuments historiques). Il participe ainsi à la **mise en valeur et à la sauvegarde du patrimoine français**.

Ses connaissances sur la chimie des matériaux, mais aussi sur l'histoire de l'art, lui permettent d'organiser au mieux l'intervention des différents corps de métier habilités à travailler pour le ministère de la culture.

Le technicien des bâtiments de France est **fonctionnaire du ministère de la Culture**. Il assiste les conservateurs, les architectes des bâtiments de France ou ingénieurs (ingénieurs des travaux publics de l'État, ingénieurs des services culturels et du patrimoine).

Le technicien des Bâtiments de France travaille sur les chantiers, en collaboration avec les artisans, comme ici au château de Versailles.

Sur le Web http://www.culture.gouv.fr/culture/infos-pratiques/emplois/version99/techn/index.html

Sciences & Société

La chimie au secours de l'art

En 1923, le musée du Louvre acquiert une tête en verre bleu attribuée alors aux artisans égyptiens du XIVe siècle av. J.-C.

- En 2007, le centre de recherche et de restauration des musées de France a mené une enquête bien particulière : **dater cette tête.** L'objet est radiographié (rayons X et gamma), observé au microscope. Sa composition chimique est comparée à celle d'objets certifiés.
- Le mystère est alors élucidé : cette statue contient de fortes teneurs **en élément plomb et en élément arsenic**, alors que les maîtres verriers égyptiens de cette époque ne disposaient pas de tels verres… Cette tête est donc un faux ! L'analyse élémentaire révèle que le faussaire a volontairement vieilli sa composition en appliquant, entre autres, de l'acide fluorhydrique (utilisé la première fois à la fin du XVIIIe siècle).

Sur le Web http://culturesciences.chimie.ens.fr/dossiers-experimentale-analyse-article-verre_egyptien_Biron_Pierrat.html#d0e153
http://www.c2rmf.fr/

Musée du Louvre, département des Antiquités égyptiennes E 11658.

Chapitre 12 La classification périodique des éléments

Vu au collège

- La matière est constituée d'atomes et d'ions.
- Les molécules sont constituées d'atomes.
- On peut identifier des ions par des tests caractéristiques.

Connaissances & Compétences

- Connaître la démarche historique permettant de classer les éléments chimiques.
- Identifier quelques familles chimiques.
- Appliquer les règles du « duet » et de l'octet.
- Utiliser la classification périodique pour déterminer la charge d'ions monoatomiques stables.

Masque en or (Ve s. av. J.-C.).

?

Pendant l'Antiquité, quels éléments chimiques faisaient partie des principaux échanges commerciaux ? Pouvez-vous citer d'autres éléments connus dans l'Antiquité ?

Cet ancien meuble d'apothicaire permet de classer les médicaments.

Selon quels critères la classification périodique des éléments permet-elle de classer les éléments chimiques ?

Déjeuner en famille.

Qu'est-ce qu'une famille d'éléments pour le chimiste ?

Découvrir et réfléchir

Activité à la maison

ACTIVITÉ DOCUMENTAIRE

MANUEL NUMÉRIQUE

1 La découverte des éléments

▶ **La recherche de nouveaux éléments chimiques, commencée par les premiers alchimistes au XIIe siècle, continue aujourd'hui. Cette quête est indissociable de l'essor de la chimie.**

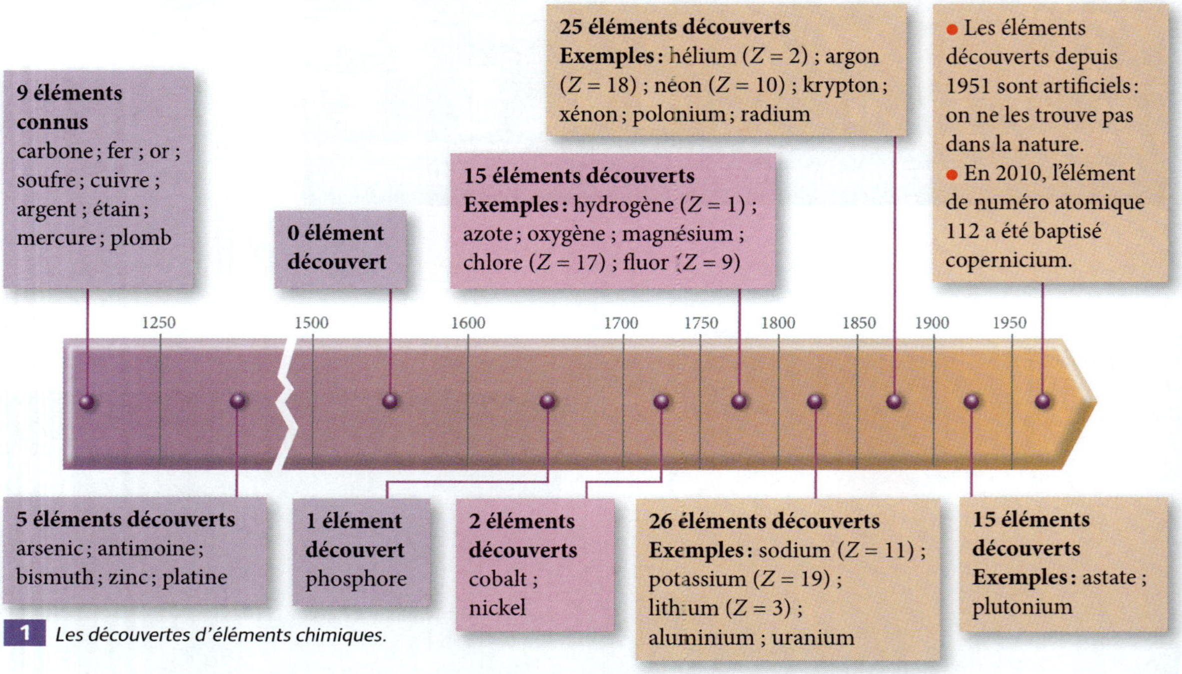

1 *Les découvertes d'éléments chimiques.*

1 Rechercher des informations

a. Combien d'éléments étaient connus en 1700 ?

b. Combien d'éléments ont été découverts au XVIe siècle ? au XVIIe ? au XVIIIe ? au XIXe ?

c. Relever les années approximatives de découverte des éléments suivants : hydrogène, hélium et lithium, puis fluor, néon et sodium, et enfin chlore, argon, potassium.

2 Interpréter

a. L'or, le cuivre et l'argent font partie des éléments connus depuis l'Antiquité, tandis que le nickel ou l'aluminium, très utilisés de nos jours, ont été mis en évidence il y a à peine 300 ans. En recherchant des informations sur les gisements naturels de ces métaux, expliquer pourquoi leur découverte a été tardive.

b. On constate que les éléments de numéro atomique $Z = 2$, 10 et 18 furent découverts bien après leurs voisins respectifs. Proposer une explication.

3 Représenter des informations

Remplir trois tableaux identiques à la classification périodique actuelle (voir le rabat de couverture) en y faisant apparaître :

– les éléments connus jusqu'à la Renaissance ;
– les éléments connus après les travaux d'Antoine Lavoisier (1743-1794) ;
– les éléments connus lorsque Dmitri Mendeleïev proposa sa classification (1869).

ACTIVITÉ DOCUMENTAIRE

MANUEL NUMÉRIQUE

2 Le génie de Mendeleïev

▶ La classification périodique est présente dans tous les livres de chimie. Que représente-t-elle ? Comment s'organise-t-elle et comment a-t-elle été élaborée ?

Au début du XIXe siècle, devant l'augmentation du nombre d'éléments connus, les chimistes cherchent une classification pertinente de ces éléments. En 1829, Johann Döbereiner identifie des ensembles de trois éléments de comportement chimique similaire et les nomme triades : triade des halogènes – chlore, brome, iode – et triade des métaux alcalins – lithium, sodium, potassium.

De son côté, vers 1858, l'italien Cannizzaro établit pour tous les éléments connus leur « poids atomique » *m*. Dès lors, toute classification des éléments chimiques se fait par ordre croissant des poids atomiques.

Le 17 février 1869, Dmitri Mendeleïev (ci-contre) classe les éléments verticalement par poids atomique croissant : certaines propriétés se modifient progressivement à mesure que l'on descend dans la colonne, puis subissent une modification brusque.

À partir de cette modification, Mendeleïev place sur une nouvelle colonne, appelée période, les éléments suivants : ceux-ci ont à nouveau des propriétés très voisines. Mendeleïev constate ainsi que chaque période débute par un métal alcalin et se termine par un halogène dont les propriétés sont tout à fait différentes. Pour généraliser cette caractéristique, il n'hésite pas à inverser le tellure ($m = 128$) et l'iode ($m = 127$), pensant qu'il s'agit d'une erreur de détermination du poids. Il laisse en outre des places vides : entre le potassium et le brome, Mendeleïev ne dispose que de 12 éléments connus pour 15 cases possibles.

Le génie de Mendeleïev consiste à prédire l'existence de trois éléments à découvrir (éka-bore de masse 44, éka-aluminium de masse 68 et éka-silicium de masse 72), ainsi que leurs masses et propriétés chimiques. Lecoq de Boisbaudran, en 1875, mit en évidence le gallium, correspondant aux propriétés de l' éka-aluminium : ce fut la confirmation de l'efficacité du système de Mendeleïev.

D'après *La classification périodique des éléments, la merveille fondamentale de l'Univers*, P. Depovere © Éditions de Boeck.

2 *Historique de la classification périodique des éléments.*

1 Comprendre le texte

a. Quel fut le premier critère de classification des éléments ?

b. Quel terme utilise-t-on aujourd'hui pour désigner le « poids atomique », second critère de classification ?

c. Pourquoi le numéro atomique *Z* n'apparaît-il pas dans les critères de classification ?

d. Pour quelle raison Mendeleïev inverse-t-il le tellure et l'iode ?

Coup de pouce

La classification périodique des éléments est présentée dans le rabat de couverture VI.

2 Étudier la démarche de Mendeleïev

a. Mendeleïev connaît la formule M_xO_y des composés que forment les éléments de la série du sodium avec l'oxygène : Na_2O, MgO, Al_2O_3, SiO_2, P_2O_5, SO_3, Cl_2O_7. Calculer, pour chacun des exemples, le rapport $\frac{y}{x}$. L'évolution se fait-elle toujours dans le même sens ? Comment Mendeleïev a-t-il rangé ces éléments dans sa classification périodique ?

b. À quel élément correspond l'éka-bore de masse 44 ? l'éka-aluminium de masse 68 ? l'éka-silicium de masse 72 ?

3 Comparer avec la classification actuelle

a. Comment Mendeleïev a-t-il situé les uns par rapport aux autres les éléments chlore (Cl), brome (Br) et iode (I) ? Comment sont-ils situés dans la classification actuelle ?

b. Donner la configuration électronique des éléments situés dans la ligne du lithium. Que remarque-t-on ?

c. Mêmes questions avec les trois premiers éléments situés dans la colonne du lithium.

Vocabulaire

Tri- : préfixe venant du latin et du grec *tri*, « trois ».

ACTIVITÉ EXPÉRIMENTALE

MANUEL NUMÉRIQUE

3 Les familles d'éléments

▶ Des espèces chimiques contenant les éléments chlore, brome et iode sont extraites de l'eau de mer. Les ions et molécules contenant ces éléments présentent des similitudes et des différences.

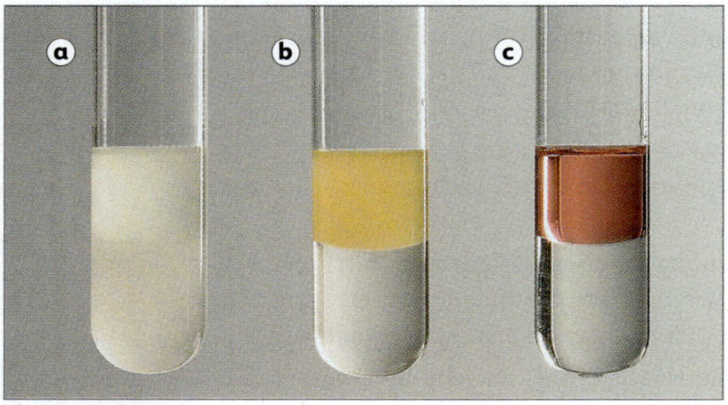

3 *Résultat de l'expérience 1 avec le dichlore (a), le dibrome (b) et le diiode (c).*

Expérience 1

- Verser environ 1 mL d'eau de dichlore dans le tube à essais 1 ; 1 mL d'eau de dibrome dans le tube à essais 2 ; 1 mL d'eau de diiode dans le tube à essais 3.
- Dans chacun des tubes, verser environ 1 mL de cyclohexane. Boucher les tubes, puis agiter-les vigoureusement pendant quelques secondes.

1 Observer

a. Noter la couleur de chacune des solutions aqueuses.

b. Dans quel solvant la couleur du dichlore est-elle la plus intense ? Même question pour le dibrome et le diiode.

Réaliser un schéma légendé faisant apparaître les différentes couleurs dans chaque tube.

2 Interpréter

Dans quel solvant le dichlore, le dibrome et le diiode sont-ils le plus soluble ?

Expérience 2

- Prendre quatre nouveaux tubes à essais.
- Verser environ 1 mL de la solution de chlorure de potassium dans le tube à essais 1 ; 1 mL de la solution de bromure de potassium dans le tube à essais 2 ; 1 mL de la solution d'iodure de potassium dans le tube à essais 3.
- Dans le tube à essais 4, verser environ 1 mL de la solution de nitrate de potassium.
- Dans chacun des tubes, verser environ 1 mL de la solution aqueuse de nitrate d'argent.

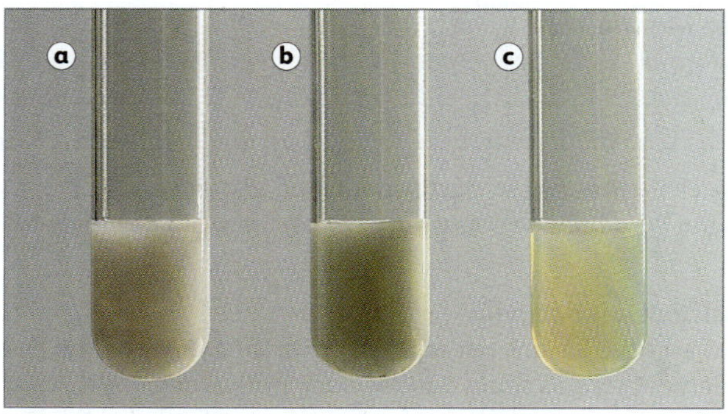

4 *Résultat de l'action d'une solution de nitrate d'argent sur des solutions de chlorure de potassium (a), de bromure de potassium (b) et d'iodure de potassium (c).*

Solution aqueuse	Ions en solution
Chlorure de potassium	Cl^- (aq), K^+ (aq)
Bromure de potassium	Br^- (aq), K^+ (aq)
Iodure de potassium	I^- (aq), K^+ (aq)
Nitrate d'argent	NO_3^- (aq), Ag^+ (aq)
Permanganate de potassium	MnO_4^- (aq), K^+ (aq)

5 ▶ *Ions en solution dans les expériences 2 et 3.*

3 Observer

a. Qu'observe-t-on dans les trois premiers tubes à essais, après ajout de la solution de nitrate d'argent ?

b. Observe-t-on une modification dans le quatrième tube ?

c. Comparer les contenus des tubes 1 et 4.

4 Interpréter

a. Quels ions réagissent avec la solution de nitrate d'argent dans les trois premiers tubes ?

b. Identifier le solide formé dans chaque cas.

c. Quelle propriété commune les ions Cl^-, Br^- et I^- possèdent-ils vis-à-vis de l'argent ?

Expérience 3

- Prendre trois nouveaux tubes à essais.
- Verser environ 1 mL de la solution de chlorure de potassium dans le tube à essais 1 ; 1 mL de la solution de bromure de potassium dans le tube à essais 2 ; 1 mL de la solution d'iodure de potassium dans le tube à essais 3.
- Dans chacun des tubes, verser environ 2 mL de cyclohexane et environ 1 mL de la solution de permanganate de potassium.
- Boucher les tubes à essais, puis agiter vigoureusement. Laisser reposer puis observer.

5 Observer

a. Les ions permanganate MnO_4^- (aq) réagissent-ils avec les ions potassium K^+ (aq) ?

b. Comparer le contenu des tubes obtenus avec ceux de l'expérience 1.

6 Interpréter

a. Quelles espèces sont formées au cours de ces transformations chimiques ?

b. Quelle propriété commune les ions Cl^-, Br^- et I^- possèdent-ils vis-à-vis des ions permanganate ?

Expérience 4

- Prendre deux nouveaux tubes à essais.
- Introduire un petit morceau de calcium dans le tube à essais 1.
- Introduire un petit morceau de magnésium dans le tube à essais 2.
- Ajouter dans chaque tube quelques mL d'acide chlorhydrique.
- Boucher le tube puis présenter un briquet allumé à son extrémité.

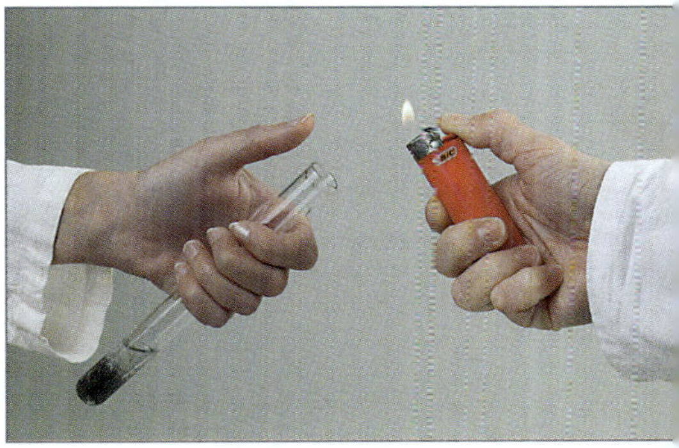

6 *Caractérisation d'un dégagement gazeux.*

7 Observer

a. Qu'observe-t-on lors de l'ajout d'acide chlorhydrique ?

b. Décrire ce qu'il se passe lorsque le briquet allumé est approché.

c. Reste-t-il du solide en fin d'expérience ?

8 Interpréter

a. Quelle espèce est mise en évidence par le test avec la flamme du briquet ?

b. Quelle propriété commune les éléments Ca et Mg possèdent-ils vis-à-vis de l'acide ?

9 Conclure

a. Dans le tableau périodique, comment sont situés le fluor, le chlore et le brome les uns par rapport aux autres ?

b. Dans le tableau périodique, comment sont situés le calcium et le magnésium les uns par rapport aux autres ?

c. À la lumière de ces expériences, proposer une définition d'une « famille d'éléments ».

Cours

1 La classification périodique des éléments

1.1 Les critères historiques de Mendeleïev

Au milieu du XIXe siècle, Mendeleïev utilise la masse des atomes pour les classer. Il les range dans un « tableau », par masse croissante, en regroupant des éléments présentant des analogies de comportement. Pour expliquer certains vides dans son classement, il prédit alors avec succès l'existence d'éléments non découverts à son époque.

1.2 Le critère actuel de construction

- Les 112 éléments chimiques naturels ou artificiels sont rangés en lignes, **par numéro atomique *Z* croissant**.
- Le remplissage progressif d'une ligne correspond au remplissage progressif d'une couche électronique. Un changement de ligne s'effectue régulièrement lorsqu'une nouvelle couche commence à être occupée.
- Les lignes sont aussi appelées **périodes**.

• La 1re ligne correspond à la couche K : elle contient 2 éléments.
La 2e ligne correspond à la couche L : elle contient 8 éléments.
La 3e ligne correspond à la couche M : elle contient 8 éléments.

- Dans une même ligne, les atomes des éléments ont les mêmes couches électroniques occupées.
- Dans une même colonne, les atomes des éléments ont le même nombre d'électrons sur leur couche externe.

• Dans chaque case de la classification périodique figure la notation $^{A}_{Z}X$ du noyau isotopique le plus abondant dans le mélange naturel.

• La classification périodique actuelle est constituée de 18 colonnes et de 7 lignes.

• Un espace entre les deuxième et troisième colonnes est laissé vacant pour rappeler qu'il y a 10 autres colonnes à placer (voir la classification complète sur le rabat VI du manuel).

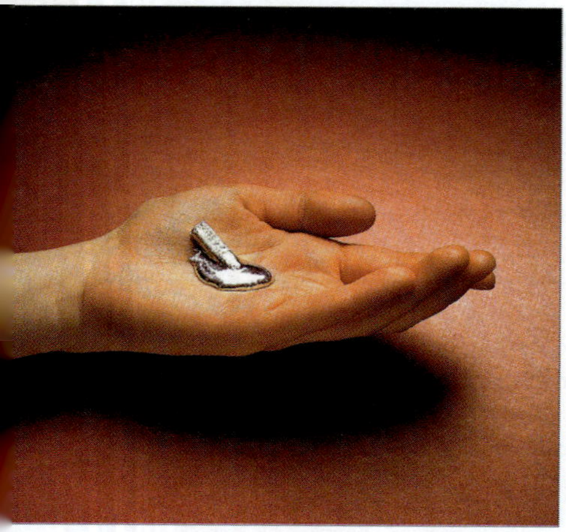

7 *Le gallium est un métal qui fond dans la main (T_f = 29,76 °C). Découvert en 1875, il confirma l'efficacité de la classification établie par Mendeleïev.*

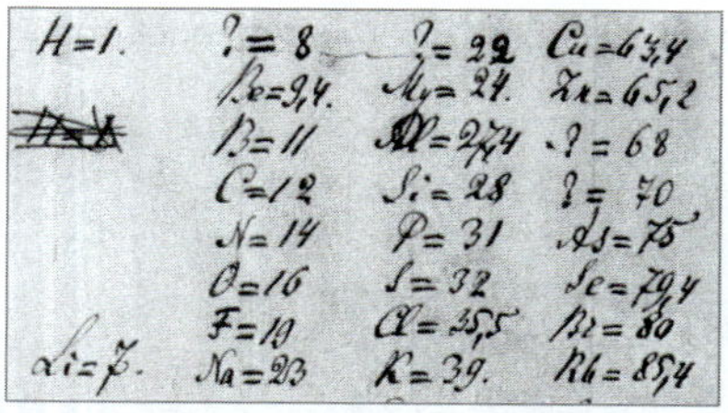

H=1.	?=8	?=22	Cu=63,4
	Be=9,4.	Mg=24.	Zn=65,2
	B=11	Al=27,4	?=68
	C=12	Si=28	?=70
	N=14	P=31	As=75
	O=16	S=32	Se=79,4
	F=19	Cl=35,5	Br=80
Li=7.	Na=23	K=39.	Rb=85,4

8 *Extrait du manuscrit de Mendeleïev sur la classification périodique des éléments.*

9 ▼ *Classification périodique des éléments simplifiée, en se limitant aux 18 premiers éléments.*

1	2		13	14	15	16	17	18
$^{1}_{1}H$ (K)^1								$^{4}_{2}He$ (K)^2
$^{7}_{3}Li$ (K)^2 (L)^1	$^{9}_{4}Be$ (K)^2 (L)^2		$^{11}_{5}B$ (K)^2 (L)^3	$^{12}_{6}C$ (K)^2 (L)^4	$^{14}_{7}N$ (K)^2 (L)^5	$^{16}_{8}O$ (K)^2 (L)^6	$^{19}_{9}F$ (K)^2 (L)^7	$^{20}_{10}Ne$ (K)^2 (L)^8
$^{23}_{11}Na$ (K)^2 (L)^8 (M)^1	$^{24}_{12}Mg$ (K)^2 (L)^8 (M)^2		$^{27}_{13}Al$ (K)^2 (L)^8 (M)^3	$^{28}_{14}Si$ (K)^2 (L)^8 (M)^4	$^{31}_{15}P$ (K)^2 (L)^8 (M)^5	$^{32}_{16}S$ (K)^2 (L)^8 (M)^6	$^{35}_{17}Cl$ (K)^2 (L)^8 (M)^7	$^{40}_{18}Ar$ (K)^2 (L)^8 (M)^8

2 Utilisation de la classification périodique

2.1 Application aux ions monoatomiques

- Les éléments situés sur une même colonne possèdent **le même nombre d'électrons sur leur couche externe.**

Les règles du « duet » et de l'octet s'appliquent de la même manière pour les éléments d'une même colonne, car ils possèdent le même nombre d'électrons sur leur couche externe.

> Les éléments d'une même colonne forment facilement des ions monoatomiques ayant tous la même charge.

Exemple. Certaines eaux minérales sont très recherchées pour leur grande concentration en magnésium et calcium, éléments de la deuxième colonne de la classification périodique. Ils sont présents tous les deux sous la forme de cations doublement chargés Mg^{2+} et Ca^{2+}.

- Les atomes des éléments situés avant la 14e colonne (colonne du carbone) perdent des électrons et forment des **cations**.
- Les atomes des éléments situés après la 14e colonne gagnent des électrons et forment des **anions**.

APPLICATION Le lithium Li forme facilement le cation Li^+.
Quels ions le sodium Na et le potassium K forment-ils facilement ?

Réponse. Le sodium Na et le potassium K sont dans la même colonne que le lithium. Or les éléments d'une même colonne conduisent à des ions ayant tous la même charge.
Le lithium Li forme facilement le cation Li^+. Donc le sodium Na et le potassium K forment facilement les cations Na^+ et K^-.

10 *Le saphir est un minéral composé d'ions aluminium Al^{3+} et oxyde O^{2-}.*

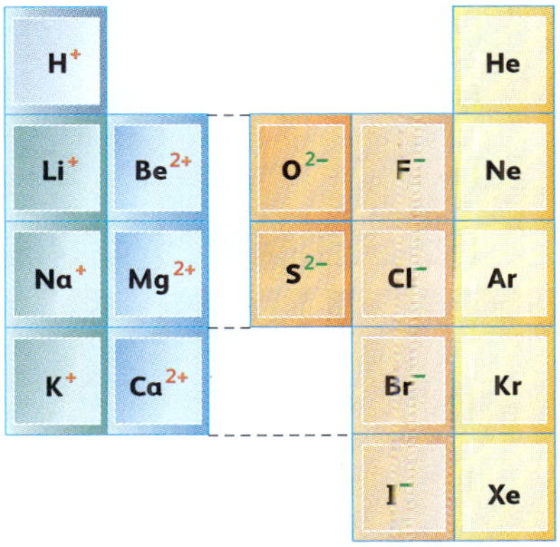

11 *Les ions et atomes monoatomiques qui se forment facilement.*

2.2 Nombre de liaisons d'un atome dans une molécule

- Dans les molécules, les atomes des éléments d'une même colonne forment le même nombre de liaisons.
- Les atomes des éléments situés :
  - dans la 14e colonne (celle du carbone) forment quatre liaisons ;
  - dans la 15e colonne (celle de l'azote) forment trois liaisons ;
  - dans la 16e colonne (celle de l'oxygène) forment deux liaisons ;
  - dans la 17e colonne (celle du fluor) forment une liaison.

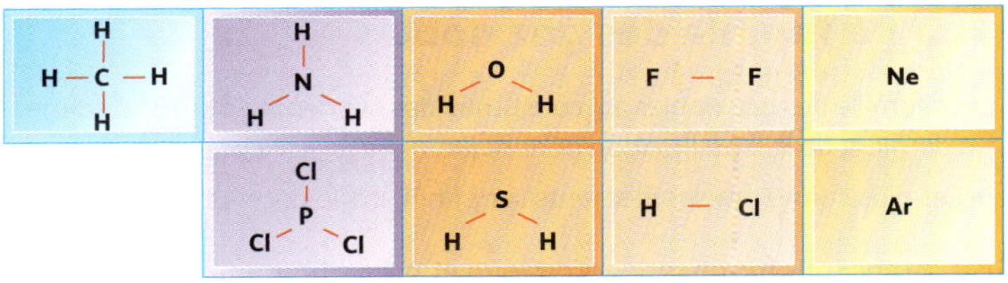

13 *Formules de plusieurs molécules, pour des éléments classés en colonne.*

12 *La vie telle que nous la connaissons est constituée de molécules carbonées. Les auteurs de science-fiction imaginent souvent la vie à base de silicium, élément de la même colonne de la classification que le carbone. L'androïde Data de la série Star Trek en est un exemple.*

3 Quelques familles chimiques

- Les éléments d'une même colonne de la classification périodique ont des propriétés chimiques semblables. On dit qu'ils forment une famille.
- Les éléments d'une même famille possèdent le même nombre d'électrons sur leur couche externe.

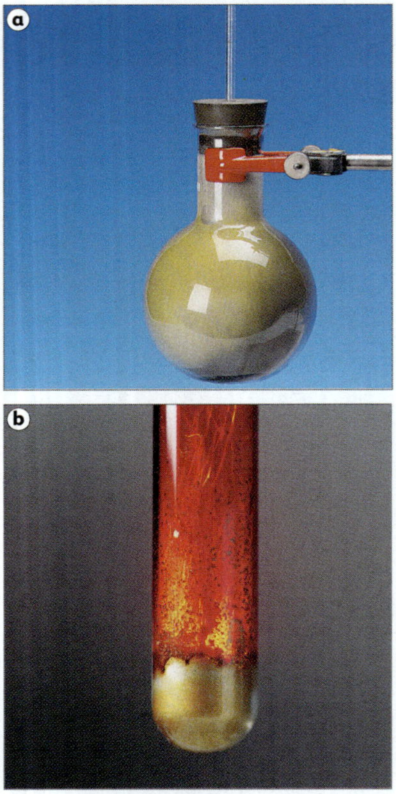

3.1 La famille des halogènes

- La famille des halogènes est constituée des éléments de la 17e colonne, l'avant-dernière colonne de la classification périodique.
- Les plus connus de ses éléments sont le fluor, le chlore, le brome et l'iode.

Les halogènes présentent plusieurs propriétés chimiques semblables :
– ces éléments forment les espèces chimiques diatomiques de formules respectives Cl_2, Br_2 et I_2, les dihalogènes ;
– ces éléments forment les anions monochargés, Cl^-, Br^- et I^- ;
– les dihalogènes réagissent avec l'aluminium pour former les trihalogénures d'aluminium **(document 14)**.

14 *(a) Le gaz dichlore Cl_2 réagit avec l'aluminium métallique Al pour former le trichlorure d'aluminium $AlCl_3$ solide. De la même manière, (b) le dibrome liquide et l'aluminium forment $AlBr_3$; (c) le diiode solide et l'aluminium forment AlI_3.*

3.2 La famille des métaux alcalins

- La famille des métaux alcalins est constituée des éléments de la première colonne de la classification périodique, à l'exception de l'hydrogène.
- Les plus connus de ces éléments sont le lithium, le sodium et le potassium.

Les ions lithium Li^+, sodium Na^+ et potassium K^+ se trouvent dans l'eau de mer et les eaux minérales.

15 *Certains tubes fluorescents d'enseignes contiennent le gaz xénon, qui est un gaz noble.*

3.3 La famille des gaz nobles

- La famille des gaz nobles est constituée des éléments de la 18e colonne, la dernière de la classification périodique.
- Les plus connus de ses éléments sont l'hélium, le néon et l'argon.

Ils existent sous forme monoatomique et présentent une grande inertie chimique.

L'ESSENTIEL

La démarche de Mendeleïev

- En 1869, Dmitri Mendeleïev classe les éléments connus selon deux critères :
  – par ordre croissant des masses atomiques ;
  – en regroupant par colonnes les éléments qui ont des propriétés chimiques voisines.
- Il laisse des cases vides et prévoit l'existence de nouveaux éléments. La découverte ultérieure de ces éléments prouvera la justesse de sa méthode.

Lecture en colonne de la classification

- Les éléments d'une même colonne :
  – constituent la **même famille** ;
  – ont des propriétés chimiques semblables ;
  – forment des ions de même charge ;
  – forment le même nombre de liaisons dans les molécules.

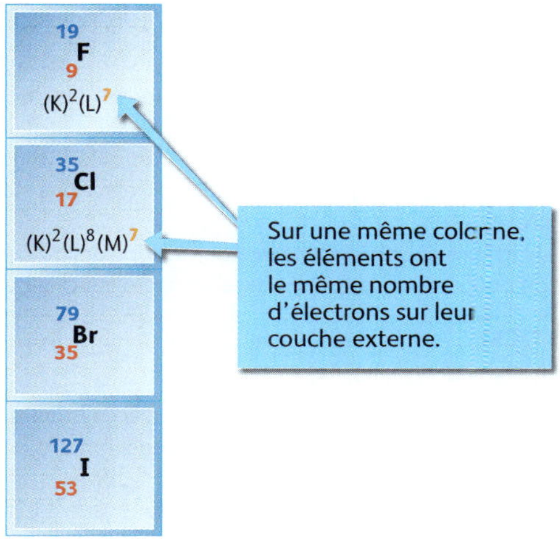

Quelques familles chimiques

- La **famille des métaux alcalins** est composée des éléments de la première colonne : Li ; Na ; K ; etc.
- La **famille des halogènes** est constituée des éléments de la 17e colonne : F ; Cl ; Br ; I.
- La **famille des gaz nobles** est composée des éléments de la dernière colonne : He ; Ne ; Ar ; Kr ; etc.

Lecture en ligne de la classification

- Une ligne s'appelle une **période**.
- La 1re ligne correspond au remplissage de la couche K, la 2e ligne au remplissage de la couche L, et la 3e ligne au remplissage de la couche M.

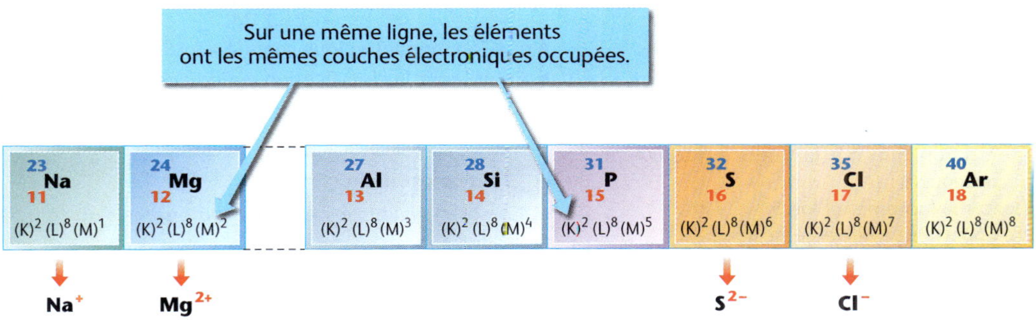

Exercices d'application

5 minutes CHRONO !

MANUEL NUMÉRIQUE — EXERCICES INTERACTIFS

1 Mots manquants

Compléter avec un ou plusieurs mots.

a. Dans la classification périodique, les éléments sont classés par .... croissant.

b. Les éléments d'une même .... de la classification périodique appartiennent à une même famille.

c. Les éléments d'une même ...., aussi appelée ...., ont un même nombre de couches électroniques occupées.

d. L'élément silicium a pour structure électronique $(K)^2(L)^8(M)^4$. Il est par conséquent dans la .... période.

e. Les éléments d'une même colonne ont le même nombre d'électrons sur leur ....

f. Le magnésium est dans la deuxième colonne de la classification périodique ; il possède .... électrons sur sa couche externe.

g. Le lithium appartient à la deuxième ligne de la classification périodique ; sa couche externe est la couche ....

2 QCM

Cocher la réponse exacte.

a. Le sodium Na appartient à la première colonne de la classification périodique. Il forme donc facilement :

☐ Na^+ ☐ Na^- ☐ Na^{2+}

b. Les atomes d'halogènes sont situés sur l'avant-dernière colonne. Cela signifie :

☐ qu'ils gagnent facilement un électron
☐ qu'ils perdent facilement un électron
☐ qu'ils gagnent facilement deux électrons

c. Le magnésium est situé dans la 2e colonne, donc :

☐ il a tendance à perdre 2 électrons
☐ il a tendance à gagner un électron
☐ il reste à l'état atomique dans toute condition

d. Les éléments de la dernière colonne sont :

☐ les métaux alcalins
☐ les gaz nobles
☐ les halogènes

e. La configuration électronique du magnésium est $(K)^2(L)^8(M)^2$. Cela signifie :

☐ qu'il appartient à la 8e colonne
☐ qu'il appartient à la 2e colonne
☐ qu'il appartient à la 2e ligne

f. Situé au-dessus du soufre, l'atome d'oxygène, de configuration électronique $(K)^2(L)^6$, forme facilement l'ion O^{2-}. Par conséquent :

☐ le soufre forme facilement l'ion S^{3-}
☐ le soufre appartient à la troisième ligne
☐ la configuration électronique du soufre est $(K)^2(L)^7$

→ Reportez-vous aux solutions détaillées page 334 pour vérifier vos réponses et comprendre vos erreurs.

MOBILISER SES CONNAISSANCES

▶ La classification périodique des éléments [§1 du cours]

3 Nom et symbole des éléments

Chercher dans la classification périodique le symbole des éléments dont le nom commence par la lettre *a*. Donner leur numéro atomique.

4 Honneur à Marie Curie

Le polonium est un élément qui tient son nom du pays d'origine de la célèbre physico-chimiste Marie Curie, qui fut la première à isoler le radium.

a. Grâce à la classification périodique, donner le symbole de l'élément polonium.

b. Sachant que l'oxygène possède 6 électrons sur sa couche externe, déterminer le nombre d'électrons que possède le polonium sur sa couche externe.

5 Numéro atomique de l'argon

Combien d'éléments possèdent les première, deuxième et troisième périodes de la classification périodique ?

En déduire le numéro atomique du dernier élément de la troisième période.

6 La colonne de l'oxygène

La structure électronique de l'oxygène O est $(K)^2(L)^6$; le soufre S est juste sous l'oxygène dans la classification périodique.

En déduire la configuration électronique de l'atome de soufre.

▶ Utilisation de la classification périodique [§2 du cours]

7 Ions alcalins

a. Le sodium Na a pour configuration électronique :

$$(K)^2(L)^8(M)^1.$$

À quel ion monoatomique conduit-il facilement ?

b. En utilisant la classification périodique, dire à quels ions monoatomiques conduisent facilement les éléments lithium Li, potassium K et césium Cs.

8 La colonne du carbone

a. Combien de liaisons établit l'hydrogène H au sein des molécules ?

b. Le méthane a pour formule CH_4. Dans combien de liaisons est engagé l'atome de carbone dans cette molécule ?

c. Le silicium est dans la famille du carbone. Dans combien de liaisons est engagé le silicium dans les molécules usuelles ?

9 Structure électronique d'un atome

EXERCICE INTERACTIF

En utilisant la classification périodique, recopier et compléter le tableau suivant.

Symbole	Si				
Ligne n°		3			
Colonne n°		16			
Z			3		
Configuration				$(K)^2(L)^7$	$(K)^2(L)^8(M)$[illegible]

▶ Quelques familles chimiques

[§3 du cours]

10 La famille des gaz nobles

En utilisant la classification périodique, donner le nom, le symbole et le numéro atomique des gaz nobles.

11 Fluor & Cie

Le fluor F est au-dessus du chlore Cl dans la classification périodique.

a. À quelle famille appartiennent ces deux éléments ?

b. La structure électronique de l'atome de fluor est $(K)^2(L)^7$. En déduire la structure électronique de l'atome de chlore Cl.

12 Famille des métaux alcalins

Relever sur une bouteille d'eau minérale la formule de tous les ions contenant des éléments de la famille des métaux alcalins.

UTILISER SES COMPÉTENCES

13 Exploiter les informations d'un texte

Chacune des propositions ci-dessous permet d'identifier un élément : à vous de mener l'enquête.

a. « Je suis un métal à l'état natif. Mon symbole chimique découle de mon nom latin *aurum* évoquant ma couleur jaune. »

b. « On me trouve souvent à l'état de gaz diatomique ; je suis alors dangereux et de couleur verte : cette couleur est à l'origine de mon nom. Combiné avec l'hydrogène et en solution aqueuse, je forme l'acide chlorhydrique. »

c. « De la même famille que l'élément précédent, je produis des vapeurs violettes qui sont à l'origine de mon nom. »

d. « Découvert en 1875 par Paul-Émile LeCoq de Boisbaudran, dont mon nom évoque le souvenir, j'ai permis de confirmer l'efficacité de la classification de Mendeleïev. »

14 Mener une recherche

Le copernicium, de symbole Cn, est l'élément de numéro atomique $Z = 112$.

Mener une recherche pour déterminer si cet élément est naturel ou artificiel.

15 Lire horizontalement la classification périodique

a. Quel élément a pour numéro atomique $Z = 14$?

b. À quelle période appartient-il ? Quelle est sa couche externe ?

c. À quelle colonne appartient-il ? En déduire le nombre d'électrons de sa couche externe, puis sa configuration électronique.

d. Juste à la droite de cet élément, on trouve, dans cet ordre, les éléments phosphore P, soufre S, chlore Cl et argon Ar. En déduire les configurations électroniques de leurs atomes.

16 Lire horizontalement la classification périodique

a. Rechercher l'élément de configuration électronique $(K)^2(L)^8$; donner son nom et son symbole.

b. Donner la formule de tous les anions monoatomiques usuels ayant la même configuration électronique.

c. Donner la formule de tous les cations monoatomiques usuels ayant la même configuration électronique.

17 Lire verticalement la classification périodique

Le béryllium et le magnésium possèdent un électron de plus que les alcalins sur leur couche externe ; ils appartiennent respectivement à la deuxième et à la troisième périodes.

a. En utilisant la classification périodique, donner les symboles de ces deux éléments.

b. Donner pour chacun sa couche électronique externe ainsi que le nombre d'électrons qu'elle contient.

c. Le numéro atomique confirme-t-il ces résultats ?

18 Apprendre à rédiger

Voici l'énoncé d'un exercice et un guide (en orange) ; ce guide vous aide pour rédiger la solution détaillée et pour retrouver les réponses numériques aux questions posées.

Énoncé

a. L'aluminium ($Z = 13$) forme, avec trois ions chlorure Cl^-, l'espèce chimique neutre $AlCl_3$.

Quelle est la charge de l'ion aluminium dans cette entité ?

- **Rappeler que l'entité doit être neutre. Vérifier ainsi que l'ion aluminium porte la charge 3+.**

b. Vérifier que cet ion vérifie la règle de l'octet.

- **Écrire la configuration électronique de l'atome d'aluminium.**
- **Préciser quelle variation du nombre d'électrons existe entre l'atome Al et l'ion Al^{3+}. En déduire la configuration électronique de l'ion.**
- **Rappeler la règle de l'octet et vérifier qu'elle s'applique pour l'ion.**

c. Proposer une formule pour les espèces neutres formées de chlore et de gallium, d'indium, de thallium ou de bore.

- **Repérer dans la classification périodique la position des éléments cités et noter qu'ils appartiennent à la même famille, et ont donc des propriétés chimiques semblables.**
- **Comme le chlore forme l'espèce neutre $AlCl_3$ avec l'aluminium, en déduire que les espèces cherchées sont : $GaCl_3$, $InCl_3$, $ThCl_3$ et BCl_3.**

Exercices d'entraînement

EXERCICE RÉSOLU

Énoncé **Un exemple de minerai**

Le soufre appartient à la 3e ligne et à la 16e colonne de la classification périodique ; le gaz noble le plus proche, l'argon, appartient à la 3e ligne et à la 18e colonne.

Faire cet exercice **sans** regarder la classification !

1. Déterminer la configuration électronique de l'atome de soufre.
2. En déduire son numéro atomique.
3. L'oxygène a pour numéro atomique $Z = 8$.
Établir sa configuration électronique.
4. En déduire la colonne et la ligne qu'il occupe dans la classification périodique ; quelle est sa position par rapport au soufre ?
5. L'ion oxyde a pour formule O^{2-} ; proposer une formule pour l'ion sulfure qui se forme facilement à partir du soufre.

Énoncé
Lire avec attention les indications données.

La blende, ou sphalérite, contient une grande quantité d'élément soufre sous forme d'ions sulfure.

Une solution

1. Le soufre est un élément de la 16e colonne, il est donc situé deux colonnes avant le gaz noble le plus proche, l'argon.
Or, le gaz noble vérifie la règle de l'octet : sa couche électronique externe contient huit électrons. L'argon appartient à la troisième période de la classification périodique, ce qui correspond au remplissage de la couche M. Sa configuration électronique est donc :

$$(K)^2\ (L)^8\ (M)^8.$$

Comme le soufre a un numéro atomique inférieur de deux unités à celui de l'argon, l'atome de soufre possède deux électrons de moins que ce gaz noble. La configuration électronique du soufre est donc :

$$(K)^2\ (L)^8\ (M)^6.$$

2. Le nombre d'électrons de l'atome est égal au numéro atomique de l'élément. On a donc :

$$Z(S) = 2 + 8 + 6.$$

D'où $Z(S) = 16$.

3. Les couches se remplissent successivement : K, puis L, puis M. La couche K ne peut contenir que deux électrons. Comme l'oxygène a pour numéro atomique $Z = 8$, une fois la couche K remplie, il reste 6 électrons.
La configuration électronique de l'oxygène est donc : $(K)^2(L)^6$.

4. La couche électronique externe de l'oxygène est la couche L : l'oxygène est donc un élément de la deuxième période.
Il possède deux électrons de moins sur sa couche externe que le gaz noble le plus proche, dont la configuration est $(K)^2(L)^8$. Ainsi, l'oxygène est situé deux colonnes avant celle des gaz nobles, donc sur la 16e colonne. Il est donc situé dans la même colonne que le soufre, mais une ligne au-dessus de lui.

5. Situés dans la même colonne, le soufre et l'oxygène présentent des analogies de propriétés chimiques ; on peut donc prévoir que le soufre conduit à la formation de l'ion sulfure S^{2-}.
Ce résultat est conforme à celui que l'on obtient en considérant directement la configuration électronique du soufre.

Connaissances
- Repérer la position de l'élément par rapport aux gaz nobles, dont les couches électroniques suivent la règle de l'octet.
- La période dans laquelle se situe l'élément est liée à la couche externe, ici la couche M.

Rédiger
Rappeler que le numéro atomique de l'élément chimique est égal au nombre total d'électrons de l'atome.

Connaissances
Les éléments d'une même colonne ont des propriétés chimiques semblables.

Raisonner
Vérifier que le résultat obtenu est compatible avec d'autres informations ; ici la configuration électronique de l'élément soufre.

19 La magnésie du sportif

a. Donner la configuration électronique de l'atome d'oxygène, de numéro atomique $Z = 8$. Quelle est la charge de l'ion oxyde, ion monoatomique qui se forme facilement à partir de l'oxygène ?

b. En utilisant la classification périodique, préciser quel élément de la troisième période forme facilement un ion monoatomique chargé deux fois positivement.

La magnésie est utilisée dans de nombreux sports car elle absorbe l'humidité et empêche ainsi de glisser.

c. Donner la formule brute de la magnésie, espèce chimique neutre qu'on forme par association de l'ion oxyde et de l'ion de la question précédente

d. Donner la formule brute de l'oxyde de sodium, solide ionique neutre formé à partir d'un ion oxyde et d'ions monoatomiques de l'élément sodium Na.

20 Évaporation de l'eau de mer

Lorsque l'on fait s'évaporer une tonne d'eau de mer dans les marais salants de Guérande, on recueille 28,46 kg de chlorure de sodium NaCl, 0,74 kg de chlorure de potassium KCl et 0,09 kg de bromure de sodium NaBr.

a. L'élément chlore est dans la 17ᵉ colonne et dans la 3ᵉ ligne de la classification périodique.

Donner la structure électronique de l'atome de chlore.

b. Dans quelle colonne de la classification périodique se trouve l'élément brome Br ? En déduire à quelle famille il appartient et le nombre d'électrons de sa couche externe.

c. Quel ion monoatomique peut-on former facilement à partir de l'atome de chlore ? En déduire un ion monoatomique de l'élément brome.

d. Le numéro atomique de l'élément sodium Na est $Z = 11$. Quel ion monoatomique peut-on former facilement à partir de l'atome de sodium ? À quelle famille appartient l'élément sodium ?

e. À quelle famille appartient l'élément potassium K ? En déduire à quel ion peut conduire facilement l'atome de potassium.

21 ✶ Un oxyde à découvrir

On souhaite déterminer l'élément inconnu X dont l'ion forme avec un ion de l'oxygène l'espèce chimique X_2O_3.

a. Retrouver la place de l'oxygène dans la classification périodique et en déduire la formule de l'ion monoatomique qu'il forme facilement.

b. En déduire la charge de l'ion formé par l'élément X.

c. Déterminer à quelle colonne de la classification périodique appartient X.

d. La charge totale des électrons de l'ion considéré est :

$$Q = -1{,}6 \times 10^{-18}\ \text{C}.$$

En déduire le nom et le symbole de l'élément X.

Donnée : charge élémentaire, $e = 1{,}6 \times 10^{-19}$ C.

22 ✶✶ Évolution d'une propriété physique

Il est possible, grâce aux rayons X, de calculer la distance d qui existe entre les centres de deux atomes côte à côte dans un solide pur.

Le rayon atomique r de l'élément considéré est égal à $\frac{d}{2}$.

Voici l'évolution de r dans la classification périodique.

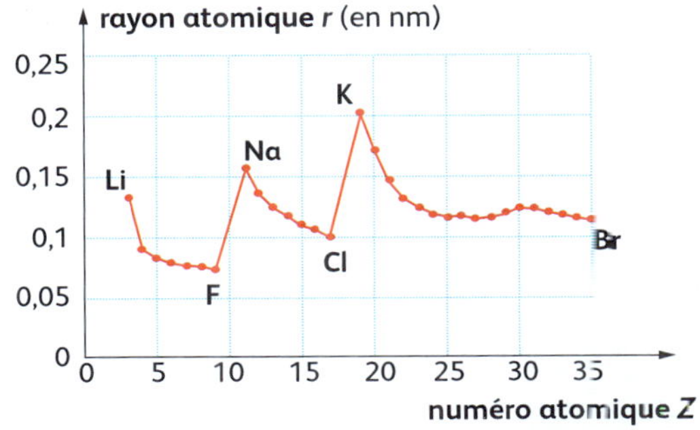

a. En rappelant la structure d'un atome, préciser le lien entre rayon atomique et couches électroniques.

b. L'évolution de r suit-elle celle du numéro atomique ?

c. Comment r évolue-t-il au sein d'une famille ? Proposer une explication.

d. Comment r évolue-t-il au sein d'une période ? Proposer une explication.

23 ✶✶ Sels de magnésium et de lithium

Le bromure de lithium et le chlorure de magnésium sont connus pour leur activité thérapeutique, ce sont des régulateurs de l'humeur.

a. L'élément lithium est dans la première colonne et la deuxième période de la classification périodique. À quelle famille appartient-il ? Quelle est sa couche électronique externe ?

b. À quelle famille appartient l'élément brome Br ? Combien d'électrons possède-t-il sur sa couche électronique externe ?

c. Quels ions monoatomiques forment facilement ces atomes ?

d. L'élément magnésium (troisième période de la classification) conduit facilement à la formation de l'ion Mg^{2+}.

En déduire dans quelle colonne de la classification périodique se situe l'élément magnésium.

e. L'élément chlore Cl appartient à la famille des halogènes. Quel ion monoatomique forme-t-il facilement ?

f. En utilisant les questions précédentes, en déduire la formule du chlorure de magnésium et du bromure de lithium, deux solides neutres.

g. En faisant une synthèse des questions précédentes, proposer la formule d'une autre molécule qui permettrait d'apporter l'élément lithium à l'organisme.

Même question pour l'élément magnésium.

Culture scientifique et citoyenne

CHIMIE & GÉOGRAPHIE La classification périodique chinoise

Depuis 1871, un caractère chinois est associé à chaque élément. **Ce caractère est composé de deux parties :**
- **un radical** qui classe l'élément selon les cinq phases de la cosmologie chinoise traditionnelle : **métal, bois, eau, feu et terre ;**
- **un mot descriptif simple** ou une imitation du son d'une syllabe du nom anglais de l'élément.

radical	combinaison			
金 métal	鈣 calcium	鋰 lithium	鎳 nickel	鈀 palladium
气 feu	氧 oxygène	氫 hydrogène	氮 azote	氟 fluor
石 terre	砷 arsenic	硼 bore	碘 iode	硅 silicium

Mascottes des J.O. de Beïjing 2008. Elles incarnent les cinq phases. De gauche à droite : l'eau, le métal, le feu, la terre et le bois.

Exercer son esprit critique

Les composants de l'électronique moderne, comme **la DEL (diode électroluminescente), la diode laser ou la photodiode**, contiennent des **semi-conducteurs dopés.**

- Un semi-conducteur, comme le silicium ou le germanium par exemple, est un matériau dont la **conductivité électrique** est intermédiaire entre celle des métaux (excellente conductivité) et des isolants (conductivité nulle).
- Le **dopage permet de contrôler leur conductivité électrique** en introduisant une petite quantité d'impuretés dans le matériau, afin de produire un excès ou un déficit d'électrons.

Il existe deux types de dopage :
- le dopage N, qui correspond à un excès d'électrons ;
- le dopage P, qui correspond à un déficit d'électrons.

« Toit » de DEL.

Le dopage du silicium, par exemple, se réalise soit avec du phosphore (dopage N ; dans ce cas, un électron supplémentaire est apporté), soit par du bore (dopage P ; dans ce cas, il manque un électron).

?! **En observant la place de ces trois éléments dans le tableau périodique, expliquer pourquoi le dopage du silicium avec du phosphore ou du bore est judicieux.**

Un métier : technicien(ne) de mesure de la qualité de l'eau BAC +2

Technicien réalisant des mesures au bord de la Loire.

Le technicien de mesure de la qualité de l'eau analyse, mesure et contrôle en laboratoire les qualités chimiques, physiques et biologiques de l'eau. Son travail permet de détecter des impuretés et des pollutions, quelles qu'en soient l'origine et la nature.

- Il ne travaille pas seulement sur l'analyse de l'eau destinée à la consommation humaine (eau potable) : il analyse aussi les eaux des nappes phréatiques, les eaux usées, les eaux de baignade (mer, rivières, lacs) et les eaux de piscine.
- Lors de ses analyses, **il note les mesures** indiquées par les instruments, **enregistre ces données** sur ordinateur et **les transmet** à un ingénieur pour validation. Les résultats sont ensuite envoyés à l'instance qui a commandité l'analyse : services de l'État, région, département, entreprise de distribution d'eau, organisme professionnel ou autre laboratoire.

Sur le Web http://www.studya.com/formations_metiers/environnement/technicien_mesure_qualite_eau.htm
http://www.lesmetiers.net

CHIMIE & ÉTYMOLOGIE La famille des alcalins

Le sodium, comme tous les métaux alcalins, est conservé dans un liquide huileux. Ils réagissent en effet violemment avec l'eau contenue dans l'air.

Salsola kali, communément appelée soude.

La famille des alcalins est composée des éléments de la première colonne de la classification périodique, excepté l'hydrogène. Elle regroupe donc, entre autres, le sodium Na et le potassium K. Mais **d'où vient le mot « alcalin » ?**

- Dans les étangs salés, et sur les dunes littorales de la Camargue, se trouve une plante nommée ***Salsola kali***. Ses cendres sont particulièrement riches en carbonate de sodium Na_2CO_3, une espèce chimique essentielle à la fabrication de verre ou de savon.
- Le nom arabe du *Salsola kali* est ***« al Qaly »*** القالي, qui a donné le mot **« alcali »** en français, utilisé pour désigner les oxydes de sodium NaOH et de potassium KOH. Par extension, les scientifiques ont appelé **« métaux alcalins »** les éléments aux propriétés chimiques proches de celles du sodium Na et du potassium K.

Chapitre 13 Mouvements et forces

Vu au collège

- Les mouvements dans le système Terre, Lune, Soleil expliquent les phases de la Lune, les éclipses.
- La gravitation gouverne tout l'Univers.
- La gravitation est une interaction attractive entre deux objets qui ont une masse.

Connaissances & Compétences

- Comprendre que la nature du mouvement observé dépend du référentiel choisi.
- Savoir qu'une force s'exerçant sur un corps modifie son mouvement.

Soleil de minuit près du pôle en été.

Comment modéliser l'action de Saturne sur les « cailloux » des anneaux ?

Saturne photographiée par la sonde Cassini.

En combien de temps le Soleil fait-il un tour complet autour de la Terre ?

ACTIVITÉ EXPÉRIMENTALE

MANUEL NUMÉRIQUE

1 Rétrogradation de la planète Mars

▶ Mars est une planète, c'est-à-dire un « astre errant » en grec. Pourquoi ce nom ? Pour le comprendre, nous allons observer le mouvement de Mars parmi les étoiles pendant l'hiver 2009-2010, puis nous expliquerons ce mouvement qui paraissait si étrange aux Anciens.

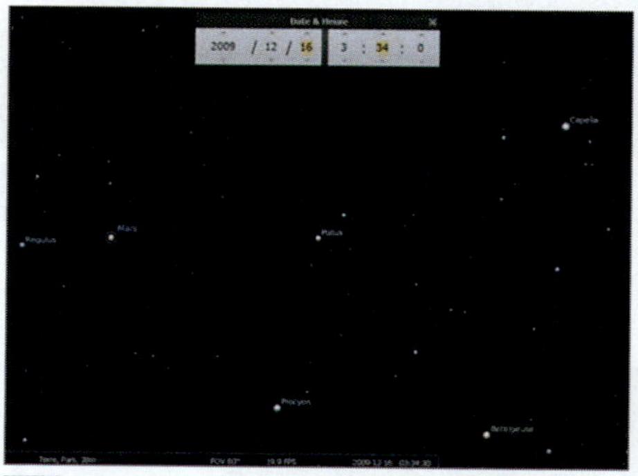

1 *Image extraite de la vidéo du mouvement de Mars pendant l'hiver 2009-2010.*

Expérience

- Ouvrir la vidéo « Mars » à l'aide du logiciel de pointage (→ **fiche méthode 5**, page 328). Cette vidéo a été réalisée à partir de copies d'écran du logiciel d'astronomie Stellarium : chaque écran représente la même zone du ciel entre le 1er novembre 2009 et le 7 avril 2010 (l'heure d'observation change à chaque date pour tenir compte du mouvement de la Terre autour du Soleil).
- Observer le mouvement de Mars par rapport aux étoiles. Sur chaque image, réaliser ensuite un pointage soigné de la position de Mars.
- Imprimer le document.

1 Observer

a. On sait depuis longtemps que Mars décrit une trajectoire circulaire autour du Soleil. Décrire en quelques mots le mouvement de Mars par rapport aux étoiles vu depuis la Terre.

b. Ce mouvement est-il différent du mouvement par rapport au Soleil ?

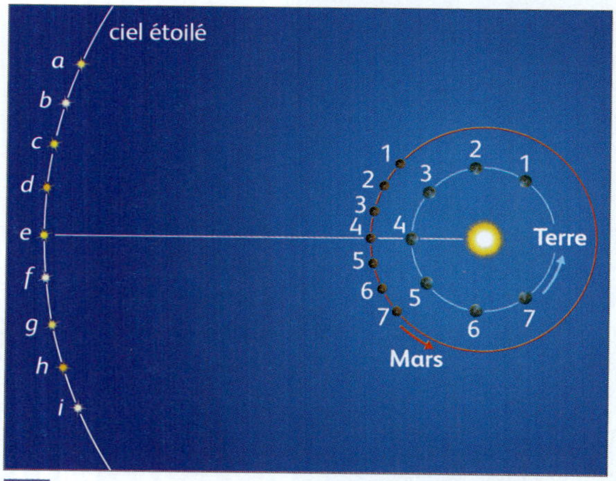

2 *Trajectoires de Mars et de la Terre autour du Soleil.*

2 Interpréter

La **figure 2** représente les trajectoires de Mars et de la Terre autour du Soleil. Elle n'est pas à l'échelle, car les étoiles sont en réalité beaucoup plus éloignées.

Quelques positions de la Terre sur son orbite et les positions correspondantes de Mars sont repérées par les chiffres 1, 2, …, 7.

a. En position 4, Mars est dite « en opposition ». Justifier ce terme.

b. Dans cette position, Mars est vue depuis la Terre dans la direction de l'étoile centrale notée *e* sur le schéma. Pour chacune des positions des deux astres sur leurs orbites, construire la position de Mars dans le ciel en la repérant par rapport aux étoiles *a*, *b*, etc. Noter cette « position ».

c. Retrouve-t-on la description du mouvement de Mars observé en **1 a.** ?

3 Conclure

On appelle **référentiel** le solide par rapport auquel on étudie le mouvement. La **figure 2** montre le mouvement de Mars et de la Terre dans le référentiel lié au Soleil. Le document obtenu à la fin de l'expérience montre le mouvement de Mars dans un référentiel lié au centre de la Terre. Le mouvement de Mars est-il le même dans les deux référentiels ?

ACTIVITÉ EXPÉRIMENTALE

MANUEL NUMÉRIQUE

2 Modification du mouvement d'un corps

▶ Étudions l'interaction entre un aimant et une bille en acier.

DISPOSITIF ■ Fixer une gouttière sur une table **(figure 3)**. En plaçant la bille au sommet de la gouttière, les conditions de départ seront identiques à chaque lancer. Le mouvement étudié est celui de la bille sur la table seulement.
■ Tracer un trait rectiligne sur la table dans le prolongement de la gouttière.

Expérience

■ **Cas 1.** Sans lancer la bille, la lâcher depuis l'extrémité haute de la gouttière.
■ **Cas 2.** Recommencer l'expérience en plaçant un aimant à quelques centimètres du trait (position *A*).
■ **Cas 3.** Recommencer l'expérience en éloignant l'aimant du trait (position *B*).
■ **Cas 4.** Poser la bille sur la table, puis approcher lentement l'aimant de la bille immobile.

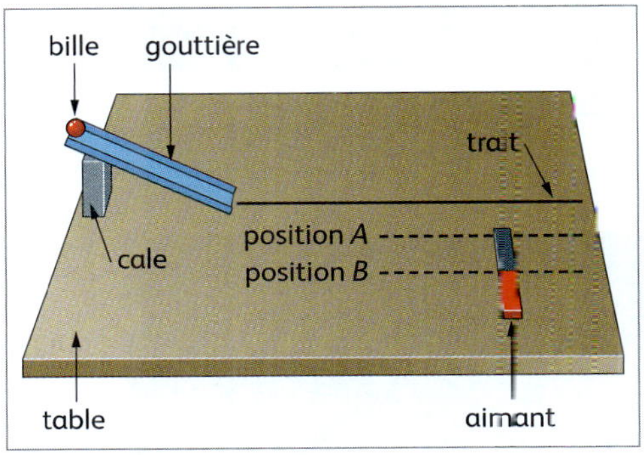

3 *Schéma de l'expérience.*

1 Observer

a. Quelle est la nature de la trajectoire de la bille quand il n'y a pas d'aimant (cas 1) ?

b. Décrire les modifications du mouvement de la bille en présence de l'aimant, dans les cas 2 et 3.

c. Décrire précisément le mouvement de la bille dans le cas 4. Indiquer en particulier si sa vitesse est constante ou non lorsqu'elle est en mouvement.

2 Interpréter

a. Deux corps sont en interaction si le mouvement de l'un dépend de l'autre et réciproquement. La bille et l'aimant sont-ils en interaction quand la bille passe à proximité de l'aimant ?

b. Quand il y interaction entre deux corps, chacun des corps exerce une « action mécanique » sur l'autre. Comment peut-on mettre en évidence l'action mécanique exercée par la bille sur l'aimant ?

c. Pour faire une étude complète du mouvement de la bille, on utilise un diagramme « objets-interactions », dans lequel les interactions sont représentées par des doubles flèches en pointillés pour les interactions à distance, et en trait plein pour les interactions de contact.

• Reproduire puis compléter le diagramme suivant, en notant toutes les interactions entre la bille et les objets qui l'entourent.

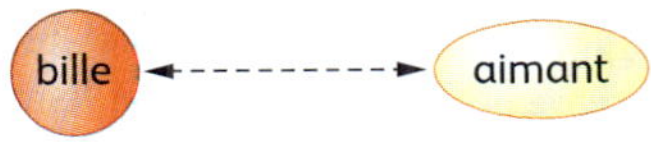

• Dans les expériences étudiées ici, seule l'interaction bille-aimant intervient. La distance bille-aimant a-t-elle une influence sur la modification de la trajectoire ? Quelle est l'influence de l'interaction bille-aimant sur la vitesse de la bille ?

3 Conclure

Quels sont les effets d'une action mécanique sur un corps ?

1 Relativité du mouvement

Pour étudier le mouvement d'un corps, il faut commencer par définir le corps avec précision.

Dans le système « Terre-Lune » par exemple **(document 4)**, on peut choisir la Lune seule et étudier son mouvement autour de la Terre. On peut également choisir l'ensemble {Terre + Lune} et étudier son mouvement autour du Soleil.

4 *Mouvement de la Lune autour de la Terre : le corps étudié est la Lune.*

1.1 Comment étudier un mouvement ?

A Notion de référentiel

Un conducteur assis dans une voiture qui roule à 90 km/h est immobile par rapport à la voiture, mais en mouvement par rapport au sol. De même, l'astronome qui observe le ciel avec un télescope est immobile par rapport à la Terre, mais en mouvement par rapport au Soleil et aux étoiles.

Il faut donc préciser par rapport à quoi on étudie le mouvement.

> Pour étudier le mouvement d'un corps, il faut préciser le solide choisi comme référence et appelé le référentiel.

B Exemples de référentiels

- **Référentiel terrestre**

Pour étudier le mouvement d'un objet sur la Terre ou au voisinage de la Terre, on choisit le plus souvent le **référentiel terrestre** : il est constitué par la Terre ou par tout objet fixe par rapport à la Terre.

Dans ce référentiel, tous les corps célestes sont en mouvement. Les étoiles, par exemple, tournent autour de l'étoile polaire en 23 h 56 min **(document 5)**.

Le Soleil, quant à lui, décrit un tour complet en 24 h.

5 *Mouvement des étoiles dans le référentiel terrestre.*

- **Référentiel géocentrique**

Pour étudier le mouvement de la Lune ou d'un satellite, le référentiel terrestre n'est pas adapté. On utilise le **référentiel géocentrique** : il est défini par le centre de la Terre et des étoiles lointaines considérées comme fixes **(figure 6)**.

Dans ce référentiel, toutes les étoiles semblent immobiles. Le Soleil tourne autour du centre de la Terre en un an.

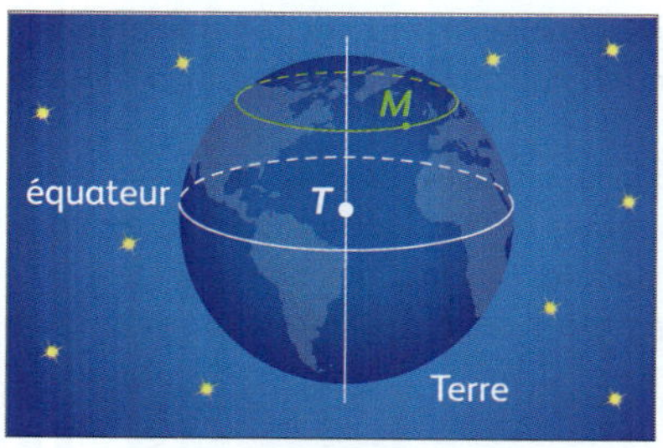

6 *Par rapport au référentiel géocentrique, le point M de la Terre décrit un cercle en un jour.*

- **Référentiel héliocentrique**

Pour étudier le mouvement des planètes, on utilise le **référentiel héliocentrique** : il est défini par le centre du Soleil et des étoiles fixes.

Dans ce référentiel, c'est la Terre qui tourne autour du Soleil en un an.

Remarque : dans un référentiel donné, tous les points d'un corps n'ont pas forcément le même mouvement. Dans la suite du cours, nous étudierons le mouvement d'un point particulier du corps, son centre par exemple s'il est symétrique.

Vocabulaire

Géo- : préfixe ; du grec *gê*, « Terre ».
Hélio- : préfixe ; du grec *hêlios*, « Soleil ».

C Repérer dans le temps

Pour étudier le mouvement d'un corps, il faut aussi associer une date à chaque position repérée dans le référentiel choisi.

Il faut pour cela **une horloge et un instant origine** (date $t = 0$). La valeur mesurée sur l'horloge à chacune des positions indique alors la date t correspondante.

L'unité SI de temps est la **seconde (s)**.

Pour repérer un événement dans le temps, il faut choisir une horloge et une origine des dates.

7 *Lors d'un vol spatial, l'instant $t = 0$ correspond au décollage de la navette.*

1.2 Caractéristiques d'un mouvement

A Trajectoire

Dans un référentiel donné, on appelle trajectoire la ligne formée par l'ensemble des positions successives occupées par un point du corps étudié au cours de son mouvement.

B Vitesse

Dans un référentiel donné, la vitesse moyenne v_m d'un point du corps entre deux instants de dates t_1 et t_2 est égale au quotient de la distance parcourue d par la durée du trajet $\Delta t = t_2 - t_1$.

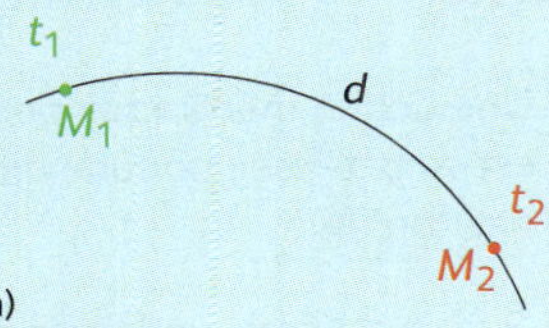

$$v_m = \frac{d}{t_2 - t_1}$$

d en mètre (m)
$t_2 - t_1$ en seconde (s)
v_m en mètre par seconde ($m \cdot s^{-1}$)

Les unités

Dans la vie courante, les vitesses sont souvent exprimées en $km \cdot h^{-1}$.
$1\ m \cdot s^{-1} = 3{,}6\ km \cdot h^{-1}$

Cas particulier. Un mouvement est **uniforme** si la valeur de la vitesse est constante : le point étudié parcourt des distances égales pendant des durées égales.

Exemple. Dans le référentiel héliocentrique, le centre de la planète Vénus décrit un **mouvement circulaire uniforme**.

Remarque : on appelle **vitesse instantanée** la vitesse à un instant donné. Si le mouvement n'est pas uniforme, la vitesse instantanée change. Par exemple, dans le référentiel héliocentrique, la vitesse instantanée du centre de la Terre varie entre $29{,}3\ km \cdot s^{-1}$ et $30{,}3\ km \cdot s^{-1}$.

8 *Dans le référentiel géocentrique, la Lune décrit une trajectoire pratiquement circulaire autour du centre de la Terre.*

C Influence du référentiel

La trajectoire et la vitesse du mouvement observé dépendent du référentiel choisi.

Exemple. Le mouvement de Mars par rapport au Soleil est circulaire uniforme, mais dans le référentiel terrestre, sa trajectoire n'est pas un cercle et son mouvement n'est pas uniforme.

9 *Jupiter et ses satellites (ici Io) sont en interaction.*

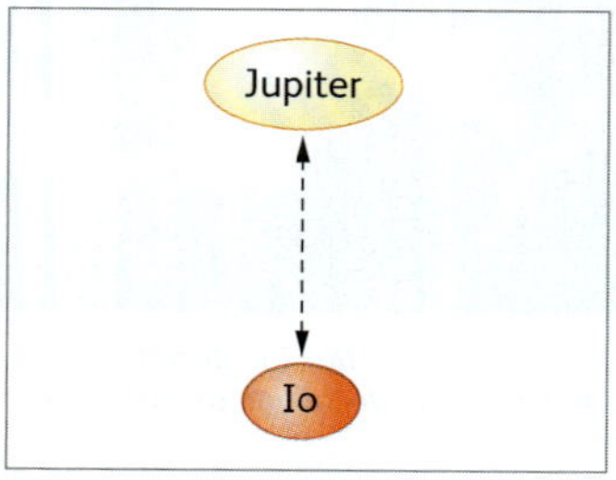

10 *Diagramme objets-interactions pour Io. Les interactions à distance sont représentées par des flèches en pointillés. Le corps étudié est en rouge.*

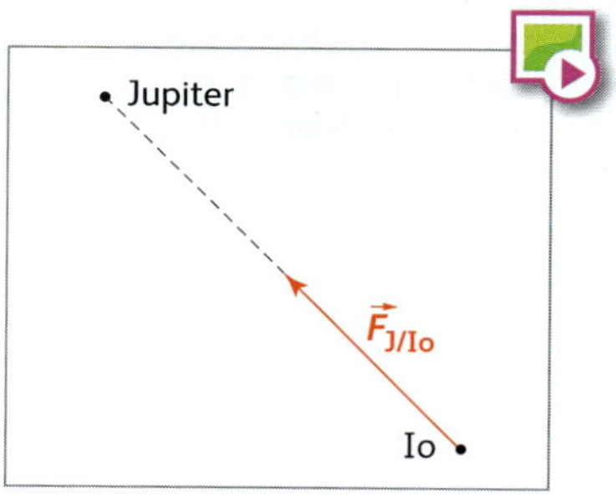

11 *Représentation de la force exercée par Jupiter sur Io.*

12 *Modification de la trajectoire de la sonde Voyager par l'assistance gravitationnelle de Jupiter dans son voyage vers Saturne.*

2 Les forces

2.1 Notion d'interaction

Deux corps sont en interaction si le mouvement de l'un dépend de la présence de l'autre et réciproquement.

La gravitation étudiée au collège est un exemple d'interaction. C'est une **interaction attractive à distance**.

Exemple. Io est en interaction à distance avec Jupiter **(document 9)**. Cela signifie que chacun des deux corps exerce une action mécanique sur l'autre.

On appelle **action mécanique** une action capable de modifier le mouvement d'un corps.

Pour dresser l'inventaire des interactions entre le corps étudié et l'ensemble des objets qui l'entourent, on utilise un diagramme objets-interactions **(figure 10)**.

2.2 Modélisation d'une action mécanique

Une action mécanique peut être modélisée par une force. Une force est caractérisée par une direction, un sens et une valeur, exprimée en newton (N).

- Sur un schéma, une force est représentée par un segment fléché dont la longueur est proportionnelle à la valeur de la force. L'orientation du segment fléché renseigne sur la direction et le sens de la force.
- Mathématiquement, on représente une force par un vecteur, appelé « vecteur force », noté $\vec{F}$. La flèche sur le F rappelle qu'en plus de sa valeur, la force possède une direction et un sens.
- Pour représenter les forces exercées sur un corps, on remplace celui-ci par un point et on place l'origine des vecteurs forces sur ce point **(figure 11)**.

2.3 Forces et mouvement

Une force, modélisation de l'action mécanique qui s'exerce sur un corps, modifie la valeur de sa vitesse ou la direction de son mouvement.

Ainsi, la trajectoire d'une sonde est modifiée lorsqu'elle passe à proximité d'une planète ; la force exercée par la planète sur la sonde (interaction gravitationnelle) modifie aussi la valeur de sa vitesse. La sonde est accélérée si elle s'approche de la planète dans le sens du mouvement de celle-ci autour du Soleil ; elle est freinée dans le cas contraire. Cette technique, appelée « **assistance gravitationnelle** », est utilisée lors des missions planétaires car les réserves de combustible emportées par les satellites ne permettent que de corriger légèrement la trajectoire.

L'ESSENTIEL

Étude du mouvement

- Pour étudier le mouvement d'un corps, il faut préciser le solide choisi comme référence et appelé le **référentiel**.
- Il faut aussi choisir **une horloge et une origine des dates**.

Référentiels importants

- Le **référentiel terrestre** est constitué par la Terre ou par tout objet fixe par rapport à la Terre.
- Le **référentiel géocentrique** est défini par le centre de la Terre et des étoiles lointaines considérées comme fixes.
- Le **référentiel héliocentrique** est défini par le centre du Soleil et des étoiles fixes.

Trajectoire et vitesse

- Dans un référentiel donné, on appelle **trajectoire** la ligne formée par l'ensemble des positions successives occupées par un point du corps étudié au cours de son mouvement.
- Dans un référentiel donné, la vitesse moyenne v_m d'un point du corps entre deux instants de dates t_1 et t_2 est égale au quotient de la distance parcourue d par la durée du trajet $\Delta t = t_2 - t_1$.

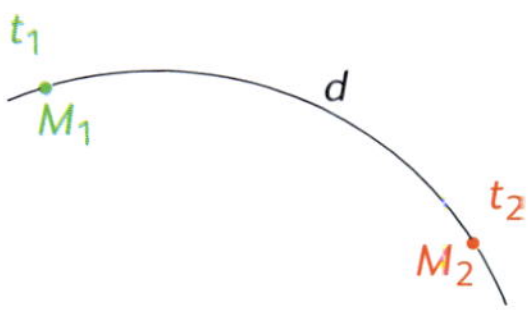

$$v_m = \frac{d}{t_2 - t_1}$$

d en mètre (m)
$t_2 - t_1$ en seconde (s)
v_m en mètre par seconde ($m \cdot s^{-1}$)

Relativité du mouvement

- La trajectoire et la vitesse du mouvement observé dépendent du référentiel choisi.

Exemple : dans le référentiel héliocentrique, la planète Mars décrit un mouvement circulaire uniforme. Dans le référentiel terrestre, la trajectoire n'est pas circulaire et la vitesse varie

Interactions et forces

- Deux corps sont **en interaction** si le mouvement de l'un dépend de la présence de l'autre et réciproquement.
- On appelle **action mécanique** une action capable de modifier le mouvement d'un corps.
- Pour dresser l'inventaire des interactions, on utilise un **diagramme objets-interactions**.

- Une action mécanique est modélisée par une **force** caractérisée par :
  - une direction ;
  - un sens ;
  - une valeur exprimée en newton (N).
- Pour représenter une force sur un schéma, on utilise un segment fléché. Le corps étudié est représenté par un point.
En mathématiques, ce segment fléché est la représentation d'un **vecteur**, appelé vecteur force.

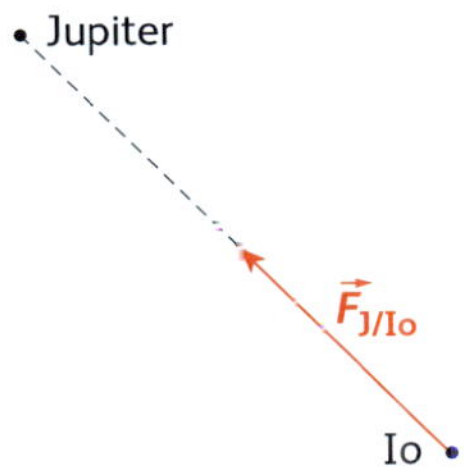

5 minutes CHRONO!

MANUEL NUMÉRIQUE — EXERCICES INTERACTIFS

1 Mots manquants

Compléter avec un ou plusieurs mots.

a. Le .... est le .... pris comme référence pour étudier le mouvement du corps.

b. La .... d'un point est la ligne que décrit ce point au cours de son mouvement.

c. La vitesse moyenne est le quotient de la .... parcourue par la .... du trajet.

d. .... et .... dépendent du référentiel choisi.

e. Il y a .... entre deux corps si le .... de l'un dépend de la présence de l'autre et réciproquement.

f. Pour faire l'inventaire des interactions qui s'exercent sur un corps, on utilise un ....

g. Une action mécanique est modélisée par une .... qui a pour caractéristiques une ...., un .... et une .... exprimée en newton.

2 QCM

Cocher la réponse exacte.

a. Dans le référentiel géocentrique :
- ☐ la Terre est immobile
- ☐ le Soleil est immobile
- ☐ les étoiles sont immobiles

b. Pour étudier le mouvement de la Lune autour de la Terre, il faut utiliser :
- ☐ le référentiel terrestre
- ☐ le référentiel géocentrique
- ☐ le référentiel héliocentrique

c. Le Soleil, la Terre et la Lune sont représentés ci-contre.
Dans quel référentiel sont représentées les deux trajectoires visibles ?

- ☐ Le référentiel terrestre
- ☐ Le référentiel géocentrique
- ☐ Le référentiel héliocentrique

d. Dans un diagramme objets-interactions, les doubles flèches représentent :
- ☐ les forces exercées par le corps sur les objets qui l'entourent
- ☐ les forces exercées par les objets sur le corps
- ☐ les interactions entre le corps et les objets qui l'entourent

e. Quand deux objets de tailles et de masses très différentes sont en interaction :
- ☐ seul le petit exerce une force sur le gros
- ☐ seul le gros exerce une force sur le petit
- ☐ ils exercent chacun une force l'un sur l'autre

→ Reportez-vous aux solutions détaillées page 334 pour vérifier vos réponses et comprendre vos erreurs.

MOBILISER SES CONNAISSANCES

▶ Relativité du mouvement [§1 du cours]

3 Titan

a. Titan est le plus gros satellite de Saturne. Dans quel référentiel décrit-il un mouvement pratiquement circulaire ?

b. Définir ce référentiel.

4 L'Univers selon Thalès

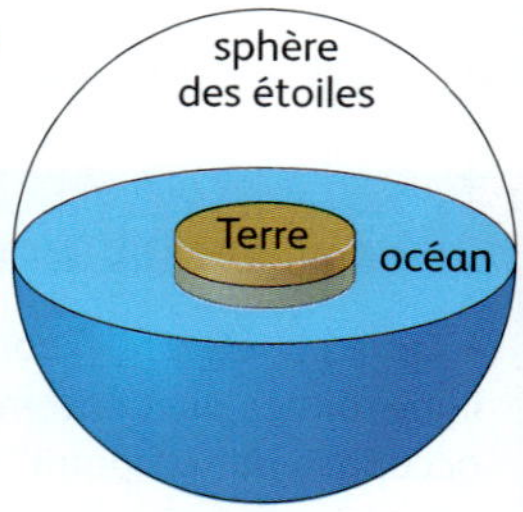

Au VIᵉ siècle avant J.-C., Thalès, mathématicien et astronome grec, pense que la Terre est immobile et flotte sur l'eau. Les étoiles sont fixées sur une sphère rigide qui tourne autour de la Terre en 24 h.

Dans quel référentiel Thalès décrit-il le mouvement des étoiles ?

5 Vitesse d'un point de l'équateur

Dans le référentiel géocentrique, la Terre tourne autour de l'axe polaire en 24 h environ.

a. Quel est le mouvement d'un point *E* de l'équateur dans ce référentiel ?

b. Définir la vitesse moyenne de ce point *E* dans le référentiel géocentrique.

c. Quelle est la vitesse de ce point *E* dans le référentiel terrestre ?

d. Le référentiel choisi a-t-il une influence sur la valeur de la vitesse ?

▶ Les forces [§2 du cours]

6 Représenter un vecteur

Lorsqu'un astronaute travaille dans l'espace à la construction de la station spatiale internationale (ISS), il n'est soumis qu'à l'attraction gravitationnelle de la Terre. À 400 km d'altitude, la Terre exerce, sur un astronaute de masse $m = 100$ kg (équipement compris), une force de valeur $F = 8{,}6 \times 10^2$ N. Sur un schéma, modéliser l'astronaute par un point puis représenter la force par un vecteur à l'échelle 1 cm pour $2{,}0 \times 10^2$ N.

7 Raisonner avec des vecteurs

Les vecteurs forces ci-dessous sont représentés à l'échelle 1 cm pour 10 N.

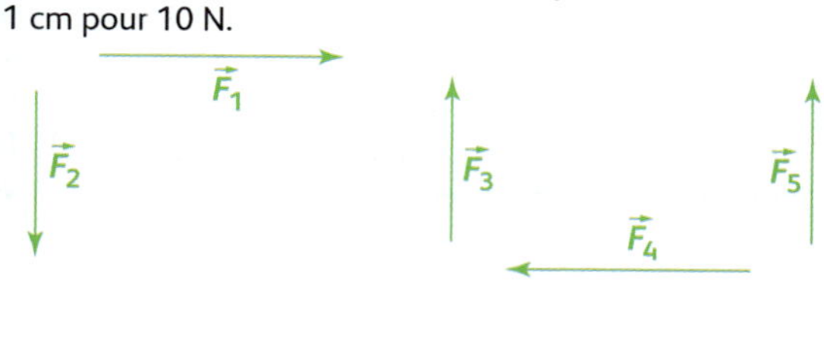

a. Indiquer les caractéristiques de chacun des vecteurs.

b. Y a-t-il des vecteurs égaux ? Justifier.

8 Assistance gravitationnelle

Quand une sonde voyage dans le système solaire, elle n'est soumise qu'à l'attraction gravitationnelle du Soleil, sauf lorsqu'elle passe à proximité d'une planète.

a. Construire un diagramme objets-interactions dans les deux situations décrites.

b. Expliquer pourquoi le mouvement de la sonde est modifié à proximité d'une planète.

UTILISER SES COMPÉTENCES

9 Représenter un vecteur force

Pour monter dans la navette spatiale, les astronautes utilisent un ascenseur. Pendant la montée, le plancher de l'ascenseur exerce sur l'astronaute une force verticale, dirigée vers le haut, de valeur $F = 900$ N.

Représenter cette force sur un schéma où l'astronaute sera modélisé par un point.

Échelle de représentation : 1 cm pour 200 N.

10 Utiliser une échelle

Dans cet exercice, on utilise l'échelle 1 cm pour 5 N.

a. Donner les caractéristiques du vecteur force représenté ci-contre.

b. Représenter le vecteur force dont les caractéristiques sont :

– direction : horizontale ;

– sens : vers la gauche ;

– valeur : 17,5 N.

c. Représenter un vecteur force opposé au précédent.

11 Utiliser les unités du système international

Dans le référentiel géocentrique, la Lune tourne autour de la Terre à une distance moyenne de $3{,}84 \times 10^5$ km. Elle effectue un tour complet en 27 j 7 h 43 min.

a. Exprimer la distance et la durée dans les unités SI.

b. Calculer, en $\text{m} \cdot \text{s}^{-1}$, la vitesse moyenne de la Lune dans ce référentiel.

12 Prendre en compte les chiffres significatifs

Partie le 5 septembre 1977, la sonde Voyager 1 a survolé Saturne en 1981. En 2006, les messages radio qu'elle envoyait vers la Terre mettaient environ 13 h 50 min pour nous parvenir.

a. Convertir cette durée en unité SI.

b. À quelle distance de la Terre se trouvait la sonde Voyager 1 ?

Donnée : les ondes radio se propagent à la même vitesse que la lumière, $c = 3{,}0 \times 10^8 \text{ m} \cdot \text{s}^{-1}$.

13 Calculer avec les puissances de 10

Actuellement, la sonde Voyager 1 est « l'objet humain » le plus éloigné de la Terre. Le 17 avril 2010, elle se trouvait à 112,38 ua de la Terre.

En utilisant les données du rabat I de la couverture, convertir cette distance en km.

14 Déterminer et utiliser une échelle

Le vecteur force a une valeur $F_1 = 9$ N.

a. Quelle est l'échelle utilisée pour représenter ces forces ?

b. Quelle est la valeur de la force $\vec{F_2}$?

15 Calculer avec les puissances de 10

L'énergie cinétique d'un corps de masse m animé d'une vitesse v est donnée par la relation : $E_c = \frac{1}{2} mv^2$.

Calculer l'énergie cinétique de la Terre sur son orbite.

Données : masse de la Terre, $m = 6{,}0 \times 10^{24}$ kg ; vitesse de la Terre sur son orbite, $v = 3{,}0 \times 10^4 \text{ m} \cdot \text{s}^{-1}$.

16 Assistance gravitationnelle

Si la vitesse de la sonde est modifiée par assistance gravitationnelle, pensez-vous que la vitesse de la planète qui a créé cette assistance soit aussi modifiée ?

17 Apprendre à rédiger

Voici l'énoncé d'un exercice et un guide (en orange) ; ce guide vous aide pour rédiger la solution détaillée et pour retrouver les réponses numériques aux questions posées.

Énoncé

La Terre se déplace à la vitesse moyenne de $29{,}9 \text{ km} \cdot \text{s}^{-1}$ par rapport au Soleil.

a. Dans quel référentiel cette vitesse est-elle mesurée ?

- **Faire une phrase complète en reprenant les mots de l'énoncé « par rapport au Soleil » pour justifier la réponse.**

b. Quelle est la distance parcourue par la Terre en un an dans ce référentiel ?

Données : 1 an = 365,25 j ; 1 j = 86 400 s.

- **Faire une courte phrase de présentation.**
- **Écrire la formule littérale utilisée.**
- **Convertir la durée en seconde, puis effectuer le calcul.**
- **Donner la réponse ($9{,}44 \times 10^8$ km) avec le bon nombre de chiffres significatifs.**

c. En admettant que la trajectoire de la Terre est circulaire, en déduire la distance qui sépare la Terre du Soleil.

- **Adopter une démarche analogue à celle du b. pour trouver $1{,}50 \times 10^8$ km.**

d. Ce résultat est-il conforme à celui donné sur le rabat I de la couverture ?

- **Ne pas se contenter de répondre par oui ou par non.**
- **Comparer les valeurs numériques en les écrivant avec le même nombre de chiffres significatifs.**

EXERCICE RÉSOLU

Énoncé **Mouvement de Vénus**

Dans le référentiel héliocentrique, Vénus décrit une trajectoire circulaire à vitesse constante autour du Soleil.

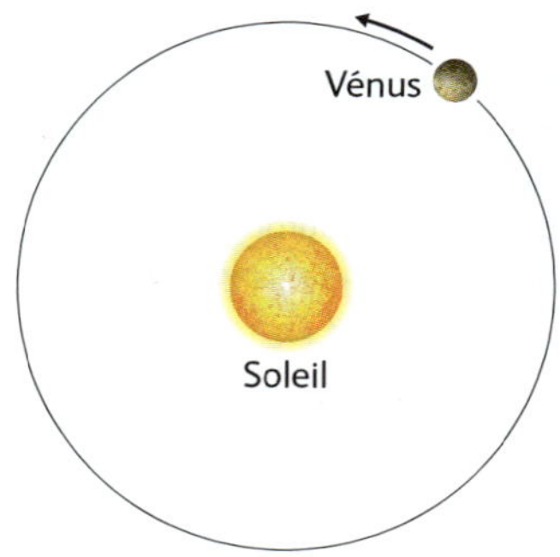

1 On peut, par analogie avec le référentiel héliocentrique ou géocentrique, définir le référentiel « vénusocentrique ». Définir ce référentiel.

2 Quel est le mouvement du Soleil dans ce référentiel ?

3 Dessiner le diagramme objets-interactions pour la planète Vénus. On admet que les interactions entre Vénus et les autres planètes du système solaire sont négligeables.

4 Représenter sur un schéma le vecteur force $\vec{F}$ modélisant l'action exercée par le Soleil sur Vénus avec l'échelle suivante : 1 cm représente $2{,}0 \times 10^{22}$ N.

Donnée : la force exercée par le Soleil sur Vénus a une valeur constante :

$$F = 5{,}6 \times 10^{22}\ \text{N}.$$

5 Le vecteur force représentant la force exercée par le Soleil sur Vénus est-il constant au cours du mouvement de la planète ?

6 Si l'interaction Terre-Vénus n'était pas négligeable, le mouvement de Vénus autour du Soleil serait-il toujours circulaire uniforme ?

Une solution

1 Le référentiel « vénusocentrique » peut se définir comme le référentiel géocentrique : il est formé par le centre de la planète Vénus et des étoiles lointaines considérées comme fixes.

2 Dans le référentiel vénusocentrique, le centre de Vénus est immobile. Le Soleil tourne autour d'un mouvement circulaire uniforme.

3 Si les interactions Vénus-planètes sont négligeables, Vénus n'est en interaction qu'avec le Soleil.

On peut donc représenter le diagramme objets-interactions par le schéma ci-contre.

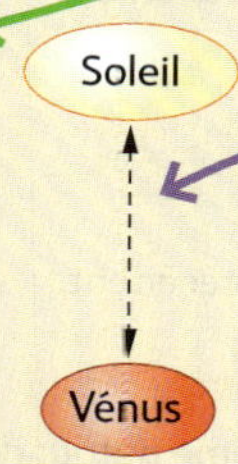

4 Calculons la longueur du segment fléché qui représente le vecteur force sur le schéma.

Grandeur réelle	Grandeur réduite sur le schéma
$2{,}0 \times 10^{22}$ N	1 cm
$5{,}6 \times 10^{22}$ N	$x = ?$

A.N. : $x = \dfrac{5{,}6 \times 10^{22}}{2{,}0 \times 10^{22}} = 2{,}8$ cm.

Représentons ce vecteur sur un schéma.

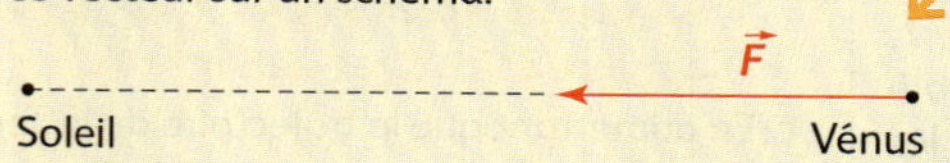

5 Le vecteur force n'est pas constant car au moins une de ses caractéristiques change au cours du mouvement : sa direction.

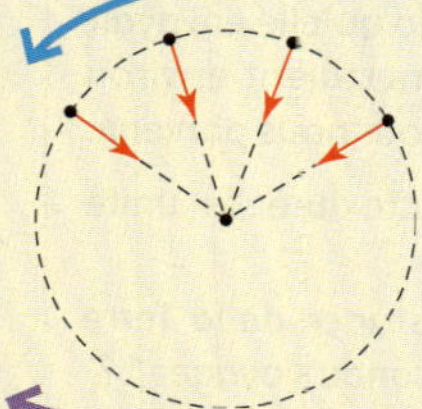

6 Si l'interaction Terre-Vénus n'est pas négligeable, la Terre exerce une force sur Vénus d'autant plus grande que les deux planètes sont proches. Cette force modifie le mouvement de Vénus qui n'est donc plus circulaire uniforme.

Rédiger

Les deux premières questions ne demandent pas de calculs. Il faut rédiger les réponses en faisant des phrases claires.

Connaissances

L'interaction Terre-Vénus est une interaction à distance. La double flèche du diagramme est donc représentée en pointillés.

Schématiser

Le vecteur force est un modèle. Pour le représenter sur un schéma, on modélise le Soleil et Vénus par des points.

Raisonner

Un vecteur possède trois caractéristiques : une direction, un sens et une valeur. Sont-elles toutes les trois constantes ?

Connaissances

Définition d'une action mécanique : action capable de modifier le mouvement d'un objet.

18 Satellite géostationnaire

Le satellite Météosat est un satellite géostationnaire. Il tourne autour de la Terre dans le plan de l'équateur à une altitude de $3{,}60 \times 10^4$ km. À cette altitude, sa vitesse lui permet de rester à la verticale d'un même point *E* de l'équateur.

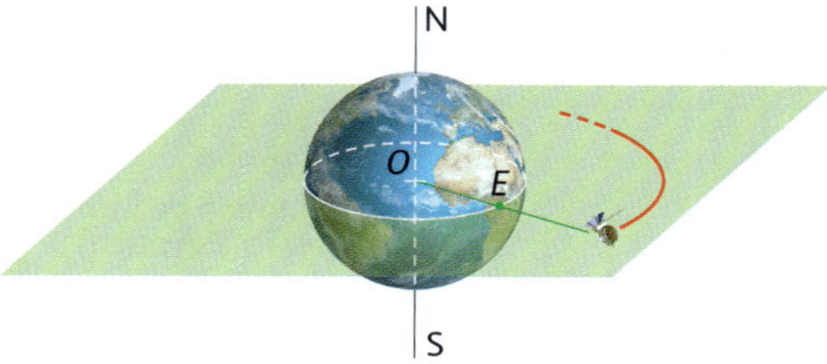

a. Quel est le mouvement du satellite dans le référentiel terrestre ?

b. Quelle trajectoire décrit-il dans le référentiel géocentrique ?

19 ✶✶ Référentiel lunaire

La période de révolution de la Lune autour de la Terre et sa période de rotation sur elle-même ont exactement la même durée, ce qui fait que la Lune présente toujours la même face à la Terre.

a. Quel est le mouvement du centre de la Terre dans le référentiel lié à la Lune ?

b. Quel est le mouvement d'un point de l'équateur terrestre dans ce référentiel ?

20 Mouvement d'un point à la surface de la terre

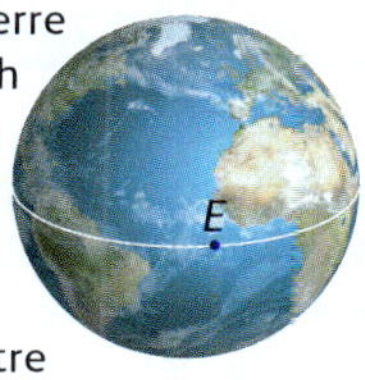

Dans le référentiel géocentrique, la Terre tourne autour de l'axe polaire en 24 h environ. *E* est un point de l'équateur.

a. Calculer la valeur de la vitesse moyenne de ce point sachant que la Terre a une circonférence de $4{,}0 \times 10^4$ km.

b. Un point de la Terre situé à un autre endroit tourne-t-il plus vite ou moins vite qu'à l'équateur ?

c. Quels sont les deux points de la surface de la Terre immobiles dans le référentiel géocentrique ?

21 Jour sidéral et jour solaire

Dans le référentiel héliocentrique, la Terre tourne autour du Soleil en un an et sur elle-même en 23 h 56 min.

Sur le schéma ci-dessous, le trait rouge représenté sur la Terre correspond à la position d'un observateur. À l'instant *t*, il est midi pour cet observateur.

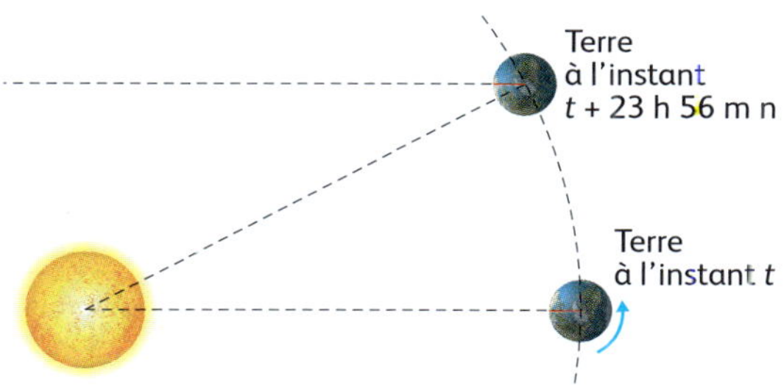

Au bout de 23 h 56 min, la Terre s'est déplacée autour du Soleil et a tourné sur elle-même.

a. Justifier la position du trait rouge sur le schéma de la Terre à l'instant $t + 23$ h 56 min.

b. Est-il midi, avant midi ou après midi pour l'observateur ? Justifier.

c. À l'aide de ce schéma, expliquer pourquoi, en moyenne, 24 h séparent deux midis consécutifs alors que la Terre ne met que 23 h 56 min pour faire un tour complet sur elle-même (période appelée jour sidéral).

22 ✶✶ Mouvements de Mars

Le schéma **a** ci-contre représente les trajectoires de Mars et de la Terre dans le référentiel héliocentrique.

On admet que, dans ce référentiel, la Terre et Mars ont des mouvements circulaires uniformes avec des vitesses différentes : la Terre, plus proche du Soleil, décrit la moitié de sa trajectoire quand Mars ne décrit qu'un peu plus d'un quart de la sienne.

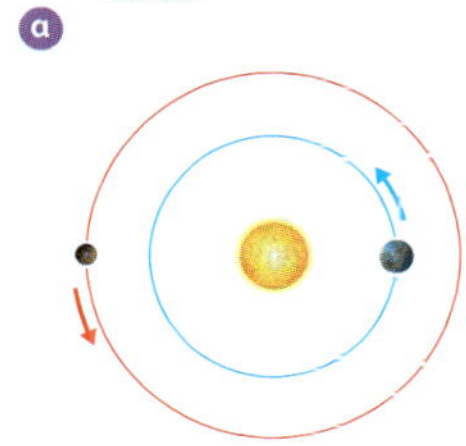

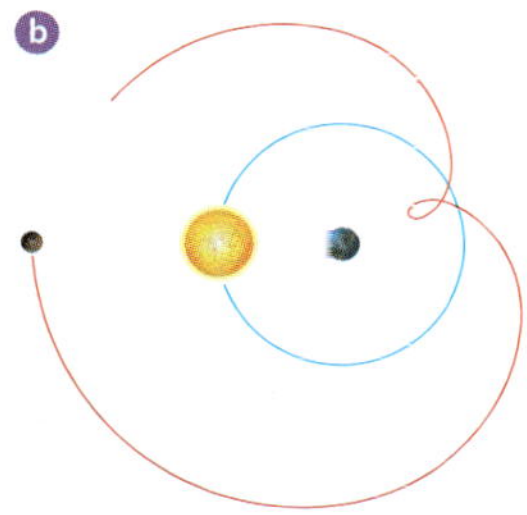

1. Dans le référentiel héliocentrique, les distances entre les corps célestes suivants sont-elles constantes : Mars-Soleil ; Terre-Soleil ; Mars-Terre ? Justifier.

2. On se place maintenant dans le référentiel géocentrique (**b**). Dans ce référentiel, les réponses aux questions précédentes restent vraies.

a. À l'aide d'un compas, retrouver la position de Mars lorsque le Soleil a tourné d'un demi-tour autour de la Terre.

b. Dans ce référentiel, les trajectoires du Soleil et de Mars se coupent en deux endroits. Peut-il y avoir collision entre Mars et le Soleil ? Justifier.

c. Où se situe le Soleil lorsque Mars est au point de sa trajectoire le plus proche de la Terre ?

23 Forces exercées sur la Lune

a. À partir d'un diagramme objets-interactions, dresser l'inventaire des forces qui s'exercent sur la Lune. On négligera les interactions de la Lune avec les planètes autres que la Terre.

b. La valeur de la force exercée par le Soleil sur la Lune est environ 2,2 fois plus grande que la valeur de la force exercée par la Terre sur la Lune.

Sur un schéma où la Lune sera modélisée par un point, représenter les forces exercées par la Terre et le Soleil dans les trois cas suivants : à la pleine Lune ; au premier quartier ; à la nouvelle Lune.

Échelle : la force exercée par la Terre sur la Lune sera représentée par un segment fléché de 2,0 cm de longueur.

Aide. Au premier quartier, les directions Lune-Terre et Lune-Soleil font un angle droit.

Culture scientifique et citoyenne

Exercer son esprit critique

On sait depuis Copernic (1543) que les planètes tournent autour du Soleil, Mercure et Vénus étant les deux plus proches. Cinq siècles avant notre ère, les Grecs et les Égyptiens avaient une autre représentation de l'Univers : l'observation du ciel, sans instrument, les avait conduits à placer la Terre, immobile, au centre.

?! **Pourquoi peut-on affirmer que les Égyptiens étaient meilleurs observateurs que les Grecs ?**

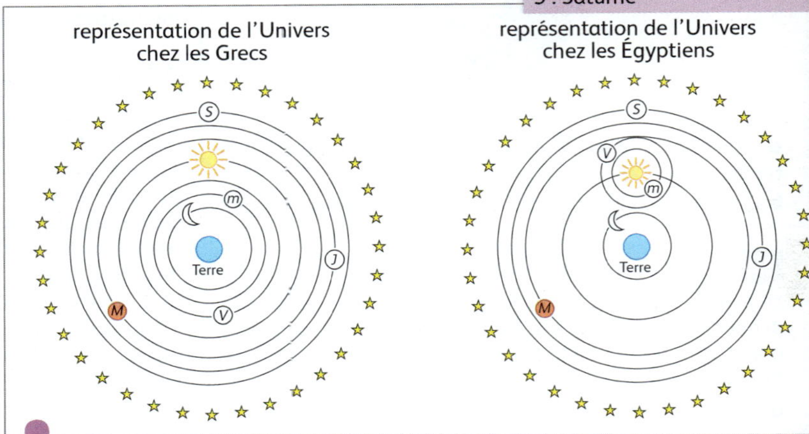

Représentation de l'Univers chez les Grecs et les Égyptiens.

PHYSIQUE & ASTRONOMIE Les « étoiles invitées »

La nébuleuse du crabe, reste de la supernova de 1054.

Jusqu'à la fin du Moyen Âge, l'**astronomie chinoise** était très en avance sur l'astronomie occidentale par la qualité et le nombre des observations consignées. Les Chinois notaient en particulier les **« étoiles invitées »**, c'est-à-dire l'apparition temporaire d'un astre nouveau dans le ciel. Ce recensement des étoiles invitées avait un caractère essentiellement divinatoire à l'époque, mais il joue un grand rôle actuellement dans la connaissance de l'Univers.

- L'une des plus célèbres étoiles invitées fut celle qui apparut au matin du 4 juillet 1054 et resta visible dans le ciel pendant presque deux ans. Cette étoile invitée correspond à l'explosion d'une étoile massive, phénomène appelé **supernova**. À la place de cette étoile se trouve maintenant la **nébuleuse du crabe**, vaste nuage de matière expulsé de l'étoile lors de l'explosion et en expansion depuis.
- La connaissance précise de la date de l'explosion notée par les astronomes chinois et la mesure de la taille actuelle du nuage permettent de déterminer la vitesse à laquelle la matière a été expulsée de l'étoile, et renseignent sur le mécanisme de l'explosion.

Sur le Web http://olympus.umh.ac.be/articles/31/supernova1054.pdf

Un métier : astronome

BAC +5 à BAC +8

Technicien effectuant un test sur le télescope Herschel.

L'**astronome** professionnel observe le ciel la nuit… mais aussi en plein jour, sur l'écran d'un ordinateur, en utilisant des images transmises par un télescope situé à l'autre bout du monde ou dans l'espace (Hubble). Il dispose également d'autres sources de renseignements fournies par les différentes **missions spatiales** (Cassini, Galliléo, Rosetta, etc.).

- L'astronome est aussi un **chercheur**. Le métier d'astronome n'est pas figé. Il peut prendre des formes différentes selon la nature des recherches entreprises. Ce métier passionnant fournit malheureusement peu de débouchés : 5 à 10 astronomes seulement sont recrutés chaque année en France.
- Heureusement, **il existe d'autres métiers liés à l'astronomie** (ingénieur en optique, technicien, animateur de planétarium, journaliste scientifique…), qui permettent de vivre de sa passion sans faire nécessairement 8 années d'études.

Sur le Web http://www.obs.u-bordeaux1.fr/metiersastronomie.html
http://www.lesmetiers.net

Histoire des Sciences — Les artilleurs, moteur des sciences ?

Au cours de l'Histoire, la notion de force doit beaucoup… aux artilleurs, mais la présence de l'air perturbe les explications.

- Pour **Aristote** (IVe siècle av. J.-C.), l'action (la force) accompagne le mouvement. Mais comment imaginer une action qui continue à agir sur l'objet quand il n'est plus en contact avec la main du lanceur ? L'air « derrière l'objet » pousserait l'objet plus que l'air devant ne le freinerait ?
- Au cours des siècles suivants, on imagine la notion d'*impetus* : le lanceur donne à l'objet l'***impetus*** qui, selon les circonstances extérieures, « s'affaiblit plus ou moins rapidement » au cours du mouvement. Pour répondre aux demandes des artilleurs, **Tartaglia**, au XVIe siècle, utilise encore l'***impetus*** : ses trajectoires ressemblent étrangement à la réalité… mais à cause des frottements de l'air sur le boulet de canon.
- C'est **Newton** (1643-1727) qui introduit la notion de force, absente du discours de Galilée. Il énonce la loi de gravitation universelle, les lois de mécanique qui portent son nom… mais ceci est une autre histoire !

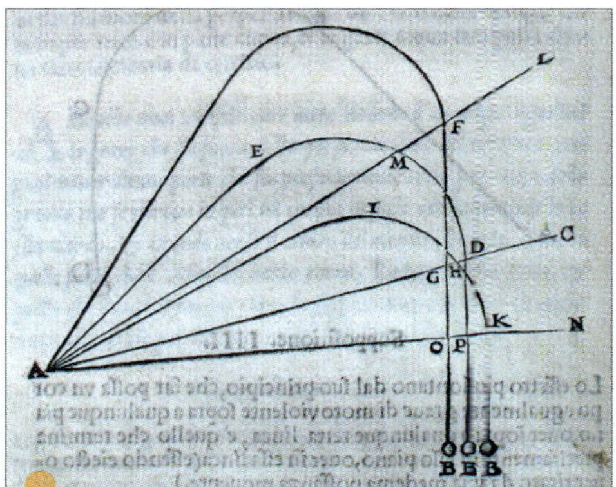

Selon Tartaglia, l'*impetus* donne au projectile une trajectoire rectiligne puis, quand l'*impetus* est très affaibli, le projectile tombe verticalement !

Sur le Web http://www.astrosurf.com/luxorion/relativite-cadre-historique2.htm

Chapitre 14

La gravitation universelle

Vu au collège

- La gravitation est une interaction attractive entre deux objets qui ont une masse.
- Le poids et la masse d'un objet sont deux grandeurs proportionnelles : $P = m\,g$

Connaissances & Compétences

- Connaître les caractéristiques de la force d'attraction gravitationnelle et savoir calculer sa valeur.
- Savoir que la pesanteur terrestre résulte de l'attraction terrestre.
- Savoir comparer le poids d'un même corps sur la Terre et sur la Lune.
- Savoir analyser des documents scientifiques portant sur l'observation du système solaire.

Mission de maintenance du télescope Hubble.

?

La gravitation universelle intervient-elle dans les mouvements des astronautes ?

La comète West (en 1976).

Pourquoi lance-t-on des sondes spatiales vers des comètes du système solaire ?

L'astronaute Edwin E. Aldrin sur la Lune, en 1969.

Pourquoi cet astronaute se déplace-t-il facilement sur la Lune, malgré sa combinaison et le matériel qu'il transporte ?

Découvrir et réfléchir

Activité à la maison

ACTIVITÉ DOCUMENTAIRE

MANUEL NUMÉRIQUE

1 Newton et la gravitation

▶ **Étudions l'interprétation que donne Newton du mouvement de la Lune autour de la Terre et la place de sa théorie dans l'histoire de l'astronomie.**

Un projectile ne retomberait point vers la Terre, s'il n'était point animé par la force de la gravité, mais il s'en irait en ligne droite dans les cieux avec un mouvement uniforme, si la résistance de l'air était nulle. C'est donc par sa gravité qu'il est retiré de la ligne droite, et qu'il infléchit sans cesse vers la Terre. […]

Or par la même raison qu'un projectile pourrait tourner autour de la Terre par la force de la gravité, il se peut faire que la Lune par la force de sa gravité (supposé qu'elle gravite) ou en quelque autre force qui la porte vers la Terre soit détournée à tout moment de la ligne droite pour s'approcher de la Terre et qu'elle soit contrainte à circuler dans une courbe, et sans une telle force, la Lune ne pourrait être tenue sur son orbite.

Isaac NEWTON, *Principes mathématiques de la philosophie naturelle*, 1759.
Reprint par les Éditions Jacques Gabay, Paris, 1990.
Extrait : tome I, Définitions, page 4.

1 *Le mouvement de la Lune par Newton.*

2 *Système solaire imaginé par Ptolémée.*

1 Comprendre le texte

a. Relever les deux conditions qu'indique Newton pour qu'un projectile se déplace « en ligne droite dans les cieux avec un mouvement uniforme ».

b. Ces conditions sont-elles remplies pour un ballon lancé en l'air ?

c. Pour interpréter le mouvement de la Lune autour de la Terre, Newton fait l'hypothèse qu'une force s'exerce sur la Lune. En utilisant le **texte 1**, répondre aux questions suivantes.
– Quel serait le mouvement de la Lune si elle n'était pas soumise à cette force ?
– Quel est l'effet de cette force sur le mouvement de la Lune ?

2 Interpréter

a. Comment désigne-t-on actuellement ce que Newton nomme, pour le projectile, « la force de la gravité » ? De quelle interaction cette force résulte-t-elle ? Quel est son effet sur le mouvement du projectile ?

b. Comment nomme-t-on cette force lorsqu'on étudie le mouvement de la Lune autour de la Terre ?

3 Étudier l'évolution des idées en astronomie

L'étude du ciel et la place de la Terre (et de la Lune) dans le cosmos préoccupent les savants depuis l'Antiquité. De Ptolémée à Newton, des savants comme Copernic, Tycho Brahé, Galilée, Kepler ont participé à l'évolution des idées et des représentations en astronomie.

En recherchant des documents (textes, vidéos) sur Internet (par exemple, sur la page web www.astrofiles.net/biographies), répondre aux questions suivantes.

a. Placer, sur une frise chronologique, les périodes durant lesquelles ces six savants ont vécu.

b. Dans quels pays ces savants vivaient-ils ?

c. Décrire le système solaire selon Ptolémée **(document 2)**, puis selon Copernic.

d. Quels sont les travaux menés en astronomie par Tycho Brahé ? par Kepler ? par Galilée ?

e. Quel est l'apport de Newton à l'étude de l'astronomie ?

Vocabulaire

Cieux : espace infini dans lequel se déplacent les astres.

SIMULATION

MANUEL NUMÉRIQUE

2 Observer la Terre depuis un satellite

▶ **Cherchons comment un satellite permet d'obtenir des documents scientifiques pour étudier la Terre.**

Les satellites NOAA *(National Oceanic and Atmospheric Administration)* sont des satellites météorologiques américains.

Ils tournent autour de la Terre sur une orbite basse, pratiquement circulaire et quasi polaire, à une altitude voisine de 850 km. Leur période de révolution est de l'ordre de 100 minutes.

Plusieurs de ces satellites NOAA tournent ainsi autour de la Terre, mais sur des orbites décalées : on obtient donc plusieurs fois par jour des images d'une même zone géographique. Ces satellites fournissent des données aux centres météorologiques qui les exploitent pour les prévisions météorologiques.

3 *Satellites météorologiques américains NOAA.*

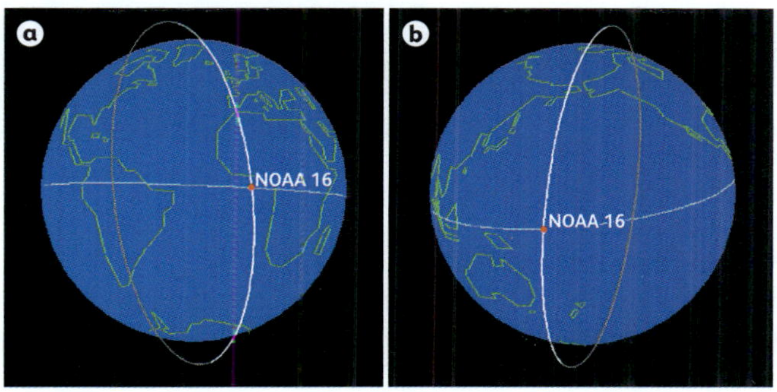

4 *Passage du satellite à défilement NOAA16 à l'équateur. Orbite en « montant » vers le nord (a sens Sud-Nord) ou en « descendant » vers le sud, de l'autre côté de la Terre (b sens Nord-Sud).*

Vocabulaire

Le satellite est dit à défilement car sa position varie aux yeux d'un observateur terrestre.

1 Faire une prévision

a. Dessiner sur une carte du monde la trace de la projection orthogonale du satellite sur le sol, pour une révolution du satellite, entre les deux passages à l'équateur du continent africain.

b. Un satellite NOAA survole-t-il les mêmes régions de la Terre quelle que soit son orbite ? Si non, comment sont situées les unes par rapport aux autres les régions survolées lors de deux orbites successives ?

c. Donner l'allure de la trace du satellite sur le sol au cours de la révolution suivante.

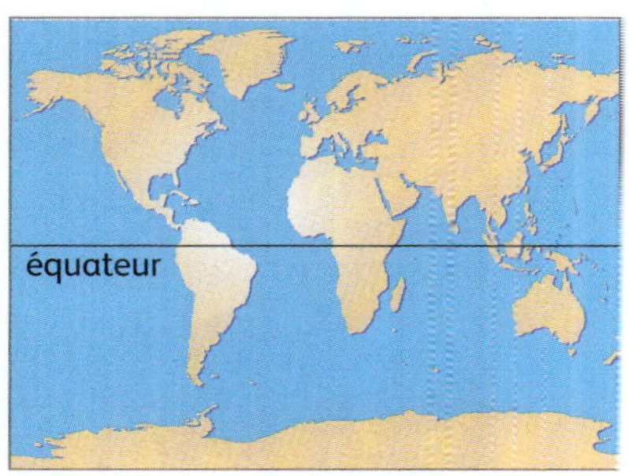

5 *Exemple de carte du monde.*

2 Exercer son esprit critique

a. En utilisant le logiciel Solstice, simuler la trajectoire du satellite NOAA 16.

b. Comparer votre prévision avec le résultat de la simulation et analyser les écarts éventuels.

TICE

Ce logiciel peut être téléchargé sur le site http://www.educnet.education.fr/orbito/orb/logiciel/logi11.htm

3 Atteindre et étudier Titan

▶ **Étudions dans un premier temps comment la sonde spatiale Cassini-Huygens a pu atteindre Saturne. En utilisant les données recueillies sur Titan, comparons ensuite des caractéristiques de la Terre et de Titan.**

Connaître Titan, l'un des satellites de Saturne, intéresse particulièrement les scientifiques. En effet, comme l'explique François Raulin, l'un des responsables de la mission Huygens : « les molécules qui se forment actuellement dans son atmosphère sont peut-être apparues sur la Terre primitive ».

Entre octobre 1997, date de son lancement, et juillet 2004, date de son arrivée près de Saturne, la sonde Cassini-Huygens a fait un long parcours d'environ 3,5 milliards de kilomètres dans le système solaire.

Elle a survolé Vénus par deux fois, puis après avoir réalisé deux tours du Soleil, elle a survolé la Terre et enfin Jupiter avant d'arriver près de Saturne.

Chaque survol de planète a modifié la vitesse et la trajectoire de la sonde. Les moteurs n'ont été utilisés que pendant de très courtes durées, uniquement pour ajuster la trajectoire.

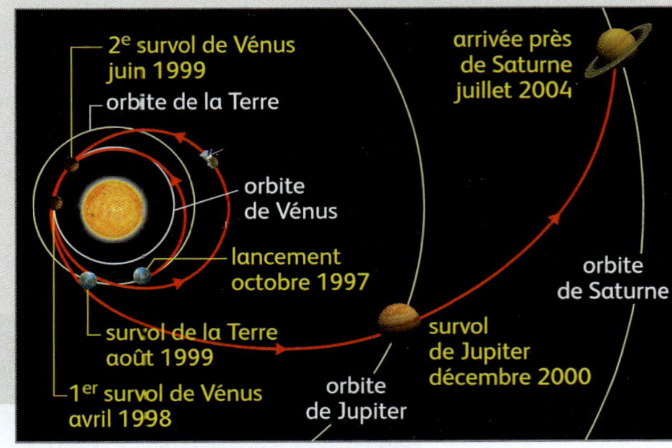

6 *Le voyage interplanétaire de la sonde Cassini-Huygens.*

1 Interpréter les données du document

a. Préciser l'interaction qui provoque les modifications de trajectoire programmées lors du survol des planètes.

b. Pourquoi cette interaction ne se manifeste-t-elle que lors du survol rapproché de la planète ?

c. Pourquoi n'a-t-on pas utilisé les moteurs de la sonde pour suivre une trajectoire plus directe que celle qui survole les planètes ?

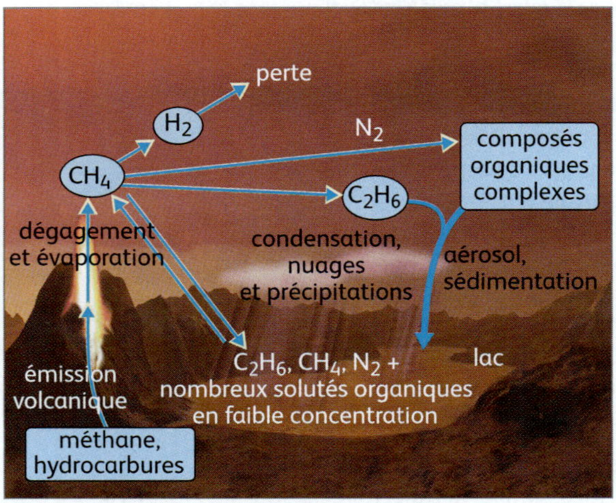

7 *Hypothèses sur le cycle du méthane sur Titan.*

2 Rechercher et analyser des données sur Titan

Utiliser des documents scientifiques (Internet, revue d'actualité sur l'astronomie…) pour répondre aux questions.

a. Construire une carte d'identité comparée entre Titan et la Terre (masse, diamètre, intensité de la pesanteur à la surface, rayon de l'orbite…).

b. Rechercher les données actuelles concernant la composition des étendues liquides de Titan et la composition de son atmosphère.

c. Dans la revue *Nature*, des chercheurs proposent une hypothèse : il existe un cycle du méthane sur Titan **(document 7)**.

Quel composé joue ce rôle sur la Terre ? Analyser les différences et les similitudes.

Cours

1 Gravitation universelle

1.1 Interaction gravitationnelle

- En 1687, Newton décrit dans l'une de ses œuvres majeures, *Les Principes mathématiques de la philosophie naturelle*, les mouvements des planètes et satellites : il affirme que tous les corps s'attirent mutuellement et parle d'**interaction gravitationnelle**.
- Ainsi, la Terre et la Lune sont en interaction gravitationnelle et s'attirent mutuellement, comme le Soleil et ses planètes, et comme Jupiter et ses satellites.
- L'interaction gravitationnelle entre deux corps peut être modélisée dans un diagramme objets-interactions **(figure 8)**.

Isaac Newton

Un théoricien génial

Isaac Newton (1642 - 1727), mathématicien, physicien, astronome, philosophe anglais, est célèbre notamment pour ses travaux sur la lumière et la gravitation universelle.

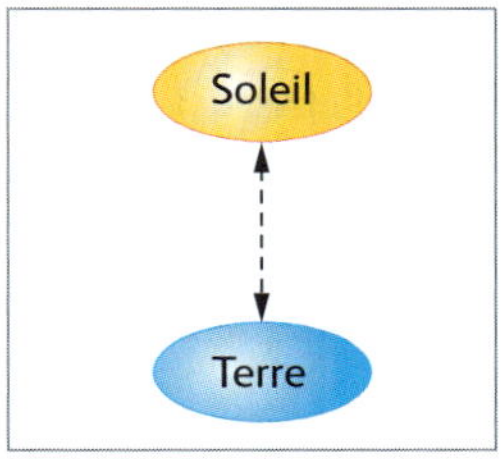

8 *Diagramme objets-interactions de la Terre et du Soleil.*

1.2 Loi de l'attraction gravitationnelle

- Newton énonce la loi de l'attraction gravitationnelle entre deux corps ponctuels, c'est-à-dire des corps dont les dimensions sont petites par rapport à la distance qui les sépare.

L'interaction gravitationnelle entre deux corps ponctuels A et B, de masses respectives m_A et m_B, séparés d'une distance d, est modélisée par des forces d'attraction gravitationnelle $\vec{F}_{A/B}$ et $\vec{F}_{B/A}$ dont les caractéristiques sont les suivantes :
- direction : la direction de la droite AB ;
- sens : vers le centre attracteur, A pour $\vec{F}_{A/B}$ et B pour $\vec{F}_{B/A}$;
- valeur :

$$F_{A/B} = F_{B/A} = G\frac{m_A m_B}{d^2}$$

m_A et m_B en kilogramme (kg)
d en mètre (m)
$F_{A/B}$ et $F_{B/A}$ en newton (N)

$G = 6{,}67 \times 10^{-11}\ \text{N}\cdot\text{m}^2\cdot\text{kg}^{-2}$ est la **constante de gravitation**.

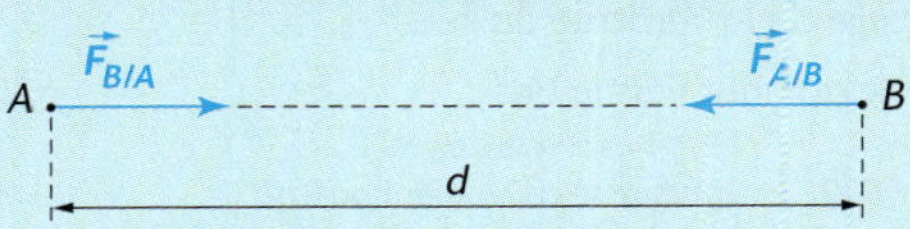

$\vec{F}_{A/B}$ représente la force d'attraction gravitationnelle exercée par le corps A sur le corps B.
$\vec{F}_{B/A}$ représente la force d'attraction gravitationnelle exercée par le corps B sur le corps A.

- Les vecteurs force $\vec{F}_{A/B}$ et $\vec{F}_{B/A}$, représentant les deux forces d'attraction gravitationnelle s'exerçant entre les corps A et B, ont même droite support, même longueur et sont de sens opposés.

9 *Newton et sa célèbre pomme, illustrés par Gotlib dans le tome 2 de la série* Rubrique-à-brac.

10 *La Terre est un corps à répartition sphérique de masse.*

1.3 Généralisation : application aux astres

- **Un corps à répartition sphérique de masse** est un corps homogène, c'est-à-dire un corps dont la matière est répartie uniformément ou un corps formé de couches concentriques homogènes de matière **(figure 10)**.

La loi de l'attraction gravitationnelle se généralise à des corps à répartition sphérique de masse.

- On considère que la plupart des astres peuvent être assimilés à des corps à répartition sphérique de masse. Aussi **la loi de l'attraction gravitationnelle peut s'appliquer aux astres.**

APPLICATION Calculer la valeur de la force d'attraction gravitationnelle exercée par la Terre sur la Lune **(figure 11)**.

Données : $M_T = 5{,}97 \times 10^{24}$ kg ; $M_L = 7{,}35 \times 10^{22}$ kg ; distance moyenne entre les centres de la Terre et de la Lune, $d = 3{,}83 \times 10^5$ km.

Réponse. Considérant la Terre et la Lune comme des corps à répartition sphérique de masse, on applique la loi de l'attraction gravitationnelle :

$$F_{\text{Terre/Lune}} = G\,\frac{M_T M_L}{d^2}.$$

A.N. : $F_{\text{Terre/Lune}} = 6{,}67 \times 10^{-11} \times \dfrac{5{,}97 \times 10^{24} \times 7{,}35 \times 10^{22}}{(3{,}83 \times 10^8)^2}$.

$F_{\text{Terre/Lune}} = 2{,}00 \times 10^{20}$ N.

Éviter des erreurs

- Ne pas oublier d'utiliser le kilogramme pour les masses et le mètre pour les distances.
- Ne pas oublier le « carré » pour *d*.

La loi de l'attraction gravitationnelle a un caractère universel car elle s'applique à tout l'Univers, aussi bien aux interactions entre les astres qu'aux interactions entre la Terre et les objets à son voisinage.

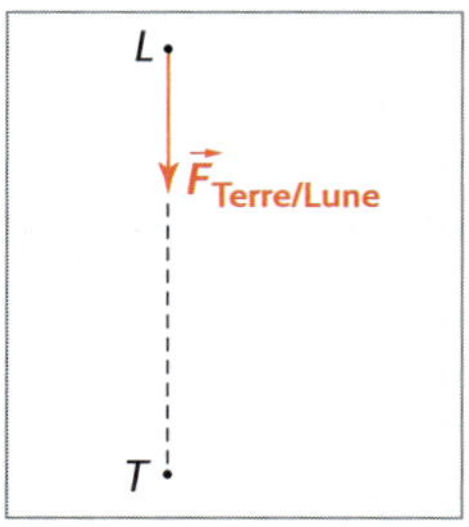

11 *Force $\vec{F}$ exercée par la Terre sur la Lune.*

2 Poids et force d'attraction gravitationnelle

2.1 Caractéristiques du poids

À la surface de la Terre, un corps de masse *m* est soumis à la pesanteur. Son poids $\vec{P}$ est représenté par un vecteur ayant les caractéristiques suivantes :

- direction : celle de la verticale du lieu ;
- sens : orienté du haut vers le bas ;
- valeur : $\boldsymbol{P = mg}$
  - P : poids en newton (N)
  - m : masse en kilogramme (kg)
  - g : intensité de pesanteur (en $N \cdot kg^{-1}$)

Vocabulaire

Masse et poids. Quand on dit : « le poids de cette caisse est 60 kg », on commet un abus de langage scientifique en confondant poids et masse. Il faudrait dire : « la masse est de 60 kg ».

2.2 Poids d'un corps et force d'attraction gravitationnelle

On identifie le poids d'un corps à la force d'attraction gravitationnelle exercée par la Terre sur ce corps.

- Le poids d'un corps A est une force de direction verticale, orientée vers le centre de la Terre, comme la force d'attraction gravitationnelle exercée par la Terre sur ce corps.
- La valeur du poids $P = m\,g$ peut s'écrire :

$$F_{\text{Terre}/A} = G\,\frac{m\,M_{\text{Terre}}}{R^2},$$

où R représente la distance entre le centre de la Terre et le corps **(figure 12)**.

Ainsi, la valeur du poids du corps dépend de son altitude : plus la valeur de R augmente, plus la valeur du poids est faible.

L'intensité de la pesanteur g diminue donc avec l'altitude.

Remarque. La valeur du poids dépend aussi de la latitude (à cause de l'aplatissement de la Terre aux pôles et de la rotation de la Terre) : plus un corps se rapproche de l'équateur, plus la valeur de son poids est faible (elle est maximale aux pôles).

Par exemple, l'intensité g de la pesanteur vaut 9,81 $\text{N}\cdot\text{kg}^{-1}$ à Paris, alors qu'elle vaut seulement 9,78 $\text{N}\cdot\text{kg}^{-1}$ à l'équateur.

La valeur du poids d'un corps varie selon l'altitude et la latitude du lieu où il se trouve.

Rappel : la valeur de la masse d'un corps **ne varie pas** avec le lieu.

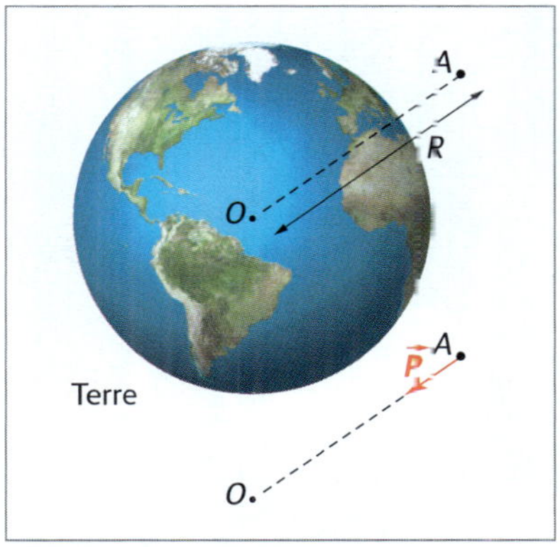

12 *Représentation du poids $\vec{P}$ d'un corps de masse m situé à la distance R du centre de la Terre.*

2.3 Poids terrestre et poids lunaire

Le poids lunaire d'un corps s'identifie à la force d'attraction gravitationnelle exercée par la Lune sur ce corps.

Les masses et les rayons de la Terre et de la Lune étant différents, le poids terrestre et le poids lunaire d'un même corps sont différents.

La valeur de l'intensité de la pesanteur à la surface de la Lune, notée g_L, est environ six fois plus faible que la valeur g de l'intensité de la pesanteur à la surface de la Terre :

$$g_L = 1{,}6\ \text{N}\cdot\text{kg}^{-1} \approx \frac{g}{6}.$$

La valeur P_L du poids de l'objet sur la Lune vaut $P_L = mg_L$ soit :

$$P_L \approx \frac{mg}{6} \quad \text{soit} \quad P_L \approx \frac{P}{6}.$$

La valeur du poids d'un objet sur la Lune est environ six fois plus faible que sur la Terre.

13 *Tintin et le capitaine Haddock dans* On a marché sur la Lune.

APPLICATION La masse de Tintin est 50,0 kg.
Calculer la valeur P du poids de Tintin sur Terre, à Paris, puis sur la Lune où g_L vaut 1,6 $\text{N}\cdot\text{kg}^{-1}$.

Réponse. Seule la valeur de g est différente dans l'application de la relation $P = m\,g$, où m représente la masse de Tintin.

A.N. :
- À Paris : $P_{\text{Paris}} = 50{,}0 \times 9{,}81 = 491$ N.
- Sur la Lune : $P_{\text{Lune}} = 50{,}0 \times 1{,}6 = 80$ N.

14 *Affiche de propagande soviétique. La course à l'espace a été l'un des terrains de la confrontation entre l'URSS et les États-Unis d'Amérique pendant la guerre froide. Le premier satellite orbital est soviétique (Spoutnik 1 en 1957), comme le premier vol orbital habité par un humain (Youri Gagarine en 1961). Le premier homme sur la Lune est américain (Neil Armstrong en 1969).*

3 Observation de la Terre et de l'Univers

Depuis le premier satellite artificiel Spoutnik1 **(document 14)**, de très nombreux satellites (plusieurs milliers) et sondes spatiales ont été lancés pour des missions diverses.

3.1 Observer la Terre

Depuis l'espace, la Terre est auscultée en permanence par de nombreux satellites.

- Des satellites comme Météostat fournissent aux météorologues des données pour étudier l'atmosphère, faire des prévisions, annoncer les cyclones, tempêtes et suivre l'évolution du climat.
- Le GPS (*Global Positioning System*) est bien connu des automobilistes. Ce système a été rendu plus précis, ce qui a permis par exemple aux géophysiciens de mesurer la dérive des continents et de travailler à la prévision des séismes et tsunami.

3.2 Observer le système solaire

- Le Soleil et toutes les planètes du système solaire ont été étudiés grâce aux données fournies par des sondes (et parfois des robots). Par exemple, SOHO est une sonde lancée pour étudier le Soleil, Venus Express a observé Vénus, la sonde Galileo, en orbite autour de Jupiter, a permis d'étudier la composition de la planète et de ses lunes, la sonde Phoenix s'est posée sur Mars en 2008 pour étudier le sol martien, etc.
- Des missions plus lointaines, comme Giotto (ESA), *Deep Impact* (NASA), Rosetta (ESA) apportent de nouvelles connaissances sur le système solaire en étudiant les comètes et leur noyau.
- Depuis 1990, le télescope spatial Hubble est en orbite à 600 km au-dessus de la Terre. Bien que proche de la Terre, sa position en dehors de l'atmosphère terrestre a permis de découvrir de nouvelles planètes, de nouvelles étoiles et galaxies, et de fournir des images et des données utilisées pour la modélisation de l'Univers.

15 *L'astronaute Edwin E. Aldrin marchant sur la Lune, lors de la mission Apollo 11, en 1969.*

16 *Coucher de soleil sur Mars. Photographie prise par le robot Spirit.*

L'ESSENTIEL

Loi de l'attraction gravitationnelle

- **L'interaction gravitationnelle** entre deux corps ponctuels A et B, de masses respectives m_A et m_B, séparés d'une distance d, est modélisée par des forces d'attraction gravitationnelle $\vec{F}_{A/B}$ et $\vec{F}_{B/A}$ dont les caractéristiques sont les suivantes :
  - direction : la direction de la droite AB ;
  - sens : vers le centre attracteur :
    vers A pour $\vec{F}_{A/B}$ et vers B pour $\vec{F}_{B/A}$;
  - valeur :

$$F_{A/B} = F_{B/A} = G\,\frac{m_A m_B}{d^2}$$

m_A et m_B en kilogramme (kg)
d en mètre (m)
$F_{A/B}$ et $F_{B/A}$ en newton (N)

$G = 6{,}67 \times 10^{-11}\ \mathrm{N \cdot m^2 \cdot kg^{-2}}$ est la **constante de gravitation**.

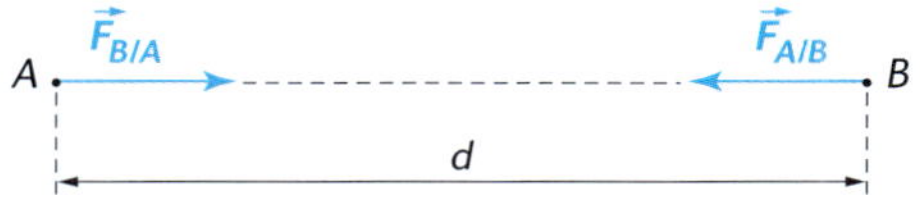

$\vec{F}_{A/B}$: force d'attraction gravitationnelle exercée par le corps A sur le corps B.
$\vec{F}_{B/A}$: force d'attraction gravitationnelle exercée par le corps B sur le corps A.

- **Généralisation**
La loi de l'attraction gravitationnelle s'applique également aux corps à répartition sphérique de masse.

Poids d'un objet

- Le poids $\vec{P}$ d'un corps sur la Terre a les caractéristiques suivantes :
  - direction : verticale ;
  - sens : vers la Terre ;
  - valeur :

$$P = m\,g$$

P : poids en newton (N)
m : masse en kilogramme (kg)
g : intensité de pesanteur terrestre (en $\mathrm{N \cdot kg^{-1}}$)

- Le poids $\vec{P}$ d'un objet A de masse m peut s'identifier à la force d'attraction gravitationnelle exercée par la Terre sur cet objet.

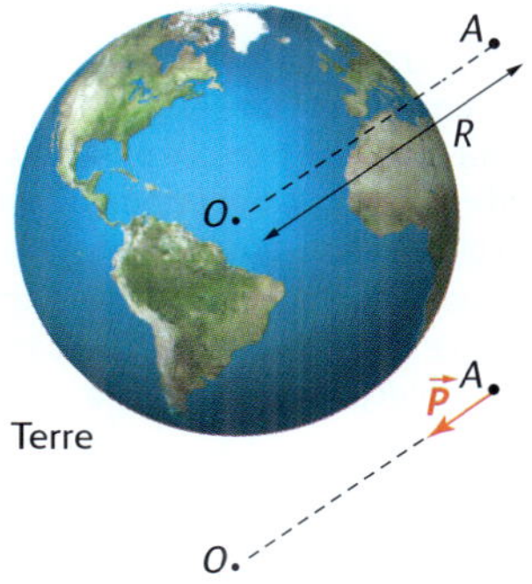

- La valeur du poids d'un corps varie en fonction du lieu où il se trouve.

Poids terrestre et poids lunaire

- Le poids $\vec{P}_L$ d'un corps sur la Lune a les caractéristiques suivantes :
  – direction : verticale ;
  – sens : vers la Lune ;
  – valeur :

$$P_L = m\,g_L$$

P : poids en newton (N)
m : masse en kilogramme (kg)
g_L : intensité de pesanteur lunaire (en $\mathrm{N \cdot kg^{-1}}$)

- L'intensité de la pesanteur g_L à la surface de la Lune est environ six fois plus faible que l'intensité g de la pesanteur à la surface de la Terre :

$$g_L \approx \frac{g}{6}$$

$$\mathbf{g_L \approx 1{,}6\ N \cdot kg^{-1}}$$

- La valeur du poids P_L d'un objet sur la Lune est environ six fois plus faible que sur la Terre :

$$P_L \approx \frac{P}{6}$$

Exercices d'application

5 minutes CHRONO !

MANUEL NUMÉRIQUE — EXERCICES INTERACTIFS

1 Mots manquants

Compléter avec un ou plusieurs mots.

a. Deux corps *A* et *B* ponctuels de masses respectives m_A et m_B, placés à la distance *d* l'un de l'autre, sont en ....

b. La loi de l'attraction gravitationnelle s'applique aux corps ponctuels et aux corps à répartition .... de masse.

c. Le poids d'un corps peut s'identifier à la .... exercée par la Terre sur ce corps.

d. Le poids d'un corps en un lieu est représenté par un vecteur dont la direction est la .... du lieu et le sens est dirigé vers ....

2 QCM

Cocher la réponse exacte.

a. La valeur de la force d'attraction gravitationnelle exercée par la Terre sur la Lune est :
- ☐ plus grande que celle exercée par la Lune sur la Terre
- ☐ plus petite que celle exercée par la Lune sur la Terre
- ☐ égale à celle exercée par la Lune sur la Terre

b. L'expression de la valeur de la force d'attraction gravitationnelle entre deux objets ponctuels de masses respectives *m* et *m'*, placés à la distance *d* est :

☐ $F = G\dfrac{m\,m'}{d^2}$ ☐ $F = Gmm'd^2$ ☐ $F = G\dfrac{d^2}{m\,m'}$

c. Un corps ponctuel *A* de masse m_A exerce une force d'attraction gravitationnelle de valeur *F* sur un corps ponctuel *B* de masse m_B distant de *d*. Si on double la valeur de m_B sans modifier les valeurs de m_A et *d* :
- ☐ la valeur *F* n'est pas modifiée
- ☐ la valeur *F* est multipliée par 2
- ☐ la valeur *F* est divisée par 2

d. Par rapport à la valeur de l'intensité de la pesanteur sur la Terre, la valeur sur la Lune est environ :
- ☐ six fois plus grande
- ☐ égale
- ☐ six fois plus petite

e. Quand un astronaute est sur la Lune, sa masse est :
- ☐ plus faible que sur la Terre
- ☐ plus forte que sur la Terre
- ☐ n'a pas changé

f. Le Soleil est en interaction gravitationnelle :
- ☐ uniquement avec les planètes du système solaire
- ☐ avec tous les corps de l'Univers
- ☐ avec la Terre mais pas avec la Lune

→ Reportez-vous aux solutions détaillées page 334 pour vérifier vos réponses et comprendre vos erreurs.

MOBILISER SES CONNAISSANCES

▶ Gravitation universelle [§1 du cours]

3 Interaction gravitationnelle

Deux corps ponctuels *A* et *B*, de masses respectives m_A et m_B, placés à la distance *d*, exercent l'un sur l'autre une force d'attraction gravitationnelle de valeur *F*.

a. Donner l'expression littérale de *F* en précisant les unités dans le système international.

b. Représenter ces forces sur un schéma annoté.

4 Terre et Lune

La Lune décrit autour de la Terre une orbite quasi circulaire.

a. Représenter sur un schéma la Terre et l'orbite de la Lune.

b. Dans quel référentiel est représentée la trajectoire de la Lune sur ce schéma ?

c. Donner l'expression littérale de la valeur $F_{T/L}$ de la force d'attraction gravitationnelle exercée par la Terre sur la Lune en précisant les notations utilisées.

d. Compléter le schéma de la question **a.** en représentant la Lune et cette force.

▶ Poids et force d'attraction gravitationnelle [§2 du cours]

5 Poids d'un corps

Écrire la relation entre la valeur du poids terrestre d'un objet et sa masse.

Préciser le nom des grandeurs ainsi que les unités du système international à utiliser dans cette relation.

6 Poids lunaire et masse

Écrire la relation entre la valeur du poids lunaire d'un objet et sa masse.

7 Pesanteur terrestre, pesanteur lunaire

Quelle est la relation entre les valeurs de l'intensité de la pesanteur sur Terre et sur la Lune ?

UTILISER SES COMPÉTENCES

8 Utiliser une relation littérale

Comment évolue la valeur *F* de la force d'attraction gravitationnelle entre deux corps ponctuels *A* et *B* distants de *d* si :

a. la masse de *A* augmente alors que la masse de *B* et la distance *d* ne sont pas modifiées ?

b. la distance *d* diminue alors que les masses de *A* et *B* ne sont pas modifiées ?

9 Représenter un vecteur force

a. Représenter sur un schéma le poids $\vec{P}$ d'un camion dont la valeur est 5×10^5 N.

Échelle : 1 cm pour 2×10^5 N.

b. La valeur de la force d'attraction gravitationnelle $\vec{F}_{L/T}$ qu'exerce la Lune sur la Terre est $2{,}00 \times 10^{20}$ N.

Représenter $\vec{F}_{L/T}$ sur un schéma en précisant l'échelle.

10 Utiliser les unités SI

a. Calculer la valeur à Paris du poids d'une balle de masse $m = 12$ g. À Paris, l'intensité de la pesanteur g est égale à $9{,}8\ \text{N}\cdot\text{kg}^{-1}$.

b. Calculer la valeur du poids de la tour Eiffel de masse $m = 7{,}2 \times 10^3$ t.

11 Rechercher des valeurs et calculer

On veut calculer la valeur $F_{S/T}$ de la force d'attraction gravitationnelle qu'exerce le Soleil sur la Terre.

a. Écrire la relation littérale de la valeur de la force $F_{S/T}$ en fonction de la masse M_S du Soleil, de la masse M_T de la Terre et de la distance d entre le centre du Soleil et le centre de la Terre.

b. Rechercher dans le tableau du rabat I du manuel les valeurs numériques de M_S, M_T et d, puis calculer la valeur de $F_{S/T}$.

12 Choisir les données pertinentes dans un texte

La sonde Rosetta de l'Agence spatiale européenne, lancée en juin 2004, doit atteindre en 2014 la comète Churyumov-Gerasimenko.

Répondre aux questions suivantes en utilisant le texte de la page web http://www.futura-sciences.com/fr/doc/t/astronautique-1/d/une-nouvelle-mission-pour-la-sonde-rosetta_329/c3/221/p1/.

a. Quel est l'intérêt scientifique de cette mission spatiale ?

b. D'après le texte, quel est l'âge du système solaire ?

c. Quel parcours va effectuer la sonde Rosetta avant d'approcher la comète ?

d. Quelles sont les moyens qui permettront d'approcher la comète pour y recueillir des informations ?

13 Exercer son esprit critique

Afin de suivre la migration des tortues luth et d'étudier leur population dans un souci de préservation de l'espèce, les scientifiques équipent quelques tortues de balises Argos. Ces balises envoient des signaux vers des satellites en orbite terrestre, signaux qui sont ensuite transmis vers des centres de traitement de données au sol.

a. Les signaux émis par les balises peuvent-ils être sonores ? ultrasonores ? électromagnétiques ?

b. Pourrait-on obtenir les mêmes renseignements avec une observation visuelle à partir d'un avion par exemple ?

c. Les signaux émis par les balises Argos de deux tortues différentes sont-ils identiques ?

14 Calculer en utilisant les puissances de 10

Sur le site http://www.astrosurf.com/luxorion/sysol-jupiter.htm, on trouve l'affirmation suivante : « Jupiter est la plus grosse planète du système solaire. Il […] a un diamètre équatorial de 142 984 km. S'il était creux, il pourrait contenir un bon millier de Terre ! Il est aussi […] 318 fois plus lourd que la Terre, avec une masse de $1{,}9 \times 10^{27}$ kg. »

a. En utilisant les données du rabat I du manuel, vérifier les comparaisons faites dans cet extrait.

b. Calculer la valeur de la force qu'exercerait Jupiter sur un objet de masse m égale à 1 kg situé près de sa « surface ».

Aide : Jupiter est une planète gazeuse, voir le rabat I du manuel pour la définition de son rayon.

Rappel : volume d'une sphère de rayon R, $V = \frac{4}{3}\pi R^3$.

15 Apprendre à rédiger

Voici l'énoncé d'un exercice et un guide (en orange) ; ce guide vous aide pour rédiger la solution détaillée et pour retrouver les réponses numériques aux questions posées.

Énoncé

L'intensité de pesanteur g à la surface d'un astre de masse M et de rayon R est donnée par la relation :

$$g = G\frac{M}{R^2},$$

où G est la constante de gravitation.

Données : masse de Ganymède, $M_{Gany} = 1{,}48 \times 10^{23}$ kg ; rayon de Ganymède, $R_{Gany} = 2\,634$ km ; $G = 6{,}67 \times 10^{-11}$ SI.

a. Quelle est l'intensité de pesanteur à la surface de Ganymède, un satellite de Jupiter ?

- Faire une courte phrase de présentation du calcul.
- Écrire la formule littérale de la loi utilisée.
- Convertir les grandeurs en unité du système international et écrire la relation numériquement (« poser » le calcul).
- Déterminer le nombre de chiffres significatifs du résultat.
- Faire le calcul et vérifier que la valeur est $1{,}42\ \text{N}\cdot\text{kg}^{-1}$.

b. En déduire la valeur du poids d'un corps de masse $m = 10$ kg à la surface de Ganymède.

- Adopter une démarche analogue à celle de la question a. pour trouver 14,2 N.

c. La valeur de son poids est-elle la même à la surface de la Terre ?

- Répondre par « oui » ou « non », mais seulement après avoir établi la réponse par le calcul ou par une autre méthode.

EXERCICE RÉSOLU

Énoncé — Satellite artificiel

Le satellite météorologique METOP-A, lancé en 2006 depuis la base de Baïkonour, est le premier satellite européen placé en orbite « polaire », ce qui signifie que sa trajectoire passe pratiquement au-dessus des pôles géographiques. Ce satellite d'observation de la Terre recueille notamment des informations sur l'atmosphère terrestre, afin d'améliorer les prévisions météorologiques.

La masse m de METOP-A est de 4,1 tonnes, et son orbite dans le référentiel géocentrique est pratiquement circulaire à une altitude h au-dessus de la surface de la Terre égale à $8{,}2 \times 10^2$ km. Ce satellite a une période de révolution de 101 minutes.

1 Calculer la valeur de la force gravitationnelle exercée par la Terre sur le satellite.

2 Quelle est la valeur de la force gravitationnelle exercée par le satellite sur la Terre ?

3 Préciser les caractéristiques de ces forces, puis les représenter sur un schéma.

4 Calculer la vitesse moyenne du satellite dans le référentiel géocentrique.

Données : $G = 6{,}67 \times 10^{-11}$ N·m²·kg⁻² ; $M_T = 5{,}97 \times 10^{24}$ kg ; $R_T = 6{,}38 \times 10^6$ m.

Une solution

1 D'après la loi de l'attraction gravitationnelle, la valeur $F_{T/A}$ de la force exercée par la Terre sur le satellite de masse m et situé à une distance d du centre de la Terre est : $F_{T/A} = G\dfrac{m M_T}{d^2}$.

Comme $d = R_T + h$, où R_T est le rayon de la Terre et h l'altitude du satellite, on a :

$$F_{T/A} = G\frac{m M_T}{(R_T + h)^2}.$$

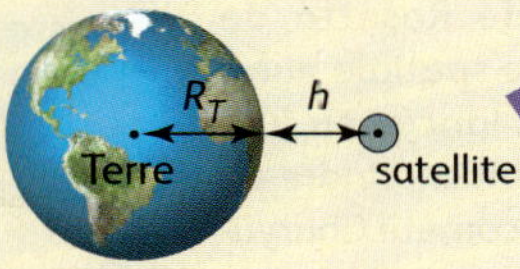

A.N. : $h = 8{,}2 \times 10^2$ km $= 8{,}2 \times 10^5$ m.

$$F_{T/A} = \frac{6{,}67 \times 10^{-11} \times 4{,}1 \times 10^3 \times 5{,}97 \times 10^{24}}{(6{,}38 \times 10^6 + 8{,}2 \times 10^5)^2} = 3{,}1 \times 10^4 \text{ N}.$$

2 La valeur de la force $\vec{F}_{A/T}$ exercée par le satellite sur la Terre est égale à celle de $\vec{F}_{T/A}$, donc : $F_{A/T} = 3{,}1 \times 10^4$ N.

3 Les deux forces sont représentées par des vecteurs :
- de même direction : la droite joignant le centre A du satellite au centre T de la Terre ;
- de sens inverses : ces deux forces sont attractives ;
- de même longueur : les valeurs de ces forces sont égales.

4 On note T la durée d'une révolution du satellite. La vitesse du satellite est égale au quotient de la longueur L de l'orbite par la durée T :

$$V = \frac{L}{T}, \text{ avec } L = 2\pi(R_T + h), \text{ soit } V = \frac{2\pi(R_T + h)}{T}.$$

A.N. : la valeur de T, exprimée en seconde, vaut :

$$T = 101 \times 60 = 6{,}06 \times 10^3 \text{ s}.$$

$$\text{Alors } V = \frac{2 \times 3{,}14 \times (6{,}38 \times 10^6 + 8{,}2 \times 10^5)}{6{,}06 \times 10^3}.$$

Donc $V = 7{,}5 \times 10^3$ m·s⁻¹.

Énoncé
Identifier dans le texte les indications qui décrivent la trajectoire du satellite.

Rédiger
Avant de calculer la valeur d'une force, donner son expression littérale.

Schématiser
Sur le schéma, faire apparaître la distance d et les distances données dans le texte, R_T et h. Ici, $d = R_T + h$.

Application numérique
- Exprimer toutes les données dans les unités du système international.
- Attention aux chiffres significatifs : ici, il y en a 2 (comme pour la valeur de h).

Raisonner
Justifier la représentation vectorielle des deux forces d'interaction.

Connaissances
Revoir la définition de la vitesse.

16 Poids lunaire

Le 21 juillet 1969, l'astronaute Neil Armstrong posait le pied sur la Lune. Il fut le premier homme à marcher sur la Lune. Cette mission, nommée Apollo 11, permit de ramener des échantillons de minéraux lunaires.

a. La masse de ces échantillons mesurée sur Terre est de 21,7 kg. Quelle était leur masse sur la Lune ?

b. Quelle est la valeur du poids de ces échantillons sur la Lune, où l'intensité de pesanteur g_L est égale à 1,6 $N \cdot kg^{-1}$?

c. Pourquoi ces échantillons lunaires étaient-ils plus faciles à porter sur la Lune que sur la Terre ?

17 ✶ Poids terrestre, poids martien

Le robot Phoenix, de masse $m = 500$ kg, a été posé sur la planète Mars en 2008 pour étudier l'eau sous toutes ses formes.

a. Quelle est l'expression de la valeur F de la force d'attraction gravitationnelle qu'exerce Mars sur Phoenix ?

b. En utilisant les valeurs numériques du rabat I du livre, déterminer F.

c. Comparer les valeurs des poids terrestre et martien du robot Phoenix.

18 ✶ Vie et mort d'un satellite

Le satellite Spot 2, lancé en 1990, est arrivé en fin de vie et a été désorbité en 2009. Abandonné sur son orbite, il aurait mis environ 200 ans à se désintégrer. Il a donc été ramené sur une orbite elliptique plus basse et a été « passivé » (son alimentation électrique a été coupée et ses réservoirs ont été vidés). Il perdra peu à peu de l'altitude et, dans 25 ans, se désintégrera dans l'atmosphère, sans risque pour la population.

a. Pendant la durée de son exploitation, Spot 2 a parcouru 100 000 orbites circulaires à une altitude de 832 km. S'il avait parcouru cette distance en direction du Soleil, aurait-il pu l'atteindre ? Si oui, combien d'aller-retour Terre-Soleil aurait-il pu faire ?

b. Dans son communiqué de presse, le Cnes indique que le satellite aura acquis plus de 6,5 millions de « scènes », couvrant presque 23,4 milliards de km². Quel est le rapport entre cette valeur et l'aire de la surface de la Terre ?

Aide : l'aire S d'une sphère de rayon R est $S = 4\pi R^2$.

c. Depuis 2002, les satellites en orbite basse qui ne sont plus opérationnels doivent revenir dans l'atmosphère en moins de 25 ans. Pour quelles raisons cette recommandation a-t-elle été prise ?

19 ✶ Station spatiale internationale (ISS)

La construction de la station spatiale internationale (ISS) s'effectue en orbite à une altitude constante de 400 km. Elle devrait s'achever en 2010. La masse de la station sera alors de 455 tonnes.

a. Décrire la trajectoire de la station dans le référentiel géocentrique.

b. Donner l'expression littérale de la valeur $F_{T/ISS}$ de la force gravitationnelle exercée par la Terre sur la station, puis la calculer.

c. Représenter sur un schéma le centre de la Terre, le centre de la station ISS et sa trajectoire.

Dessiner sans souci d'échelle le vecteur force $\vec{F}_{T/ISS}$ en un point de la trajectoire.

20 ✶ Satellites géostationnaires

L'orbite des satellites géostationnaires est un cercle situé dans le plan de l'équateur à une altitude de 36 000 km. Ces satellites conservent toujours la même position par rapport à la Terre, et permettent donc d'observer en continu la même portion du globe, ou de transmettre des données numériques.

a. Dans quel référentiel observe-t-on le mouvement circulaire des satellites géostationnaires ?

b. Quelle doit être la valeur de la période de révolution du satellite géostationnaire pour qu'il conserve toujours la même position par rapport à la Terre (il paraît alors immobile pour un observateur situé sur Terre) ?

c. Évaluer la durée mise par un signal vidéo pour aller de New York à Paris via le satellite.

Données

– Distance New York-satellite : 40 400 km.

– Distance Paris-satellite : 38 400 km.

– Vitesse de propagation d'un signal électromagnétique dans l'espace : $c = 300\,000$ $km \cdot s^{-1}$.

21 ✶✶ L'étoile Sirius B

On estime que la force d'attraction gravitationnelle qui s'exercerait sur un objet O de masse m à la surface de Sirius B est 350 000 fois plus grande qu'à la surface de la Terre. D'autre part, la masse M_{Sirius} de Sirius B est égale à environ 98 % de la masse M_{Soleil} du Soleil, alors que la masse M_T de la Terre est voisine de 3×10^{-6} M_{Soleil}.

a. Établir l'expression littérale de la valeur de la force de gravitation qui s'exerce sur O :

– lorsque l'objet O est placé sur la surface de Sirius B ;

– lorsque l'objet O est placé sur la surface de la Terre.

b. En utilisant les données numériques, en déduire une estimation de la valeur du diamètre de Sirius B.

L'éclat de Sirius A masque Sirius B, 10 000 fois moins brillante.

Culture scientifique et citoyenne

Sciences & Société

La forêt amazonienne en danger

La forêt amazonienne est **la plus grande forêt primaire du monde**. Elle représente une zone essentielle pour la très grande diversité des végétaux qu'elle renferme et des espèces animales qui y vivent.

Toutefois, elle est **menacée par les déboisements sauvages importants**. De très larges superficies sont déboisées pour l'élevage et pour la mise en culture (par exemple, pour la culture du soja et du maïs, utilisés pour la fabrication de biocarburants notamment).

- L'abattage sauvage des arbres et les incendies entraînent leur disparition, mais aussi l'ouverture de brèches dans le couvert végétal qui, à terme, peuvent modifier le biotope. Ainsi, l'augmentation très inquiétante des arrachages illégaux d'arbres annonce une **catastrophe écologique**.
- Au cours de leurs révolutions, des **satellites d'observation** terrestre enregistrent des données qui permettent de suivre l'évolution de la déforestation.

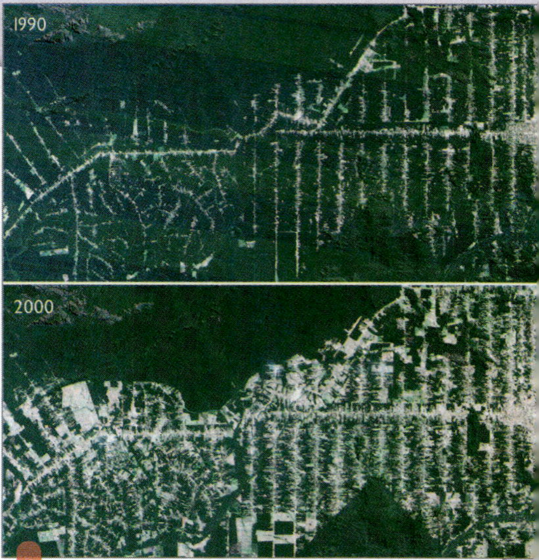

Vues satellite comparatives.
Zones de défrichage aux bords d'une route qui traverse la forêt amazonienne.

Sur le Web http://www.futura-sciences.com/fr/news/t/homme/d/une-tribu-dindiens-isoles-decouverte-en-amazonie_15755/

Exercer son esprit critique

Avant que Neil Armstrong ne pose les pieds sur la Lune en 1969, Tintin, avec son équipe, l'avait déjà explorée en 1962 (*On a marché sur la Lune*).

?! **Étudier et évaluer les réponses et explications que Tintin fournit au capitaine Haddock dans les deux situations reproduites ci-dessous.**

La Terre vue de la Lune.

Chute d'une météorite.

Un métier : technicien(ne) intégration satellites

BAC +2

Construction du satellite Galileo.

Le technicien intégration satellites réalise l'assemblage des appareils scientifiques et de la plateforme des instruments de navigation.

- Ce travail minutieux est réalisé dans une salle blanche, c'est-à-dire hors poussière et sous atmosphère contrôlée. Le technicien **effectue les tests** sur les différentes parties du satellite qui, dans l'espace, seront soumises à de très fortes contraintes (chocs, vibrations, vide, température, etc.).
- Il doit posséder des **compétences techniques en électronique et mécanique**, aimer le travail en équipe et les voyages pour assurer le suivi du satellite jusqu'à son lancement à Kourou ou Baïkonour.

Sur le Web http://www.cnes-jeunes.fr/web/CNES-Jeunes-fr/8258-ingenieur-ou-technicien-integration-satellites.php

PHYSIQUE & SVT Impesanteur et santé des astronautes

L'impesanteur est ressentie par les astronautes dans un satellite en orbite autour de la Terre. Cet **état d'impesanteur** est caractérisé par l'absence apparente de pesanteur.

- L'organisme humain est adapté à une vie avec la pesanteur sur Terre. Quand les astronautes font de longs séjours en impesanteur ou en micropesanteur (la pesanteur est alors un million de fois plus faible que sur la Terre), **leur organisme subit des modifications** qui peuvent altérer leur adaptation à la vie dans l'espace et leur santé.
- Ainsi, certains astronautes souffrent du mal de l'espace (analogue au mal de mer), qui est dû à la perte de repère dans l'espace (le haut et le bas) et à des perturbations de l'oreille interne. D'autre part, en impesanteur, le sang de la partie inférieure du corps se redistribue vers les régions thoraciques et céphaliques, ce qui modifie les mécanismes de régulation. Les muscles s'atrophient, et le squelette est altéré, car ils n'ont plus à s'adapter à la pesanteur. Par ailleurs, l'absence d'exercices physiques et des troubles du métabolisme entraînent une perte de densité osseuse.
- Pour s'adapter à ces nouvelles conditions de vie, les astronautes suivent sur Terre un entraînement en microgravité et sont suivis médicalement pendant leur séjour en orbite.

Les astronautes Shane Kimbrough et Sandra Magnus montrent une scène de vie amusante en impesanteur.

Sur le Web http://www.cnes-jeunes.fr/web/CNES-Jeunes-fr/7970-l-homme-dans-tous-ses-etats.php

THÈME 3

La pratique du sport

Plongée sous-marine.

La pratique du sport est fortement répandue dans nos sociétés, en loisirs ou en compétition.

Comment les sciences physiques et chimiques permettent-elles l'analyse de l'activité sportive ?

Comment en tenir compte pour adapter les pratiques sportives à la recherche d'un bon état de santé ?

Modèle moléculaire.

Sport en altitude.

Figure au trampoline.

Chapitre 15

Mouvement et inertie

Vu au collège

- Le poids et la masse d'un corps sont proportionnels.
- L'énergie cinétique d'un corps dépend de sa masse.

Connaissances & Compétences

- Savoir qu'une force s'exerçant sur un corps modifie son mouvement.
- Savoir que la modification du mouvement d'un corps dépend de sa masse.
- Connaître et utiliser le principe d'inertie.

Alonso gagne le grand prix d'Australie 2006.

? *Pour Alonso, le mouvement de la formule 1 blanche est-il le même que pour le public ?*

A. Savchenko et R. Szolkowy aux J.O. 2010.

De quoi dépendent les valeurs des forces exercées par chaque patineur lors de la réalisation de cette figure difficile ?

Exploit réalisé par 11 parachutistes.

Que peut-on dire des forces qui s'exercent sur chacun des parachutistes ?

Activité à la maison

ACTIVITÉ DOCUMENTAIRE

MANUEL NUMÉRIQUE

1 Relativité du mouvement

▶ Un cycliste qui roule à vitesse constante laisse tomber une balle de tennis. Le mouvement de la balle est-il vu de la même façon par le cycliste et par un observateur immobile par rapport au sol ?

1 *Six images extraites du film. La scène est filmée par une caméra fixe par rapport au sol.*

1 Construire les trajectoires

a. Sur l'image ① du document, aligner le bord gauche d'une feuille de papier-calque avec la première ligne verticale du mur. Marquer sur cette feuille un autre repère qui soit visible sur les six images (un des trous dans le mur par exemple). Noter la position de la balle.
Puis faire de même pour les cinq autres images. On obtient une première trajectoire.

b. Placer à nouveau le calque sur la première image dans la position initiale : la position de la balle y est déjà notée. Dessiner la partie rouge du cadre du vélo. Faire correspondre ensuite le cadre dessiné avec celui des différentes images en notant à chaque fois la position de la balle. On obtient ainsi une nouvelle trajectoire.

2 Interpréter

a. Des deux trajectoires dessinées, quelle est celle qui est vue par le cycliste ? Quelle est la nature de cette trajectoire ?

b. On appelle **référentiel** le solide par rapport auquel on étudie le mouvement. Quels sont les deux référentiels utilisés ici ?

c. La forme de la trajectoire dépend-elle du référentiel choisi pour étudier le mouvement ?

d. Comparer les distances parcourues entre les deux dernières images par la balle dans chacun des référentiels. Que peut-on en conclure ?

e. Voici une situation voisine de l'exemple étudié : un enfant, immobile sur un tapis roulant d'une station de métro, laisse tomber une balle. Le mouvement de la balle est-il plus facile à décrire par rapport au tapis ou par rapport au couloir du métro ?

3 Conclure

Que faut-il obligatoirement préciser quand on étudie le mouvement d'un objet ?

ACTIVITÉ EXPÉRIMENTALE

MANUEL NUMÉRIQUE

2 Influence de la masse sur le mouvement

▶ La masse d'un corps a-t-elle une influence sur sa mise en mouvement ou sur la modification de son mouvement ?

2 *Les bobeurs qui poussent le bobsleigh semblent avoir du mal à le mettre en mouvement alors qu'il glisse pratiquement sans frottement sur la glace.*

DISPOSITIF ■ Choisir deux boules de diamètres voisins mais de masses différentes.
■ À l'aide du ruban adhésif, fixer deux pailles sur une cale de hauteur égale aux rayons des boules.
■ Placer les boules devant les pailles.

Expériences

A Souffler simultanément un bref instant dans les deux pailles, puis observer le mouvement des deux boules.

B ■ Lancer une boule, puis souffler dessus avec la paille dans une direction perpendiculaire au mouvement pour faire dévier la boule.
■ Faire la même expérience avec la deuxième boule, en soufflant de la même façon.

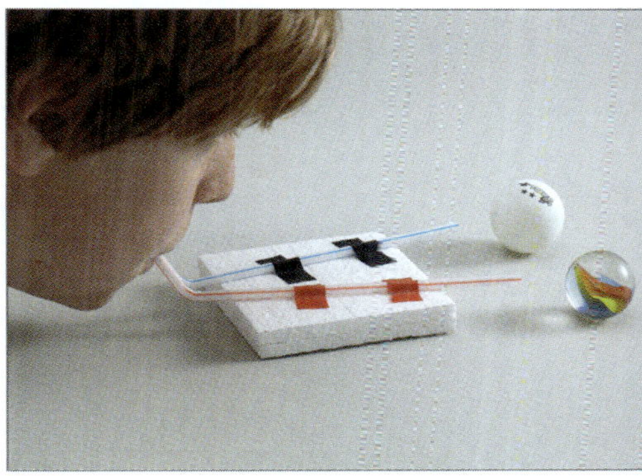

3 *Le dispositif juste avant de souffler dans les pailles…*

1 Observer

a. Décrire les mouvements des deux boules (expérience **A**).

b. Décrire les modifications éventuelles du mouvement des boules (expérience **B**).

2 Conclure

a. Quelle est l'influence de la masse des boules sur leur mise en mouvement ou sur la modification de leur mouvement ?

b. On dit que la masse d'un corps caractérise son **inertie**, c'est-à-dire la difficulté à le mettre en mouvement ou à modifier son mouvement.
Quelle est la boule dont l'inertie est la plus grande ?

3 Exploiter le résultat

Un astronaute de l'ISS dispose de deux objets de tailles voisines. Ces objets « flottent » comme lui dans la cabine car ils sont en état d'impesanteur. Impossible donc d'utiliser une balance pour déterminer leurs masses respectives.
Imaginer une expérience que l'astronaute pourrait réaliser pour indiquer celui des deux objets qui a la masse la plus grande.

ACTIVITÉ EXPÉRIMENTALE

MANUEL NUMÉRIQUE

3 Vers le principe d'inertie

▶ **Étudions le mouvement d'un patin glisseur lancé sur une table horizontale.**

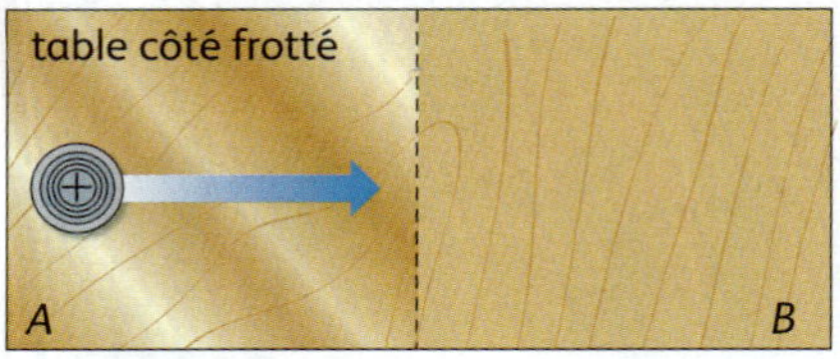

4 *Le dispositif expérimental.*

DISPOSITIF
- Couvrir la moitié *B* d'une table plane, lisse et horizontale avec une feuille de papier grand format.
- Vaporiser du nettoyant dépoussiérant sur un patin glisseur en téflon et sur la moitié *A* de la table non recouverte.
- Bien frotter avec un chiffon.
- Séparer par un trait dessiné au feutre effaçable les deux parties de la table, puis enlever la feuille de papier.

Expérience 1 Lancer le patin depuis l'extrémité *A* de la table.

1 Observer

Décrire le mouvement du patin sur chacune des parties A et B de la table.

2 Réaliser des mesures pour confirmer une observation

a. Décrire le protocole d'une expérience utilisant une webcam pour répondre de façon plus précise à la question précédente.

b. Réaliser cette expérience et conclure sur la nature des mouvements.

3 Interpréter

a. À partir d'un diagramme objets-interactions, dresser l'inventaire des forces qui s'exercent sur le patin.

b. Comment est modifiée l'interaction patin-table lors du passage de la partie *A* à la partie *B* ?

c. Dans la partie *A*, on considère que les forces qui s'exercent sur le patin se compensent. En est-il de même sur la partie *B* ?

Expérience 2

- Vaporiser maintenant le nettoyant sur toute la table, puis dessiner avec un feutre effaçable un virage en arc de cercle comme le montre la **figure 5**.
- Lancer le patin de façon à lui faire décrire le virage.
- Recommencer plusieurs fois si nécessaire, en essayant de donner un « effet » au patin.

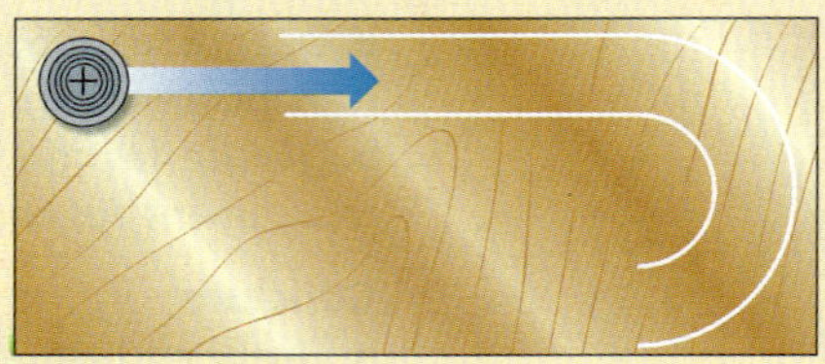

5 *Est-il possible de faire faire un virage au patin ?*

4 Conclure

a. Peut-on espérer faire tourner le patin dans les conditions de l'expérience ?

b. Quel lien peut-on établir entre les forces exercées sur le patin et la nature du mouvement ?

c. On veut que le palet suive le virage en modifiant la piste si nécessaire, mais sans mettre de glissière.

Rechercher des situations analogues (frottements quasi nuls) dans les sports de glace. En déduire une solution possible et la réaliser.

ACTIVITÉ DOCUMENTAIRE

MANUEL NUMÉRIQUE

4 Précision d'une mesure

On trouve dans le commerce de nombreuses montres à quartz qui ont une fonction chronomètre au 1/100e de seconde. Quelle est la précision réelle de ces montres ? Peut-on mesurer une durée au 1/100e de seconde ?

Chronomètre
(1/100e de s. - 24 heures)
Affichage :
- la durée mesurée en continu est limitée à 24 heures ;
- la plus petite graduation est le centième de seconde.

Précision :
± 15 secondes par mois.

6 *Extrait de la notice donnant les principales caractéristiques d'une montre à quartz.*

On appelle temps de réaction le temps qui s'écoule entre l'application d'un stimulus (visuel, auditif...) et la réaction volontaire consécutive.

Le temps de réaction d'une personne devant réaliser une tâche motrice simple en réaction à un stimulus auditif est d'environ 0,2 à 0,4 s.

7 *Sport et temps de réaction.*

1 Comprendre les documents

a. En supposant qu'il y a en moyenne 30 jours par mois, quelle est la « précision » de la montre sur une journée ?

b. Peut-on mesurer une durée de 24 h au 1/100e de seconde ?

c. Quelle est, en seconde, la durée maximale que la montre peut mesurer au 1/100e de seconde près ?

d. Est-elle utilisable pour chronométrer un 100 m ?

2 Étudier un cas pratique

Pour chronométrer une course de 100 m à l'aide de la montre précédente, Sofiane, Sarah et Maxime, élèves de seconde, se placent dans les tribunes, dans l'axe de la ligne d'arrivée, à 50 m de celle-ci. Ils sont ainsi à 112 m du starter.

a. Nos trois élèves peuvent-ils déclencher instantanément leurs chronomètres quand ils entendent le coup de feu du starter ?

b. Compte tenu de la position des trois élèves, identifier les autres sources d'erreurs.

Données : la vitesse de propagation des ondes sonores est $c_s = 340\ \text{m}\cdot\text{s}^{-1}$, celle des ondes lumineuses est $c_l = 3{,}0 \times 10^8\ \text{m}\cdot\text{s}^{-1}$.

c. Le temps de réaction pour arrêter le chronomètre peut-il compenser le temps de réaction pour le déclencher ?

d. Le chronomètre officiel indique 9,92 s alors que les montres des trois élèves indiquent :

9,39 s ; 9,47 s et 9,85 s.

Justifier la dispersion des résultats.

8 *Usain Bolt détiendrait-il le record du monde du 100 m si le chronométrage était toujours manuel ?*

3 Conclure

Peut-on mesurer manuellement une durée au 1/100e de seconde ?

1 Étude du mouvement dans le sport

1.1 Relativité du mouvement

La relativité d'un mouvement est liée à l'objet auquel se réfère l'observateur. Lorsqu'une balle est lâchée par un cycliste, si l'observateur est « lié » au sol, il percevra un vélo en mouvement et la trajectoire de balle ⓐ ci-dessous. S'il est « lié » au vélo il percevra le paysage défilant derrière un vélo fixe et une trajectoire de balle ⓑ.

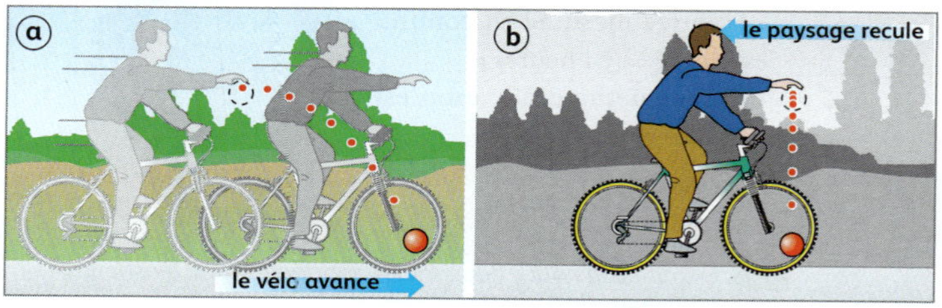

- Pour étudier le mouvement d'un corps, il faut préciser le solide choisi comme référence et appelé le **référentiel**.
- Pour repérer un événement dans le temps, il faut choisir une horloge (chronomètre) et une origine des dates.

9 *Pour les manifestations sportives, le référentiel utilisé est le référentiel terrestre. L'instant $t = 0$ correspond en général au début de la compétition.*

1.2 Caractéristiques d'un mouvement

- Dans un référentiel donné, les caractéristiques d'un mouvement sont :
– **la trajectoire**, ligne formée par les positions successives d'un point du corps étudié au cours de son mouvement ;
– la **vitesse moyenne**, égale à :

$$v_m = \frac{d}{\Delta t} = \frac{d}{t_2 - t_1}$$

d : distance parcourue (en m)
$\Delta t = t_2 - t_1$: durée du trajet (en s)
v_m (en m·s^{-1})

- La chronophotographie **(document 10)** et la vidéo permettent d'étudier la trajectoire et la vitesse d'un point du corps considéré.

La trajectoire et la vitesse dépendent du référentiel dans lequel le mouvement est étudié.

- **Cas particuliers**
Un mouvement est **uniforme** si la valeur de la vitesse est **constante** : le corps étudié parcourt des distances égales pendant des durées égales.
Si la trajectoire est un segment de droite, le mouvement est **rectiligne uniforme**.

- **Quelques ordres de grandeur de la valeur de la vitesse**
– Le 100 m est parcouru à une vitesse moyenne supérieure à 10 m · s^{-1}.
– Le meilleur marathonien court plus de 2 heures à 5,6 m · s^{-1} de moyenne.
– Une balle de tennis peut atteindre 70 m · s^{-1} (record du monde détenu par Andy Roddick).
– Une formule 1 peut dépasser les 100 m · s^{-1}.

10 *Chronophotographie d'un golfeur.*

11 *Le radar indique la valeur de la vitesse à un instant donné : c'est la vitesse instantanée.*

2 Rôle de la masse

2.1 Force et mouvement

Une force peut modifier le mouvement d'un corps, c'est-à-dire modifier sa vitesse et/ou sa trajectoire.

Exemple. La force exercée par la tête de Zidane modifie la trajectoire du ballon, qui termine sa course dans l'en-but brésilien **(document 12)**.

12 *Finale de la coupe du monde 1998 : deuxième but de Zidane.*

2.2 Influence de la masse

- Un bobsleigh glisse pratiquement sans frottement sur la glace. Il est d'autant plus difficile à mettre en mouvement sur la partie horizontale de la piste que les bobeurs qui sont dans le bobsleigh sont lourds. De même, il est plus difficile de mettre un caddie de supermarché en mouvement ou de le faire tourner quand il est bien rempli.
- Si deux corps de masses différentes sont soumis à une force identique pendant la même durée, les modifications du mouvement sont plus importantes pour le corps qui a la masse la plus faible.

La masse d'un corps caractérise son inertie, c'est-à-dire la difficulté à le mettre en mouvement ou à modifier son mouvement.

3 Principe d'inertie

3.1 Que se passe-t-il quand un corps est soumis à deux forces qui se compensent ?

Étudions l'exemple du mobile autoporteur **(figure 13)**. Grâce à son « coussin d'air », il peut glisser pratiquement **sans frottement** sur la table.

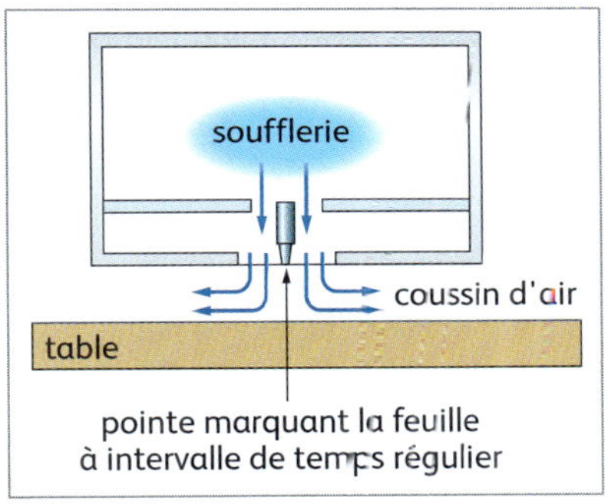

13 *L'air expulsé par la soufflerie crée un « coussin d'air » qui permet au mobile de glisser sans frottement.*

A Corps au repos

Le mobile autoporteur est posé sur la table horizontale. Le diagramme objets-interactions **(figure 14)** permet de dresser l'inventaire des forces suivant :

- le poids $\vec{P}$ exercé par la Terre ;
- la force $\vec{R}$ exercée par le coussin d'air.

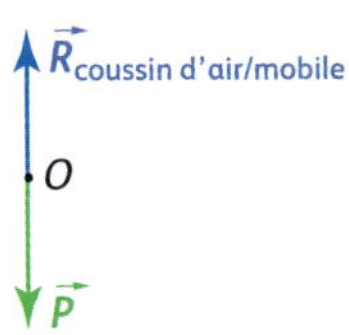

La force exercée par l'air ambiant est négligeable devant les autres forces.

Ces deux forces $\vec{P}$ **et** $\vec{R}$ **se compensent** : elles ont la même direction, la même valeur, et sont de sens opposés.

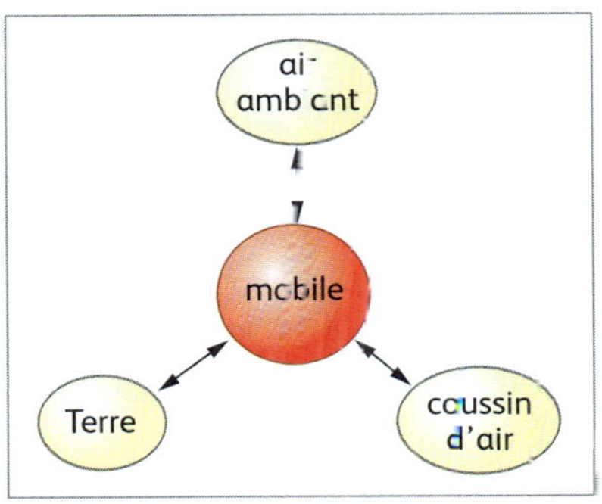

14 *Diagramme objets-interactions pour le mobile autoporteur.*

B Corps en mouvement

• Lorsque le mobile n'est plus en contact avec la main du lanceur, il est soumis aux deux mêmes forces que précédemment. Ces deux forces $\vec{P}$ et $\vec{F}$ se compensent encore. On observe que le centre du mobile décrit un mouvement rectiligne uniforme **(document 15)**.

• Si l'on diminue la soufflerie, le mobile ralentit à cause de l'apparition de frottement : les forces ne se compensent plus et le mouvement n'est plus uniforme.

16 *La neige matérialise la trajectoire des skieurs. Le mouvement des skieurs n'est pas rectiligne : les forces qui s'exercent sur eux (poids $\vec{P}$ exercé par la Terre et force $\vec{F}$ exercée par la neige) ne se compensent donc pas.*

15 *Le mobile autoporteur décrit un mouvement rectiligne uniforme.*

C Conclusion

Cet exemple illustre que, dans le référentiel terrestre, un corps soumis à des forces qui se compensent est soit au repos, soit animé d'un mouvement rectiligne uniforme.
Ce phénomène est général et constitue le « **principe d'inertie** ».

3.2 Énoncé du principe d'inertie

Galilée en a l'intuition le premier dès 1639, mais c'est Newton qui énonce le principe d'inertie en 1686 :

> « Tout corps persévère dans son état de repos ou de mouvement rectiligne uniforme si les forces qui s'exercent sur lui se compensent. »

Aujourd'hui, le principe d'inertie peut s'exprimer de la façon suivante :

• Si les forces qui s'exercent sur un corps se compensent :
– il est au repos s'il n'a pas de vitesse initiale ;
– il a un mouvement rectiligne uniforme s'il possède une vitesse initiale.
• Réciproquement, si un corps est au repos ou en mouvement rectiligne et uniforme, les forces qui s'exercent sur lui se compensent.

17 *Parachute ouvert, la vitesse d'un parachutiste atteint une valeur limite constante. Si la chute est rectiligne, le poids et la force de frottement de l'air se compensent.*

Remarque. Le principe d'inertie ou sa réciproque ne sont applicables que dans certains référentiels comme les référentiels **géocentrique** et **terrestre**. Pour ce dernier, il faut se limiter à des mouvements de courte durée.

L'ESSENTIEL

Étude du mouvement

- Pour étudier le mouvement d'un corps, il faut préciser le solide choisi comme référence et appelé le **référentiel**.
- Pour repérer un événement dans le temps, il faut aussi **une horloge** (chronomètre) et **une origine des dates**.

Le référentiel choisi est le référentiel terrestre. L'instant $t = 0$ correspond en général au début de la compétition.

Principe d'inertie

- Dans le référentiel terrestre ou le référentiel géocentrique, si les forces qui s'exercent sur un corps se compensent :
  – il est au repos s'il n'a pas de vitesse initiale ;
  – il a un mouvement rectiligne uniforme s'il possède une vitesse initiale.
- Et réciproquement, si le système est immobile ou en mouvement rectiligne uniforme, les forces qui s'exercent sur lui se compensent.

Repos ou mouvement rectiligne uniforme	⟷	Les forces se compensent.
Mouvement non rectiligne ou non uniforme	⟷	Les forces ne se compensent pas.

Caractéristiques du mouvement

- Dans un référentiel donné, la **trajectoire** est la ligne formée par l'ensemble des positions successives d'un point du corps étudié au cours de son mouvement.

- Dans un référentiel donné, la **vitesse** moyenne d'un point du corps entre deux instants t_A et t_B est donnée par la relation :

$$v_m = \frac{d}{t_B - t_A}$$

d : longueur du trajet AB en m
$t_B - t_A$: durée en s
v_m : vitesse moyenne en $m \cdot s^{-1}$

- Trajectoire et vitesse dépendent du référentiel.

Rôle de la masse

- Une force peut modifier le mouvement d'un corps.
- Pour une même force appliquée, plus la masse d'un corps est faible, plus les modifications de son mouvement sont importantes.
- La masse d'un objet caractérise son inertie, c'est-à-dire la difficulté à le mettre en mouvement ou à modifier son mouvement.

Exercices d'application

5 minutes CHRONO !

MANUEL NUMÉRIQUE — EXERCICES INTERACTIFS

1 Mots manquants

Compléter avec un ou plusieurs mots.

a. Pour étudier le mouvement d'un objet, il faut choisir un .... et une ....

b. Lorsque la .... est constante, le mouvement est ....

c. Si le mouvement d'un objet est modifié, c'est que cet objet est soumis à au moins une .... modélisée par une ....

d. Tout corps persévère dans son état de .... ou de .... si les forces qui s'exercent sur lui se compensent.

e. L'effet d'une force sur un objet dépend de sa ....

2 QCM

Cocher la réponse exacte.

a. Quand la valeur de la vitesse d'un objet est constante, le mouvement de cet objet est obligatoirement :

☐ rectiligne ☐ uniforme ☐ rectiligne et uniforme

b. On lance une boule avec la main. La force exercée par la main sur la boule :

☐ s'annule quand la boule quitte la main
☐ diminue progressivement quand la boule s'éloigne de la main
☐ accompagne la boule pendant le mouvement

c. Dans le référentiel terrestre, un objet soumis à des forces qui se compensent :

☐ est nécessairement immobile
☐ peut décrire un mouvement circulaire uniforme
☐ peut décrire un mouvement rectiligne uniforme

d. Dans le référentiel terrestre, un objet soumis à une seule force peut :

☐ être immobile ☐ décrire un mouvement circulaire
☐ décrire un mouvement rectiligne uniforme

e. Une voiture de course a un mouvement uniforme. Elle parcourt une distance $d = 100$ m à la vitesse $v = 50\ \text{m} \cdot \text{s}^{-1}$. Le trajet a une durée :

☐ $\Delta t = 0{,}5$ s ☐ $\Delta t = 2$ s ☐ $\Delta t = 5\,000$ s

3 Vrai ou faux ?

a. Dans le référentiel géocentrique, la tour Eiffel va plus vite qu'une formule 1 en pleine action dans le référentiel terrestre.

b. Il est plus facile d'arrêter un ballon de football qu'un ballon de musculation de 3 kg lancé à la même vitesse.

c. Il suffit que deux forces aient la même valeur pour qu'elles se compensent.

→ Reportez-vous aux solutions détaillées page 334 pour vérifier vos réponses et comprendre vos erreurs.

MOBILISER SES CONNAISSANCES

▶ Étude du mouvement et rôle de la masse [§1 et §2 du cours]

4 Mouvement ou repos ?

Laura est pilote dans une voiture qui roule à vive allure sur une piste rectiligne.

a. Est-elle en mouvement dans le référentiel terrestre ?

b. Citer un référentiel dans lequel Laura est immobile. La piste est-elle en mouvement par rapport à ce référentiel ?

5 Trajectoires et référentiels

Un coureur cycliste qui roule à vitesse constante sur une route rectiligne et horizontale, laisse tomber son bidon.

Dessiner l'allure de la trajectoire de cet objet :

a. par rapport au référentiel du vélo ;

b. par rapport au référentiel terrestre.

6 Combats de sumos

Lors d'un combat, les deux sumos s'élancent l'un vers l'autre, le but étant d'éjecter l'adversaire hors du cercle de combat ou de le faire tomber.

Expliquer pourquoi la masse joue un rôle si important chez les sumos.

7 Faut pas pousser !

Un patineur exerce la même force pendant la même durée sur deux équipiers qui sont ainsi projetés sur la glace, mais avec des vitesses de valeurs différentes.

Que peut-on en conclure à propos de ces équipiers ?

▶ Principe d'inertie [§3 du cours]

8 Chute libre au sens des physiciens

Pour un physicien, un objet est en chute libre s'il n'est soumis qu'à son poids.

a. Un objet en chute libre peut-il tomber verticalement à vitesse constante ? Justifier.

b. Les parachutistes en chute libre atteignent très rapidement une vitesse limite constante. Sont-ils réellement en chute libre au sens des physiciens ?

c. Quelle autre force s'exerce sur eux ? Comparer cette force à leurs poids quand la vitesse limite est atteinte.

9 Travelling

Une caméra fixée sur un chariot se déplaçant d'un mouvement rectiligne uniforme filme les coureurs d'un 100 m.

L'ensemble chariot-caméra est-il soumis à des forces qui se compensent ?

10 Plongeur sous-marin

Lors d'un concours de plongée en apnée, un plongeur reste immobile dans l'eau pour faire le minimum d'efforts.

a. Que peut-on dire des forces qui s'exercent sur le plongeur ?

b. Sachant qu'il ne touche pas le fond, réaliser un diagramme objets-interactions, puis représenter les forces qui s'exercent sur lui.

UTILISER SES COMPÉTENCES

11 Changer de référentiels

Sur la ligne droite des Hunaudières, la voiture jaune qui roule à 350 $km \cdot h^{-1}$ dépasse la voiture rouge qui roule à 320 $km \cdot h^{-1}$.

Décrire le mouvement (trajectoire et vitesse) :

– des deux voitures par rapport à la piste ;

– de la voiture jaune et d'un point de la piste par rapport à la voiture rouge ;

– de la voiture rouge et d'un point de la piste par rapport à la voiture jaune.

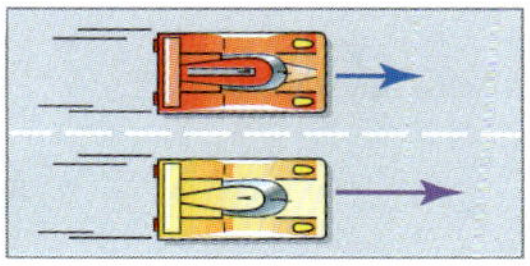

12 Exploiter un enregistrement

Deux mobiles autoporteurs de masses différentes *m* et *m'* sont lancés sur une table horizontale, en appliquant à chacun la même force pendant la même durée.

L'enregistrement ci-dessous débute lorsque la force de lancement n'est plus appliquée. Les positions des centres des mobiles sont marquées à intervalles de temps réguliers $\tau = 40$ ms.

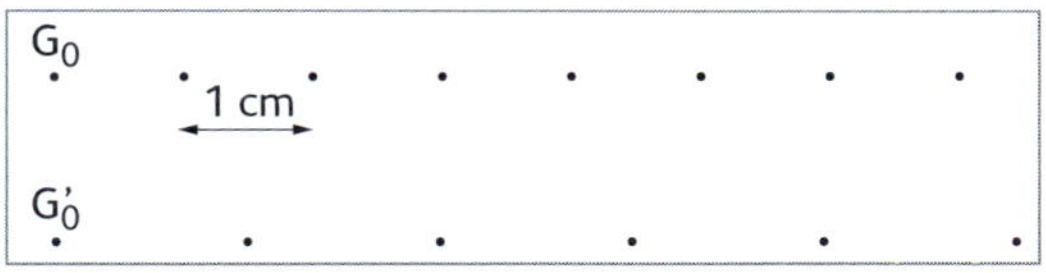

a. Quelle est la nature du mouvement des deux mobiles ?

b. Calculer la vitesse de chacun des mobiles.

c. Quel est le mobile qui a la masse la plus grande ? Justifier.

13 Représenter un vecteur force

La photo est prise au moment où la raquette frappe la balle.

a. À l'aide d'un diagramme objets-interactions, dresser l'inventaire des forces qui s'exercent sur la balle.

b. Sur un schéma où la balle sera modélisée par un point, représenter sans souci d'échelle la force exercée par la raquette.

14 Analyser en termes de force

Une boule de pétanque est immobile sur le sol.

a. À partir d'un diagramme objets-interactions, dresser l'inventaire des forces qui s'exercent sur la boule.

b. Que peut-on dire de la force exercée par l'air par rapport aux autres forces ?

c. Les forces se compensent-elles ?

d. Sachant que la boule a un poids de 6,0 N, représenter les forces sur un schéma en modélisant la boule par un point. ***Échelle :*** 1 cm pour 2 N.

15 Exploiter un graphique

Le graphique ci-contre donne la vitesse d'une bille qui tombe verticalement dans un liquide en fonction du temps.

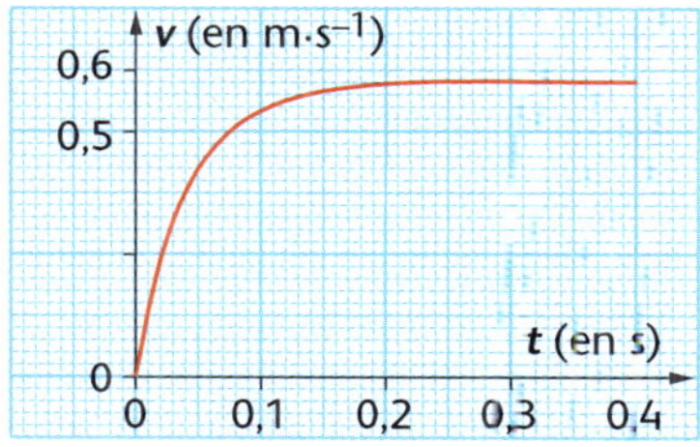

a. Quelle est la vitesse initiale de la bille ?

b. Quelle est sa vitesse limite ?

c. À quel instant la bille atteint-elle une vitesse égale à 0,5 $m \cdot s^{-1}$?

16 Apprendre à rédiger

Voici l'énoncé d'un exercice et un guide (en orange) ; ce guide vous aide pour rédiger la solution détaillée et pour retrouver les réponses numériques aux questions posées.

Énoncé

Lors d'une compétition, un patineur glisse d'un mouvement rectiligne uniforme jusqu'au milieu de la piste où il s'arrête.

a. À partir d'un diagramme objets-interactions, dresser l'inventaire des forces qui s'exercent sur le patineur.

▸ **Réaliser un schéma clair en représentant toutes les interactions de contact et à distance, même celles dont on négligera l'effet par la suite.**

b. Que peut-on dire de ces forces quand le patineur décrit un mouvement rectiligne uniforme ?

▸ **Justifier en utilisant le principe d'inertie.**

▸ **Ne pas oublier de préciser le référentiel dans lequel le mouvement est étudié.**

c. Représenter ces forces sur un schéma, où le patineur sera modélisé par un point. On négligera l'action de l'air.

Donnée : poids du patineur, $P = 650$ N.

▸ **Réaliser un schéma suffisamment grand en précisant l'échelle utilisée (1 cm pour 100 N par exemple).**

d. Une force est obligatoirement modifiée quand le patineur s'arrête. Laquelle ? Justifier.

▸ **Justifier avec la réciproque du principe d'inertie.**

▸ **Pour trouver la force modifiée, on peut chercher celle qui ne l'est pas.**

Exercices d'entraînement

EXERCICE RÉSOLU

Énoncé **Parachutiste**

Une parachutiste saute depuis un hélicoptère en vol stationnaire à 2 000 m d'altitude. Elle commence par se laisser tomber verticalement sans ouvrir son parachute. Sa vitesse augmente rapidement jusqu'à atteindre 30,0 m·s^{-1}. Elle ouvre alors son parachute et, en quelques instants, sa vitesse passe de 30,0 m·s^{-1} à 5,0 m·s^{-1}, puis se stabilise. Elle descend alors avec un mouvement rectiligne uniforme jusqu'au sol.

1 En utilisant le texte, indiquer quelles sont les différentes phases du saut.

2 Dresser l'inventaire des forces qui s'exercent sur l'ensemble « parachutiste + parachute » une fois le parachute ouvert.

3 Pour les deux dernières phases du saut, préciser si les forces se compensent ou non.

4 Dans le cas où elles se compensent, représenter les forces sur un schéma, sans souci d'échelle.

5 Lorsque la vitesse se stabilise, la parachutiste est à 400 m du sol. Calculer la durée de la dernière phase du saut.

Énoncé : Repérer les données utiles dans l'énoncé.

Une solution

1 Le saut présente trois phases.

– Une première phase pendant laquelle la vitesse de la parachutiste augmente, le parachute étant fermé.

– Une deuxième phase qui commence avec l'ouverture du parachute pendant laquelle la parachutiste ralentit.

– Une dernière phase pendant laquelle la parachutiste décrit un mouvement rectiligne uniforme.

Rédiger : Construire des phrases simples qui utilisent le vocabulaire du cours.

2 Le diagramme objets-interactions pour l'ensemble « parachutiste + parachute » permet de conclure que deux forces s'exercent sur l'ensemble :

– le poids $\vec{P}$;

– l'action de l'air $\vec{R}$, qui agit principalement sur le parachute.

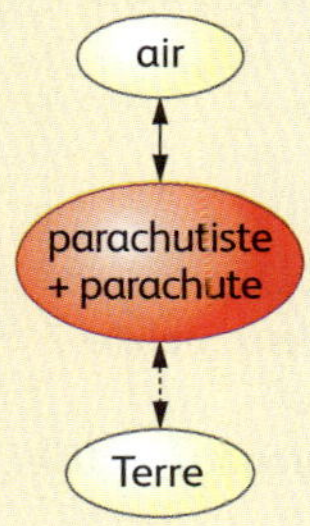

Raisonner : Construire un diagramme objets-interactions, même s'il n'est pas demandé explicitement dans le texte, permet de ne pas oublier de forces.

3 D'après le principe d'inertie, les forces se compensent si le mouvement du corps étudié est rectiligne uniforme ou s'il est au repos.

Il n'y a donc que dans la dernière phase du saut que les deux forces se compensent.

Raisonner : Utiliser le principe d'inertie pour déterminer si les forces se compensent.

4 Les deux forces se compensent. Cela signifie qu'elles ont la même direction (verticale), qu'elles sont de sens opposés et qu'elles ont la même valeur.

Sur le schéma, les deux forces sont donc représentées par des segments fléchés de même longueur, de même direction mais de sens opposés.

Schématiser :
- Le corps étudié est toujours représenté par un point.
- La longueur des segments est quelconque puisqu'on ne dispose d'aucune valeur numérique.

5 La vitesse se stabilise à 5,0 m·s^{-1}.

Lorsque la vitesse est constante, la longueur parcourue, la durée du trajet et la vitesse sont liées par la relation : $L = v \times \Delta t$.

On en déduit : $\Delta t = \dfrac{L}{v}$.

A.N. : $\Delta t = \dfrac{400}{5{,}0} = 80$ s ou 1 min 20 s.

Rédiger : Donner l'expression littérale avant de faire les applications numériques.

Application numérique : Attention aux chiffres significatifs. La donnée la moins précise en comporte 2, il en faut donc 2 dans le résultat.

17 Vitesse en bateau SI

Lors d'une course de voile, les distances sont exprimées en milles et les vitesses en nœuds. Le nœud est la vitesse d'un bateau qui parcourt 1 mille par heure.

a. Rechercher dans un dictionnaire ou sur Internet la définition du mille.

b. Expliquer pourquoi cette unité était bien adaptée à une époque où il n'y avait ni satellite ni GPS.

c. Un voilier a parcouru 15 milles en 45 minutes.

Quelle est sa vitesse moyenne dans les unités du système international ?

18 Chute libre

Trois adeptes de chute libre sautent ensemble d'un hélicoptère en vol stationnaire. Après quelques instants de chute, ils atteignent une vitesse limite constante de valeur $v = 150\ \text{km}\cdot\text{h}^{-1}$.

L'un des trois filme les deux autres.

a. Les deux parachutistes filmés paraissent-ils en mouvement ou pratiquement immobiles sur le film ?

b. Que voit-on sur le film si :

– le cameraman ouvre son parachute en premier ?

– le cameraman ouvre son parachute en dernier ?

19 Chute d'une bille

Une bille de verre est entièrement immergée dans l'eau d'une éprouvette, puis lâchée sans vitesse initiale. Le mouvement est filmé à l'aide d'une webcam, puis les positions successives du centre de la bille sont repérées grâce à un logiciel de pointage.

Donnée : intervalle de temps entre deux positions successives, $\tau = 40$ ms.

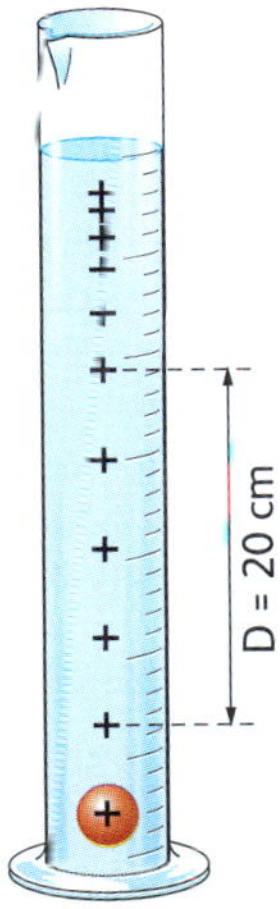

a. Numéroter les différentes positions de la bille dans l'ordre chronologique.

b. À partir de quelle position le mouvement de la bille devient-il uniforme ?

c. Calculer la vitesse de la bille lorsque le mouvement est uniforme.

d. À l'aide d'un diagramme objets-interactions, dresser l'inventaire des forces qui s'exercent sur la bille au cours de la descente.

e. Que peut-on dire de ces forces lorsque le mouvement est rectiligne uniforme ?

f. Quelle est la force dont la valeur est la plus grande sur la première partie du mouvement ?

20 Prendre en compte les chiffres significatifs

En 2009, la Peugeot 906 HDI de D. Brabham, M. Gene et A. Wurz a remporté les 24 h du Mans après avoir effectué 382 tours de 13,629 km chacun.

a. Quelle est la distance parcourue par la voiture ?

b. Quelle est sa vitesse moyenne ?

21 Vitesse moyenne et moyenne des vitesses

Lors du passage d'un col, un coureur cycliste parcourt les 10 km de montée à la vitesse moyenne de $15\ \text{km}\cdot\text{h}^{-1}$ et les 10 km de descente à la vitesse moyenne de $45\ \text{km}\cdot\text{h}^{-1}$.

a. Calculer la durée de la montée et celle de la descente.

b. En déduire la durée totale Δt de l'épreuve.

c. Calculer la vitesse moyenne v sur la totalité du trajet et comparer à la moyenne des deux vitesses.

22 ✶ Saut en parachute

Le graphique suivant représente l'évolution de la vitesse d'un parachutiste pendant les trente premières secondes du saut.

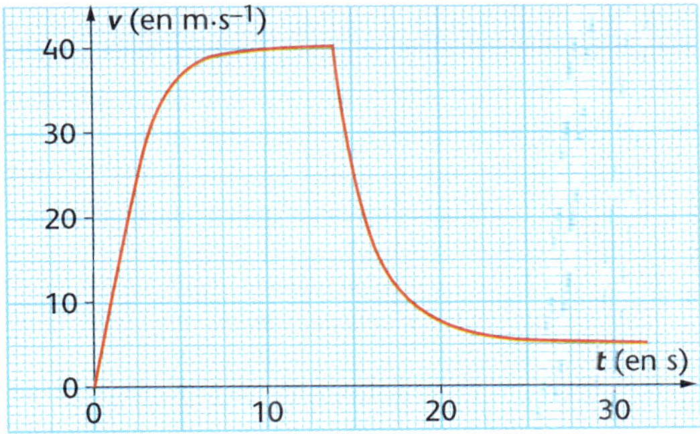

a. Quelle est la vitesse initiale ?

b. Au bout de combien de temps le parachutiste atteint-il sa vitesse limite, parachute fermé ?

c. Quelle est cette vitesse limite ?

d. À quel instant ouvre-t-il son parachute ?

e. Quelle est la distance parcourue entre les instants $t_1 = 26$ s et $t_2 = 32$ s ?

23 Piste pour débutant

Un skieur débutant « dévale » une piste bleue. Sur le schéma ci contre, on a représenté les forces qui s'exercent sur le skieur pendant la descente, le skieur étant modélisé par un point.

a. Quelle interaction a-t-on négligée pour faire ce schéma ?

b. Cette approximation est-elle légitime compte tenu du niveau du skieur ?

c. Fait-il du slalom ou descend-il avec un mouvement rectiligne ?

d. Peut-on préciser davantage la nature du mouvement ?

e. Le skieur peut-il s'arrêter sans modifier l'une des forces qui s'exercent sur lui ?

f. Perd-on des informations quand on modélise le skieur par un point ? Si oui, lesquelles ?

Pour aller plus loin

24 ✶ Confronter ses idées

Un boomerang a la forme d'un coude de 100° environ pour deux pales. Certains sont formés de trois pales. L'objet est lancé dans un plan quasi vertical, en lui communiquant un mouvement de rotation sur lui-même.

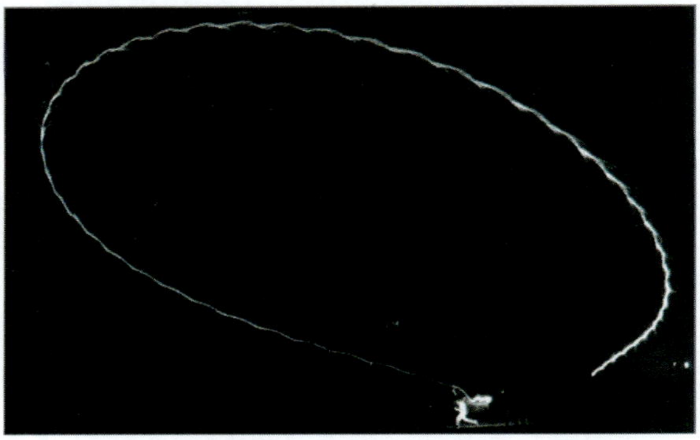

a. Si la force de gravitation agissait seule, quelle serait la trajectoire du boomerang ?

b. Quelle propriété doit avoir la trajectoire du boomerang pour un lancer réussi ? Proposer une raison qui explique le mouvement du boomerang.

c. La vidéo visible sur le site ci-dessous confirme-t-elle votre idée ? Le résultat serait-il identique pour la même expérience sur la Lune ?

http://www.koreus.com/video/boomerang-espace.html

25 ✶✶ Référentiels galiléens

Le principe d'inertie ne s'applique que dans certains référentiels comme le référentiel géocentrique. Ces référentiels sont appelés référentiels galiléens.

Tout référentiel en translation rectiligne uniforme par rapport à un référentiel galiléen est lui-même galiléen.

Le référentiel terrestre est considéré comme galiléen pour un mouvement de courte durée.

1. Un enfant assis dans un train en mouvement uniforme sur une voie rectiligne horizontale joue avec une bille.

a. Le référentiel solidaire du train est-il galiléen ? Justifier.

b. À l'aide d'un diagramme objets-interactions, dresser l'inventaire des forces qui s'exercent sur la bille posée sur le plancher du wagon et immobile.

c. Ces forces se compensent-elles ?

2. Le train freine et la bille se met en mouvement vers l'avant.

a. Les forces qui s'exercent sur la bille sont-elles modifiées par rapport au **1.b.** ?

b. Le référentiel du train qui freine est-il galiléen ? Justifier.

26 ✶✶ Comment faire tourner un bobsleigh ?

Un bobsleigh glisse sans frottement sur une piste verglacée horizontale. Il décrit un mouvement rectiligne uniforme.

a. Que peut-on dire des forces qui s'exercent sur lui ?

b. En déduire la direction et le sens de la force exercée par la piste.

c. Quand le bobsleigh effectue un virage, les forces qui s'exercent sur lui se compensent-elles ?

d. Quand il n'y a pas de frottement, la force exercée par un support sur un objet en mouvement est toujours perpendiculaire au support. Montrer qu'en inclinant la piste, on peut faire tourner un bobsleigh.

27 ✶✶ Curieux ?

Lorsqu'on lâche deux objets de masses très différentes, une boule en fer et une boule de même diamètre en bois par exemple, elles tombent avec le même mouvement et arrivent ensemble sur le sol. Galilée a plusieurs fois réalisé l'expérience depuis le haut de la tour de Pise.

a. Quelle est la boule la plus difficile à mettre en mouvement ?

b. Si les deux boules étaient soumises à la même force, quelle est celle qui tomberait moins vite ?

c. Sont-elles, en réalité, soumises à des forces de même valeur ? Quelle est la boule soumise à la force de valeur la plus grande ?

d. Cela permet-il d'expliquer ce qu'on observe ?

28 ✶✶ But de Platini

Michel Platini, actuel président de l'UEFA, était un joueur d'exception. Quand il tirait un coup de pied arrêté, le ballon contournait le mur en décrivant un arc pour aller se loger dans la lucarne du but adverse.

a. Le poids du ballon peut-il expliquer ce mouvement ?

b. La force exercée par le pied de Platini accompagne-t-elle le ballon pendant son mouvement vers le but ?

c. La force qui fait dévier le ballon vers la gauche est-elle dirigée vers l'intérieur ou l'extérieur de la trajectoire ?

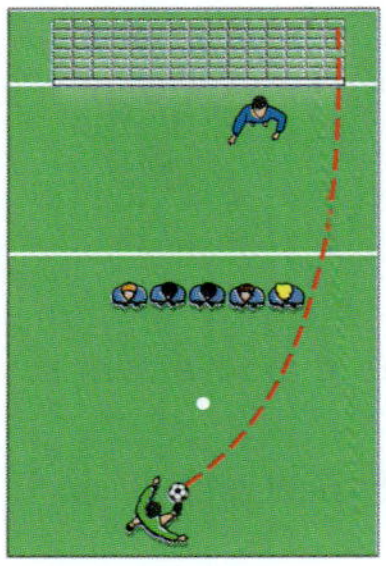

d. À partir d'un diagramme objets-interactions, dresser l'inventaire des forces qui s'exercent sur le ballon une fois qu'il a quitté le pied de Platini.

e. Quelle force, généralement négligeable, joue ici un grand rôle ?

f. Pour tirer ce coup franc, Platini donne « un effet » au ballon en le faisant tourner sur lui-même. Dans quel autre sport cet effet est-il utilisé ?

Culture scientifique et citoyenne

Entraîneur de taekwondo.

Un métier : professeur(e) à l'Insep BAC +5

L'**Insep (Institut national du sport et de l'éducation physique)** est au service des sportifs de haut niveau.
Il offre aux élèves et aux étudiants, recrutés par l'intermédiaire de leurs fédérations sportives, les meilleures conditions pour **concilier l'entraînement avec une formation** scolaire, universitaire ou professionnelle.

- De nombreux champions (Gaël Monfils, Jo-Wilfried Tsonga, David Douillet, Tony Parker, Marie-José Perec, Stéphane Diagana…) sont passés ou travaillent encore à l'Insep.
- Pour devenir professeur à l'Insep, plusieurs possibilités existent.
En étant professeur d'EPS par exemple ou professeur de l'enseignement secondaire, on peut demander à être détaché sur un contrat d'enseignant contractuel.
On peut également être recruté sur un support d'enseignant contractuel si on est titulaire d'une thèse dans le domaine des sciences du sport (sociologie, psychologie…).

Sur le Web http://www.insep.fr/ http://www.lesmetiers.net

Sciences & Société

Échouage des baleines

Échouage inexpliqué d'une centaine de baleines en Australie.

Sans qu'on sache trop pourquoi, de nombreuses baleines s'échouent chaque année sur les côtes. Beaucoup sont découvertes mortes mais, pour celles qui sont vivantes, une course à la montre s'engage alors pour tenter de les sauver.

- Il faut continuellement les asperger avec de l'eau de mer tant qu'elles ne sont pas remises à l'eau.
Le principal problème auquel les sauveteurs sont confrontés est la **masse des baleines** : comment remettre à l'eau une baleine pilote qui mesure entre 5 et 7 mètres et dont **la masse peut atteindre les quatre tonnes** ?
- Au mois de mars 2009, en Australie, une équipe de sauveteurs a utilisé les grands moyens pour sauver 11 baleines. Ces cétacés ont été chargés à l'aide d'une grue sur des camions qui les ont transportés 20 km plus loin, dans une baie plus propice. Une baleine femelle et son petit ont été les premiers à effectuer le voyage.
- Bien souvent, les remettre à l'eau ne suffit pas. Il faut également les éloigner des côtes pour qu'une fois en eau profonde, elles puissent retrouver leur orientation.

Sur le Web http://www.developpementdurable.com/insolite/2009/03/A1260/phenomene-inexplicable-et-inexplique-les-baleines-viennent-sechouer-sur-les-plages-daustralie.html

Chapitre 16

La mole et la concentration molaire

Vu au collège

- Le prélèvement d'un volume donné de liquide peut être réalisé avec une éprouvette graduée.
- Le prélèvement d'une masse donnée de solide ou de liquide est fait à l'aide d'une balance électronique.

Connaissances & Compétences

- Se familiariser avec la mole.
- Définir et calculer la concentration molaire d'une solution.
- Prélever une quantité de matière donnée d'une espèce chimique.
- Déterminer la concentration molaire d'une espèce en utilisant une méthode par comparaison.

Échantillons de différents solides et de différents liquides.

?

Tous ces échantillons ont un point commun: lequel?

VTT de compétition en fibre de carbone.

? *Peut-on évaluer le nombre d'atomes de carbone constituant le cadre de ce VTT ?*

Démarche d'investigation

Crochet en fer contenant environ 10^{23} atomes.

➔ ***Peut-on trouver un objet dont le diamètre est de l'ordre de grandeur de celui de l'alignement de 10^{23} balles de tennis ?***

- Formuler des hypothèses.
- Débattre puis proposer un calcul permettant de valider les hypothèses retenues.

Activité à la maison

ACTIVITÉ DOCUMENTAIRE

MANUEL NUMÉRIQUE

1 Apprendre à compter… en mole !

Voyons comment la connaissance de la masse d'un objet peut permettre d'accéder à son nombre d'atomes, autrement dit à sa quantité d'atomes.

1 *Dans quel javelot le nombre d'atomes est-il le plus grand ?*

1 Observer les documents

a. L'observation des javelots du **document 1** permet-elle de comparer leur nombre d'atomes ?

b. Quelles données permettent de calculer le nombre d'atomes formant chaque javelot ?

2 Exploiter les documents

a. Grâce aux données du **tableau 2**, calculer le nombre d'atomes présents dans chacun des javelots.

Atome	Carbone	Aluminium
Masse	$1{,}993 \times 10^{-26}$ kg	$4{,}484 \times 10^{-26}$ kg

2 *Masse de l'atome de carbone et de l'atome d'aluminium.*

b. Combien peut-on faire de douzaines d'œufs avec 240 œufs ? Combien peut-on constituer de ramettes de 500 feuilles avec 10 000 feuilles de papier ?

c. Les atomes ne sont pas comptés par « paquets » de 12 ou de 500, mais par « paquets » de $6{,}02 \times 10^{23}$ atomes. Un tel « paquet » est appelé **une mole**. Compléter le tableau ci-contre.

	Javelot A	Javelot B	Javelot C
Nombre d'atomes N			
Nombre de moles n			

d. Le nombre de moles n est appelé la **quantité de matière**. Dans le système international, son unité est la mole, de symbole mol. Quelle doit être l'unité de la constante $N_A = 6{,}02 \times 10^{23}$ U.S.I. pour que n soit en mol ? Cette constante est la **constante d'Avogadro**.

3 Conclure

a. Deux échantillons de même masse et de matières différentes peuvent-ils être constitués de la même quantité d'atomes ? Justifier.

b. En quoi est-ce judicieux d'exprimer la quantité de matière d'un échantillon en mol plutôt que de compter les atomes un par un ?

ACTIVITÉ DOCUMENTAIRE

MANUEL NUMÉRIQUE

2 La masse molaire, une grandeur très utile

▶ Une quantité de matière n'est pas directement mesurable. Comment déterminer la masse d'un échantillon à partir de sa quantité de matière ?

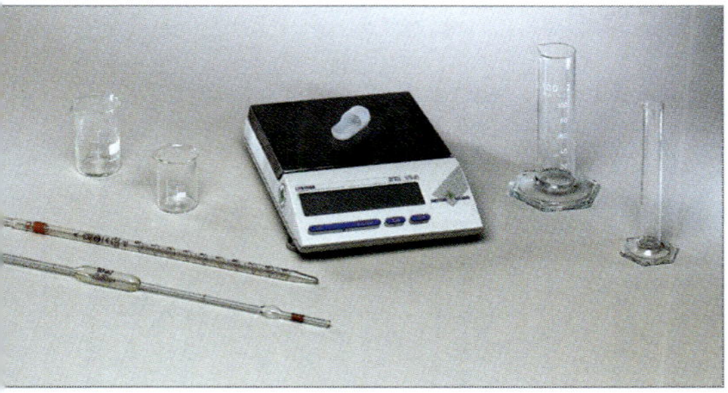

3 *Le matériel de base du chimiste pour préparer des échantillons.*

Problème 1

On dispose d'une balance et de coupelles de pesée.

→ Comment prélever 0,010 mol de poudre de fer et 0,020 mol de poudre de cuivre ?

Données

– Masse d'une mole d'atomes de fer : 55,8 g.

– Masse d'une mole d'atomes de cuivre : 63,5 g.

1 Raisonner

a. Peut-on, sans aucun calcul préalable, préparer les échantillons demandés ? Pourquoi ?

b. De quel matériel dispose-t-on pour prélever les quantités de solides souhaitées ?

c. Quelle grandeur faut-il calculer ? Le faire pour chaque échantillon.

d. La masse par mole d'atomes d'un élément est appelée **masse molaire atomique**. Elle est notée *M*. Quelle est son unité : g · mol ? $g \cdot mol^{-1}$? $mol \cdot g^{-1}$?

e. Donner la masse molaire atomique du fer, *M*(Fe), et celle du cuivre, *M*(Cu).

2 Conclure

Si l'on connaît la masse molaire atomique *M* d'une espèce ainsi que la quantité de matière *n* que l'on souhaite prélever, comment calcule-t-on la masse *m* d'espèce à peser ?

Problème 2

On dispose d'une balance, de coupelles de pesée, de béchers et d'éprouvettes graduées de 5 mL et 25 mL.

→ Comment prélever 1,0 mol d'eau ? 0,20 mol d'eau ? 0,050 mol de saccharose ($C_{12}H_{22}O_{11}$) ?

Données : masses molaires atomiques en $g \cdot mol^{-1}$, *M*(H) = 1,0 ; *M*(C) = 12,0 ; *M*(O) = 16,0.

3 Raisonner

a. Combien de moles d'atomes d'hydrogène et d'oxygène une mole de molécules d'eau contient-elle ? En déduire la masse d'une mole de molécules d'eau.

b. Faire un raisonnement analogue pour déterminer la masse d'une mole de saccharose.

c. La masse par mole de molécules est appelée **masse molaire moléculaire**. Donner la masse molaire moléculaire de l'eau et celle du saccharose, sans oublier de préciser l'unité.

d. En déduire la masse d'espèce à prélever pour chacun des échantillons.

4 Conclure

a. Décrire le mode opératoire à suivre pour effectuer les différents prélèvements.

b. Pour effectuer les prélèvements d'eau sans balance, quel matériel peut-on utiliser ? Quelle donnée manque-t-il alors ?

ACTIVITÉ EXPÉRIMENTALE

MANUEL NUMÉRIQUE

3 Une grandeur pour décrire les solutions

▶ Découvrons maintenant une nouvelle grandeur permettant de décrire une solution, la concentration molaire, et apprenons à préparer une solution de concentration molaire connue.

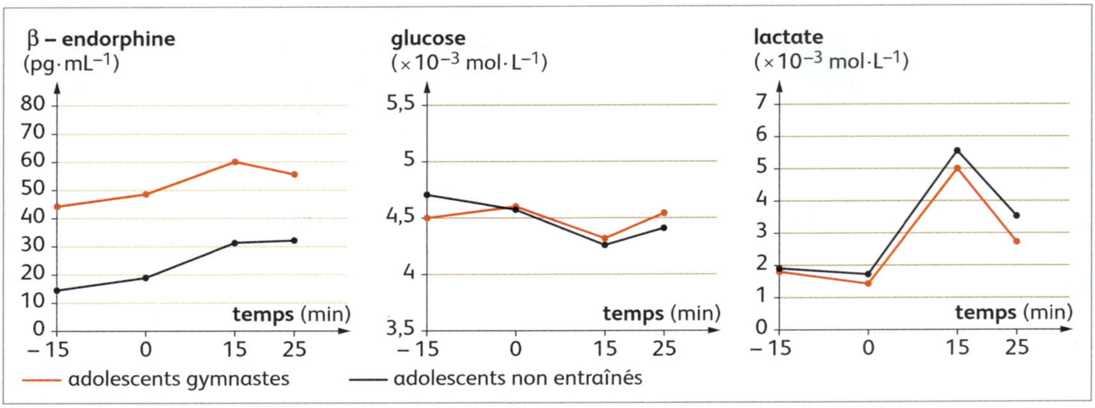

4 *Évolution de la concentration dans le sang de plusieurs espèces au cours d'un exercice physique.*

5 *La concentration en β-endorphine dans le sang augmente lors d'un effort.*

1 Observer des documents

a. Quelle grandeur a été représentée pour la β-endorphine dans le plasma sanguin ?
Exprimer la valeur maximale relevée en $g \cdot L^{-1}$.

b. Quelle est l'unité de la grandeur apparaissant en ordonnées sur les deux autres graphiques ? Cette grandeur est appelée « **concentration molaire** ».

2 Exploiter des documents

a. Quelle relation permet de définir la concentration molaire c d'un soluté dans une solution dont un volume V contient la quantité de matière n de soluté :

- $c = \dfrac{V}{n}$?
- $c = \dfrac{n}{V}$?
- $c = n \times V$?

b. Quelle relation permet de calculer la concentration massique c_m d'un soluté de masse molaire M, connaissant sa concentration molaire c :

- $c_m = c \times M$?
- $c_m = \dfrac{c}{M}$?
- $c_m = \dfrac{M}{c}$?

c. Calculer les concentrations massiques de glucose et de lactate maximales observées dans cette étude.

Données : M(glucose) = 180 $g \cdot mol^{-1}$; M(lactate) = 89 $g \cdot mol^{-1}$.

3 Décrire et mettre en œuvre un mode opératoire

On souhaite préparer précisément, à partir de glucose anhydre solide, un volume $V = 100$ mL d'une solution aqueuse S de glucose de concentration molaire $c = 0{,}10\ mol \cdot L^{-1}$.

Donnée : M(glucose) = 180 $g \cdot mol^{-1}$.

a. Quelle est la quantité de matière n de glucose dans le volume V de la solution S ? En déduire la masse m de glucose à peser pour préparer la solution.

b. Écrire un mode opératoire pour la préparation de la solution, puis la préparer.

4 ACTIVITÉ EXPÉRIMENTALE

Réaliser et utiliser une échelle de teintes

▶ Comment déterminer la concentration molaire en diiode d'une solution pharmaceutique de Lugol, et vérifier qu'elle correspond à l'étiquette ?

1 Exploiter des données

L'étiquette de cette solution de Lugol indique qu'elle contient 1,0 % en masse de diiode. Autrement dit, une masse $m = 100$ g de solution contient une masse $m_0 = 1{,}0$ g de diiode.

a. Quelle est la quantité de matière n de diiode dans 100 g de Lugol ?

Donnée : masse molaire du diiode, $M = 254\ \text{g}\cdot\text{mol}^{-1}$.

b. Quel volume V est occupé par 100 g de solution de Lugol ?

Donnée : masse volumique de la solution commerciale, $\rho = 1{,}01\ \text{kg}\cdot\text{L}^{-1}$.

c. En déduire la concentration molaire c en diiode correspondant à l'indication du fabricant.

d. En déduire la concentration molaire c' en diiode de la solution de Lugol diluée vingt fois.

Démarche d'investigation

→ Comment vérifier la valeur de la concentration molaire en diiode de la solution de Lugol diluée vingt fois ?

Matériel et solutions disponibles :

- solution de Lugol diluée vingt fois ;
- solution S_0 de diiode de concentration molaire $c_0 = 1{,}5 \times 10^{-2}\ \text{mol}\cdot\text{L}^{-1}$;
- pipettes graduées de 10 mL ;
- fioles jaugées de 50 mL.

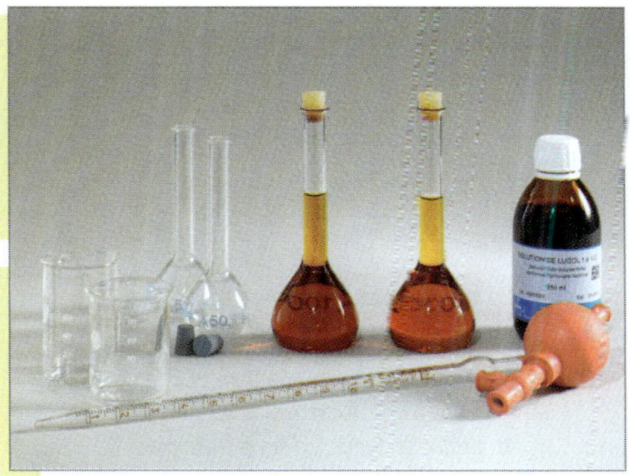

6 *Matériel disponible.*

2 Formuler des hypothèses

En vous aidant du matériel disponible, proposer une ou plusieurs démarches.

3 Débattre

Quelles démarches peuvent permettre d'évaluer la concentration de la solution commerciale diluée ?

4 Expérimenter pour conclure

Mettre en œuvre la ou les expérience(s) correspondante(s). Conclure.

7 *Ces solutions de diiode de concentrations différentes constituent une échelle de teintes*

1 La mole

Amedeo Avogadro

Un précurseur

La constante d'Avogadro a été nommée ainsi pour rendre hommage aux travaux de ce savant italien.
Ses travaux permirent en effet de faire une distinction claire entre les atomes et les molécules, à une époque où l'existence même des atomes était encore très controversée.
Il essaya de mesurer le nombre de molécules dans un gaz, mais les premières mesures convaincantes ne furent réalisées qu'après sa mort : la définition actuelle de la mole, donnée dans l'application, a été adoptée en 1971 lors de la 14e conférence générale des poids et des mesures.

Les unités

La mole est une unité de base du système international, au même titre que le mètre, le kilogramme, la seconde ou l'ampère.
On utilise souvent les sous-multiples suivants :
- 1 mmol = 10^{-3} mol ;
- 1 µmol = 10^{-6} mol.

8 *Combien d'atomes d'aluminium contient un mousqueton d'escalade ?*

1.1 Du microscopique au macroscopique

Exemple. Au niveau microscopique, un mousqueton en aluminium est formé d'atomes. Au niveau macroscopique (à l'échelle humaine), on peut mesurer sa masse m, égale à 41 g.
La masse d'un atome d'aluminium est $m_a = 4{,}484 \times 10^{-26}$ kg. Le nombre d'atomes d'aluminium du mousqueton est donc :

$$N = \frac{m}{m_a} = \frac{41 \times 10^{-3}}{4{,}484 \times 10^{-26}} = 9{,}1 \times 10^{23}.$$

Le nombre d'entités microscopiques dans un échantillon macroscopique est donc extrêmement grand : pour faciliter ce décompte, les entités sont groupées en « paquets », appelés « moles ».

1.2 La mole, unité de quantité de matière

- La grandeur utilisée en chimie pour spécifier un nombre d'entités microscopiques (atomes, molécules, ions…) est appelée quantité de matière, et son unité est la mole (de symbole « mol »).
- Une mole d'entités est un « paquet » de **$6{,}02 \times 10^{23}$ entités.**

APPLICATION La mole est la quantité de matière d'un système contenant autant d'entités élémentaires qu'il y a d'atomes dans 12,0 grammes de carbone 12.
Quelle est la quantité d'atomes, en mol, dans 24,0 g de carbone 12 ?

Réponse. Il y a $\frac{24{,}0}{12{,}0} = 2{,}00$ mol d'atomes dans 24,0 g de carbone 12.

Le nombre d'entités par mole d'entités est une constante universelle, appelée **constante d'Avogadro**, et notée N_A :

$$\mathbf{N_A = 6{,}02 \times 10^{23}\ mol^{-1}}.$$

1.3 Calcul d'une quantité de matière

Exemple. Déterminons la quantité n d'aluminium, exprimée en mol, dans un mousqueton en aluminium de 41 g.
C'est le nombre de moles d'atomes dans le mousqueton, soit le nombre de « paquets » de $6{,}02 \times 10^{23}$ atomes dans $9{,}1 \times 10^{23}$ atomes.
La quantité n d'aluminium dans l'échantillon est donc :

$$n = \frac{N}{N_A} = \frac{9{,}1 \times 10^{23}}{6{,}02 \times 10^{23}} = 1{,}5 \text{ mol.}$$

La relation de proportionnalité entre la quantité de matière n d'entités microscopiques d'un échantillon et leur nombre N est :

$$\mathbf{N = N_A \times n} \quad \text{ou} \quad \mathbf{n = \frac{N}{N_A}}$$

n en mole (mol)
N_A en mol^{-1}
N sans unité

2 Quantité de matière et masse

2.1 Masse molaire atomique

Cette grandeur permet de passer aisément de la quantité d'atomes à la masse de l'échantillon, mesurable avec une balance.

La masse molaire atomique M d'un élément est la masse par mole d'atomes de cet élément. Elle s'exprime usuellement en **g·mol⁻¹**.

Les valeurs des masses molaires atomiques des différents éléments figurent dans la classification périodique.

Elles tiennent compte des différents isotopes, dans les proportions rencontrées dans la nature.

Les unités

En chimie, on utilise souvent des sous-multiples des unités de base du système international, plus adaptés à la taille des échantillons étudiés au laboratoire.
La plupart du temps, la masse est ainsi exprimée en g (et non en kg), et la masse molaire en $g \cdot mol^{-1}$ (et non en $kg \cdot mol^{-1}$).

2.2 Masse molaire moléculaire

La masse molaire moléculaire d'une espèce est la masse par mole de molécules de cette espèce. Elle s'exprime en $g \cdot mol^{-1}$.

La masse molaire moléculaire est la somme des masses molaires de tous les atomes de la molécule.

Exemple. Une mole de molécules d'eau H_2O est constituée de deux moles d'atomes d'hydrogène et d'une mole d'atomes d'oxygène :

$$M(H_2O) = 2 \times M(H) + M(O) = 18{,}0 \text{ g} \cdot \text{mol}^{-1}.$$

APPLICATION Calculer la masse molaire du camphre ($C_{10}H_{16}O$).

Données : $M(C) = 12 \text{ g} \cdot \text{mol}^{-1}$; $M(H) = 1 \text{ g} \cdot \text{mol}^{-1}$; $M(O) = 16 \text{ g} \cdot \text{mol}^{-1}$.

Réponse. $M = 10 \times M(C) + 16 \times M(H) + M(O)$
A.N. : $M = 10 \times 12 + 16 \times 1 + 16 = 152 \text{ g} \cdot \text{mol}^{-1}$.

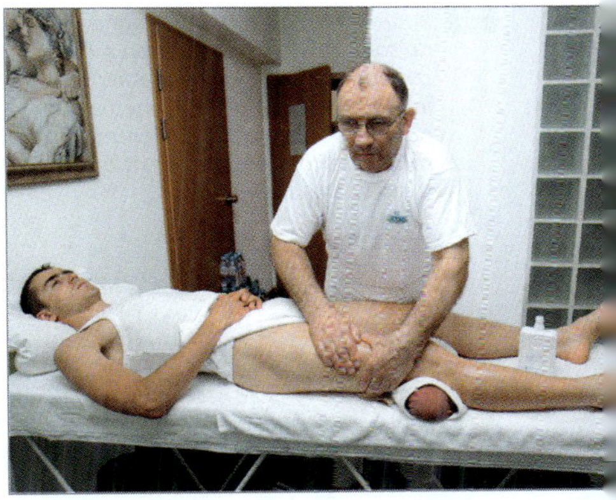

9 *L'huile essentielle de camphre est utilisée en massage par les sportifs, après l'effort, pour limiter les courbatures.*

2.3 Quantité de matière et masse

La quantité de matière n d'un échantillon, sa masse m et la masse molaire moléculaire M de son espèce chimique sont reliées par :

$$m = n \times M \quad \text{ou} \quad n = \frac{m}{M}$$

m en gramme (g)
n en mole (mol)
M en gramme par mole ($g \cdot mol^{-1}$)

APPLICATION Quelle est la quantité de matière n de camphre dans une masse $m = 100$ g de camphre pur ?

Donnée : masse molaire du camphre, $M = 152 \text{ g} \cdot \text{mol}^{-1}$.

Réponse. On a $n = \frac{m}{M}$. Donc $n = \frac{100}{152} = 0{,}658$ mol.

Les unités

En unité SI, une concentration molaire s'exprime en $mol \cdot m^{-3}$.
Le chimiste préfère utiliser les $mol \cdot L^{-1}$.
- $1\ dm^3 = 1\ L$
- $1\ cm^3 = 1\ mL = 1 \times 10^{-3}\ L$

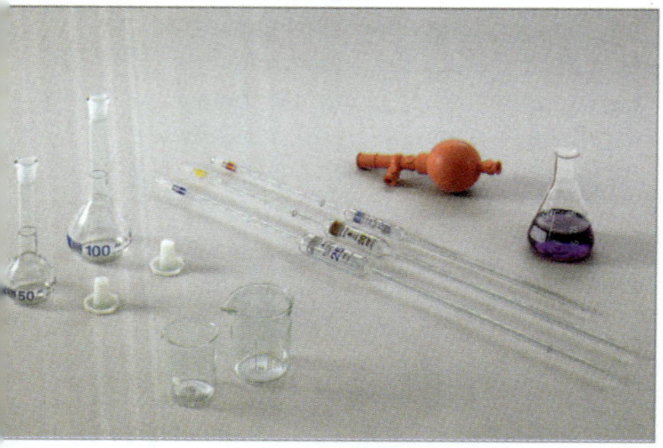

10 *Pour préparer un volume donné de solution de concentration molaire connue (par dissolution ou dilution), le mode opératoire est le même que pour une solution de concentration massique connue, comme cela a été vu au chapitre 6.*

11 *Pour compenser les pertes en eau et en minéraux dues à la transpiration, le sportif peut boire des solutions contenant des solutés ioniques et moléculaires.*

3 Cas des liquides

3.1 Cas des liquides purs

La quantité n d'entités dans un échantillon de masse m, constitué d'une espèce de masse volumique ρ et de masse molaire M, est :

$$n = \frac{m}{M} = \frac{\rho \times V}{M}$$

n en mol ; m en g ; M en $g \cdot mol^{-1}$; V en L ; ρ en $g \cdot L^{-1}$

3.2 Cas des solutions : la concentration molaire

- La concentration molaire d'un soluté est égale à la quantité de matière de soluté dissous par litre de solution.
- Elle s'exprime usuellement en $mol \cdot L^{-1}$.

• Si un volume V de solution contient une quantité de matière n d'une espèce dissoute, sa concentration molaire vaut :

$$c = \frac{n}{V}$$

• Si la concentration molaire c d'une solution et son volume V sont connus, on peut calculer la quantité de matière n d'espèce dissoute :

$$n = c \times V$$

n en mole (mol)
V en litre (L)
c en mole par litre ($mol \cdot L^{-1}$)

APPLICATION Pour un effort modéré, on prépare une boisson par dissolution d'une cuillère à soupe (environ $m = 15$ g) de fructose de masse molaire $M = 180\ g \cdot mol^{-1}$ dans un volume $V = 500$ mL d'eau.
Quelle est la concentration molaire c de cette boisson ?

Réponse. La quantité de matière de fructose dans 500 mL de solution est : $n = \frac{m}{M} = \frac{15}{180} = 8{,}3 \times 10^{-2}$ mol.

Donc $c = \frac{n}{V} = \frac{8{,}3 \times 10^{-2}}{0{,}500} = 0{,}17\ mol \cdot L^{-1}$.

• Si on note c et c_m les concentrations molaire et massique d'un soluté de masse molaire M dans une solution, alors :

$$c_m = c \times M$$

c_m en gramme par litre ($g \cdot L^{-1}$)
M en gramme par mole ($g \cdot mol^{-1}$)
c en mole par litre ($mol \cdot L^{-1}$)

APPLICATION Calculer la concentration molaire en ions magnésium ($M = 24{,}3\ g \cdot mol^{-1}$) de l'eau d'Hépar (de concentration massique $c_m = 119\ mg \cdot L^{-1}$), bue lors d'un marathon.

Réponse. On a $c = \frac{c_m}{M}$. Donc $c = \frac{0{,}119}{24{,}3} = 4{,}90 \times 10^{-3}\ mol \cdot L^{-1}$.

L'ESSENTIEL

La mole

- La grandeur utilisée en chimie pour spécifier un nombre d'entités microscopiques (atomes, molécules, ions, etc.) est appelée **quantité de matière n**.
- Son unité est la **mole** (de symbole « mol »).
- Si on note N le nombre d'entités microscopiques constituant un échantillon, alors :

$$n = \frac{N}{N_A}$$

$N_A = 6{,}02 \times 10^{23}\ \text{mol}^{-1}$ est la constante d'Avogadro.

Masses molaires

- La masse molaire atomique d'un élément est la masse par mole d'atomes de cet élément.
- La masse molaire moléculaire d'une espèce est la masse par mole de molécules de cette espèce.
- La masse molaire moléculaire est la somme des masses molaires atomiques des éléments constituant la molécule (en tenant compte des coefficients).
- Les masses molaires s'expriment usuellement en **$\text{g} \cdot \text{mol}^{-1}$**.

Concentration molaire

- La **concentration molaire** c d'un soluté est égale à la quantité de matière n de soluté dissous par litre de solution :

$$c = \frac{n}{V}$$

où V est le volume de la solution.
c s'exprime usuellement en **$\text{mol} \cdot \text{L}^{-1}$**.

- Entre c et c_m, les concentrations molaire et massique d'un soluté de masse molaire M dans une solution, existe la relation :

$$c_m = c \times M$$

c_m en gramme par litre ($\text{g} \cdot \text{L}^{-1}$)
M en gramme par mole ($\text{g} \cdot \text{mol}^{-1}$)
c en mole par litre ($\text{mol} \cdot \text{L}^{-1}$)

Du macroscopique au microscopique

- La mole permet de relier l'échelle microscopique et l'échelle macroscopique.
À cette échelle, le chimiste peut en effet mesurer la masse m ou le volume V d'un échantillon.

n est la quantité de matière de l'échantillon. M est la masse molaire de l'espèce considérée.

Quantité de matière et masse d'un échantillon **solide** ou **liquide pur**

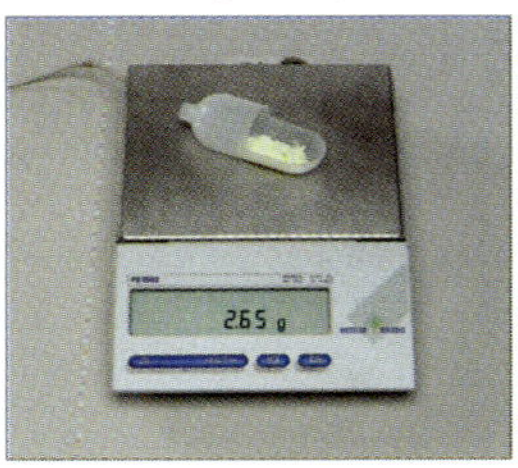

- m est connue.
On détermine n avec la relation :

$$n = \frac{m}{M}$$

m en g
M en $\text{g} \cdot \text{mol}^{-1}$
n en mol

Quantité de matière et volume d'un échantillon **liquide pur**

ρ est la masse volumique de l'espèce considérée.
- V est connu.
On détermine n avec la relation :

$$n = \frac{\rho \times V}{M}$$

V en L
ρ en $\text{g} \cdot \text{L}^{-1}$
M en $\text{g} \cdot \text{mol}^{-1}$
n en mol

Quantité de matière et volume d'une **solution**

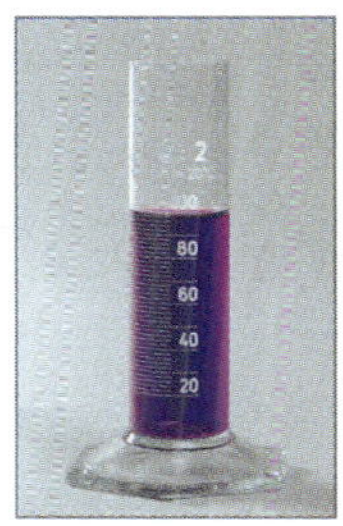

c est la concentration molaire de la solution.
- c est connue.
On détermine n avec la relation :

$$n = c \times V$$

V en L
c en $\text{mol} \cdot \text{L}^{-1}$
n en mol

Exercices d'application

5 minutes CHRONO !

MANUEL NUMÉRIQUE — EXERCICES INTERACTIFS

1 Mots manquants

Compléter avec un ou plusieurs mots.

a. La mole est l'unité de .... du système international.

b. L'unité dans laquelle s'exprime la constante d'Avogadro est ....

c. La masse par mole d'atomes d'un élément est appelée masse .... et s'exprime usuellement en ....

d. La masse molaire moléculaire est la masse par mole de .... On peut la calculer en faisant la somme des .... de tous les atomes présents dans la molécule.

e. La concentration molaire d'une espèce en solution est égale à la quantité de matière de cette espèce dissoute par .... de solution. Elle s'exprime usuellement en ....

2 QCM

Cocher la réponse exacte.

a. Pour trouver la quantité de matière n, en mol, d'atomes dans un échantillon, connaissant le nombre d'atomes N et la valeur de la constante d'Avogadro N_A :

- ☐ on multiplie N par N_A
- ☐ on divise N par N_A
- ☐ on divise N_A par N

b. Pour calculer la quantité de matière n d'un échantillon connaissant la masse m de cet échantillon et la masse molaire M de l'espèce le constituant :

- ☐ on multiplie m par M
- ☐ on divise m par M
- ☐ on divise M par m

c. Lors de l'ajout d'eau dans une solution aqueuse de diiode, la concentration molaire en diiode :

- ☐ reste la même
- ☐ augmente
- ☐ diminue

d. Une solution aqueuse d'éthanol de volume 2,0 L obtenue par dissolution d'une quantité de matière de 1,0 mol d'éthanol a pour concentration molaire :

- ☐ $0{,}50\ \text{mol}\cdot\text{L}^{-1}$
- ☐ $2{,}0\ \text{mol}\cdot\text{L}^{-1}$
- ☐ $0{,}50\ \text{g}\cdot\text{L}^{-1}$

e. Pour préparer 100 mL d'une solution de concentration molaire $0{,}100\ \text{mol}\cdot\text{L}^{-1}$ en saccharose (de masse molaire $342\ \text{g}\cdot\text{mol}^{-1}$), il faut peser :

- ☐ 0,342 g de saccharose
- ☐ 3,42 g de saccharose
- ☐ 34,2 g de saccharose

→ Reportez-vous aux solutions détaillées page 334 pour vérifier vos réponses et comprendre vos erreurs.

Pour tous les exercices suivants, on prendra les masses molaires atomiques données dans la classification périodique des éléments du rabat VI de la couverture.

On donne la constante d'Avogadro :

$$N_A = 6{,}02 \times 10^{23}\ \text{mol}^{-1}.$$

MOBILISER SES CONNAISSANCES

▶ La mole [§1 du cours]

3 Nombre d'atomes et quantité de matière

Comment peut-on trouver le nombre d'atomes d'un échantillon connaissant sa quantité de matière en mol ? Préciser le nom et l'unité de chaque grandeur de la relation.

4 Du nombre d'entités à la quantité de matière

Déterminer les quantités de matière correspondant aux nombres d'entités microscopiques suivants.

a. $6{,}02 \times 10^{23}$ **b.** $3{,}01 \times 10^{23}$

5 De la quantité de matière au nombre d'entités

Déterminer les nombres d'entités microscopiques correspondant à :

a. 4,5 mol ; **b.** 4,5 mmol.

▶ Quantité de matière et masse [§2 du cours]

6 Carotène

Calculer la masse molaire du carotène ($C_{40}H_{56}$), présent dans l'alimentation du flamand rose et responsable de sa couleur.

7 Une hormone dopante

Certains sportifs cherchent à augmenter leur endurance et leurs performances en s'administrant de l'érythropoïétine (EPO).

Calculer la masse molaire de cette hormone, de formule $C_{809}H_{1301}N_{229}O_{240}S_5$.

8 Créatine

La créatine rend les muscles plus efficaces en effort intense et rapide. Sa vente est légale en France, mais sa consommation ne doit pas excéder une masse $m = 3{,}0$ g par jour.

Quelle quantité de matière n de créatine $C_4H_9N_3O_2$ est-on autorisé à consommer quotidiennement ?

Donnée : masse molaire de la créatine, $M = 131\ \text{g}\cdot\text{mol}^{-1}$.

9 Squalène

Le squalène, de formule $C_{30}H_{50}$, stocké dans le corps de poissons cartilagineux, est un constituant d'adjuvants renforçant la réponse immunitaire à des vaccins.

Un vaccin antigrippal contient une masse $m = 10$ mg de squalène.

Quelle est la quantité de matière n de squalène dans une dose de ce vaccin ?

Concentration molaire [§3 du cours]

10 Définition

Qu'appelle-t-on « concentration molaire » d'une solution ? Quelle est son unité ?

11 Quantité de matière de soluté

Quelle est la quantité de matière n de soluté dans un volume $V = 0{,}50$ L d'une solution aqueuse d'éthanol de concentration molaire $c = 5{,}0 \times 10^{-2}$ mol·L^{-1} ?

12 Eau iodée

On prépare un volume $V = 0{,}200$ L d'une eau iodée en dissolvant une quantité de matière $n = 2{,}0 \times 10^{-4}$ mol de diiode dans de l'eau.

Calculer la concentration molaire c, puis la concentration massique c_m de cette eau iodée.

13 Solution de paracétamol

Quelle est la concentration molaire c d'une solution obtenue par dissolution d'une masse $m = 100$ mg de paracétamol dans un verre contenant un volume $V = 200$ mL d'eau ? On suppose que la dissolution se fait sans variation de volume.

Donnée : masse molaire du paracétamol, $M = 151$ g·mol^{-1}.

14 Préparation d'une solution de glucose

On souhaite préparer un volume $V = 250{,}0$ mL d'une solution de glucose de concentration $c = 2{,}0 \times 10^{-2}$ mol·L^{-1}.

Quelle masse m de glucose anhydre faudra-t-il peser ?

Donnée : masse molaire du glucose, $M = 180$ g·mol^{-1}

UTILISER SES COMPÉTENCES

15 Calculer avec les puissances de 10

Une boucle d'oreille en cuivre a une masse $m = 50$ mg.

Un atome de cuivre a une masse $m_a = 1{,}055 \times 10^{-25}$ kg.

a. Exprimer ces deux masses en gramme en utilisant la notation en puissance de 10.

b. Calculer le nombre d'atomes de cuivre N dans la boucle d'oreille.

16 Utiliser la calculatrice

Déterminer les quantités de matière correspondant aux nombres d'entités microscopiques suivants.

a. $4{,}1 \times 10^{21}$ **b.** $2{,}2 \times 10^{25}$

17 Utiliser la classification périodique

a. Donner les masses molaires atomiques du carbone, de l'hydrogène et du chlore.

b. En déduire la masse molaire moléculaire du chloroforme $CHCl_3$, et celle du dichlorométhane CH_2Cl_2.

18 Convertir en cm^3 un volume donné en L

Quelle est la quantité de matière d'eau n dans une bouteille contenant un volume $V = 1{,}0$ L d'eau ?

Données : masse volumique de l'eau, $\rho = 1{,}0$ g·cm^{-3} ; masse molaire de l'eau, $M = 18{,}0$ g·mol^{-1}.

19 Utiliser la donnée d'une masse volumique

L'éthoxyéthane $C_4H_{10}O$, couramment appelé éther, est souvent utilisé comme solvant, et anciennement comme anesthésique général.

a. Quelle est la masse m d'éther dans un flacon de volume $V = 100$ mL vendu en pharmacie ?

b. Quelle est la quantité de matière n d'éther dans ce flacon ?

Donnée : masse volumique de l'éther, $\rho = 0{,}70$ kg·L^{-1}.

20 Comprendre une unité

Quelle longueur de ruban de magnésium faut-il couper pour prélever $2{,}5 \times 10^{-3}$ mol de magnésium ? Le ruban dont on dispose a une masse linéique de 8,0 mg·cm^{-1}.

21 Apprendre à rédiger

Voici l'énoncé d'un exercice et un guide (en orange) ; ce guide vous aide pour rédiger la solution détaillée et pour retrouver les réponses numériques aux questions posées.

Énoncé

Dans un laboratoire pharmaceutique, un chercheur prélève un très petit volume $V = 80$ µL d'acétone (C_3H_6O).

Donnée : masse volumique de l'acétone, $\rho = 0{,}78$ g·mL^{-1}.

a. Calculer la masse m d'acétone ainsi prélevée.

- **Convertir V en L et ρ en g·L^{-1}.**
- **Faire une courte phrase de présentation du calcul, et écrire la relation littérale donnant m en fonction de V et de ρ.**
- **Poser le calcul et faire l'application numérique. Vérifier que l'on trouve $m = 6{,}2 \times 10^{-2}$ g.**

b. En déduire la quantité de matière n d'acétone dans le prélèvement, en mol.

- **Calculer la masse molaire M de l'acétone.**
- **Exprimer n en fonction de m et de M.**
- **Poser le calcul et faire l'application numérique. Vérifier que l'on trouve $n = 1{,}1 \times 10^{-3}$ mol.**

c. Le chercheur introduit le prélèvement dans une fiole jaugée de volume $V' = 100$ mL, avant de compléter avec de l'eau distillée jusqu'au trait de jauge. Quelle est la concentration molaire c de la solution obtenue ?

- **Exprimer c en fonction de n et V'.**
- **Poser le calcul et vérifier que l'on trouve : $c = 1{,}1 \times 10^{-2}$ mol·L^{-1}.**

EXERCICE RÉSOLU

Énoncé **Comprimés d'aspirine**

L'aspirine ne figure pas sur la liste des substances interdites lors des compétitions sportives. Son usage serait assez répandu en cas de courbatures, de coups de soleil, de douleurs articulaires, de tendinites…
Une boîte de comprimés effervescents d'aspirine (acide acétylsalicylique) comporte l'information suivante :

COMPOSITION : acide acétylsalicylique 500 mg, excipient q.s.p. un comprimé en hydrogénocarbonate de sodium.

(« q.s.p. » signifie « quantité suffisante pour ».)
Sur le plateau d'une balance, on pose deux comprimés, ainsi qu'un bécher contenant un volume $V = 100$ mL d'eau. La balance affiche une masse totale, notée m_i, de 164,87 g.
On introduit les comprimés dans l'eau du bécher : la dissolution de l'excipient des comprimés provoque une effervescence. La valeur de la masse affichée par la balance diminue rapidement et se stabilise à la valeur $m_f = 164{,}17$ g.
Le gaz libéré lors de l'effervescence du comprimé est du dioxyde de carbone. Le volume de solution dans le bécher est inchangé.

1 La formule de l'acide acétylsalicylique est $C_9H_8O_4$; calculer sa masse molaire moléculaire M.

2 Calculer la quantité de matière n d'acide acétylsalicylique présente dans un comprimé.

3 **a.** Quelle est la masse m' de dioxyde de carbone CO_2 libéré par la dissolution des deux comprimés ?
b. Calculer la quantité de matière n' de dioxyde de carbone libéré lors de l'effervescence.

4 Calculer la concentration molaire c en aspirine de la solution obtenue.

Données : $N_A = 6{,}02 \times 10^{23}$ mol^{-1} ; masses molaires atomiques (g·mol^{-1}) : $M(H) = 1{,}0$; $M(C) = 12{,}0$; $M(O) = 16{,}0$.

Énoncé — Penser à utiliser les notations de l'énoncé pour répondre aux questions.

Une solution

1 $M = 9 \times M(C) + 8 \times M(H) + 4 \times M(O)$.
A.N. : $M = 9 \times 12{,}0 + 8 \times 1{,}0 + 4 \times 16{,}0 = 180{,}0$ g·mol^{-1}.

2 La quantité de matière n d'acide acétylsalicylique dans un comprimé de masse m est : $n = \frac{m}{M}$.
A.N. : $m = 500$ mg $= 0{,}500$ g donc $n = \frac{0{,}500}{180{,}0} = 2{,}78 \times 10^{-3}$ mol $= 2{,}78$ mmol.

3 **a.** La masse de dioxyde de carbone libéré est : $m' = m_i - m_f$.
A.N. : $m' = 164{,}87 - 164{,}17 = 0{,}70$ g.
b. Déterminons la masse molaire moléculaire du dioxyde de carbone :

$$M' = M(C) + 2 \times M(O).$$

A.N. : $M' = 12{,}0 + 2 \times 16{,}0 = 44{,}0$ g·mol^{-1}.
On en déduit la quantité de matière de dioxyde de carbone libéré : $n' = \frac{m'}{M'}$.
A.N. : $n' = \frac{0{,}70}{44{,}0} = 1{,}6 \times 10^{-2}$ mol.

4 La concentration molaire en aspirine est $c = 2 \times \frac{n}{V}$.
AN : $c = \frac{2 \times 2{,}78 \times 10^{-3}}{0{,}100} = 5{,}56 \times 10^{-2}$ mol·L^{-1}.

Rédiger — Donner la relation littérale entre n, m et M avant de faire le calcul.

Application numérique — Convertir m en g car la masse molaire M est exprimée en g·mol^{-1}.

Raisonner — Pour calculer la quantité de matière de CO_2 libéré, on calcule d'abord sa masse molaire moléculaire M'.

Raisonner — Ne pas oublier qu'on a dissous deux comprimés.

22 Ballon de GRS

Un ballon d'initiation à la gymnastique rythmique et sportive en PVC a une masse $m = 180$ g.

Le PVC (polychlorure de vinyle) est une matière plastique : c'est un polymère formé par un enchaînement de motifs de formule C_2H_3Cl. Quelle est la quantité de matière n de motifs présents dans le ballon ?

23 ✶ Des antioxydants contre le vieillissement

Les polyphénols sont des antioxydants : ils piègent les radicaux libres formés suite à des agressions de notre environnement (cigarette, polluants, etc.). La quercétine ($C_{15}H_{10}O_7$) est un polyphénol abondant dans les oignons, le thé, la peau des pommes.

Le kaki, fruit du plaqueminier, est le fruit le plus riche en antioxydant : 1 g pour 100 g de fruit.

a. Quelle est la quantité de matière n de quercétine dans 100 g d'oignons frais contenant 120 mg de ce polyphénol ?

b. Quelle masse d'oignons frais faudrait-il consommer pour ingérer un gramme de quercétine (masse de polyphénols absorbés en moyenne par un homme en une journée) ? Comparer au kaki.

24 ✶ Synthèse d'un ester à odeur de banane

Un chimiste synthétise un ester à odeur de banane utilisé pour parfumer certains sirops ou confiseries. Il introduit dans un ballon, en prenant les précautions nécessaires, les quantités de matière $n_1 = 0{,}50$ mol d'alcool isoamylique ($C_5H_{12}O$) et $n_2 = 0{,}10$ mol d'acide acétique ($C_2H_4O_2$).

a. Quel volume V_1 d'alcool isoamylique doit-il prélever ?

b. Quel volume V_2 d'acide acétique doit-il prélever ?

Données

– Masses volumiques de l'alcool isoamylique et de l'eau : $\rho_1 = 0{,}810$ g·mL^{-1} et $\rho_{eau} = 1{,}0$ g·mL^{-1}.

– Densité de l'acide acétique : $d_2 = 1{,}05$.

25 ✶ Résultats d'analyses médicales

Un patient a reçu les résultats d'analyses suivants.

	Valeurs normales :
Glycémie (glucose) : 1,23 g·L^{-1}	4,11 à 6,55 mmol·L^{-1}
Créatinine : 12,0 mg·L^{-1}	35,4 à 123,9 µmol·L^{-1}
Cholestérol : 2,95 g·L^{-1}	3,87 à 5,67 mmol·L^{-1}

Ce patient doit-il prendre rendez-vous chez son médecin ?

Masses molaires moléculaires en g·mol^{-1} :

glucose : 180 ; cholestérol : 388 ; créatinine : 113.

26 ✶ Soluté de réhydratation

Sur la notice d'un soluté de réhydratation pour nourrissons figure le mode d'emploi d'un sachet-dose de 7,00 g : « Dans un biberon stérilisé, diluez le contenu d'un sachet-dose dans 200 mL d'eau faiblement minéralisée. »

La composition d'un sachet-dose est inscrite sur l'emballage. On trouve entre autres, dans 7,00 g de produit :

– 2,65 g de glucose ($C_6H_{12}O_6$) ;

– 2,49 g de saccharose ($C_{12}H_{22}O_{11}$) ;

– 0,274 g de sodium (sous forme d'ions sodium Na^+).

On suppose que la dissolution se fait sans variation de volume.

Déterminer la concentration massique puis la concentration molaire de chacun des trois solutés dans la solution préparée.

27 ✶ Analyses urinaires

La D-amphétamine ($C_9H_{13}N$) et la D-métamphétamine ($C_{10}H_{15}N$) sont des drogues de la famille des amphétamines, parfois utilisées comme agents dopants. Elles sont probablement responsables, entre autres, de la mort de Tom Simpson sur les pentes du mont Ventoux lors du Tour de France en 1967. Un test dépiste leur présence dans les urines. Le seuil de détection est de 1 000 ng·mL^{-1} pour la D-amphétamine et de 20 000 ng·mL^{-1} pour la D-métamphétamine.

Exprimer ces seuils en mol·L^{-1}.

28 ✶ Prévention des erreurs médicamenteuses

L'AFSSAPS impose depuis 2009 une harmonisation des étiquettes des solutions injectables. Ainsi, sur l'étiquette d'une solution ionique doivent figurer la masse de soluté, le volume total de solution, la concentration massique, le pourcentage massique et la concentration molaire en soluté. Voici un exemple fourni par l'AFSSAPS :

Chlorure de sodium
1,0 g – 10,0 mL
0,10 g/mL 10 %
1,71 mmol/mL

Cette étiquette est-elle cohérente ?

Données

– Une masse de 100 g d'une solution à 10 % en masse de soluté contient 10 g de soluté.

– Masse volumique de la solution, $\rho = 1{,}06$ g·mL^{-1}.

Pour aller plus loin

29 ✶ Sérum physiologique

Sur un paquet de dosettes de sérum physiologique figurent les informations suivantes :

> – Solution de chlorure de sodium à 0,90 %.
> – Composition unitaire : chlorure de sodium 0,045 g, eau purifiée QSP 5,0 mL.

a. Les informations de l'emballage sont-elles cohérentes ?

b. Calculer la concentration molaire en ions chlorure et en ions sodium dans le sérum physiologique.

Données : QSP signifie « quantité suffisante pour » ;
masse volumique du sérum physiologique, $\rho = 1{,}0\ g \cdot mL^{-1}$;
100 g de solution à 0,90 % contiennent 0,90 g de soluté.

Aide : quand on dissout 1 mol de chlorure de sodium solide ($NaCl$) dans l'eau, on obtient 1 mol d'ions sodium et 1 mol d'ions chlorure.

30 ✶✶ Un alliage

Préparation de la fonte.

La première étape de l'industrie du fer (sidérurgie) est la préparation de la fonte à partir de minerais de fer.

La fonte est un alliage (mélange solide à base de métal) de fer et de carbone : le nombre d'atomes de fer y est le triple du nombre d'atomes de carbone.

Quel est le pourcentage massique en fer et en carbone dans la fonte ?

31 ✶✶ Défaut de masse

a. À partir des données, calculer la masse m_a d'un atome de carbone 12.

b. En déduire la masse m' d'une mole d'atomes de carbone 12.
Trouve-t-on un résultat plus grand ou plus petit que celui auquel on s'attendait ?

c. Le principe d'équivalence masse-énergie d'Einstein permet d'expliquer cette différence. Une perte de masse correspond à une libération d'énergie par le système. Réciproquement, une augmentation de masse du système correspond à un gain d'énergie du système.
En s'associant pour former un noyau, les nucléons libèrent-ils ou gagnent-ils de l'énergie ?

Données
- Numéro atomique du carbone : $Z = 6$.
- Masse du proton : $m_p = 1{,}672\,6 \times 10^{-27}$ kg.
- Masse du neutron : $m_n = 1{,}674\,9 \times 10^{-27}$ kg.
- Masse de l'électron : $m_e = 9{,}11 \times 10^{-31}$ kg.

32 ✶✶ Dilution en homéopathie

L'homéopathie utilise des solutions d'espèces chimiques naturelles.

L'homéopathie consiste à administrer des doses faibles ou infinitésimales obtenues par dilution d'une solution mère choisie en fonction de l'état du patient. Plusieurs dilutions successives sont pratiquées :
- dilution à 1 CH (ou première centésimale hahnemannienne) : on prélève un volume de solution mère auquel on ajoute 99 volumes d'alcool à 70° ; on agite ;
- dilution à 2 CH : on prélève un volume de solution à 1 CH auquel on ajoute 99 volumes d'alcool à 70° ; on agite ;
- et ainsi de suite ; on peut atteindre des dilutions à 30 CH.

a. La concentration de la solution mère est notée c. Quelle est la concentration c_1 obtenue après sa dilution à 1 CH ?

b. Même question pour des dilutions à 2 CH (concentration c_2) et 30 CH (concentration c_{30}).

c. Calculer la concentration molaire c'_0 d'une solution contenant une molécule de soluté par litre de solution.

d. Combien de fois faut-il diluer une solution mère de concentration molaire $c_0 = 10\ mol \cdot L^{-1}$ pour obtenir une solution fille de concentration c'_0 ? À quelle dilution (en CH) cela correspond-il ? Conclure.

Donnée : constante d'Avogadro, $N_A = 6{,}02 \times 10^{23}\ mol^{-1}$.

33 ✶✶ Préparation d'une solution de bleu patenté V

En vue de préparer une solution mère de bleu patenté de concentration $c_0 = 1{,}0 \times 10^{-5}\ mol \cdot L^{-1}$, un préparateur se pose quelques questions.

Le laboratoire possède une balance dont la précision est de 10 mg. Cela signifie qu'une masse s'exprime sous la forme 0,73 g, par exemple.

a. Calculer la masse de bleu patenté à dissoudre pour préparer un litre de solution mère. Que penser de ce résultat ?

b. Le préparateur décide de préparer une solution S de bleu patenté de concentration $c = 1{,}0 \times 10^{-3}\ mol \cdot L^{-1}$.
Calculer la masse m de bleu patenté à dissoudre pour préparer un litre de cette solution. Justifier le choix du préparateur.

c. Décrire précisément le mode opératoire à suivre pour préparer un litre de solution mère à partir de la solution S.

Donnée : masse molaire moléculaire du bleu patenté, $M = 1\,160\ g \cdot mol^{-1}$.

Culture scientifique et citoyenne

Un métier : technicien(ne) en analyses biomédicales BAC +2

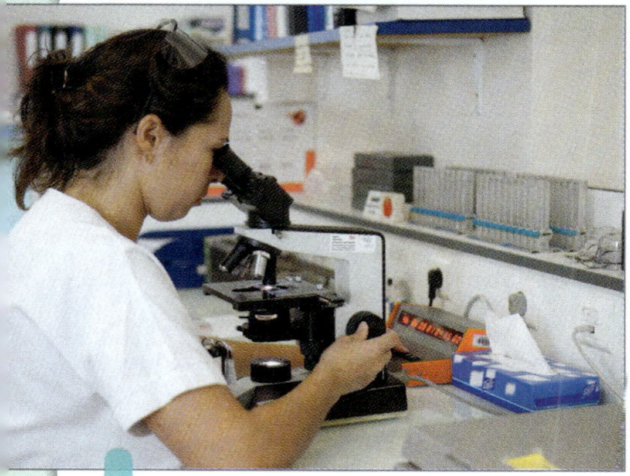

Analyse d'un prélèvement sanguin.

Le technicien en analyses biomédicales assure, sous la responsabilité du biologiste, **l'exécution des examens biologiques** qui concourent au diagnostic, au traitement ou à la prévention des maladies humaines.

- Il entretient des appareils délivrant, entre autres, des résultats de concentrations molaires, et vérifie leur bon fonctionnement.
- Le technicien de laboratoire travaille principalement en **laboratoire d'analyses médicales** et peut être amené à effectuer des prélèvements sanguins à l'intérieur du laboratoire.
- Cette activité nécessite l'obtention du Certificat de préleveur sanguin (organisé par les Directions départementales des affaires sanitaires et sociales).

Sur le Web http://www.metiers.santesolidarites.gouv.fr/metiers-technicien_analyses_biomedicales-35.html
http://www.lesmetiers.net

CHIMIE & ANGLAIS Le « *mole day* »

Sur le site **http://www.moleday.org/**, on trouve des informations sur ce jour un peu particulier :

« *Celebrated annually on October 23 from 6:02 a.m. to 6:02 p.m., Mole Day commemorates Avogadro's Number (6,02 × 10^{23}), which is a basic measuring unit in chemistry.* »

On trouve sur ce site les paroles d'une chanson, dont voici un extrait.

The Molar Express (2009 Mike Offutt)

Chemistry can be so cruel,
So many concepts, facts and rules
Equations that make no sense
And problems that are too intense

The unit called the "mole" can help you count
Very tiny things in very large amounts
like atoms, ions and even molecules
Hey, the mole is a very useful tool

There's molar mass, molar volume and molarity
You might say moles abound in chemistry
So why not get ahead all the rest
and get on board that molar express

Chapitre 17

La réaction chimique

Vu au collège

- Une combustion nécessite la présence de réactifs (combustible et comburant).
- La combustion libère de l'énergie.
- Des tests de reconnaissance permettent d'identifier la présence de dioxyde de carbone et de dihydrogène.
- La présence de certains ions en solution peut être mise en évidence grâce à des tests de reconnaissance.

Connaissances & Compétences

- Savoir décrire un système chimique et son évolution.
- Écrire l'équation d'une réaction chimique.
- Ajuster les nombres stoechiométriques dans une équation de réaction chimique.

Ce rugbyman est atteint d'une crampe.

?

D'où provient l'acide lactique responsable de la crampe ? Comment est-il éliminé ?

Quelle molécule du raisin est transformée pour obtenir l'alcool contenu dans le vin ?

Vendanges.

Quelle filière énergétique est sollicitée par un sprinter pour un effort intense et court ?

Usain Bolt, recordman du monde du 200 mètres en 19 s 19'.

Découvrir et réfléchir

Activité à la maison

ACTIVITÉ DOCUMENTAIRE

MANUEL NUMÉRIQUE

1 Une transformation chimique historique

▶ En 1775, Antoine-Laurent Lavoisier montra que le dioxygène était l'un des constituants de l'air. Étudions son compte-rendu d'expérience.

« J'ai allumé le feu dans le fourneau et je l'ai entretenu presque continuellement pendant douze jours [...]. Il ne s'est rien passé de remarquable pendant tout le premier jour : le mercure, quoique non bouillant, était dans un état d'évaporation continuelle [...]. Le second jour, j'ai commencé à voir nager sur la surface du mercure de petites parcelles rouges [...]. Au bout de douze jours, voyant que la calcination du mercure ne faisait plus aucun progrès, j'ai éteint le feu. »

Notant que le volume de gaz sous la cloche avait diminué, Lavoisier fit le constat suivant :

« Le gaz restant n'était plus propre à la respiration ni à la combustion [...]. »

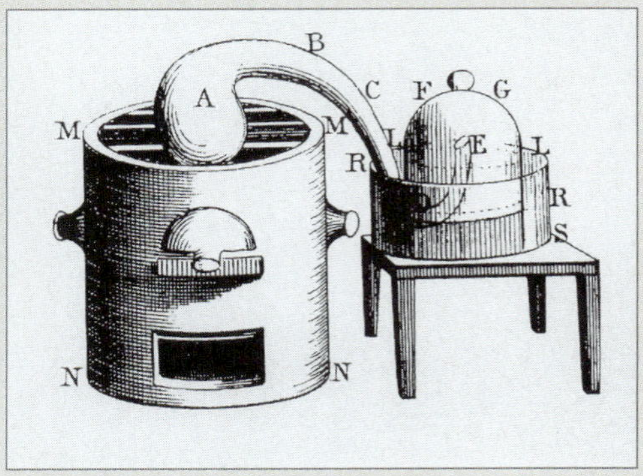

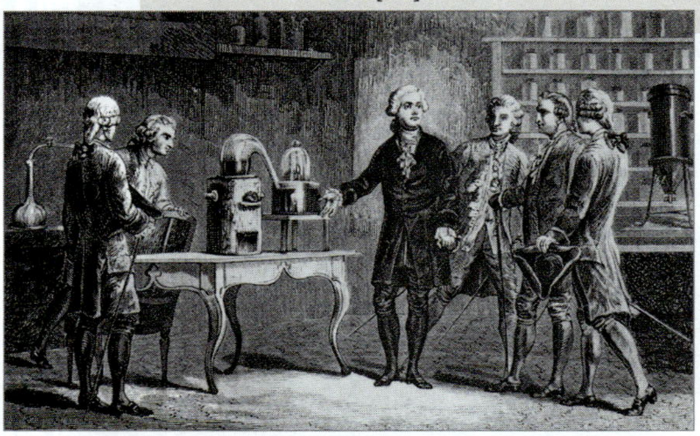

1 *Compte-rendu de l'expérience sur la composition de l'air (1775). Les extraits proviennent du Traité élémentaire de chimie, de Lavoisier.*
Lavoisier versa du mercure pur dans un cornu (A) et la plaça sur un fourneau. Le col coudé (B) traversait une cuve ouverte également remplie de mercure pour émerger dans une cloche pleine d'air (G).
La cloche servait de jauge pour mesurer la quantité d'air consommé durant l'expérience.

1 Comprendre le texte

a. Quelles sont les espèces chimiques présentes au début de l'expérience ? Dans quel état physique se trouvent-elles ?

b. Dans quel état physique se trouve l'espèce chimique formée ?

Donnée : l'oxyde de mercure (II) est un solide rouge de formule HgO.

2 Interpréter

a. Quel gaz présent dans l'air est indispensable à la respiration des êtres vivants ?
En relevant une phrase du texte, en déduire quelle(s) espèce(s) chimique(s) a (ont) été consommée(s) par la transformation.

b. Que contient la cloche en fin d'expérience ?

c. Pourquoi la transformation n'a pas continué ?

d. Quelle espèce chimique s'est formée ?

3 Conclure

Que permet de conclure cette expérience sur la composition de l'air ?

ACTIVITÉ EXPÉRIMENTALE

MANUEL NUMÉRIQUE

2 Description d'un système chimique

▶ Réalisons la combustion du carbone dans le dioxygène.

Expérience

- Porter un morceau de fusain à incandescence grâce à un bec Bunsen **(document 2)**.
- L'introduire dans un flacon de dioxygène **(document 3)**.
- Lorsque la combustion est terminée, ajouter de l'eau de chaux au fond du flacon. Reboucher et agiter **(document 4)**.

2 *Incandescence du morceau de fusain.*

3 *Combustion du carbone dans le dioxygène.*

4 ▼ *Résultat du test à l'eau de chaux après combustion.*

1 Observer

a. Que se passe-t-il lorsqu'on introduit le fusain incandescent dans le flacon contenant du dioxygène ? Reste-t-il du fusain à la fin de la combustion ?

b. Qu'observe-t-on dans le flacon après la réalisation du test à l'eau de chaux ?

2 Interpréter

a. Quelles espèces chimiques sont présentes avant la combustion ? Préciser leur état physique. Ces informations font partie de la description de l'**état initial** du système.

b. Quelle espèce chimique s'est formée ? Quelle espèce chimique est présente avant et après la combustion ? Préciser leur état physique. Ces informations font partie de la description de l'**état final** du système.

3 Conclure

On suppose qu'à la fin de la combustion, il n'y a plus de dioxygène dans le flacon. Recopier puis compléter le schéma ci-dessous pour décrire l'évolution du système chimique. (La pression et la température du système sont ici celles de la salle de manipulation.)

État initial		État final
• pression $P_i = ...$ • température $T_i = ...$ • espèces chimiques présentes : – formule brute 1 (état physique) : ... (...) – formule brute 2 (état physique) : ... (...) – etc.	**transformation chimique** →	• pression $P_f = ...$ • température $T_f = ...$ • espèces chimiques présentes : – formule brute *a* (état physique) : ... (...) – formule brute *b* (état physique) : ... (...) – etc.

ACTIVITÉ EXPÉRIMENTALE

MANUEL NUMÉRIQUE

3 Réaction entre les ions Cu^{2+} (aq) et HO^- (aq)

▶ **Quelles sont les espèces chimiques présentes après un test de reconnaissance des ions cuivre (II) en solution aqueuse ?**

SOLUTIONS
- Solution de sulfate de cuivre (II) dont la concentration en ions Cu^{2+}(aq) est $c_1 = 0{,}10\ mol \cdot L^{-1}$.
- Solution d'hydroxyde de sodium dont la concentration en ions HO^-(aq) est $c_2 = 0{,}50\ mol \cdot L^{-1}$.

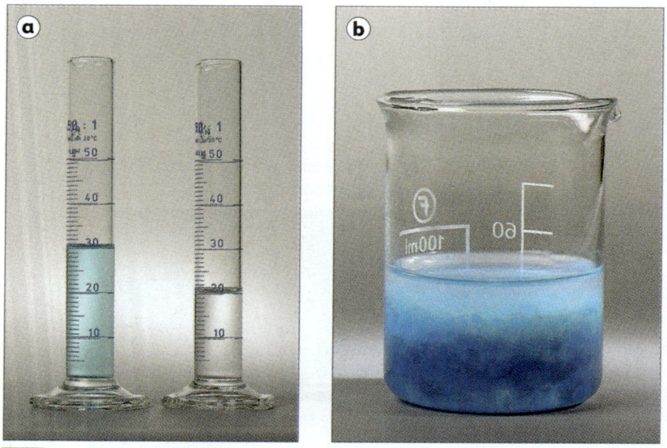

5 *Action des ions hydroxyde sur des ions cuivre (II) : état initial ⓐ et état final ⓑ du système pour $V_2 = 20$ mL (groupe 1).*

Expérience

- Prélever à l'éprouvette un volume $V_1 = 30$ mL de solution de sulfate de cuivre (II) ; verser dans un bécher.
- Séparer la classe en **deux groupes**.
- Prélever à l'éprouvette un volume V_2 de solution d'hydroxyde de sodium tel que $V_2 = 20$ mL pour le **groupe 1** et $V_2 = 4$ mL pour le **groupe 2**. L'ajouter dans le bécher.
- Filtrer la solution obtenue. Transférer 1 mL du filtrat dans deux tubes à essais.
- Dans le premier, ajouter 1 mL de solution d'hydroxyde de sodium (test *A*).
- Dans le deuxième, ajouter 1 mL de solution de sulfate de cuivre (II) (test *B*).

6 *Filtration du contenu du bécher (groupe 1).*

1 Observer

a. Qu'observe-t-on dans le bécher après le mélange des deux solutions **(document 5)** ? Quel est l'état physique de cette nouvelle espèce ?
La nouvelle espèce formée est l'hydroxyde de cuivre (II) et a pour formule chimique $Cu(OH)_2$.

b. Après filtration, quelle est la couleur de la solution obtenue pour votre groupe ?

c. Qu'observe-t-on lors des tests *A* et *B* sur le filtrat ?

2 Interpréter

a. Quelle espèce chimique (appelée réactif limitant) a été totalement consommée pour votre groupe ?
Justifier par deux observations.

b. Quelle autre espèce chimique participe à la formation de l'hydroxyde de cuivre (II) $Cu(OH)_2$?

3 Conclure

Pourquoi le réactif totalement consommé n'est-il pas le même pour les deux groupes de la classe ?

ACTIVITÉ EXPÉRIMENTALE

MANUEL NUMÉRIQUE

4 Effet thermique d'une transformation

▶ **Certaines transformations chimiques produisent de l'énergie thermique tandis que d'autres en consomment. Réalisons des expériences illustrant ces deux cas.**

Expérience 1

Les solutions d'eau oxygénée ne sont pas stables : elles se décomposent en présence d'ions fer (III).

- Verser 50 mL d'une solution d'eau oxygénée à 10 volumes dans un grand bécher.
- Mesurer la température de la solution toutes les minutes, pendant 4 minutes.
- À $t = 5$ minutes, ajouter 10 mL d'une solution de nitrate de fer (III) de concentration 0,5 mol·L^{-1}.
- Approcher un morceau de bois incandescent au-dessus du bécher.
- Mesurer la température de la solution à $t = 6$ minutes, puis toutes les minutes jusqu'à $t = 15$ minutes.

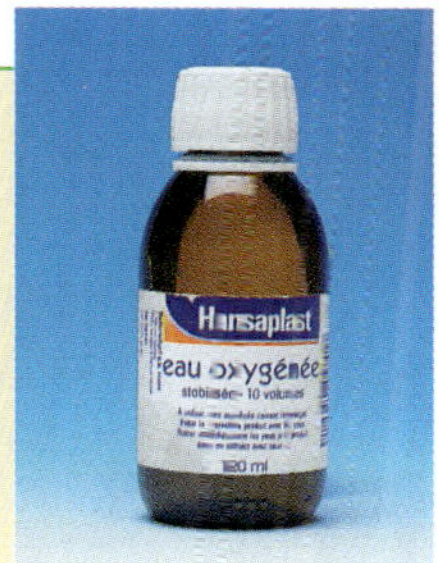

1 Observer

a. Qu'observe-t-on dans le bécher avant et après l'ajout de la solution de nitrate de fer (III) ?

b. Comment évolue la température de la solution avant l'ajout de nitrate de fer (III) ? Après cet ajout ?

2 Interpréter

Identifier l'un des produits formé par la décomposition de l'eau oxygénée.

3 Conclure

a. Quelle est la nature de la transformation qui fait varier la température ?

b. La transformation libère-t-elle de l'énergie thermique ou en consomme-t-elle ?

Expérience 2

- Verser, dans un bécher à fond mince et bien plat, 30 mL d'eau préalablement refroidie autour de 0 °C.
- Déposer quelques gouttes d'eau sur une plaque de verre, elle-même posée sur un isolant thermique (par exemple une plaque de bois ou de polystyrène). Placer ensuite le bécher sur ces gouttes.
- Ajouter en une seule fois 15 g de nitrate d'ammonium dans le bécher, puis agiter le mélange avec une baguette en verre.

7 *Résultat de l'expérience 2 : la plaque de verre est solidaire du bécher.*

4 Observer

a. Quel est l'aspect de la solution dans le bécher ?

b. Quel est l'état physique de l'eau présente entre la plaque de verre et le bécher ?

5 Interpréter

a. Pourquoi a-t-on refroidi préalablement l'eau autour de 0 °C ?

b. La température à l'intérieur du bécher a-t-elle augmenté ou diminué ?

6 Conclure

Quelle est la transformation chimique responsable du phénomène observé ?

1 Évolution d'un système chimique

8 *Les cristaux de chlorure de sodium NaCl et de sulfate de cuivre $CuSO_4$ sont solides. Les ions sodium Na^+, chlorure Cl^-, cuivre Cu^{2+} ou sulfate SO_4^{2-} sont en solution.*

1.1 Qu'appelle-t-on système chimique ?

On appelle système chimique un échantillon de matière décrit par différents paramètres. On définit ainsi l'état du système chimique.

Un système chimique est décrit par :
– des grandeurs physiques (pression et température sont généralement utilisées en chimie),
– les espèces chimiques qui le constituent (formules brutes des espèces en présence),
– l'état physique de chacune des espèces présentes (solide (s), liquide (ℓ), gaz (g)) ou encore dissous en solution aqueuse (aq),
– la quantité de matière de chacune des espèces chimiques en présence.
Ces paramètres définissent l'**état du système**, que l'on peut présenter sous la forme d'un tableau **(document 9)**.

- $P = \ldots$ bar • $T = \ldots$ °C
- Espèce chimique 1 :
  – formule brute (état physique)
  – $n_1 = \ldots$ mol
- Espèce chimique 2 :
  – formule brute (état physique)
  – $n_2 = \ldots$ mol
- etc.

9 *Tableau décrivant l'état d'un système chimique.*

1.2 Évolution d'un système chimique

L'évolution d'un système chimique est caractérisée par le **passage d'un état initial à un état final**. Ces deux états sont *a priori* différents, mais dépendent l'un de l'autre :
– les grandeurs physiques peuvent être modifiées,
– des espèces chimiques peuvent être consommées, d'autres se former,
– l'état physique d'un ou plusieurs constituants peut changer,
– la quantité de matière des espèces présentes peut augmenter, diminuer ou rester constante.
On nomme **transformation chimique** le passage d'un système chimique initial à un système chimique final.

Exemple. Lors de la combustion du carbone dans du dioxygène, on observe la formation de dioxyde de carbone. Dans le cas où il reste du carbone mais pas de dioxygène dans l'état final, une écriture de la transformation est :

État initial		État final
• $P_i = 1$ bar • $T_i = 25$ °C • C(s) : $n_{C,i}$ • O_2 (g) : $n_{O_2,i}$	→	• $P_f = 1$ bar • $T_f > 25$ °C • C(s) : $n_{C,f} < n_{C,i}$ • CO_2 (g) : $n_{CO_2,f}$

1.3 Réactifs et produits

Une espèce chimique dont la quantité de matière diminue lors d'une transformation (elle peut s'annuler) est appelée un réactif.

Un réactif qui est totalement consommé lors d'une transformation chimique est appelé un **réactif limitant**.

Une espèce chimique qui est formée, ou dont la quantité de matière augmente lors d'une transformation, est appelée un produit.

Exemple. Lors de la combustion du carbone dans du dioxygène **(activité 2)**, la quantité de matière de carbone solide diminue, le dioxygène gazeux est totalement consommé et du dioxyde de carbone gazeux se forme. Le carbone solide et le dioxygène gazeux sont donc des réactifs ; le dioxyde de carbone gazeux est un produit.

10 *La combustion du gaz de ville produit de l'énergie thermique, qui est utilisée pour la cuisson des aliments par exemple.*

1.4 Effet thermique d'une transformation

La **combustion** d'une espèce chimique est une transformation chimique dont les réactifs sont l'espèce chimique considérée et le dioxygène.

La combustion s'accompagne d'un **dégagement d'énergie thermique**.

Exemple. La combustion de glucides comme le glucose est une transformation chimique qui se déroule dans notre organisme. Elle produit de l'énergie qui permet aux muscles de se contracter ou de se relâcher lors d'une activité physique.

Une transformation physique ou chimique peut s'accompagner d'une élévation ou d'une diminution de température.

Exemple. Lors d'un effort physique, la transpiration est une transformation physique permettant d'abaisser la température du corps.

11 *Lors d'une activité physique, des transformations se produisent ; elles s'accompagnent d'effets thermiques.*

2 Équation d'une réaction chimique

2.1 La réaction chimique

La description à l'échelle macroscopique de l'évolution d'un système chimique est modélisée par un processus appelé réaction chimique.

2.2 Équation de la réaction chimique

Une réaction chimique est décrite par une **équation de réaction chimique**. Son écriture fait intervenir :
– la formule brute et l'état physique des réactifs, à gauche de la flèche symbolisant le processus d'évolution,
– la formule brute et l'état physique des produits, à droite de la flèche symbolisant le processus d'évolution.

Pour écrire l'équation de la réaction, **il faut respecter la loi de conservation des éléments chimiques et la loi de conservation de la charge** de part et d'autre de la flèche symbolisant le processus d'évolution.

À quoi ça sert ?

Les effets thermiques

Les effets thermiques des transformations physiques ou chimiques sont exploités pour échauffer ou refroidir des objets. Ainsi, les bouillotes d'acétate de sodium (*ci-contre*) sont utilisées par les alpinistes pour se réchauffer. Inversement, des compresses froides contenant du nitrate d'ammonium permettent de soigner rapidement les hématomes

Dans la cuisine, les brûleurs aux gaz utilisent des réactions chimiques pour cuire les aliments, tandis que des transformations de fluides permettent de maintenir froid l'intérieur d'un réfrigérateur ou d'un congélateur.

12 *Ces trampolinistes transforment le glucose et le dioxygène en dioxyde de carbone et en eau.*

13 *On verse, dans un tube à essais, un peu de solution de sel de Mohr (contenant des ions Fe^{2+}), puis on ajoute quelques gouttes de soude (contenant des ions hydroxyde HO^-). Il se forme un précipité vert d'hydroxyde de fer (II) ($Fe(OH)_2$).*

Pour cela, on écrit un nombre devant chaque formule brute dans l'équation de la réaction chimique.

Dans l'équation d'une réaction chimique, chaque formule brute est précédée d'un nombre, appelé **nombre stœchiométrique**.

Exemple. Lors d'un effort intense, le glucose emmagasiné dans le corps réagit avec le dioxygène pour former du dioxyde de carbone et de l'eau selon l'équation de réaction chimique :

$$C_6H_{12}O_6\ (aq) + 6\ O_2\ (g) \rightarrow 6\ CO_2\ (g) + 6\ H_2O\ (\ell)$$

Devant l'entité $C_6H_{12}O_6(aq)$, on choisit de ne pas écrire le nombre 1.

Remarque. Les nombres stœchiométriques sont souvent les entiers les plus petits possibles permettant de respecter les lois de conservation.

2.3 Méthode pour ajuster les nombres stœchiométriques

❶ Identifier réactifs et produits en précisant leur état physique.
❷ Écrire les formules brutes des différents constituants à gauche (réactifs) et à droite (produits) de la flèche symbolisant la transformation.
❸ Compter tous les éléments de part et d'autre de la flèche.
– S'il y a le même nombre d'éléments des deux côtés pour tous les éléments présents, alors les nombres stœchiométriques sont ajustés. La loi de conservation des éléments est ainsi vérifiée.
– Sinon, faire précéder les formules brutes du nombre stœchiométrique adapté pour vérifier la conservation des éléments.
❹ Réécrire l'équation de la réaction avec les nombres stœchiométriques ajustés, puis vérifier la loi de conservation des charges.

APPLICATION Écrire l'équation de la réaction chimique associée au test de reconnaissance des ions fer (II) Fe^{2+} (aq) par les ions hydroxyde HO^- (aq) **(document 13)**.

Réponse. ❶ Les réactifs sont : Fe^{2+}(aq) et HO^- (aq). Le produit formé est : $Fe(OH)_2$ (s).
❷ … Fe^{2+} (aq) + … HO^- (aq) → … $Fe(OH)_2$ (s)
❸ Élément Fe : 1 à gauche ; 1 à droite.
Élément H et élément O : 1 à gauche ; 2 à droite.
Il faut donc écrire le nombre 2 devant l'entité HO^- (aq).
❹ 1 Fe^{2+} (aq) + 2 HO^- (aq) → 1 $Fe(OH)_2$ (s)
La loi de conservation de la charge est vérifiée. Les nombres stœchiométriques sont donc ajustés.
En fait, on n'écrit pas le nombre stœchiométrique 1. On a donc :

$$Fe^{2+}\ (aq) + 2\ HO^-\ (aq) \rightarrow Fe(OH)_2\ (s)$$

Remarque. Au niveau macroscopique, lorsque une mole d'ions Fe^{2+}(aq) et deux moles d'ions HO^-(aq) sont consommées, alors une mole de $Fe(OH)_2$(s) est formée. Plus généralement, lorsqu'une quantité n d'ions Fe^{2+} (aq) et une quantité $2n$ d'ions HO^- (aq) sont consommées, alors une quantité n de $Fe(OH)_2$ (s) est formée. Ainsi il existe une relation entre les quantités de matière des réactifs et produits.

L'ESSENTIEL

Système chimique

- On appelle système chimique un échantillon de matière décrit par différents paramètres.
- On le représente sous la forme d'un tableau.

> - $P = \dots$ bar • $T = \dots$ °C
> - Espèce chimique 1 :
>   – formule brute (état physique)
>   – $n_1 = \dots$ mol
> - Espèce chimique 2 :
>   – formule brute (état physique)
>   – $n_2 = \dots$ mol
> - etc.

Évolution d'un système chimique

- L'évolution d'un système chimique est caractérisée par le passage d'un état initial à un état final.

État initial	→	État final
• $P_i = 1$ bar • $T_i = 25$ °C • $C(s) : n_{C,i}$ • $O_2(g) : n_{O_2,i}$	→	• $P_f = 1$ bar • $T_f > 25$ °C • $C(s) : n_{C,f} < n_{C,i}$ • $CO_2(g) : n_{CO_2,f}$

Réaction chimique

- **Réactif** : espèce chimique dont la quantité de matière diminue lors d'une transformation.
- **Produit** : espèce chimique dont la quantité de matière augmente lors d'une transformation.
- La description à l'échelle macroscopique de l'évolution d'un système chimique est modélisée par un processus appelé **réaction chimique**.

Effets thermiques

- La combustion s'accompagne d'un **dégagement d'énergie thermique**.
- Une transformation physique ou chimique peut s'accompagner d'une élévation ou d'une diminution de température.

Équation d'une réaction chimique

- L'écriture de l'équation de réaction doit faire intervenir la formule brute et l'état physique des réactifs et des produits.
- Pour écrire l'équation de la réaction, **il faut respecter la loi de conservation des éléments chimiques et la loi de conservation de la charge** de part et d'autre de la flèche symbolisant le processus d'évolution.

Les réactifs sont écrits à gauche

Flèche symbolisant la transformation

Les produits sont écrits à droite

$$Fe^{2+}(aq) + 2\,HO^-(aq) \rightarrow Fe(OH)_2(s)$$

Un nombre stoechiométrique est écrit devant chaque formule chimique. On choisit de ne pas écrire le nombre 1.

L'état physique de chaque constituant est précisé.

Exercices d'application

5 minutes CHRONO ! MANUEL NUMÉRIQUE — EXERCICES INTERACTIFS

1 Mots manquants

Compléter avec un ou plusieurs mots.

a. Définir un .... chimique revient à préciser son état.

b. L'évolution d'un système chimique est caractérisée par le passage d'un état .... à un état ....

c. Lors de la combustion d'une espèce chimique, le dioxygène est un ....

d. La description de l'évolution d'un système chimique à l'échelle macroscopique est modélisée par une ....

e. Dans l'écriture de l'.......... de la réaction chimique, les réactifs sont écrits à .... de la flèche traduisant la transformation.

f. L'ajustement des .... de l'équation chimique traduit la loi de .... des éléments et de la charge.

2 QCM

Cocher la réponse exacte.

a. Lors d'une transformation chimique, un produit est une espèce chimique dont la quantité de matière :

☐ augmente ☐ reste constante ☐ diminue

b. L'équation de la réaction chimique modélisant la combustion de l'aluminium dans le dioxygène est :

$$4\ Al(s) + 3\ O_2(g) \rightarrow 2\ Al_2O_3(s)$$

Dans cette équation :

☐ l'aluminium est un produit
☐ le dioxygène est un produit
☐ l'alumine $Al_2O_3(s)$ est un produit

c. Lorsqu'une réaction chimique se déroule dans un milieu, la température :

☐ ne peut pas changer
☐ ne peut qu'augmenter
☐ peut augmenter ou diminer

d. Pour l'équation de la réaction chimique :

$$a\ Ca(s) + b\ O_2(g) \rightarrow c\ CaO(s)$$

les nombres stœchiométriques ajustés sont :

☐ $a = 1$; $b = 1$; $c = 1$
☐ $a = 2$; $b = 1$; $c = 2$
☐ $a = 1$; $b = 1$; $c = 2$

e. Pour l'équation de la réaction chimique :

$$a\ Cu^{2+}(aq) + b\ HO^-(aq) \rightarrow c\ Cu(OH)_2(s)$$

les nombres stoechiométriques ajustés sont :

☐ $a = 2$; $b = 1$; $c = 2$
☐ $a = 1$; $b = 1$; $c = 0,5$
☐ $a = 1$; $b = 2$; $c = 1$

→ **Reportez-vous aux solutions détaillées page 334 pour vérifier vos réponses et comprendre vos erreurs.**

MOBILISER SES CONNAISSANCES

▶ Évolution d'un système chimique

[§1 du cours]

3 Vrai ou faux ?

1. Pour décrire l'état d'un système chimique, il faut préciser :

a. sa pression et sa température ;

b. la nature et l'état physique des constituants ;

c. la quantité de matière des espèces présentes.

2. Lors d'une transformation chimique :

a. des espèces peuvent se former ;

b. les réactifs sont consommés ;

c. toutes les espèces chimiques voient leur quantité de matière varier.

4 Description d'une transformation physique

On retire d'un réfrigérateur un glaçon d'eau d'une masse voisine de 10 g (correspondant à 0,5 mol), à la température de –4 °C. On le place dans un bol.

Au bout d'une demi-heure hors du réfrigérateur, la moitié du glaçon a fondu. Le système est à 0 °C.

a. Décrire l'état initial du système.

b. Décrire l'état du système au bout de 30 minutes hors du réfrigérateur.

Donnée : la pression est la pression atmosphérique.

5 Arbre de Diane

On plonge de la tournure de cuivre dans une solution de nitrate d'argent contenant des ions argent (I) ($Ag^+(aq)$).

La solution initialement incolore devient bleue et il se forme un dépôt d'argent ($Ag(s)$).

a. Décrire le système à l'état initial. Nommer les réactifs.

b. Y a-t-il eu transformation du système initial ? Nommer les deux produits de la transformation.

Donnée : température et pression sont celles du laboratoire.

En raison de sa couleur, les alchimistes associaient l'élément argent à la Lune, et par voie de conséquence à sa déesse, Diane. Les cristaux d'argent poussant en filaments, évoquent un arbre, alors appelé l'arbre de Diane.

6 Combustion et effet thermique

La transformation qui a lieu dans les chalumeaux est la combustion de l'acétylène (gaz de formule C_2H_2).

a. Quel autre gaz est nécessaire au fonctionnement du chalumeau ?

b. L'équation de la réaction chimique ayant lieu dans le chalumeau s'écrit :

$$2\ C_2H_2(g) + 5\ O_2(g) \rightarrow 4\ CO_2(g) + 2\ H_2O(g)$$

Donner les formules chimiques des réactifs et des produits de la transformation.

c. Pourquoi cette transformation est-elle intéressante pour effectuer des soudures ?

Équation d'une réaction chimique

[§2 du cours]

7 Sérum physiologique

Le sérum physiologique est une solution aqueuse de chlorure de sodium (contenant des ions chlorure $Cl^-(aq)$). Il est utilisé pour effectuer des lavages oculaires.

Afin de tester la présence de ces ions, on place le contenu d'une dosette de sérum physiologique dans un tube à essais. On y ajoute une solution de nitrate d'argent (contenant des ions argent (I) $Ag^+(aq)$). Il se forme un précipité blanc qui noircit à la lumière.

a. Quels sont les réactifs et les produits de la transformation réalisée ?

b. Écrire l'équation de la réaction chimique en ajustant les nombres stœchiométriques.

8 Équation d'une réaction chimique

Les équations des réactions chimiques proposées ci-dessous sont-elles correctement écrites ? Justifier.

a. $2\ H_2 + O_2 \rightarrow 2\ H_2O$

b. $CO(g) + O_2 \rightarrow 2\ CO_2(g)$

c. $CH_4(g) + O_2(g) \rightarrow CO_2(g) + 2\ H_2O(\ell)$

d. $Ag^+ + I^- \rightarrow AgI(s)$

e. $Ag^+(aq) + CrO_4^{2-}(aq) \rightarrow Ag_2CrO_4(s)$

UTILISER SES COMPÉTENCES

9 Ajuster les nombres stœchiométriques

Écrire correctement les équations des réactions chimiques proposées dans l'exercice 8, en ajustant les nombres stœchiométriques si nécessaire.

10 Comprendre un mode opératoire

Dans un bécher contenant une solution aqueuse de couleur bleue de sulfate de cuivre (constituée d'ions cuivre (II) $Cu^{2+}(aq)$ et d'ions sulfate $SO_4^{2-}(aq)$), on plonge une lame de zinc, bien décapée.

Au bout d'une nuit, on observe un dépôt rouge sur la partie immergée de la lame de zinc. La solution est décolorée. Elle contient des ions zinc (II) $Zn^{2+}(aq)$ et sulfate $SO_4^{2-}(aq)$.

a. Lors de cette transformation :
– quels sont les réactifs et les produits ?
– quels sont les ions qui n'interviennent pas ?
– quel est le réactif qui est totalement consommé ?

b. Écrire l'équation de la réaction chimique qui s'est produite.

11 Écrire l'équation d'une réaction chimique

L'aluminium (Al), métal léger, est souvent utilisé comme matériau de construction sur les bateaux (mât par exemple). En effet, il possède une excellente tenue à la corrosion en milieu marin. Au contact de l'air, l'aluminium se recouvre naturellement d'une très fine couche d'alumine (Al_2O_3) qui le protège de la corrosion.

a. Quel composé présent dans l'air permet cette transformation ?

b. Écrire l'équation de la réaction chimique.

12 Apprendre à rédiger

Voici l'énoncé d'un exercice et un guide (en orange) ; ce guide vous aide pour rédiger la solution détaillée et pour retrouver les réponses numériques aux questions posées.

Énoncé

Le gaz propane (de formule brute C_3H_8) est utilisé comme combustible par les alpinistes. À température ambiante, la combustion de ce gaz dans une quantité suffisante de dioxygène conduit à la formation de dioxyde de carbone (CO_2 (g)) et d'eau (H_2O (ℓ)).

a. Identifier les réactifs et les produits lors de la combustion du propane.

- ▸ **Écrire une phrase pour préciser le nom, la formule brute et l'état physique de chaque constituant.**

b. Écrire l'équation de la réaction chimique. Ajuster les nombres stœchiométriques si nécessaire.

- ▸ **Écrire les réactifs à gauche et les produits à droite de la flèche symbolisant la transformation (en précisant leur état physique).**
- ▸ **Compter les éléments de part et d'autre de la flèche. (Ici, aucune espèce n'est chargée.)**
- ▸ **Pour ajuster les nombres stœchiométriques, commencer par déterminer ceux des éléments C et H : ils n'interviennent chacun que dans un seul produit.**
- ▸ **Une fois les nombres stœchiométriques des produits ajustés, refaire un décompte pour trouver le nombre à écrire devant O_2(g).**
- ▸ **Vérifier que l'équation de la réaction chimique s'écrit :**

$$C_3H_8(g) + 5\ O_2(g) \rightarrow 3\ CO_2(g) + 4\ H_2O(\ell)$$

Exercices d'entraînement

EXERCICE RÉSOLU

Énoncé **Modéliser une transformation étudiée en classe de 3e**

Dans un tube à essais, on introduit une masse $m = 2{,}0$ g de paille de fer, puis un volume $V = 5{,}0$ mL d'une solution aqueuse d'acide chlorhydrique contenant des ions chlorure Cl^-(aq) et hydrogène H^+ (aq), tous les deux à la concentration $c = 1{,}0$ mol·L^{-1}.

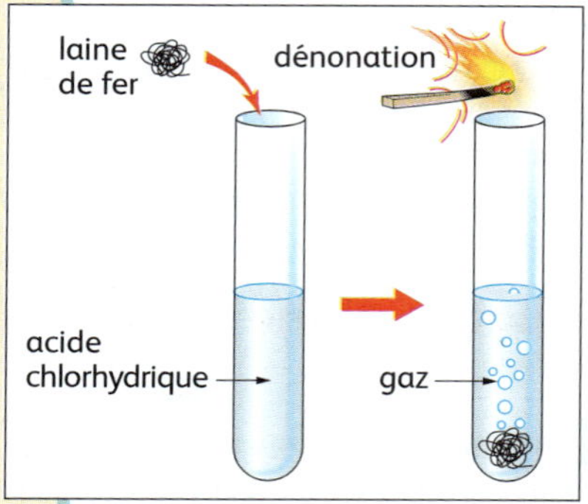

Un gaz se dégage. En approchant une flamme à l'entrée du tube à essais, une légère détonation se produit.

Une fois le dégagement gazeux terminé, la solution restante est répartie dans deux tubes à essais.

– Dans le premier, on ajoute une solution d'ions hydroxyde HO^- (aq). Il se forme un précipité vert.

– Dans le second, on ajoute une solution d'ions argent (I) Ag^+ (aq). Il se forme un précipité blanc qui noircit à la lumière.

Des ions hydrogène H^+ (aq) ont été consommés lors de la transformation. Un test au papier pH met en évidence un pH aux alentours de 4–5 pour la solution obtenue, alors que le pH de la solution d'acide chlorhydrique est inférieur à 1.

Énonce Les données expérimentales sont nombreuses. Bien les garder en tête pour construire les réponses aux questions.

1. Faire la liste des espèces chimiques présentes dans le tube à essais avant de réaliser la transformation. Préciser leur formule chimique et leur état physique.
2. En interprétant les résultats des tests effectués, préciser les formules des espèces chimiques formées lors de la transformation. Quels ions sont présents avant et après la transformation ?
3. Donner les formules chimiques des réactifs et des produits de la transformation.
4. Écrire l'équation chimique ajustée de la réaction.

Une solution

1. Les espèces chimiques présentes dans le tube à essais sont le fer solide Fe(s), les ions chlorure aqueux Cl^- (aq), les ions hydrogène aqueux H^+ (aq) et l'eau liquide $H_2O(\ell)$.

Raisonner L'eau est toujours présente en solution aqueuse.

2. Il y a une détonation lors de l'approche d'une flamme, donc le gaz formé lors de la transformation est le dihydrogène H_2 (g).
En solution, des ions fer (II) Fe^{2+} (aq) se sont formés, car le test de reconnaissance avec les ions hydroxyde est positif (formation d'un précipité vert).
Il reste aussi des ions chlorure Cl^- (aq), car le test aux ions argent est positif (formation d'un précipité qui noircit à la lumière).
Les ions chlorure Cl^- (aq) sont présents aussi bien à l'état initial et à l'état final, alors que les ions hydrogène H^+ (aq) ont été consommés (mesure du pH). Les ions chlorure n'interviennent pas lors de la transformation, leur quantité de matière reste constante.

Raisonner Il faut reconnaître les tests de reconnaissance vus en classe de 3e, et les interpréter un par un.

3. Les ions chlorure sont présents avant et après la transformation et aucune nouvelle espèce contenant l'élément chlore n'est mise en évidence par les tests : les ions chlorure ne sont ni réactif, ni produit.
Les réactifs de cette transformation sont : Fe (s), H^+ (aq).
Les produits sont : Fe^{2+} (aq), H_2 (g).

4. L'équation de la réaction chimique est :

$$Fe\,(s) + 2\,H^+\,(aq) \rightarrow Fe^{2+}\,(aq) + H_2\,(g)$$

Connaissances Les ions chlorure ne sont ni réactif ni produit, donc ils n'apparaissent pas dans l'équation de la réaction chimique.

13 ✶ Test à l'eau de chaux

Pour caractériser le gaz contenu dans une boisson gazeuse, on réalise le montage suivant.

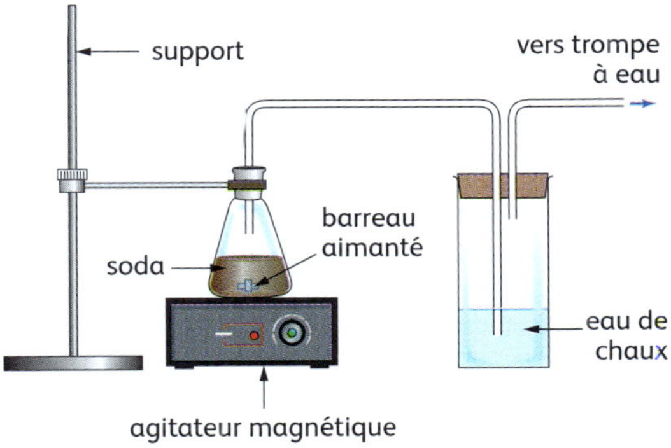

Dans un erlenmeyer muni d'un barreau aimanté, verser environ 50 mL de soda. De l'eau de chaux est placée dans le flacon barboteur. Le tout est relié à une trompe à eau. Ainsi, par création d'une dépression dans le montage, le gaz contenu dans le soda se dégage et barbote dans l'eau de chaux qui se trouble.

L'eau de chaux est une solution aqueuse d'ions calcium (II) Ca^{2+} (aq) et d'ions hydroxyde HO^- (aq). Le trouble de l'eau de chaux est dû à l'apparition de carbonate de calcium $CaCO_3$ qui s'accompagne d'une légère diminution du pH (les ions hydroxyde HO^- (aq) sont consommés).

1. Quel gaz est caractérisé par le test à l'eau de chaux ?

2. On étudie la transformation qui a lieu lors du test.

a. Quelles sont les espèces présentes à l'état initial ?

b. Identifier les réactifs et les produits.

c. Écrire l'équation chimique qui a lieu lors du test à l'eau de chaux, en ajustant les nombres stœchiométriques. Vérifier les lois de conservation.

Aide. La transformation a lieu en solution aqueuse et l'eau peut intervenir comme réactif ou comme produit.

14 ✶ Décomposition de l'eau oxygénée

Les solutions aqueuses d'eau oxygénée sont vendues en pharmacie comme antiseptique local. Si le flacon est trop ancien, la concentration en antiseptique contenu dans le flacon a diminué. L'antiseptique n'est plus efficace. En effet, en solution aqueuse, l'eau oxygénée (de formule H_2O_2) se décompose en dioxygène et en eau.

a. Écrire l'équation de la réaction chimique qui modélise la décomposition de l'eau oxygénée, en ajustant les nombres stœchiométriques.

b. Quelle est la quantité de matière d'eau oxygénée qui s'est décomposée si l'on obtient 5×10^{-2} mol de dioxygène ?

15 ✶✶ Respiration, photosynthèse

Voici des définitions trouvées dans un dictionnaire.

> **Respiration :** ensemble des fonctions qui permettent l'absorption de l'oxygène et le rejet de gaz carbonique chez l'homme, l'animal et les espèces végétales.

> **Photosynthèse :** processus par lequel la plante verte, sous l'action de la lumière, élabore des matières organiques à partir d'éléments minéraux, en absorbant le gaz carbonique et l'eau et en rejetant l'oxygène.

a. Quelle espèce chimique est désignée ici par « oxygène » ? par « gaz carbonique » ? Comment les nomme-t-on en chimie ?

b. Lors de la respiration, « l'oxygène » et le « gaz carbonique » sont-ils des produits ou des réactifs ?

Même question pour la photosynthèse.

c. La respiration est une transformation réalisée à partir de nutriments, comme le glucose $C_6H_{12}O_6$, qui sont issus de l'alimentation.

Écrire la réaction chimique traduisant le processus de la respiration à partir du glucose.

d. Les matières organiques produites par les plantes lors de la photosynthèse sont des glucides.

Écrire la réaction chimique traduisant le processus de la photosynthèse qui fournit du glucose $C_6H_{12}O_6$ et de l'eau.

e. Comparer les deux processus.

16 ✶✶ Pluies acides

> L'érosion des pierres est due à la pluie et au vent. La présence d'acide dans les pluies accroît fortement leur effet corrosif. De plus, des polluants riches en soufre peuvent se déposer sur la pierre, puis se combiner à la pierre calcaire ou au grès, pour donner une substance friable qui sera facilement emportée par la pluie.

Écrire l'équation de la réaction chimique qui a lieu entre le calcaire et des pluies acides, en ajustant les nombres stœchiométriques.

Données

– Le calcaire est principalement composé de carbonate de calcium $CaCO_3$(s). Il se transforme en gypse, solide friable de formule $CaSO_4$(s).

– Une pluie acide riche en soufre contient des ions hydrogène H^+(aq) et des ions sulfates SO_4^{2-}(aq).

Aide. Il se forme un gaz qui trouble l'eau de chaux. La transformation a lieu en présence d'eau, qui peut intervenir comme réactif ou comme produit.

Pour aller plus loin

17 ** Transformation de l'éthanol

1. On place de l'éthanol, de formule brute C_2H_6O, dans un ballon contenant du dioxygène. On chauffe. On fait passer les vapeurs dans un four à 300 °C qui contient des billes d'alumine (Al_2O_3(s)).

Le produit formé est l'éthène, de formule brute C_2H_4. Ce gaz est caractérisé par un test à l'eau de brome. En sortie du four, un test au sulfate de cuivre anhydre révèle la présence d'eau.

a. Décrire l'état initial du système à 300 °C.

b. Décrire l'état final du système, sachant que l'alumine reste sous la même forme et n'a pas été consommée.

c. Écrire l'équation de la réaction chimique qui transforme l'éthanol en éthène.

2. On réalise la même manipulation, mais du cuivre en ruban est placé dans le four à 300 °C à la place de l'alumine.

Le produit formé est l'éthanal, de formule brute C_2H_4O. En sortie du four, un test au sulfate de cuivre anhydre révèle la présence d'eau.

a. Décrire l'état initial du système à 300 °C.

b. Décrire l'état final du système, sachant que le cuivre reste sous la même forme et n'a pas été consommé.

c. Écrire l'équation de la réaction chimique qui transforme l'éthanol en éthanal, sachant que la transformation nécessite comme réactif un composé contenu dans l'air.

3. a. Comparer les états initiaux pour les deux expériences.

b. L'alumine et le cuivre sont-ils des réactifs et/ou des produits ? Comment peut-on les qualifier ? Pensez-vous qu'ils jouent quand même un rôle ?

18 ** Cachets effervescents

Voici les notices de deux médicaments.

> **Vitamine C UPSA® effervescente 1 000 mg**
> Composition : acide ascorbique (vitamine C), 1 000 mg.
> Excipients : bicarbonate de sodium, acide citrique anhydre, saccharose, saccharine sodique, macrogol 6000, benzoate de sodium, jaune orangé S (E110), arôme orange, q.s.p. un comprimé effervescent.

> **Paracétamol ratiopharm® 1 000 mg, comprimé effervescent**
> La substance active pour un comprimé effervescent est : paracétamol 1 000 mg.
> Les autres composants sont : bicarbonate de sodium, acide citrique anhydre, sorbitol, lactose monohydraté, saccharine sodique, arôme citron, leucine, acide ascorbique, povidone.

a. Nommer, pour chaque médicament, le principe actif.

b. Rappeler la définition d'un excipient. Quels sont les excipients communs aux deux médicaments ? Tous les médicaments effervescents contiennent du bicarbonate de sodium ($NaHCO_3$ (s)) et de l'acide citrique (noté AH (s)).

L'équation de la réaction chimique traduisant la dissolution du bicarbonate de sodium dans l'eau est :

$$NaHCO_3\ (s) \rightarrow Na^+\ (aq) + HCO_3^-\ (aq)$$

Celle traduisant la mise en solution de l'acide citrique est :

$$AH\ (s) \rightarrow AH\ (aq)$$

c. Quel est le gaz formé lors de la mise en solution du cachet ? Comment peut-on le caractériser ?

d. Sachant qu'après la réaction, les ions Na^+ (aq) n'interviennent pas et que l'acide citrique est transformé en A^- (aq), écrire l'équation de la réaction chimique traduisant l'effervescence du cachet en solution aqueuse.

Aide. La transformation a lieu en solution aqueuse et l'eau peut intervenir comme réactif ou comme produit.

19 ** L'alcootest

Lors d'un contrôle d'alcoolémie, l'automobiliste « souffle dans le ballon » afin de vérifier la présence d'éthanol (de formule C_2H_6O) dans l'air expiré. On fait ensuite passer l'air expiré dans un tube contenant des ions dichromate de couleur rouge orange ($Cr_2O_7^{2-}$ (aq)). En présence d'éthanol, les produits formés sont l'éthanal (C_2H_4O (aq)) et les ions chrome (III) de couleur verte (Cr^{3+} (aq)).

a. Si le conducteur a bu, quelles espèces chimiques sont présentes à l'état initial dans le tube de l'alcootest ?

b. Écrire l'équation chimique de la transformation qui a lieu dans le tube d'alcootest, en ajustant les nombres stœchiométriques. Vérifier les lois de conservation.

Aide
– Au niveau macroscopique, il faut 3 moles d'éthanol pour 1 mole d'ions dichromate.
– La transformation a lieu en présence d'eau et d'ions hydrogène H^+ (aq).
– Ajuster les nombres stœchiométriques pour les éléments qui n'apparaissent que dans un seul réactif ou produit (ici C et Cr). Pour les éléments H et O, il faut penser aux entités H^+ (aq) et H_2O (ℓ) toujours présentes en solution aqueuse.

c. De quelle couleur est le tube si l'air expiré contient de l'éthanol ?

d. Voici le résultat de deux automobilistes.
Quel automobiliste peut repartir ? Pourquoi ?

Les espèces chimiques contenant du chrome sont toxiques : ne pas essayer d'ouvrir un éthylotest.

Remarque. Le seuil légal pour une conduite en état d'ivresse est 0,5 g d'éthanol par litre de sang, soit $2{,}5 \times 10^{-4}$ g d'éthanol par litre d'air expiré.

Culture scientifique et citoyenne

Un métier : diététicien(ne) BAC +2

Diététicienne travaillant en milieu scolaire.

Selon les pratiques sportives, différentes filières énergétiques sont mises en œuvre au niveau de l'organisme. Les apports alimentaires d'un coureur de fond et d'un sprinter avant un effort ne seront pas les mêmes. Il est important de **maîtriser son alimentation**, pour l'adapter à sa pratique sportive ou pour simplement maintenir un bon état de santé.

- Le **diététicien, spécialiste de la nutrition**, réalise des suivis nutritionnels de personnes bien portantes ou malades, conseille et informe sur la diététique et l'hygiène alimentaire.
- Le travail du diététicien varie en fonction du secteur dans lequel il exerce et du public concerné (sportifs, personnes âgées, etc.). La majorité des diététiciens travaillent pour des établissements de santé (établissement de soins, hôpitaux). Leur rôle est d'**élaborer différents menus** pour les patients en fonction du régime spécifique (ou non) de chacun.
- En restauration collective, le diététicien conçoit et adapte des menus selon des impératifs budgétaires et la législation en matière d'alimentation. Il doit mettre en place des actions d'éducation nutritionnelle.
- C'est une profession récente, qui s'ouvre à l'industrie agro-alimentaire et aux agences de communication.

Sur le Web http://www.adlf.org http://www.lesmetiers.net

Faire une recherche

L'équilibre entre les dépenses et les apports énergétiques permet d'assurer une stabilité du poids corporel et de prévenir l'obésité.

Les besoins nutritionnels sont spécifiques à chaque individu et dépendent du sexe, de l'âge et de l'activité physique de chacun.

?? **Rechercher les valeurs des apports journaliers énergétiques recommandés (AJR) selon les tranches d'âges. Comment est-il recommandé de répartir les nutriments ?**

Sur le Web http://www.afssa.fr

Valeurs nutritionnelles	Pour 100 g	Par portion de 200 g	% RNJ** pour 200 g
Energie	174 kcal 727 kJ	348 kcal 454 kJ	17%
Protéines	11,6 g	23,2 g	46%
Glucides dont sucres	7,2 g 2,0 g	14,4 g 4,0 g	5% 4%
Lipides dont Saturés dont Oméga 3	10,8 g 1,6 g 1,4 g	21,6 g 3,2 g 2,8 g	31% 16%
Fibres	0,7 g	1,4 g	5%
Sodium	0,25 g	0,50 g*	21%

*Equivalent en sel la portion : 1,3 g
** Repères Nutritionnels Journaliers pour un adulte avec un apport moyen de 2000 kcal. Ces repères nutritionnels journaliers et les portions peuvent varier selon l'âge, le sexe, l'activité physique...

Informations nutritionnelles sur un plat cuisiné : les mentions obligatoires sont la valeur énergétique et la quantité de protéines, de glucides et de lipides.

Chapitre 18

Les molécules : formules et groupes caractéristiques

Vu au collège

- Les molécules sont des associations d'atomes.
- Les molécules sont représentées par des formules.
- Les modèles moléculaires permettent de visualiser les molécules.

Connaissances & Compétences

- Représenter une molécule à l'aide de ses formules développée et semi-développée.
- Repérer un groupe caractéristique dans une formule développée.
- Reconnaître des isomères.

Épreuve de ski alpin, Jeux paralympiques de Vancouver 2010.

? *En quoi les matériaux permettent-ils aux sportifs d'améliorer leurs performances ?*

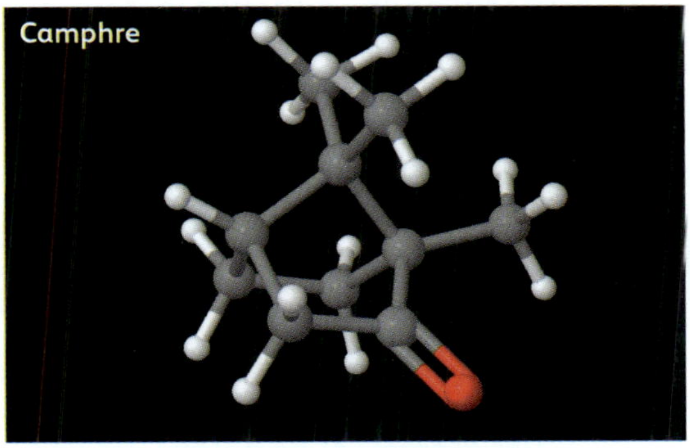

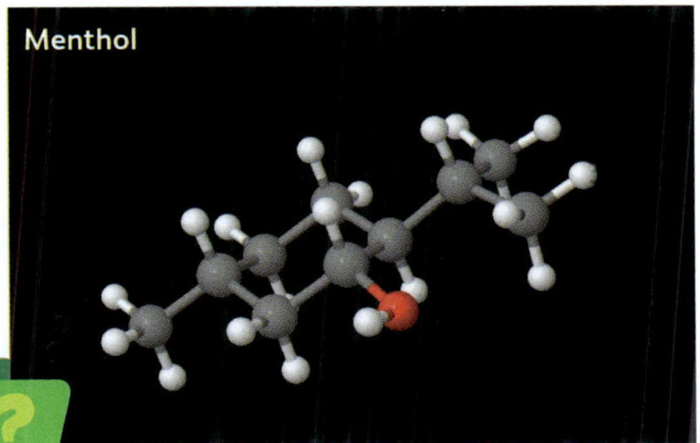

Le baume du tigre contient du camphre et du menthol.

?

Qu'est-ce qui différencie ces deux molécules et permet d'expliquer leurs propriétés chimiques ?

Deux personnages différents construits avec des pièces identiques.

?

Des molécules de même formule brute sont-elles forcément identiques ?

ACTIVITÉ EXPÉRIMENTALE

MANUEL NUMÉRIQUE

1 Découvrir les modèles moléculaires

▶ Une molécule est constituée d'atomes liés entre eux. Plus qu'un simple jeu, le modèle moléculaire porte bien son nom : il modélise les molécules à l'aide de boules (les atomes) et de bâtons (les liaisons). Il permet de mieux visualiser des molécules.

Manipulations

A Construire les modèles moléculaires présentés au **document 1**.

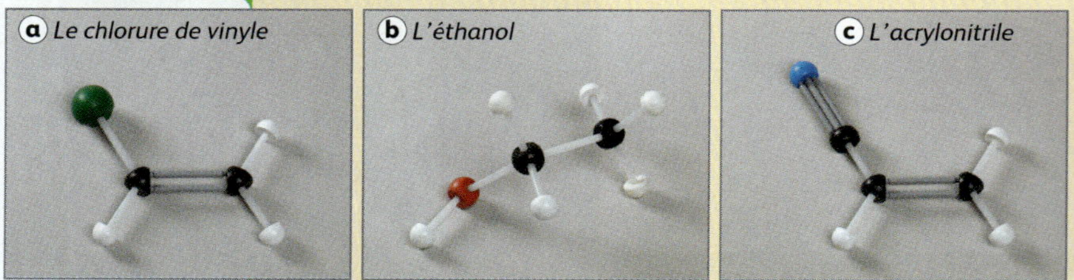

1 *Trois modèles moléculaires.*

2 *Modèle compact de l'éthanol.*

■ **Construction libre :** vous disposez de trois boules noires, de huit boules blanches et d'une boule rouge. Construire un modèle moléculaire.

B Un éditeur de molécules permet de construire des modèles moléculaires, de les visualiser en 3D **(document 2)**, de les faire tourner pour mieux appréhender leur géométrie.

■ Créer les modèles moléculaires des trois molécules du **document 1**.

■ Utiliser plusieurs options de l'éditeur afin d'obtenir différentes vues de ce modèle.

1 Observer

a. En regardant toutes les boules disponibles ainsi que la notice de la boîte de modèles moléculaires, compléter les lignes 2 et 3 du tableau suivant.

Couleur de la boule	Blanche	Noire	Bleue	Rouge	Verte
Atome modélisé					
Nombre de trous					
Nombre de liaisons par atome					

b. Deux boules sont connectées par au moins un bâton.
À l'aide des modèles moléculaires construits, compléter la dernière ligne du tableau.

c. Dans la construction libre, tous les modèles moléculaires construits sont-ils identiques ?

2 Interpréter

En prenant exemple sur le **document 3**, écrire les formules brutes, développées et semi-développées des deux autres molécules dont les modèles ont été construits.

3 Conclure

Deux molécules de même formule brute ont-elles forcément la même formule développée ou semi-développée ?

Formule brute C_2H_6O

Formule développée

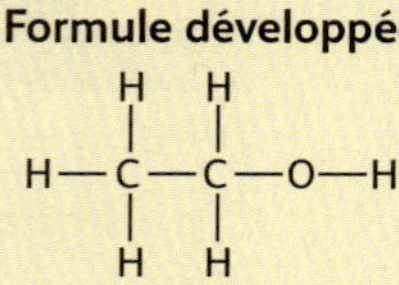

Formule semi-développée

$CH_3{-}CH_2{-}OH$

3 *Formules de l'éthanol.*

ACTIVITÉ DOCUMENTAIRE

MANUEL NUMÉRIQUE

2 Jeu des sept familles

▶ **Il existe des millions de molécules qu'il est possible de regrouper par familles. Quel critère le chimiste utilise-t-il pour former ces familles ?**

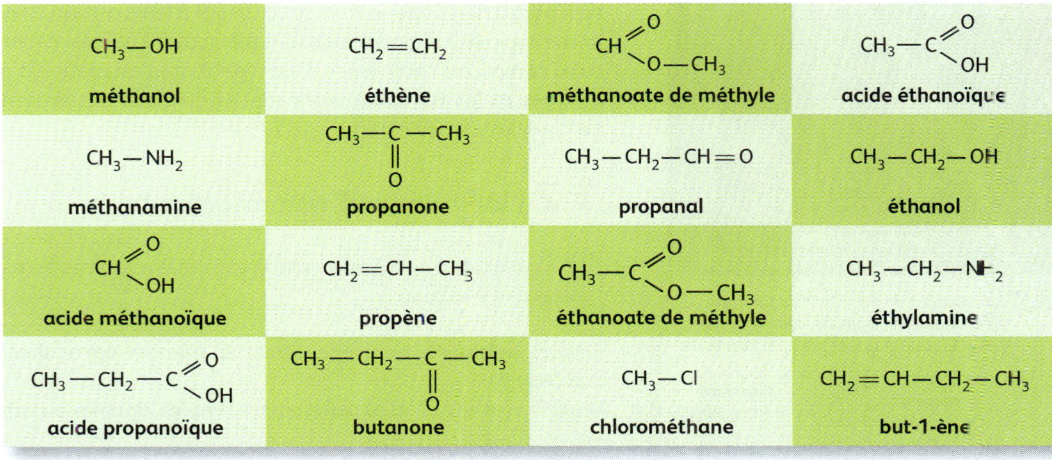

4 *Un extrait du jeu des sept familles de molécules.*

1 Observer

a. Former les familles des molécules qui se ressemblent. Quel critère a-t-on utilisé ? Regrouper les réponses dans un tableau.

b. En quoi diffèrent les molécules de méthanoate de méthyle et d'acide éthanoïque ?

c. En s'aidant du **tableau 5**, compléter ce jeu avec une molécule supplémentaire par famille.

Atome	H	C	N	O
Nombre de liaisons	1	4	3	2

5 *Nombre de liaisons par atome.*

2 Interpréter

Un **groupe caractéristique** est un ensemble d'atomes liés entre eux dont au moins un n'est pas un atome de carbone.

- Les atomes d'hydrogène liés à un atome autre qu'un atome de carbone font partie du groupe caractéristique.
- Un atome de carbone lié à un atome d'oxygène avec une liaison double fait partie du groupe caractéristique.

a. Recopier les molécules de méthanol, de méthanamine, de propanone, d'éthanol, d'acide éthanoïque, de méthanoate de méthyle, de chlorométhane et entourer leur groupe caractéristique.

b. Y a-t-il dans le **document 4** des molécules qui ne possèdent pas de groupe caractéristique ?

Modèle moléculaire

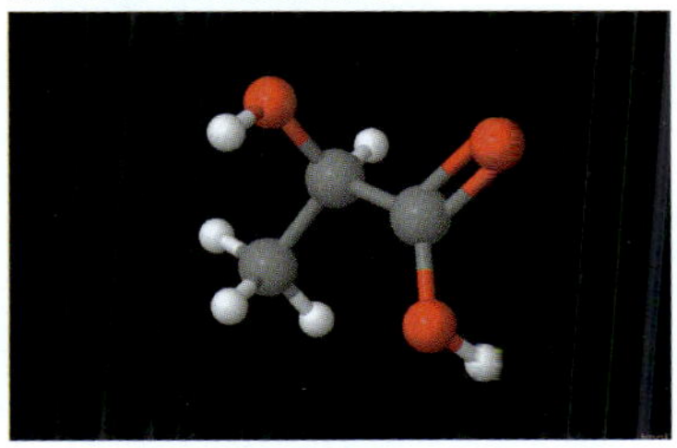

Formule développée

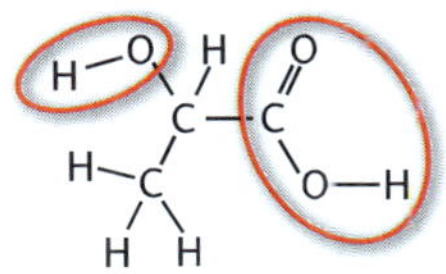

6 *Lorsque trop d'acide lactique s'accumule dans les muscles des sportifs, c'est la crampe ! L'acide lactique possède les groupes caractéristiques* 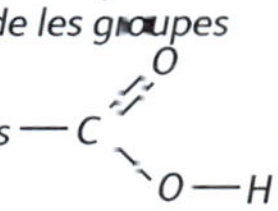 *et* $-OH$.

7 *Les matériaux sont choisis suivant des critères bien précis, afin de rendre les athlètes toujours plus performants.*

Atome	Nombre de liaisons
H	1
Halogènes (F, Cl, Br, I)	1
O	2
N	3
C	4

8 *Nombre de liaisons suivant la nature de l'atome.*

Couleur de la boule	Atome
Blanche	Hydrogène
Noire ou grise	Carbone
Bleue	Azote
Rouge	Oxygène
Verte	Chlore

9 *Code des couleurs pour les modèles moléculaires.*

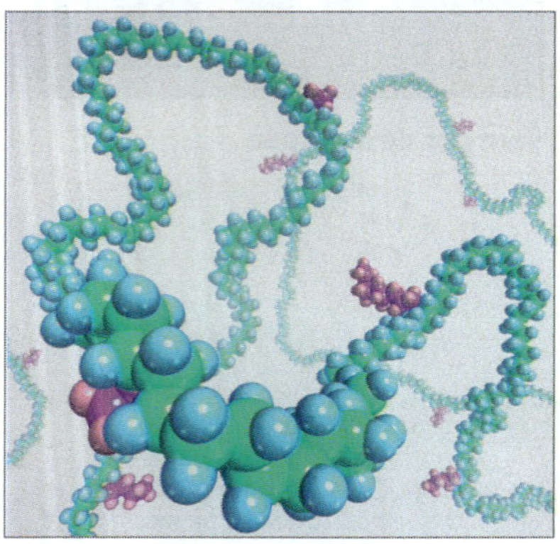

10 *Vue d'artiste d'une molécule de polyéthylène. C'est un polymère constituant les canoës par exemple.*

1 Matériaux et molécules du sport

1.1 Diversité des matériaux

Les matériaux utilisés dans les équipements sportifs ont des propriétés bien particulières dues à leurs structures et à leurs constitutions à l'échelle microscopique. Les **polymères** sont très souvent utilisés : ce sont des molécules complexes composées de la répétition d'un groupe d'atomes. **Les alliages et les fibres de verre** sont également très présents dans les perches, les raquettes, etc.

1.2 Définition d'une molécule

Une molécule est un édifice neutre constitué d'atomes connectés entre eux par des liaisons.

Suivant sa nature, un atome admet un **nombre particulier de liaisons (tableau 8)**.
Les liaisons entre atomes peuvent être **simples, doubles ou triples**.

APPLICATION À l'aide du **tableau 8**, déterminer la nature des liaisons dans le diazote et dans le dioxyde de carbone.

Réponse. Un atome d'azote est lié trois fois ; la liaison est donc triple dans la molécule de diazote de formule $N{\equiv}N$.
L'atome de carbone est lié quatre fois et chaque atome d'oxygène deux fois ; l'atome de carbone est donc central et lié par deux liaisons doubles aux atomes d'oxygène suivant le schéma $O{=}C{=}O$.

1.3 Modélisation d'une molécule

- Un modèle moléculaire modélise une molécule. Il rend compte de la structure et de la géométrie de la molécule. Chaque atome est représenté par une boule de couleur précise **(tableau 9)** et chaque liaison par un bâton.
- Le **modèle éclaté** permet de visualiser la nature des liaisons ; le **modèle compact** est largement utilisé car moins volumineux **(document 10)**.

1.4 Structure d'une molécule

On appelle structure d'une molécule l'enchaînement des atomes qui la constituent.

Certaines molécules sont **cycliques** et d'autres à chaîne ouverte. On distingue parmi ces dernières :
– les molécules **linéaires** où les atomes de carbone ne forment qu'une seule chaîne ouverte ;
– les molécules **ramifiées** qui sont constituées d'au moins deux chaînes ouvertes.

Exemple (document 11). Le cyclohexane est une molécule cyclique ⓐ, l'hexane-1,6-diamine (matière première du nylon) une molécule linéaire ⓑ, l'isoprène (précurseur du caoutchouc naturel) une molécule ramifiée ⓒ.

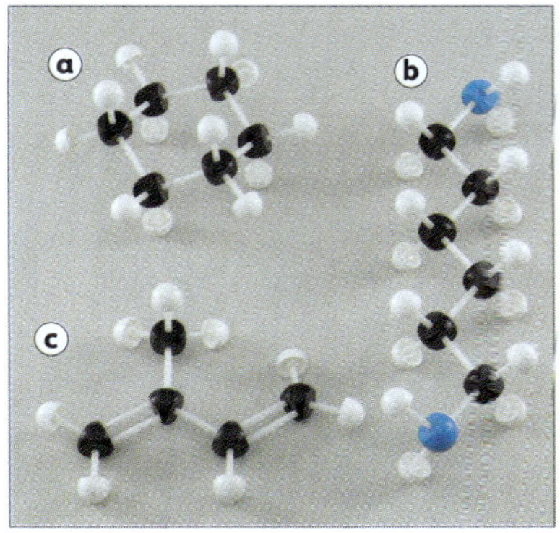

11 *Modèles moléculaires du cyclohexane ⓐ, de l'hexane-1,6-diamine ⓑ, de l'isoprène ⓒ.*

2 Formules d'une molécule

2.1 Formule développée

- La formule brute d'une molécule indique la nature et le nombre d'atomes qui la composent. Aucune information n'est donnée sur la structure de la molécule.

Dans une formule développée, tous les symboles des atomes sont écrits et chaque liaison est indiquée par un trait.

- Une formule développée est écrite à partir du modèle moléculaire éclaté **(document 12)**. Une liaison double est représentée par deux traits = et une liaison triple par trois traits ≡.

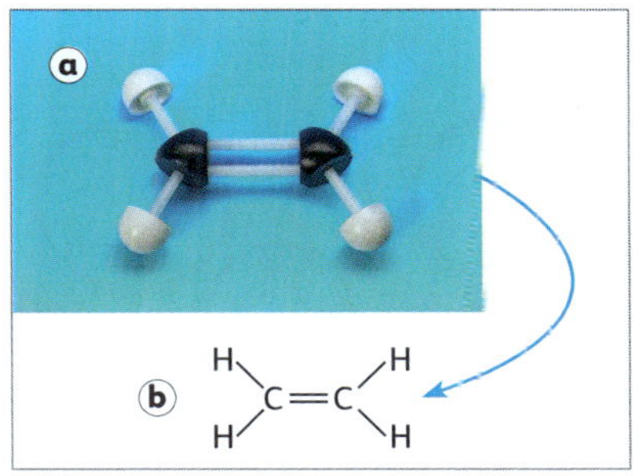

12 *Le modèle moléculaire de l'éthène ⓐ permet d'écrire sa formule développée ⓑ.*

2.2 Formule semi-développée

Dans une formule semi-développée, les liaisons impliquant un atome d'hydrogène ne sont plus écrites.

Exemple. Dans la formule semi-développée de l'éthène, les liaisons carbone-hydrogène n'apparaissent pas. Seule la liaison double entre les atomes de carbone est écrite : $CH_2=CH_2$.

APPLICATION À l'aide du modèle moléculaire de l'acide éthanoïque ci-contre, écrire la formule développée de cette molécule.
En déduire la formule semi-développée correspondante.

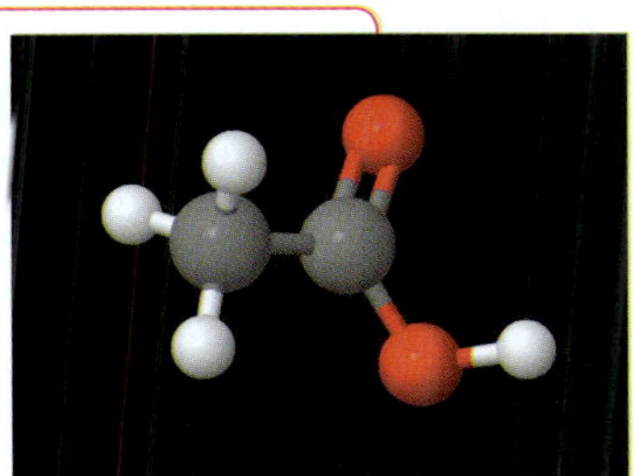

Réponse. Le code des couleurs et le nombre de bâtons entre atomes permettent d'écrire la formule développée de l'acide éthanoïque :

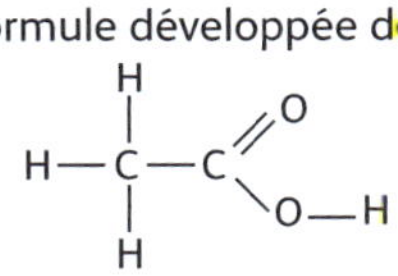

On déduit la formule semi-développée de l'acide éthanoïque :

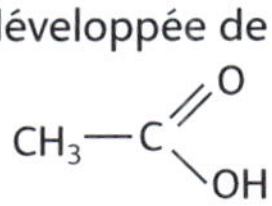

13 *Cette combinaison de plongée contient du néoprène, obtenu à partir du chloroprène. Le chloroprène contient le groupe caractéristique — Cl.*

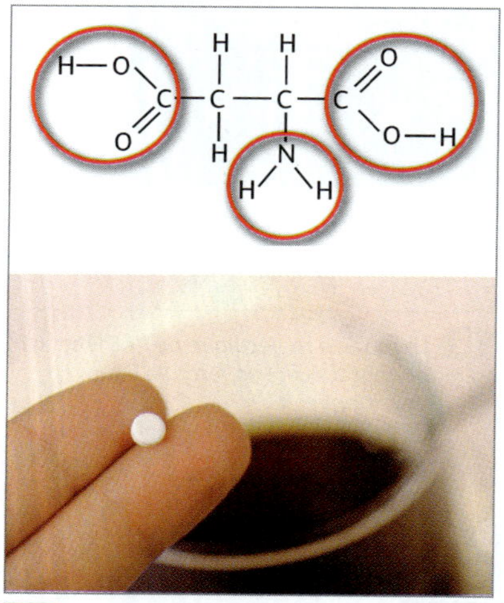

14 *L'acide aspartique permet de synthétiser de l'aspartame, un édulcorant de synthèse.*

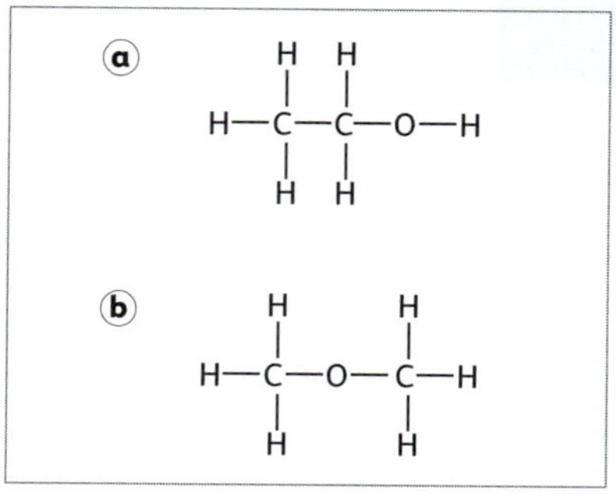

15 *Formules développées de l'éthanol* ⓐ *et du diméthyléther* ⓑ*.*

3 Groupes caractéristiques

Un groupe caractéristique est une partie d'une molécule ; c'est un ensemble d'atomes liés entre eux dont au moins un n'est pas un atome de carbone.

- Les atomes d'hydrogène liés à un atome autre que le carbone font partie du groupe caractéristique.
- Un atome de carbone lié à un atome d'oxygène avec une liaison double fait partie du groupe caractéristique.
- Le groupe caractéristique confère à la molécule qui la contient certaines **propriétés chimiques et physiques**. C'est pourquoi les chimistes ont classé les molécules par groupe caractéristique.

Exemple. Dans l'activité 2, les groupes caractéristiques —OH,

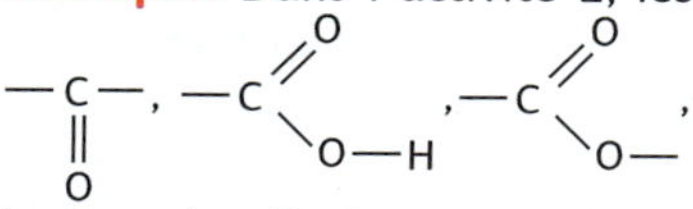

, $—NH_2$ et —Cl ont été identifiés dans les formules développées.

Remarque. Certaines molécules contiennent plusieurs groupes caractéristiques, comme l'acide aspartique **(document 14)**.

4 Isomères

Des isomères sont des molécules qui ont la même formule brute mais où les atomes sont liés différemment entre eux.

Les isomères **n'ont pas les mêmes propriétés physiques ni chimiques.** C'est pourquoi le chimiste ne se contente-t-il pas de connaître la formule brute d'une molécule.

Remarque. Des isomères peuvent différer par leur groupe caractéristique (voir l'exemple) et/ou par leur structure (voir l'application).

Exemple. L'éthanol et le diméthyléther sont des isomères **(document 15)**. Ils ont la même formule brute C_2H_6O. Dans l'éthanol, l'atome d'oxygène est lié à un atome de carbone et un atome d'hydrogène, alors que dans le diméthyléther, il est lié à deux atomes de carbone.

APPLICATION Écrire les formules semi-développées de tous les isomères de formule brute C_4H_{10}.

Réponse. Il y a deux isomères, l'un linéaire, l'autre ramifié.
Dans le premier, les quatre atomes de carbone sont alignés. Dans le second, seulement trois atomes sont alignés.

$CH_3 — CH_2 — CH_2 — CH_3$

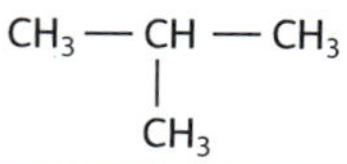

L'ESSENTIEL

La molécule

- Une molécule est un édifice neutre constitué d'atomes connectés entre eux par des liaisons.
- Chaque atome admet un nombre particulier de liaisons, comme l'indique le tableau ci-dessous.

Atome	Nombre de liaisons
H	1
Halogènes (F, Cl, Br, I)	1
O	2
N	3
C	4

- Une liaison peut être simple, double ou triple.
- Une molécule est modélisée par un modèle moléculaire où les atomes sont représentés par des boules et les liaisons par des bâtons.
- Une molécule peut être linéaire, ramifiée ou cyclique.

Formules d'une molécule

- La **formule brute** d'une molécule indique la nature et le nombre d'atomes qui la composent.
- Dans une **formule développée**, tous les symboles des atomes sont écrits et chaque liaison est indiquée par un trait.
- Dans une **formule semi-développée**, les liaisons impliquant un atome d'hydrogène ne sont plus écrites.

Exemple de l'acide éthanoïque

Formule brute :

$$C_2H_4O_2$$

Formule développée :

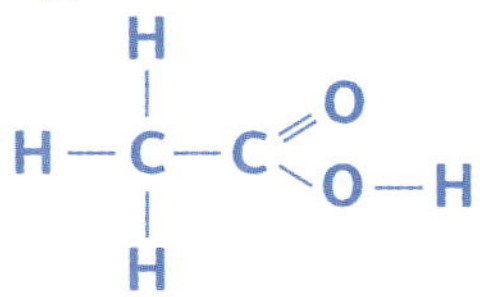

Formule semi-développée :

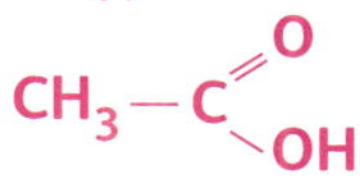

Groupe caractéristique

- Un groupe caractéristique est une partie d'une molécule ; c'est un ensemble d'atomes liés entre eux dont au moins un n'est pas un atome de carbone.
- Les atomes d'hydrogène liés à un atome autre que le carbone font partie du groupe caractéristique.
- Un atome de carbone lié à un atome d'oxygène avec une liaison double fait partie du groupe caractéristique.

Exemple. L'acide éthanoïque contient un groupe caractéristique.

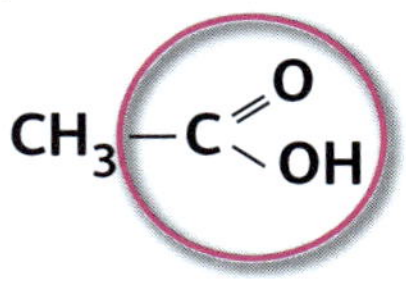

Isomères

- Des isomères sont des molécules qui ont la même formule brute mais où les atomes sont liés différemment entre eux.
- Ils peuvent différer par leur groupe caractéristique et/ou par leur structure.

Exemple

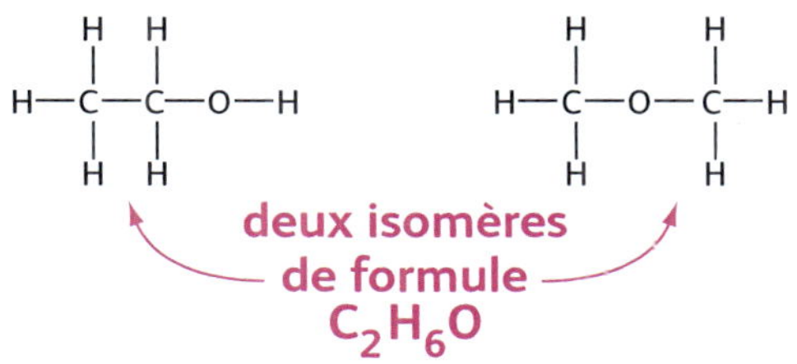

Exercices d'application

5 minutes CHRONO ! MANUEL NUMÉRIQUE — EXERCICES INTERACTIFS

1 Mots manquants

Compléter avec un ou plusieurs mots.

a. Une molécule est un .... constitué d'.......... connectés entre eux par des liaisons.

b. La .... d'une molécule désigne l'enchaînement des atomes.

c. Il existe des liaisons ...., doubles ou triples.

d. Dans une formule ...., tous les .... et toutes les .... sont écrits.

e. Dans une formule ...., les liaisons entre un atome d'.......... et un autre atome ne sont pas écrites.

f. Des .... sont des molécules de même formule .... où les atomes sont liés ....

g. Un groupe .... est constitué d'atomes liés entre eux dont au moins un n'est pas un atome de ....

2 QCM

Cocher la réponse exacte.

a. $CH_3-CH_2-CH_3$ est une formule :
- ☐ développée
- ☐ brute
- ☐ semi-développée

b. La molécule de formule 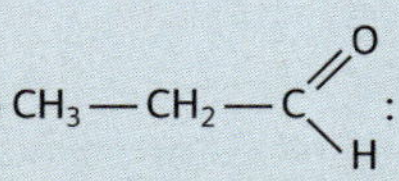 :
- ☐ ne contient aucun groupe caractéristique
- ☐ contient un groupe caractéristique
- ☐ contient deux groupes caractéristiques

c. Les deux molécules de formules semi-développées $CH_3-CH_2-O-CH_3$ et $CH_3-O-CH_2-CH_3$ sont :
☐ identiques ☐ des isomères ☐ des isotopes

d. La molécule de formule semi-développée $CH_3-CH=CH_2$:
- ☐ contient une triple liaison
- ☐ contient une double liaison
- ☐ est cyclique

e. La formule développée de l'acide éthanoïque s'écrit :
- ☐ $C_2H_4O_2$
- ☐ 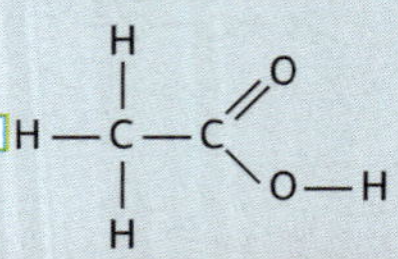
- ☐ 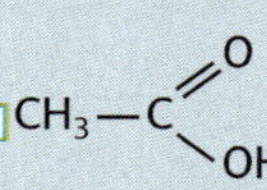

→ Reportez-vous aux solutions détaillées page 334 pour vérifier vos réponses et comprendre vos erreurs.

Pour tous les exercices, on utilisera le tableau suivant.

Atome	Nombre de liaisons
H	1
Halogènes (F, Cl, Br, I)	1
O	2
N	3
C	4

MOBILISER SES CONNAISSANCES

▶ Matériaux et molécules du sport [§1 du cours]

3 Types de liaisons

Dans une molécule, quels sont les types de liaisons possibles ?

4 Types de structures

a. Citer les trois structures possibles pour une molécule.

b. Trouver deux exemples de molécule cyclique dans ce chapitre.

▶ Formules d'une molécule [§2 du cours]

5 Du modèle moléculaire à la formule développée

La photographie ci-dessous représente les modèles moléculaires éclatés de l'éthane (a), de l'éthène (b) et de l'éthyne (c). Écrire leurs formules développées.

6 De la formule développée à la semi-développée

Reprendre les modèles moléculaires de l'exercice 5. Écrire les formules semi-développées de ces trois molécules.

7 Modèles moléculaires éclatés et compacts

On considère les modèles moléculaires éclaté (a) et compact (b) de l'isoprène, précurseur du caoutchouc.

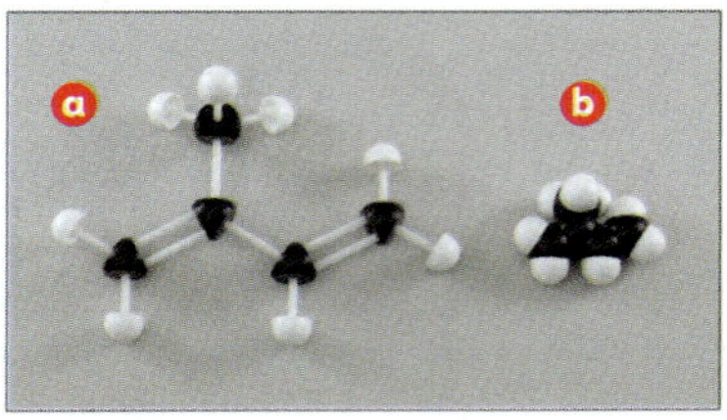

En quoi sont-ils différents ?

▶ Groupes caractéristiques [§3 du cours]

8 Repérer des groupes caractéristiques

a. Donner la définition d'un groupe caractéristique.

b. Des formules développées de molécules ont été écrites ci-dessous. Y entourer les groupes caractéristiques quand il y en a.

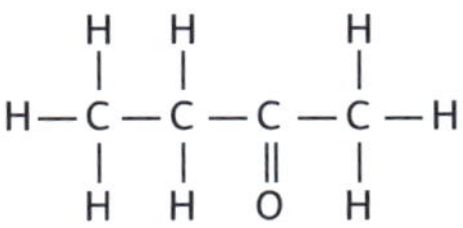

butanone

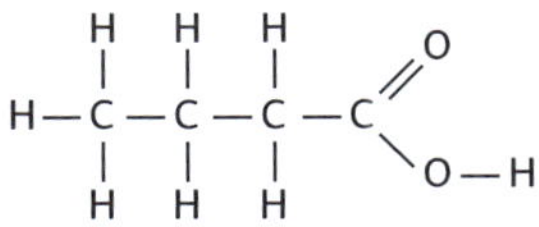

acide butanoïque

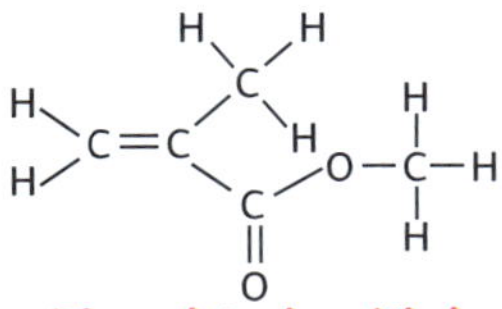

méthacrylate de méthyle

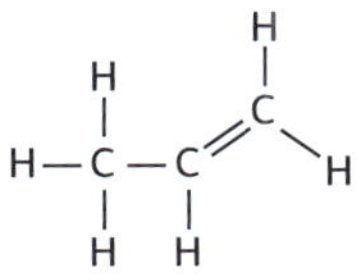

propène

9 Le vinaigre

Le vinaigre est un condiment d'origine agricole. Il contient de l'acide éthanoïque obtenu par réaction du dioxygène avec de l'éthanol. Les modèles moléculaires respectifs de ces deux molécules sont présentés ci-dessous.

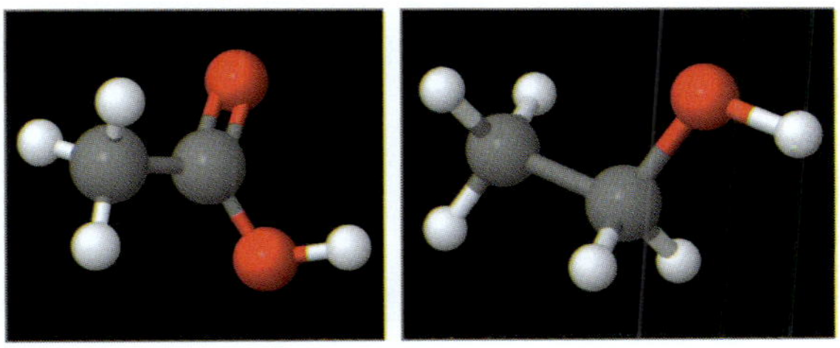

a. Écrire les formules développées de ces molécules.

b. Ces molécules contiennent-elles un groupe caractéristique ? Si oui, l'entourer.

c. Si la réponse est oui pour les deux molécules, contiennent-elles le même groupe caractéristique ?

▶ Isomères [§4 du cours]

10 Isomères

Donner la définition de molécules isomères.

11 Des isomères du butan-1-ol ?

La formule semi-développée du butan-1-ol est donnée ci-contre.

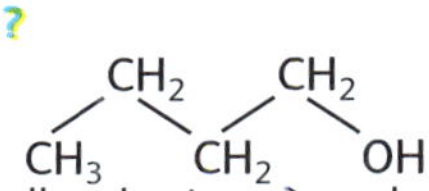

Les trois molécules ci-dessous sont-elles des isomères du butan-1-ol ? Justifier.

a

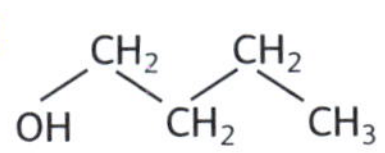

b

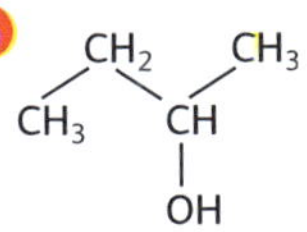

c

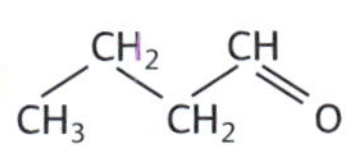

UTILISER SES COMPÉTENCES

12 Déterminer des types de liaisons

À l'aide du tableau fourni page 286, donner la nature des liaisons dans les molécules suivantes.

a. HCN **b.** H_2O **c.** Cl_2 **d.** CH_4 **e.** CH_2O **f.** C_2F_4

Les questions a. et c. sont corrigées en fin de manuel.

13 Chercher des isomères

La propan-1-amine a pour formule brute C_3H_9N. L'enchaînement des atomes autres que ceux d'hydrogène est le suivant :

C—C—C—N.

a. À l'aide du tableau fourni page 286, écrire sa formule développée, puis sa formule semi-développée.

b. Trois autres molécules ont la même formule brute que la propan-1-amine. Écrire leurs formules semi-développées.

14 Manipuler des formules

Écrire les formules semi-développées de tous les isomères de formule brute :

a. C_5H_{12} ; **b.** $C_3H_6Cl_2$; **c.** $C_4H_{11}N$.

15 Calculer avec les puissances de 10

La formule semi-développée de la molécule de polyéthylène est $H—(CH_2)_{10\,000}—H$; elle compte 10 000 groupes CH_2. La liaison entre deux atomes de carbone mesure 150 pm.

Estimer la taille de cette molécule dans l'hypothèse où tous les atomes de carbone sont alignés.

16 Apprendre à rédiger

Voici l'énoncé d'un exercice et un guide (en orange) ; ce guide vous aide pour rédiger la solution détaillée et pour retrouver les réponses numériques aux questions posées.

Énoncé

Écrire la formule semi-développée de l'isomère de la molécule dont la représentation est donnée ci-dessous.

- Définir le terme « isomère ».
- Écrire d'abord la formule développée correspondant au modèle moléculaire de départ.
- Vérifier que la formule semi-développée s'écrit :

  $CH_3—CH_2—NH_2$.
- Changer la position du groupe NH ainsi que celle d'un atome d'hydrogène afin de trouver l'isomère. Vérifier que sa formule semi-développée s'écrit $CH_3—NH—CH_3$.

Exercices d'entraînement

EXERCICE RÉSOLU

Énoncé **Recherche d'isomères**

Sur les étiquettes de trois produits différents, on peut lire la même formule brute C_3H_8O.

1. Donner la définition de molécules isomères.
2. Le modèle moléculaire de l'un des isomères est donné ci-dessous. En déduire la formule développée correspondante et y entourer le groupe caractéristique.

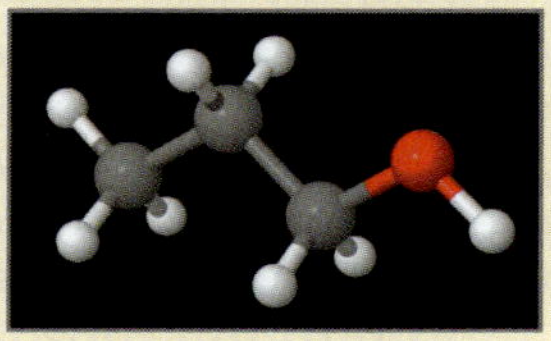

3. Ce groupe caractéristique pourrait être lié à un autre atome de carbone. Écrire la formule semi-développée de cet isomère.
4. Le troisième isomère ne contient pas ce groupe caractéristique. Écrire la formule semi-développée du troisième isomère.

Données

– Nombre de liaisons par atome

Atomes	H	C	O
Nombre de liaisons	1	4	2

– Code des couleurs pour les modèles moléculaires

Couleur de la boule	Blanche	Noire ou grise	Bleue	Rouge	Verte
Atome Symbole	Hydrogène H	Carbone C	Azote N	Oxygène O	Chlore Cl

Énoncé Bien identifier que la phrase contient deux questions.

Une solution

1. Des molécules isomères ont la même formule brute mais leurs atomes sont liés différemment entre eux.
2. Le modèle moléculaire montre que l'enchaînement des atomes de carbone et d'oxygène est C — C — C — O. Pour écrire la formule développée, complétons avec des atomes d'hydrogène en respectant le nombre de liaisons par atome.

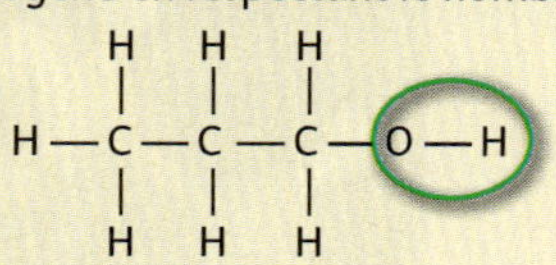

3. Le groupe — OH ne peut alors être lié qu'à l'atome de carbone central. Dans une formule semi-développée, les liaisons impliquant un atome d'hydrogène ne sont pas écrites. La formule semi-développée de ce deuxième isomère s'écrit donc :

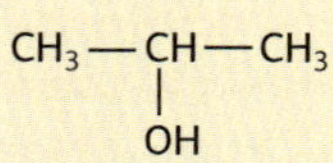

4. Le seul autre enchaînement possible est alors : C — O — C — C. Complétons avec des atomes d'hydrogène en respectant le nombre de liaisons par atome. Ce qui donne : $CH_3 — O — CH_2 — CH_3$.

Connaissances Donner la définition de molécules isomères

Rédiger Toujours expliciter son raisonnement avant d'écrire une formule.

Raisonner Les atomes d'hydrogène ne sont engagés que dans une seule liaison. C'est donc sur l'enchaînement des atomes autres que l'hydrogène qu'il faut raisonner.

Raisonner Ne pas considérer l'enchaînement O — C — C — C qui est celui du premier isomère.

17 ✶ Des molécules au service du sport

Recopier et compléter le tableau. Faire une recherche sur Internet afin de compléter la dernière ligne.

Modèle moléculaire	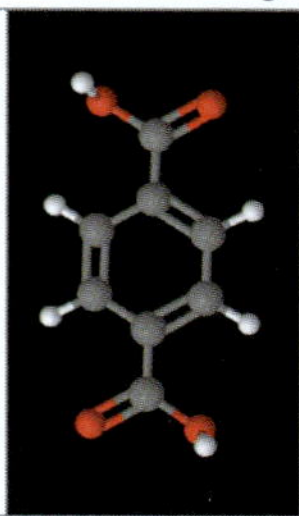	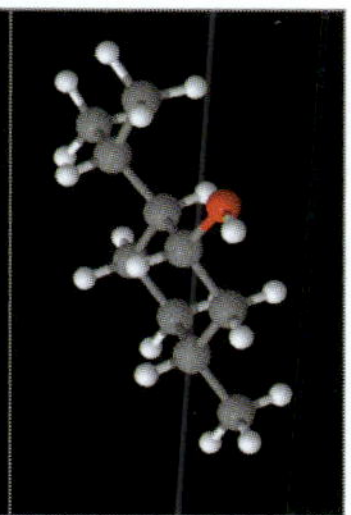
Formule développée		
Formule semi-développée		
Groupe(s) caractéristique(s)		
Nom	Acide téréphtalique	Menthol
Utilisation		

18 ✶ Plusieurs groupes caractéristiques

Recopier les formules développées des molécules représentées ci-dessous. Entourer les groupes caractéristiques qu'elles contiennent.

Aide. —N—C=O est un groupe caractéristique.

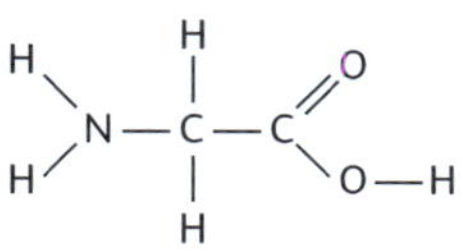

glycine
(acide aminé)

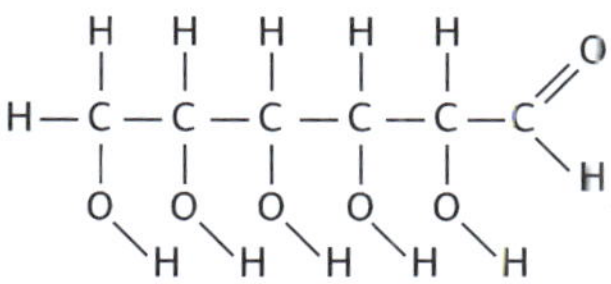

glucose
(ose)

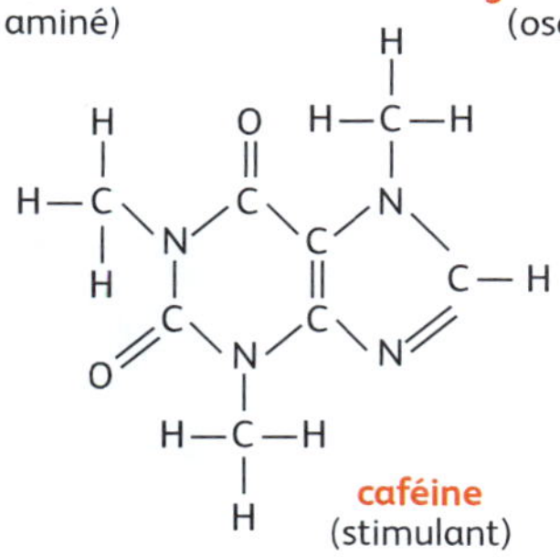

caféine
(stimulant)

19 ✶✶ Isomères

a. Parmi ces molécules, reconnaître celles qui sont isomères entre elles.

ⓐ 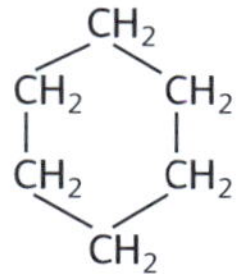

ⓑ 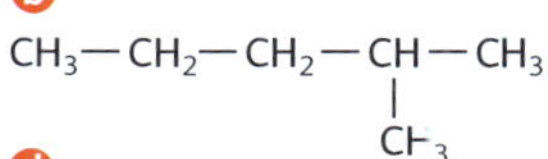

ⓒ $CH_3-(CH_2)_4-CH_3$

ⓓ 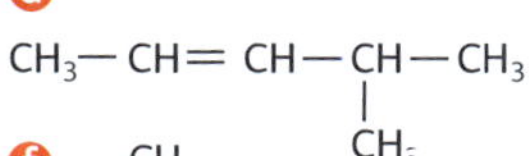

ⓔ 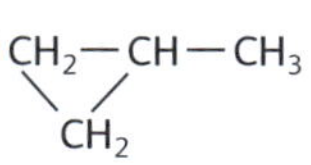

ⓕ 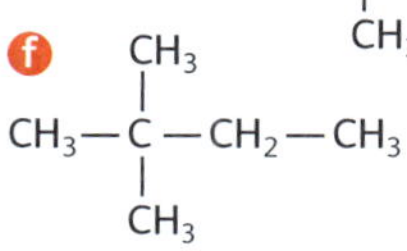

b. Écrire les formules semi-développées de tous les isomères de formule brute C_4H_8.

Aide. Deux de ces molécules sont cycliques.

20 ✶✶ L'aspirine

L'aspirine est préconisée pour lutter contre la fièvre et les douleurs. Le modèle moléculaire de cette molécule est donné ci-dessous.

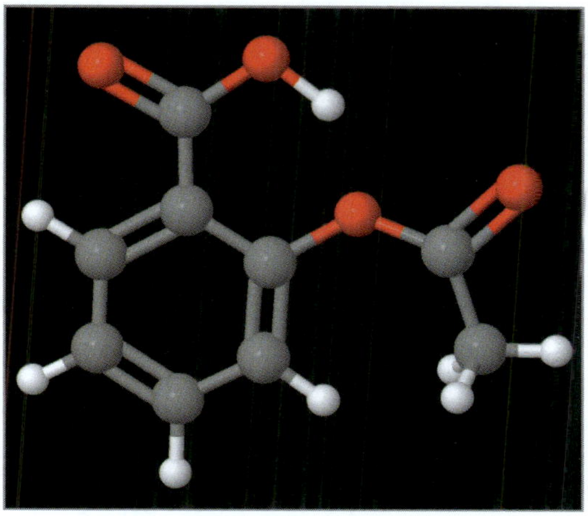

a. Écrire la formule développée, puis la formule semi-développée de cette molécule.

b. Entourer le (les) groupe(s) caractéristique(s) qu'elle contient.

c. Léa a mal à la tête. Elle dissout dans 20 cL d'eau un sachet d'Aspro 500® qui contient 500 mg d'aspirine.
Calculer la concentration massique de cette solution.

d. Écrire la formule semi-développée d'un isomère de l'aspirine en veillant à respecter le nombre de liaisons par atome. (On utilisera le tableau page 286.)

21 ✶✶ Odeur de lavande

L'acétate de linalyle est la molécule responsable de l'odeur de lavande et ses vertus médicinales sont avérées. Sa formule semi-développée s'écrit :

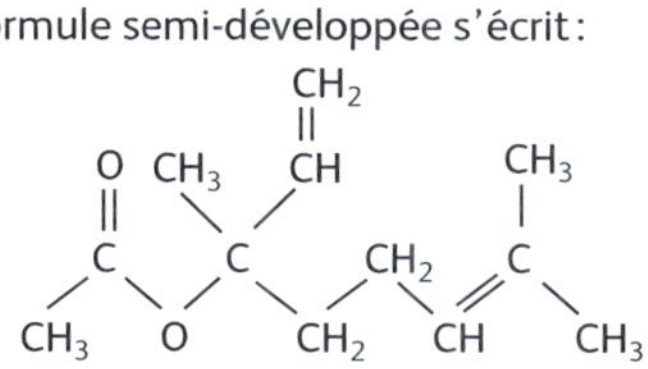

a. Écrire sa formule brute, puis sa formule développée.

b. Entourer le (les) groupe(s) caractéristique(s) que contient cette molécule.

c. La molécule suivante est-elle un isomère de l'acétate de linalyle ? Justifier.

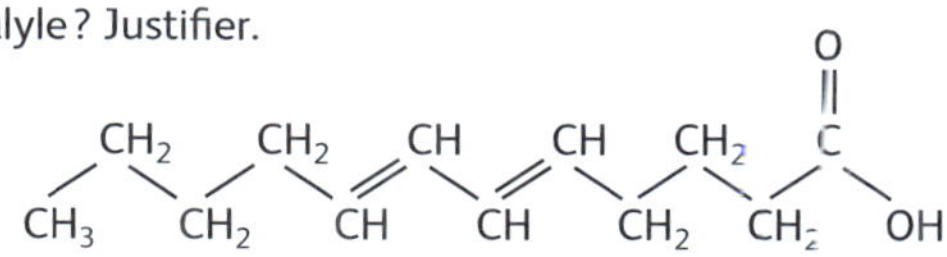

Pour aller plus loin

22 ✶✶ Les sucres

Lors d'une activité sportive intense, l'absorption de saccharose, le « sucre blanc », permet aux muscles de bien jouer leur rôle.

Tous ces aliments sont riches en oses de différentes natures. Dans le langage courant, les oses sont appelés les sucres.

saccharose

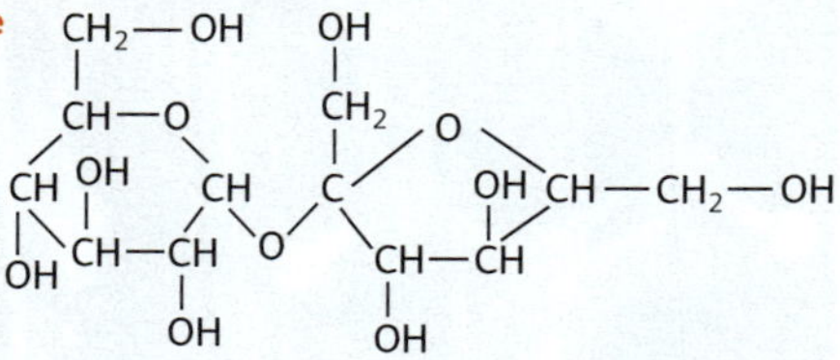

fructose

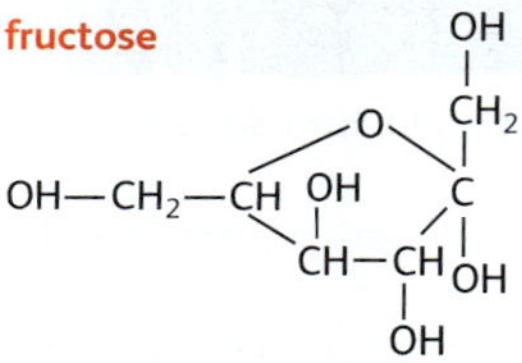

glucose

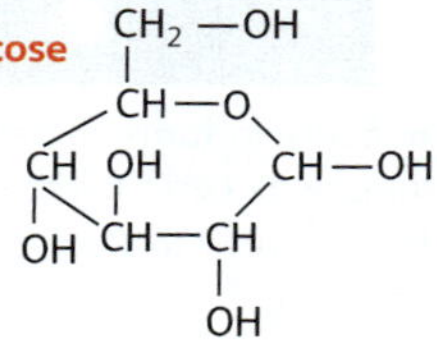

a. Lorsque la molécule de saccharose est en solution acide (par exemple notre salive), elle produit du glucose et du fructose.
En comparant les formules de ces molécules, préciser quelle autre petite molécule est nécessaire pour réaliser cette réaction.

b. Entourer les groupes caractéristiques contenus dans le glucose et le fructose. Les comparer.

c. Comment qualifier ces deux molécules l'une par rapport à l'autre ?

23 ✶✶ Polymères

Les polymères sont des molécules constituées d'un groupe d'atomes qui se répète un grand nombre de fois.
Le nylon-6 est utilisé dans l'industrie textile. Il est obtenu par réaction de l'acide 6-aminohexanoïque de formule semi-développée :

$$NH_2-(CH_2)_5-C(=O)-OH$$

Une telle formule signifie que le groupe CH_2 se répète cinq fois, c'est-à-dire que la molécule a la formule :

$$NH_2-CH_2-CH_2-CH_2-CH_2-CH_2-C(=O)-OH$$

1. a. Entourer les deux groupes caractéristiques de l'acide 6-aminohexanoïque.

b. Deux molécules d'acide 6-aminohexanoïque réagissent entre elles. Il se forme de l'eau ainsi qu'une nouvelle molécule possédant le groupe caractéristique : $-C(=O)-NH-$

Écrire l'équation de la réaction chimique qui se produit et l'ajuster.

2. La formule semi-développée du nylon-6 s'écrit :

$$H-\left(NH-(CH_2)_5-C(=O)\right)_p-OH$$ où p est un entier.

a. Écrire l'équation de la réaction chimique de la polymérisation de p molécules d'acide 6-aminohexanoïque et l'ajuster.

b. Lors d'une synthèse réalisée en TP, on obtient $m = 5{,}0$ g d'une fibre caractérisée par $p = 600$.
Calculer la masse molaire M de la fibre, puis la quantité de matière n de nylon ainsi obtenu.

Données : masses molaires atomiques en $g \cdot mol^{-1}$
$M(H) = 1$; $M(C) = 12$;
$M(N) = 14$; $M(O) = 16$.

Les bonnets de bain de water-polo sont en nylon.

24 ✶✶ Caféine et sport

La caféine est une molécule contenue dans le café, le thé, le chocolat et certaines boissons énergisantes. Elle stimule le système nerveux central et le système cardio-vasculaire. Elle a également des propriétés diurétiques.

a. Expliquer pourquoi cette substance ne doit pas être consommée par un sportif professionnel.

b. Le modèle moléculaire de la caféine est donné ci-contre. Écrire sa formule développée et y entourer le(s) groupe(s) caractéristique(s).

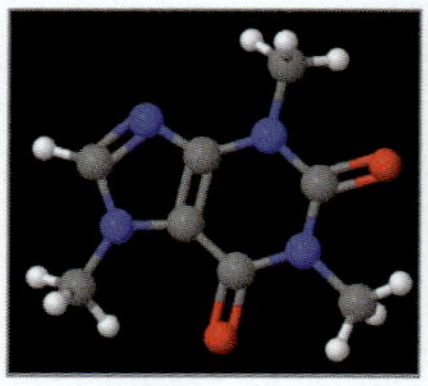

Donnée : $N-C=O$ est un groupe caractéristique.

c. Les valeurs de la solubilité de la caféine dans l'eau à différentes températures sont regroupées dans le tableau ci-dessous.

Température de l'eau	25 °C	80 °C	100 °C
Solubilité (en $g \cdot L^{-1}$)	?	180	670

En TP, il est demandé à Pierre et Bénédicte, élèves de Seconde, de déterminer la valeur de la solubilité de la caféine dans l'eau à 25 °C. Ils disposent d'une balance, de fioles jaugées, de pipettes munies de poire à pipeter, d'éprouvettes, de béchers, de barreaux aimantés et d'agitateurs magnétiques, de bains-marie, d'un thermomètre, d'eau distillée et de caféine solide.
Rédiger un protocole que ces élèves doivent suivre afin de déterminer la valeur manquante du tableau.

Aide. La solubilité d'un solide est la masse maximale de ce solide que l'on peut dissoudre par litre de solution.

Culture scientifique et citoyenne

Une vocation : enseignant(e) de physique-chimie BAC +5 à BAC +8

La pratique expérimentale en laboratoire est au cœur de l'enseignement de la physique-chimie.

Le **professeur de physique-chimie** choisit, organise, adapte les activités des élèves afin de **créer les conditions de la réussite de chacun**.

- Il construit un enseignement **tant théorique qu'expérimental** afin d'intéresser les élèves au monde scientifique d'aujourd'hui et à ses évolutions rapides. Pour cela, il exploite notamment les outils informatiques.
- Il prépare ses cours en respectant un programme national, corrige des copies, se cultive et, parallèlement, participe aux travaux d'équipe disciplinaires et interdisciplinaires de la communauté éducative de son établissement d'enseignement.

Sur le Web http://www.lesmetiers.net

Sciences & Société

Les vêtements hors compétition

Le 23 avril 2009, Alain Bernard bat le record du monde de 100 m nage libre… mais la Fédération internationale de natation (Fina) **invalide ce record à cause de la combinaison 100 % polyuréthane que portait le sportif.**

- Ce polymère a une structure particulière qui permet au nageur de **mieux glisser entre les couches d'eau.** À partir des conclusions d'experts scientifiques, la Fina a décidé de mettre en place une réglementation très sévère et n'autorise que les combinaisons en fibres textiles.

Sur le Web http://www.ffnatation.fr/

Les nouveaux textiles comme ceux portés par Alain Bernard permettent d'améliorer les performances, mais sont très réglementés.

Chapitre 19

Propriétés des gaz

Vu au collège

- Un gaz est compressible.
- La pression d'un gaz se mesure avec un manomètre, l'unité de pression SI est le pascal (Pa).
- Un gaz est formé de molécules.
- L'état gazeux est dispersé et désordonné.

Connaissances & Compétences

- Savoir décrire le mouvement des molécules de gaz à l'échelle microscopique.
- Savoir utiliser la relation entre pression et force pressante.
- Connaître deux lois des gaz et leur limite de validité.

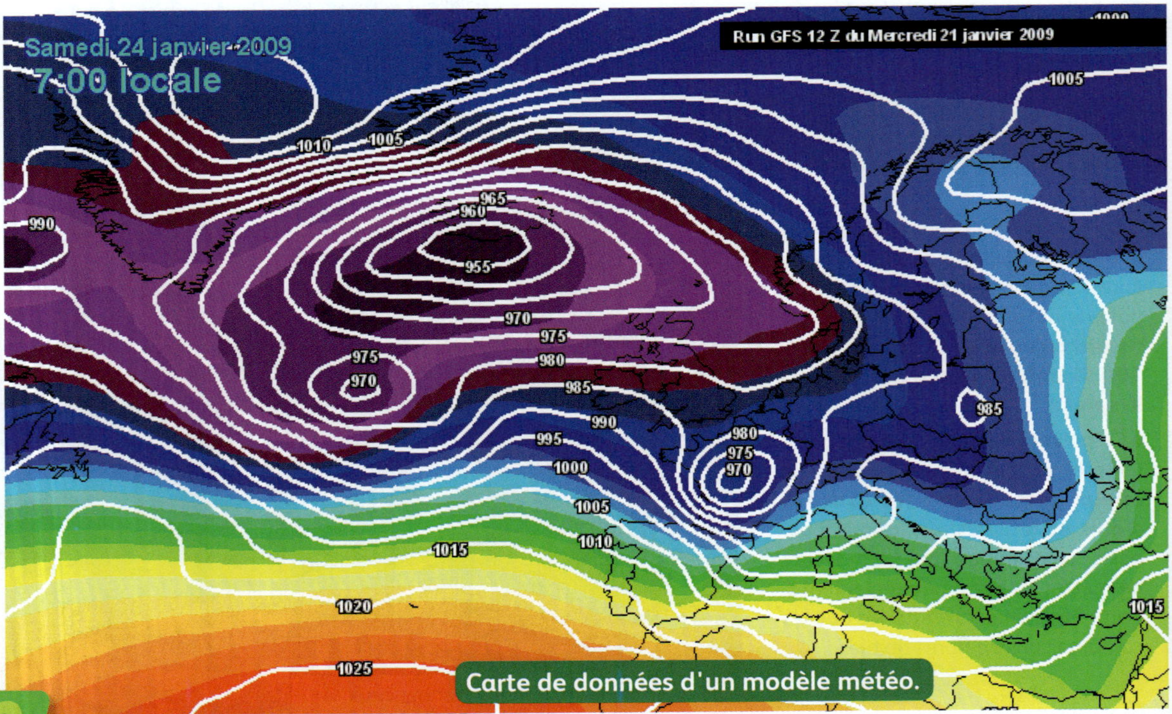

Carte de données d'un modèle météo.

? *Que représentent les lignes apparaissant sur la carte ?*

Ballon sonde gonflé à l'hélium.

? *Pourquoi le ballon explose-t-il à une altitude voisine de 20 000 m ?*

? *Comment l'odeur de ce fromage parvient-elle aux narines d'Astérix et Obélix ?*

Vignettes extraites de Astérix en Corse.

Activité à la maison

ACTIVITÉ DOCUMENTAIRE

MANUEL NUMÉRIQUE

1 Histoire de la physique des gaz

▶ **Remontons le temps pour avoir un aperçu de l'évolution des connaissances sur les gaz.**

Les premières connaissances sur le comportement des gaz sont dues au physicien anglo-irlandais Robert Boyle, qui étudia la compressibilité de l'air. Il établit en 1662 que « l'air se condense précisément selon la proportion des poids dont il est pressé », ce que l'on traduit aujourd'hui par : « pour une quantité de matière donnée, le produit de la pression P par le volume V d'un gaz est constant ». En 1676, le français Edme Mariotte arriva indépendamment à la même conclusion. Plus tard, Guillaume Amontons, inventeur de thermomètres, précisa que cette loi, qui porte le nom de Boyle-Mariotte, n'est valable qu'à température constante.

Au début du XVIIIe siècle, de nombreux savants étudièrent l'influence de la température sur la dilatation des gaz. Ils conclurent que les dilatations diffèrent selon les gaz étudiés. Gay-Lussac et John Dalton refirent les expériences et aboutirent à une conclusion contraire, qui se révéla exacte. Ils énoncèrent simultanément la loi de dilatation des gaz : « Tous les gaz [...] exposés à des températures égales, sous la même pression, se dilatent exactement de la même quantité. »

Puis Gay-Lussac proposa, en 1808, la loi de combinaisons des volumes de gaz. Cette loi précise que les gaz réagissent en se combinant en volume dans des rapports simples. En 1811, le chimiste italien Amedeo Avogadro, interprétant la loi précédente par la théorie moléculaire, fit l'hypothèse suivante : « dans les mêmes conditions de température et de pression, deux volumes égaux de gaz différents contiennent le même nombre de particules ». Cette loi, qui porte le nom d'Avogadro-Ampère, sera contestée pendant un demi-siècle avant d'être acceptée.

D'après Xavier Bataille, *Célébrations nationales 2002 - Louis-Joseph Gay-Lussac.*

2 *Gay-Lussac et Biot réalisent des expériences scientifiques à 4 000 m d'altitude.*

1 *Évolution des connaissances sur les gaz à partir du XVIIe siècle.*

1 Comprendre le texte

a. Pour chacune des propriétés des gaz citées dans le **document 1**, placer sur une frise chronologique les périodes durant lesquelles elles ont été étudiées. Associer les noms des savants cités dans le texte qui ont contribué à cette connaissance.

b. Compléter l'énoncé de la loi de Boyle-Mariotte : « pour une quantité de matière donnée, le produit de la pression P par le volume V d'un gaz est constant », en tenant compte des renseignements donnés dans le texte.

2 Rechercher des informations

a. Pour chaque affirmation, rechercher dans le texte un exemple qui permet de l'illustrer.

- Une loi acceptée par plusieurs savants d'une époque peut être reconnue fausse.
- Une loi peut être contestée pendant une longue durée avant d'être reconnue par la communauté des savants.

b. Comment expliquer qu'une même loi porte les noms de deux savants différents ?

ACTIVITÉ EXPÉRIMENTALE

MANUEL NUMÉRIQUE

2 Pression et force pressante

▶ **Mettons en évidence expérimentalement l'action de l'air sur un objet, puis modélisons cette action.**

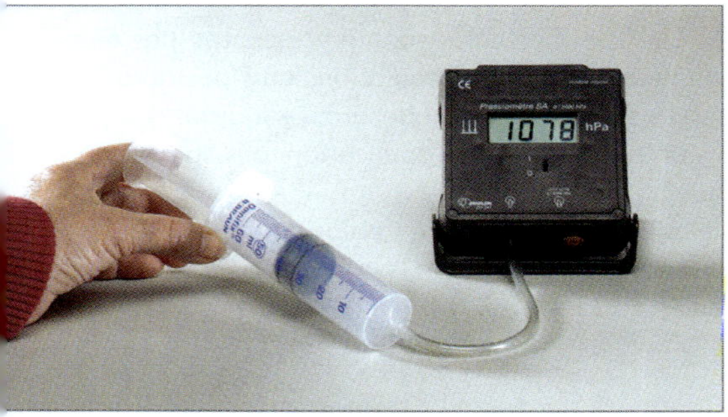

3 *Seringue avec manomètre.*

! Sécurité *Attention à ne pas dépasser la valeur limite de la pression indiquée sur le manomètre.*

Expérience 1

■ Dans chacun des cas suivants, positionner le piston de la seringue à mi-course, puis enfoncer lentement le piston.
• **Cas 1 :** l'extrémité de la seringue est reliée à un manomètre **(document 3)**.
• **Cas 2 :** le manomètre est retiré et la seringue est bouchée avec un doigt.

1 Observer

Lorsqu'on enfonce lentement le piston :
a. comment varie la pression ?
b. comment varie l'action de l'air sur le doigt ?

2 Interpréter

Cette action peut être modélisée par une force, appelée **force pressante**, de direction orthogonale à la surface pressée.
a. Représenter cette force sur un schéma.
b. Comment varie la valeur de la force pressante quand la pression de l'air de la seringue augmente ?

Expérience 2

■ Avant de faire le vide partiel, mesurer la pression de l'air dans la cloche puis soulever la cloche.
■ Faire un vide partiel sous la cloche. Noter l'évolution de la pression puis soulever la cloche.

4 *Cloche à vide avec manomètre.*

3 Observer

a. Comment évolue la valeur de la pression lorsque l'on fait le vide à l'intérieur de la cloche ?
b. Que se passe-t-il lorsque l'on soulève la cloche avant de faire le vide partiel ? après avoir fait le vide partiel ?

4 Interpréter

a. Existe-t-il une raison pour que la force pressante exercée par l'air extérieur sur la cloche ait été modifiée après avoir fait le vide partiel ?
b. Le résultat de l'observation **3 b.** impose-t-il alors que la force pressante due à l'air intérieur ait été modifiée ? Si oui, dans quel sens ?
c. On considère un petit élément de surface de la cloche.
Représenter la force pressante $\vec{F}_{int}$ exercée par l'air intérieur, et la force pressante $\vec{F}_{ext}$ exercée par l'air extérieur, avant et après avoir fait le vide partiel.

5 Conclure

Rédiger une phrase traduisant la relation entre pression d'un gaz et force pressante.

SIMULATION

MANUEL NUMÉRIQUE

3 Modèle microscopique d'un gaz

▶ À l'aide d'un simulateur, explorons le modèle microscopique du gaz et faisons le lien avec les grandeurs macroscopiques.

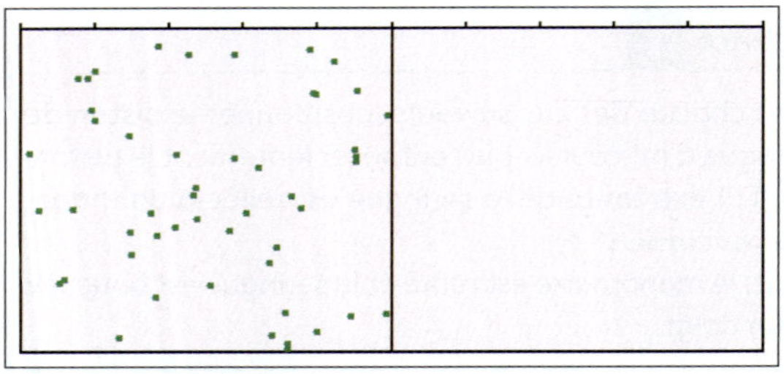

5 *La case de gauche contient des molécules, la case de droite est vide. La paroi qui les sépare n'a pas encore été libérée.*

MODÉLISATION Les molécules sont représentées par des points. Au lancement de la simulation, leurs positions et leurs vitesses sont choisies au hasard. Le logiciel calcule ensuite leur trajectoire par application des lois de la mécanique.
Le logiciel n'utilise pas le degré Celsius pour exprimer les températures : il utilise le kelvin (symbole K).
On a T(en K) = 273 + θ (en °C).

Simulation 1

- Fixer la température à 300 K et afficher 500 dans la case « Durée » (pour conserver une même durée de comptage des chocs).
- Lancer la simulation avec 50 molécules dans une seule case.

TICE
Le logiciel est disponible à l'adresse Internet suivante : http://www.epi.asso.fr/logiciel/catal/7219.htm

1 Observer
Comment se déplacent les molécules ? Dans quels cas une molécule change-t-elle de direction ?

2 Interpréter
Résumer les observations faites sur le mouvement des molécules en utilisant les mots : molécules, gaz, mouvement, rapide, choc, ligne droite, obstacle, incessant, désordonné.

Simulation 2

- Introduire une « paroi mobile » et envisager successivement les trois cas suivants.

	Case de gauche	Case de droite
Cas 1	100 molécules N_2	0 molécule
Cas 2	100 molécules N_2	100 molécules N_2
Cas 3	100 molécules N_2	100 molécules H_2

3 Faire une prévision puis observer
a. Dans chaque cas, que se passera-t-il lorsqu'on libèrera la paroi mobile ?
b. Réaliser les simulations et confronter les observations aux prévisions.

4 Interpréter
L'action mécanique due aux chocs des molécules sur les parois est modélisée à l'échelle macroscopique par une force pressante.
a. Dans le cas 1, justifier le sens de déplacement de la paroi mobile.
b. Dans les cas 2 et 3, comparer les forces pressantes qui s'exercent sur chaque face de la paroi mobile lorsqu'elle est libérée.
c. La pression du gaz est définie comme le quotient de la valeur de la force pressante par l'aire de la paroi. Comparer les pressions de part et d'autre de la paroi mobile.
d. Un énoncé de la loi d'Avogadro-Ampère est le suivant : « des quantités de matière identiques de gaz différents pris dans les mêmes conditions de température et de pression, occupent le même volume ». Montrer que le cas 3 permet d'illustrer cette loi.

ACTIVITÉ EXPÉRIMENTALE

MANUEL NUMÉRIQUE

4 La loi de Boyle-Mariotte

Démarche d'investigation

Voici un énoncé de la loi de Boyle-Mariotte :

À température donnée et pour une quantité de matière déterminée, le produit de la pression P par le volume V d'un gaz est constant.
Cette loi n'est vérifiée qu'aux faibles pressions.

→ ***Aux pressions usuelles, l'air qui nous entoure obéit-il ou non à la loi de Boyle-Mariotte ?***

Matériel disponible :

- pipette graduée, burette graduée, seringue graduée, cristallisoir ;
- manomètre, thermomètre et baromètre ;
- support ;
- tableur scientifique.

6 ► *Portrait de Robert Boyle (1627-1691) au début de l'un de ses ouvrages.*

7 ▼ *L'abbé Edme Mariotte représenté dans son laboratoire.*

1 Imaginer une démarche expérimentale

Proposer un protocole expérimental permettant de répondre à la question ci-dessus.

2 Expérimenter pour conclure

a. Réaliser l'expérience retenue.
b. Réaliser un schéma de l'expérience et présenter les résultats.
c. Analyser les résultats obtenus par l'ensemble des groupes.
d. Après discussion, conclure si les résultats expérimentaux obtenus vérifient la loi de Boyle-Mariotte.

3 Pour aller plus loin

La nature du gaz n'est pas précisée dans l'énoncé de la loi de Boyle-Mariotte.
Proposer des expériences qui permettraient de vérifier que cette loi s'applique à d'autres gaz que l'air.

Cours

1 Les gaz : aspect macroscopique

1.1 Force pressante

Un gaz exerce une action mécanique sur toute paroi avec laquelle il est en contact. Cette action mécanique est modélisée par une force pressante, orthogonale à la paroi et dont le sens va du gaz vers la paroi.

Exemple. Le gaz contenu dans un ballon de baudruche gonflé exerce une action mécanique sur une surface Σ de la paroi du ballon. Cette action est modélisée par une force pressante $\vec{F}$.

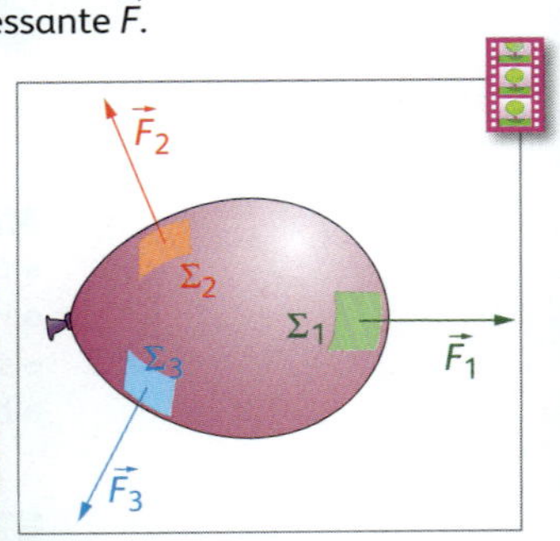

9 *Forces pressantes exercées par l'air du ballon sur l'enveloppe.*

Vocabulaire

Depuis l'Antiquité et jusqu'au XVIIe siècle, les termes « esprit », « souffle », « émanation », « vapeurs » nommèrent ce qu'on appelle aujourd'hui « gaz ».

C'est Jean-Baptiste van Helmont, médecin et chimiste flamand, qui introduisit le terme « gaz » (dérivé du mot latin *chaos*) au XVIIe siècle.

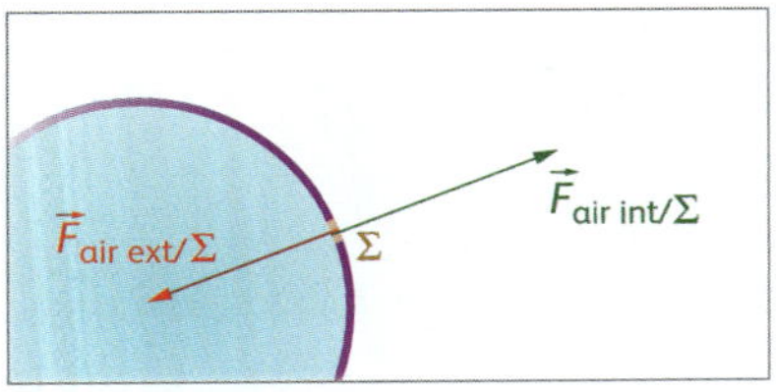

8 *Une petite surface Σ d'une paroi d'un ballon est soumise à deux forces pressantes orthogonales à la surface.*

1.2 Pression

A Relation entre pression et force pressante

Un gaz à la pression P exerce une force pressante de valeur F sur une paroi plane Σ d'aire S. La pression du gaz est liée à la valeur de la force pressante par la relation :

$$P = \frac{F}{S}$$

| P en pascal (Pa)
| F en newton (N)
| S en m²

La pression du gaz évolue dans le même sens que la valeur de la force pressante qui s'exerce sur la paroi.

APPLICATION La pression de l'air contenu dans un ballon de football est $P = 1{,}8 \times 10^5$ Pa.

Quelle est la valeur de la force pressante exercée par l'air contenu dans le ballon sur une petite surface d'aire $S = 9{,}0$ cm² de son enveloppe ?

Réponse. D'après la relation $P = \frac{F}{S}$, la valeur de la force pressante est donnée par $F = P \times S$.

A.N. : $S = 9{,}0 \text{ cm}^2 = 9{,}0 \times 10^{-4} \text{ m}^2$.

$F = 1{,}8 \times 10^5 \times 9{,}0 \times 10^{-4} = 1{,}6 \times 10^2$ N.

10 ► *Le ballon créé pour le Mondial 2010.*

B Mesure de pression et unités

- La pression d'un gaz se mesure avec un **manomètre**.
- Dans le système international, l'unité de pression est le **pascal (Pa)**.

L'hectopascal est utilisé pour les valeurs courantes de pression :

1 hPa = 100 Pa.

- Une autre unité usuelle est le **bar** :

1 bar = 10^5 Pa = 10^3 hPa.

C Pression atmosphérique

- L'air de l'atmosphère exerce des forces pressantes sur tous les objets avec lesquels il est en contact. La pression de l'air est appelée **pression atmosphérique**.
- Maximale au niveau de la mer, elle diminue avec l'altitude. Elle varie aussi en fonction des conditions météorologiques : une basse pression accompagne des précipitations, alors qu'une haute pression est mesurée par temps sec.
- La pression moyenne au niveau de la mer est $P = 1{,}013 \times 10^5$ **Pa**.

Blaise Pascal

Philosophe et scientifique

Blaise Pascal (1623-1662), mathématicien, philosophe et physicien français. L'unité légale de pression porte son nom en référence à ses travaux sur la pression : expérimentateur et théoricien d'exception, il prouve l'existence du vide et montre le rôle déterminant de la pression atmosphérique.

2 Les gaz : modèle microscopique

2.1 Modèle microscopique d'un gaz

Les gaz sont constitués de molécules en mouvement.

- Les molécules d'un gaz sont très espacées les unes des autres, et il n'y a pas de matière entre elles.
- Les molécules ont un **mouvement incessant et désordonné**.
- Les molécules se déplacent en **ligne droite à grande vitesse** tant qu'elles ne rencontrent pas d'obstacle. Elles changent de direction après un choc avec la paroi du récipient ou après une collision avec une autre molécule.

- **Quelques valeurs moyennes pour l'air de la classe**

– vitesse moyenne des molécules : 300 $m \cdot s^{-1}$;
– nombre de chocs par molécule et par seconde : 4×10^9 ;
– distance moyenne parcourue entre deux chocs : 0,08 µm.

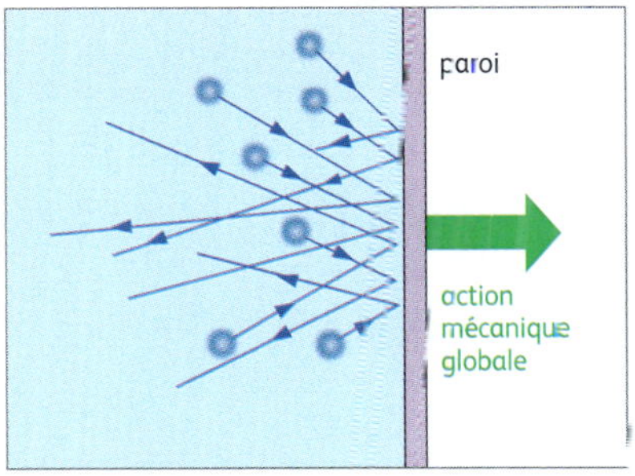

11 *Action mécanique due aux chocs des molécules d'un gaz sur une paroi.*

2.2 Du modèle microscopique à la pression d'un gaz

- L'action d'un gaz sur une paroi est due aux chocs des molécules du gaz sur cette paroi. Cette action, modélisée par la force pressante, est d'autant plus importante que les chocs sont nombreux et violents.
- La pression du gaz, définie à partir de la force pressante, augmente également lorsque les chocs deviennent plus nombreux et plus violents.

Remarque. Le modèle microscopique permet d'interpréter également la compressibilité et l'expansibilité des gaz.

12 *Ces bouteilles de plongée contiennent de l'air sous pression. La loi de Boyle-Mariotte permet de calculer le volume d'air restitué à faible pression et utilisable par le plongeur.*

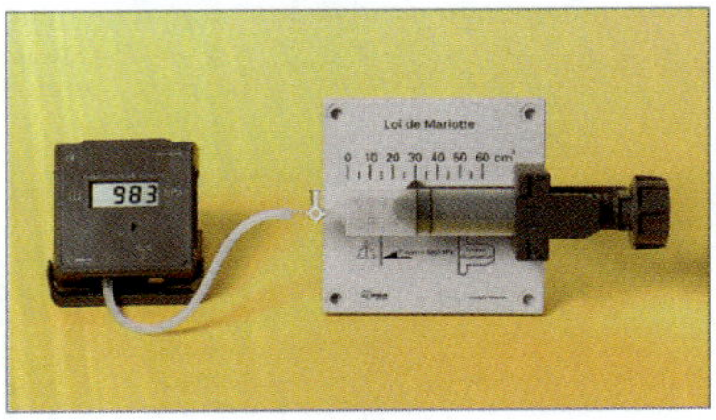

13 *Dispositif expérimental pour étudier la loi de Boyle-Mariotte.*

Éviter des erreurs

Ne pas oublier de mettre V et V' dans la même unité.

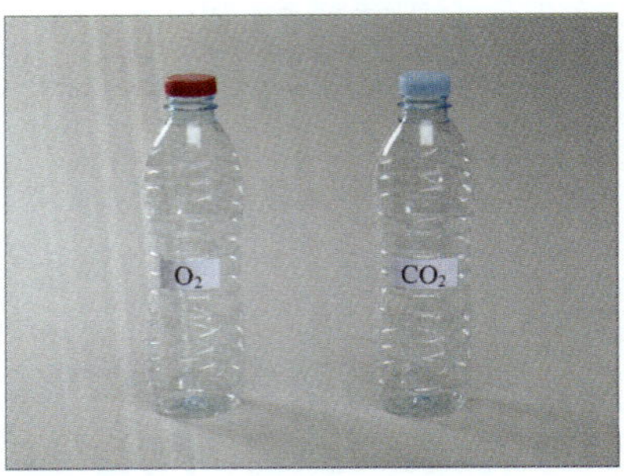

14 *Dans ces bouteilles, les gaz sont à la même pression et à la même température.*
La loi d'Avogadro-Ampère indique qu'elles contiennent la même quantité de matière.

3 Comportement des gaz aux faibles pressions

À l'échelle macroscopique, les grandeurs qui permettent de décrire complètement un gaz sont, en plus de la pression, la température, le volume et la quantité de matière de gaz contenu dans ce volume.

La loi de Boyle-Mariotte est une relation existant entre deux de ces grandeurs.

3.1 Loi de Boyle-Mariotte

Cette loi fut mise en évidence par Boyle et Mariotte au XVIIe siècle.

A Énoncé de la loi

À température constante et pour une quantité de gaz donnée, le produit de la pression P par le volume V du gaz est constant :

$$PV = \text{constante.}$$

APPLICATION Une seringue contient un volume $V = 40{,}0$ mL d'air à la pression $P = 950$ hPa.

Calculer la pression P' de l'air emprisonné lorsque le volume devient $V' = 20{,}0$ mL, la température restant constante.

Réponse. D'après la loi de Boyle Mariotte, $PV = P'V'$ d'où $P' = \frac{PV}{V'}$.

A.N. : $P' = 950 \times 10^2 \times \frac{40{,}0}{20{,}0} = 1{,}90 \times 10^5$ Pa.

B Limites de validité

La loi de Boyle-Mariotte est vérifiée pour de faibles pressions. Les limites de validité de la loi dépendent de la nature du gaz.

- Par exemple, pour des gaz comme le dihydrogène, le dioxygène, le diazote et l'air, la loi est bien vérifiée pour des valeurs de l'ordre de la pression atmosphérique.
- Quand ces conditions ne sont pas vérifiées, le produit PV ne reste pas constant, il augmente ou diminue selon les gaz.

3.2 Loi d'Avogadro-Ampère

Au début du XIXe siècle, Avogadro et Ampère ont émis une hypothèse sur les gaz qui est devenue une loi. Cette loi s'énonce aujourd'hui de la façon suivante.

- Des volumes égaux de gaz différents, pris dans les mêmes conditions de température et de pression, contiennent la même quantité de matière.
- Cette loi est vérifiée pour de faibles pressions.

Cette loi traduit que, à pression et températures données, un nombre donné de molécules occupe un volume indépendant de la nature du gaz.

L'ESSENTIEL

Force pressante et pression

- Un gaz exerce une **action mécanique** sur toute paroi avec laquelle il est en contact. Cette action mécanique est modélisée par une **force pressante**, orthogonale à la paroi et dont le sens va du gaz vers la paroi.

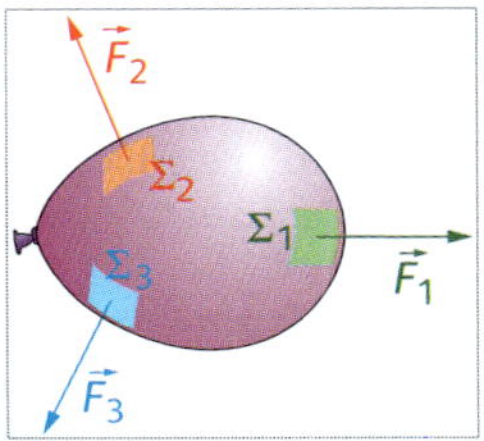

Forces pressantes exercées par l'air du ballon sur l'enveloppe.

- Un gaz à la pression P exerce une force pressante F sur une paroi plane Σ d'aire S. La pression du gaz est liée à la valeur de la force pressante par :

$$P = \frac{F}{S}$$

P en pascal (Pa)
F en newton (N)
S en m^2

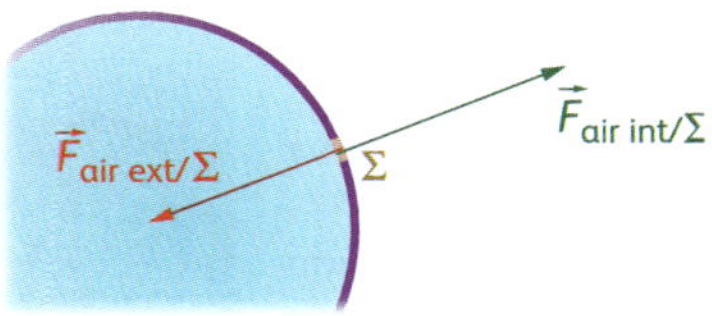

Loi de Boyle-Mariotte

- À température constante et pour une quantité de gaz donnée, le produit de la pression P par le volume V du gaz est constant :

$$PV = \text{constante}$$

- Cette loi est vérifiée pour de faibles pressions. Les limites de validité de la loi dépendent de la nature du gaz.

Modèle microscopique d'un gaz

- Les molécules d'un gaz sont très espacées les unes des autres et il n'y a pas de matière entre elles.
- Les molécules ont un **mouvement incessant et désordonné**.
- Les molécules se déplacent **en ligne droite à grande vitesse** tant qu'elles ne rencontrent pas d'obstacle. Elles changent de direction après un choc avec la paroi du récipient ou après une collision avec une autre molécule.
- La **pression** rend compte des chocs des molécules sur les parois.

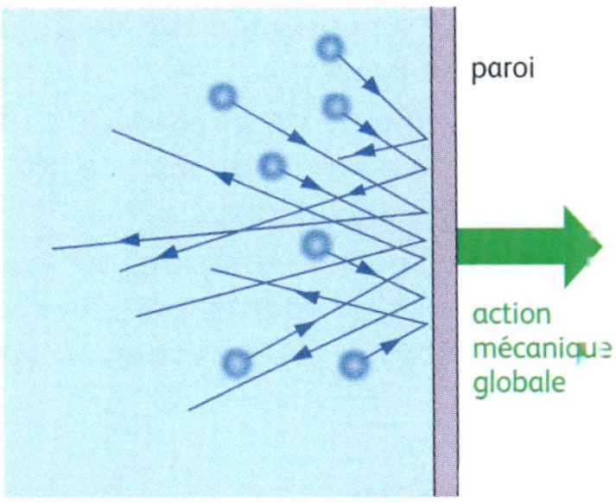

Loi d'Avogadro-Ampère

- Des volumes égaux de gaz différents, pris dans les mêmes conditions de température et de pression, contiennent la même quantité de matière.

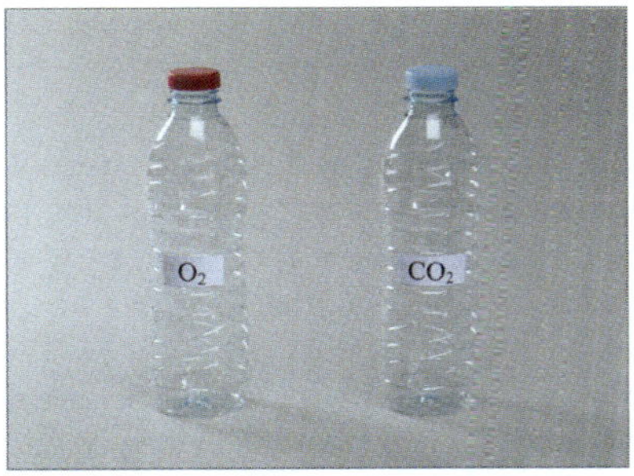

Dans ces bouteilles, les gaz sont à la même pression et à la même température.
La loi d'Avogadro-Ampère indique qu'elles contiennent la même quantité de matière.

- Cette loi est vérifiée pour de faibles pressions.

Exercices d'application

5 minutes CHRONO ! MANUEL NUMÉRIQUE — EXERCICES INTERACTIFS

1 Mots manquants

Compléter avec un ou plusieurs mots.

a. Un gaz exerce une .... sur toute paroi avec laquelle il est en contact.

b. La force pressante est .... à la paroi.

c. Dans la relation $P = \frac{F}{S}$, P est en ...., F est en ...., S est en ....

d. La pression d'un gaz se mesure à l'aide d'un ....

e. L'unité SI de pression est ....

f. Les molécules d'un gaz se déplacent .... Elles subissent .... avec la paroi du récipient.

g. La force pressante sur une paroi est due .... des molécules de gaz sur cette paroi.

h. Pour de faibles valeurs de pression, à température constante et pour une quantité donnée de gaz, le produit .... est constant. C'est la loi de ....

i. Pour de faibles valeurs de pression, des quantités de matière égales de gaz différents, pris dans les mêmes conditions de température et de pression occupent ....

2 QCM

Cocher la réponse exacte.

a. La relation entre la force pressante F, la pression P et l'aire S de la surface Σ est :

☐ $F = \frac{P}{S}$ ☐ $F = S \times P$ ☐ $S = F \times P$

b. L'appareil de mesure de la pression est :

☐ un thermomètre
☐ un manomètre
☐ un anémomètre

c. À l'échelle microscopique, un gaz est modélisé par des molécules :

☐ immobiles
☐ en mouvement ordonné
☐ en mouvement désordonné

d. Lorsque les chocs des molécules de gaz sur les parois d'un récipient deviennent plus violents et plus nombreux :

☐ la pression n'augmente pas
☐ la force pressante augmente
☐ la force pressante diminue

e. À température constante, lorsque la pression augmente, le volume d'une quantité donnée de gaz :

☐ augmente
☐ diminue
☐ ne varie pas

→ Reportez-vous aux solutions détaillées page 334 pour vérifier vos réponses et comprendre vos erreurs.

MOBILISER SES CONNAISSANCES

▶ Les gaz : aspect macroscopique

[§1 du cours]

3 Force pressante

a. Donner l'expression de la valeur de la force pressante exercée par un gaz à la pression P sur une surface d'aire S. Préciser les unités SI.

b. Calculer la valeur de la force pressante exercée par l'air sur une face d'une table d'aire $S = 2{,}0\ m^2$ lorsque la pression atmosphérique vaut $P = 1\,000$ hPa.

4 Représentation de la force pressante

L'air contenu dans la seringue exerce une force pressante sur le doigt qui obture son extrémité.

a. Quelles sont les caractéristiques de cette force ? La représenter.

b. Comment la force est-elle modifiée lorsqu'on enfonce davantage le piston ?

5 Pression et force pressante

Un cylindre fermé à une extrémité par une fine membrane (« vessie ») est posé sur une pompe à vide. La membrane se déforme et finit par éclater (« crève ») lorsque l'on extrait l'air du cylindre. Cette expérience est appelée « l'expérience du crève-vessie ».

a. Comment évolue la pression de l'air de part et d'autre de la membrane ?

b. Comment évoluent les valeurs des forces pressantes exercées sur la membrane par l'air extérieur $\vec{F}_{ext}$ et intérieur $\vec{F}_{int}$ au cylindre ?

c. Représenter ces forces pressantes avant son éclatement.

▶ Les gaz : modèle et comportement

[§2 et 3 du cours]

6 Modèle microscopique

Un parfum est un mélange d'espèces chimiques volatiles. Une odeur est perçue lorsque les molécules odorantes pénètrent dans le nez.

En utilisant le modèle microscopique des gaz, expliquer pourquoi le parfum que porte une personne peut être senti à plus d'un mètre. Réaliser un schéma montrant un chemin possible suivi par une molécule entre la personne qui porte le parfum et celle qui le sent.

7 Grandeurs macroscopiques

Au départ, une seringue contient un certain volume d'air. On bouche la seringue et on tire sur le piston pour augmenter le volume occupé par l'air dans la seringue. On suppose que la température du gaz à l'intérieur de la seringue ne varie pas.

a. Quelles sont les grandeurs macroscopiques permettant de décrire l'état d'un gaz ?

b. Au cours de l'expérience, quelles sont celles qui restent constantes ? celles qui varient ? Préciser leur sens de variation.

8 Loi de Boyle-Mariotte

a. Énoncer la loi de Boyle-Mariotte.

b. À température constante, lorsque la pression est multipliée par 2, le volume d'une quantité donnée de gaz est-il :

- inchangé ?
- multiplié par 2 ?
- divisé par 2 ?

9 Loi d'Avogadro-Ampère

Une bouteille *A* de volume 1,0 L contient du dihydrogène. Une autre bouteille *B* de volume 2,0 L contient du diazote.

Dans ces bouteilles, les gaz sont à la même pression (1 000 hPa) et à la même température (20 °C).

Parmi les trois propositions suivantes, laquelle est correcte ?

a. Les bouteilles *A* et *B* contiennent la même quantité de matière.

b. La bouteille *B* contient deux fois plus de quantité de matière que *A*.

c. On ne peut pas savoir.

UTILISER SES COMPÉTENCES

10 Utiliser les unités SI

Un ballon est gonflé avec de l'hélium. La température est de 20,0 °C et on admet que la pression de l'hélium est égale à la pression atmosphérique qui, au sol, vaut $P_{atm} = 1,0$ bar.

Le volume du ballon est alors de 12 litres.

a. Exprimer pression et volume en unités SI.

b. Calculer le volume du ballon lorsqu'il atteint une altitude où la pression est divisée par 2, la température étant supposée constante.

Donnée : 1 bar $= 10^5$ Pa.

11 Exercer son esprit critique

Après une ascension, un randonneur boit la moitié d'une bouteille d'eau minérale puis la referme. Au retour dans la vallée, la bouteille plastique est déformée, partiellement écrasée, alors qu'elle n'a subi aucun choc.

a. Comparer les forces pressantes exercées par l'air intérieur et par l'air extérieur sur une petite surface de la bouteille déformée.

b. Pourquoi la bouteille s'est-elle déformée ?

Aide : la pression de l'air atmosphérique diminue avec l'altitude.

12 Comprendre un modèle

Mara et Corto apprennent le cours sur l'aspect microscopique des gaz. Ils pensent que deux hypothèses du modèle sont contradictoires : « la distance moyenne entre molécules est très supérieure à la taille d'une molécule » et « les molécules en mouvement se heurtent entre elles ».

En effet, lors d'un choc, les molécules sont en contact et non très loin les unes des autres.

À quel niveau se trouve leur erreur de raisonnement ?

13 Physique sans calcul

Le volume occupé par 44,0 g de dioxyde de carbone à 20,0 °C et sous une pression de 1 020 hPa, est 23,9 L.

Dans les mêmes conditions de température et de pression, quel est le volume occupé par 32,0 g de dioxygène ?

Données : $M(CO_2) = 44,0\ g \cdot mol^{-1}$; $M(O_2) = 32,0\ g \cdot mol^{-1}$.

14 Utiliser les puissances de 10

Calculer la valeur *F* de la force pressante exercée sur une surface d'aire $S = 5\ mm^2$ lorsqu'il s'exerce une pression de $P = 1\,000$ hPa.

15 Apprendre à rédiger

Voici l'énoncé d'un exercice et un guide (en orange) ; ce guide vous aide pour rédiger la solution détaillée et pour retrouver les réponses numériques aux questions posées.

Énoncé

On introduit un comprimé effervescent dans un flacon cylindrique contenant un peu d'eau, puis on rebouche rapidement le flacon.

Son bouchon a la forme d'un disque d'aire $S = 3,0\ cm^2$.

Au départ, la pression dans le tube est égale à la pression atmosphérique P_{atm}. Le dioxyde de carbone qui se forme dans le tube éjecte le bouchon. À cet instant, la pression à l'intérieur vaut $P_{max} = 1,5 \times 10^5$ Pa.

a. Calculer la valeur *F* de la force pressante exercée par l'air extérieur sur le bouchon lorsque celui-ci est fermé. La pression atmosphérique est $P_{atm} = 1,02 \times 10^5$ Pa.

- **Écrire une courte phrase de présentation du calcul.**
- **Écrire la formule littérale utilisée.**
- **Si besoin, convertir les grandeurs et écrire la relation numériquement : « poser » le calcul.**
- **Réaliser le calcul et vérifier que la valeur trouvée est 31 N.**

b. Calculer la valeur *F'* de la force pressante exercée par le mélange de gaz sur le bouchon juste avant l'éjection du bouchon.

- **Adopter une démarche analogue pour trouver *F'* = 45 N.**

c. En utilisant le modèle microscopique des gaz, expliquer pourquoi le bouchon est éjecté.

- **Décrire d'abord ce modèle, puis expliquer l'augmentation de la pression intérieure.**

Exercices d'entraînement

EXERCICE RÉSOLU

Énoncé **Pressurisation des avions**

La pression de l'air atmosphérique diminue avec l'altitude.
Les règlements aéronautiques imposent que tout avion de transport public volant à plus de 6 000 m d'altitude soit pressurisé et qu'il y règne une pression équivalente à la pression atmosphérique à l'altitude de 2 400 mètres.
Un avion vole à une altitude de 10 000 m.

Données. Pression atmosphérique à l'altitude 0 : $P_0 = 1\,013$ hPa ; à 2 400 m : $P_{2\,400} = 750$ hPa ; à 10 000 m : $P_{10\,000} = 265$ hPa.

1 Quelle est la valeur de la pression P_{int} à l'intérieur de l'habitacle ?

2 On considère une surface plane Σ d'aire $S = 1{,}00$ m² de la coque de l'avion.

Calculer la valeur F_{int} de la force pressante exercée par l'air intérieur sur Σ, puis celle, F_{ext}, exercée par l'air extérieur sur Σ.

3 Représenter ces forces sur un schéma.

4 Est-il correct d'affirmer que le fuselage est « gonflé » comme un ballon de football ?

5 Que pourrait-il se passer en cas de déchirure de la coque ?

Énoncé
Une lecture attentive est nécessaire pour comprendre ce point de la réglementation.

Une solution

1 Puisque l'avion vole à plus de 6 000 m, la valeur de la pression P_{int} à l'intérieur de l'habitacle est égale à la pression atmosphérique à l'altitude de 2 400 mètres, soit 750 hPa.

2 D'après la relation $P = \dfrac{F}{S}$ entre pression et force pressante, on a :

$$F_{int} = P_{int} \times S \quad \text{et} \quad F_{ext} = P_{ext} \times S.$$

A.N. : l'avion vole à 10 000 m d'altitude, donc $P_{ext} = P_{10\,000} = 265$ hPa.
$F_{int} = 750 \times 10^2 \times 1{,}00 = 7{,}50 \times 10^4$ N et $F_{ext} = 265 \times 10^2 \times 1{,}00 = 2{,}65 \times 10^4$ N.

3 La force exercée sur la coque par l'air extérieur est plus faible que la force exercée par l'air situé à l'intérieur de l'habitacle. Le schéma est donc le suivant :

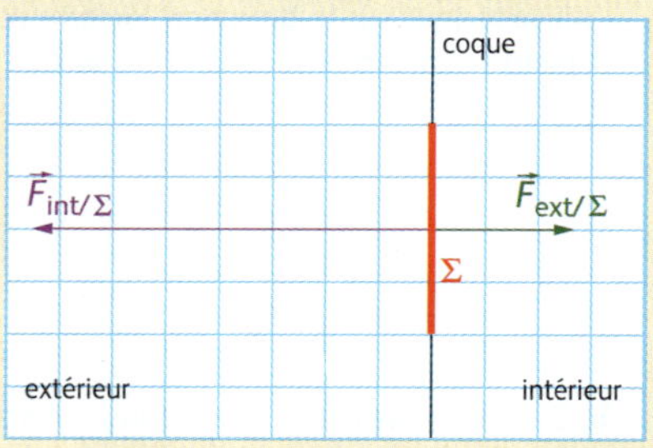

4 La valeur de la force exercée sur les parois de l'habitacle par l'air intérieur est supérieure à la valeur de la force exercée par l'air extérieur.
Cette situation est analogue à celle d'un ballon de football gonflé à une pression supérieure à la pression atmosphérique.

5 L'air intérieur serait éjecté vers l'extérieur de l'habitacle jusqu'à ce que les pressions intérieure et extérieure soient égales. Il entraînerait avec lui les objets situés dans l'habitacle.

Rédiger
Justifier comment la valeur de P_{int} est établie à partir de l'énoncé.

Rédiger
Là encore, justifier la valeur de P_{ext} en fonction de l'altitude de l'avion.

Application numérique
- Il faut convertir les valeurs en unités SI :
– la pression est en Pa ;
– l'altitude en m.
- Les données utilisées comportent 3 chiffres significatifs, le résultat sera donné également avec 3 chiffres significatifs.

Schématiser
Il faut bien distinguer les deux forces exercées sur le fuselage.

16 Air dans une seringue

On enferme un volume $V = 10,0$ mL d'air dans une seringue à la pression $P = 1\,025$ hPa et à la température de 20,0 °C.

a. Calculer la pression P' de l'air emprisonné lorsque le volume est $V' = 20,0$ mL, la température étant constante.

b. Calculer le volume V'' occupé par l'air emprisonné lorsque la pression est $P'' = 1\,100$ hPa, la température étant constante.

17 Avec la loi de Boyle-Mariotte

On effectue les mesures de la pression et du volume d'un échantillon de gaz maintenu à température constante.

Pression *P* (hPa)	1 200	800
Volume *V* (L)	2,0	3,0

a. Montrer que ce gaz suit la loi de Boyle-Mariotte.

b. Quel volume occuperait cette même quantité de gaz sous la pression de 2000 hPa, la température étant constante ?

c. Quelle serait la pression si le volume était de 1,0 L, la température étant constante ?
Interpréter la variation de pression à l'échelle microscopique.

18 ✱ Analyse de résultats expérimentaux

Un élève emprisonne une quantité d'air dans une seringue, puis modifie lentement la position du piston.
Il relève pour chaque position les valeurs du volume *V* et de la pression *P*.

P (hPa)	1 170	1 030	912	827	753	684
V (mL)	35	40	45	50	55	60

a. Énoncer la loi de Boyle-Mariotte.

b. Afin de vérifier si le gaz emprisonné suit la loi de Boyle-Mariotte, il est demandé une représentation graphique sur papier millimétré.
Nata effectue le tracé de *P* en fonction de $\frac{1}{V}$ (*P* en ordonnée et $\frac{1}{V}$ en abscisse). Elle conclut que le gaz suit la loi de Boyle-Mariotte.
Effectuer le tracé. Expliquer si la conclusion de Nata est correcte ou non.

c. Jérémy préfère tracer *P* en fonction de *V*, mais il n'arrive pas à conclure. Pourquoi ?

19 Promenade en raquettes

Deux personnes marchent sur une couche de neige fraîchement tombée.
L'une est en chaussures et l'autre est équipée de raquettes de randonnée.

a. Les deux personnes ayant le même poids, quelle est celle qui va s'enfoncer le plus dans la neige ?

b. Interpréter en terme de pression et de force pressante la différence de déformation subie par la couche neigeuse.

20 Acétylène

L'acétylène est un gaz employé par les soudeurs pour obtenir une flamme dont la température atteint 3 000 °C. Il est conditionné dans des bouteilles métalliques de diamètre intérieur 18 cm sous une pression $P = 15$ bar.
Calculer la valeur *F* de la force pressante exercée par le gaz sur le fond de la bouteille.

21 ✱ « Salles blanches »

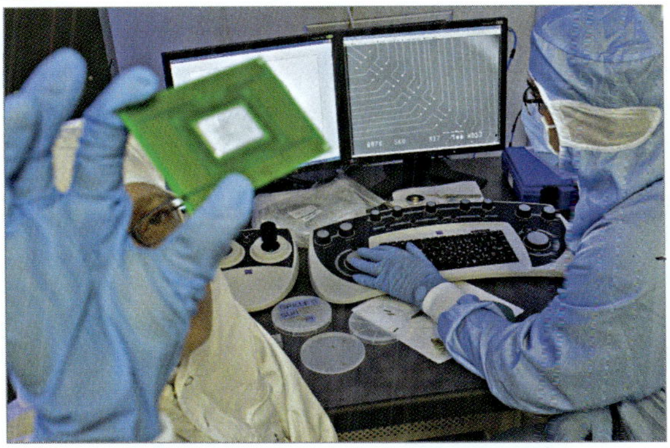

Les « salles blanches » sont des salles où la présence de poussières en suspension dans l'air est minimale et où l'atmosphère est contrôlée en permanence. Cet environnement très particulier est par exemple nécessaire lors de la fabrication des circuits intégrés, dont les composants peuvent avoir des dimensions de l'ordre du nanomètre. La présence de grains de poussière dont les dimensions sont de l'ordre du micromètre ne peut être tolérée.

a. Expliquer pourquoi ces salles sont maintenues en surpression par rapport à la pression atmosphérique.

b. La surpression étant de 100 Pa, calculer la différence $F_{int} - F_{ext}$ entre la valeur de la force pressante exercée par l'air intérieur et celle exercée par l'air extérieur sur une porte d'aire $S = 2$ m^2. Une personne aura-t-elle des difficultés à ouvrir la porte en raison de cette surpression ?

c. Il existe aussi des salles maintenues en dépression par rapport à la pression atmosphérique. Quel est le rôle de la dépression ? Rechercher dans quel domaine ces salles sont utilisées.

22 ✱✱ Validité de la loi de Boyle-Mariotte

Le tableau ci-dessous donne les valeurs du produit *PV* pour une quantité de matière donnée de gaz dioxygène à différentes pressions, la température étant maintenue constante

P (bar)	1	5	10	15	20	25	30
$PV \times 10^3$ (SI)	2,49	2,48	2,47	2,46	2,45	2,43	2,42

a. Le produit *PV* est donné dans l'unité SI. Préciser cette unité.

b. Représenter graphiquement le produit *PV* en fonction de la pression *P*.

c. Énoncer la loi de Boyle-Mariotte. D'après cette loi, quelle courbe obtient-on lorsqu'on porte *PV* en ordonnée et *P* en abscisse à température constante ?

d. Préciser le domaine de pression pour lequel le dioxygène suit la loi de Boyle-Mariotte à 1 % près.

Culture scientifique et citoyenne

PHYSIQUE & ENVIRONNEMENT Les effets du gaz hilarant

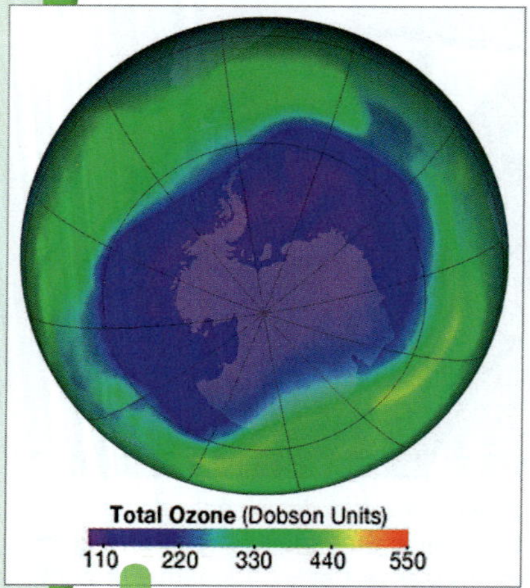

Trou dans la couche d'ozone au-dessus de l'Antarctique le 4 octobre 2004.

Le protoxyde d'azote (N_2O) est plus connu sous le nom de **« gaz hilarant »**, car son inhalation provoque l'euphorie. À forte dose, il devient hallucinogène; c'est pourquoi il est classé comme stupéfiant. À faible dose, le protoxyde d'azote exerce un effet antalgique qui apaise la douleur et augmente l'effet des médicaments anesthésiques administrés en même temps. On l'utilise notamment en médecine d'urgence (réductions de fractures ou luxations), pédiatrie ou en salle d'accouchement, sous forme de mélange avec du dioxygène.

- Mais ce gaz n'a pas que des bons côtés ! Il a été classifié comme polluant par le protocole de Kyoto. En effet, comme le dioxyde de carbone, c'est un **gaz à effet de serre** qui contribue au réchauffement de la planète.
- Le protoxyde d'azote est aussi l'ennemi n° 1 de la couche d'ozone : d'après les travaux d'une équipe de chercheurs américains, publiés en août 2009, ce gaz détruit en effet davantage d'ozone dans la stratosphère que toute autre substance connue.
- Ces résultats incitent à penser que la limitation des émissions de protoxyde d'azote pourrait accélérer le rétablissement de la couche d'ozone sur Terre tout en limitant le réchauffement climatique provoqué par les activités humaines.

Mais limiter son émission se révèle complexe car le protoxyde d'azote a également, pour les deux tiers, une origine naturelle : il est émis dans l'atmosphère par des bactéries présentes dans les sols et les océans.

Sur le Web http://ozonewatch.gsfc.nasa.gov/facts/hole.html
http://www.science.gouv.fr/fr/actualites/bdd/res/3315/t/7/environnement-les-tristes-effets-du-gaz-hilarant-/

Faire une recherche

L'indice ATMO a été mis en place par l'Ademe (Agence de l'environnement et de la maîtrise de l'énergie). Il renseigne la population des villes de plus de 100 000 habitants sur la qualité de l'air dans leur agglomération.
C'est une échelle de valeurs allant de 1 (très bonne qualité de l'air) à 10 (pic de pollution).

?? Faire une recherche sur Internet pour savoir comment est déterminé l'indice ATMO.

Sur le Web http://www.buldair.org/ – http://www.airaq.asso.fr/
http://www.airparif.asso.fr/pages/indices/atmo

L'étude du miel et du pollen de ruchers en ville complète les analyses traditionnelles sur la qualité de l'air.

Un métier : météorologue

BAC +2 à BAC +5

Une météorologue au travail.

Avant que les journalistes météo n'annoncent la pluie ou le beau temps à la télévision ou à la radio, toute une équipe de **météorologues ingénieurs et techniciens** ont établi la prévision des jours à venir.

- Le météorologue est un spécialiste des phénomènes atmosphériques : il observe, relève, analyse et interprète des données terrestres et atmosphériques. Il étudie **les pressions, les vents, les températures et tous les mouvements de l'atmosphère**, leurs causes et leurs effets.
- Deux niveaux de fonction existent : technicien et ingénieur. **Le technicien** va réaliser les observations et les mesures sur lesquelles repose la prévision du temps. Il peut effectuer une première analyse des résultats. Il installe et entretient les instruments et les appareillages permettant de collecter les données.
- **L'ingénieur** réalise des synthèses de données et des études de complexité croissante. Il travaille en centre de calculs (avec des ordinateurs très puissants), a la responsabilité d'une station météo, participe à des programmes de recherche.

Sur le Web http://www.onisep.fr/

Histoire des Sciences — Les « hémisphères de Magdebourg »

En Allemagne, Otto Von Guericke, « maire » de sa ville de Magdebourg, conçoit une pompe à vide qui n'est autre qu'une sorte de grande seringue. Avec cette pompe, il réalise une expérience qui va immortaliser, le nom de sa ville : **l'expérience des « hémisphères de Magdebourg ».**

L'expérience de Magdebourg a inspiré les publicistes du début du XXe siècle.

- En 1654, devant l'Empereur Ferdinand III et l'assemblée des princes, **il fait le vide** à l'intérieur d'une sphère métallique creuse formée de deux demi-sphères d'environ 40 cm de diamètre (les « hémisphères »). Ces hémisphères sont accolés au moyen d'un mélange de graisse, de cire et de térébenthine. Deux chevaux attelés à chaque hémisphère tirent de manière opposée, mais rien ne se produit. On ajoute deux autres chevaux : toujours rien. À la stupéfaction générale, seize chevaux tirant de part et d'autre les deux hémisphères suffisent à peine à les séparer, alors qu'ils se séparent d'eux-mêmes dès que de l'air pénètre dans la sphère.
- Cette expérience eut un immense retentissement et **apporta la preuve expérimentale de la présence de forces dues à la pression atmosphérique.**

Sur le Web http://195.221.223.76/spipmusee/spip.php?rubrique32

Chapitre 20

Plongée et sports en altitude

Vu au collège

- L'eau est un solvant de certains gaz.
- L'air est un mélange de dioxygène et de diazote.
- Un modèle moléculaire permet d'interpréter les différences entre les trois états physiques de l'eau.
- L'eau est non compressible à l'état liquide.

Connaissances & Compétences

- Savoir que, dans les liquides, la matière est constituée de molécules en mouvement.
- Savoir que la différence de pression entre deux points d'un liquide dépend de la différence de profondeur.
- Connaître et utiliser la relation $P = \frac{F}{S}$.
- Savoir que la quantité maximale de gaz dissous dans un volume donné de liquide augmente avec la pression.

Plongeur dans une zone riche en poissons.

?

Le séjour en eau profonde comporte-t-il des risques pour les hommes ?

Edmund Hillary et Tenzing Norgay au sommet de l'Everest en 1953.

Est-il indispensable de porter un masque à oxygène à 8 000 m d'altitude ?

Quel rôle joue la pression de l'air respiré sur la santé du plongeur ?

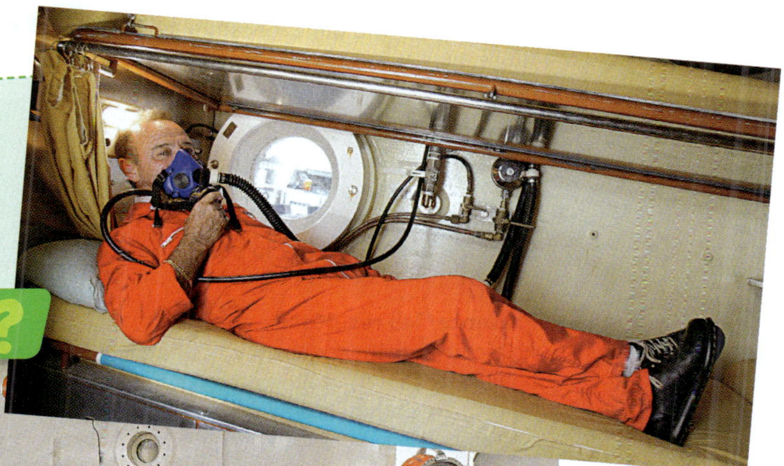

Test dans un caisson hyperbare.

ACTIVITÉ EXPÉRIMENTALE

MANUEL NUMÉRIQUE

1 Pression dans un liquide

Démarche d'investigation

Un plongeur ou un poisson se trouvent confrontés à la pression de l'eau.

→ ***La pression de l'eau est-elle la même au niveau de chacun des poissons ci-contre ?***

1 *Poissons dans leur biotope.*

1 Formuler des hypothèses
Quels sont les facteurs qui interviennent sur la pression dans un liquide ?
Proposer des hypothèses argumentées.

2 Débattre
Parmi l'ensemble des propositions de la classe, quelles hypothèses semblent plausibles ? farfelues ? impossibles à vérifier ?

3 Expérimenter
Proposer des expériences permettant de valider les hypothèses retenues en utilisant le matériel disponible.
Après discussion, réaliser la ou les expériences choisies.

4 Présenter les résultats
a. Décrire l'expérience réalisée.
b. Indiquer si les résultats expérimentaux obtenus valident l'hypothèse testée. Justifier.
c. Dresser le bilan des facteurs qui influent sur la pression dans un liquide, et ceux qui n'influent pas.

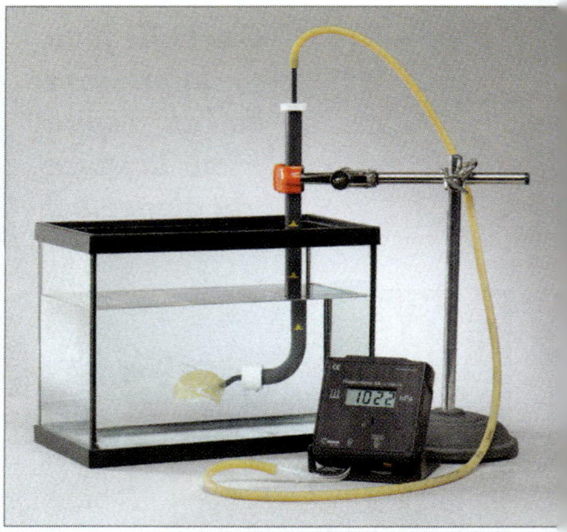

2 *Un manomètre avec sa sonde, appareil de mesure de la pression.*

5 Pour aller plus loin
La relation quantitative entre pression et profondeur s'énonce ainsi :

La différence de pression entre deux points A et B d'un liquide au repos est proportionnelle à la différence de profondeur entre ces deux points.

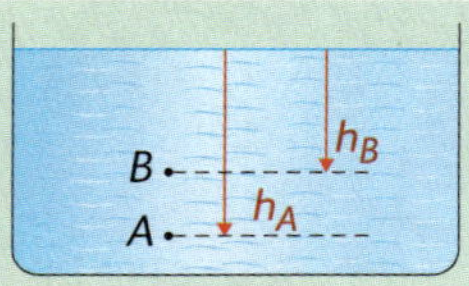

a. Proposer un protocole expérimental pour vérifier cette relation.
b. Après discussion, mettre en œuvre le protocole retenu.
c. La relation obtenue expérimentalement est-elle en cohérence avec celle énoncée ?

ACTIVITÉ EXPÉRIMENTALE

MANUEL NUMÉRIQUE

2 Pression et forces pressantes

▶ **Les gaz exercent des forces pressantes sur les parois avec lesquelles ils sont en contact. Qu'en est-il pour les liquides ?**

Expériences

A Une bouteille percée d'un trou est remplie d'eau. Modifier l'inclinaison de la bouteille, puis boucher le trou avec le doigt.

B Un tube cylindrique, contre lequel une plaquette est maintenue par une ficelle, est enfoncé dans une cuve d'eau. Lâcher la ficelle qui maintient la plaquette, puis incliner le tube.

3 *Dispositif de l'expérience* **A**.

4 *Dispositif de l'expérience* **B**.

1 Observer

a. La direction du jet d'eau est-elle modifiée quand on incline différemment la bouteille ?

b. Décrire l'action de l'eau sur le doigt et sur la plaquette.

2 Interpréter

Le modèle des forces pressantes exercées par un liquide sur une paroi est identique au modèle des forces pressantes exercées par un gaz sur une paroi.

a. Rappeler les caractéristiques de ces forces pressantes : direction, sens et valeur.

b. Représenter l'action de l'eau sur une petite surface de la paroi de la bouteille.

c. Représenter l'action de l'eau et de l'air sur la plaquette et comparer les forces pressantes exercées par l'air et par l'eau sur la plaquette.

3 Appliquer à la plongée sous-marine

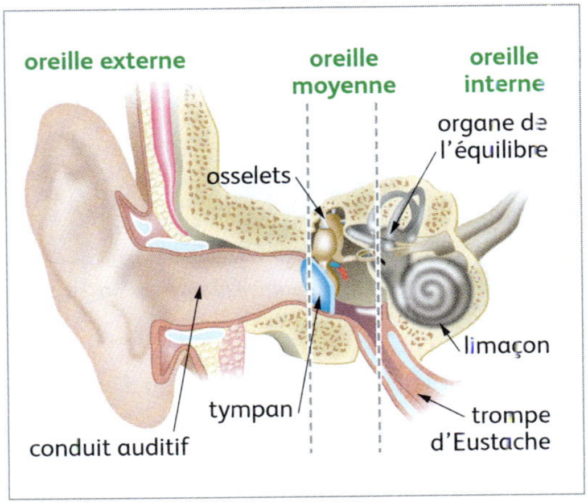

5 *L'oreille externe est séparée de l'oreille moyenne par le tympan.*

Lors d'une plongée, l'air contenu dans l'oreille moyenne du plongeur est à une pression inférieure à celle de l'eau qui remplit le conduit auditif. Les forces pressantes qui s'exercent alors sur chacune des deux parois du tympan ne se compensent pas : le tympan, qui est une membrane fragile, se déforme et peut se rompre.

Pour éviter cet accident, le plongeur doit insuffler de l'air dans l'oreille moyenne, par une **méthode** dite **d'équilibration**. Les pressions de l'air et de l'eau de part et d'autre du tympan deviennent égales et les forces pressantes sur le tympan s'équilibrent.

Modéliser sur un schéma les forces pressantes qui s'exercent sur les deux parois du tympan dans les trois cas suivants.

- **Cas 1 :** le plongeur est sur la plage.
- **Cas 2 :** le plongeur est immergé et a appliqué une méthode d'équilibration.
- **Cas 3 :** le plongeur est immergé, mais la trompe d'Eustache de son oreille étant bouchée, il ne peut insuffler de l'air dans l'oreille moyenne.

ACTIVITÉ EXPÉRIMENTALE

MANUEL NUMÉRIQUE

3 Gaz dissous dans un liquide

▶ Au début du XIXe siècle, William Henry a étudié la dissolution des gaz dans l'eau. Un des résultats qu'il a établi peut se formuler ainsi :

À température constante, la quantité maximale d'un gaz dissous dans un volume donné de liquide augmente quand la pression de ce gaz sur le liquide augmente.

Explorons la loi de Henry sur des exemples.

Expérience 1

- Les boissons gazeuses contiennent de l'eau dans laquelle du dioxyde de carbone est dissous.
- Ouvrir une bouteille de boisson gazeuse.

6 *Bouteille de boisson gazeuse.*

1 Observer

Qu'observe-t-on lorsqu'on ouvre la bouteille ?

2 Interpréter

a. Quelle est la nature du gaz qui s'échappe de la bouteille ouverte ?

b. En utilisant la loi de Henry, interpréter la modification qui se produit pour la boisson gazeuse au moment de l'ouverture du bouchon.

Expérience 2

- Remplir partiellement une seringue d'eau gazeuse, puis boucher l'extrémité.
- Étape 1 : tirer lentement sur le piston.
- Étape 2 : ramener le piston en position initiale.

7 *On tire lentement sur le piston (étape 1).*

3 Observer

Relever les modifications qui apparaissent dans le liquide lors des deux étapes.

4 Interpréter

En utilisant la loi de Henry, interpréter les modifications qui se produisent lors des deux étapes.

5 Appliquer à la plongée avec bouteille

La pression de l'eau augmente avec la profondeur. En plongée, le détendeur placé à la sortie de la bouteille permet au plongeur de respirer de l'air à la pression du lieu où il se trouve.

Le dioxygène de l'air inspiré est utilisé par l'organisme, alors que le diazote ne l'est pas.

a. Le plongeur descend.

- Comment varie la pression de l'air qui pénètre dans ses poumons ? la pression du dioxygène ? celle du diazote ?
- En s'appuyant sur les résultats donnés par Henry, étudier comment varie la concentration en diazote dans le sang.

b. En comparant avec les expériences précédentes, que peut-on prévoir pour le diazote lorsque le plongeur remonte ?

4 ACTIVITÉ DOCUMENTAIRE — **Activité à la maison**

MANUEL NUMÉRIQUE

Expédition au Shisha Pangma (8 013 m)

▶ Comment organiser une expédition en très haute montagne pour prévenir les accidents liés à la raréfaction du dioxygène ?

La pression atmosphérique et donc la pression en dioxygène diminuent avec l'altitude, ce qui entraîne une hypoxie. Il en résulte que le corps doit s'adapter à ces changements.
Le tableau ci-contre donne les troubles liés à l'altitude (le mal aigu des montagnes ou MAM) qui peuvent apparaître selon les individus. Le MAM régresse avec l'acclimatation et disparaît à la descente.

Altitude	Symptômes
3 500 m	Fatigue et maux de tête
5 500 m	Maux de tête, somnolence, trouble de la vision, troubles du comportement, perte de coordination
6 700 m	Perte de conscience, palpitations, hyperventilation
7 500 m	Convulsions

8 *Les effets de l'hypoxie en fonction de l'altitude.*

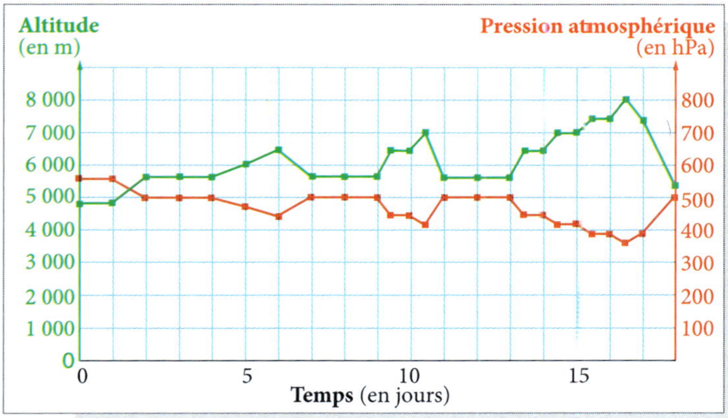

Avant d'atteindre le camp de base du Shisha Pangma (4 800 m), les alpinistes passent quelques jours à Katmandu (1 200 m), puis à Lhassa (3 600 m), et réalisent différents trecks entre 4 000 et 5 000 m. L'expédition s'organise ensuite selon la courbe verte représentée ci-contre.
La courbe rouge indique la valeur de la pression atmosphérique à l'altitude où se trouve l'expédition (sans tenir compte, bien sûr, des modifications dues aux conditions météorologiques).

9 *Programme de l'expédition à partir du camp de base.*

1 Exploiter des documents

a. Comment évolue la pression en dioxygène de l'air pendant l'expédition ? Cela a-t-il une influence sur l'organisme des alpinistes ?

b. Recopier le graphique du **document 9**. Y ajouter les zones correspondant aux différents symptômes du MAM.
Indiquer quelles sont les méthodes utilisées par les alpinistes pour s'adapter à l'altitude.

2 Analyser des pratiques sportives

a. Avant de se lancer à la conquête d'un haut sommet, certaines équipes d'alpinistes font un séjour dans un caisson hypobare. Pourquoi ?

b. Lorsqu'ils atteignent des altitudes très élevées, la plupart des alpinistes utilisent un masque à dioxygène. Quel est l'intérêt de cette pratique ?

Vocabulaire

Hypoxie : diminution de la quantité d'oxygène distribuée dans les tissus par le sang.

Caisson hypobare : caisson dans lequel la pression de l'air est inférieure à la pression atmosphérique du lieu.

10 *Une cérémonie d'offrande rituelle « Puja » dans un camp de base au cœur de l'Himalaya.*

1 Pression dans les fluides Forces pressantes

1.1 Modèle microscopique des fluides

- Le modèle microscopique des liquides est proche de celui des gaz.

Dans un liquide, les molécules se déplacent d'un **mouvement désordonné** et l'ensemble moléculaire est **compact**.

- Ce modèle permet d'interpréter les propriétés macroscopiques des liquides :

– comme les gaz, les liquides n'ont pas de forme propre ;
– comme pour les gaz, forces pressantes et pression dans les liquides sont interprétées par les chocs des molécules ;
– contrairement aux gaz, les liquides ne sont pratiquement **pas compressibles, ni expansibles**.

Vocabulaire

Fluide : terme qui désigne un milieu matériel qui n'a pas de forme propre. Les gaz et les liquides sont des fluides car ils prennent la forme du récipient qui les contient.

1.2 Pression dans un liquide au repos

La pression P mesurée en un point d'un liquide au repos dépend de la position du point et de la masse volumique ρ du liquide.

La différence de pression $P_A - P_B$ entre deux points A et B situés à des profondeurs h_A et h_B est proportionnelle à la différence de profondeur $h_A - h_B$:

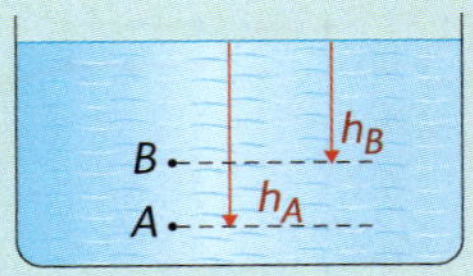

$$P_A - P_B = \rho g (h_A - h_B)$$

P_A et P_B en pascal (Pa)
h_A et h_B en mètre (m)
ρ masse volumique du liquide en $kg \cdot m^{-3}$
g en $N \cdot kg^{-1}$

Comprendre la formule

La différence de pression dépend aussi :
– de la nature du liquide par l'intermédiaire de la masse volumique ρ ;
– de la valeur g de l'intensité de la pesanteur.

APPLICATION La dénivellation entre un point A au fond d'un lac et un point B à sa surface est de 50 m.
Calculer la pression de l'eau au fond du lac.

Données : pression à la surface, $P_B = 1{,}0 \times 10^5$ Pa ; $\rho = 1{,}0 \times 10^3\ kg \cdot m^{-3}$; $g = 9{,}8\ N \cdot kg^{-1}$.

Réponse. D'après l'énoncé, $(h_A - h_B) = 50$ m et $P_B = 1{,}0 \times 10^5$ Pa.
La pression au point A est donnée par $P_A = P_B + \rho g (h_A - h_B)$.
A.N. : $P_A = 1{,}0 \times 10^5 + 1{,}0 \times 10^3 \times 9{,}8 \times 50$, soit $P_A = 5{,}9 \times 10^5$ Pa.

1.3 Forces pressantes

L'action d'un liquide sur une petite surface plane Σ d'aire S est modélisée par une force pressante $\vec{F}$ orthogonale à Σ, dont le sens va du liquide vers Σ, de valeur F donnée par la relation :

$$P = \frac{F}{S}$$

P, pression au niveau de Σ, avec :
P en pascal (Pa)
F en newton (N)
S en mètre carré (m²)

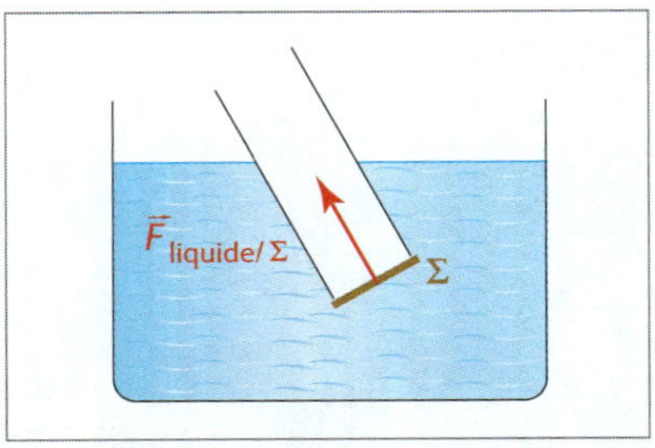

11 *Modélisation de la force pressante exercée par le liquide sur la paroi Σ.*

Remarques

- Dans un liquide, la pression dépend de la profondeur, ce qui implique de choisir une surface très petite pour que la valeur de P soit la même en tout point de cette surface (sauf si la surface est horizontale).
- **Plongée et poussée d'Archimède**

Lorsqu'un solide est plongé dans un liquide, l'ensemble des forces pressantes qui s'exercent sur toute sa surface en contact avec le liquide est modélisé par une force, appelée **poussée d'Archimède**. Sa direction est verticale, elle est dirigée du bas vers le haut et sa valeur est proportionnelle au volume immergé du solide et dépend de la nature du liquide.
Un plongeur porte ainsi une ceinture de plomb pour lui permettre de descendre malgré la poussée d'Archimède, et un gilet gonflable pour augmenter cette poussée lors de la remontée **(figure 12)**.

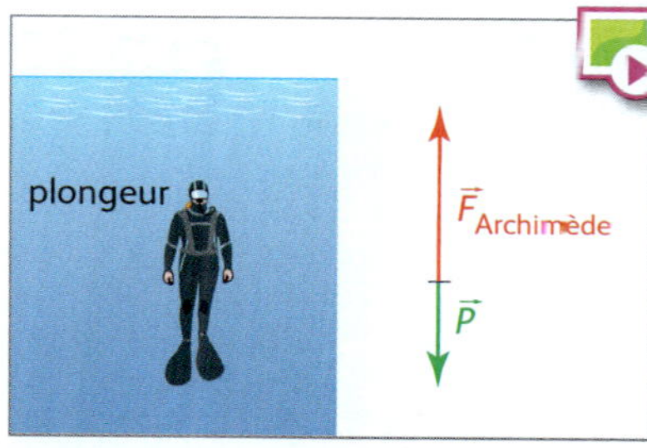

12 *Représentation des forces exercées sur le plongeur à la remontée.*

2 Gaz dissous dans un liquide

Quand un gaz est soluble dans un liquide, il existe une limite à partir de laquelle il n'est plus possible de dissoudre davantage de gaz. Cette quantité maximale de gaz soluble dépend de la nature du liquide, de la nature du gaz, de la température et de la pression du gaz au-dessus du liquide.

À température constante, la quantité maximale d'un gaz dissous dans un volume donné de liquide augmente quand la pression de ce gaz sur le liquide augmente.

Exemple. À la pression atmosphérique de 10^5 Pa, la pression du dioxygène présent dans l'air est de $0{,}2 \times 10^5$ Pa. Sous cette pression de dioxygène et à la température de 20 °C, il peut se dissoudre au maximum 8,8 mg de dioxygène par litre d'eau. Cette quantité est doublée si, à la même température, la pression de dioxygène est doublée.

13 *Lorsqu'on ouvre une bouteille d'eau pétillante, la pression du gaz au-dessus de l'eau diminue brusquement : des bulles de dioxyde de carbone s'échappent instantanément.*

3 Sports et profondeurs subaquatiques

3.1 Effets physiologiques liés à la variation de pression

- Le volume de l'air contenu dans un organe creux (oreilles, poumons, etc.) varie en fonction de la pression selon la loi de Mariotte.
- Un **accident de surpression pulmonaire** peut se produire lorsqu'un plongeur avec bouteille remonte en ayant bloqué sa respiration : il a ainsi enfermé dans ses poumons une quantité de gaz à la pression du fond. Pendant la remontée, la pression de l'eau au niveau du plongeur diminue et le volume de l'air dans ses poumons augmente. Les tissus des poumons se distendent et peuvent se rompre.

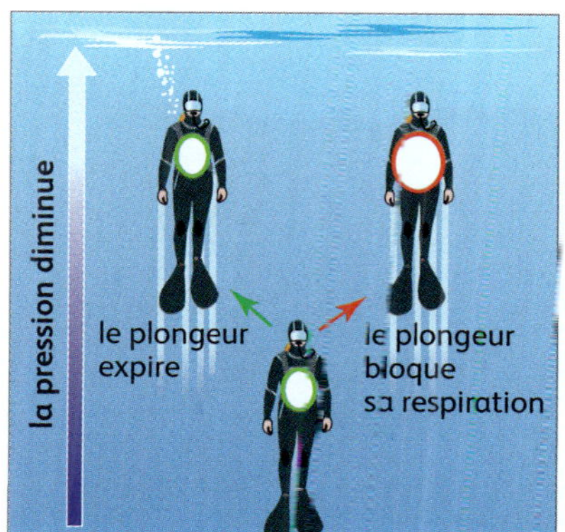

14 *Volume de l'air dans les poumons du plongeur lors de la remontée.*

15 *En plongée subaquatique, le détendeur de la bouteille permet de fournir au plongeur de l'air à la pression du lieu où il se trouve.*

Profondeur	Durée	Paliers	
		6 m	3 m
30	5		
	10		
	15		1
	20		2
	25		4
	30		9
	35		17
	40		24
	45	1	31

16 *Tables de plongée. Pour une plongée de 40 minutes qui atteint une profondeur de 30 m, le plongeur doit faire un palier de 24 minutes à 3 m de profondeur.*

17 *Bergère bolivienne. La pression atmosphérique est pratiquement deux fois plus faible qu'en bord de mer.*

3.2 Effets physiologiques liés aux mélanges gazeux respirés

A Pression d'un gaz et seuil de toxicité

- Lorsqu'un plongeur descend avec une bouteille, la pression de l'air respiré augmente, et donc la pression du dioxygène et celle du diazote dans ses poumons augmentent.
- Un gaz toléré par l'organisme peut devenir **dangereux lorsque sa pression augmente**. Le dioxygène devient toxique lorsque sa pression dans l'air respiré devient supérieure à $1,6 \times 10^5$ Pa. Le diazote provoque « l'ivresse des profondeurs » lorsque sa pression atteint $5,6 \times 10^5$ Pa.

B Gaz dissous et accidents de décompression

- **Quand le plongeur descend**, les pressions du dioxygène et du diazote de l'air inspiré augmentent : il se dissout davantage de ces deux gaz dans le sang et les tissus. Le supplément de diazote reste présent dans le sang et les tissus alors que le supplément de dioxygène est utilisé par l'organisme.
- **Quand la remontée se fait lentement**, en respectant les paliers de décompression, la pression des gaz dans les poumons diminue lentement. Le diazote en supplément dans le sang et les tissus est alors libéré progressivement et évacué au niveau des poumons.
- **Quand la remontée est trop rapide**, un accident de décompression peut survenir : le diazote en supplément ne peut être évacué aussi rapidement par les poumons. Il passe alors à l'état gazeux sous la forme de bulles. En obstruant les vaisseaux sanguins, ces bulles peuvent provoquer des accidents graves, voire mortels.

4 Sports et altitude

La pression atmosphérique diminue quand on s'élève en altitude ; la pression du dioxygène diminue donc également. Il en résulte que la quantité de dioxygène disponible pour le fonctionnement des cellules diminue.

- Les habitants des régions élevées du globe ont un organisme adapté à la vie en altitude **(document 17)**. En effet, la quantité de dioxygène dissous dans le sang artériel diminue avec l'altitude, mais le nombre de globules rouges augmente de façon importante, ce qui améliore le transport de dioxygène par le sang.
- Avant les grandes compétitions, les sportifs de haut niveau suivent des stages en altitude de plusieurs semaines, au cours desquels leur organisme s'adapte. En altitude, leurs performances en endurance sont diminuées, mais lors du retour en basse altitude, pendant quelques semaines, ces performances sont améliorées. En effet, le nombre de globules rouges et la capacité de traitement du dioxygène de leur corps restent élevés.

L'ESSENTIEL

Modèle microscopique des liquides

- Dans les liquides comme dans les gaz, la matière est constituée de molécules en **mouvement désordonné**.
- Pour les liquides, contrairement aux gaz, l'ensemble moléculaire est **compact**.

Force pressante et pression

- Un liquide exerce une action sur toute surface avec laquelle il est en contact.
- Sur une petite surface Σ d'aire S, cette action est modélisée par une **force pressante** $\vec{F}$ ayant les caractéristiques suivantes :
– direction : orthogonale à Σ,
– sens : vers l'extérieur du liquide,
– valeur donnée par la relation :

$$P = \frac{F}{S}$$

P, pression au niveau de Σ, avec :
P en pascal (Pa)
F en newton (N)
S en mètre carré (m²)

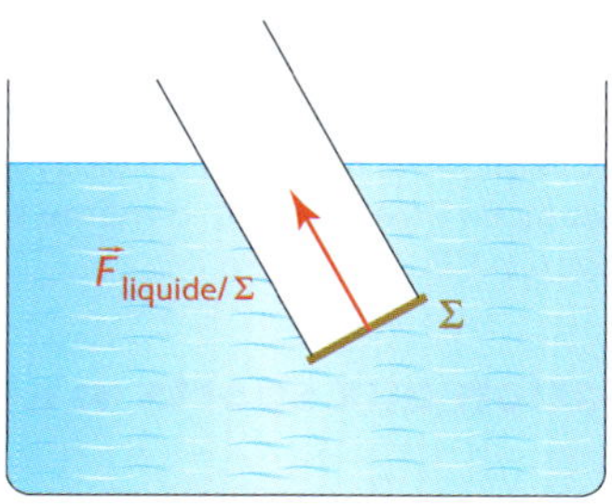

Pression dans un liquide

- La différence de pression $P_A - P_B$ entre deux points A et B situés à des profondeurs h_A et h_B est proportionnelle à la différence de profondeur $h_A - h_B$:

$$P_A - P_B = \rho g (h_A - h_B)$$

P_A et P_B en pascal (Pa)
h_A et h_B en mètre (m)
ρ masse volumique du liquide en kg·m^{-3}
g en N·kg^{-1}

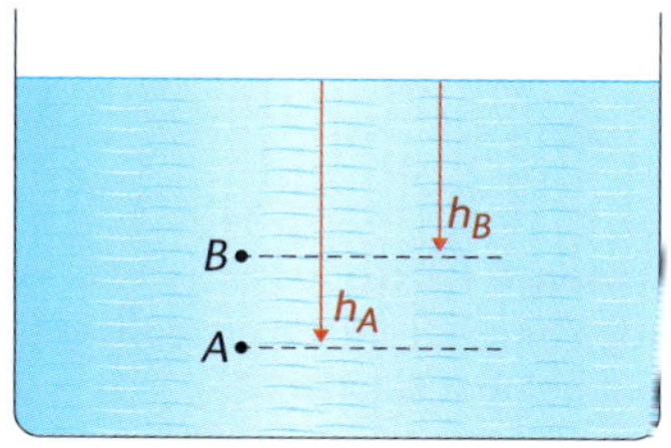

Exemple. Dans tous les manuels de plongée, on peut lire : « La pression de l'eau augmente de 1 bar tous les 10 mètres. »

Gaz dissous dans un liquide

À température constante, la quantité maximale d'un gaz dissous dans un volume donné de liquide augmente quand la pression de ce gaz sur le liquide augmente.

Lorsqu'on ouvre une bouteille d'eau pétillante, la pression du gaz au-dessus de l'eau diminue brusquement et des bulles de dioxyde de carbone s'échappent instantanément.

Exercices d'application

5 minutes CHRONO !

MANUEL NUMÉRIQUE — EXERCICES INTERACTIFS

1 Mots manquants

Compléter avec un ou plusieurs mots.

a. Dans un liquide, les molécules se déplacent d'un mouvement .... L'ensemble moléculaire est ....

b. Un gaz est .... car on peut diminuer son volume en gardant une même quantité de gaz, alors qu'un liquide est ....

c. La .... qu'exerce un gaz ou un liquide sur une paroi est due aux chocs des .... du gaz ou du liquide sur la paroi.

2 QCM

Cocher la réponse exacte.

a. La pression dans un liquide au repos est la même :
- ☐ en tout point du liquide
- ☐ en tout point d'un même plan horizontal
- ☐ en tout point d'un même plan vertical

b. La force pressante exercée par le liquide sur une surface plane Σ est toujours :
- ☐ verticale
- ☐ horizontale, comme la surface libre du liquide
- ☐ orthogonale à la surface

c. La relation entre la pression P, la valeur F de la force pressante et l'aire S de la surface, est :

☐ $P = \frac{F}{S}$ ☐ $P = F \times S$ ☐ $P = \frac{S}{F}$

d. La force pressante exercée par l'eau sur la surface Σ :
- ☐ a trois valeurs différentes pour les positions ❶, ❷ ou ❸
- ☐ a même valeur pour les positions ❶ et ❷
- ☐ a même valeur pour les positions ❷ et ❸

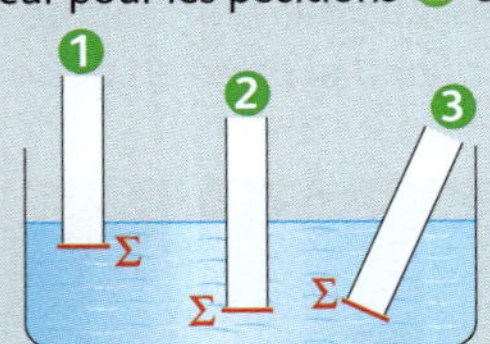

e. Dans la relation entre la pression P, la valeur F de la force pressante et l'aire S de la surface, on exprime F en N et S en m². L'unité de P est alors :

☐ le bar ☐ le pascal (Pa) ☐ l'hectopascal (hPa)

f. Quand la pression d'un gaz au-dessus d'un liquide augmente, la quantité maximale de gaz qui peut se dissoudre dans le liquide :

☐ ne varie pas ☐ augmente ☐ diminue

→ Reportez-vous aux solutions détaillées page 334 pour vérifier vos réponses et comprendre vos erreurs.

MOBILISER SES CONNAISSANCES

▶ Pression dans les fluides Forces pressantes [§1 du cours]

3 Dans une piscine

Classer par ordre croissant les valeurs de la pression dans les différents points A, B, C, D et E du bassin de la piscine.

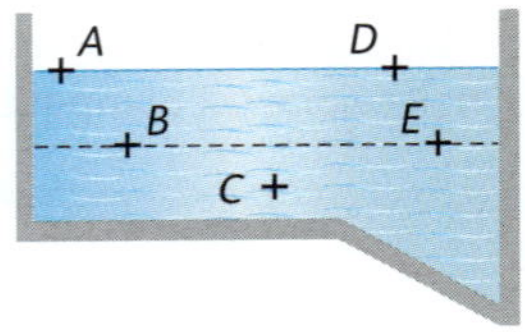

4 Forces pressantes

a. La force pressante exercée par le liquide sur chacune des surfaces Σ_1, Σ_2, Σ_3 et Σ_4 de même aire, garde-t-elle une valeur constante ?

Si non, classer par ordre croissant les valeurs f_1, f_2, f_3 et f_4 de ces forces exercées par le liquide respectivement sur Σ_1, Σ_2, Σ_3 et Σ_4.

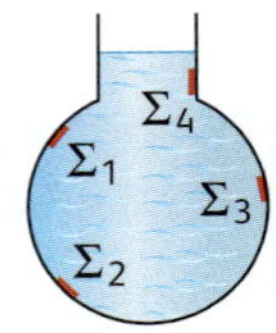

b. Sans souci d'échelle, représenter par un vecteur la force pressante qui s'exerce sur chaque surface.

▶ Gaz dissous dans un liquide [§2 du cours]

5 Pression et solubilité

Énoncer la loi indiquant le lien entre la quantité maximale de gaz qui peut se dissoudre dans un liquide et la pression de ce gaz.

6 Dioxygène et eau

À la température de 10 °C, à la pression de 10^5 Pa, il se dissout au maximum 11 mg de dioxygène dans un litre d'eau.

Comparer avec la quantité maximale de dioxygène qui peut se dissoudre dans un litre d'eau, à la même température, quand la pression est de 3×10^5 Pa.

▶ Application aux sports [§3 et 4 du cours]

7 Plongée sous-marine et respiration

Une plongeuse équipée d'une bouteille d'air comprimé descend du niveau de la mer à une profondeur de 10 m.

À cette profondeur, la pression de l'eau est devenue le double de celle de la surface.

a. Lors de la descente :
– la pression de l'air respiré a-t-elle changé ? Dans quel sens ?
– la quantité de diazote dissous dans le corps de la plongeuse a-t-elle été modifiée ? Si oui, dans quel sens ?

b. Répondre aux mêmes questions quand la plongeuse remonte à la surface.

8 Parapente et respiration

Un parapentiste décolle d'un terrain situé à 1 000 m d'altitude et s'élève jusqu'à l'altitude de 3 000 m.

a. Comment varie la pression de l'air avec l'altitude ?

b. Comment varie la pression du dioxygène dans l'air que respire le parapentiste lorsqu'il s'élève en altitude ?

c. La quantité du dioxygène disponible dans son organisme est-elle modifiée ? Si oui, dans quel sens ?

UTILISER SES COMPÉTENCES

9 Utiliser une relation littérale

Le hublot d'un sous-marin d'observation des fonds marins a une surface d'aire S.

En utilisant la relation $P = \frac{F}{S}$:

a. expliquer comment varie la force pressante exercée par l'eau de mer sur le hublot quand le sous-marin plonge ;

b. expliquer comment varie cette force pressante pour une même profondeur de plongée si on augmente l'aire S du hublot.

10 Calculer avec les puissances de 10

En utilisant la relation $P_A - P_B = \rho\, g\,(h_A - h_B)$, calculer la valeur de la pression de l'eau à une profondeur de 40 m en mer.

Données : $g = 9{,}81\ \text{N}\cdot\text{kg}^{-1}$; pression « au niveau de la mer », $P = 1{,}01 \times 10^5$ Pa ; masse volumique de l'eau de mer, $\rho = 1{,}02 \times 10^3\ \text{kg}\cdot\text{m}^{-3}$.

11 Utiliser les unités SI

On rappelle que la relation qui lie la valeur de la force pressante F et la pression P est $P = \frac{F}{S}$.

Calculer la valeur de la force pressante exercée par l'eau de mer sur la surface d'aire $S = 0{,}5\ \text{cm}^2$ de chaque tympan d'un plongeur :

a. lorsque le plongeur est en surface ;

b. lorsqu'il est à une profondeur de 30 m.

Données : pression de l'eau à la surface, $P = 1$ bar ; pression de l'eau à 30 m de profondeur, $P' = 4$ bars ; 1 bar = 10^5 Pa.

12 Construire et lire un graphique

Le tableau ci-dessous donne les valeurs de la pression atmosphérique P en hPa pour une altitude h en km.

***h* (km)**	0	1	2	3	4	5	6	7	8	9
***P* (hPa)**	1013	900	794	700	617	541	471	411	357	307

a. Représenter la pression P (en ordonnées) en fonction de l'altitude h (en abscisses).

b. La pression atmosphérique varie-t-elle proportionnellement à l'altitude ?

c. Quelle est la valeur de la pression atmosphérique :

– au sommet du mont Blanc (4 810 m) ?

– au sommet de l'Everest (8 850 m) ?

13 Étudier un texte

> Les poumons du plongeur avec bouteilles ne sont pas écrasés quelle que soit la profondeur à laquelle il se trouve car, à la sortie du détendeur, l'air respiré est à la même pression que l'eau qui l'entoure. Il n'en est pas de même pour l'apnéiste : la pression de l'eau augmentant avec la profondeur, les forces pressantes dues à l'eau écrasent de plus en plus les poumons de l'apnéiste au cours de la descente.

a. Comparer, pour une même profondeur, les forces pressantes exercées par l'eau de mer sur le plongeur en bouteille et sur l'apnéiste.

b. Que se passe-t-il pour l'air contenu dans les poumons de l'apnéiste quand ceux-ci sont « écrasés » ?

14 Faire une prévision argumentée

On pose un bécher plein d'eau sur une balance et on enferme l'ensemble dans une enceinte.

- **Expérience 1 :** l'enceinte contient de l'air à la pression $P_1 = 1$ bar.
- **Expérience 2 :** l'enceinte contient de l'air à la pression $P_2 = 5$ bars.

L'indication de la balance est-elle modifiée ? Si oui, dans quel sens ?

15 Apprendre à rédiger

Voici l'énoncé d'un exercice et un guide (en orange) ; ce guide vous aide pour rédiger la solution détaillée et pour retrouver les réponses numériques aux questions posées.

Énoncé

On utilise en plongée sous-marine un profondimètre. C'est un manomètre qui indique la profondeur de plongée.

a. Établir l'expression mathématique donnant la profondeur h de plongée en fonction de la pression P mesurée. On supposera que la température de l'eau varie peu.

Données : pression atmosphérique, $P_0 = 1\,013$ hPa ; masse volumique de l'eau de mer, $\rho = 1{,}02 \times 10^3\ \text{kg}\cdot\text{m}^{-3}$; $g = 9{,}81\ \text{N}\cdot\text{kg}^{-1}$.

- **Présenter puis écrire la formule littérale de la loi utilisée. En déduire l'expression littérale demandée.**
- **Indiquer les unités.**

b. Lorsque la pression mesurée est de $P = 4\,500$ hPa, quelle est l'indication affichée ?

- **Faire l'application numérique (en unités SI).**
- **Tenir compte du nombre de chiffres significatifs et vérifier que la valeur est $h = 34{,}3$ m.**

c. Outre la profondeur du plongeur, l'appareil indique la profondeur maximale atteinte et la durée de plongée. De plus, il déclenche une alarme liée à la vitesse de remontée. Pourquoi est-il important de connaître ces indications ?

- **Faire le lien entre la variation de la pression en diazote de l'air respiré, la durée et les risques vitaux liés à la diminution de la pression à la remontée.**

Exercices d'entraînement

EXERCICE RÉSOLU

Énoncé **Plongée et règles de sécurité**

Dans les manuels de plongée, on peut lire : « la pression de l'eau augmente de 1 bar tous les 10 m ».

1 Cette indication est-elle correcte pour une plongée en mer ?

2 À 30 m de profondeur, des bulles d'air expiré remontent vers la surface. Elles ont un diamètre $d_1 = 1{,}0$ cm au départ du détendeur.
Quel sera leur diamètre d_2 à l'arrivée en surface ?
On supposera que la température reste constante jusqu'à cette profondeur.

3 Lors de la remontée, comment varie la pression en diazote dans l'air que le plongeur respire ? Que se passe-t-il alors pour le diazote dissous dans son sang et ses tissus ? Quels sont les risques d'une remontée rapide ?

Données

– Masse volumique de l'eau de mer : $\rho = 1{,}025 \times 10^3$ kg·m^{-3}.
– $g = 9{,}8$ N·kg^{-1}.
– Pression atmosphérique : $P_{atm} = 1{,}0$ bar.
– Volume d'une sphère de rayon R : $V = \frac{4}{3}\pi R^3$.

Énoncé
- « Augmente de 1 bar » indique bien une augmentation de la pression.
- « Tous les 10 m » doit être interprété comme une augmentation de la profondeur.

Une solution

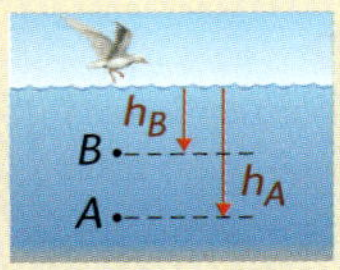

1 Les points A et B sont à des profondeurs h_A et h_B telles que :

$$h_A - h_B = 10 \text{ m.}$$

Avec la relation entre profondeur et pression, $P_A - P_B = \rho g (h_A - h_B)$, on obtient :

$$P_A - P_B = 1{,}025 \times 10^3 \times 9{,}8 \times 10 = 10 \times 10^4 \text{ Pa.}$$

Or 1 bar $= 10^5$ Pa, soit $P_A - P_B = 1{,}0$ bar.
On retrouve bien le résultat annoncé dans les manuels.

Raisonner Réaliser un schéma pour préciser les grandeurs.

Application numérique Faire le calcul avec les unités SI avant de faire le changement de l'unité de pression.

2 Pendant la remontée, la pression du gaz dans la bulle est égale à la pression de l'eau au niveau de la bulle : cette pression diminue donc.
La température restant constante, on applique la loi de Mariotte au gaz contenu dans la bulle. En notant les pressions et les volumes de la bulle P_1 et V_1 à la profondeur $h_1 = 30$ m et P_2 et V_2 à l'arrivée à la surface :

$$P_1 V_1 = P_2 V_2, \quad \text{soit} \quad V_2 = V_1 \times \frac{P_1}{P_2}.$$

En utilisant l'expression du volume d'une sphère, on obtient :

$$\frac{4}{3}\pi\left(\frac{d_2}{2}\right)^3 = \frac{4}{3}\pi\left(\frac{d_1}{2}\right)^3 \times \frac{P_1}{P_2}, \quad \text{soit} \quad d_2^3 = d_1^3 \frac{P_1}{P_2}.$$

P_2 est égale à la pression atmosphérique, soit $P_2 = 1{,}0$ bar.
$P_1 = 4{,}0$ bars car d'après 1, la pression dans l'eau augmente de 3,0 bars pour 30 m avec une pression à la surface de 1,0 bar.

A.N. : $d_2^3 = (1{,}0)^3 \times \frac{4{,}0}{1{,}0} = 4{,}0$. Avec la calculatrice, on trouve $d_2 = 1{,}587$, donc $d_2 = 1{,}6$ cm en conservant deux chiffres significatifs. La bulle a « grossi ».

Rédiger Définir les grandeurs utilisées et préciser leurs symboles.

Rédiger Faire un calcul littéral.

Application numérique
- On peut laisser P_1 et P_2 en bar, car, ici, c'est le rapport $\frac{P_1}{P_2}$ qui intervient dans les calculs.
- Conserver autant de chiffres significatifs que dans les données (ici deux) et indiquer l'unité.

Raisonner Vérification qualitative : on trouve bien que la bulle a « grossi ».

3 Comme la pression de l'air respiré diminue lors de la remontée, la pression en diazote diminue dans les poumons. La quantité maximale de diazote qui peut se dissoudre dans le sang et les tissus diminue et le surplus de diazote dissous passe à l'état gazeux. Si la remontée est rapide, cet excès de diazote peut former des bulles dangereuses pour la santé du plongeur.

Données des exercices
- Sauf indications contraires, dans les exercices, on prendra : $g = 9{,}8\ N \cdot kg^{-1}$; $P_{atm} = 10^5$ Pa.
- La pression dans l'eau de mer augmente de 10^5 Pa quand on s'enfonce d'une profondeur de 10 m.
- On admettra que l'air est composé de 20 % de dioxygène et de 80 % de diazote, et que la pression en dioxygène représente 20 % de la pression de l'air, et la pression en diazote, 80 % de la pression de l'air.

16 Bouteille de gaz sous pression

Une bouteille de plongée de 12 L contient de l'air sous la pression de 220 bars.
Quel volume d'air récupère-t-on à la même température :
a. sur le quai ?
b. à 40 m de profondeur ?

17 Profondeur de sécurité

ⓐ Le dioxygène devient toxique à partir d'une pression de 1,6 bar.
ⓑ La profondeur de sécurité à respecter lorsqu'on plonge avec des bouteilles d'air est de 60 m (lu sur un manuel pour les plongeurs).
L'indication ⓐ est-elle cohérente avec l'indication ⓑ ?

18 Énigme

Pour une même profondeur, la pression est plus grande dans l'eau de mer que dans l'eau douce.
Justifier cette affirmation.

19 Masque de plongée

Sur le bateau, Malika s'équipe de son masque de plongée.
a. Calculer la valeur de la force pressante qu'exerce l'air atmosphérique sur l'extérieur du verre du masque quand Malika est encore sur le bateau.
b. Quelle est la valeur de la force exercée par l'eau sur le verre du masque à la profondeur de 20 m ?
Donnée : aire du verre du masque, $S = 70\ cm^2$.

20 ✶ Technique du poumon ballast

Une plongeuse avec bouteille observe la vie sous-marine à une profondeur de 10 m.
a. En étudiant l'équilibre de la plongeuse, énoncer les caractéristiques de la poussée d'Archimède due à l'eau qui s'exerce sur la plongeuse.
b. Que se passe-t-il si la plongeuse inspire plus d'air que d'habitude ? si elle expire plus d'air que d'habitude ?

21 Mélange gazeux pour la plongée

Les bouteilles de plongée peuvent être remplies d'un mélange gazeux appelé Nitrox 40, qui est composé en quantité de 40 % de dioxygène pour 60 % de diazote. La pression en dioxygène est alors égale à 40 % de la pression en Nitrox, et la pression en diazote, à 60 % de la pression en Nitrox.
a. À 40 m de profondeur, quelle est la pression du gaz respiré par un plongeur ?
b. Quelle est la pression du diazote si la bouteille est remplie d'air ? de Nitrox 40 ?
c. « L'utilisation de ce gaz (Nitrox 40) a pour avantage d'augmenter le temps et la sécurité en plongée ; en effet, le plongeur est alors moins saturé en azote et nécessite moins de paliers de décompression que pour une plongée équivalente à l'air. »
Expliquer cette indication trouvée sur Wikipédia.

22 Voyage dans un caisson

Un caisson hypobare est un simulateur de haute altitude, à l'intérieur duquel on ajuste la pression de l'air en fonction de l'altitude que l'on veut simuler.
a. En utilisant le tableau ci-contre, préciser la pression de l'air à imposer dans le caisson pour simuler une altitude *h* de 4 000 m, puis de 8 000 m.
b. Rechercher à quelles fins on utilise un caisson hypobare.
c. On veut transformer ce caisson en simulateur de profondeur des océans.
Quelle pression faudrait-il imposer pour simuler une profondeur de 30 m ? de 100 m ? Comment pourrait-on nommer ce caisson ?

h en km	*P* en hPa
0	1 013
1	900
2	794
3	700
4	617
5	541
6	471
7	411
8	357
9	307
10	265

23 ✶✶ Gaz dissous dans l'eau

a. À la température *t*, un litre d'eau peut dissoudre 23,5 mL de diazote quand la pression de ce gaz est de 1,0 bar.
Sachant que la quantité de gaz qui peut se dissoudre au maximum dans un volume donné de liquide est proportionnelle à la valeur de la pression de ce gaz au-dessus du liquide, calculer le volume de diazote qu'un litre d'eau peut dissoudre sous une pression de diazote de 0,80 bar.
b. À la même température *t*, un litre d'eau peut dissoudre 48,9 mL de dioxygène quand la pression de ce gaz est de 1,0 bar.
Calculer le volume de dioxygène qu'un litre d'eau peut dissoudre sous une pression de dioxygène de 0,20 bar.
c. En déduire la composition de « l'air » dissous dans l'eau sous la pression atmosphérique de 1,0 bar.

24 ✶✶ Test de plongée

Répondre au test suivant, qui est proposé aux candidats au brevet de plongée sous-marine.

> Vous plongez équipé d'une bouteille de 15 litres de volume interne et gonflée à 200 bars. Elle est munie d'un ressort de réserve taré à 30 bars.
> Sachant que votre consommation d'air est de 20 L par minute, quelle sera votre autonomie à 30 mètres ?
>
> *Tests Vagnon, Plongée*. **Denis Jeant,**
> **© Les éditions du Plaisancier.**

Remarque : on supposera que la température de l'eau est constante.

Aide. Le « ressort de réserve » est un mécanisme qui indique au plongeur que la pression de l'air qui reste dans sa bouteille est d'environ 30 bars, et qu'il est temps de remonter.

Culture scientifique et citoyenne

PHYSIQUE & ARCHÉOLOGIE À la recherche des trésors sous-marins

Un galion de la flotte espagnole.

Qui n'a pas rêvé de trouver un trésor aux fonds des mers ? Selon l'Unesco, on estime à plus de **trois millions** le nombre des épaves gisant dans les fonds marins. Certaines sont particulièrement célèbres, comme le Titanic ou les galions espagnols chargés d'or et de trésors d'Amérique du Sud…

- Célèbres ou non, toutes ces épaves ont un intérêt pour la **connaissance des époques de leur construction et des civilisations** qui nous ont devancées : méthodes et matériels utilisés pour la construction navale, échanges entre les cités, objets de la vie courante, œuvres artistiques, etc.
- Découvrir une épave nécessite un premier **long travail de recherche** historique pour la situer en mer et connaître son intérêt archéologique potentiel. La phase de recherche en mer qui suit, articule le repérage sur site par sonar et la mise en œuvre de moyens, parfois lourds, qui dépendent de la profondeur :
– des plongeurs si l'épave repose sur des hauts-fonds (30 m) ;
– des sous-marins et des robots si l'épave repose à des profondeurs plus importantes.

Plongeur sur un site archéologique.

Sur le Web
http://www.unesco.org/fr/underwater-cultural-heritage/the-heritage/
http://www.quedeque.net/RobinsonCrusoe/Proyecto%20Punta%20Lobos%20-%20Instit%20fra.pdf
http://www2.cnrs.fr/presse/journal/1318.htm

Faire une recherche

Une équipe de médecins et de scientifiques britanniques (Caudwell Xtreme Everest Team) ont réalisé en 2007 une expérience médicale unique sur les pentes de l'Everest. L'objectif de l'expédition était d'étudier l'adaptation de l'organisme humain aux conditions extrêmes d'altitude pour mieux comprendre et soigner les maladies liées à l'hypoxie.

1. Quelles sont les données scientifiques recueillies ? Dans quelles conditions ont-elles été relevées ?
2. Quels sont les résultats scientifiques obtenus lors de cette expédition ?

Sur le Web
http://www.futura-sciences.com/fr/news/t/medecine/d/letonnante-adaptation-des-alpinistes-a-la-tres-haute-altitude_17899/
http://www.xtreme-everest.co.uk/

Un métier : médecin spécialiste du secours en montagne BAC +9

Intervention lors d'un accident en montagne.

Après des études de médecine, cet urgentiste des milieux de la montagne suit un cursus de **spécialisation au secours en montagne.**

- Avec les équipes de secours en montagne, le médecin **intervient sur le lieu de l'accident,** auprès des blessés graves, avant qu'ils ne soient évacués vers une structure hospitalière.
- Il participe également à des **expéditions de haute montagne,** où il apporte ses compétences médicales lors de la gestion de problèmes de santé dans un milieu particulièrement hostile.

Sur le Web http://www.cham-savoie.fr/Urgences/Les-secours-en-montagne

Sciences & Société

Pourquoi descendre dans les profondeurs de l'océan ?

Les raisons de descendre dans les profondeurs des mers et des océans sont multiples et interconnectées :
– étudier les fonds des océans pour **enrichir la connaissance de la Terre** ;
– rechercher dans les très grands fonds de **nouveaux réservoirs de pétrole et de gaz offshore** ; rechercher des **matières précieuses** (or, argent, cobalt, diamants…) ;
– **installer, entretenir, surveiller** les installations offshore (puits de pétrole, éoliennes) et les réseaux de câbles de communication ;
– **étudier la flore et la faune marines** et leur évolution ;
– **surveiller les territoires**, etc.

- Selon la profondeur à laquelle il faut accéder et l'objectif de la plongée, on utilise des sous-marins ou des robots commandés de la surface.
- L'intérêt économique lié à la connaissance des fonds marins favorise le développement de ces nouvelles technologies, qui utilisent de nombreux domaines de la physique, de la chimie, des sciences de la vie et de la Terre.

Sur le Web http://www.ifremer.fr/exploration/

Bateau câblier entre le Pérou et le Chili.

Plongeur scientifique effectuant un prélèvement en Antarctique pour étudier la faune et la flore microscopiques présentes.

MÉTHODE 1

Précision d'une mesure

Il n'est pas possible de déterminer la valeur **exacte** d'une grandeur. Il existe toujours une **incertitude** sur le résultat. Cette incertitude dépend de l'appareil de mesure utilisé, de l'objet et de l'utilisateur. Ce dernier doit rechercher la meilleure méthode pour minimiser l'incertitude.

1 Incertitude de mesure

- On détermine l'**incertitude** sur une mesure en respectant les instructions (bon usage et précision) liées à l'objet utilisé.

Exemple. Cette fiole jaugée est remplie jusqu'au trait de jauge.

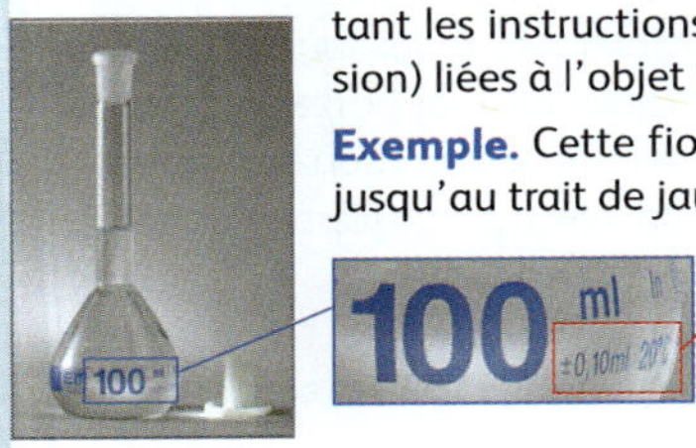

L'incertitude est égale à ± 0,10 mL. Elle est notée $\Delta V = 0{,}10$ mL.

Le volume contenu est écrit sous la forme :

$$V = (100{,}00 \pm 0{,}10)\ \text{mL}.$$

- En l'absence d'indications, par convention, on estime que l'incertitude est égale à la moitié de la plus petite graduation.

Exemple. Une règle de 20 cm graduée **en mm** permet une mesure de 18,2 cm avec une incertitude de **± 0,5 mm.** L'incertitude sur cette lecture est notée $\Delta \ell = 0{,}5$ mm et le résultat est écrit sous la forme $\boldsymbol{\ell = (18{,}2 \pm 0{,}05)}$ **cm.**

2 Précision d'une mesure

- Lorsqu'on mesure des grandeurs différentes, comment comparer la précision des mesures ? Est-il plus précis de mesurer une longueur de 100 m avec une incertitude de 0,5 m ou une longueur de 10 cm avec une incertitude de 0,5 mm ?

- Pour répondre à cette question, on utilise la notion d'**incertitude relative** : la précision d'une mesure est caractérisée par l'incertitude relative $\dfrac{\Delta X}{X}$ égale au quotient de l'incertitude par la valeur estimée du résultat.

- **Plus l'incertitude relative est petite, plus la précision de la mesure est grande.**

Dans notre exemple, pour la longueur de 100 m :

$$\frac{\Delta L}{L} = \frac{0{,}5}{100} = 0{,}5\ \% \ ;$$

pour la longueur de 10 cm = 100 mm : $\dfrac{\Delta L}{L} = \dfrac{0{,}5}{100} = 0{,}5\ \%$.

Les mesures sont donc réalisées avec la même précision de 0,5 %.

3 Exploitation d'une série de mesures indépendantes

- Des **résultats** sont **indépendants** si la même grandeur a été mesurée par des expérimentateurs différents utilisant des instruments de mesure différents mais équivalents. C'est le cas par exemple des groupes d'élèves effectuant des mesures au cours d'une séance de TP.

- Dans ce cas :

1 la valeur moyenne des résultats constitue l'estimation la plus fiable de la mesure ;

2 l'incertitude est calculée à partir de l'écart-type σ des résultats (lire sigma). Plus l'écart-type est grand, plus les résultats sont dispersés autour de la valeur moyenne.

- L'écart-type peut s'obtenir à l'aide d'une calculatrice ou d'un tableur. La relation avec l'incertitude est donnée par les tables statistiques.

- **Exemple.** Les 9 groupes d'élèves d'une séance de TP ont mesuré la longueur d'un trait tracé sur une feuille. Leurs résultats, obtenus avec des règles différentes, toutes graduées en mm sont donnés ci-contre.

Groupe	1	2	3	4	5	6	7	8	9
L (mm)	40	39,5	40	40	39,5	40,5	40	40	40,5

La calculatrice donne :
– valeur moyenne : $x = 40{,}0$ mm ;
– écart-type : $\sigma = 0{,}35$ mm.

Dans ce cas de figure, l'incertitude ΔL est calculée ainsi :

$$\Delta L = \frac{2{,}31}{\sqrt{9}} \times \sigma = 0{,}27\ \text{mm}.$$

(2,31 : lu dans une table ; 9 : nombre de mesures)

Dans ce cas, la probabilité de trouver la longueur de l'objet dans l'intervalle (40,0 ± 0,27) mm est de 95 %.
Donc la précision de la mesure est :

$$\frac{\Delta L}{L} = \frac{0{,}27}{40{,}0} = 0{,}7\ \%.$$

On améliore donc sensiblement la précision en mettant en commun les résultats puisque, avec une seule mesure, l'incertitude estimée de 0,5 mm donne une précision de 1,3 %.

Chiffres significatifs

1 Précision et écriture d'une valeur numérique

- Les valeurs numériques des données et les résultats d'un calcul sont toujours arrondis en tenant compte des incertitudes sur les mesures.

En l'absence d'autres indications, l'incertitude d'une valeur numérique porte sur le dernier chiffre exprimé ; elle est estimée à une demi-unité de ce chiffre.

Exemple. Le résultat de la mesure de la longueur d'une feuille de cahier est $L = 29{,}7$ cm.
En l'absence d'autres indications, cela signifie que la valeur exacte de L est telle que :

$$(29{,}7 - 0{,}05)\ \text{cm} < L_{\text{exacte}} < (29{,}7 + 0{,}05)\ \text{cm},$$

soit $$29{,}65\ \text{cm} < L_{\text{exacte}} < 29{,}75\ \text{cm}.$$

2 Quels chiffres sont significatifs ?

- Le nombre de décimales d'une valeur numérique n'est pas un critère pour apprécier sa précision : 0,042 mm, $4{,}2 \times 10^{-2}$ mm et 42 µm sont des valeurs exactement équivalentes et pourtant elles présentent un nombre de décimales différent.

Pour évaluer la précision d'un nombre, on utilise la notion de chiffres significatifs : comme l'incertitude sur une valeur numérique porte sur le dernier chiffre exprimé, plus le nombre de **chiffres significatifs** est grand, plus la valeur est précise.

- Les chiffres significatifs d'une valeur numérique sont tous les chiffres autres que les « 0 » situés à gauche du nombre, sans tenir compte de la puissance de 10.

Exemples. 0,042 mm comporte 2 chiffres significatifs : les deux « 0 » placés à gauche ne sont pas significatifs.
$4{,}20 \times 10^{-2}$ mm comporte 3 chiffres significatifs : le « 0 » situé à droite est un chiffre significatif.

- **Écriture scientifique :** le nombre de chiffres significatifs du nombre $a \times 10^n$, avec $1 \leqslant a < 10$ et n entier positif ou négatif, est égal au nombre de chiffres de a.

Exemple. 4,2 a 2 chiffres, donc $4{,}2 \times 10^{-2}$ mm a deux chiffres significatifs. Remarquons que $4{,}2 \times 10^{-2}$ mm est l'écriture scientifique de 0,042 mm ; on retrouve le même nombre de chiffres significatifs.

3 Donner le bon nombre de chiffres significatifs

Le plus souvent, le résultat d'un calcul ne peut être plus précis que la donnée la moins précise, c'est-à-dire celle qui comporte le plus petit nombre de chiffres significatifs.

Exemple. On demande de calculer la durée t du trajet de la lumière du Soleil à la Terre.

Données : distance Terre-Soleil $D = 1{,}50 \times 10^8$ km ; vitesse de la lumière $c = 2{,}997\,92 \times 10^5\ \text{km} \cdot \text{s}^{-1}$.

La calculatrice fournit : $5{,}003\,46\ldots \times 10^2$.

Parmi les données, D n'a que 3 chiffres significatifs, donc :

$$t = 5{,}00 \times 10^2\ \text{s}.$$

- Habituellement, les résultats demandés au lycée comportent 2 ou 3 chiffres significatifs. **Donner un nombre de chiffres significatifs excessif est une faute.**

4 Règles d'arrondis

- **Règles d'arrondis :** on observe la décimale qui suit la dernière décimale prise en compte :

– si la décimale qui suit est comprise entre 0 et 4, on ne change pas la dernière décimale prise en compte ;

– si la décimale qui suit est comprise entre 5 et 9, on ajoute 1 à la dernière décimale prise en compte.

- **Pourquoi cette règle ?** Cette règle permet d'arrondir une valeur à la valeur qui lui est la plus proche et qui comporte le nombre de décimales souhaité.

Exemple. Le résultat d'un calcul est $X = 4{,}238$.
Avec 2 chiffres significatifs : la dernière décimale prise en compte est 2 ; le résultat final sera $X = 4{,}2$ car la décimale suivante est 3.
Avec 3 chiffres significatifs : la dernière décimale prise en compte est 3 ; le résultat final sera $X = 4{,}24$ car la décimale suivante est 8.
Avec 4 chiffres significatifs, le résultat final sera $X = 4{,}238$.
On ne peut exprimer ce résultat avec plus de 4 chiffres significatifs.

MÉTHODE 3

Exploiter un graphique

Exemple. On filme le mouvement d'un palet de hockey sur glace et on mesure la distance d qu'il parcourt en fonction du temps t.
On veut trouver une relation simple entre ces deux grandeurs physiques.

t (s)	0,04	0,08	0,12	0,16	0,20	0,24	0,28	0,32
d (m)	0,4	0,8	1,35	1,75	2,10	2,55	3,05	3,40

Pour cela, on trace le graphique représentant la distance d en fonction du temps t, soit $\boldsymbol{d = f(t)}$.

1 Obtenir un nuage de points

- Tracer deux axes perpendiculaires, l'un horizontal et l'autre vertical. Écrire sur chaque axe la grandeur représentée et son unité.
- Graduer les deux axes et indiquer clairement l'échelle choisie.
- L'origine du graphique est le point (0 ; 0). Chaque couple du tableau est représenté par un point dans ce système d'axes.
- Mentionner le titre du graphique.

On obtient le nuage de points ci-contre.

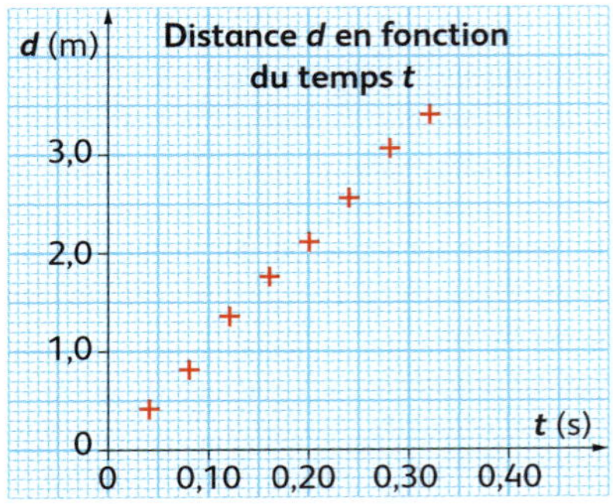

2 Exploiter le nuage de points

- On observe le nuage de points obtenu. Dans certains cas, il est possible de tracer une courbe qui passe par un maximum de points du nuage.
- **Attention** : ne jamais joindre les points par des segments de droite.
- Cette opération peut être effectuée à l'ordinateur, avec un logiciel approprié comme un tableur.
- Dans notre exemple, il est possible de faire passer une droite de façon qu'il y ait presque autant de points du nuage au-dessus qu'en dessous de la droite.

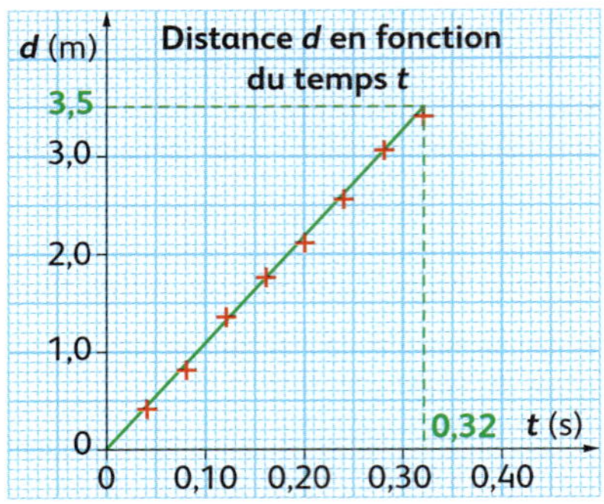

3 « Modéliser » la situation expérimentale

- L'équation de la courbe fournit alors une relation mathématique qui lie les deux grandeurs. On dit que l'***on a modélisé la situation expérimentale***.
- Dans le cas d'une droite, on peut déterminer son équation à partir du graphique. L'équation de toute droite non parallèle à l'axe des ordonnées est $y = ax + b$, où a est le coefficient directeur de la droite et b l'ordonnée à l'origine.

La droite passe par l'origine, donc $b = 0$.

Le coefficient directeur est donné par :

$$a = \frac{d(t_1) - d(t_2)}{t_1 - t_2} = \frac{3{,}5 - 0}{0{,}32 - 0} = 10{,}9 \approx 11.$$

Ainsi, les mesures expérimentales peuvent être modélisées par une droite d'équation $\boldsymbol{d = 11t}$.

Remarque : le coefficient directeur est rarement un nombre sans dimension. Ici, a s'exprime en $m \cdot s^{-1}$, qui est le rapport des grandeurs distance par temps.

Utiliser un tableur

1 Présentation

- Un tableur est un logiciel qui permet de créer et de manipuler des tableaux de données.
- À l'ouverture du logiciel (OpenOffice, Excel, ...), apparaît sur l'écran une feuille de calculs composée de **lignes** et de **colonnes** formant des cellules.
- Chaque **cellule** est repérée par sa position par rapport aux lignes et aux colonnes.

- **Exemple.** Le nombre 18 est dans la cellule B4.

B4 | fx Σ = | 18

	A	B	C
1	0	0	
2	10	1	
3	20	9	
4	30	18	
5			

2 Calculs dans un tableur

Le tableur est un logiciel de calcul qui possède de nombreuses fonctions mathématiques préprogrammées.

- **Exemple de calcul simple**

1. Dans la cellule sélectionnée, on écrit une formule qui commence **toujours** par le signe =.

2. Un appui sur la touche Entrée valide le calcul et le résultat de l'opération s'affiche. « =A3+B4 » est remplacé par 38.

3. Le résultat est modifié automatiquement si le contenu des cellules A3 ou B4 est modifié.

	A	B
1	0	0
2	10	1
3	20	9
4	30	18
5		=A3+B4

	A	B
1	0	0
2	10	1
3	20	9
4	30	18
5		38

- **Exemple de calcul utilisant la fonction sinus**

On souhaite afficher dans la colonne B les sinus des angles de la colonne A.

1. À l'aide du menu **Insertion/Fonction**, on écrit la formule « =SIN(RADIANS(A2)) » dans la cellule B2.

2. On recopie le contenu de la cellule B2 dans les autres cellules de la colonne B.

	A	B	C
1	angle	sinus	
2		=SIN(RADIANS(A2))	
3	10		
4	20		
5	30		

	A	B
1	angle	sinus
2	0	0
3	10	0,17
4	20	0,34
5	30	0,50

3 Le grapheur

Associé au tableur, le grapheur permet de représenter sous forme graphique des données numériques. On utilise le menu **Insertion/Diagramme** ou **Graphique**.

Exemple. On souhaite représenter graphiquement *d* en fonction de *t* (exemple de la fiche méthode 3).

1. On sélectionne la zone à représenter.

	A	B
1	t	d
2	0,04	0,40
3	0,08	0,80
4	0,12	1,35
5	0,16	1,75
6	0,20	2,10
7	0,24	2,55
8	0,28	3,05
9	0,32	3,40

2. On choisit un mode de représentation (ici **Nuage de points**).

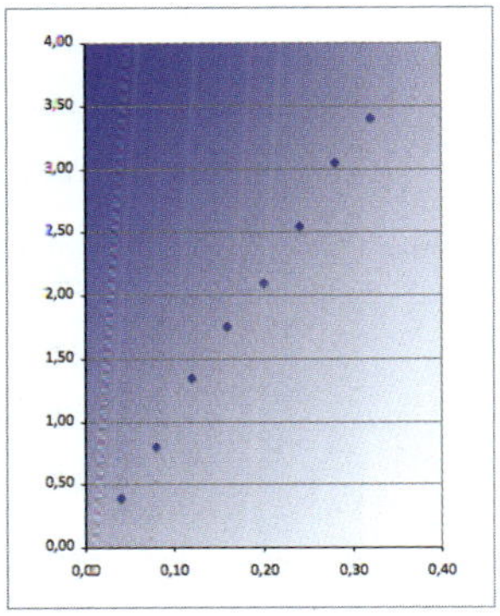

3. Pour obtenir la droite moyenne, utiliser le menu **Graphique/Ajouter une courbe de tendance**.

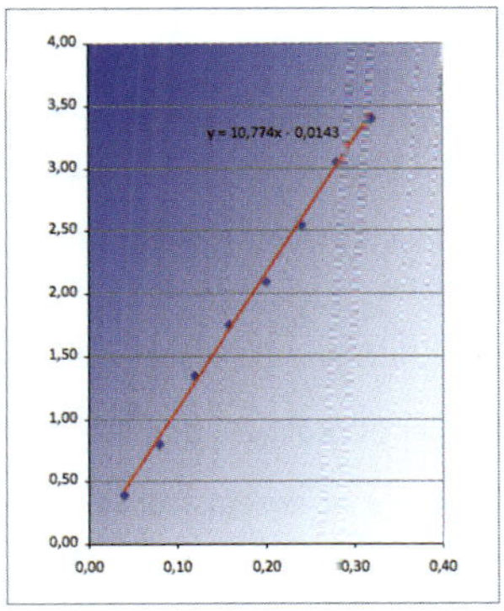

MÉTHODE 5

Capture d'images et pointage graphique

1 Pendant l'expérience

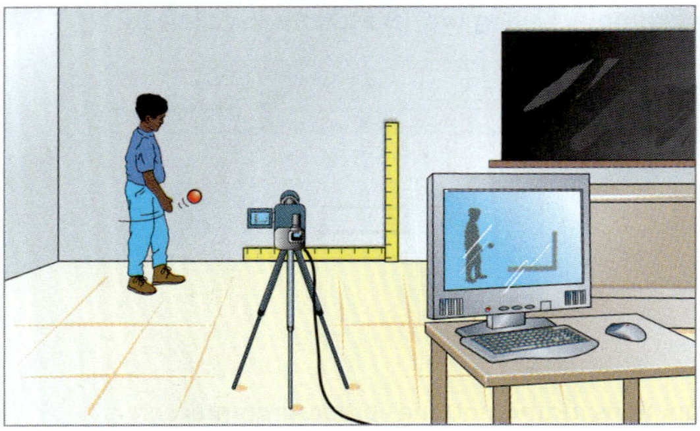

Position des différents éléments

☑ Placer l'axe optique du caméscope orthogonalement au plan de la trajectoire, et centré sur la trajectoire.

☑ Ne pas le placer trop près pour éviter les distorsions d'image dans les angles (usage du zoom).

☑ Disposer deux règles (horizontale et verticale), proches du plan de la trajectoire, pour fixer l'échelle.

☑ Placer deux spots d'éclairage légèrement latéralement pour éclairer le plus possible l'objet.

Réglage du logiciel d'acquisition des images sur l'ordinateur

Selon les logiciels, le paramétrage permet de régler :
– la durée de l'enregistrement ;
– la durée entre deux images (webcam). Sinon, elle est fixe et vaut en général 0,04 s pour les caméscopes.

Réglage du caméscope

☑ Utiliser la mise au point manuelle de préférence à la mise au point automatique.

☑ Régler sur une grande vitesse d'obturation ou sur la position « sport » pour un caméscope pour éviter le flou de l'image (ce qui justifie l'éclairage puissant).

2 Le traitement

Il faut transformer le fichier obtenu en un fichier utilisable par le logiciel de pointage de la position de l'objet sur chaque image. Pour cela :

☑ Sélectionner la séquence qui commence juste au début du lancer.

☑ Créer le fichier AVI et sauvegarder.

☑ Si nécessaire, utiliser un logiciel comme VirtualDub (pour supprimer une image dédoublée par exemple).

3 Le pointage

☑ Charger le fichier AVI avec le logiciel de pointage (Aviméca, Avistep, Généris, Synchronie…).

☑ Réaliser l'étalonnage des échelles horizontale et verticale.

☑ Fixer l'origine du système d'axes et leurs sens.

☑ Lancer et réaliser l'acquisition.

☑ Terminer et enregistrer le tableau de mesures réalisé dans le format du logiciel de traitement des données utilisé (Régressi, Généris, Synchronie,…).

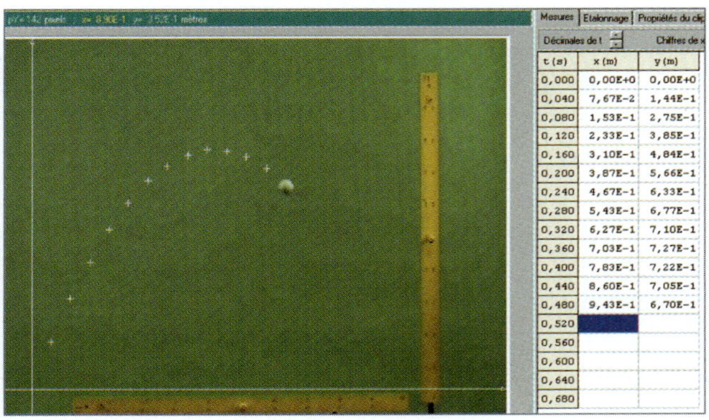

t (s)	x (m)	y (m)
0,000	0,00E+0	0,00E+0
0,040	7,67E-2	1,44E-1
0,080	1,53E-1	2,75E-1
0,120	2,33E-1	3,85E-1
0,160	3,10E-1	4,84E-1
0,200	3,87E-1	5,66E-1
0,240	4,67E-1	6,33E-1
0,280	5,43E-1	6,77E-1
0,320	6,27E-1	7,10E-1
0,360	7,03E-1	7,27E-1
0,400	7,83E-1	7,22E-1
0,440	8,60E-1	7,05E-1
0,480	9,43E-1	6,70E-1
0,520		
0,560		
0,600		
0,640		
0,680		

Utiliser un oscilloscope

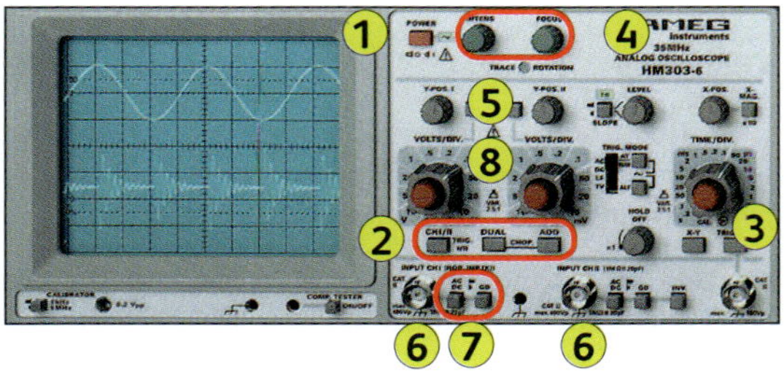

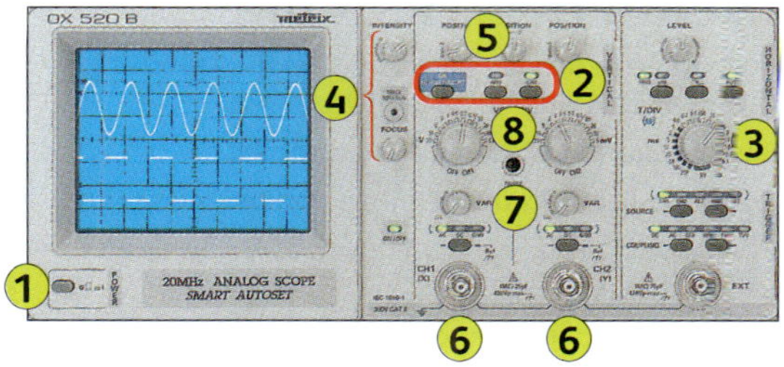

1 Mise en service et réglages

1 Mettre l'appareil sous tension à l'aide de l'interrupteur Marche/Arrêt, désigné POWER.
Une DEL s'illumine.

2 Sélectionner une voie (bouton CHI sorti) ou deux voies (bouton DUAL enfoncé).

3 Régler la sensibilité horizontale (base de temps ou encore durée de balayage) à une valeur moyenne après avoir vérifié que la commande de réglage continu VAR est en butée à gauche (*cf.* motif CAL).

4 Régler la luminosité (bouton INTENS) et la finesse de la trace (FOCUS).

5 Ajuster la trace au milieu de l'écran sur l'axe 0 V à l'aide des boutons X-POS et Y-POS.

2 Visualiser une tension

6 Appliquer la tension à étudier à l'une des voies.

Attention ! Pour visualiser la tension u_{AM}, A doit être relié à la borne rouge et M à la borne noire (masse).

7 Sélectionner le type de tension :
DC : tension complète
ou AC : tension alternative seule.

En cours d'utilisation, positionner le sélecteur sur GND ou GD de la voie utilisée avant d'ajuster la trace à 0 V.

8 Choisir la sensibilité verticale après avoir vérifié que la commande de réglage continu VAR est en butée à gauche.
Ajuster la sensibilité horizontale (voir 3) pour que la courbe occupe au mieux les dimensions de l'écran.

3 Mesurer une durée et une tension maximale ou minimale

A Mesurer une durée

- Compter à l'écran le nombre de divisions correspondant à une période T de la courbe : repérer pour cela deux passages successifs du spot par une même valeur et dans le même sens.
- Calculer la période en tenant compte de la sensibilité horizontale (en s/div).

B Mesurer une tension

- Compter à l'écran le nombre de divisions correspondant à U_{max} ou U_{min}.
- Calculer U_{max} ou U_{min} en tenant compte de la valeur de la sensibilité verticale (en V/div).

• Exemple. A La sensibilité horizontale est 50 µs/div.
On compte 4,2 divisions pour une période.
D'où : $T = 50 \times 10^{-6} \times 4{,}2 = 2{,}1 \times 10^{-4}$ s.

B La sensibilité verticale est de 2 V/div.
On compte 3 divisions pour U_{max} et –2 pour U_{min}.
D'où :
$U_{max} = 2 \times 3 = 6$ V et $U_{min} = -2 \times 2 = -4$ V.

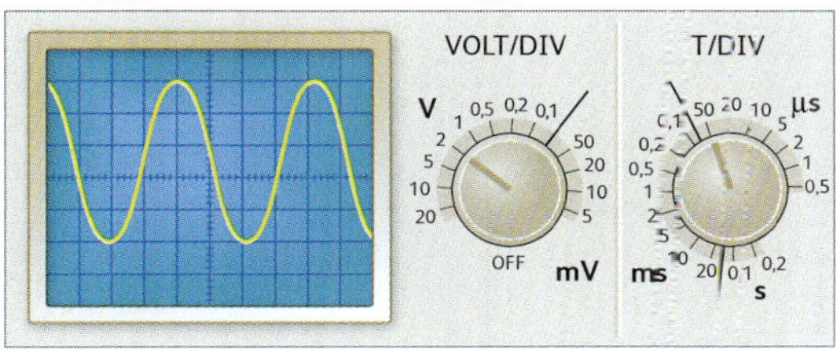

MÉTHODE 7

Se repérer dans le laboratoire de Chimie

1 La sécurité en Chimie

- Porter une blouse en coton : les textiles synthétiques peuvent être à l'origine de brûlures.
- Les cheveux longs doivent être attachés.
- Porter des lunettes de sécurité en permanence.
- Porter des gants de protection pour manipuler les produits dangereux.
- Manipuler debout, près de la paillasse.
- Se laver les mains en fin de séance.
- Bien ranger les cartables sous la paillasse pour éviter de trébucher.
- Manipuler paillasse en ordre, les cahiers dans la case pour éviter de renverser des flacons.
- **Attention !** Ne pas circuler dans la classe en portant des produits dangereux (acides concentrés, par exemple).
- Identifier les flacons et la verrerie utilisée.

2 La verrerie et les instruments

Verrerie de stockage

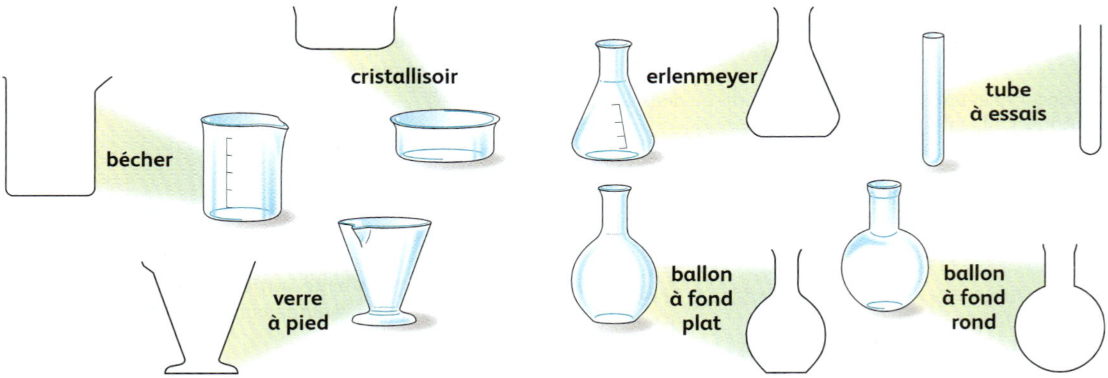

Verrerie de prélèvement et de mesure

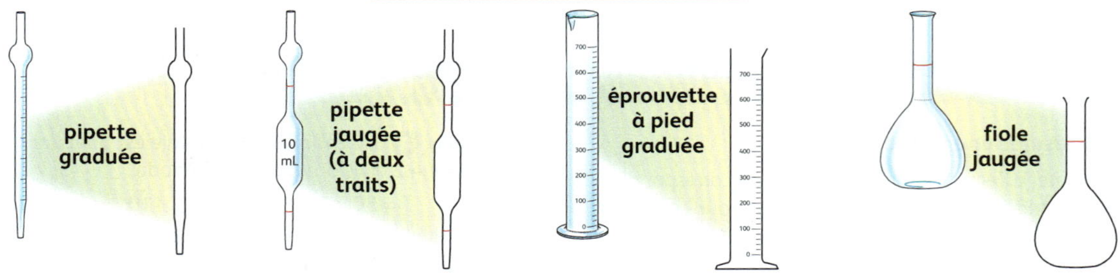

Instruments divers

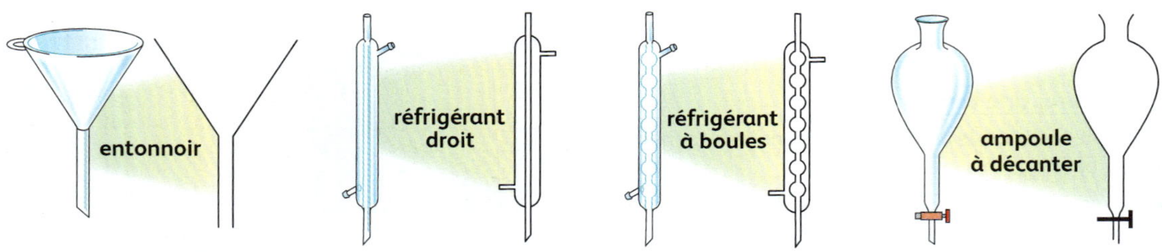

Deux techniques d'extraction

1 Séparer un liquide et un solide : la filtration

La filtration simple consiste à séparer un solide et un liquide à l'aide d'un entonnoir muni d'un papier-filtre.
La filtration sous vide est plus rapide et permet de sécher partiellement le solide.

- La filtration sous vide se réalise sur **büchner**, entonnoir à fond plat perforé que l'on recouvre d'un filtre. Le büchner est placé sur une **fiole à vide** reliée à une trompe à eau. On peut également utiliser un entonnoir à **verre fritté**.

- On parle de filtration sous vide car la trompe à eau crée un vide partiel en réduisant la pression dans la fiole recevant le filtrat. Cela accélère le passage du liquide à travers le filtre.

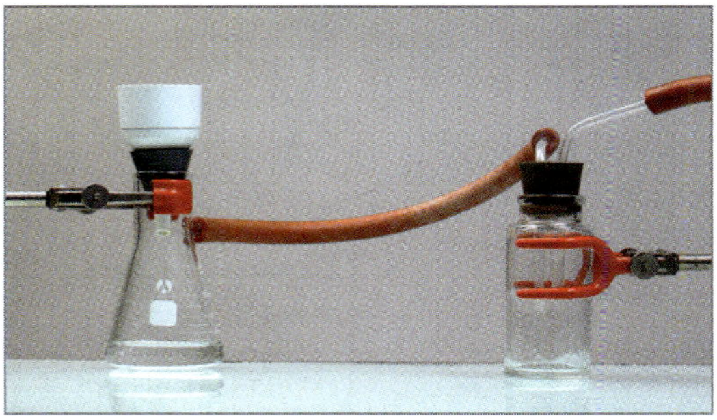

1 *Dispositif pour filtration sous vide : büchner, fiole à vide et fiole de garde reliée à une trompe à eau.*

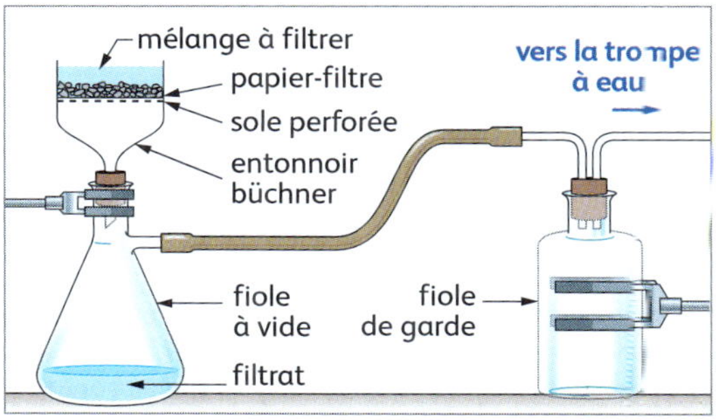

2 *La trompe à eau crée une aspiration qui accélère le passage du liquide à travers le filtre.*

2 Réaliser une extraction liquide-liquide

On désire extraire une espèce chimique *E* solubilisée dans un mélange aqueux. On utilise un solvant d'extraction *S* qui n'est pas miscible à l'eau et dans lequel l'espèce *E* est très soluble. *Nous supposons dans les dessins que le solvant S est moins dense que l'eau.*

a Introduction du solvant

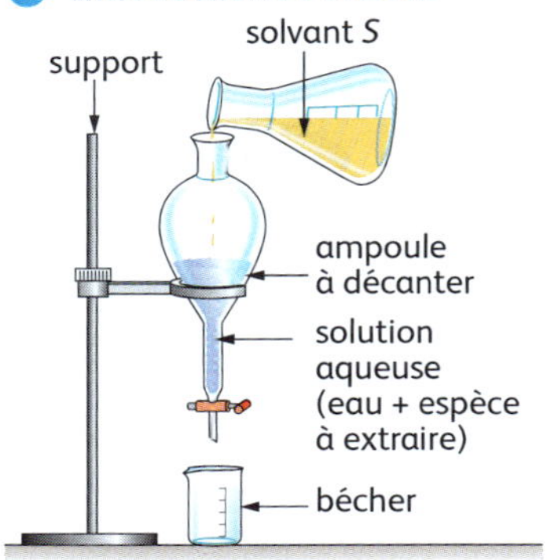

Fermer le robinet de l'ampoule à décanter et placer un récipient collecteur dessous (erlenmeyer ou bécher).
Introduire le mélange aqueux et le solvant d'extraction *S*.

b Extraction

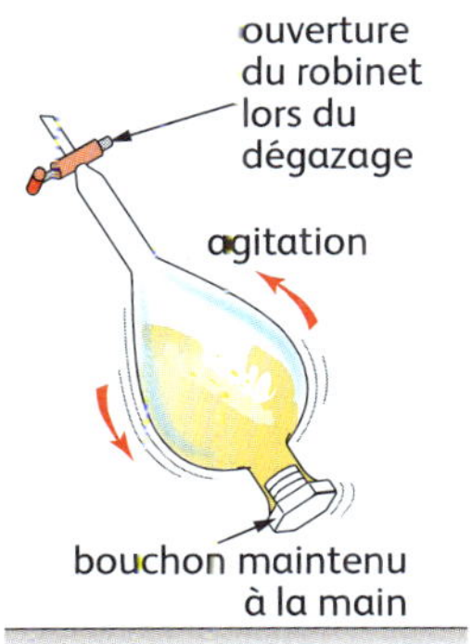

Agiter l'ensemble. De temps en temps, dégazer en ouvrant le robinet et en maintenant l'ampoule à décanter la tête en bas. L'espèce à extraire initialement dans le mélange aqueux est alors transférée dans le solvant d'extraction *S*.

c Séparation

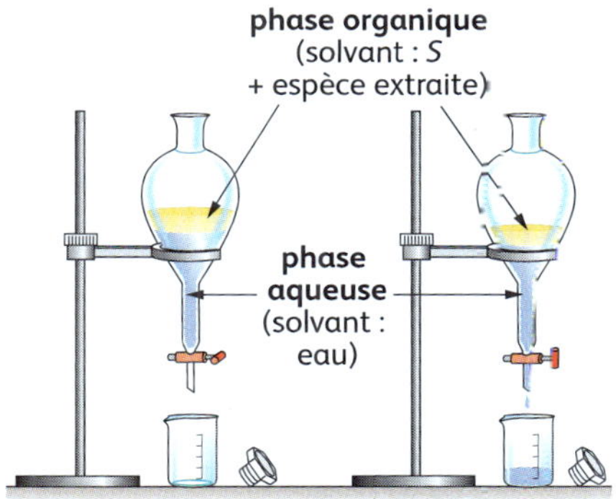

Replacer l'ampoule sur son support et retirer le bouchon. Deux phases liquides apparaissent. Le solvant qui a la plus grande densité est situé sous l'autre solvant. Récupérer la phase la plus dense dans un bécher en ouvrant le robinet, puis en le fermant avant que l'autre solvant ne coule. Récupérer l'autre phase dans un autre récipient en ouvrant de nouveau le robinet.

MÉTHODE 9

Effectuer une C.C.M.

La chromatographie sur couche mince (C.C.M.) permet de séparer les espèces chimiques contenues dans un mélange liquide et, aussi, de les identifier par comparaison.

a Préparation de la cuve à élution

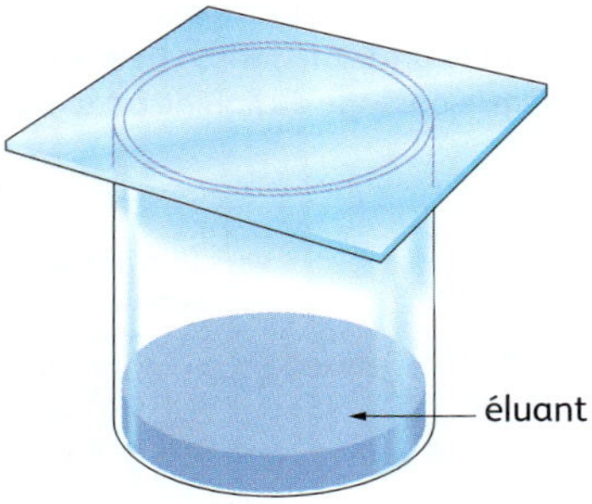

La cuve est un récipient qui peut être fermé par un couvercle, comme un pot de confiture. Introduire dans la cuve le solvant d'élution sur une hauteur de 5 à 10 mm. Fermer la cuve. La cuve se sature en vapeurs d'éluant, souvent en une dizaine de minutes.

b Préparation de la plaque

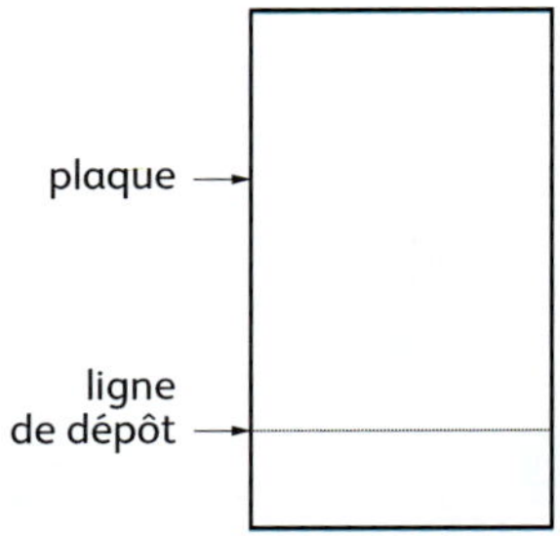

Découper une plaque de chromatographie à la bonne dimension (le vérifier dans une cuve vide).
Y tracer, au crayon, une ligne de dépôt très légère à environ 15 mm de son bord inférieur.

c Dépôt des espèces chimiques

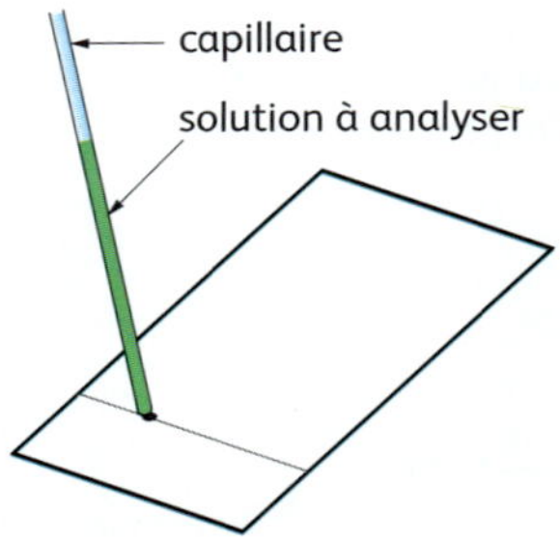

Avec un capillaire, déposer sur la ligne de dépôt une microgoutte de chaque solution à analyser.
Le diamètre des taches ne doit pas dépasser 3 mm.

d Élution

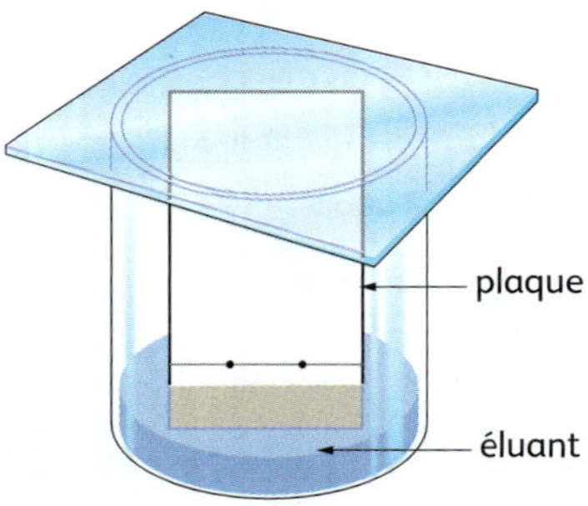

Introduire la plaque dans la cuve. Les dépôts ne doivent pas tremper dans l'éluant. Refermer et laisser la migration s'effectuer le plus loin possible (ou jusqu'à ce que l'éluant arrive à environ 15 mm du bord de la plaque).

e Séchage de la plaque

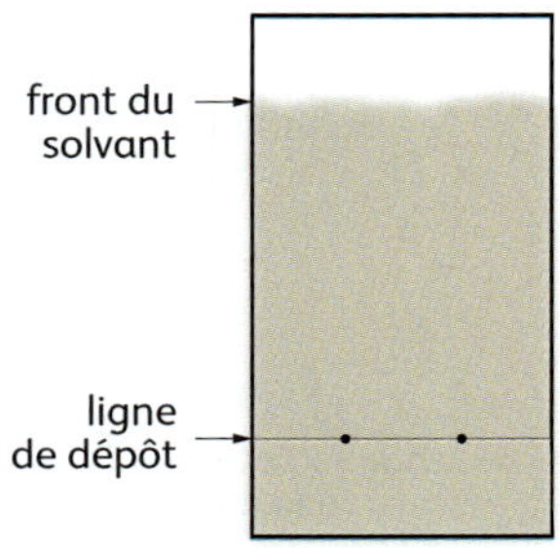

Dès sa sortie, marquer au crayon le niveau atteint par le front du solvant sur la plaque.
La laisser sécher à l'air pendant quelques minutes.

f Révélation

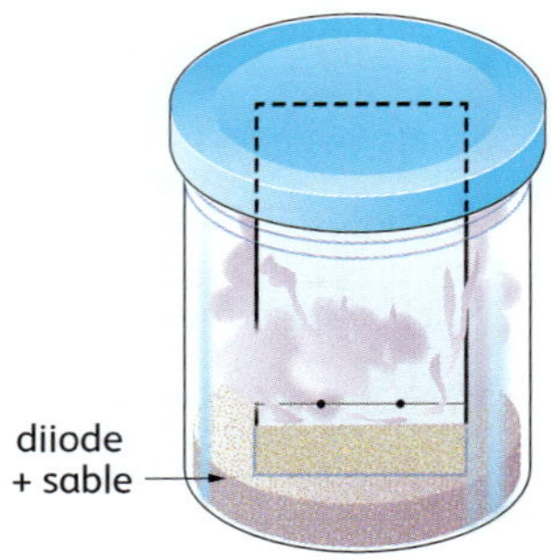

Choisir un mode de révélation en liaison avec les propriétés de l'espèce que l'on veut révéler : diiode (ici schématisé), lampe U.V. ou révélateur plus spécifique.
Le chromatogramme est prêt.

Utiliser un banc Köfler

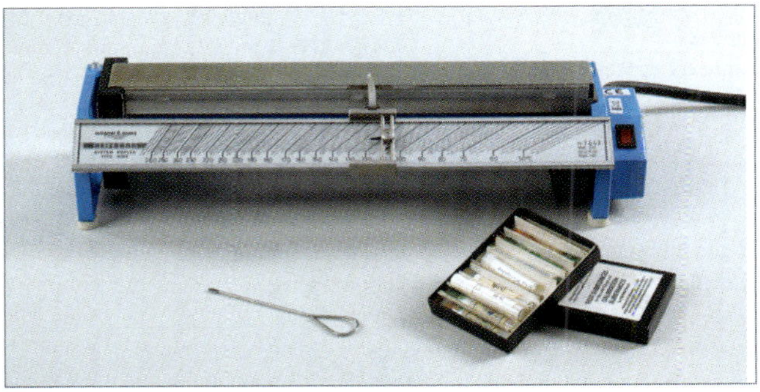

1 *Banc Köfler et échantillons d'étalonnage.*

Règles de sécurité

Sécurité

- Ne pas porter de gants de protection.
- Éloigner les solvants inflammables.

Le banc Köfler est constitué d'une barre métallique dont la température augmente de la droite (environ 30 °C) vers la gauche (environ 350 °C), d'une échelle de mesure des températures, d'un pointeur de mesure et d'un curseur mobile.

1 Étalonnage du banc Köfler

- Allumer le banc au moins une demi-heure avant une mesure.
- Repérer l'échantillon d'étalonnage dont la température de fusion est la plus proche de celle de l'échantillon à mesurer.
- ① Déposer une très petite quantité de l'échantillon d'étalonnage sur la partie froide du banc.
- ② À l'aide d'une spatule, faire glisser lentement les cristaux vers la gauche du banc. S'arrêter lorsqu'on observe quelques cristaux fondus alors que certains ne le sont pas encore.
- ③ Placer le pointeur de mesure exactement entre la phase liquide et la phase solide.
- Déplacer verticalement le curseur mobile de manière à ce que l'extrémité de sa pointe soit sur la graduation correspondant à la température de fusion lue sur le tube contenant l'échantillon de référence. Sur le **document 2** l'échantillon de référence a une température de fusion de 86 °C. **Ne plus toucher au curseur mobile jusqu'à la fin des mesures.**
- Nettoyer le banc Köfler à l'aide d'un coton imbibé d'un peu d'éthanol.

2 Mesure

- Recommencer les opérations ① à ③ avec l'échantillon à mesurer.
- Lire la température de fusion sur le curseur mobile, puis nettoyer le banc Köfler comme précédemment.

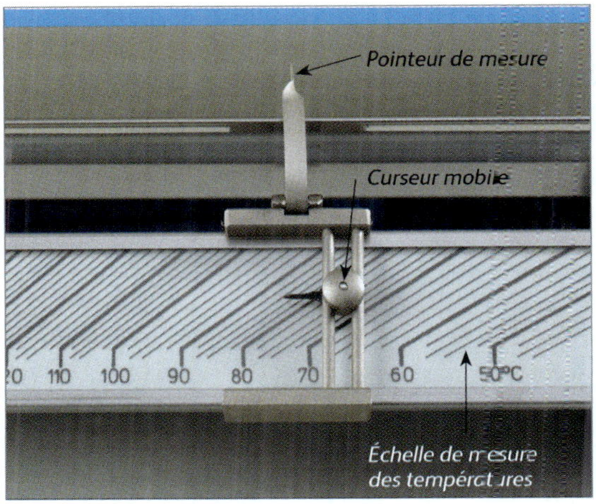

2 *Exemple de mesure.*

5 minutes CHRONO ! Corrigés

THÈME 1 La santé

Chapitre 1 — En cas d'erreur

1 Mots manquants

a. corps pur ; mélange — Cours §1
b. naturelle ; synthétique — Cours §1
c. masse volumique — Cours §2
d. filtration — Cours §3.3.B
e. ampoule à décanter — Cours §3.3.C

2 QCM

a. **Fabriquée par l'homme :** si elle était issue de la nature, elle serait naturelle. Il existe des espèces synthétiques qui ne sont pas la copie d'une espèce naturelle (l'acide acétylsalicylique par exemple). — Cours §1
b. **Un mélange :** l'eau iodée est constituée de deux espèces, l'eau et le diiode. — Cours §1
c. $\frac{m}{V}$. — Cours §2.2
d. **$1{,}0 \times 10^4$ kg** car $m = \rho \times V$. — Cours §2.2
e. **La densité n'a pas d'unité :** ne pas confondre la densité avec la masse volumique. — Cours §2.3
f. **Constitue la phase inférieure.** — Cours §3.3.C
g. **Être moins soluble dans le solvant initial que dans le solvant extracteur.** — Cours §3.3.A

Chapitre 2 — En cas d'erreur

1 Mots manquants

a. active ; excipients — Cours §1.1
b. excipients ; formulation — Cours §1.1 et §1.3
c. générique ; principe actif — Cours §1.2
d. séparer ; identifier — Cours §2.1
e. fixe ; éluant — Cours §2.1
f. d'ébullition — Cours §2.2

2 QCM

a. **Moins cher.** — Cours §1.2
b. **Un principe actif.** — Cours §1.2
c. **Séparer les espèces chimiques du mélange.** — Cours §2.1
d. **Plus haute que le niveau de l'éluant dans la cuve.** — Cours §2.1
e. **N'a pas d'unité.** — Cours §2.1
f. **De l'état solide à l'état liquide.** — Cours §2.2

Chapitre 3 — En cas d'erreur

1 Mots manquants

a. synthèse — Cours §1.1
b. économiques ; environnement — Cours §1.2
c. reflux ; perte ; matière — Cours §2.1
d. transformation ; traitement ; identification — Cours §2

2 QCM

a. **Accélérer la transformation.** — Cours §2.1
b. **Peut être identique à une espèce chimique naturelle.** — Cours §1.1
c. **Un support élévateur.** — Cours §2.1
d. **Au réfrigérant.** — Cours §2.1
e. **Une ampoule à décanter.** — Cours §2.2
f. **Une chromatographie sur couche mince.** — Cours §2.3
g. **Abaisser le support élévateur.** — Cours §2.1

Chapitre 4 — En cas d'erreur

1 Mots manquants

a. périodique — Cours §1
b. identique ; égaux — Cours §1
c. période ; plus petite — Cours §2.1
d. fréquence — Cours §2.1
e. hertz ; Hz — Cours §2.1
f. minute — Activité 1

2 QCM

a. **Subit des variations qui se répètent.** — Cours §1
b. **Troisième courbe.** — Cours §1
c. **Est possible en utilisant l'axe horizontal.** — Cours §2
d. **20 Hz :** $f = \frac{1}{T}$.
Penser à convertir T en seconde (s) pour obtenir f en hertz (Hz) :
$$f = \frac{1}{50 \times 10^{-3}} = 20 \text{ Hz.}$$
Cours §2.1
e. **2,5 ms.**
$$T = \frac{1}{f} = \frac{1}{400} = 2{,}5 \times 10^{-3} \text{ s} = 2{,}5 \text{ ms.}$$
Cours §2.1

Chapitre 5 — En cas d'erreur

1 Mots manquants

a. onde ; identique — Cours §1.1
b. audible — Cours §1.2
c. se propage ; ne se propage pas — Cours §1.3
d. électromagnétiques — Cours §1.2
e. homogène — Cours §1.3
f. réfraction — Cours §2.2

2 QCM

a. $3 \times 10^2\ \text{m}\cdot\text{s}^{-1}$. — Cours §1.4
b. $3 \times 10^8\ \text{m}\cdot\text{s}^{-1}$. — Cours §1.4
c. **Troisième schéma.** — Cours §2.3 (pour $i = 0°$)
d. **Premier schéma.** — Cours §2.3
e. **Un ultrason.** — Cours §1.2
f. **Une onde électromagnétique.** — Cours §1.2

Chapitre 6 — En cas d'erreur

1 Mots manquants

a. aqueuse — Cours §1.1
b. solution ; soluté — Cours §1.1 et §1.2
c. litre — Cours §2.1
d. $\text{g}\cdot\text{L}^{-1}$ (gramme par litre) — Cours §2.1
e. diminuer ; de l'eau distillée — Cours §3
f. pipette jaugée ou graduée ; fiole jaugée — Cours §3.1

2 QCM

a. $m = c_m \times V$. — Cours § 2.3
b. **Diminue :** lors de l'ajout d'eau, le volume de solution V augmente tandis que la masse de soluté m n'est pas modifiée ; la concentration massique $c_m = \frac{m}{V}$ diminue donc. — Cours §3
c. **5,0 $\text{g}\cdot\text{L}^{-1}$:** on note V le volume de la solution et m la masse d'éthanol dissous ; la concentration massique en éthanol est :
$$c_m = \frac{m}{V} = \frac{10}{2{,}0} = 5{,}0\ \text{g}\cdot\text{L}^{-1}.$$
Cours §2.1
d. **0,180 g de glucose :** pour obtenir un volume $V = 100$ mL $= 0{,}100$ L de solution glucosée de concentration massique $c_m = 1{,}80\ \text{g}\cdot\text{L}^{-1}$, il faut peser une masse $m = c_m \times V = 1{,}80 \times 0{,}100 = 0{,}180$ g de glucose. — Cours §2.3

Corrigés 5 minutes CHRONO !

THÈME 2 L'Univers

Chapitre 7 — En cas d'erreur

1 Mots manquants

- a. étoile ; Galaxie — Cours §1.2
- b. ordre ; grandeur — Cours §2.3
- c. extrasolaires ; exoplanètes — Cours §1.2
- d. atomes ; molécules — Cours §1.1
- e. ordre ; grandeur ; atome — Cours §1.1
- f. vide ; lacunaire — Cours §1.3
- g. année ; lumière ; vide ; longueur — Cours §3.1
- h. propagation ; passé — Cours §3.2

2 QCM

a. 10^{-10} m. On exprime 0,053 en écriture scientifique. $1 \leqslant 5{,}3 < 10$ et pour passer de 5,3 à 0,053, on doit décaler la virgule de 2 rangs vers la gauche, donc on doit multiplier par 0,01, soit 10^{-2}.

Ainsi, $0{,}053 \text{ nm} = 5{,}3 \times 10^{-2} \text{ nm}$
$= 5{,}3 \times 10^{-2} \times 10^{-9} \text{ m}$
$= 5{,}3 \times 10^{-11} \text{ m}$.

La puissance de 10 la plus proche de 5,3 est 10^1 (car $5 \leqslant 5{,}3 < 10$).
L'ordre de grandeur de 0,053 nm est donc :
$$10^1 \times 10^{-11} = 10^{-10} \text{ m}.$$
Cours §2.3

b. 10^8 km. On exprime 150 en écriture scientifique. $1 \leqslant 1{,}50 < 10$ et pour passer de 1,50 à 150, on doit multiplier par 100, soit 10^2.

Ainsi, 150 millions de kilomètres
$= 1{,}50 \times 10^2 \times 10^6 \text{ km}$
$= 1{,}50 \times 10^8 \text{ km}$.

La puissance de 10 la plus proche de 1,50 est $10^0 = 1$ (car $1 \leqslant 1{,}50 < 5$).
L'ordre de grandeur de la distance Terre-Soleil est donc :
$$10^0 \times 10^8 = 10^8 \text{ km}.$$
Cours §2.3

c. 100 milliards. — Cours §1.2

d. 10^3 km.
$1 \text{ Mm} = 10^6 \text{ m} = 10^6 \times 10^{-3} \text{ km} = 10^3 \text{ km}$.
Cours §2.1, tableau 12

e. 10^6 µm. — Cours §2.1, tableau 12

f. Dans cent ans. — Cours §3.2

g. $3{,}0 \times 10^8 \text{ m} \cdot \text{s}^{-1}$. — Cours §3.1

h. 10^{16} m. — Cours §3.1

Chapitre 8 — En cas d'erreur

1 Mots manquants

- a. monochromatique (mono- : préfixe qui signifie « un seul ») — Cours §1.2
- b. polychromatique (poly- : préfixe qui signifie « plusieurs ») — Cours §1.2
- c. longueur d'onde — Cours §1.3
- d. ne sont pas — Cours §1.3
- e. réfraction — Cours §2.1
- f. indice de réfraction — Cours §2.2
- g. normale à la surface de séparation — Cours §2.3.A
- h. dispersif — Cours §3.2

2 QCM

a. Polychromatique. — Cours §1.2

b. Peut être l'une ou l'autre selon les cas : la lumière colorée émise par un laser est monochromatique, alors que celle qui est émise par une DEL verte est polychromatique. — Cours §1.2

c. Comprise entre 400 nm et 800 nm. — Cours §1.3

d. Peut être supérieur à 1 : $n = \frac{c}{v}$ et $c \geqslant v$; donc $n \geqslant 1$. — Cours §2.2

e. Entre le rayon réfracté et la normale à la surface de séparation entre les deux milieux. — Cours §2.3.A

Chapitre 9 — En cas d'erreur

1 Mots manquants

- a. continu ; raies — Cours §1
- b. émission ; absorption — Cours §1 et §2
- c. émettre — Cours §2
- d. fond continu — Cours §3.1

2 QCM

- **a. De raies d'absorption.** — Cours §1 et 2
- **b. S'enrichit vers le violet.** — Cours §1.1
- **c. La température de sa surface.** — Cours §3.1
- **d. Ont les mêmes places que dans le spectre d'émission.** — Cours §2
- **e. La présence de certains gaz dans son atmosphère.** — Cours §3.2

Chapitre 10 — En cas d'erreur

1 Mots manquants

- a. nucléons — Cours §1.1
- b. Z ; protons — Cours §1.3
- c. noyau ; couches électroniques — Cours §1.1 et §3.1
- d. neutre — Cours §2.3
- e. noyau — Cours §2.4
- f. vide ; lacunaire — Cours §2.1 et §2.2
- g. couche externe — Cours §3

2 QCM

- **a. Doit avoir exactement 10 électrons.** — Cours §2.3
- **b. $A = 17$ et $Z = 35$.** — Cours §1.3
- **c. 7 neutrons, 7 protons et 7 électrons.** — Cours §2.3
- **d. 10^5 fois plus grand.** — Cours §2.1
- **e. 8.** — Cours §3.2
- **f. $(K)^2(L)^8(M)^2$.** — Cours §3.2

Chapitre 11 — En cas d'erreur

1 Mots manquants

- a. élément chimique ; numéro atomique — Cours §1.1
- b. conservation ; éléments chimiques — Cours §1.2
- c. numéro atomique ; nombre de neutrons — Cours §2.2
- d. du « duet » ; de l'octet — Cours §3.2
- e. cation — Cours §2.1
- f. anion — Cours §2.1

2 QCM

- **a. Par gain d'un électron sur sa couche externe.** — Cours §2.1
- **b. Sont des noyaux isotopes.** — Cours §2.2
- **c. 17 protons et 36 nucléons.** — Cours §2.2
- **d. L'atome de néon.** — Cours §3.1
- **e. L'ion Mg^{2+}.** — Cours §3.3
- **f. L'ion F^-.** — Cours §3.3
- **g. Respectivement un cation et un anion.** — Cours §2.1

Chapitre 12 — En cas d'erreur

1 Mots manquants

- a. numéro atomique — Cours §1.2
- b. colonne — Cours §3
- c. ligne ; période — Cours §1.2
- d. troisième — Cours §1.2
- e. couche externe — Cours §1.2
- f. deux — Cours §1.2
- g. L — Cours §1.2

5 minutes CHRONO ! Corrigés

2 QCM

a. Na^+ : l'élément Na appartient à la première colonne, il contient donc un seul électron sur sa couche externe ; en vertu de la règle de l'octet, il perd facilement cet électron et forme l'ion Na^+ (la perte d'un électron donne un ion de charge positive). Cours §2.1

b. Qu'ils gagnent facilement un électron : ces éléments appartiennent à l'avant-dernière colonne, il manque donc un électron sur leur couche externe pour qu'elle soit saturée.
Ils ont ainsi tendance à gagner facilement un électron. Cours §2.1

c. Il a tendance à perdre 2 électrons : l'élément appartient à la deuxième colonne, il contient deux électrons sur sa couche externe ; en vertu de la règle de l'octet, il perd facilement ces deux électrons. Cours §2.1

d. Les gaz nobles. Cours §3.1

e. Qu'il appartient à la 2e colonne : trois couches électroniques sont remplies, donc l'élément appartient à la 3e ligne ; il possède deux électrons sur sa couche externe, il appartient donc à la deuxième colonne. Cours §2.1

f. Le soufre appartient à la troisième ligne. Cours §2.1

Chapitre 13 — En cas d'erreur

1 Mots manquants

a. référentiel ; solide — Cours §1.1.A
b. trajectoire — Cours §1.2.A
c. distance parcourue ; durée — Cours §1.2.B
d. trajectoire ; vitesse — Cours §1.2.C
e. interaction ; mouvement — Cours §2.1
f. diagramme objets-interactions — Cours §2.1
g. force ; direction ; sens ; valeur — Cours §2.2

2 QCM

a. Les étoiles sont immobiles car le référentiel géocentrique est constitué d'étoiles fixes. Cours §1.1

b. Le référentiel géocentrique : c'est dans ce référentiel que la Lune a le mouvement le plus simple (mouvement circulaire uniforme). Cours §1.1

c. Le référentiel héliocentrique : le Soleil est immobile au centre du schéma. Cours §1.1

d. Les interactions entre le corps et les objets qui l'entourent. Cours §2.1

e. Ils exercent chacun une force l'un sur l'autre. Cours §2.1

Chapitre 14 — En cas d'erreur

1 Mots manquants

a. interaction gravitationnelle — Cours §1.1
b. sphérique — Cours §1.3
c. force de gravitation — Cours §2.2
d. verticale, la Terre — Cours §2.1

2 QCM

a. Égale à celle exercée par la Lune sur la Terre : dans l'interaction entre la Terre et la Lune, les deux forces sont opposées et ont donc même valeur. Cours §1.2

b. $F = G\dfrac{mm'}{d^2}$. Cours §1.2

c. La valeur de F est multipliée par 2 : en effet, $F = G\dfrac{m_A m_B}{d^2}$; dans cette expression, $\left(G\dfrac{m_A}{d^2}\right)$ est constant, F est donc proportionnelle à m_B. Cours §1.2

d. 6 fois plus petite. Cours §2.3

e. N'a pas changé : la masse d'un corps ne varie pas, elle est une caractéristique du corps. Cours §2.3

f. Avec tous les corps de l'Univers : la loi d'attraction gravitationnelle a un caractère universel. Cours §1.3

THÈME 3 La pratique du sport

Chapitre 15 — En cas d'erreur

1 Mots manquants

a. référentiel ; horloge — Cours §1.1
b. vitesse ; uniforme — Cours §1.2
c. action mécanique ; force — Cours §2.1
d. repos ; mouvement rectiligne uniforme — Cours §3.2
e. masse — Cours §2.2

2 QCM

a. Uniforme. Cours §1.2

b. S'annule quand la boule quitte la main. Cours §3.1.B

c. Peut décrire un mouvement rectiligne uniforme. Cours §3.2

d. Décrire un mouvement circulaire. Cours §3.2

e. $\Delta t = 2$ s. Cours §1.2

3 Vrai ou faux

a. Vrai car la rotation de la Terre dans le référentiel géocentrique impose à la tour Eiffel une vitesse d'environ 1 000 $km \cdot h^{-1}$. Cours §1.2

b. Vrai car l'effet d'une force dépend de la masse : plus la masse est faible, plus il est facile de modifier le mouvement (ici de l'arrêter). Cours §2.2

c. Faux : il faut aussi qu'elles aient la même direction et des sens opposés. Cours §3.1.A

Chapitre 16 — En cas d'erreur

1 Mots manquants

a. quantité de matière — Cours §1.2
b. mol^{-1} — Cours §1.2
c. molaire atomique ; $g \cdot mol^{-1}$ — Cours §2.1
d. molécules ; masses molaires — Cours §2.2
e. litre ; $mol \cdot L^{-1}$ — Cours §3.2

2 QCM

a. On divise N par N_A. Cours §1.3

b. On divise m par M. Cours §2.3

c. Diminue : on note n la quantité de matière de soluté et V le volume de la solution.
Lors de l'ajout d'eau, n reste constant et V augmente, donc la concentration molaire $c = \dfrac{n}{V}$ diminue. Cours §3.2

d. 0,50 $mol \cdot L^{-1}$: avec $n = 1{,}0$ mol et $V = 2{,}0$ L, on calcule la concentration molaire :

$$c = \frac{n}{V} = \frac{1{,}0}{2{,}0} = 0{,}50 \text{ mol} \cdot \text{L}^{-1}.$$

Cours §3.2

e. **3,42 g de saccharose :** la quantité de matière de soluté est $n = c \times V$
avec $c = 0{,}100\ mol \cdot L^{-1}$
et $V = 100\ mL = 0{,}100\ L$.
On en déduit la masse de soluté (de masse molaire M) dans la solution :
$m = n \times M = c \times V \times M$
$= 0{,}100 \times 0{,}100 \times 342$
$= 3{,}42\ g$.
Cours §3.2

Chapitre 17 — En cas d'erreur

1 Mots manquants

a. système — Cours §1.1
b. initial ; final — Cours §1.2
c. réactif — Cours §1.3
d. réaction chimique — Cours §2.1
e. équation ; gauche — Cours §2.2
f. nombres stœchiométriques ; conservation — Cours §2.2

2 QCM

a. **Augmente.** — Cours §1.3
b. **L'alumine $Al_2O_3(s)$ est un produit.** — Cours §1.3
c. **Peut augmenter ou diminuer.** — Cours §1.4
d. $a = 2$; $b = 1$; $c = 2$. — Cours §2.3
e. $a = 1$; $b = 2$; $c = 1$. — Cours §2.3

Chapitre 18 — En cas d'erreur

1 Mots manquants

a. édifice neutre ; atomes — Cours §1.2
b. structure — Cours §1.4
c. simples — Cours §1.2
d. développée ; atomes ; liaisons — Cours §2.1
e. semi-développée ; hydrogène — Cours §2.2
f. isomères ; brute ; différemment — Cours §4
g. caractéristique ; carbone — Cours §3

2 QCM

a. **Semi-développée.** — Cours §2.2
b. **Contient un groupe caractéristique.** — Cours §3
c. **Identiques.** — Cours §4
d. **Contient une double liaison.** — Cours §1.2
e.

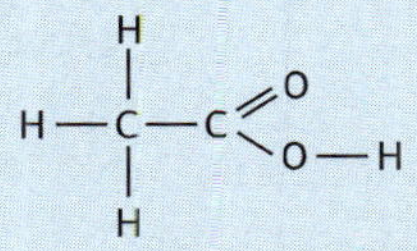

Cours §2.1

Chapitre 19 — En cas d'erreur

1 Mots manquants

a. action mécanique — Cours §1.1
b. orthogonale — Cours §1.1
c. pascal ; newton ; mètre carré — Cours §1.2.A
d. manomètre — Cours §1.2.B
e. le pascal — Cours §1.2.B
f. à grande vitesse ; de nombreux chocs — Cours §2.1
g. aux chocs — Cours §2.1
h. PV (de la pression par le volume) ; Boyle-Mariotte — Cours §3.1
i. le même volume — Cours §3.2

2 QCM

a. $F = S \times P$ **:** la relation entre pression et valeur de la force pressante est $P = \frac{F}{S}$. — Cours §1.2
b. **Un manomètre :** l'anémomètre mesure la vitesse d'un gaz, on l'utilise notamment pour mesurer la vitesse du vent. — Cours §1.2.B
c. **En mouvement désordonné.** — Cours §2.1
d. **La force pressante augmente** (la pression augmente également). — Cours §2.2
e. **Diminue :** le produit PV étant constant, lorsque la pression augmente, le volume diminue. — Cours §3.1

Chapitre 20 — En cas d'erreur

1 Mots manquants

a. désordonné ; compact — Cours §1.1
b. compressible ; incompressible — Cours §1.1
c. force pressante ; molécules — Cours §1.1

2 QCM

a. **En tout point d'un même plan horizontal :** la différence de profondeur entre deux points d'un même plan horizontal est nulle. — Cours §1.2
b. **Orthogonale à la surface.** — Cours §1.3
c. $P = \frac{F}{S}$. — Cours §1.3
d. **À même valeur pour les positions ❷ et ❸ :** la force pressante a la même valeur car la pression est la même au niveau de Σ dans les positions ❷ et ❸ situées à la même profondeur. — Cours §1.2 et 1.3
e. **Le pascal (Pa).** — Cours §1.3
f. **Augmente.** — Cours §2

Corrigés

THÈME 1 La santé

Chapitre 1

4 **a.** Le sérum est constitué de plusieurs espèces chimiques : c'est un mélange.
b. Espèces chimiques présentes dans le sérum : chlorure de sodium ; eau.

7 **a.** $\rho_{acétone} = \frac{m_{acétone}}{V_{acétone}}$.

b. $\rho_{acétone} = \frac{31,6}{40,0} = 0,790\ g \cdot ml^{-1}$.

12 On doit choisir un solvant extracteur non miscible avec l'eau : on choisira donc le toluène.

Chapitre 2

3 q.s.p. signifie « quantité suffisante pour ». Ce n'est donc pas une mesure précise. L'eau est donc l'excipient et l'éosine disodique est le principe actif.

8 **a.** Le dépôt *A* montre deux espèces chimiques, tandis que le *B* n'en montre qu'une seule. Donc, en *A* on a déposé le colorant vert, et en *B* le colorant jaune.
b. E102 apparaît jaune sur le chromatogramme, comme sur le dépôt *B*. E131 apparaît bleu sur le dépôt *A*. Le vert résulte ici de la superposition d'un colorant jaune et d'un colorant bleu.

9 **a.** L'éther diéthylique est à une température plus élevée que la température de fusion et plus faible que la température d'ébullition. Il est donc liquide.
b. À 40 °C, le diéthyléther est gazeux. Il ne peut donc plus être utilisé pour réaliser une extraction.

Chapitre 3

5 Espèces chimiques naturelles :
b. extrait naturel de vanille ;
c. malachite ;
f. acétate de linalyle.
Espèces chimiques non naturelles :
a. aspirine ; **d.** aspartame ; **e.** nylon.

8 **a.**

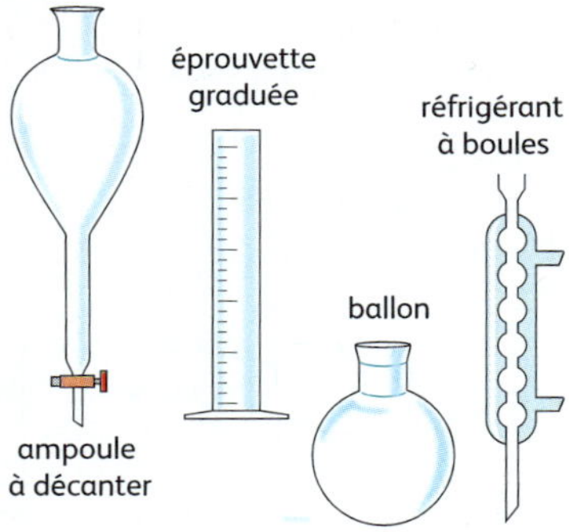

b. L'ampoule à décanter et l'éprouvette graduée ne sont pas utilisées lors d'un chauffage à reflux.

12 **1. a.** 12 000 – 1 400 = 10 600 t. La masse de vanilline produite par synthèse chimique est de 10 600 t.
b. 10 600 / 12 000 = 88 %. Le pourcentage de la vanilline synthétique est égal à 88 %.
2. a. 2 % de 1 kg, c'est-à-dire 20 g.
b. $50 \times 20 = 1\ 000$. Le prix de revient d'un kilogramme de vanilline naturelle est de 1 000 euros. Sans compter les coûts d'extraction, le prix de la vanilline naturelle est 67 fois plus élevé que celui de la vanilline obtenue par synthèse.

Chapitre 4

4 Si le motif élémentaire commence en *A*, il se termine en *F* ; s'il commence en *B*, il se termine en *E*.

9 **a.** Δt = 20 ms.
b. $\Delta t = 4T$, ainsi $T = 5,0$ ms.
c. La précision d'une mesure est d'autant plus élevée que la grandeur à mesurer est grande. Mesurer la durée Δt correspondant à plusieurs motifs élémentaires permet donc d'être plus précis et d'augmenter la précision sur la détermination de *T*.

12 **a.** De ❶ à ❷, U_{max} est modifiée ; de ❷ à ❸, *T* et donc $f = \frac{1}{T}$ sont modifiées.
b. De ❶ à ❷, U_{max} augmente ; de ❷ à ❸, *T* augmente et donc $f = \frac{1}{T}$ diminue.
c. De ❸ à ❹, U_{max} et U_{min} sont restées inchangées, mais *T* a augmenté, donc $f = \frac{1}{T}$ a diminué et la forme du signal est différente.

Chapitre 5

6 **a.** • Vitesse de propagation dans l'air des ondes lumineuses, ultraviolettes et infrarouges : $c = 3,00 \times 10^8\ m \cdot s^{-1}$, comme toute onde électromagnétique.
• Vitesse de propagation dans l'air des ondes sonores et ultrasonores : $v = 340\ m \cdot s^{-1}$, à une température proche de 20 °C.
b. La foudre, par exemple, génère une onde sonore et une onde lumineuse. Situé assez loin du lieu où s'abat la foudre, on peut percevoir l'éclair (manifestation lumineuse de la foudre) séparément du tonnerre (manifestation sonore de la foudre), et vérifier ainsi qu'une onde lumineuse se propage à une vitesse différente d'une onde sonore.

10 On note *d* la distance demandée. Pour percevoir l'écho distinctement, la durée minimale séparant l'émission de la réception du son est $\Delta t = 0,10$ s, pendant laquelle l'ultrason parcourt une distance $2d$ à la vitesse $v = 340\ m \cdot s^{-1}$.
Ainsi : $2d = v \times \Delta t$,
soit $d = v \times \frac{\Delta t}{2} = 340 \times \frac{0,10}{2} = 170 \times 0,10$,
donc $d = 17$ m.

Chapitre 6

6 Par définition, la concentration massique en urée est $c_m = \frac{m}{V}$,
avec $m = 5,0 \times 10^{-4}$ g et $V = 2,0 \times 10^{-3}$ L (il faut convertir le volume en L pour obtenir la concentration massique dans l'unité usuelle, le $g \cdot L^{-1}$, et pouvoir ainsi la comparer aux valeurs dites normales, exprimées en $g \cdot L^{-1}$).

A.N. : $c_m = \frac{5,0 \times 10^{-4}}{2,0 \times 10^{-3}} = 0,25\ g \cdot L^{-1}$.

Cette concentration est comprise entre 0,18 et 0,45 $g \cdot L^{-1}$, il s'agit d'une valeur qualifiée de normale.

10 La masse de soluté dans la solution fille est $m = c_m \times V$.
Cette masse de soluté est égale à celle présente dans le prélèvement de solution mère, soit $m = c_{m,0} \times V_0$.

On a donc $c_m \times V = c_{m,0} \times V_0$.
Le volume de solution mère à prélever est donc $V_0 = \frac{c_m}{c_{m,0}} \times V$.

A.N. : $V_0 = \frac{5{,}00 \times 10^{-1}}{2{,}50} \times 5{,}00 \times 10^{-2}$
$= 0{,}0100 \text{ L} = 10{,}0 \text{ mL}$.

THÈME 2 L'Univers

Chapitre 7

6 L'écriture doit être de la forme $a \times 10^n$, avec $1 \leqslant a < 10$ et n entier relatif.
a. Non.
b. Oui car 3,5 est de la forme $a \times 10^n$ avec $1 \leqslant a < 10$ et $n = 0$.
c. Non car $a > 10$.
d. Oui car $1{,}1 > 1$ et $n = 2$, entier relatif.

10 **a.** La puissance de 10 la plus proche de 2,0 est 1 (car $0 < 2{,}0 < 5$).
L'ordre de grandeur de $2{,}0 \times 10^{30}$ kg est donc 10^{30} kg.
b. On exprime 850 en écriture scientifique. $1 \leqslant 8{,}50 < 10$ et pour passer de 8,50 à 850, on doit multiplier par 100, soit 10^2.
Ainsi 850 kg = $8{,}50 \times 10^2$ kg. La puissance de 10 la plus proche de 8,50 est 10^1 (car $5 \leqslant 8{,}50 < 10$).
L'ordre de grandeur de 850 kg est donc $10^1 \times 10^2 = 10^3$ kg.
c. 10^1 kg.
d. 10^{-30} kg.
e. 10^{-9} kg.
f. 10^6 kg.

18 **a.** On note d la distance de la Terre à l'exoplanète. $d = 130 \times 10^6$ a.l.
b. $d = c\Delta t$ avec $\Delta t = 130 \times 10^6$ années.
Donc $d = 3{,}00 \times 10^8 \times 130 \times 10^6 \times (365{,}25 \times 24 \times 3\,600)$
$= 1{,}23 \times 10^{24}$ m
$= 1{,}23 \times 10^{21}$ km.

Chapitre 8

4 **a.** 552 nm est compris entre 400 nm et 800 nm, donc cette lumière est visible.
b. Le vert.

10 Le milieu 1 est l'air, le milieu 2 est le verre.
$i_1 = 60°$; $n_1 = 1{,}00$;
$i_2 = 33°$; $n_2 = 1{,}59$.
Deuxième loi de Snell-Descartes :
$$n_1 \sin i_1 = n_2 \sin i_2.$$
Donc : $1{,}00 \times \sin(60°) = 1{,}59 \times \sin(33°)$.

14 L'indice de réfraction d'un milieu ne peut pas être inférieur à 1,
car $n = \frac{c}{v}$ et $c \geqslant v$: donc $n \geqslant 1$.

Chapitre 9

4 **a.** Le spectre s'enrichit vers le violet lorsque la température augmente : le spectre ❷ correspond au charbon le plus chaud.
b. La température augmente : les spectres vont s'étaler vers la droite, les couleurs bleue et violette peuvent apparaître.

6 **a.** Le spectre de Véga est plus étalé vers le violet. C'est l'étoile la plus chaude.
b. Les raies sombres sont dues à l'absorption de certaines radiations par le gaz sous faible pression de l'atmosphère de l'étoile.

7 On retrouve dans le spectre de l'étoile des raies d'absorption aux mêmes places que les raies d'émission des gaz A et C. Les gaz correspondants sont donc présents dans l'atmosphère de l'étoile.

9 Si 1 cm = 10 mm représente 10 nm, alors 1 mm représente 1 nm = 10^{-9} m.

11 S'il y a proportionnalité, on doit trouver le même rapport entre la distance d séparant deux raies et la différence de longueurs d'onde δ quelles que soient les raies choisies.
Le tableau suivant donne les résultats pour les écarts avec la raie 400 nm (raie 0) pour les différentes raies (les résultats pour le format compact sont indiqués en violet, entre parenthèses) :

	d (mm)	δ (nm)	$\frac{\delta}{d}$ (nm/mm)
Raie 1	13 (12)	80	6,15 (6,67)
Raie 2	22,5 (20)	140	6,22 (7,00)
Raie 3	29 (26)	180	6,21 (6,92)
Raie 4	37 (33)	230	6,22 (6,96)
Raie 5	47 (42)	290	6,17 (6,90)

Les résultats s'écartent peu de la valeur moyenne 6,2 (6,89). On peut attribuer les petites variations aux erreurs expérimentales et considérer le rapport $\frac{\delta}{d}$ comme constant : d et δ sont donc proportionnels. Le spectre a été obtenu avec un réseau.

Chapitre 10

4 **a.** Au sein du noyau, seul le proton est chargé. Il est donc la particule élémentaire responsable de cette charge.
b. La charge d'un proton est $+e$, donc ce noyau contient $\frac{3{,}0 \times 10^{-19}}{1{,}6 \times 10^{-19}} = 5$ protons.

7 **a.** Le symbole du noyau de phosphore est : ${}^{31}_{15}P$ (voir §1.3 du cours).
b. Le nombre de neutrons est $N = A - Z$, d'où $N = 31 - 15 = 16$. Ce noyau contient donc 16 neutrons.

9

Nom	Symbole	Nucléons	Protons	Neutrons
Lithium	Li	7	3	4
Sodium	Na	23	11	12
Soufre	S	32	16	16

Chapitre 11

3 Na ; Fe ; Ag.

4 **b.** et **d.** sont bien des transformations chimiques. **a.** est une transformation nucléaire ; **c.** est un changement d'état.

5 Ce gaz est du dioxygène O_2.

10 ${}^{25}_{12}Mg$ et ${}^{26}_{12}Mg$.

12 **a.** Au cours de leurs transformations chimiques, les atomes et les ions évoluent de manière à avoir :
– deux électrons sur la couche externe pour les atomes de numéro atomique inférieur ou égal à 4 ; c'est la règle du « duet » ;
– huit électrons sur la couche externe pour les atomes de numéro atomique supérieur à 4 ; c'est la règle de l'octet.
b.

Symbole de l'élément	Li	Al	C	Br
Numéro atomique Z	3	13	8	35
Gaz noble le plus proche	He	Ne	Ne	Kr
Nombre d'électrons gagnés ou perdus par l'atome	1 perdu	3 perdus	2 gagnés	1 gagné
Formule de l'ion	Li^+	Al^{3+}	O^{2-}	Br^-

16 Anions : HCO^{3-} ; SO_4^{2-} ; Cl^- ; NO_3^-.
Cations : Ca^{2+} ; Mg^{2+} ; Na^+ ; K^+.

Chapitre 12

4 **a.** Po.
b. Le polonium et l'oxygène se trouvent dans la même colonne de la classification périodique, ils possèdent donc le même nombre d'électrons sur leur couche électronique externe : ainsi, le polonium possède 6 électrons sur sa couche externe.

11 **a.** Le fluor et le chlore sont des halogènes.
b. Le chlore appartient à la même colonne de la classification que le fluor, il possède donc le même nombre d'électrons sur sa couche externe, soit 7.
D'autre part, il est situé une ligne en dessous, il a donc une couche électronique supplémentaire : il s'agit de la couche M.
Sa configuration électronique est donc :

$$(K)^2(L)^8(M)^7.$$

Chapitre 13

5 **a.** Le point E est entraîné par la Terre puisqu'il est fixe par rapport à la Terre. Dans le référentiel géocentrique, ce point décrit une trajectoire circulaire à vitesse constante.
b. La vitesse est le quotient de la distance parcourue par la durée du trajet. Pour un point de l'équateur, la vitesse correspond au quotient de la longueur de la circonférence de la Terre par la durée d'un tour soit 24 h.
c. Dans le référentiel terrestre, la vitesse du point E est nulle puisqu'il est immobile sur l'équateur.
d. Oui, puisque selon le référentiel choisi, la vitesse du point E est nulle ou pas.

9 Calculons la longueur de segment fléché représentant le vecteur force :
x cm $\rightarrow$ 900 N
1 cm $\rightarrow$ 200 N
Donc $x = \dfrac{900}{200} = 4{,}5$ cm.
La force exercée par l'ascenseur est verticale et dirigée vers le haut, d'où la représentation du vecteur force ci-contre.

16 La vitesse de la sonde a été modifiée car la planète a exercé une force sur la sonde. Lorsqu'il y a interaction entre deux corps, chacun des deux corps exerce une force sur l'autre. La sonde exerce donc une force sur la planète lorsqu'elle passe à proximité.
Nous verrons dans le chapitre 15 que l'effet d'une force dépend de la masse du corps sur lequel s'exerce cette force : plus la masse est grande, moins l'effet est important. La masse d'une planète étant considérable, la force exercée sur la planète par la sonde n'a aucun effet sur sa vitesse : la trajectoire et la vitesse de la planète ne sont pas modifiées.

Chapitre 14

8 **a.** L'expression de la valeur de la force d'attraction gravitationnelle est :

$$F = G\frac{m_A m_B}{d^2}$$

avec m_A masse de A, m_B masse de B et d distance entre A et B.
Si la masse m_A augmente, m_B et d restant constants, l'expression peut s'écrire :

$$F = \frac{Gm_B}{d^2} \times m_A,$$

avec $\dfrac{Gm_B}{d^2}$ constant. Donc F augmente proportionnellement à m_A.

b. Si d diminue (m_A et m_B restant constantes), dans l'expression :

$$F = \frac{Gm_A m_B}{d^2},$$

le numérateur de la fraction a une valeur constante alors que la valeur du dénominateur diminue, donc F augmente.

10 **a.** On exprime la masse en kilogramme :

$$m = 12 \text{ g} = 12 \times 10^{-3} \text{ kg}.$$

Puis on calcule le poids $P = \text{mg}$:

$$P = 12 \times 10^{-3} \times 9{,}8 = 1{,}2 \times 10^{-1} \text{ N}.$$

b. On exprime la masse en kilogramme :

$$m = 7{,}2 \times 10^3 \text{ t} = 7{,}2 \times 10^6 \text{ kg}.$$

Puis on calcule le poids P :

$$P = 7{,}2 \times 10^6 \times 9{,}8 = 7{,}1 \times 10^7 \text{ N}.$$

14 **a.** **• Comparaison des masses**
Sur le rabat, on lit : masse de Jupiter, $M_J = 1{,}90 \times 10^3 \times 10^{24}$ kg. On retrouve bien la valeur indiquée dans le texte :

$$M_J = 1{,}9 \times 10^{27} \text{ kg}.$$

La masse de Jupiter est-elle égale à 318 fois la masse de la Terre, notée M_T ?
$M_T = 5{,}97 \times 10^{24}$ kg, et donc :
$318\, M_T = 318 \times 5{,}97 \times 10^{24}$
$= 1{,}90 \times 10^{27}$ kg.
On retrouve bien $M_J = 318\, M_T$.
• Comparaison des volumes
Calculons le volume V_J de Jupiter, planète de rayon :

$$R_J = \frac{142\,984}{2} \text{ km} = 71\,492 \text{ km}.$$

Volume de Jupiter :

$$V_J = \frac{4}{3}\pi R_J^{\,3}, \text{ avec } R_J \text{ en m}.$$

A.N. : $V_J = \dfrac{4}{3}\pi \times (71\,492 \times 10^3)^3$.
Calculons le volume V_T de la Terre de rayon $R_T = 6{,}38 \times 10^6$ m :

$$V_T = \frac{4}{3}\pi R_T^{\,3}.$$

A.N. : $V_T = \dfrac{4}{3}\pi \times (6{,}38 \times 10^6)^3$.
Calculons le rapport $\dfrac{V_J}{V_T}$:

$$\frac{V_J}{V_T} = \left(\frac{71\,492 \times 10^3}{6{,}38 \times 10^6}\right)^3 = 1\,400.$$

On obtient $V_J = 1\,400\, V_T$. Ce résultat est en accord avec l'indication : « il (Jupiter) pourrait contenir un bon millier de Terre ».
b. La valeur de la force d'attraction exercée par Jupiter sur un corps de masse m placé à sa surface (donc à une distance R_J de son centre) est :

$$F = G\frac{mM_J}{R_J^{\,2}}, \text{ avec } m = 1 \text{ kg}.$$

A.N. : $F = \dfrac{6{,}67 \times 10^{-11} \times 1{,}9 \times 10^{27}}{\left(71\,492 \times 10^3\right)^2}$
$= 24{,}8$ N.

THÈME 3 **La pratique du sport**

Chapitre 15

4 **a.** Le référentiel terrestre est constitué de la Terre et de tout objet fixe par rapport à la Terre, comme la piste par exemple. Laura est en mouvement par rapport à la piste ; elle est donc en mouvement par rapport au référentiel terrestre.
b. Le référentiel de la voiture est un référentiel dans lequel Laura est immobile.
La voiture est en mouvement par rapport à la piste. La piste se déplace donc par rapport à la voiture : la piste est en mouvement par rapport au référentiel de la voiture.

7 Le patineur exerce la même force pendant la même durée sur ses deux coéquipiers. Si l'un a une vitesse plus petite que l'autre, c'est qu'il est plus difficile à mettre en mouvement. On peut donc en déduire qu'il a une masse plus grande.

10 **a.** Le plongeur est immobile. On peut affirmer que les forces qui s'exercent sur lui se compensent d'après la réciproque du principe d'inertie applicable dans le référentiel terrestre pour les mouvements de courte durée.
b. L'objet étudié est le plongeur. Puisqu'il ne touche pas le fond, il est en contact avec l'eau uniquement. On peut donc représenter le diagramme objets-interactions suivant.

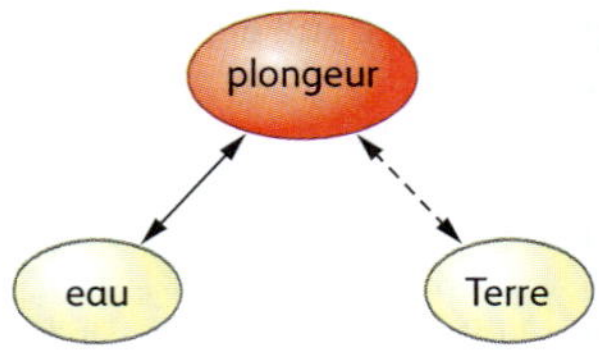

Les deux forces sont verticales, l'une vers le bas (le poids), l'autre vers le haut (l'action de l'eau). Les deux forces se compensent : elles ont donc la même valeur. Il faut représenter des segments fléchés de même longueur.

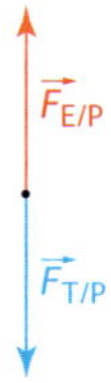

Chapitre 16

4 Pour calculer la quantité d'entités en mol, notée n, connaissant le nombre N d'entités, on utilise la relation $n = \frac{N}{N_A}$, où $N_A = 6{,}02 \times 10^{23}$ mol^{-1} est la constante d'Avogadro.

a. $n = \frac{N}{N_A}$.

A.N. : $n = \frac{6{,}02 \times 10^{23}}{6{,}02 \times 10^{23}} = 1{,}00$ mol.

b. $n = \frac{N}{N_A}$.

A.N. : $n = \frac{3{,}01 \times 10^{23}}{6{,}02 \times 10^{23}} = 0{,}500$ mol.

12 La concentration molaire c en diiode est donnée par la relation :

$$c = \frac{n}{V}.$$

A.N. : $c = \frac{2{,}0 \times 10^{-4}}{0{,}200} = 1{,}0 \times 10^{-3}$ mol·L^{-1}.

On peut calculer la concentration massique c_m de la solution connaissant sa concentration molaire c et la masse molaire du soluté $M(I_2)$:

$$c_m = c \times M(I_2).$$

A.N. : $c_m = 1{,}0 \times 10^{-3} \times 253{,}8 = 2{,}5 \times 10^{-1}$ g·L^{-1}.

19 **a.** $m = \rho \times V$, avec $\rho = 0{,}70$ kg·L^{-1} et $V = 100$ mL $= 0{,}100$ L.

A.N. : $m = 0{,}70 \times 0{,}100 = 0{,}070$ kg $= 70$ g.

b. On calcule d'abord la masse molaire moléculaire de l'éthoxyéthane :

$M = 4 \times M(C) + 10 \times M(H) + M(O)$
$= 4 \times 12{,}0 + 10 \times 1{,}0 + 16{,}0$
$= 74{,}0$ g·mol^{-1}.

La quantité de matière d'éther dans le flacon est $n = \frac{m}{M}$.

A.N. : $n = \frac{70}{74{,}0} = 0{,}95$ mol.

Chapitre 17

5 **a.** Le système à l'état initial est décrit par :
– la température du laboratoire (souvent $T = 20$ °C) ;
– la pression du laboratoire (souvent $P = 1{,}0$ bar) ;
– les espèces chimiques : nitrate d'argent ; cuivre ; eau.

b. Plusieurs observations permettent de dire qu'il y a eu transformation : changement de couleur et apparition d'un solide. L'obtention de la couleur bleue est la preuve de la formation d'ions cuivre (II) Cu^{2+} (aq). Le solide apparu est l'argent.

8 **a.** Non, car il manque les phases. Il faudrait écrire :

$$2H_2(g) + O_2(g) \rightarrow 2H_2O(\ell)$$

b. Non, car il manque la phase du dioxygène, et l'équation de la réaction n'est pas ajustée. Il faudrait écrire :

$$2CO(g) + O_2(g) \rightarrow 2CO_2(g)$$

c. Non, car elle n'est pas ajustée pour l'élément oxygène. Il faudrait écrire :

$$CH_4(g) + 2O_2(g) \rightarrow CO_2(g) + 2H_2O(\ell)$$

d. Non, car il manque les phases des réactifs. Il faudrait écrire :

$$Ag^+(aq) + I^-(aq) \rightarrow AgI(s)$$

e. Non, car elle n'est pas ajustée pour l'élément argent, ce qui induit aussi que la loi de conservation de la charge n'est pas respectée. Il faudrait écrire :

$$2Ag^+(aq) + CrO_4^{2-}(aq) \rightarrow Ag_2CrO_4(s)$$

Chapitre 18

5 **a.** $CH_3{-}CH_3$; **b.** $CH_2{=}CH_2$; **c.** $CH{\equiv}CH$.

9 **a.** Un groupe caractéristique est une partie d'une molécule ; c'est un ensemble d'atomes liés entre eux dont au moins un n'est pas un atome de carbone.

b.

butanone

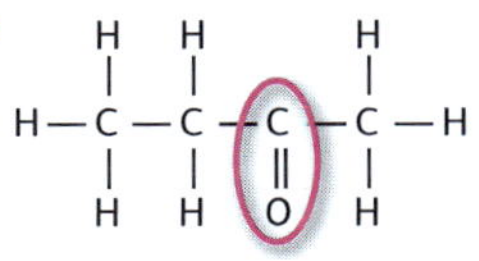

acide butanoïque

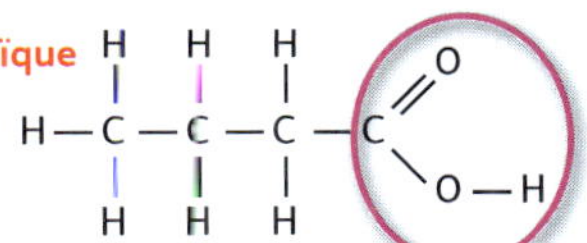

méthacrylate de méthyle

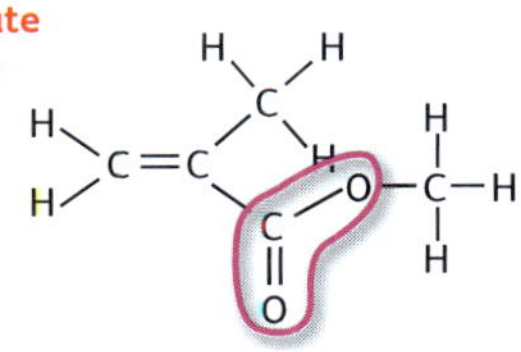

Il n'y a pas de groupe caractéristique dans le propène.

13 **a.** L'atome d'azote N est uniquement lié à l'atome de carbone C. Il n'y a donc qu'une liaison triple entre ces deux atomes. La formule développée de la molécule est H–C≡N.

c. L'atome de chlore ne peut donner qu'une seule liaison. Il est donc simplement lié à un autre atome de chlore. La formule développée de la molécule est Cl–Cl.

Chapitre 19

3 **a.** La valeur F de la force pressante est donnée par : $F = P \times S$; F en newton (N) ; P en pascal (Pa) ; S en m^2.

b. $P = 1000$ hPa $= 1000 \times 10^2$ Pa. Donc $F = 1000 \times 10^2 \times 2{,}0 = 2{,}0 \times 10^5$ N.

4 **a.** La force pressante est :
– orthogonale à la surface du doigt d'aire S qui obture l'extrémité de la seringue ;
– dirigée de l'intérieur de la seringue vers l'extérieur ;
– de valeur $F = P \times S$.

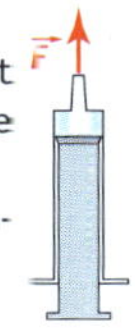

b. Lorsqu'on enfonce davantage le piston, la pression de l'air à l'intérieur de la seringue augmente, donc la valeur de la force pressante augmente.

Chapitre 20

4 **a.** $P = \frac{F}{S}$, d'où $F = P \times S$.

Pour une même aire S, la valeur de la force pressante n'est pas constante car la pression P au niveau de chaque petite surface n'a pas la même valeur. P augmente avec la profondeur, d'où :

$$f_4 < f_1 < f_3 < f_2.$$

b. La force pressante est orthogonale à la petite surface et son sens va du liquide vers la petite surface.

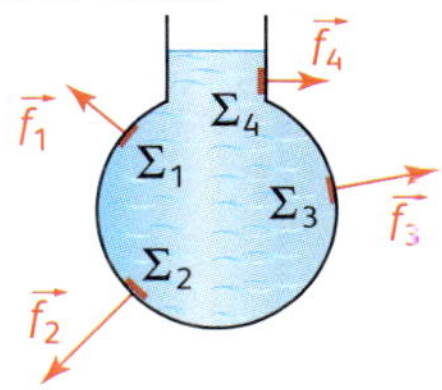

8 **a.** La pression de l'air diminue avec l'altitude.

b. La pression du dioxygène de l'air que respire le parapentiste diminue également avec l'altitude.

c. Comme la pression du dioxygène diminue, la quantité maximale de dioxygène qui peut se dissoudre dans l'organisme du parapentiste diminue.

11 Dans le système international, F s'exprime en newton (N), P en pascal (Pa) et S en mètre carré (m²).

L'aire S du tympan vaut $S = 0{,}5$ cm². Comme 1 cm $= 1 \times 10^{-2}$ m, 1 cm² $= 1 \times 10^{-4}$ m², d'où :

$$S = 0{,}5 \times 10^{-4}\ \text{m}^2.$$

Calculons la valeur de F avec la relation :

$$F = P \times S.$$

a. En surface, $P = 1$ bar $= 10^5$ Pa, d'où :

$$F = 10^5 \times 0{,}5 \times 10^{-4} = 5\ \text{N}.$$

b. À 30 m de profondeur, la pression devient $P' = 4$ bars, soit $P' = 4 \times 10^5$ Pa. On obtient donc :

$$F' = 4 \times 10^5 \times 0{,}5 \times 10^{-4} = 2 \times 10^1\ \text{N}.$$

Index

N – O

P – Q

R

S

T

U – V

Crédits photographiques

Couverture © ESA Communication, **hg** Panoramic/ZM, **bg** BSIP/Guillaume.

1 ESA/Division de la Communication ; **2** Cosmos/SPL/NASA ; **3** Corbis/Buddy Mays ; **4** Droits Réservés ; **11 hg** GETTY IMAGES/Thierry Dosogne ; **11 bg** PHOTONONSTOP/ Studio Pons ; **12** Cosmos/Serge Sibert ; **13 bas** BSIP/Photoresearchers ; **14 ht g** Shutterstock/Sunchan ; **14 m hg** Andia Presse/G. Delfo-Wildlife ; **14 m hd** Fotolia/Unclesam ; **14 ht d** AGE Fotostock/Reinhard Dirschel ; **14 m bg** Droits Réservés ; **14 bas d** Gamma-Rapho/Perousse ; **17 ht** Shutterstock/Matka Wariatka ; **18 ht** Studio X/StockFood/ Feller/Fotodesign ; **18 bas** Leemage/Selva ; **19 ht** BSIP/Charles D. Winters ; **19 m** Gamma-Rapho/Xurvo Loboto-Voz de Galicia ; **19 bas** Gamma-Rapho/E. Valentin ; **20** Photononstop/Nicolas Thibaut ; **23** iStock/Alusza ; **24** Shutterstock/Arteki ; **25** Cosmos/Thomas Muller/Focus ; **26 ht d** FranceDias/Ph. Fournier ; **26 m d** FranceDias/Lectoure Rosenthal ; **26 bas g** Studio X/StockFood/Philip Webb ; **27 ht g** REA/Moschetti ; **27 bas d** ©Diam Bouchage ; **28 ht g** ChristopheL coll. ; **28 bas g** ChristopheL coll. ; **28 m d** ChristopheL Coll. ; **29 bas** BSIP/Chassenet ; **35 ht** BSIP/Guillaume ; **39 ht d** Shutterstock/Jonathan Lenz ; **41 ht** BSIP/Chassenet ; **42 ht d** REA/Joao Silva The New York Times ; **42 bas g** BSIP/ill. Jim Dowdalls ; **43 ht g** BSIP/Boissonnet ; **43 bas d** BSIP/Chassenet ; **44 ht** Shutterstock/crystalfoto ; **44 bas d** Biosphoto/François Gilson ; **45 ht** Leemage ; **45 m** Biosphoto/Stoelwinder ; **45 bas d** ISM/Jean-Claude Révy ; **46 g** Cosmos/Nunuk David/SPL ; **46 bas** BSIP/W & d Mcintyre-Photoresearchers ; **49 ht d** Rue des Archives/Mary Evans ; **49 m d** Sunset/Netherton John-Jason ; **49 bas** Fedephoto/Alain Guilhot ; **50** Studio X/StockFood/Eising ; **53 bas g** Fotolia/Dongads ; **55 m g** Shutterstock/Andreas G. Karelias ; **56 g** Biosphoto/Daniel Heuclin ; **56 d** Shutterstock/Ifet ; **57 ht g** BSIP/Medicimage ; **57 bas** © Courtesy of the Chemical Heritage Foundation Collections, photo by Will Brown ; **58** Look at Sciences/Elizabeth Schneider ; **59 ht** BSIP/Astier ; **59 bas** Getty Images/Marcus Lyon ; **60** nanocorth. com/Droits Réservés ; **64** © Rundvald, Droits Réservés ; **68 ht** REA/Allard ; **68 m** Photo NJ/Collection Archives SEJER ; **68 bas** Sunset/Fotex ; **69 ht** Andia Presse/Joly ; **69 m** CIT Images/ Yann Mambert ; **69 bas** Open Vibe. inria. com/Droits Réservés ; **70** Look at Sciences/Philippe Gontier ; **71 ht** Look at Sciences/Elisabeth Schneider ; **71 m** Look at Sciences/ Elisabeth Schneider ; **71 bas g** Cosmos/Pasieka/SPL ; **72 ht g** Shutterstock/Zoulou ; **72 m g** Gamma-Rapho/Gilles Martin/Jacana ; **74** Look at Sciences/Mona Lisa ; **76 ht** iStock/Maica ; **77 ht** Gamma-Rapho/Tony Weet/Imagestate ; **77 bas** Cosmos/Coll. CNRI ; **78 ht** Look at Sciences/Gabrielle Voinot ; **78 bas g** BSIP/A. Benoist ; **80 ht** ChristopheL Coll. ; **80 m** BSIP/Photoresearchers/Ted Kinsman ; **83 ht** Cosmos/Marazzi/SPL ; **84 ht** AKG Images ; **84 bas** CNRS Photothèque/Cot Didier ; **85 ht** Look at Sciences/Voinot ; **85 m bas** REA/Longo Graffit/Ropi ; **85 m d** REA/Luke Sharrett/The NYT/Redux ; **86** BSIP/Richard Megna ; **87 bas** BSIP/Jose Oto ; **93 ht** BSIP/Jose Oto ; **99** BSIP/MBPL/Ian Hooton ; **101 ht** BSIP/B. Boissonnet ; **101 bas** BSIP/Oliel ; **103 mg** COSMOS/SPL/David Parker ; **103 md** Courtesy of Noao/Nasa ; **103 b** CORBIS/Tec Strechinsky ; **104** Cosmos/Laurent Laveder/SPL ; **105 g** Cosmos/Eckhard Slawik/SPL ; **105 d** Corbis ; **106 ht g** Ciel et Espace/Felipe Alves ; **106 ht m** ISM/Bramaz ; **106 ht d** Ciel et Espace/Fletcher ; **106 m g** Cosmos/VVG/SPL ; **106 m m** Cosmos/Pekka Parvinen/SPL ; **106 m d** Cosmos/Dr Keith Wheeler/SPL ; **106 bas g** ESA/Division de la Communication ; **106** Shutterstock/Jessie Eldora Robertson ; **106 bas d** Cosmos/Dr Keith Wheeler/SPL ; **107 ht** Courtesy of NASA ; **109 ht** Ciel et Espace/Fernandez ; **109 bas** Cosmos/Tony & Daphne Hallas/SPL ; **110 ht** Cosmos/David A. Hardy/SPL ; **111** CNRS Photothèque/laboratoire : UPR20 – Laboratoire de microstructures et microélectroniques (L2M) - Bagneux ; **112 ht** Ciel et Espace/NASA CXC SAO ; **112 bas** Ciel et Espace/AAA/D. Malin ; **113** Cosmos/NASA JPL/SPL ; **114** Ciel et Espace/J. Lodriguss ; **115 ht** Cosmos/D. Ravenswaay/SPL ; **117 g** Cosmos/NASA/SPL ; **117 ht d** Ciel et Espace/AAO/D. Malin ; **118 ht g** Hemis/Denis Huot ; **118 bas g** © Dargaud France ; **118 d** Shutterstock/Dmitry Ruthlenko ; **119 ht g** Look at Sciences/Patrick Dumas ; **119 ht d** Look at Sciences/Patrick Dumas ; **119 bas d** ChristopheL Coll. ; **121** Andia Presse/Alpaca/Lafabregue ; **122** Cosmos/SPL ; **126 m bas** Archives Nathan/Guy Martin ; **127 bas** Biosphoto/Daniel Heuclin ; **133 bas d** Cosmos/SPL ; **134 ht** Getty Images France/Photodisc ; **134 bas** Corbis/Galen Rowell ; **135 ht g** REA/John Fistick-Reporters ; **135 bas d** BSIP/Levy/Phototake ; **136** REA/Benoit Decout ; **137 ht** Ciel et Espace/ NASA/ESA ; **137 bas** Cosmos/NOAO/SPL ; **138 ht d** Ciel et Espace/B & S Fletcher ; **138 m d** Cosmos/SPL ; **138 bas d** Cosmos/Imperial College/SPL ; **139 m & bas** M. Chapelet ; **142 ht g** AKG Images ; **142 ht m** Andia Presse/Aldo Liverani ; **142 bas g & bas m & bas d** M. Chapelet ; **143 ht** BSIP/Photoresearchers ; **143 m bas & bas d** M. Chapelet ; **144 ht g & m g & bas g** M. Chapelet ; **145 & 146** M. Chapelet ; **149** © Courtesy of NASA ; **150 ht g** REA/The New York Times ; **150 bas g** Leemage/Selva ; **151** BSIP/Photoresearchers ; **152** Ciel et Espace/Jay Gabany ; **153 ht** Courtoisie IBM France ; **155 ht g** Leemage/Heritage Images ; **155 ht d** Leemage/Fototeca ; **155 bas g** Leemage/Fototeca ; **155 bas d** Droits Réservés ; **156** Photononstop/Library. com ; **157** Gamma-Rapho/Eric Chrétien ; **158 ht** BIS/Ph. Anglo-Australian Telescope Board - Archives Larbor ; **158 bas** Leemage/STF ; **160** BSIP/Charles D. Winters ; **161** Shutterstock/WitR ; **162** Shutterstock/Lasse Kristensen ; **163 ht d** AGE Fotostock/John Cancalosi **163 m g** Droits Réservés ; **163 m m** Droits Réservés ; **163 bas** Photononstop/Marie-Reine Mattera ; **164 ht** Leemage/Selva ; **164 bas** Cosmos/NASA/SPL ; **165 ht** Look at Sciences/Patrick Landmann ; **165 bas** Leemage/Heritage Images ; **166** Biosphoto/Dirk Wiersma/SPL ; **167 ht** AKG Images ; **167 bas d** Hemis/Gardel Bertrand ; **168 ht** Cosmos/Andrew Syred/SPL ; **168 m** Shutterstock/Michaela Stejskalova ; **168 bas** Courtesy of NASA ; **170 ht g** Shutterstock/SVLurnagra ; **170 m g** Shutterstock/BW Folsom **170 m d** Shutterstock/Daboust ; **170 d** Shutterstock/Cowan ; **172 bas** BIS/Ph. Coll. Archives Larbor ; **173** AGE Fotostock/John Cancalosi ; **174 ht** Urba Images/Achdou F. **174 bas** Getty Images/Dea Bevilacqua ; **177 bas g** Getty Images/Harry Taylor ; **177 bas m** Getty Images/Luis Vega ; **179 m** Shutterstock/Hana ; **180 ht** Cosmos/Gotiny/ Woodfin Camp ; **180 bas** ChristopheL Coll. ; **181 ht** Gamma-Rapho/Marc Deville ; **181 bas** RMN/Droits Réservés ; **182** Gamma-Rapho/Raphael Gaillarde ; **183 ht** CIT Images/Jose Nicolas ; **183 bas** Marco Polo/Françoise Bouillot ; **185** Cosmos/SSPL ; **188 ht** BSI/Charles D. Winters ; **188 m** Cosmos/RIA Novosti/SPL ; **189 ht** Gamma-Rapho/ Imaz Press ; **189** ChristopheL Coll. ; **190 bas** REA/Benoit Decout ; **192** BIS/Ph. Jeanbor © Archives Larbor/Droits Réservés ; **194** FranceDias/Ngo-Dinh-Phu Quyen ; **195** Sipa Press/Lorenvu/DPPI ; **196 g** AKG Images/Ullstein Bild ; **196 bas d** SIGNATURES/Bruno Ansellem ; **197 ht** REA/Berti Hanna ; **197 bas d** Naturimages/Henri Willem ; **198 -199** Schultess, Droits Réservés ; **199 ht d** Ciel et Espace/JPL/SSI/NASA ; **202 ht** Cosmos/Garlik Marck/SPL ; **202 m** Ciel et Espace/B & S Fletcher ; **203** Courtesy of NASA ; **204 ht** ESA/Division de la Communication ; **207** Courtesy of NASA ; **210** Cosmos/NASA/SPL ; **211 ht** ESA/Division de la Communication ; **211 bas** © History of Science Collections of the University of Oklahoma/Droits Réservés ; **212** Courtesy of NASA ; **213 ht** © ESO ; **213 bas** Courtesy of NASA ; **214** BIS/Ph. Coll. Archives Larbor ; **215 g** Courtesy of NOAA/NASA ; **215 d** Cosmos/Orbital Imaging Corp./SPL ; **217 ht** BIS/Ph. Coll. Archives Larbor ; **217 bas** Dargaud Lombard, extrait de « *Rubrique-à-brac* » tome 2, de Gotlib **218 ht** ESA/Division de la Communication ; **219 bas** Extrait de « *On a marché sur la Lune* » © Hergé/Moulinsart 2010 ; **220 ht g** Ciel et Espace/D. Florentz ; **220 bas g** Courtesy of NASA ; **220 bas d** Cosmos/NASA ; **223** ESA/Division de la Communication ; **224** ESA/Division de la Communication ; **225 ht** Droits Réservés ; **225 bas** Ciel et Espace/A. Fijii ; **226 ht** Cosmos/M-SAT Ltd/SPL ; **226 bas** Extraits de « *On a marché sur la Lune* » © Hergé/Moulinsart 2010 ; **227 ht** Look at Sciences/Pascale Sorrentino **227 bas** Courtesy of NASA ; **229 hg** CORBIS/Randy Faris ; **229 bg** AGEFOTOSTOCK/Colin Monteath; **229 d** CORBIS/EPA ; **230** UMA/Crash ; **231 ht** UMA/Paul Sutton/PCN **231 bas** Presse Sports/Clériot ; **232** Archives Nathan/Hugues Mauras ; **233 ht** Panoramic/GEPA ; **235 g** Droits Réservés ; **235 bas d** Sipa Press/Crosnier/DPPI ; **236 ht** Panoramic/Bibard/FEP ; **236 m** M. Hans ; **236 bas** Regards du Sport/Gérard Vandystadt ; **237 ht d** Panoramic/FEP ; **238 ht** REA/Masse/Eureka ; **238 bas g** Shutterstock/ Jancovic ; **239 d** UMA/Agence Zoom ; **240 d** UMA/Colorsport ; **241** Panoramic/Ledoyen Benoit ; **243 g** Regards du Sport/Didier Klein ; **244 ht** Panoramic/Alain Mounic/FEP **244 m** Panoramic/Imago ; **245 ht g** © Rémy Perthuisot ; **245 bas d** Sipa Press/AP/Liz Wren ; **247 ht** Icon Sport/Pierre Teyssot ; **247 m m** Corbis ; **247 m d** REA/The New york times ; **248 g** REA/Paul Box/Report Digital ; **248 m** DPPI/Sporting Pictures ; **248 d** UMA/Giuliano Bevilacqua ; **250** Photononstop/Loic ; **252 ht g** ONLY France/Bertrand Bodin ; **252 ht m** Andia Presse/Philippe/Belpress ; **252 bas** Cosmos/SPL ; **253 d** Panoramic/Alain Mounic/FEP ; **254 bas g** UMA/Duomo/PCN ; **256 d** Sunset/Bildarchiv Juniors ; **259 ht g** Corbis/Zurab Kurtsikidze ; **259 m g** Gamma-Rapho/Valentin ; **260 ht d** AGE Fotostock/Peter Holmes ; **260 g** Corbis/Aurness ; **261 ht g** BSIP/Amélie Benoist **261 bas d** Molar Express © ill. Mike Offutt/Droits Réservés ; **262** Panoramic/Bibard/FEP ; **263 ht** Hemis/Moirenc Camille ; **263 bas** Icon Sport/Photoshot ; **264 ht d** AKG Images/SPL ; **264 m g** Cosmos/SPL ; **269 ht** Photononstop/Adam Gault-Ojo Images ; **269 m** DPPI/Philippe Millereau ; **270 ht** AFP/RIA Novosti/Alexei Danichev ; **273** Sunset/Durand Philippe ; **274** Cosmos/Parker Harry/SPL ; **277 ht g** BSIP/Belmonte ; **278** Sipa Press/AP/Dominique Favre ; **279 ht g** Andia Presse/Alpaca/Depoilly ; **282 ht** Sipa Press/Mysty ; **282 bas** Phanie/Kenneth Eward/Biograph ; **284 ht** FranceDias/Lajusticia R. ; **284 bas** BSIP/Oliel ; **289** Shutterstock/Matka Mariatka ; **290 g** BSIP/ Cardoso ; **290 d** Fotolia/Sportlibray ; **291 ht** Andia Presse/Scheiber ; **291 m** Sipa Press/AP/Claude Paris ; **291 bas d** Sipa Press/AP/Claude Paris ; **296** © Meteociel ; **297 ht** Look at Sciences/Philippe Plailly/Eurelios ; **297 bas** ©Les Éditions Albert René/Goscinny-Uderzo : vignettes extraites de l'album « *Astérix en Corse* », 1973 ; **298** Leemage/ Bianchetti ; **301 g** Leemage/MP ; **301 d** Kharbine-Tapabor/Jean Vigne ; **302 ht** Shutterstock/Hallgerd ; **302 bas** PRESSE-SPORTS/Mark Leech-Offside ; **303** Cosmos/SSPL **304 ht** Hemis/Rabouan ; **308** Sipa Press/Saukhomaa Lehtikuva ; **309 ht d** Look at Sciences/Patrice Latron ; **309 bas g** REA/Benoit Decout ; **310 ht** © Courtesy of NASA **310 bas** Look at Sciences/Thierry Berrot-Mona Lisa ; **311 ht** REA/Hamilton ; **311 bas** Kharbine-Tapabor ; **312** Getty Images/Jeff Hunter ; **313 ht** Rue des Archives/The Granger Collection ; **313 m** REA/Ian Hanning ; **313 bas** REA/Ian Hanning ; **314** Biosphoto/Odile gautier ; **317** AGE Fotostock/Peter Giovanni ; **320 ht** Hemis/Antoni Georges **320 bas** Corbis/EPA/Martin Alipaz ; **326 g** Leemage/North Wind ; **326 d** Corbis/J. Blair ; **327 ht** Sipa Press/Gregory vwa ; **327 m** REA/Pierre Bessard-chilcom ; **327 bas** CNRS Photothèque/Amice Ewan. Les photographies non référencées ont été réalisées par Frédéric Hanoteau.

Nous avons recherché en vain les auteurs de certains documents reproduits dans ce livre. Leurs droits sont réservés aux Éditions Nathan.

Édition : Émilie Bongard et Alice Fragonard
Conception graphique : Élise Launay
Couverture : Marc Henry
Iconographie : Christine Morel
Schémas : Corédoc
Réalisation, mise en page : Soft Office
Photogravure : Key Graphic

N° éditeur 10239054 - Dépôt légal Août 2017 - Imprimé en Italie par Bona